GUIDE DES HOTELS ET AUBERGES DE CHARME

SÉLECTION FRANCE

DEPUIS 1985
Les Guides Rivages
30 ans

Rivages
www.iguide-hotels.com

À notre chère amie Béatrice,
avec laquelle nous aimions tant travailler...

5, avenue des Gobelins – 75005 Paris (France)
ISBN : 978-2-7436-2962-5 ISSN : 0991-4781

Conception graphique : Amandine Talairach et Jonathan Deguy
Relecture : Josette Rolinat

GUIDE DES HOTELS ET AUBERGES DE CHARME

SÉLECTION FRANCE

Guide dirigé par Jean de Beaumont

Guide établi par Lara Brutinot,
Tatiana Gamaleeff, Nathalie Girbal et Béatrice Méneux-Boulet

Avec la participation de
Hervé Basset, Isabelle Bonnevie, Anne-Sophie Brard, Xavier Donzelli, Dimitri Espenel,
Élodie Klein, François Lemarié et Edith Pauly

Rivages www.iguide-hotels.com

AVANT-PROPOS

• Cette nouvelle édition 2015 comporte 594 adresses sélectionnées ou confirmées à l'issue d'un travail de terrain très rigoureux, mené en toute indépendance. C'est notamment incognito, et sans jamais être invités, que nos auteurs ont réalisé chaque étape nocturne et chaque repas. Grâce à ces enquêtes toutes les informations pratiques et les textes descriptifs ont été remis à jour.

• Conformément à l'idée que nous nous faisons du charme, les auberges sélectionnées sont de catégories diverses, allant d'un confort très simple à un luxe de bon aloi. Les niveaux sont donc variables, mais la qualité est toujours là.

• Nous avons procédé à un classement par régions puis à un classement alphabétique des départements et localités. Le numéro de la page correspond au numéro de l'auberge tel qu'il figure sur l'une des cartes, ainsi que dans le sommaire.

MODE D'EMPLOI DU GUIDE

Certains hôtels ont été gratifiés de petits pictogrammes :

"logo Bonne table" correspond aux restaurants que nous avons préférés ;

"logo Coup de cœur" est une maison qui nous plaît vraiment beaucoup, à tous points de vue ;

"logo Bien-être et spa" met en avant une adresse comportant des installations de bien-être ;

"logo Panorama" vous signale les hôtels profitant d'une vue particulièrement belle ;

€ "logo Petit prix" indique les établissements proposant des chambres à moins de 85 €

Il vous reste à trouver l'adresse qui vous correspond le mieux , lisez attentivement son texte descriptif, il en restitue l'ambiance générale et n'hésite pas à mentionner certaines faiblesses.

Ne perdez cependant pas de vue que :

• Les étoiles mentionnées dans les informations pratiques correspondent au classement du ministère du Tourisme et non à une hiérarchie établie par les auteurs de ce guide.

• On ne peut avoir le même niveau d'exigence pour une chambre à 65 euros et pour une chambre à 150 euros et plus.

• Les prix communiqués sont ceux qui étaient en vigueur à la fin de l'année 2014, et ils sont, bien entendu, susceptibles d'être modifiés par les hôteliers en cours d'année.

• En ce qui concerne les tarifs des chambres simples, personne supplémentaire ou pension complète, nous n'avons pu, faute de place, vous les indiquer systématiquement. N'hésitez donc pas à questionner l'hôtelier.

• Pour les demi-pensions, les prix indiqués sur le guide s'entendent par personne en chambre double. Cependant, nous vous recommandons de vous en faire préciser les conditions, celles-ci variant parfois selon la saison et la durée du séjour (il peut également arriver que la demi-pension soit obligatoire lors d'une étape ou en été).

• Enfin, il est fréquent que les hôteliers ne tiennent plus compte d'une réservation si le client n'est pas arrivé à 18 heures, il est donc important de prévenir l'hôtel en cas de retard.

• Si vous êtes séduit par une auberge ou par un petit hôtel qui ne figure pas dans notre guide 2015 et qui, selon vous, mériterait d'être sélectionné, veuillez nous le signaler pour que nous puissions nous y rendre.

• De même, si vous êtes déçu par l'une de nos adresses, n'hésitez surtout pas à nous le faire savoir.

Votre courrier devra être adressé à :
Jean de Beaumont
Les Guides Rivages
BP 40018 - 75221 Paris cedex 5

Vous pouvez également lui laisser un message à :
jean.de.beaumont@lesguidesrivages.com

ou encore laisser un avis sur
http://www.iguide-hotels.com

Merci d'avance

Crédit photographiques

N° 7 © Luc Berujeau • N° 8 © Eliophot • N° 9 © Gerhardt • N° 12 © Preview/Christophe Jehl • N° 13 © Eric d'Hérouville • N° 14 © Eliophot • N° 15 © La • N°19 © Patrick. Wendling • N° 22 © Eliophot • N° 25 © D. Millot • N° 42 © Eliophot • N° 45 © Stéphanie Cardon • N° 46 © G. Miniot • No 58 © Stéphan Amelinck • N° 69 © Christelle Laney • N° 72 © P. Tohier/Photomobile • N° 76 © Sébastien Carrier • N° 79 © Eliophot • N° 84 © Jean-Louis Guillermin • N° 92 © Ludovic Di Orio • N° 107 © J.L Bernuy • N° 119 © Eliophot • N° 120 © Michel Horiot • N° 137 © H. Herledan • N° 146, 149, 154 © B. Galeron • N° 176 © Hervé Lesêtre • N° 176 © Guillaume Plisson • N° 197 © Léonard de Serres • N° 204 © Claudio Lazi • N° 215 © Sylvain Marchand • N° 241 © Cohen • N° 265 © Eliophot • N° 287 © cleber de Kuay • N° 290 © infra-imagerie • N° 308 © jac'phot • N° 312 © A. Meravilles • N° 339 © Patrick Boillaud • No 343 © Christine Cayre • N° 367 © Sébastien Siraudeau • N° 387 © Arnaud&Boulay • N° 389 © D.E Cohen • N° 393 © Guillaume Plisson & Khelyan • N° 413 © Eliophot • N° 430 © Yann Pellet • N° 434 © J.F Jaussaud • N° 442 © Ateliers Apicius • N° 443 © Sébastien Laval • N° 447 © Eliophot • N° 471 © José nicolas • N° 511 © "Le Fotographe" • N° 516 © C. Moirenc • N° 517 © Ateliers Apicius • N° 526 © Sandy Korzekwa • N° 528 © Eliophot • N° 540 © Buscail • N° 557 © Erick Saillet • N° 561 © Dominique Derisbourg • N° 565 © Pierre Jacques • N° 569 © J Callard • N° 570 © Bertrand Limbour • N° 573 © T.Rambert • N° 587 © J.C. Ligeon • N° 594 © Eliophot

Remerciement particulier à la société
Eliophot

Z.I Les Milles 13100 Aix-en-Provence
Tél. : 04 42 39 93 13

PRÉPAREZ VOTRE SÉJOUR AVEC LES COMITÉS DÉPARTEMENTAUX DU TOURISME

Réseau National des Destinations Départementales

Ain	ain-tourisme.com
Aisne	evasion-aisne.com
Allier	allier-tourisme.com
Alpes Hte-Provence	alpes-haute-provence.com
Hautes Alpes	hautes-alpes.net
Ardèche	ardeche-guide.com
Ardennes	ardennes.com
Ariège	ariegepyrenees.com
Aube	aube-champagne.com
Aude	audetourisme.com
Aveyron	tourisme-aveyron.com
Bouches du Rhône	visitprovence.com
Calvados	calvados-tourisme.com
Cantal	cantaltourisme.fr
Charente	lacharente.com
Charente maritime	en-charente-maritime.com
Cher	berryprovince.com
Corrèze	vacances-en-correze.net
Côte d'Or	cotedor-tourisme.com
Côte d'Armor	cotesdarmor.com
Creuse	tourismecreuse.com
Dordogne	dordogne-perigord-tourisme.fr
Doubs	doubs.travel
Drôme	ladrometourisme.com
Eure	eure-tourisme.fr
Eure et Loir	tourisme28.com
Finistère	finisteretourisme.com
Gard	tourismegard.com
Haute Garonne	tourisme.haute-garonne.fr
Gironde	tourisme-gironde.fr
Hérault	herault-tourisme.com
Ille et Vilaine	bretagne35.com
Indre et Loire	touraineloirevalley.com
Isère	isere-tourisme.com
Jura	jura-tourism.com
Landes	tourismelandes.com
Loir et Cher	coeur-val-de-loire.com
Loire	loiretourisme.com
Haute Loire	auvergnevacances.com
Loire Atlantique	ohlaloireatlantique.com
Loiret	tourismeloiret.com
Lot	tourisme-lot.com
Lot et Garonne	tourisme-lotetgaronne.com
Lozère	lozere-tourisme.com
Maine et Loire	anjou-tourisme.com
Manche	manchetourisme.com
Marne	tourisme-en-champagne.com
Haute Marne	tourisme-hautemarne.com
Mayenne	mayenne-tourisme.com
Meurthe et Moselle	tourisme-meurtheemoselle.fr
Meuse	tourisme-meuse.com
Morbihan	morbihan.com
Moselle	moselle-tourisme.com
Nièvre	nievre-tourisme.com
Nord	tourisme-nord.fr
Oise	oisetourisme.com
Orne	ornetourisme.com
Pas de Calais	pas-de-calais.com
Puy de Dôme	planetepuydedome.com
Pyrénées Atlantiques	tourisme64.com
Haute Pyrénées	tourisme-hautes-pyrenees.com
Pyrénées Orientales	tourisme-pyreneesorientales.com
Bas Rhin	tourisme67.com
Haut-Rhin	tourisme68.com
Rhône	rhonetourisme.com
Haute Saône	destination70.com
Saône et Loire	bourgogne-du-sud.com
Sarthe	tourisme-en-sarthe.com
Savoie	savoie-mont-blanc-reservation.com
Haute Savoie	savoie-mont-blanc.com
Ile de France	parisinfo.com
Seine Maritime	seine-maritime-tourisme.com
Seine et Marne	tourisme77.fr
Yvelines	reservations-yvelines-versailles.com
Deux Sèvres	tourisme-deux-sevres.com
Somme	somme-tourisme.com
Tarne	tourisme-tarn.com
tarn et Garonne	tourisme82.com
Var	visitvar.fr
Vaucluse	provenceguide.com
Vienne	tourisme-vienne.com
Haute Vienne	tourisme-hautevienne.com
Vosges	tourismevosges.fr
Yonne	tourisme-yonne.com
Territoire de Belfort	belfort-tourisme.com
Essonne	tourisme-essonne.com
Hauts de Seine	tourisme92.com

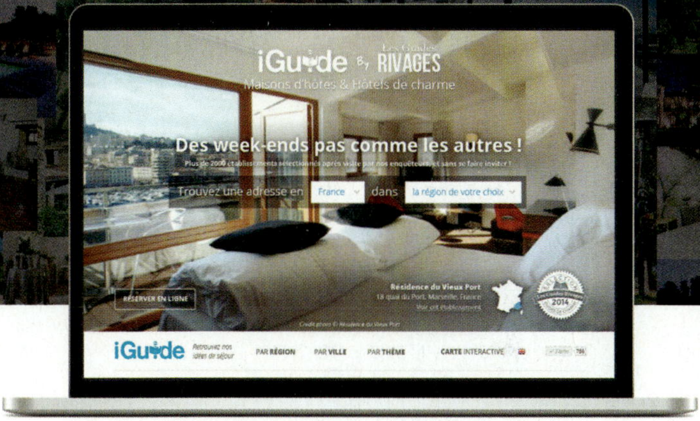
iGuide By Les Guides RIVAGES
Maisons d'hôtes & Hôtels de charme
Des week-ends pas comme les autres !
Trouvez une adresse en
France
dans
la région de votre choix
RÉSERVER EN LIGNE
Résidence du Vieux Port
18 quai du Port, Marseille, France
2014
iGuide
PAR RÉGION
PAR VILLE
PAR THÈME
CARTE INTERACTIVE

Guides de Charme

DÉCORATION & NOUVEL ART DE VIVRE

tous les 2 mois en kiosque

Dans chaque numéro

LES TENTATIONS

La rédaction sélectionne pour vous toutes les nouveautés déco : tendances, bonnes adresses, agenda, hôtels, maisons d'hôtes, lectures…

LES REPORTAGES

Entrez dans de magniques demeures de France et d'ailleurs. Partagez avec les propriétaires le charme de leur maison, découvrez le savoir-faire d'artisans…

LE STYLE DE VIE

Aménagement, shoppings, équipement, jardin : nos dossiers regorgent d'idées déco et pratiques, inspirées du goût de la tradition et d'un certain art de vivre…

www.maisons-de-campagne.net

RETROUVEZ-NOUS SUR
WWW.FACEBOOK.COM/MAISONSDECAMPAGNE

SOMMAIRE GÉNÉRAL

SOMMAIRE

ALSACE-LORRAINE

VAR(83)

VAUCLUSE(84)

RHÔNE-ALPES

AIN(01)

ARDÈCHE(07)

DRÔME(26)

ISÈRE(38)

LOIRE(42)

RHÔNE(69)

SAVOIE(73)

HAUTE-SAVOIE(74)

Carte 1

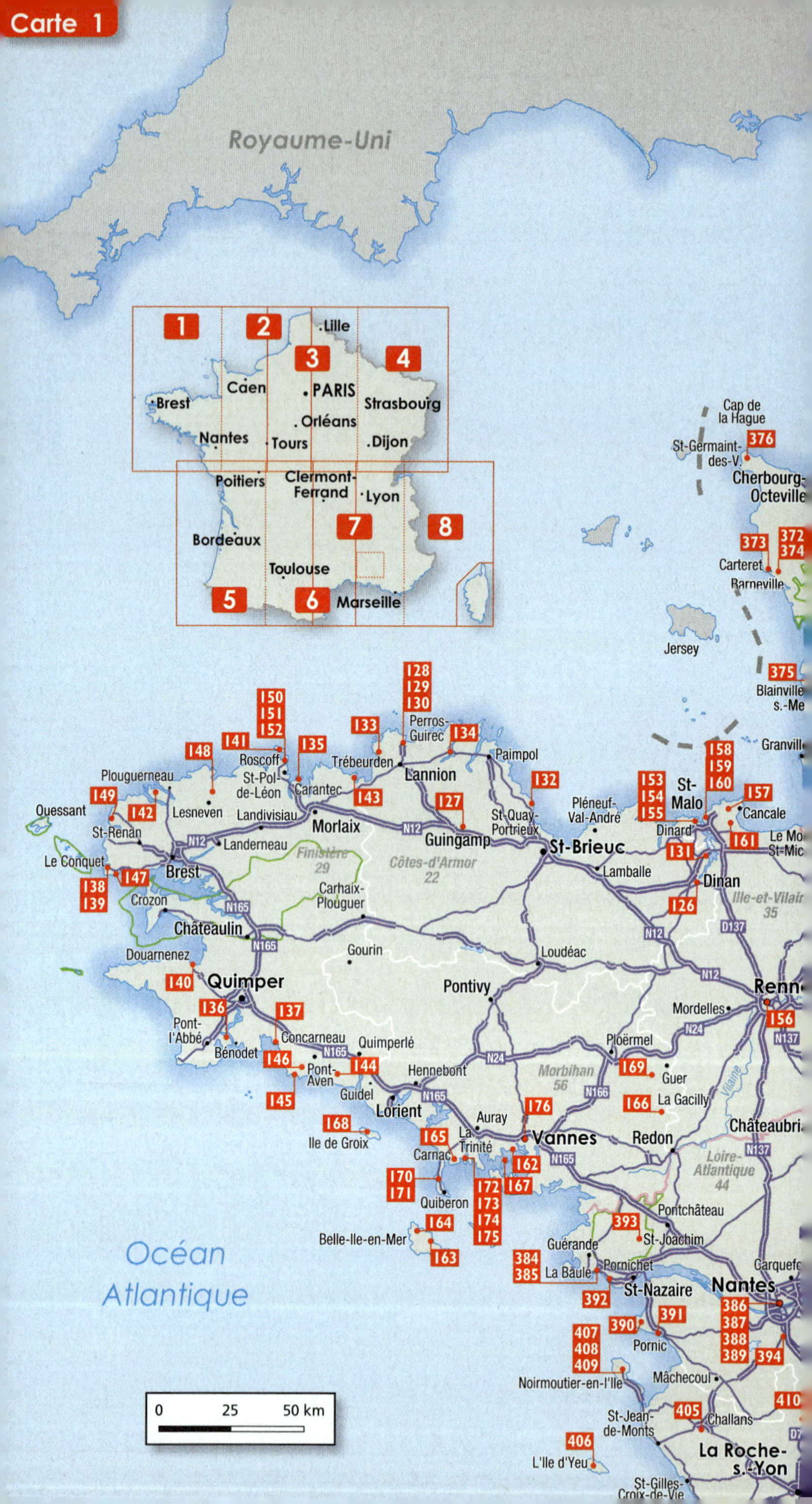
Royaume-Uni
1
2
3
4
5
6
7
8
Lille
Caen
PARIS
Brest
Strasbourg
Orléans
Nantes
Tours
Dijon
Poitiers
Clermont-Ferrand
Lyon
Bordeaux
Toulouse
Marseille
Cap de la Hague
St-Germaint-des-V.
376
Cherbourg-Octeville
373
372
374
Carteret
Barneville
Jersey
375
Blainville s.-Me
Granvill
128
129
130
150
151
152
133
Perros-Guirec
134
141
135
148
Roscoff
Trébeurden
Lannion
Paimpol
Plouguerneau
St-Pol-de-Léon
Carantec
143
132
158
159
160
149
142
Lesneven
Landivisiau
127
Pléneuf-Val-André
153
154
155
St-Malo
157
Quessant
Morlaix
St-Quay-Portrieux
Cancale
St-Renan
N12
Guingamp
Dinard
Le Conquet
Landerneau
St-Brieuc
161
Le Mo
St-Mic
147
Brest
Finistère 29
Côtes-d'Armor 22
131
138
139
Lamballe
Dinan
Crozon
Carhaix-Plouguer
N165
126
Ille-et-Vilair 35
Châteaulin
D137
Douarnenez
Gourin
Loudéac
140
Quimper
Pontivy
Renn
136
137
Mordelles
156
Pont-l'Abbé
Concarneau
N24
Ploërmel
N137
Bénodet
Quimperlé
146
Pont-Aven
144
Hennebont
Morbihan 56
169
Guer
145
Guidel
Lorient
N166
166
La Gacilly
Vilaine
176
Auray
168
Ile de Groix
165
La Trinité
Vannes
Redon
Châteaubri
Carnac
162
Loire-Atlantique 44
170
171
172
173
174
175
167
Quiberon
Pontchâteau
164
Belle-Ile-en-Mer
163
393
St-Joachim
Guérande
Océan Atlantique
384
385
La Baule
Pornichet
Carquefo
St-Nazaire
Nantes
392
386
387
388
389
391
390
Pornic
394
407
408
409
Machecoul
Noirmoutier-en-l'Ile
0
25
50 km
St-Jean-de-Monts
405
Challans
410
406
La Roche-s.-Yon
L'Ile d'Yeu
St-Gilles-Croix-de-Vie

Carte 2

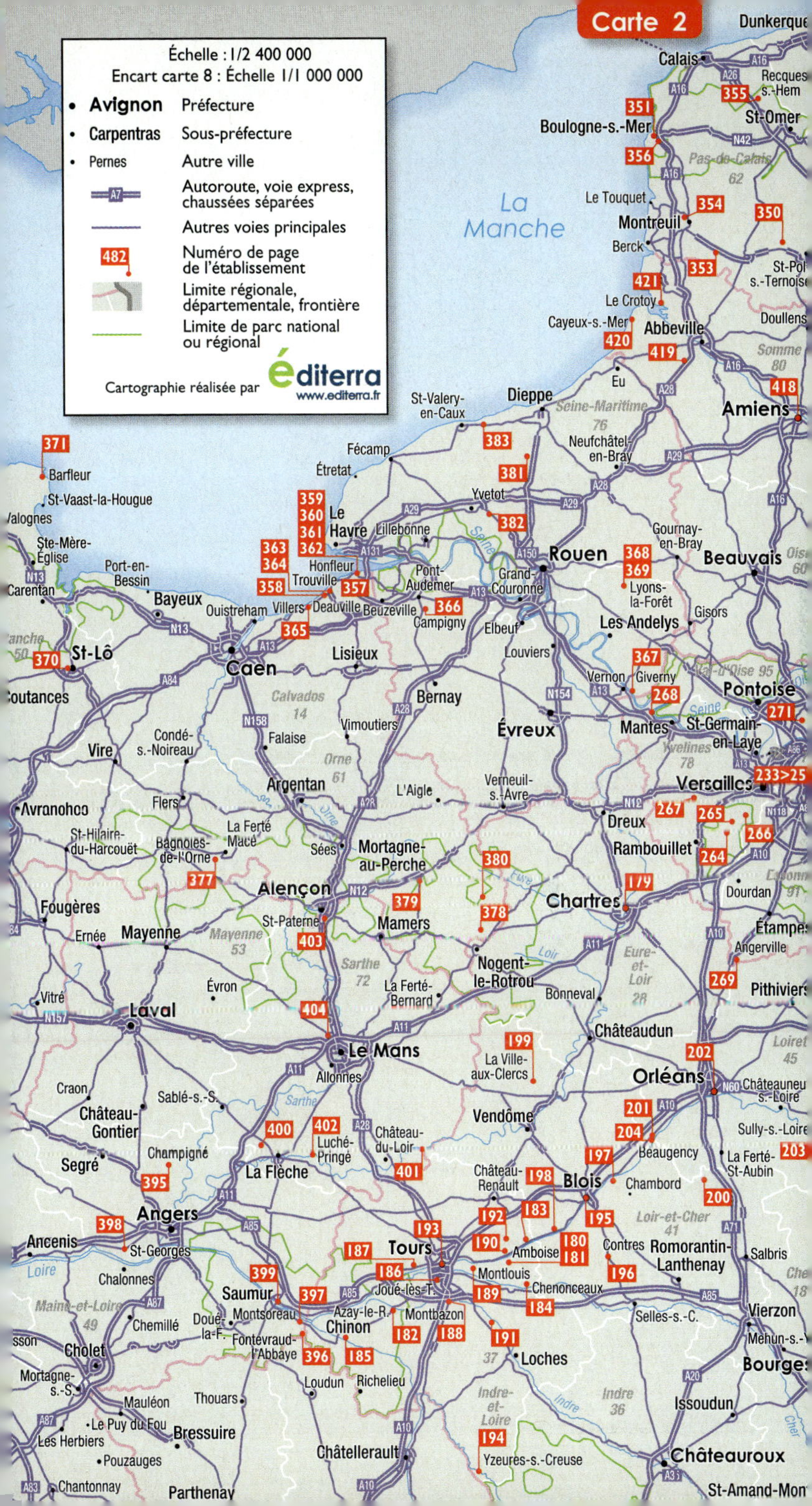
Échelle : 1/2 400 000
Encart carte 8 : Échelle 1/1 000 000
Avignon Préfecture
Carpentras Sous-préfecture
Pernes Autre ville
A7 Autoroute, voie express, chaussées séparées
Autres voies principales
482 Numéro de page de l'établissement
Limite régionale, départementale, frontière
Limite de parc national ou régional
Cartographie réalisée par éditerra www.editerra.fr
La Manche
Dunkerque
Calais
Recques-s.-Hem
St-Omer
Boulogne-s.-Mer
Pas-de-Calais 62
Le Touquet
Montreuil
Berck
St-Pol-s.-Ternoise
Le Crotoy
Cayeux-s.-Mer
Abbeville
Doullens
Somme 80
Eu
Dieppe
Amiens
St-Valery-en-Caux
Seine-Maritime 76
Neufchâtel-en-Bray
Fécamp
Étretat
Yvetot
Barfleur
St-Vaast-la-Hougue
Valognes
Ste-Mère-Église
Carentan
Port-en-Bessin
Bayeux
Le Havre
Lillebonne
Honfleur
Trouville
Deauville
Villers
Ouistreham
Pont-Audemer
Beuzeville
Campigny
Rouen
Grand-Couronne
Elbeuf
Gournay-en-Bray
Beauvais
Lyons-la-Forêt
Gisors
Les Andelys
Louviers
Vernon
Giverny
Val-d'Oise 95
Pontoise
St-Lô
Caen
Lisieux
Coutances
Calvados 14
Bernay
Évreux
Mantes
St-Germain-en-Laye
Yvelines 78
Condé-s.-Noireau
Falaise
Vimoutiers
Vire
Orne 61
Argentan
L'Aigle
Verneuil-s.-Avre
Versailles
Avranches
Flers
La Ferté-Macé
Sées
Dreux
St-Hilaire-du-Harcouët
Bagnoles-de-l'Orne
Mortagne-au-Perche
Rambouillet
Dourdan
Alençon
Chartres
Fougères
St-Paterne
Mamers
Étampes
Ernée
Mayenne
Mayenne 53
Nogent-le-Rotrou
Eure-et-Loir 28
Angerville
Sarthe 72
Évron
La Ferté-Bernard
Bonneval
Pithiviers
Vitré
Laval
Châteaudun
Le Mans
La Ville-aux-Clercs
Loiret 45
Orléans
Craon
Allonnes
Château-Gontier
Sablé-s.-S.
Vendôme
Châteauneuf-s.-Loire
Sully-s.-Loire
Château-du-Loir
Beaugency
La Ferté-St-Aubin
Champigné
Lude-Pringé
Segré
La Flèche
Château-Renault
Blois
Chambord
Angers
Loir-et-Cher 41
Ancenis
St-Georges
Tours
Amboise
Contres
Romorantin-Lanthenay
Salbris
Chalonnes
Montlouis
Saumur
Joué-lès-T.
Chenonceaux
Maine-et-Loire 49
Montsoreau
Azay-le-R.
Montbazon
Selles-s.-C.
Vierzon
Chemillé
Doué-la-F.
Chinon
Fontevraud-l'Abbaye
Mehun-s.-Y.
Cholet
Loches
Bourges
Mortagne-s.-S.
Loudun
Richelieu
Indre-et-Loire 37
Indre 36
Mauléon
Thouars
Issoudun
Le Puy du Fou
Les Herbiers
Bressuire
Pouzauges
Châtellerault
Yzeures-s.-Creuse
Châteauroux
Chantonnay
Parthenay
St-Amand-Mon

Carte 3

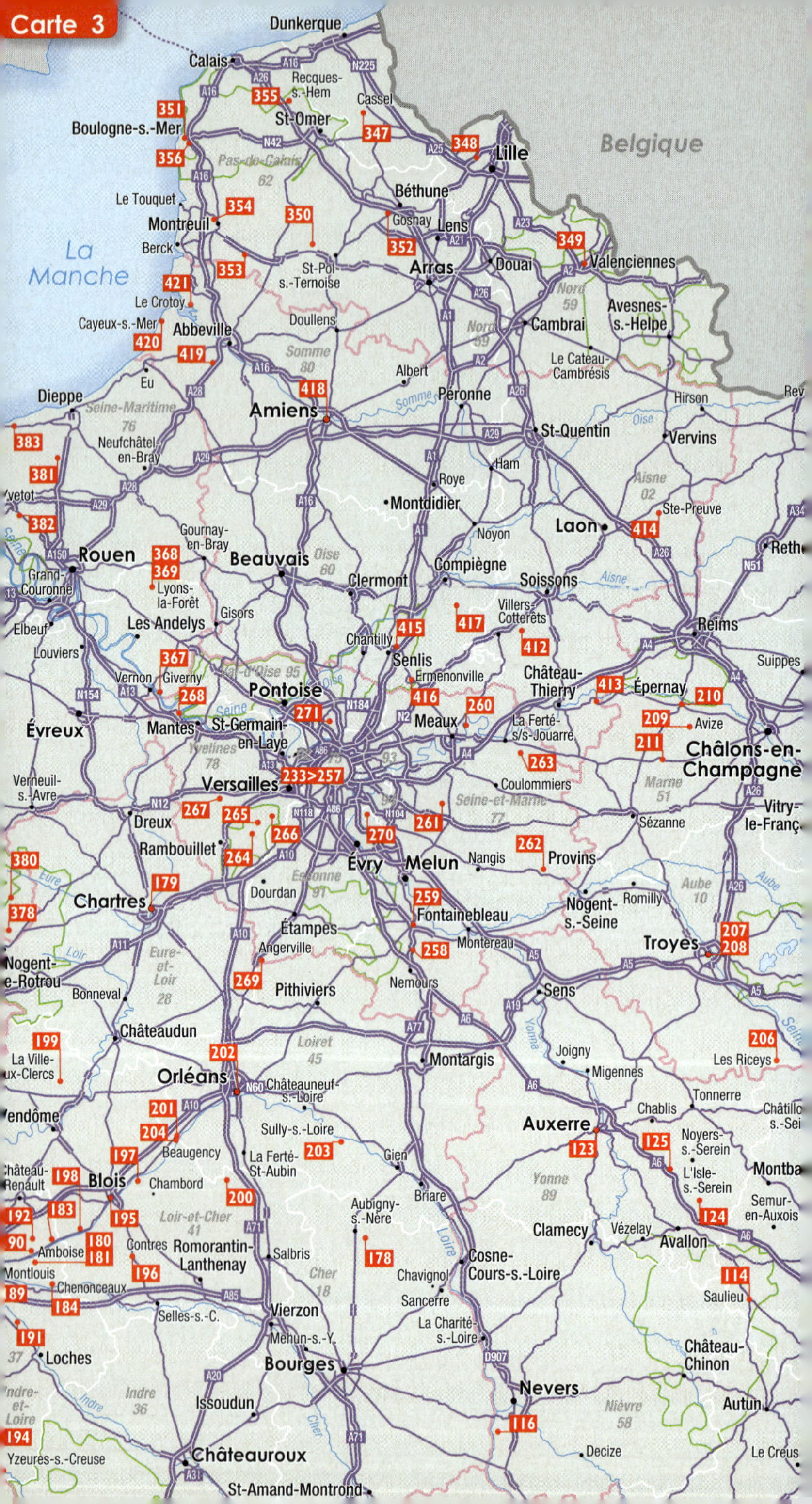

Dunkerque
Calais
Recques-s.-Hem
355
Cassel
351
Boulogne-s.-Mer
St-Omer
347
348
Lille
Belgique
356
Pas-de-Calais
62
Le Touquet
354
350
Béthune
Gosnay
Lens
Montreuil
352
349
La Manche
Berck
353
St-Pol-s.-Ternoise
Arras
Douai
Valenciennes
421
Le Crotoy
Nord
59
Avesnes-s.-Helpe
Cayeux-s.-Mer
Abbeville
Doullens
Cambrai
420
419
Somme
80
Le Cateau-Cambrésis
Eu
Albert
Dieppe
Seine-Maritime
76
418
Péronne
Hirson
Amiens
St-Quentin
383
Neufchâtel-en-Bray
Vervins
381
Ham
Roye
Aisne
02
Yvetot
Montdidier
Ste-Preuve
382
Noyon
Laon
414
Rethel
Gournay-en-Bray
Rouen
368
369
Beauvais
Oise
60
Grand-Couronne
Lyons-la-Forêt
Clermont
Compiègne
Soissons
Aisne
Villers-Cotterets
Gisors
417
Elbeuf
Les Andelys
Reims
Chantilly
415
412
Louviers
Senlis
Suippes
367
Ermenonville
Château-Thierry
Vernon
Giverny
Val-d'Oise 95
413
Épernay
210
268
Pontoise
416
260
Évreux
Mantes
St-Germain-en-Laye
271
Meaux
La Ferté-s/s-Jouarre
209
Avize
Yvelines
78
211
Châlons-en-Champagne
263
Verneuil-s.-Avre
Versailles
233>257
Coulommiers
Marne
51
Dreux
267
265
Seine-et-Marne
77
Vitry-le-Franç
266
261
Sézanne
Rambouillet
270
264
Évry
Melun
Nangis
262
Provins
380
Eure
179
Essonne
91
Dourdan
Aube
10
Romilly
Chartres
259
Nogent-s.-Seine
378
Fontainebleau
Étampes
Troyes
207
208
Eure-et-Loir
28
Angerville
258
Montereau
Nogent-le-Rotrou
269
Pithiviers
Bonneval
Nemours
Sens
Châteaudun
199
Loiret
45
206
La Ville-aux-Clercs
Montargis
Joigny
Les Riceys
202
Orléans
Migennes
Châteauneuf-s.-Loire
Yonne
Tonnerre
Vendôme
201
Chablis
Châtillon-s.-Sei
Sully-s.-Loire
Auxerre
204
Beaugency
203
125
Noyers-s.-Serein
197
La Ferté-St-Aubin
123
Château-Renault
198
Blois
Chambord
Gien
Montba
L'Isle-s.-Serein
200
Briare
Yonne
89
192
183
Loir-et-Cher
41
195
Aubigny-s.-Nère
Semur-en-Auxois
124
190
Amboise
180
181
Contres
Romorantin-Lanthenay
Salbris
Clamecy
Vézelay
Avallon
178
Montlouis
196
Cher
18
Chavignol
Cosne-Cours-s.-Loire
114
189
Chenonceaux
Sancerre
Saulieu
184
Selles-s.-C.
Vierzon
191
Mehun-s.-Y.
La Charité-s.-Loire
Château-Chinon
Loches
37
Bourges
Indre-et-Loire
Indre
36
Nevers
Issoudun
Nièvre
58
Autun
194
116
Yzeures-s.-Creuse
Châteauroux
Decize
Le Creus
St-Amand-Montrond

Carte 4

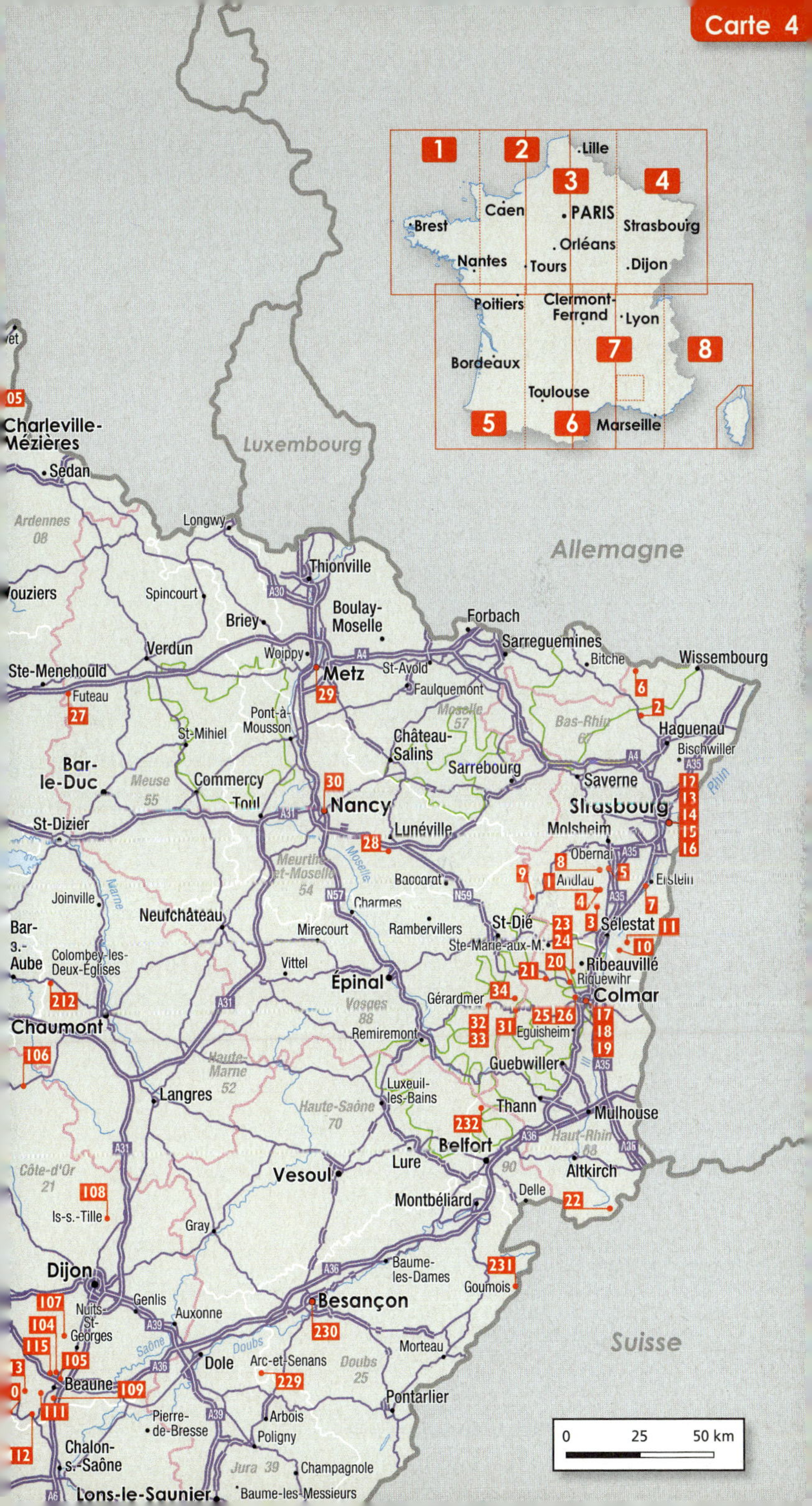
1
2
3
4
5
6
7
8
Lille
Caen
PARIS
Strasbourg
Brest
Orléans
Nantes
Tours
Dijon
Poitiers
Clermont-Ferrand
Lyon
Bordeaux
Toulouse
Marseille
Luxembourg
Allemagne
Suisse
Charleville-Mézières
Sedan
Ardennes 08
Longwy
Thionville
Vouziers
Spincourt
Briey
Boulay-Moselle
Forbach
Sarreguemines
Bitche
Wissembourg
Verdun
Woippy
Metz
St-Avold
Faulquemont
Ste-Menehould
Futeau
27
29
Pont-à-Mousson
Moselle 57
Château-Salins
Bas-Rhin 67
Haguenau
Bischwiller
St-Mihiel
Sarrebourg
Saverne
Bar-le-Duc
Meuse 55
Commercy
Toul
Nancy
30
Strasbourg
St-Dizier
Lunéville
28
Molsheim
Obernai
Meurthe-et-Moselle 54
Baccarat
Andlau
Erstein
Joinville
Marne
Charmes
Neufchâteau
Mirecourt
Rambervillers
St-Dié
Sélestat
Bar-s.-Aube
Colombey-les-Deux-Églises
Vittel
Ste-Marie-aux-M.
Ribeauvillé
Riquewihr
Épinal
Gérardmer
Colmar
212
Vosges 88
Chaumont
Remiremont
Eguisheim
106
Guebwiller
Haute-Marne 52
Luxeuil-les-Bains
Langres
Haute-Saône 70
Thann
Mulhouse
232
Belfort
Haut-Rhin 68
Lure
Altkirch
Côte-d'Or 21
Vesoul
90
108
Delle
Is-s.-Tille
Montbéliard
22
Gray
Baume-les-Dames
231
Dijon
Goumois
107
Nuits-St-Georges
Genlis
Besançon
104
Auxonne
230
115
105
Saône
Doubs
Morteau
Dole
Arc-et-Senans
Doubs 25
Beaune
109
229
111
Pierre-de-Bresse
Pontarlier
Arbois
Poligny
Chalon-s.-Saône
Jura 39
Champagnole
Lons-le-Saunier
Baume-les-Messieurs
A4
A30
A31
A35
A36
A39
A6
N57
N59
Rhin
0
25
50 km

Carte 5

St-Gilles-Croix-de-Vie
Chantonnay
Parthenay
Les Sables-d'Olonne
Vendée 85
Fontenay-le-Comte
Poitiers
Vienne 86
Luçon
St-Maixent-l'École
444
411
441
Niort
440
Ile de Ré
432
433
434
429
437
442
Deux-Sèvres 79
430
431
La Rochelle
Ile d'Aix
427
Surgères
Ile d'Oléron
Rochefort
Tonnay-Ch.
St-Jean-d'Angély
Confolens
428
Charente-Maritime 17
Charente 16
St-Claud
Nieuil
426
Saintes
439
423
Cognac
Angoulême
438
Royan
422
425
Pons
436
435
424
Nontron
Jonzac
Barbezieux-St-Hilaire
Brantôme
Lesparre-Médoc
St-Estèphe
Pauillac
Chalais
Blaye
Montguyon
Dordogne 24
Océan
Atlantique
Gironde 33
St-André-de-C.
Coutras
Montpon-Ménestérol
Lacanau
St-Médard-en-J.
Libourne
43
50
51
Bordeaux
St-Émilion
Castillon-la-Bataille
Bergerac
Monestier
52
53
Arcachon
40
Cap-Ferret
54
49
Langon
St-Macaire
55
Sauternes
Marmande
Lot-et-Garonne 47
Villandraut
Biscarrosse
56
Bazas
Tonneins
Casteljaloux
Villeneuve-s.-L.
Mimizan
57
60
Agen
64
Contis-Plage
Mézos
Landes 40
61
Nérac
Roquefort
Morcenx
Labastide-d'Armagnac
Mont-de-Marsan
Condom
321
Lectoure
59
Tartas
Fleurance
Soustons
Aire-s.-l'Adour
58
63
Hossegor
70
71
72
Dax
62
Eugénie-les-Bains
Gers 32
Auch
73
74
75
Biarritz
Bidart
Bayonne
Peyrehorade
322
Projan
80
82
83
St-Jean-de-Luz
Salies-de-Béarn
Orthez
Marciac
Mirande
65
La Bastide-Clairence
Hendaye
Urrugne
76
Cambo-les-B.
Vic-en-Bigorre
84
Mourenx
Ainhoa
Pau
81
Sare
St-Étienne-de-Baïgorry
Navarrenx
Oloron-Ste-Marie
Tarbes
85
66
67
69
79
St-Jean-Pied-de-Port
Barcus
Lourdes
Bagnères-de-Bigorre
Lannemezan
Espagne
Pyrénées-Atlantiques 64
68
77
Larrau
78
Argelès-Gazost
336
Campan
St-Gaudens
Laruns
St-Savin
334
Cauterets
335
337
Hautes-Pyrénées 65
St-Lary-Soulan
Bagnères-de-Luchon
0
25
50 km

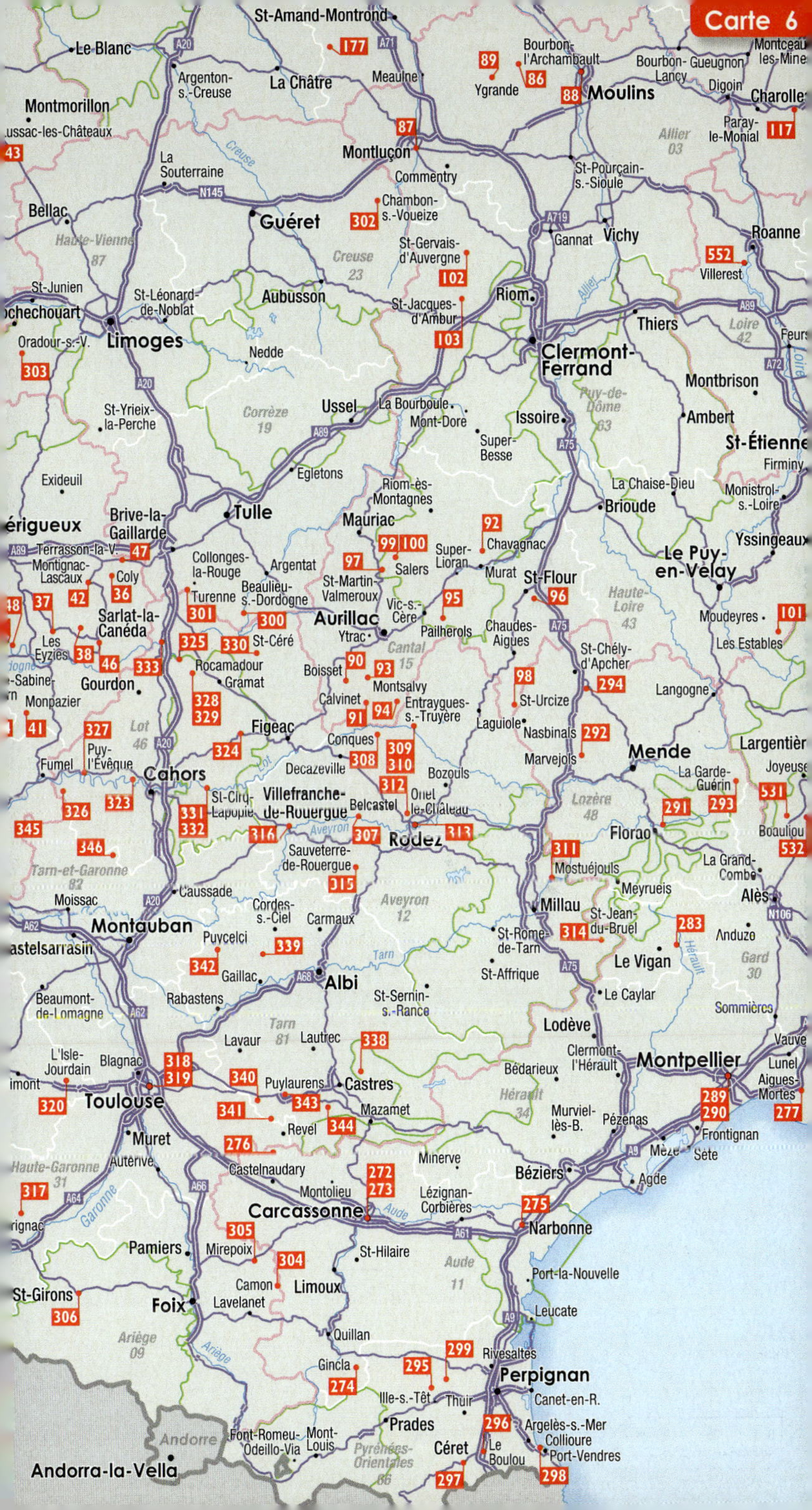
St-Amand-Montrond
177
Le Blanc
Argenton-s.-Creuse
La Châtre
Meaulne
89
Bourbon-l'Archambault
86
Ygrande
88
Moulins
Bourbon-Lancy
Gueugnon
Digoin
Montceau-les-Mines
Charolles
Paray-le-Monial
117
Montmorillon
Lussac-les-Châteaux
43
87
Montluçon
Allier 03
La Souterraine
Creuse
Commentry
St-Pourçain-s.-Sioule
Chambon-s.-Voueize
302
Bellac
Guéret
Gannat
Vichy
Roanne
552
Villerest
Haute-Vienne 87
Creuse 23
St-Gervais-d'Auvergne
102
St-Junien
St-Léonard-de-Noblat
Aubusson
St-Jacques-d'Ambur
Riom
Thiers
Loire 42
Feurs
Rochechouart
Limoges
103
Clermont-Ferrand
Oradour-s.-V.
Nedde
Montbrison
303
Puy-de-Dôme 63
St-Yrieix-la-Perche
Corrèze 19
Ussel
La Bourboule
Mont-Dore
Issoire
Ambert
Super-Besse
St-Étienne
Firminy
Exideuil
Egletons
Riom-ès-Montagnes
La Chaise-Dieu
Monistrol-s.-Loire
Brioude
Périgueux
Brive-la-Gaillarde
Tulle
Mauriac
92
Chavagnac
Yssingeaux
Terrasson-la-V.
47
99
100
Super-Lioran
Le Puy-en-Velay
Montignac-Lascaux
Coly
Collonges-la-Rouge
Argentat
97
Salers
Murat
42
36
Turenne
Beaulieu-s.-Dordogne
St-Martin-Valmeroux
St-Flour
96
Haute-Loire 43
37
Sarlat-la-Canéda
301
300
Aurillac
Vic-s.-Cère
95
Moudeyres
101
Les Eyzies
38
325
330
St-Céré
Ytrac
Pailherols
Chaudes-Aigues
Les Estables
46
333
Rocamadour
Cantal 15
St-Chély-d'Apcher
Gourdon
Gramat
90
Boisset
93
98
294
Langogne
Monpazier
328
329
Montsalvy
Calvinet
Entraygues-s.-Truyère
St-Urcize
41
327
Lot 46
91
94
Laguiole
Nasbinals
292
Largentière
Puy-l'Évêque
Figeac
Conques
Joyeuse
Fumel
324
309
310
Mende
308
Marvejols
Decazeville
Cahors
Bozouls
La Garde-Guérin
St-Cirq-Lapopie
Villefranche-de-Rouergue
312
Onet-le-Château
Lozère 48
326
323
331
332
Belcastel
291
293
531
345
Rodez
313
Florac
Banne
346
316
307
311
532
Sauveterre-de-Rouergue
Mostuéjouls
La Grand-Combe
Tarn-et-Garonne 82
315
Meyrueis
Alès
Caussade
Aveyron 12
Moissac
Cordes-s.-Ciel
Carmaux
Millau
St-Jean-du-Bruel
283
Montauban
St-Rome-de-Tarn
314
Anduze
Castelsarrasin
Puycelci
339
Le Vigan
Gard 30
342
Gaillac
Albi
St-Affrique
Beaumont-de-Lomagne
Rabastens
St-Sernin-s.-Rance
Le Caylar
Sommières
Tarn 81
Lodève
Lavaur
Lautrec
338
Vauvert
L'Isle-Jourdain
Blagnac
318
319
Clermont-l'Hérault
Montpellier
Lunel
Samatan
340
Puylaurens
Castres
Bédarieux
Aigues-Mortes
320
Toulouse
343
289
290
277
341
Mazamet
Hérault 34
Murviel-lès-B.
Pézenas
Revel
344
Frontignan
Muret
276
Mèze
Sète
Haute-Garonne 31
Auterive
Minerve
Béziers
Castelnaudary
272
273
Agde
317
Montolieu
Lézignan-Corbières
Carcassonne
275
Narbonne
305
St-Hilaire
Pamiers
Mirepoix
304
Aude 11
Port-la-Nouvelle
Camon
Limoux
St-Girons
Lavelanet
306
Foix
Leucate
Ariège 09
Quillan
299
Rivesaltes
Gincla
295
Perpignan
274
Ille-s.-Têt
Thuir
Canet-en-R.
Andorre
Font-Romeu-Odeillo-Via
Mont-Louis
Prades
296
Argelès-s.-Mer
Collioure
Pyrénées-Orientales 66
Céret
Le Boulou
Port-Vendres
Andorra-la-Vella
297
298
A20
A71
N145
A719
A89
A72
A75
A62
A68
A64
A66
A61
A9
N106

Carte 7

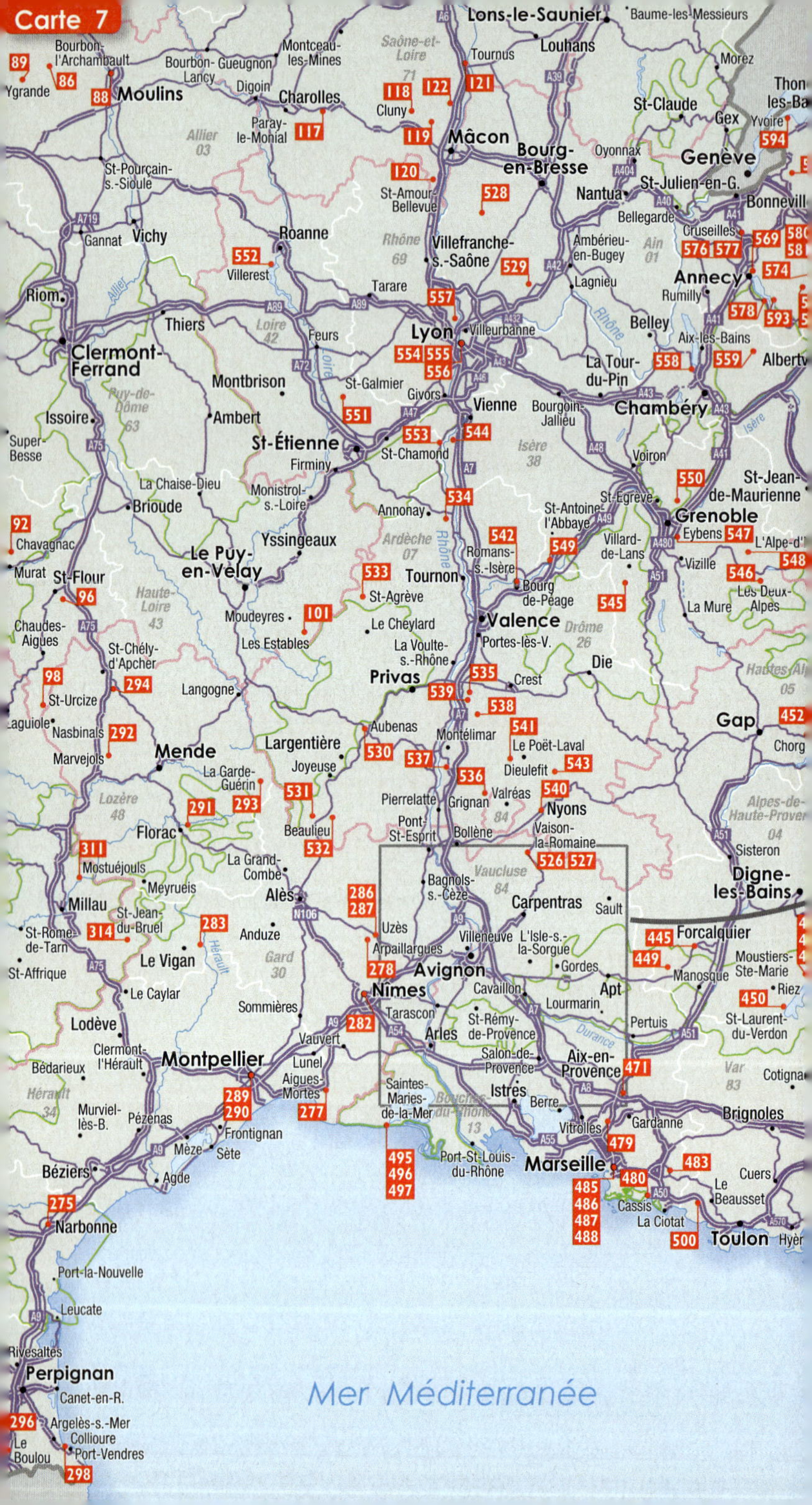

Lons-le-Saunier
Baume-les-Messieurs
Bourbon-l'Archambault
Montceau-les-Mines
Saône-et-Loire 71
Tournus
Louhans
Morez
Thonon-les-Bains
89
86
Ygrande
88
Moulins
Bourbon-Lancy
Gueugnon
Digoin
Charolles
118
122
121
Cluny
St-Claude
Gex
Yvoire
594
Paray-le-Monial
Allier 03
117
119
Mâcon
Bourg-en-Bresse
Oyonnax
Genève
St-Pourçain-s.-Sioule
120
St-Amour-Bellevue
528
Nantua
St-Julien-en-G.
Bonneville
Bellegarde
Cruseilles
569
576
577
Gannat
Vichy
Roanne
Rhône 69
Villefranche-s.-Saône
Ambérieu-en-Bugey
Ain 01
552
Villerest
529
Lagnieu
Annecy
574
Rumilly
Riom
Tarare
557
Thiers
Loire 42
Feurs
Lyon
Villeurbanne
Belley
578
593
Aix-les-Bains
Clermont-Ferrand
554
555
556
La Tour-du-Pin
558
559
Albertville
Montbrison
St-Galmier
Givors
Puy-de-Dôme 63
Issoire
Ambert
551
Vienne
Bourgoin-Jallieu
Chambéry
Super-Besse
St-Étienne
553
544
St-Chamond
Isère 38
Voiron
Firminy
550
St-Jean-de-Maurienne
La Chaise-Dieu
Monistrol-s.-Loire
534
St-Egrève
Brioude
Annonay
St-Antoine-l'Abbaye
Grenoble
92
Yssingeaux
Ardèche 07
542
549
Eybens
547
L'Alpe-d'Huez
Chavagnac
Le Puy-en-Velay
Romans-s.-Isère
Villard-de-Lans
Vizille
548
546
Murat
St-Flour
533
Tournon
Bourg-de-Péage
Les Deux-Alpes
96
St-Agrève
545
La Mure
Haute-Loire 43
Chaudes-Aigues
Moudeyres
101
Le Cheylard
Valence
Drôme 26
Les Estables
La Voulte-s.-Rhône
Portes-lès-V.
St-Chély-d'Apcher
Die
98
294
Privas
535
Crest
Hautes-Alpes 05
Langogne
539
St-Urcize
538
Gap
452
Laguiole
Nasbinals
292
Aubenas
541
Montélimar
Chorges
Marvejols
Mende
Largentière
Le Poët-Laval
530
537
Joyeuse
Dieulefit
543
La Garde-Guérin
Lozère 48
536
Valréas
540
531
Pierrelatte
291
293
Grignan
Nyons
Alpes-de-Haute-Provence 04
Florac
Beaulieu
Pont-St-Esprit
Bollène
84
Vaison-la-Romaine
311
532
Sisteron
Mostuéjouls
La Grand-Combe
526
527
Meyrueis
Bagnols-s.-Cèze
Vaucluse 84
Digne-les-Bains
Millau
286
287
Carpentras
Alès
Sault
St-Jean-du-Bruel
N106
St-Rome-de-Tarn
314
283
Uzès
Villeneuve
L'Isle-s.-la-Sorgue
Forcalquier
445
Anduze
Arpaillargues
Moustiers-Ste-Marie
449
Le Vigan
Hérault
Gard 30
278
Avignon
Gordes
Manosque
St-Affrique
Cavaillon
Apt
Riez
Le Caylar
Nîmes
Lourmarin
450
Sommières
Tarascon
St-Rémy-de-Provence
Pertuis
St-Laurent-du-Verdon
Lodève
282
Arles
Durance
Vauvert
Clermont-l'Hérault
Salon-de-Provence
Aix-en-Provence
471
Var 83
Bédarieux
Montpellier
Lunel
Cotignac
Hérault 34
Aigues-Mortes
Saintes-Maries-de-la-Mer
Bouches-du-Rhône 13
Istres
Berre
289
290
277
Murviel-lès-B.
Pézenas
Vitrolles
Gardanne
Brignoles
Frontignan
479
Mèze
Sète
495
496
497
Port-St-Louis-du-Rhône
Marseille
483
Béziers
480
Agde
Cuers
485
486
487
488
Cassis
Le Beausset
275
La Ciotat
Narbonne
500
Toulon
Hyères
Port-la-Nouvelle
Leucate
Rivesaltes
Perpignan
Mer Méditerranée
Canet-en-R.
296
Argelès-s.-Mer
Collioure
Le Boulou
Port-Vendres
298

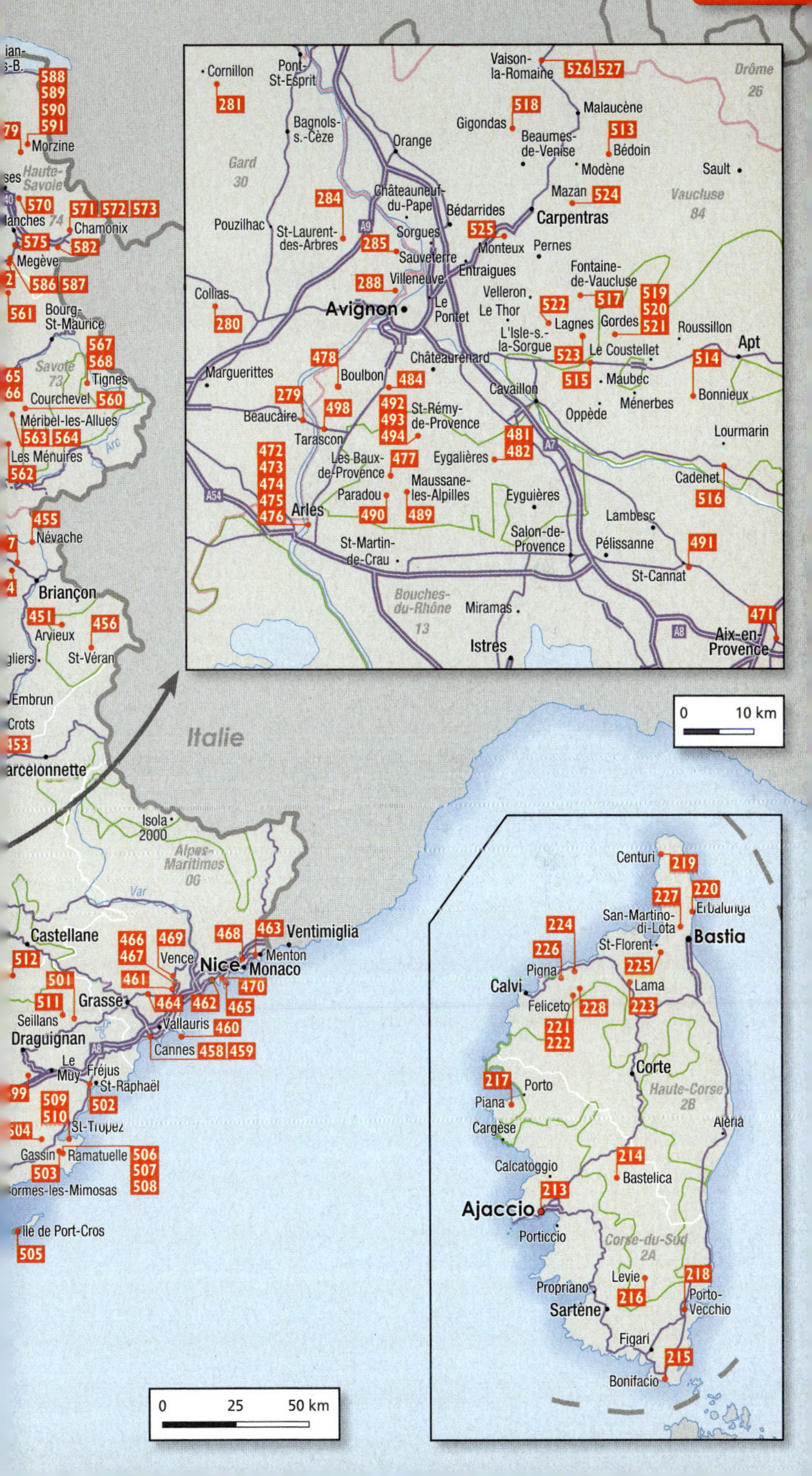

Cornillon
281
Pont-St-Esprit
Bagnols-s.-Cèze
Orange
Vaison-la-Romaine
526 527
Drôme 26
518
Gigondas
Malaucène
Beaumes-de-Venise
513
Bédoin
Modène
Sault
Gard 30
284
Châteauneuf-du-Pape
Bédarrides
Mazan 524
Carpentras
Vaucluse 84
Pouzilhac
St-Laurent-des-Arbres
A9
Sorgues
285
Sauveterre
525
Monteux
Pernes
Entraigues
Fontaine-de-Vaucluse
288
Villeneuve
Collias
280
Avignon
Le Pontet
Velleron
Le Thor
522
Lagnes
517
Gordes
519
520
521
Roussillon
L'Isle-s.-la-Sorgue
523
Le Coustellet
Apt
514
478
Châteaurenard
Marguerittes
Boulbon
484
515
Maubec
Cavaillon
279
498
492
493
494
St-Rémy-de-Provence
Bonnieux
Ménerbes
Oppède
Beaucaire
Tarascon
Lourmarin
472
473
474
475
476
Les Baux-de-Provence
477
Eygalières
481
482
A7
Cadenet
516
Maussane-les-Alpilles
Eyguières
A54
Paradou
Arles
490
489
Lambesc
Salon-de-Provence
Pélissanne
491
St-Martin-de-Crau
St-Cannat
Bouches-du-Rhône 13
Miramas
471
Istres
A8
Aix-en-Provence
0 10 km
...-B.
588
589
590
591
79
Morzine
Haute-Savoie
570
571 572 573
...anches 74
Chamonix
575
582
Megève
586 587
561
Bourg-St-Maurice
567
568
Savoie 73
Tignes
Courchevel
560
Méribel-les-Allues
563 564
Arc
Les Ménuires
562
455
Névache
Briançon
451
Arvieux
456
St-Véran
Embrun
Crots
453
...arcelonnette
Italie
Isola 2000
Alpes-Maritimes 06
Var
Castellane
466
467
469
468
463
Ventimiglia
Vence
Menton
Nice
Monaco
512
501
461
470
511
Grasse
464
462
465
Seillans
Vallauris
460
Draguignan
A8
Cannes
458 459
Le Muy
Fréjus
St-Raphaël
509
510
502
St-Tropez
Gassin
Ramatuelle
506
507
508
503
...ormes-les-Mimosas
Ile de Port-Cros
505
0 25 50 km
Centuri
219
220
227
Erbalunga
San-Martino-di-Lota
224
Bastia
St-Florent
226
225
Pigna
Lama
Calvi
Feliceto
228
223
221
222
Corte
217
Porto
Haute-Corse 2B
Piana
Aléria
Cargèse
214
Calcatoggio
Bastelica
213
Ajaccio
Porticcio
Corse-du-Sud 2A
Levie
218
Propriano
216
Porto-Vecchio
Sartène
Figari
215
Bonifacio

ZINCK HÔTEL

zinckhotel.com

13, rue de la Marne • 67140 Andlau (Bas-Rhin)
Tél. 03 88 08 27 30 • Fax 03 88 08 42 50 • M. Alexandre Zinck

• Alexandre a repris avec passion les rênes de la maison familiale, et il continue à prendre soin de ce petit hôtel de village avec beaucoup d'attentions. Le bâtiment fut, au XVIIIe siècle, un moulin, puis, un siècle plus tard, une bonneterie. Aujourd'hui, il propose dix-huit chambres qui développent chacune un thème et occupent la maison principale qu'Alexandre décore et rénove lui-même, en hiver, pour bien préparer la prochaine saison. À côté, près du verger, un bâtiment contemporain présente des chambres design, lumineuses et confortables. L'ancienne pièce des machines, devenue aujourd'hui salle des petits déjeuners, joue à sa manière l'amour du beau matériau (acier, bois clair…) et expose des ustensiles de l'ère préindustrielle, dont plusieurs vitrines conservent quelques amusants spécimens. Selon la météo ou votre envie, vous beurrerez vos tartines (petit déjeuner simple et bon avec œufs bio) près de l'impressionnante roue à aubes ou dehors, en terrasse. Enfin, vous pourrez aussi profiter du verger pour lire accompagné du chant des oiseaux. Pas de restaurant sur place, mais, pour vos repas, voici quelques bonnes winstubs voisines : à Andlau, *Le Bœuf Rouge* (magnifique tête de veau ravigote), *le Relais de la Poste* et *Le Caveau Val d'Éléon*, ou bien encore *Am Lindeplazel*, à Mittelbergheim, avec sa jolie terrasse panoramique.

Catégorie ★★★ Ouvert toute l'année **Chambres** 18 chambres doubles : 65 à 110 € - Petit déjeuner : 9 à 11 € **Équipements** TV, Wifi **Divers** animaux non admis **Accès** A 352, direction Sélestat : Obernai, sortie n° 13 à Mittelbergheim.

HÔTEL LE MOULIN

hotellemoulin.com

7, rue du Moulin • 67110 Gundershoffen (Bas-Rhin)
Tél. 03 88 07 33 30 • Fax 03 88 72 83 97 • M. François Paul

• Le site est enchanteur, noyé dans la verdure et entretenu avec un soin quasi maternel. On y vient de très loin, pour découvrir la merveilleuse table du *Cygne* (deux macarons Michelin), reprise par une jeune équipe, mais aussi maintenant pour profiter de la nouvelle formule de brasserie au jardin, au moulin lui-même. Mais le rêve absolu, c'est d'y passer la nuit, voire quelques jours, dans l'une des quelques magnifiques chambres. Elles ont été aménagées dans un ancien moulin à grain construit en 1823 sur un domaine de trois hectares avec sa rivière et son bief. La rénovation du lieu est exemplaire, plutôt contemporaine, mais avec quelques solides références classiques. Elle joue sur un très beau travail de patines (gris-bleu gustavien, vieux rose, terre de Sienne), la mise en valeur de quelques matériaux anciens (pans à colombages, enduits à la terre, belles portes d'armoires), la complémentarité de superbes tissus en rideaux ou en couvre-lits, l'adjonction de parquets teintés, etc. Dans cet univers apaisant et très confortable, les belles salles de bains ne sont pas en reste, au contraire ! Pas plus que la salle des petits déjeuners (excellents), avec ses fenêtres plongeant sur l'eau et la perspective d'un petit pont de bois. Un lieu à découvrir dans une région chargée d'histoire, depuis les vestiges celtes jusqu'aux témoignages Napoléoniens.

Catégorie ★★★ Ouvert du 7 janvier au 17 février, du 4 mars au 28 juillet et du 26 août au 1er janvier **Chambres** 7 chambres doubles : 95 à 135 €, 5 junior-suites : 185 à 255 € - Petit déjeuner 21 € **Restaurant** "Le Cygne" (midi et soir) : 55 à 115 € **Équipements** TV, Wifi **Divers** animaux (15 €), parking (20 €) **Accès** à Haguenau, N 62 direction Niederbronn, faire 8 km, puis à droite sortie Gundershoffen.

HÔTEL ARNOLD

hotel-arnold.com

98, route du Vin • 67140 Itterswiller (Bas-Rhin)
Tél. 03 88 85 50 58 • Fax 03 88 85 55 54 • Famille Simon

• Familial, chaleureux, et panoramique s'il en est : une aussi belle vue sur le vignoble n'est pas si courante dans l'hostellerie alsacienne de charme ! C'est l'un des nombreux atouts de cet hôtel composé de trois bâtiments construits dans un style typique. Revêtue de bois, l'entrée du corps principal donne le ton, puis ce sont les couloirs, la salle du petit déjeuner et le salon du premier étage, qui ont été entièrement redécorés dans de beaux rouges pimpants et motifs alsaciens écossais. On y trouve toujours quelques objets de collection, de grands tirages photographiques et de fines gravures de chiens de chasse. Les chambres, elles, sont élégantes, très confortables, lumineuses et de belle taille. Régulièrement rénovées, elles donnent très souvent sur les vignes et profitent d'un balcon. Même soin pour La Réserve, quelques dizaines de mètres plus loin, en particulier pour ses chambres *twin*. Pour maintenir les traditions alsaciennes, la maison concocte de bonnes spécialités régionales servies parmi les fleurs de la terrasse, ou en face, dans une winstub au décor rustique rythmé par deux imposantes vis de pressoir. À côté, une petite boutique propose produits ou bibelots alsaciens. Avec, tout autour, de merveilleux vignerons à rencontrer : André Ostertag, Patrick Meyer, Bruno Schuller…

Catégorie ★★★ **Ouvert** toute l'année sauf les 24 et 25 décembre **Chambres** 27 chambres doubles et triples : 75 à 160 €, 1 chambre familiale (4 pers.) : 140 à 165 €, 1 duplex (6 pers.) : 254 à 265 € - Petit déjeuner : 12 à 13 € - **Restaurant** (midi et soir) : 22 à 38 € **Équipements** TV, Wifi **Divers** animaux (8 €) **Accès** à 41 km au sud de Strasbourg par A 35, sortie Mittelbergheim, puis suivre direction Villé jusqu'à Itterswiller.

HÔTEL GILG

hotel-gilg.com

1, route du Vin • 67140 Mittelbergheim (Bas-Rhin)
Tél. 03 88 08 91 37 • Fax 03 88 08 45 17 • M. Gilg

• Voici l'une des plus anciennes winstubs d'Alsace, et c'est un plaisir de voir que la famille Gilg a su lui conserver tout son caractère sans jamais céder aux injonctions de la mode. Un superbe escalier à vis, réalisé en 1 614 par les sculpteurs de pierre de la cathédrale de Strasbourg, conduit aux chambres, alors que, sur chaque palier, quelques vieilles et imposantes armoires de famille accueillent les générations de voyageurs qui se succèdent ici. Calmes, parfaitement tenues, les chambres sont souvent vastes (excepté certaines au deuxième étage) et décorées dans un style classique. Quatre d'entre elles jouent la carte contemporaine, associant enduits en terre et bois teinté (parquets, panneaux de planches), pour une ambiance gaie, moderne, un rien baroque, qui touche aussi leurs salles de bains design revêtues de galets vernis. Beau décor traditionnel dans la grande salle à manger avec ses tables espacées, joliment nappées de blanc, ses chaises alsaciennes sculptées, ses plafonds bas et ses antiques fenêtres. Vous y dégusterez une excellente cuisine tout en saveur et en finesse. Une belle, accueillante et très attachante maison.

Catégorie ★★ **Ouvert** du 5 février au 28 juin et du 16 juillet au 10 janvier **Chambres** 19 chambres doubles : 60 à 85 € - Petit déjeuner : 9 € **Restaurant** (midi et soir) : 31,50 à 68 € **Équipements** TV, Wifi **Divers** animaux (9 €) **Accès** à 37 km au nord de Colmar, A 35, sortie n° 13.

€ LE GOUVERNEUR HÔTEL

hotellegouverneur.com

13, rue de Sélestat • 67210 Obernai (Bas-Rhin)
Tél. 03 88 95 63 72 • Fax 03 88 28 74 43 • Port. 06 38 83 66 91 • Éric Heiligenstein

• Cette splendide maison XVIIe fut vraiment celle du gouverneur militaire d'Obernai, nommé par Louis XIV. En témoigne la vaste cour intérieure, festonnée de coursives, auxquelles on accède par un monumental escalier de bois sculpté. À l'intérieur, les fastes antiques ont cédé le pas à des aménagements nettement plus contemporains, ce qui fait l'affaire des amateurs de confort et d'ambiances originales. C'est ainsi que les chambres déclinent les quatre saisons à travers des intitulés ludiques : "Soupe à la grenouille", "Linzer aux quetsches", "Vendanges tardives"… À chacune sa couleur, ses illustrations photographiques, l'ensemble étant toujours d'un design confortable à prix étonnamment doux. Même jeu de formes et teintes acidulées dans la vaste salle des petits déjeuners, où l'on débute joyeusement la journée. Enfin, une petite porte aménagée dans le rempart permet d'accéder directement au parking public. Bien pratique lorsqu'on connaît les difficultés pour se garer dans cette bourgade très prisée des touristes.

Catégorie ★★ **Ouvert** toute l'année **Chambres** 32 chambres doubles : 60 à 95 € - Petit déjeuner : 9,50 € **Équipements** TV, Wifi **Divers** animaux admis (5 €) **Accès** à 24 km au sud de Strasbourg ; A 35 sortie Obernai.

HÔTEL ANTHON

restaurant-anthon.fr

40, rue Principale • 67510 Obersteinbach (Bas-Rhin)
Tél. 03 88 09 55 01 • Fax 03 88 09 50 52 • Georges Flaig

• Au cœur du parc naturel des Vosges, on aime tout particulièrement Obersteinbach et son ancien relais de poste, réputé pour sa table dans toute la région… C'est l'endroit rêvé pour rester plusieurs jours, partir marcher sur les sentiers et rentrer le soir pour se régaler, dormir dans un lit douillet. Les chambres sont toutes d'un très excellent rapport qualité-prix, et ont en commun une lumineuse blancheur rehaussée de quelques tissus pimpants, l'ensemble mettant en valeur le bois naturel des parquets et du mobilier rétro. Les petits salons, la salle à manger en rotonde vitrée, la cave, les couloirs : tout vient d'être rénové avec autant d'élégance que de modernité. Les grandes baies vitrées donnent toujours l'impression de dîner directement dans le jardin, avec en prime la chance de pouvoir profiter d'une splendide flambée, en hiver, dans la cheminée - sous l'œil d'une tête de sanglier qui suit sereinement le ballet des serveurs… Au fil des années, nous restons conquis par l'excellence des produits, la justesse des cuissons, la créativité finement gourmande de chaque plat. Dehors, le jardin remonte vers la forêt et les vestiges d'une tour médiévale. Là, à l'approche de l'hiver, c'est le gibier qui vient en prendre possession, grappiller les dernières pommes, croquer les vers en retournant le gazon. Nous ne sommes décidément pas les seuls à apprécier *l'Anthon* !

Catégorie ★★★ **Ouvert** toute l'année sauf janvier, fermé mardi et mercredi **Chambres** 12 chambres doubles : 80 à 110 € - Petit déjeuner : 12 € **Restaurant** (midi et soir) : 29 à 52 € **Équipements** TV, Wifi **Divers** animaux (10 €), parking privé **Accès** à 66 km au nord de Strasbourg par A 4 et D 44 jusqu'à Haguenau, puis D 27 jusqu'à Lembach, et D 3 jusqu'à Obersteinbach.

HÔTEL À LA FERME

hotelalaferme.com

10, rue du Château • 67150 Osthouse (Bas-Rhin)
Tél. 03 90 29 92 50 • Fax 03 90 29 92 51 • Brigitte et Jean-Philippe Hellmann

• Dans un village situé au beau milieu de la plaine, entre les berges du Rhin et les contreforts des Vosges, deux établissements accueillant les voyageurs sont tenus par une même famille : le restaurant *À l'Aigle d'Or* et l'hôtel *À la Ferme*. Ici, l'amour de la tradition et l'intérêt pour la modernité s'expriment autant au restaurant qu'à l'hôtel. Ce dernier occupe une ancienne ferme à colombages du XVIIIe siècle et propose de délicieuses chambres réparties entre la maison principale et les anciennes écuries. De ce côté-là, le décor se fait plus épuré et les volumes plus vastes, pour une ambiance à la fois simple et élégante vraiment réussie – les chambres les plus agréables étant celles du premier étage. Partout, des armoires et meubles de famille, des parquets, des tissus à carreaux et luminaires gentiment design. Dès les beaux jours, le petit déjeuner se prend au jardin, près des fleurs et des parterres de plantes aromatiques. On s'y régale des excellentes productions maison – pains, viennoiseries, kouglof, terrines, saumon fumé –, qui font des petits déjeuners *À la Ferme* un vrai moment de plaisir. Mais l'hiver aussi a ses charmes, lorsque le poêle en faïence reprend du service. Une adresse très confortable, au sud de Strasbourg.

Catégorie ★★★ **Ouvert** toute l'année **Chambres** 12 chambres simples et doubles : 89 à 154 €, 3 suites : 154 à 200 € - Petit déjeuner : 15 € **Restaurant** “À L'Aigle d'Or” (midi et soir) : 33 à 79 € **Équipements** climatisation, TV, Wifi **Divers** animaux (30 €) **Loisirs** golf à proximité **Accès** autoroute Strasbourg-Colmar, prendre la sortie n° 7 en venant de Strasbourg ou n° 14 en venant de Colmar, puis suivre la direction Osthouse ; le village est à 1,5 km.

HÔTEL À L'AMI FRITZ

amifritz.com

8, rue des Châteaux • 67530 Ottrott (Bas-Rhin)
Tél. 03 88 95 80 81 • Fax 03 88 95 84 85 • M. et Mme Fritz

• Au pied du mont Sainte-Odile, très fleuri et très bien restauré, Ottrott compte parmi les villages les plus jolis de la vallée du Rhin. On s'y repaît de confort douillet et de bonnes tables, notamment chez Patrick Fritz, qui soigne autant l'un que l'autre. Les chambres sont confortables et classiquement modernes avec leur beau mobilier de chêne intégré, particulièrement bien agencées, et dotées de fort agréables salles de bains. Elles sont à présent toutes rénovées dans un style cosy, aux tonalités chaudes de brun, caramel, rouge profond. La salle du petit déjeuner, typiquement alsacienne, a été totalement lambrissée de noyer ciré. Celle du restaurant a conservé son parquet marqueté, ses boiseries et tableaux choisis. On y sert une cuisine fine et créative – avec parfois des viandes en rotation et d'autres rôtissages dans la grande cheminée du kaminstub. Mais, dès qu'il fait beau, la terrasse lui fait concurrence, avec ses platanes centenaires, ses fleurs et son joli nappage. Précisons qu'à quelques centaines de mètres *Le Chant des Oiseaux*, un petit hôtel repris par la famille, offre quelques chambres d'un bon confort à prix encore plus doux, où vous pourrez profiter de la piscine aux beaux jours. Une annexe vient également de s'ouvrir autour du spa, avec, au-dessus, de très belles chambres contemporaines.

Catégorie ★★★ **Ouvert** toute l'année sauf 2 semaines en janvier **Chambres** 21 chambres doubles : 100 à 178 €, 3 suites : 170 à 200 €, 2 appartements : 210 à 298 € - Demi-pension (par pers.) : 95 à 190 € - Petit déjeuner : 16 € **Restaurant** 31 à 70 € **Équipements** climatisation, TV, Wifi, ascenseur **Divers** animaux admis (10 €), garage (9 €), parking privé **Bien-être** spa complet, piscine **Accès** à 25 km au sud de Strasbourg ; à Obernai, D 426 jusqu'à Ottrott ; l'hôtel se trouve dans le haut du village, après l'église, sur la droite.

LA BELLE VUE

la-belle-vue.com

36, rue Principale • 67420 Saulxures (Bas-Rhin)
Tél. 03 88 97 60 23 • Fax 03 88 47 23 71 • Valérie Boulanger

• Depuis sa totale rénovation il y a une dizaine d'années, l'hôtel ne cesse de faire des adeptes, de sorte que l'on vient désormais ici tout autant pour la table que pour le confort des chambres. Certes, la modernité de la façade, agrandie d'une verrière anguleuse sur deux niveaux, peut surprendre dans le paysage plutôt bucolique du village, mais une fois dans la salle à manger, on en comprend mieux l'intérêt. Rythmées par de chaleureux voilages orangés, les baies vitrées captent le soleil, de sorte que la vaste pièce au parquet couleur miel joue avec la lumière et offre de multiples points de vue sur la campagne. L'élégant nappage met en valeur une cuisine toujours très convaincante d'équilibre et de créativité bien maîtrisée. Côté chambres, on retrouve de l'une à l'autre les tissus et les tableaux contemporains de Daniel Gerhardt, d'épaisses couettes blanches et un mobilier fonctionnel - d'un style peut-être un peu moins au goût du jour qu'à sa création, mais toujours plaisant (oui, l'univers changeant de la mode "déco" est impitoyable...). Les chambres en mezzanine sont, elles, idéales pour loger parents et enfants. Un accueil familial particulièrement agréable, pour faire étape au cœur d'un paysage de moyenne montagne, verdoyant à souhait !

Catégorie ★★★ **Ouvert** toute l'année sauf du 6 au 29 janvier **Chambres** 21 chambres doubles : 96 à 145 €, 1 chambre mezzanine : 127 à 168 €, 3 suites : 145 à 185 €, 2 appartements : 185 à 285 € - Petit déjeuner : 15 € **Restaurant** (midi et soir) : 29 à 70 € **Équipements** TV, Wifi **Divers** animaux (11 €), garage (9 €) **Accès** de Strasbourg, N 40, 10 km avant le col de Saales à droite vers Saulxures ; de Nancy/Saint-Dié, N 40 vers Strasbourg, à gauche 10 km après le col de Saales.

HÔTEL DE L'ILLWALD

illwald.fr

Le Schnellenbuhl • 67600 Sélestat (Bas-Rhin)
Tél. 0390561140 • Fax 0388853918 • Port. 0674948853 • M. Schwartz

• En plein cœur de la plaine du Rields, isolée de la route par de hauts murs, cette auberge se compose d'un ensemble XVIIe (très rénové) en grès rose et colombages. Les différents corps de bâtiments sont reliés par de petites placettes, bordés de grands arbres. En traversant la cour, où tables et parasols fleurissent en été, on déniche, sur le côté, une piscine avec son espace détente. Et quand l'activité de l'hôtel bat son plein, on se croirait au centre d'un village très animé ! En cuisine, le fils de la maison, tout fringant, relève le défi d'accueillir à la fois les individuels et les groupes – les premiers côté Winstub, dans une salle à l'étage, les seconds dans l'ancienne grange, à côté de petits salons. En salle et à l'hôtel, les parents, on ne peut plus dynamiques, donnent le tempo à une équipe bien rodée et très dévouée. Les chambres sont à l'étage d'une autre maison, ultraconfortables, minutieusement entretenues – certaines desservies par un bel escalier de chêne à balustres XVIIe. Dans chacune, de larges lits à couettes blanches et de superbes salles de bains design, décorées dans deux styles distincts. On choisira le "traditionnel-tendance" sols en vieilles terres cuites, plafonds à caissons peints, murs en boiseries ou en planches brutes, sobre mobilier alsacien. À moins que l'on ne préfère le "contemporain-zen", avec parquet, murs blancs, céladon ou sable, et mobilier aux formes épurées. L'ensemble est parfait, les prix très raisonnables.

Catégorie ★★★ **Ouvert** du 14 janvier au 23 décembre **Chambres** 16 chambres doubles : 95 à 155 € - Petit déjeuner : 14 € **Restaurant** (midi et soir) : 15 à 45 € **Équipements** climatisation, TV, Wifi **Divers** animaux (15 €) **Loisirs** piscine **Bien-être** fitness, hammam, sauna **Accès** à 5 km de Sélestat sur la D 424 vers Friburg.

LES PRÉS D'ONDINE

presdondine.com

5, route de Baldenheim • Rathsamhausen-le-Haut • 67600 Sélestat (Bas-Rhin)
Tél. 03 88 58 04 60 • Fax 03 88 58 04 61 • Stéphane Dalibert

• Cette opulente maison se cache dans un petit hameau sur la berge de l'Ill. Rénovée avec beaucoup de goût, elle a choisi de laisser souffler un vent de poésie derrière ses vieux murs. C'est ainsi que les onze chambres, très confortables, rendent hommage à des poètes de renom à travers une décoration subtilement inspirée de leurs vers épiques ou lyriques ("Les amours de Cassandre", "Étoile filante", "Les roses de Saadi", "La belle matineuse", "La corbeille des heures", "Le rêve a besoin d'eau"...). Jolies teintes unies, mobilier de style, fauteuils capitonnés et tissus élégants en constituent le charme principal. On aime aussi la grande pièce à vivre, chaleureuse et zen, pour lire ou prendre le thé près du beau poêle en faïence. À côté, une salle à manger aux boiseries couleur de miel donne sur la rivière. On y sert un petit déjeuner bio d'une vraie qualité, et une excellente formule en table d'hôte le soir. Et, pour se détendre, Jacuzzi et sauna en accès libre sont à votre disposition – un mini-spa intime avec vue sur le jardin. À quelques minutes de Sélestat et à peine plus de Colmar, voici une adresse très accueillante que nous n'hésitons pas à recommander pour un séjour.

Catégorie ★★ **Ouvert** du 1er avril au 15 février **Chambres** 12 chambres doubles et 3 junior-suites : 75 à 145 € - Petit déjeuner : 13 € **Restaurant** (table d'hôtes) : 37 € **Équipements** TV, Wifi **Divers** animaux admis sur demande, parking privé **Bien-être** petit spa **Accès** A 35 sortie n° 16 ZI nord de Sélestat, vers Sélestat-centre ; au 1er feu à gauche, suivre Muttersholtz ; à Rathsamhausen, à droite vers Baldenheim.

HÔTEL LE BOUCLIER D'OR

lebouclierdor.com

1, rue du Bouclier • 67000 Strasbourg (Bas-Rhin)
Tél. 03 88 13 73 55 • Fax : 03 88 13 73 89 • Déborah et Denis Jung

• Juste à l'entrée de la Petite France, voici incontestablement l'un des plus beaux hôtels de Strasbourg. Cette création récente dans une noble demeure Renaissance (1552) est d'autant plus remarquable qu'il y a quatre ans l'édifice menaçait ruine : sauvé inextremis par une famille alsacienne qui s'est impliquée personnellement avec goût et passion dans sa rénovation ! La façade peinte rappelle l'âge d'or alsacien, alors que les trois corps de bâtiments organisés autour d'une cour intérieure révèlent ici des fresques du XVIe, là une colonne sculptée Renaissance, là encore ce superbe escalier à vis de pierre. Le chemin était tout tracé pour définir l'ambiance du lieu : les Jung l'ont suivi fidèlement, ne choisissant que des matériaux de grande qualité tels les beaux parquets des chambres en bois massif à décor marqueté ou encore le mobilier authentiquement XVIIe et XVIIIe. À ces références traditionnelles, ils ont ajouté les éléments du confort le plus parfait (superbes salles de bains au design épuré, linge griffé haut de gamme, literie à la fois ferme et moelleuse). Pas une chambre n'est semblable à sa voisine Vous aurez le choix entre les très charmantes "Alsaciennes" (poutres apparentes, vue sur les toits, mobilier traditionnel peint) et les "Bourgeoises", avec leurs imposantes armoires sculptées XVIIe, leurs commodes marquetées serties de bronze doré, leurs rideaux soyeux. Pour vous détendre, rejoignez les vastes salles voûtées du sous-sol à l'éclairage zénithal (150 m² de spa Cinq Mondes pour une ambiance à la fois contemporaine et moyenâgeuse) ou… le chaleureux bar *Meyrhof* autour d'un thé rare, d'une coupe de champagne, ou plus alsaciennement d'un verre de "Clos spécial Meyerhof", autre signature familiale.

Ouvert toute l'année **Chambres** 22 chambres doubles : 180 à 250 €, 8 suites : 295 à 420 € - Petit déjeuner (6 h 30 à 10 h 30) : 22 € **Équipements** climatisation, TV, coffre-fort, Wifi **Divers** animaux (15 à 20 €), parking fermé **Bien-être** spa complet **Accès** dans le centre-ville, à proximité de la Petite France.

CHUT HÔTEL RESTAURANT

hote-strasbourg.fr

4, rue du Bain-aux-Plantes • 67000 Strasbourg (Bas-Rhin)
Tél. 03 88 32 05 06 • Fax 09 70 62 63 58 • Mme Henriet Mojgan

• Dans l'un des plus beaux coins de la Petite-France, près d'une placette et de la célèbre *Maison des Tanneurs*, le *Chut* est une adresse tellement confidentielle que rien ne la distingue des maisons voisines. Derrière la porte, un jardinet débordant de verdure et décoré d'un mobilier idoine chiné en brocante annonce l'ambiance très "maison" de ce petit hôtel. De fait, l'intérieur joue allègrement du mariage des styles et des matières. L'entrée est minuscule ; à droite, le restaurant affiche une blancheur virginale, juste soulignée par le bois naturel des chaises et quelques fleurs fraîches. On y dîne fort bien, d'une cuisine traditionnelle revisitée. Les chambres se répartissent autour d'un escalier de bois interrompu au premier étage par un salon où mobilier rétro, œuvres d'art contemporain, beaux livres et délicats éclairages donnent envie de se poser là et de n'en plus bouger. Pourtant, les chambres sont dans le même registre : là encore le blanc et le bois dominent. Le décor est aussi original qu'élégant, les salles de bains délicieuses. On aime la texture des draps, le confort des matelas. Léger bémol pour l'insonorisation intérieure, pas parfaite, car l'édifice, à structure de bois, est extrêmement ancien (XVIIe). Enfin, l'accueil détendu et spontané achève de faire du Chut un vrai petit hôtel de charme.

Catégorie ★★★ **Ouvert** toute l'année **Chambres** 8 chambres doubles : 95 à 168 € - Petit déjeuner : 12 € **Restaurant** menu à partir de 15 € **Équipements** TV, Wifi **Divers** animaux (10 €) **Accès** dans le quartier de la Petite-France.

HÔTEL GUTENBERG

hotel-gutenberg.com

31, rue des Serruriers • 67000 Strasbourg (Bas-Rhin)
Tél. 03 88 32 17 15 • Fax 03 88 75 76 67 • Vanessa Turlin

• Particulièrement bien situé pour qui veut découvrir la ville, le *Gutenberg* est au cœur du vieux Strasbourg, tout près de la Petite-France et de la cathédrale. L'immeuble lui-même est intéressant, avec sa façade XVIIIe en grès rose, et les travaux que la direction lance au fil des étages en font désormais une adresse moderne et confortable, parfaitement au goût du jour. Les pièces de réception, au rez-de-chaussée, sont aujourd'hui parées de brun sombre, et se jouent des matières – panneaux de bois, tissus, cuir. Quelques fauteuils rouges apportent de la couleur, ainsi l'ensemble est-il élégant et gai en même temps. La salle du petit déjeuner ose quelques teintes supplémentaires, mais avec modération – l'atmosphère est résolument urbaine et chaleureuse, contemporaine à souhait. Les chambres du troisième étage sont toutes revues dans cet esprit : à la fois sobres et pétillantes, mariant le blanc à une ou deux couleurs principales – vert anis ou mandarine. Parfois un tableau graphique, un panneau de tissu. Et partout des lits grands et confortables, des couettes et des luminaires contemporains. L'insonorisation est parfaite, l'impression de "ouaté" totale. Sous les combles, les chambres du cinquième sont charmantes également, moins actuelles, mais très correctes. Pour les autres, on attend la suite de la rénovation !

Catégorie ★★★ **Ouvert** toute l'année **Chambres** 42 chambres doubles : 85 à 190 € - Petit déjeuner : 11 € **Équipements** climatisation, TV, Wifi, ascenseur **Accès** dans le centre-ville, direction la cathédrale ; accès par la place du Corbeau en direction du parking Gutenberg.

HÔTEL SUISSE

hotel-suisse.com

2-4, rue de la Râpe • 67000 Strasbourg (Bas-Rhin)
Tél. 03 88 35 22 11 • Fax 03 88 25 74 23 • Edith Beckers

• Mitoyen du somptueux palais Rohan (l'un des plus riches musées de province), cet hôtel est également à quelques mètres des berges de l'Ill et de la cathédrale. Il offre donc une magnifique base pour découvrir Strasbourg. Amoureusement tenu et restauré par sa propriétaire, l'*Hôtel* Suisse propose dix-sept très petites chambres, chaleureuses et particulièrement bien orientées (bon nombre ont vue sur la cathédrale). Progressivement, leur décor emprunte à l'Alsace traditionnelle, avec tissus en *kelsch* à carreaux et couettes blanches. Huit autres chambres sont vraiment grandes – très classique, l'immense 25 ménage un coin-salon dans l'oriel XVIIIe. Au rez-de-chaussée, la jolie entrée, tendue de tissu rouge orangé, à décor de poutres et de colombages, fait aussi office de minisalon. À côté, la salle à manger est tout aussi séduisante, avec ses plafonds bas, son lambrissage de bois et ses petites fenêtres. On y déguste un petit déjeuner très soigné : salade de fruits frais, viennoiseries, fromage blanc, un peu de charcuterie et de fromage… Et, dès qu'il fait beau, c'est aussi dehors, en terrasse, que l'on peut démarrer la journée. Excellent accueil et prix raisonnables.

Catégorie ★★ **Chambres** 20 chambres doubles : 58 à 169 €, 4 suites familiales (2 à 4 pers.) : 125 à 169 € - Petit déjeuner : 4,50 à 10 € **Équipements** TV, Wifi, **Accès** A 4 et A 35 sortie n° 4, suivre place de l'Étoile puis centre-ville-cathédrale ; suivre les indications "Embarcadère", traverser le pont Sainte-Madeleine ; l'hôtel est à côté du château des Rohan.

VILLA NOVARINA

villanovarina.com

11, rue Westercamp • 67000 Strasbourg (Bas-Rhin)
Tél. 03 90 41 18 28 • Fax 03 90 41 49 91 • Christine Claus

• C'est avec les plans de cette maison que l'architecte Novarina reçut le prix de Rome dans les années 1960. Transformée en hôtel, elle se trouve dans le quartier des ambassades, près du beau parc de l'Orangerie et du célèbre restaurant *Buerehiesel*, repris par Éric Westerman (dont il faut découvrir l'imbattable menu de midi, et qui conseille la *Villa* pour ses petits déjeuners gourmands). Le centre historique de Strasbourg est un peu plus loin, mais reste facilement accessible en voiture. Très accueillants, dynamiques et motivés, M. et Mme Claus sont des hôtes parfaits. Grâce à eux, on se sent chez soi dans la grande salle de séjour au décor immaculé rehaussé de rouge, sur sol en marbre blanc. Partout l'aménagement est gai, lumineux, classiquement moderne, coloré, ponctué çà et là de livres, d'objets divers, de meubles anciens et de toiles contemporaines. Ultra-confortables quelle que soit leur taille, les chambres sont d'une tenue irréprochable et, à une exception près, profitent d'un balcon. À signaler, depuis 2012, l'agrandissement notable de cet hôtel qui vient d'ouvrir dix-sept nouvelles chambres et un spa complet ! Enfin, la piscine et un agréable petit jardin complètent ce bel ensemble.

Catégorie ★★★★ **Ouvert** toute l'année **Chambres** 31 chambres doubles : 107 à 327 €, 4 suites : 277 à 557 € - Petit déjeuner : 22 € **Équipements** climatisation, TV, Wifi **Divers** animaux non admis, garage (25 €) **Bien-être** massages, piscine chauffée, spa complet **Accès** A 35 sortie n° 51 ; suivre "Institutions européennes" jusqu'au parc de l'Orangerie.

LE COLOMBIER

hotel-le-colombier.fr

7, rue Turenne • 68000 Colmar (Haut-Rhin)
Tél. 03 89 23 96 00 • Fax 03 89 23 97 27 • Anne-Sophie Heitzler-Gérard

• Cet édifice Renaissance se trouve à vingt mètres du pont emblématique de la "Petite Venise", où canaux et maisons à colombages composent à chaque tournant des vues de carte postale. De son origine subsistent les murs qui encadrent le patio et un bel escalier hélicoïdal. Pour le reste, c'est un esprit contemporain qui souffle sur *Le Colombier*. En demi-niveau par rapport au hall d'accueil, l'élégante salle des petits déjeuners (qui fait aussi office de bar en soirée) tourne autour d'une cheminée contemporaine : sièges carrés moelleux, verre dépoli, nuances céladon, rose pâle, brun-gris… Une ambiance apaisante pour démarrer en douceur la journée. Dans les chambres, on a installé des lits très larges avec couettes blanches, chevets-cubes et luminaires design. Les sols sont recouverts de parquet ou de moquette, les salles de bains de marbre gris moucheté. Deux chambres superconfortables et au design high-tech offrent un accès de plain-pied sur la cour. D'autres, en duplex, cachent un petit escalier à vis, très "colombier", avec un côté contemporain en plus. Partout des œuvres d'art jalonnent l'établissement (dont, entre autres, plusieurs dessins d'Henry Moore). L'accueil est très professionnel, bien rodé pour recevoir une clientèle internationale. Pas de restaurant sur place, heureusement serait-on tenté de dire, puisqu'à vingt mètres, au bord d'un canal, se trouve le décoiffant *JY'S*, restaurant de Jean-Yves Schillinger, à découvrir sans faute !

Catégorie ★★★ **Ouvert** toute l'année **Chambres** 33 chambres doubles : 99 à 264 €, 10 suites : 195 à 318 € - Petit déjeuner : 14 € **Équipements** climatisation, TV, Wifi, ascenseur **Divers** animaux admis, garage (17 €) **Accès** à Colmar, dans le quartier de la "Petite Venise".

LA MAISON DES TÊTES

maisondestetes.com

19, rue des Têtes • 68000 Colmar (Haut-Rhin)
Tél. 03 89 24 43 43 • Fax 03 89 24 58 34 • M. et Mme Rohfritsch

• En déambulant dans le vieux Colmar, on ne peut pas manquer cette extraordinaire façade de grès rose – les cent cinq masques de grotesques qui rythment le front à pans de bois de cette maison Renaissance, justifiant son nom et son classement "monument historique", attirent l'attention de loin. Le quartier est riche en histoire et en monuments, et on est ainsi à proximité des canaux de la "Petite Venise» et du musée d'Unterlinden – où est conservé l'époustouflant chef-d'œuvre de Grünewald, le retable d'Issenheim. Appuyé sur le mur fortifié (XIIIe siècle) de la ville, l'hôtel est constitué d'une partie ancienne, sur rue, et d'une autre récente, l'ensemble s'organisant autour d'une cour pavée, ombragée par une treille vénérable. Murs blancs enduits à l'ancienne, meubles en sapin ; l'ambiance feutrée des chambres, ravivée par les teintes harmonisées des couvre-lits et des rideaux, joue sur le miel et le beige. Beaucoup de confort aussi, sur le plan tant de l'insonorisation et de la literie que de la tenue impeccable des salles de bains. *La Maison des Têtes*, c'est aussi un restaurant régional bien coté, revêtu de boiseries claires XIXe, où vous dînerez très agréablement. Seul le salon-réception fait un peu triste mine et reste impersonnel. Une belle adresse de ville aussi bien pour une étape touristique que pour un séjour professionnel.

Catégorie ★★★★ **Ouvert** toute l'année sauf en février **Chambres** 17 chambres doubles : 145 à 245 €, 4 suites et duplex : 220 à 290 € - Petit déjeuner : 16,50 € **Restaurant** 27 à 75 € **Équipements** TV, Wifi **Divers** animaux (15 €), parking fermé **Bien-être** Jacuzzi **Accès** dans le centre du vieux Colmar.

HÔTEL QUATORZE

hotelquatorze.com
14, rue des Augustins • 68000 Colmar (Haut-Rhin)
Tél. et fax 03 89 20 45 20 • Catherine et Pascal Devriendt

• Ne vous y trompez pas, derrière la façade 1830 coiffée d'une haute toiture mansardée, cette ancienne pharmacie cache l'hôtel le plus design de Colmar. Heureux contraste après avoir parcouru la petite Venise toute proche, salué la cathédrale, admiré l'extraordinaire façade à pans de bois de la maison Pfister. À présent le regard se repose dans cet univers de blanc, de gris subtils, de doux écrus; suit les murs lisses, s'arrête devant les œuvres d'Alfonso Vallès (personnages hyper-réalistes en noir et blanc, cadres sup en apesanteur...). Le voici dans la chambre, posé sur les télécommandes associées à la TV Loewe, la station Ipod, puis glissant vers la baignoire dans l'axe du lit, ou vers la fenêtre en surplomb de la cour-terrasse (au sol les formes anthracite du mobilier de jardin, ou vertes comme les cactus et les rectangles de bambous qui structurent l'espace...). Vision calme. Non loin un clocher de grès rose égrène les heures. Onze coups déjà! Mais on peut déguster jusqu'à midi son petit déjeuner en chambre (trop bonnes ces petites pâtisseries, le pain aussi, très bon, et les œufs bio, le vrai jus de fruits avec sa vraie pulpe, l'huile d'olive associée à ce petit fromage...). Demain on le prendra en société, dans la jolie salle avec ses chaises coque et ses rideaux pied-de-poule noir et blanc. Ou on emportera son café dehors, rejoindre les derniers fumeurs qui ne se sont pas encore mis à la cigarette électronique. *Quatorze.* Vous avez tiré le bon numéro!

Catégorie ★★★★ **Ouvert** toute l'année **Chambres** 13 doubles : 125 à 220 €, 3 suites : 220 à 420 € - Petit déjeuner (7 h à 11 h) : 18 € **Équipements** climatisation, TV, Wifi, ascenseur **Divers** animaux (10 €), parking vidéo-surveillé (18 €) **Bien-être** Jacuzzi, sauna **Accès** dans le centre-ville près du musée Bartholdi et de la Petite Venise.

HOSTELLERIE SCHWENDI

schwendi.fr

2, place Schwendi • 68240 Kientzheim (Haut-Rhin)
Tél. 03 89 47 30 50 • Fax 03 89 49 04 49 • Famille Schillé

• Modeste, simple, mais dynamique et soignée : cette auberge au cœur d'un charmant village est tenue par la même famille depuis trois générations. La petite place cernée de maisons de vignerons est organisée autour d'un ravissant puits en grès d'Alsace (dommage que le parking n'ait pas été installé plus loin). Au *Schwendi*, vous pourrez dîner en terrasse l'été – en hiver, rendez-vous au sous-sol, dans l'ancienne cave à vin XVIIIe, au décor de pierres apparentes. L'occasion de déguster quelques spécialités alsaciennes et des compositions classiques, exécutées avec beaucoup de sérieux. Côté chambres, nous préférons la *Maison Germaine*, un joli bâtiment à colombages totalement rénové en 2004. Elles y sont souvent très vastes, agréablement décorées dans un style classique rajeuni. De plus, deux d'entre elles disposent d'un balcon permettant de profiter du village. Les autres, au-dessus de l'auberge, peuvent être plus petites, mais sont tout aussi recommandables. Enfin d'importants travaux ont rafraîchi le hall et les escaliers, preuve que cette accueillante maison est toujours en pleine évolution.

Catégorie ★★★ **Ouvert** du 16 mars au 31 décembre **Chambres** 29 chambres doubles : 86 à 118 € - Petit déjeuner : 11 € **Restaurant** (midi et soir) : 23 à 62 € **Équipements** climatisation, TV, Wifi **Divers** animaux admis **Accès** A 35 sortie 23 direction Kaysersberg puis Kientzheim.

HÔTEL-RESTAURANT LES ALISIERS

alisiers.com

5, rue Faudé • 68650 Lapoutroie (Haut-Rhin)
Tél. 03 89 47 52 82 • Fax 03 89 47 22 38 • Matthias Degouy

• Pour accéder aux *Alisiers*, il faut grimper en lacets avec son bolide jusqu'à sept cents mètres d'altitude, se garer sur l'arrière, et pousser l'une des portes vitrées. Là, abracadabra ! on découvre un panorama des plus bouleversants ! L'auberge est entièrement aménagée pour faire face au massif des hautes Vosges et dominer la vallée de la Béhine. Matthias et Caroline, les jeunes propriétaires, redécorent petit à petit de très confortables chambres, de plus en plus au goût du jour. Les plus récentes offrent une ambiance de chalet contemporain, avec des teintes naturelles, des murs en pin rétifié, un beau parquet, des salles de bains design sur fond d'ardoise et de chrome. Les autres, très largement vitrées, jouent avec la vue et la lumière, avec leur parquet clair et leur mobilier intégré en érable. Du petit déjeuner au dîner, on profite désormais d'une toute nouvelle salle à manger panoramique, au design épuré et élégant, pour prendre des repas bien travaillés, à la présentation soignée. Mais, encore une fois, ce qu'on adore par-dessus tout, c'est la vue ! Et l'ambiance jeune et décontractée.

Catégorie ★★★ **Ouvert** de février à décembre **Chambres** 15 chambres doubles : 67 à 135 €, 1 suite : 180 à 200 € - Petit déjeuner : 13 € **Restaurant** (midi et soir) : 32 à 58 € (paniers pique-nique sur demande) **Accès** à 19 km au nord-ouest de Colmar par N 415 ; à Lapoutroie, prendre à gauche devant l'église et suivre le fléchage pendant 3 km.

AUBERGE ET HOSTELLERIE PAYSANNE €

auberge-hostellerie-paysanne.com

1, rue de Wolschwiller • 68480 Lutter (Haut-Rhin)
Tél. 03 89 40 71 67 • Fax 03 89 07 33 38 • Christiane Litzler

• On est seulement à quelques minutes de la frontière suisse et au pied des premiers contreforts du Jura - dépaysés, déjà. Les vaches s'accrochent aux coteaux, la végétation explose de partout, et les collines s'enchaînent aux ruisseaux. Vous trouverez ici deux auberges en une seule, dirigées avec amour, humour et énergie par Christiane Litzler et sa fille Carmen. À l'origine, il n'y avait que la maison principale, solide édifice du bourg, égayé par une dégringolade de géraniums aux fenêtres. On y déguste, pour un prix avantageux, une cuisine de saison, généreuse, à base de produits frais. L'étage accueille quelques chambres simples, fréquemment rafraîchies. Cependant, les plus belles sont à deux cents mètres, dans une ancienne ferme du Sundgau (*xvii*e) sauvée de la démolition et transportée depuis son lieu d'origine jusqu'à ce champ en bordure de village. Desservies par un long balcon de bois en coursive, elles restent basiques, mais sont plus jolies, plus chaleureuses aussi, avec leurs éléments de bois et leurs plafonds bas. Les petits déjeuners sont servis dans le premier bâtiment, mais une petite promenade d'à peine deux cents mètres le long d'un ruisselet bordé d'arbres n'est-elle pas le meilleur moyen de s'ouvrir l'appétit, les yeux, l'esprit ?

Catégorie ★★ **Ouvert** du 14 janvier au 28 juin et du 15 juillet au 20 décembre **Chambres** 16 chambres doubles : 58 à 78 € - Demi-pension (par pers.) : 58,50 à 68,50 € - Petit déjeuner : 9,50 € **Restaurant** 13 à 46,50 € **Équipement** TV **Divers** animaux (4 €) **Accès** autoroute Mulhouse-Bâle, sortie Hesingue-Saint-Louis puis Folgensbourg, Bettlach, Oltingue, Lutter.

€ HÔTEL À L'ORIEL

hotel-oriel.com

3, rue des Écuries Seigneuriales • 68340 Riquewihr (Haut-Rhin)
Tél. 03 89 49 03 13 • Fax 03 89 47 92 87 • Sylviane Wendel

• Les fortifications de Riquewihr sont impuissantes devant les hordes de touristes venus prendre d'assaut ce célèbre village médiéval… Évitez donc de visiter le site en pleine journée et préférez la stratégie du cheval de Troie en vous laissant enfermer derrière ses vieux murs à la tombée du jour et en choisissant d'y dormir pour arpenter ses ruelles en toute quiétude, lorsque les derniers cars auront levé le camp. *À l'Oriel* se trouve un peu en retrait de la rue principale. Il s'agit d'une vieille maison du XVIe siècle aménagée dans un style traditionnel. Organisées autour d'une courette à colombages, les chambres y sont simples, petites et plaisantes, avec leurs papiers peints clairs, unis ou à petits motifs, et leur mobilier parfois ancien, parfois en merisier de style Louis-Philippe. Amusant bar en sous-sol, égayé par des murs orangés et par un beau nappage coloré. La nouvelle salle des petits déjeuners, au rez-de-chaussée, joue la carte traditionnelle, avec ses nappes à carreaux et ses chaises en bois alsaciennes. Dans la maison jaune d'en face, une suite et deux chambres très confortables, plus spacieuses, sont particulièrement réussies. Pour dîner, nous vous recommandons *Le Chambard*, à Kaysersberg. Accueil simple et sympathique.

Catégorie ★★★ **Ouvert** toute l'année **Chambres** 21 chambres doubles : 76 à 137 €, 1 suite : 165 à 192 € - Petit déjeuner (servi de 8 h à 10 h) : 12,90 € **Équipements** TV, Wifi, ascenseur **Divers** animaux (9 €), parking fermé (4,50 €) **Bien-être** massages **Accès** à 19 km au nord de Colmar par N 83, sortie Riquewihr.

LE B. ESPACE SUITES

jlbrendel.com

48, rue du Général-de-Gaulle • 68340 Riquewihr (Haut-Rhin)
Tél. 03 89 86 54 54 • Jean-Luc Brendel

• Jean-Luc Brendel n'est pas seulement un cuisinier de grand talent (un macaron Michelin), c'est aussi un homme totalement passionné, amoureux des vieilles pierres, des formes, des couleurs et des matières. Alors, quand fut mise en vente l'une des plus belles maisons de Riquewihr, il n'a pas hésité ! Après de considérables travaux, où chaque élément d'origine a retrouvé tout son éclat (notamment plusieurs plafonds polychromés à décor de roses), quatre splendides suites ont été créées (vue sur la rue principale ou sur la cour intérieure avec coursives et antiques balustrades). Vastes, d'un confort absolu, elles allient l'ancien et le design, à travers une belle harmonie de couleurs et de matériaux. Armoires anciennes rares, lits ultralarges, coins-salons, salles de bains irrésistibles d'élégance, tableaux contemporains, parquets, colombages… Tout est chaleureux, vraiment réussi. Pour les repas, inutile d'aller très loin, vous aurez le choix entre la *D'Brendelstub* – rôtisserie contemporaine au design coloré pour goûter des produits de première qualité – et *La Table du Gourmet*, le restaurant gastronomique de Jean-Luc Brendel, où l'on déguste les merveilles du potager bio et des petits producteurs locaux à travers des plats inventifs et goûteux. À découvrir !

Ouvert toute l'année sauf Janvier **Chambres** 4 suites : 118 à 249 € - Petit déjeuner : 17 à 19 € **Restaurants** : 19 à 90 € **Équipement** Wifi **Divers** animaux non admis, parking privé **Accès** au nord de Colmar par N 83, sortie Riquewihr.

€ AUBERGE DU BRAND

aubergedubrand.com

8, Grand'Rue • 68230 Turckheim (Haut-Rhin)
Tél. 03 89 27 06 10 • Fax 03 89 27 72 77 • Mehdi Aouini

• Tenue par Céline et Mehdi, un jeune couple très accueillant, cette toute petite auberge continue dans le registre qui lui avait si bien réussi : celui de la simplicité, du bien-vivre et du bien-manger. On y accède par une ruelle latérale, la façade sur rue abritant un petit restaurant rustique et chaleureux. Car l'*Auberge du Brand*, c'est d'abord une table saine et de qualité. Nous faisons confiance à Mehdi, cuisinier expérimenté qui joue avec les produits du marché et les accords mets-vins, pour entretenir et développer la réputation de cette jolie table que nous apprécions. De tailles variables, claires et souvent agrémentées d'un meuble peint ou de brocante, les chambres sont simples, bien tenues et joliment remises au goût du jour. Celles du troisième étage souffrent de salles de bains exiguës, mais on aime leur vue sur les toits du village (et un nid de cigogne tout près). Dans ce lieu où l'on sait tirer parti de chaque espace, le grand palier du premier étage fait office de sympathique salon à l'ancienne et la cour intérieure sert de terrasse fleurie. Enfin, ne boudez pas la suite familiale située dans l'annexe et sa grande terrasse privative. Une attachante petite adresse pour profiter de l'un des beaux villages de la route des vins.

Catégorie ★★ **Ouvert** toute l'année sauf 15 jours en janvier et 15 jours en novembre **Chambres** 8 chambres doubles : 48 à 112 €, 1 suite familiale (2 à 4 pers.) : 112 à 130 € - Demi-pension (supp./pers) : 26 € - Petit déjeuner : 9,90 € **Restaurant** 18 à 55 € **Équipements** TV, Wifi **Divers** animaux (10 €) **Accès** à 6 km à l'ouest de Colmar ; sur la D 417 vers Munster.

HÔTEL DES DEUX CLEFS

2clefs.com

3, rue du Conseil • 68230 Turckheim (Haut-Rhin)
Tél. 03 89 27 06 01 • Fax 03 89 27 18 07 • Céline Martin

• Cerné de fortifications, Turckheim est l'un des plus beaux villages de la route des vins, égayé du 1er mai au 31 octobre par la ronde du veilleur de nuit, qui fait revivre en chantant une ancienne pratique… Comment ne pas être conquis également par l'exceptionnelle façade de cette très belle hostellerie qui, depuis le XVIe siècle, n'a cessé de remplir son rôle ? Très en vogue à la fin du XIXe, le style Renaissance alsacien trouve ici quelques rares témoignages, comme la série des boiseries peintes de la salle à manger représentant des lacs et paysages régionaux. On aime à s'y installer en hiver, quand la nuit et le froid ont enveloppé le village, pour prendre une boisson chaude ou un apéritif avant de ressortir dîner. À côté, l'enfilade de salons en velours cramoisi ménage de nombreux coins intimes, éclairés de bougies en soirée. À dominante jaune ou orangée, les chambres réussissent à conserver une partie de leur charme ancien et sont toutes différentes. Chaque rénovation les rend plus jolies et plus confortables – certaines suites, notamment, sont somptueuses –, on regrette toutefois une insonorisation intérieure insuffisante par endroits (ce qui n'a pas empêché le séjour de bon nombre de personnalités, dont le général de Gaulle). Au matin, vous trouverez un très copieux buffet pour le petit déjeuner, et un accueil attentif, jeune et souriant.

Catégorie ★★★ **Ouvert** toute l'année **Chambres** 40 chambres doubles : 89 à 169 € - Petit déjeuner (7 h 45 à 11 h) : 14 € **Équipements** TV, Wifi, ascenseur **Divers** animaux (5 €), parking (10 €) **Accès** à 7 km à l'ouest de Colmar ; à la sortie de Colmar, prendre la D 11 en direction de Munster.

À L'ORÉE DU BOIS

aloreedubois.fr

Hameau de Courupt • 55120 Futeau (Meuse)
Tél. 03 29 88 28 41 • Fax 03 29 88 24 52 • Paul Aguesse

• Comme en vigie des pâturages, bois et collines alentour, ce petit hôtel rural des années 80 a le grand avantage de n'être qu'à quelques minutes d'une sortie d'autoroute. Vous y apprécierez autant la tranquillité que l'accueil, plein de bonne humeur et d'énergie. Pas d'esbrouffe, pas de déco tendance, plutôt du super tradi et du sérieux, ici. Dans le hall, un buffet et une vieille armoire apportent un peu de caractère. Nos chambres préférées, les plus colorées, dotées d'un mobilier XIXe, sont dans la maison voisine. Celles de l'aile, en enfilade façon motel, sont également meublées d'un brin d'ancien, et profitent toutes d'une vue splendide au travers de leurs grandes portes-fenêtres. Dans certaines, le parquet a remplacé les moquettes, et la salle de bains s'est ouverte sur la chambre. Pour vos repas, deux salles à manger au choix : bien entendu, celle sous véranda offre une très agréable luminosité. La cuisine de M. Aguesse reste une valeur sûre, à base de plats fins et bien maîtrisés, avec les bons conseils de Madame pour les vins. Une adresse honnête pour une étape comme pour un séjour - d'autant qu'un tout nouvel espace spa vient d'être créé, avec piscine intérieure, jets massants et sauna !

Catégorie ★★★ **Ouvert** du 26 janvier au 24 novembre, Fermé lundi et mardi en basse saison **Chambres** 11 chambres doubles : 100 à 150 €, junior suites 2 : 180 €, 1 suite familiale : 190 € Petit déjeuner (8 h à 11 h) : 15 € **Restaurant** (midi et soir) : 30 à 78 € **Équipements** TV, Wifi **Divers** animaux (10 €), parking privé **Bien-être** massages, spa complet **Accès** A 4, sortie 29 Sainte-Menehould ; puis N 3 direction Verdun jusqu'aux Islettes, puis D 2 sur la droite, direction Futeau.

CHÂTEAU D'ADOMÉNIL

adomenil.com

Rehainviller • 54300 Lunéville (Meurthe-et-Moselle)
Tél. 03 83 74 04 81 • Fax 03 83 74 21 78 • Famille Leclerc - Million

• Accueil délicieux, calme total, jardin boisé, bonne table, grand confort : on est ici au paradis ! La jeune génération a pris la relève, et c'est Cyril Leclerc (le gendre) qui dirige les cuisines avec modernité et talent, tandis que Sophie, son épouse, veille merveilleusement sur l'ambiance de la salle et sur l'ensemble de l'hôtel. On se régale dans la belle enfilade classique de pièces lambrissées de chêne, ouvertes sur un parc de sept hectares. Les chambres que nous préférons sont celles du château, ravissantes, classiquement décorées et ornées de beaux meubles régionaux. D'autres, installées dans les anciennes écuries, sont parées de teintes ensoleillées ; très luxueuses, elles mêlent mobilier ancien et néoclassique, fer forgé, marbre, beaux tissus et subtils éclairages. À côté, l'ancienne cour a été transformée pour accueillir les petits déjeuners et une formule "bistrot" à midi, servie dans un élégant décor contemporain à dominante brune. Aux beaux jours, les baies vitrées coulissent et permettent aux tables de gagner les dalles de la terrasse pour mieux profiter du jardin clos, de ses carrés de vivaces. Plus qu'un hôtel, *Adoménil*, c'est tout un univers humain, chaleureux, à vivre en toute saison.

Catégorie ★★★★ **Ouvert** toute l'année sauf 10 jours en janvier, vacances février, 10 jours en juillet **Chambres** 9 doubles : 195 à 285 €, 5 suites : 275 à 345 € - Petit déjeuner : 24 € **Restaurant** (midi et soir) : 65 à 130 € **Équipements** climatisation, TV, Wifi **Divers** animaux admis sur demande **Loisirs** piscine **Accès** à 30 km au sud-est de Nancy par N 4 jusqu'à Lunéville ; à 3 km au sud de Lunéville par D 914.

HÔTEL DE LA CATHÉDRALE

hotelcathedrale-metz.fr

25, place de la Chambre • 57000 Metz (Moselle)
Tél. 03 87 75 00 02 • Fax 03 87 75 40 75 • Tahar Hocine

• Depuis le XVIIe siècle, cet hôtel n'a presque jamais cessé d'accueillir les voyageurs, et ses vieux murs conservent notamment le souvenir de Chateaubriand ou de Mme de Staël. Amateurs de jolies choses, anciennes de préférence, les propriétaires, à leur retour d'Afrique du Nord, ont aménagé chaque pièce comme s'il s'agissait de leur maison. Pourtant, la minuscule entrée ne laisse pas prévoir toutes les qualités qui se révèlent peu à peu : un ravissant patio fleuri au premier étage et, sur chaque palier, quelques meubles anciens (volontiers baroques), des tableaux, vitraux, bouquets… Souvent parquetées et décorées dans des tonalités chaudes, les chambres sont toujours différentes. Elles arborent un très beau choix de tissus subtilement coordonnés, le fer forgé des lits fait référence à la superbe rampe de l'escalier, les meubles sont patinés de jaune pâle. D'autres chambres, ravissantes et très confortables, ouvrant soit sur un beau patio ancien, soit sur la cathédrale, ont été récemment aménagées dans un immeuble du XVIe siècle presque mitoyen. Au rez-de-chaussée du bâtiment principal, une grande salle (un peu froide à notre goût) sert pour les petits déjeuners, vous y goûterez notamment quelques bonnes confitures maison. L'accueil est chaleureux, familial et sans façons dans cet hôtel idéalement situé au cœur du plus beau quartier de Metz, en face de la cathédrale et de ses exceptionnels vitraux.

Catégorie ★★★ **Ouvert** du 8 janvier au 31 décembre **Chambres** 28 chambres simples et doubles : 68 à 120 €, 1 suite : 110 € - Petit déjeuner : 11 € **Équipements** TV, Wifi **Divers** animaux (8 €) **Accès** dans le centre-ville.

GRAND HÔTEL DES PRÉLATS

hoteldesprelats.com

56, place Monseigneur-Ruch • 54000 Nancy (Meurthe-et-Moselle)
Tél. 03 83 30 20 20 • Fax 03 83 30 20 21 • Pierre-André Dubois

• L'ancien *Hôtel des Prélats*, à Nancy, a bénéficié d'une splendide rénovation et offre à la ville l'hôtel de caractère qui lui manquait. Directement accolé au flanc de la cathédrale, ce magnifique édifice XVIIe donne à l'arrière sur le délicieux petit jardin des sœurs de l'Alliance ; vue réjouissante dont profitent certaines chambres et la véranda des petits déjeuners. Côté chambres, on a gentiment joué la carte de la modernité, mais en accentuant fortement le côté "romantique" : chaque chambre s'est vue doter d'un baldaquin – en métal, bois ou tissu. Décorées dans un esprit classique revisité par les tendances du moment, elles bénéficient d'un sobre mobilier rétro et de très belles salles de bains "à l'ancienne", colorées par un petit vitrail moderne donnant sur la chambre. Partout, du parquet, des voilages et des tissus de marque – une signature discrète de qualité. Mentionnons particulièrement la 116 et la suite des "Archanges", toutes deux très vastes, avec un espace salle de bains intégré à leur volume : elles laissent voir un grand pan de pierres sculptées (ogive, angelots) appartenant au mur de la cathédrale, englobé par l'édifice lors de sa construction. Étonnant, surprenant, unique ! Une très belle adresse à prix raisonnables, à deux pas de la place Stanislas.

Catégorie ★★★ **Ouvert** du 2 janvier au 23 décembre **Chambres** 42 chambres doubles : 115 à 145 €, 1 suite : 249 € - Petit déjeuner : 13 € **Équipements** climatisation, TV, Wifi, ascenseur **Divers** animaux (15 €) **Accès** dans le centre-ville.

€ LE COLLET

chalethotel-lecollet.com

9937, route de Colmar • 88400 Xonrupt Longemer (Vosges)
Tél. 03 29 60 09 57 • Fax 03 29 60 08 77 • Olivier Lapôtre

• Comme un navire gigantesque perché au sommet d'une vague de quelque mille mètres d'altitude, l'immense, splendide, chalet de bois du *Collet* s'arrime au rocher. Sur la route des crêtes, avec sur place la station de ski du col de la Schlucht, c'est un véritable hôtel de montagne au cœur du parc des Vosges. Cet établissement familial, décontracté, a été adopté par une clientèle fidèle qui le considère comme sa propre maison. Au service, une équipe très dynamique, orchestrée par une directrice virevoltante, très présente. Les pièces de réception, récemment rénovées, habillées de bois brut et décorées d'objets traditionnels, ont quelque chose de savoyard, avec ce raffinement rustique fidèle aux tendances actuelles, et un nouveau petit coin boutique. On y déguste une cuisine bien enracinée, des boissons chaudes ou fraîches, des snacks à toute heure. Pour choisir vos chambres, préférez les quatre nouvelles du rez-de-chaussée, moins lumineuses mais d'un sobre design montagnard, ainsi que toutes celles qui ont été rajeunies de cette belle manière. Les autres sont originales, sympathiques, et l'on y retrouve les peintures d'un ami de la maison, sur les murs, les portes, les plafonds… Faites ensuite un petit stop dans l'escalier pour saluer les photos festives des grandes ou petites stars "prises au *Collet*". Une adresse vivante et jeune pour des séjours contemplatifs ou sportifs !

Catégorie ★★★ **Ouvert** toute l'année **Chambres** 19 chambres doubles et triples : 94 à 129 €, 6 suites familiales (2 à 4 pers.) : de 114 à 159 € - Petit déjeuner buffet : 15 € **Restaurant** (midi et soir) : 18 à 56 € - demi-pension en chambre double : 91 à 105 € **Équipements** TV, Wifi **Divers** animaux (6 €) **Accès** sur la D 417 entre Épinal et Gérardmer au niveau du col de la Schlucht.

HÔTEL GÉRARD D'ALSACE €

\\ hotel-gerard-dalsace.com

14, rue du 152e-Régiment-d'Infanterie - 88400 Gérardmer (Vosges)
Tél. 03 29 63 02 38 • Fax 03 29 60 85 21 • Lionel David-Horter

• Le lac est à une centaine de mètres, les terrasses et les boutiques de Gérardmer à cinq minutes de ce petit hôtel qui ressemble à une gentille pension de famille endormie au bord de la route. L'extérieur fait un peu délavé… Pourtant, l'intérieur vient de bénéficier d'une belle et judicieuse rénovation qui en ferait presque un hôtel "tendance", avec ses chambres pimpantes, lumineuses, aux teintes du moment et aux agréables petites salles de bains joliment refaites. L'insonorisation parfaite les rend hermétiques au passage des voitures (desserte locale à certaines heures, peu gênante, même lorsqu'on est dans le jardin ou près de la piscine). Plaisant et confortable, l'ensemble reste simple, les prix très doux. Accueillant, disponible, extrêmement motivé, Lionel David-Horter ne cesse d'imaginer de nouvelles améliorations. Il a mis en place une formule demi-pension avec un restaurant voisin (cuisine simple et traditionnelle, ceux qui veulent une table plus sophistiquée iront un peu plus loin, au *Cap Sud*), et envisage de nouveaux changements dans le petit salon rétro comme dans la salle à manger… *Gérard d'Alsace* n'a pas fini de nous étonner !

Catégorie ★★★ **Ouvert** toute l'année sauf du 23 juin au 7 juillet **Chambres** 9 chambres doubles de 59 à 90 €, 4 suites familiales : 110 à 140 € - Petit déjeuner : 5 à 9 € **Équipements** TV, Wifi **Divers** garage, parking privé **Loisirs** piscine chauffée **Bien-être** sauna **Accès** à Gérardmer, longer le lac en direction de La Bresse. L'hôtel se trouve 50 mètres après la gendarmerie.

HOSTELLERIE LES BAS-RUPTS

bas-rupts.com

181, route de la Bresse • 88400 Gérardmer (Vosges)
Tél. 03 29 63 09 25 • Fax 03 29 63 00 40 • Familles Philippe et Witdouck

• Autrefois lieu de villégiature cossu où Alsaciens et Lorrains venaient jouer au casino, Gérardmer allie avec magie la montagne vosgienne au grand lac. Depuis plusieurs générations, cet hôtel, passé maître dans l'art de s'adapter aux nouvelles exigences de la clientèle sans jamais rompre avec la tradition, fait partie des plus beaux établissements de la région. C'est ainsi qu'un superbe chalet, utilisé notamment comme salon d'accueil (cheminée, piano-bar), sert désormais de trait d'union entre les deux anciens bâtiments de part et d'autre du jardin (on y a créé quelques vastes et splendides suites). Toutes les chambres s'ouvrent sur un paysage de montagnes arrondies et de prairies pentues. Décor feutré, beaux éléments de bois, bien choisis, les chambres affichent un luxe actuel de bon aloi. Côté cuisine, Michel Philippe surveille toujours les fourneaux, relayé aujourd'hui par Jérôme Badonnel (Chef en or 2009) ; et c'est une réussite, dans un registre classique toujours aussi bien exécuté (tarifs intéressants pour les plats en demi-portion). Enfin, le service comme l'accueil en salle de Sylvie Philippe-Witdouck et de Guislain, son mari, associent professionnalisme et grande gentillesse.

Catégorie ★★★★ **Ouvert** toute l'année **Chambres** 21 chambres doubles : 150 à 240 €, 4 suites : 250 à 520 € - Petit déjeuner : 22 € **Restaurant** 36 à 98 € **Équipements** TV, Wifi **Divers** animaux (17 €), garage **Loisirs** deux piscines dont une intérieure chauffée, tennis **Bien-être** spa complet **Accès** à 56 km à l'ouest de Colmar par D 417 et D 486, direction La Bresse (à 3 km de Gérardmer).

LE VAL JOLI

levaljoli.com

12 bis, le Village • 88230 Le Valtin (Vosges)
Tél. 03 29 60 91 37 • Fax 03 29 60 81 73 • Famille Laruelle

• Comme nous, vous allez adorer l'accueil familial, absolument charmant, de cette auberge toute simple, située au creux de l'une des plus jolies vallées des Vosges. Dès la porte ouverte, l'ambiance est là : plafonds bas, grosses poutres, carrelage et cheminée créent une atmosphère authentique que l'on retrouve aussi dans l'une des deux salles à manger au beau plafond parqueté. Le succès aidant, l'hôtel a fait quelques agrandissements : le résultat est gai, confortable, fidèle à un certain classicisme. Ainsi, c'est un artisan local qui a réalisé le mobilier Directoire de la grande salle à manger, des chambres et des suites dernièrement créées. La vue sur les prés et la lisière du bois est rafraîchissante, elle permet parfois d'apercevoir à la tombée du jour quelques chevreuils qui s'aventurent à découvert. Dirigée par Philippe, le fils de la maison (un superbe parcours chez les plus grands : Robuchon, Ducasse), la cuisine s'avère un régal absolu. Ancrée dans le terroir avec finesse et vivacité, elle offre un bel exemple de mariage heureux entre les produits et la créativité. Une auberge qui a su s'améliorer tout en préservant l'accueil chaleureux qui en a fait le succès.

Catégorie ★★★ **Ouvert** toute l'année **Chambres** 7 chambres : 82 €, 3 suites : 140 € - Petit déjeuner : 12 € **Restaurant** (midi et soir) : 20 à 65 €, **Équipements** TV, Wifi **Divers** animaux (6 €), garage (6 €), stage cuisine (50 € à 130 €) **Loisirs** tennis **Accès** à 40 km à l'ouest de Colmar par D 417 (col de la Schlucht) ; au lieu-dit Le Collet, prendre à droite par D 23 jusqu'au Valtin.

LES JARDINS DE BRANTÔME

lesjardinsdebrantome.com

33, rue de Mareuil • 24310 Brantôme (Dordogne)
Tél. 05 53 05 88 16 • Christophe Dupuy

• À l'entrée de Brantôme, on adore le format de ce petit hôtel-restaurant de village, tenu par un couple jeune et passionné. Première bonne surprise : le petit parking devant l'hôtel, très précieux, tant il est presque impossible de se garer dans ce bourg historique. Second atout : le ravissant jardin qui escalade la pente, ménage des petits coins ombragés pour faire une sieste ou prendre un verre, débouche sur une piscine d'où la vue est belle sur les toits voisins, s'achève sur l'un des bâtiments de l'hôtel. Ici, presque chaque chambre a sa petite terrasse privative, un pan de mur en pierres apparentes, une literie immense et ultra-confortable, des équipements de qualité, discrets et élégants. L'harmonie a été voulue, et l'harmonie est réussie ! Jusqu'aux éclairages, qui sont doux, graphiques et bien pensés, jusqu'au choix des couleurs, douces et subtiles. Au sol, un plancher de châtaignier massif, parfois du jonc de mer. Sur les lits, des draps en lin. Partout, une belle atmosphère. Christophe Dupuy se fait plaisir, en cuisine, à travailler des produits locaux, frais, et il reste simple, sans pour autant brider sa créativité. Sa femme Florence, est en salle ou à l'hôtel – tous les deux disent avoir plus que tout *"le désir de faire rêver, et la volonté d'être utiles"*. Jolie philosophie pour une profession qui ne prend plus toujours le temps d'en formuler une, trop aux prises avec les impératifs concrets du quotidien… Ici, on a fait le choix de la disponibilité, de l'attention maximum. Ajoutez à cela un excellent petit déjeuner, et vous ferez vite de l'adresse votre lieu d'escale favori en Périgord !

Catégorie ★★★ **Ouvert** toute l'année sauf de mi-décembre à mi-janvier **Chambres** 5 chambres doubles : 125 à 195 €, 1 chambre triple : 190 à 220 €, suite de 165 à 270 €, lit suppl. 25 € - **Équipements** climatisation, TV, Wifi, ascenseur **Accès** Au nord de Brantôme à la jonction de l'avenue d'Angoulême et de l'avenue des Martyrs.

LE MANOIR D'HAUTEGENTE

manoir-hautegente.com

Hautegente • 24120 Coly (Dordogne)
Tél. 05 53 51 68 03 • Patrick et Marie Josée Hamelin

• Depuis près de trois siècles, la famille Hamelin préside aux destinées de cet ancien moulin à draps et forge de l'abbaye des moines guerriers de Saint-Amand-de-Coly. Splendide et envoûtant, le site est traversé par deux bras d'une rivière qui serpente, forme de larges cascades, retrouve son calme et miroite doucement devant le manoir. Près des rives se promènent oies et canards, (ne pas trop s'y attacher car ils finissent en confits ou en foies gras, mis en vente à l'accueil). Tout autour des jardins fleuris et soignés, des coins aménagés, une immense piscine cachée derrière sa haute charmille taillée au cordeau. À l'intérieur, les belles pièces de réception en enfilade allient le classicisme du mobilier ancien à un beau choix décoratif. Même soin dans les chambres voulues comme pour des amis (tissus tendus et mobilier de famille), réparties entre le manoir, le pigeonnier ou les dépendances. *Hautegente*, c'est aussi une bonne table, bien ancrée dans son terroir, mise en valeur par un accueil attentif, orchestré à la perfection. Le repas du soir (magique lorsqu'il est servi au bord de l'eau, sous la pergola) est une véritable cérémonie d'un classicisme vieille France qui n'exclut en rien la bonne humeur générale. La Table de Jean offre une alternative dans une ambiance de bistrot traditionnel, revisitée par les tendances du moment. Un lieu rare !

Catégorie ★★★★ **Ouvert** de début mai à fin septembre **Chambres** 20 chambres et duplex de 95 à 250 € **Restaurant** (midi et soir) : 40 à 100 €, Petit déj. : 15 € **Équipements** climatisation, TV, Wifi **Divers** animaux admis, parking privé **Loisirs** barque, pêche, piscine **Accès** à 35 km au sud-ouest de Brive par N 89 vers Périgueux ; au Lardin-Saint-Lazare, D 704 puis D 62 vers Sarlat-Souillac.

LES GLYCINES & SPA

les-glycines-dordogne.com

4, avenue de Laugerie • 24620 Les Eyzies-de-Tayac Sireuil (Dordogne)
Tél. 05 53 06 97 07 • Pascal Lombard

• Intimement lié à la préhistoire, le village des Eyzies est un incontournable du tourisme en Périgord. Pour les moins férus d'art rupestre, la Dordogne traverse le bourg, promesse de baignades, pêche, balades en canoë. Et, presque au bord, le pont tout juste franchi, l'*Hôtel des Glycines* se tient là, dans un recoin verdoyant. Une fois passé la porte d'entrée, on oublie la route pour s'imprégner de l'atmosphère de cette demeure. Les petits salons fournis en fauteuils, en sofas et en livres, le bar très *british*, participent à l'ambiance subtilement rétro des pièces de réception. La salle à manger est, elle, des plus "tendances", avec ses confortables fauteuils, ses teintes de gris et de crème, ses tables dressées avec recherche. Une vaste terrasse à l'ombre de canis la prolonge et domine le splendide jardin (à côté, également en surplomb, un confortable lounge sous de grands parasols). Même réussite pour les chambres, parfaitement rénovées, toutes de gris vêtues, avec quelques notes plus vives sur les boutis ou les rideaux et, parfois, pour délimiter les salles de bains, de belles portes anciennes vitrées en bois décapé (quatre suites donnent de plain-pied sur la verdure et les roses). Enfin, et surtout, goûtez à la cuisine, fine et de haute volée, pour palais exigeants. Une accueillante maison qui s'améliore sans cesse.

Catégorie ★★★★ **Ouvert** du 27 déc. au 21 février et du 4 mars au 15 nov. **Chambres** 16 chambres doubles : 128 à 198 €, 7 juniors suites (2 à 3 pers.) : 253 à 268 € et 3 écolodges (2 pers) : 270 à 335 € - Demi-pension (supp. / pers.) : 60 € **Restaurant** 60 à 110 € - Petit déj. : 30 € **Équipements** climatisation, TV, Wifi, ascenseur, **Divers** parking fermé **Loisirs** 2 piscines dont une intérieure chauffée **Accès** en venant de Périgueux, l'hôtel est à l'entrée du bourg à gauche après le pont.

MAISON DE MARQUAY

•NOUVEAUTÉ•

maisondemarquay.fr

Le Bourg • 24620 Marquay (Dordogne)
Tél. 05 53 59 53 59 • Marie-Laure et Gérard Lerchundi

• Pas tout à fait un hôtel, pas vraiment une chambre d'hôtes non plus… Cet endroit atypique rêvé par Marie-Laure et Gérard, de grands voyageurs qui ont travaillé dans l'hôtellerie partout dans le monde, s'apparente plus à une maison d'hôtes agrémentée d'une bonne table. Nichée au cœur d'un petit village dans le triangle – Sarlat, Les Eyzies, Lascaux – elle offre cinq chambres spacieuses et gracieuses, dont trois suites tout confort avec literie de qualité, stations Ipod, peignoirs… Toutes sont habillées de dégradés de gris, de murs peints à la chaux et de sols en jonc de mer. Et chacune d'elles possède une vue sur le jardin ou la piscine. Comme nos hôtes sont très attentionnés, ils ont prévu pour chacun un mot d'accueil personnalisé avec mignardises, ainsi que des petites douceurs sucrées, un sac de plage avec serviette de bain, un nécessaire à cirage caché dans des sacs anciens… Une ambiance "brocante chic" que l'on retrouve dans les pièces à vivre. Mais, le plus grand trésor de cette maison, c'est la cuisine de Gérard. Passionné de gastronomie, il aime par-dessus tout travailler les produits du terroir avec finesse. Et comme le chef adore accueillir et prendre le temps de présenter à ses convives le menu du soir, il ne transige pas avec l'heure d'arrivée. Après 18 heures, point de salut !

Ouvert de mi-mars à mi-novembre **Chambres** 2 chambres doubles : 84 à 85 €, 3 suites : 102 à 120€ - Petit déjeuner compris **Restaurant** (le soir) : 33€ **Équipements** Wifi **Divers** parking fermé **Accès** à 10 km des Eyzies. Aux Eyzies prendre D 48 vers Saint-Geniès sur 7 km puis à droite D6 et fléchage.

LA MÉTAIRIE

la-metairie.com

Lieu-dit Millac • 24150 Mauzac et Grand-Castang (Dordogne)
Tél. 05 53 22 50 47 • Heinz Johner

• C'est à quelques kilomètres du fameux méandre en fer à cheval du cingle de Trémolat, dans cette belle vallée où les grandes boucles de la Dordogne traversent une mosaïque de cultures, que se trouve *La Métairie*. Cet hôtel jouit d'une jolie vue et d'un grand jardin. Sur la terrasse, on est saisi par le calme merveilleux de ce lieu particulièrement authentique, dont profitent également, en face de vous, dans le pré en pente douce, deux charmants poneys. Les chambres (parfois avec terrasse privative) affichent un décor rénové aux couleurs et goûts du moment, certaines avec dais et tissus raffinés. La plupart des salles de bains, refaites, apportent tout le confort nécessaire. Autre rénovation réussie : la salle à manger, qui communique avec le salon, tout aussi cosy et souvent réchauffé en saison par une belle flambée. L'accueil est d'une extrême gentillesse, plein d'humour, et, par beau temps, la cuisine parfumée et inventive achèvera de vous ravir, sur la terrasse ou au bord de la piscine.

Catégorie ★★★★ **Ouvert** du 1er avril au 5 nov. et sur demande entre le 22 déc. et le 3 janvier **Chambres** 9 chambres : 135 à 195 €, 1 junior-suite de 195 à 330 € - Petit déj. : 15 € **Équipements** TV, Wifi **Divers** animaux (15 €) **Loisirs** piscine, VTT **Accès** à 68 km au sud de Périgueux par N 89 et D 70 jusqu'au Bugue, puis D 703 et bifurcation pour Mauzac.

CHÂTEAU DES BAUDRY

chateaudesbaudry.com

Lieu-dit Baudry • 24240 Monestier (Dordogne)
Tél. 05 53 23 46 42 • François Passebon et Hélène Boulet

• Hélène et François, anciens propriétaires de la maison d'hôtes du *Moulin de Labique*, n'en sont pas à leur premier fait d'armes. Ils furent sans doute immédiatement sous le charme du *Château des Baudry* lorsqu'ils aperçurent au loin, dès la sortie du village de *Monestier*, ces anciens bâtiments des xviie et XVIIIe siècles, perdus au milieu des bois, des vignes et des prés bordés de haies. Car nous sommes ici sur la route des vins du Périgord pourpre, où de nombreuses appellations du Bergeracois ont acquis leurs lettres de noblesse. Cœur des *Baudry*, le patio, protégé par quatre ailes aux gracieuses génoises, est une promesse de moments exquis autour du bassin aux nénuphars. Par temps frais, on se replie sous la verrière pour le petit déjeuner et dans la salle à manger lambrissée pour un dîner au coin du feu. Les talents culinaires d'Hélène n'ont d'égal que ceux qu'elle possède pour la décoration. Les cinq chambres, toutes spacieuses et ultra-confortables, sont en effet un modèle de goût : cheminée, tomettes, superbes meubles et tableaux anciens, tapis persans, papiers peints des meilleures maisons… et, pour quatre d'entre elles, un double accès patio et jardin, où vous attend une piscine avec vue panoramique. À découvrir !

Ouvert toute l'année **Chambres** 5 chambres : 110 à 150 € - Petit déj. : 13 € **Restaurant** (le soir) : 35 € **Équipements** Wifi **Divers** animaux (10 €), parking privé **Loisirs** vélos **Accès** à Bergerac, prendre la D 936 vers Bordeaux jusqu'à Gardonne, puis D 4 en direction de Saussignac (5 km) ; dans Saussignac continuer sur la D 4, l'hôtel se situe 2 km après Saussignac sur la gauche.

HÔTEL EDWARD 1ER

hoteledward1er.com

5, rue Saint-Pierre • 24540 Monpazier (Dordogne)
Tél. 05 53 22 44 00 • Arjan et Marije Capelle

• D'origine néerlandaise, aussi sympathiques que dynamiques, Marije et Arjan sont très attentifs au bien-être de chacun, toujours soucieux de faire mieux. Grâce à cet état d'esprit, ils ont réussi à faire de l'*Edward Ier* l'un des plus charmants hôtels de la région. Cette élégante gentilhommière fin XIXe où il fait bon dormir et se détendre réserve aussi d'heureuses et délicates surprises gustatives grâce au travail de Gwenaël Gauthier. Cependant, le décor, l'atmosphère du lieu ne sont pas en reste, et vous y ferez un séjour des plus radieux. Les chambres d'origine sont de belle taille, d'un style classique remis au goût du jour. Plus grandes au premier étage, plus cosy pour celles qui logent sous les toits, toutes sont accueillantes. En 2013, la maison s'est agrandie (300 m² en plus) et cinq autres cocons ont été créés, tout en raffinement et modernisme douillet. Dans les salons et la nouvelle salle de restaurant, petits coins intimes et alcôves attendent les amoureux. Pour le midi, vos hôtes possèdent également un bistrot au cœur de la belle bastide de Monpazier, à cinq cents mètres de là : le *Numéro 2* – une autre réussite, au décor plus moderne. Également une belle occasion de visiter l'un des plus beaux villages de France.

Ouvert toute l'année **Chambres** 12 chambres de 80 à 200 € - Petit déj. 12 € **Restaurant** (le soir) 35 € **Équipements** Wifi **Divers** animaux (10 €), parking privé **Loisirs** vélos **Accès** A 20 sortie Souillac, D 703 vers Siorac, puis D 710 et D 53.

LA ROSERAIE

laroseraie-hotel.com

11, place d'Armes • 24290 Montignac (Dordogne)
Tél. 05 53 50 53 92 • Katia et Thierry Guedj

• Côté place d'Armes, *La Roseraie* offre un visage noble et presque austère, côté Vézère, elle révèle une avenante maison avec terrasse ombragée, piscine et, bien sûr, roseraie… Particulièrement agréables côté rivière (qui coule paisiblement à quelques mètres par-delà une petite rue), les chambres osent les mélanges à l'anglaise, de couleurs, de motifs, de styles de mobilier, ancien ou peint à la main. On s'y sent vite comme chez soi, et vous aurez l'embarras du choix entre les plus romantiques et les plus contemporaines, entre les roses, les jaunes, les bleues… (deux d'entre elles sont idéales pour les familles). Principalement orientées vers le jardin, les pièces de réception affichent le même caractère chaleureux et très habité. La salle des petits déjeuners, avec verrière, permet de profiter au mieux de la nature quand le temps est incertain. Au moment des repas, ceux qui ne souhaitent pas ressortir peuvent commander d'alléchantes planches de charcuterie, foie gras, magret séché, fromage, dessert du jour, et s'il fait beau, les déguster au jardin avec une bonne bouteille. Accueil sympathique des propriétaires, récents dans le métier mais très concernés et sincèrement désireux de satisfaire leurs hôtes.

Catégorie ★★★ **Ouvert** du 4 avril au 2 novembre **Chambres** 16 chambres doubles : 79 à 193 €, 1 appartement (5 pers.) : 210 à 293 €, 2 suites : 146 à 280 € - Petit déj. : 14 € **Restaurant** Bar à vin (assiette gourmande) de 15 à 19,50 € **Équipements** TV, Wifi **Loisirs** piscine **Accès** A 20 puis A 89 sortie Terrasson, suivre N 89 direction Périgueux jusqu'à Condat, puis suivre Montignac-Lascaux

CHÂTEAU LES MERLES

lesmerles.com

3, chemin des Merles - Tuilières • 24520 Mouleydier (Dordogne)
Tél. 05 53 63 13 42 • Jan Van Grinsven

• Passionnée par ce magnifique domaine et son château XVIIe en pierres blondes, la famille Van Grinsven ne cesse de faire évoluer l'endroit, et c'est un plaisir toujours renouvelé d'y revenir ! Subtil mariage d'un décor contemporain et d'antiques volumes remis en valeur, la demeure se joue des époques et des styles. C'est ainsi que les teintes ébène des huisseries et du mobilier des chambres tracent quelques lignes pures dans la blancheur des tissus et des murs, avec, comme petit gimmick, l'éclat doré d'un miroir rococo ou l'acidulé d'un fauteuil Napoléon III en velours de soie pistache ou fuchsia. Même ambiance reposante dans les grandes salles de bains, toutes blanches elles aussi, excepté les étagères laquées noires, support de belles vasques rectangulaires très "tendance". Dans l'ancienne grange, à la sophistication dépouillée, ou en terrasse, sous de grands parasols noirs, vous goûterez la remarquable cuisine d'Albert Kooy, ultrasensible, en tout point excellente et servie avec beaucoup de soin, d'attention. S'y ajoute désormais un hameau de maisons magnifiquement construites à l'ancienne. Chacune a sa terrasse et domine une immense piscine anthracite sertie de lavandes face à un paysage majestueux. On peut y dormir à la nuit hors saison ou les louer à la semaine en été. Un ensemble de très grande qualité entouré d'un golf et de la nature à perte de vue.

Catégorie ★★★★ **Ouvert** toute l'année **Chambres** 12 chambres : 140 à 195 €, 2 suites (3 pers.) : 175 à 260 €, 2 appartements : 245 à 360 €, 1 villa : 280 à 460 € - Petit déj. : 15 € **Restaurant** (midi et soir) : 20 à 45 € **Équipements** TV, Wifi **Divers** animaux (15 €) **Loisirs** golf, 2 piscines, tennis, VTT **Bien-être** sauna **Accès** à 12 km de Bergerac, à gauche sur D 660 vers Lalinde.

LA GENTILHOMMIÈRE
RESTAURANT ÉTINCELLES

gentilhommiere-etincelles.com

Le Bourg • 24440 Sainte-Sabine-Born (Dordogne)
Tél. 05 53 74 08 79 • Vincent Lucas

• *Étincelles !* Le nom sied parfaitement au restaurant de cette maison et à son chef, Vincent Lucas. Ce joyeux personnage débordant de créativité affirme avec *La Gentilhommière,* un concept original : quatre chambres d'hôtes de charme dans une demeure périgourdine, et 6 000 m² de terrain sur lequel piscine, tennis, puits, potager et jardin avec une multitude d'arbres et de fleurs se côtoient pour le plus grand bonheur de chacun. Massages et atelier culinaire sont aussi une promesse de bien-être et de bien-vivre. Tout comme la table gastronomique, qui propose avec son menu "Découverte" et ses dîners à thème une cuisine instinctive et créative évoluant au gré des saisons et de l'inspiration du chef. Vincent aime travailler les contrastes (sucré/salé, moelleux/croquant) et faire découvrir des saveurs inconnues dans un cadre authentique qui mêle bois, pierre, verre et fer forgé… Côté nuit, on se laisse aussi surprendre par la décoration, pleine de fantaisie. Comme dans la chambre "Brigitte" et sa salle de bains ouverte *"pour ne jamais se quitter des yeux"* ! Toutefois, les toilettes, dissimulées derrière un paravent, peuvent dissuader les plus pudiques. Ceux-là préféreront l'ambiance chalet de "Pointe fine" (skis en bois, peau de chèvre, sabots, marmottes en peluche), l'atmosphère campagnarde de "Bicyclette bleue" ou les tons épicés de la belle suite "Hippo et Girafon". Une halte gourmande dans le pays de Bergerac, entre vignobles et bastides.

Ouvert toute l'année sauf vacances de février, de la Toussaint (zone C), dernière semaine de juin, de septembre, une semaine en avril **Chambres** 3 chambres : 101 à 126 €, 1 suite : 115 à 165 € - Petit déj. compris **Restaurant** (midi et soir) : 31 à 120 € **Équipements** TV, Wifi **Divers** animaux (6 €) **Loisirs** piscine, tennis **Bien-être** massages **Accès** à Bergerac prendre la N21 puis Issigeac par la D14 ; ensuite, direction Villeréal, puis Saint-Léon-d'Issigeac et Sainte-Sabine-Born.

LA CHARTREUSE DU BIGNAC

abignac.com

Le Bignac • 24520 Saint-Nexans (Dordogne)
Tél. 05 53 22 12 80 • Brigitte et Jean-Louis Viargues

• À 8 kilomètres au sud de Bergerac, au cœur du Périgord pourpre. *La Chartreuse du Bignac*, édifice du XVIIIe siècle, trône sur un immense parc où lequel se côtoient vergers, jardin d'herbes, buis tricentenaires, cyprès, rosiers, pigeonnier, étang, cygnes, canards, piscine… Les douze chambres (et leurs superbes salles de bains) à la fois sobres, chaleureuses, originales et actuelles, sont restaurées avec de beaux matériaux naturels, décorées avec des tapis et des tableaux colorés. Ici, rien de standard, mais un soin particulier apporté aux détails et aux nombreuses rénovations. Au rez-de-chaussée, les deux chambres au sol carrelé des anciens chais sont un peu fraîches, mais bien pour l'été – nous aimons particulièrement la "Félibré", la "Voyage" et la "Senderel", intimes et mansardées, avec une très belle literie, des livres. "Le Cluzeau" et "Les Lauzes", à côté, sont tout aussi agréables. Dans l'ancien bâtiment des oies, "La Source" côtoie "La Caselle", idéale en famille. Enfin, deux superbes suites ont été installées dans la maison du boulanger et dans le moulin (vue sur le bief à travers une dalle vitrée). Retour au logis principal pour savourer un petit déjeuner fait maison et bio ou une cuisine de saison raffinée, actuelle, très florale concoctée par un jeune chef inventif, et sublimée par de bons crus. Après le dîner, il est temps de profiter des salons, splendides, du home cinéma ou d'un coucher de soleil sur un magnifique panorama.

Catégorie ★★★★ **Ouvert** du 1er février au 14 décembre **Chambres** 10 chambres : 158 à 232 €, 2 suites : 263 à 483 € - Petit déj. : 17 à 23 € **Restaurant** 39 à 50 € **Équipements** TV, Wifi **Divers** animaux non admis, parking privé **Loisirs** home cinéma, pêche, piscine, vélos **Accès** N 21 sortie Bergerac, après l'aéroport, prendre D 14 vers Saint-Nexans, puis D 19 vers Faux, et à droite C 204.

LA MAISON DES PEYRAT €

maisondespeyrat.com

Le lac de la Plane • 24200 Sarlat-la-Canéda (Dordogne)
Tél. 05 53 59 00 32 • Port. 06 24 57 37 70 • Jean-Marc Sabalette

• Qu'il est agréable, quand la canicule pèse sur la plaine, de rejoindre la fraîcheur ombragée de cette bâtisse de caractère dont la partie la plus ancienne date du XIVe siècle. Sur la colline de la Plane, à neuf cents mètres du centre historique de Sarlat, l'endroit s'apparente plus à une maison de charme qu'à un hôtel. C'était le souhait de Jean-Marc Sabalette quand il a repris cet établissement. Le maître des lieux a eu à cœur de lui conserver son cachet. Les dix chambres, toutes différentes, bénéficient d'un accès direct depuis l'extérieur et ouvrent leurs fenêtres sur un jardin verdoyant agrémenté d'une grande piscine. Sur fond de blanc et de beige, les sols en jonc de mer ou tomettes se marient avec sobriété à des meubles rustiques ou en rotin. Les salles de bains tapissées d'inattendus rectangles de faïence biseautés, offrent une référence humoristique au métro parisien. Le copieux petit déjeuner est servi sur la terrasse à l'ombre du marronnier ou dans l'une des salles de réception entre cheminée, vieille pierre, chaises en plexi, tables de bistrot, canapé contemporain, miroirs et objets chinés ici et là. Le salon invite à profiter du bar, des nombreux livres et guides à disposition, et de la chaîne Hi-Fi dans une ambiance décontractée et feutrée. Dehors, transats et terrasses n'attendent que vous pour rêvasser en toute tranquillité avant de profiter des trésors de Sarlat et de ses environs. Bref, une adresse sympathique et à prix encore raisonnables.

Catégorie ★★★ **Ouvert** du 1er avril au 15 novembre **Chambres** 10 chambres doubles : 59 à 110 € - Petit déj. : 9 à 10 € **Restaurant** (le soir) : 25 € **Équipements** TV, Wifi **Divers** animaux non admis, parking privé **Loisirs** piscine **Accès** à Sarlat, direction sous-préfecture jusqu'à la place de la Bouquerie. Prendre à droite et suivre les panneaux *"Maison des Peyrat"*.

HOSTELLERIE L'IMAGINAIRE

l-imaginaire.com

Place du Foirail • 24120 Terrasson-Lavilledieu (Dordogne)
Tél. 05 53 51 37 27 • Vincent Laval

• Le désormais célébrissime jardin de l'Imaginaire est juste à côté de ce petit hôtel restaurant de charme. Éric Samson a quitté le lieu l'an dernier laissant les rênes à son second Vincent Laval. Passation très réussie puisque la table reste étoilée (l'une des meilleures de la région) et que l'hôtel continue sur la veine qui en avait fait le succès. A l'étage, les chambres illustrent les jolies tendances du moment : duo lin et blanc, couvre-lits en piqué parés de coussins, cache-sommier en vichy plissé, mobilier patiné de gris perle, murs taupe ou en pierres apparentes… et toujours beaucoup d'espace et de confort, jusque dans les salles de bains (baignoires ou douches à l'italienne, murs en pavé de marbre et vasques design). Dans cette maison aux murs vénérables la meilleure part est réservée au restaurant, sous la fraîcheur de ses voûtes magnifiques. Ce lieu raffiné se prolonge en terrasse pour déjeuner ou diner à l'ombre de grands parasols et jouir de la perspective d'escaliers et d'arbres qui descendent vers le bas du bourg. Du confortable, du beau, du très bon… Cet Imaginaire-là est heureusement bien réel…

Catégorie ★★★ **Ouvert** du 22 janvier au 11 nov. et du 1er décembre au 6 janvier **Chambres** 6 chambres : 85 à 125 €, 1 suite : 120 à 175 € - Petit déj. : 13 € **Restaurant** (midi et soir) : 27 à 65 € **Équipements** climatisation, TV, Wifi **Divers** animaux (10 €), parking (5 €) **Accès** A20 sortie Brive, puis N89 vers Bordeaux-Périgueux.

LE VIEUX LOGIS

vieux-logis.com

Le Bourg • 24510 Trémolat (Dordogne)
Tél. 05 53 22 80 06 • Bernard Giraudel

• Depuis quatre siècles, la même famille habite cette superbe propriété transformée en hôtel par la mère de M. Giraudel. Les bâtiments qui la composent sont tous plus splendides les uns que les autres. Il y a, outre le corps principal, le séchoir à tabac, la maison du jardinier, le logis des champs… Pas une chambre qui soit semblable à une autre, mais des points communs : l'extrême confort et une décoration raffinée où meubles anciens s'accordent à merveille aux tissus de marque. A noter que l'an dernier des travaux de rafraîchissement ont eu lieu dans plusieurs chambres, notamment les "6", "7", "12" et "20" ; résultat très réussi, autant que dans la suite coloniale ou dans les deux charmants salons, également rénovés. Avant de rejoindre le restaurant, vous pourrez profiter de la roseraie et du beau jardin à la française, que traverse le ruisseau du Dropt. Les deux salles à manger sont magnifiques : petite avec des boiseries très claires pour l'une, immense et surmontée d'un salon à balustrade pour l'autre. Les gourmets y trouveront leur bonheur, les esthètes aussi. Et, même si vous n'êtes pas fumeur, allez jeter un œil au fumoir, il est *so chic!*

Catégorie ★★★★ **Ouvert** toute l'année **Chambres** 14 chambres doubles : 200 à 375 €, 9 suites (2 pers.) : 465 € - Petit déj. : 19 à 25 € **Restaurant** 49 à 110 € **Équipements** climatisation, TV, Wifi **Divers** animaux admis, garage, parking privé **Loisirs** piscine **Bien-être** massages **Accès** à 54 km au sud de Périgueux par N 89 jusqu'à Niversac, puis D 710 jusqu'au Bugue et D 81.

HÔTEL VILLE D'HIVER

hotelvilledhiver.com

20, avenue Victor-Hugo • 33120 Arcachon (Gironde)
Tél. 05 56 66 10 36 • Nathalène et Olivier Arnoux

• Au XIXe siècle, le corps médical arcachonnais persuade les frères Péreire, propriétaires de la Compagnie des chemins de fer du Midi, que l'iode de la mer associé aux essences balsamiques des pins peut soigner les tuberculeux. La Ville d'Hiver est créée et devient vite un lieu de rendez-vous... mondain. Aujourd'hui, l'hôtel du même nom occupe les murs de l'ancienne usine de la Compagnie générale des eaux (1884), dont il reste la façade principale et le réservoir, transformé en étonnante piscine à colonnades. Construits à l'identique, deux autres pavillons semblent avoir toujours été là. Ils accueillent des chambres aux teintes profondes, sophistiquées, sobrement meublées dans le goût "colonial 1950" par l'ébéniste Jean-Marie Poirier. Chacune avec sa terrasse et deux rocking-chairs. Le confort et la tenue sont parfaits. L'annexe d'été, située à cinquante mètres, offre six jolies chambres bleues avec mobilier d'inspiration scandinave. On aime aussi beaucoup l'atmosphère bar à vin du restaurant, sa terrasse en surplomb du jardin, la cuisine simple, précise, goûteuse, les vins bio. L'hiver, dans le très chaleureux salon (teintes Farow & Bowles brunes, bleu canard, moutarde), la cheminée design reprend du service, et l'on y disparaît avec un livre ou un journal dans une ambiance de club anglais. Raffiné et très accueillant également le spa, où soins et massages sont prodigués avec des produits Dr Hauschka. Et puis, il y a, ouvert par la même direction, *le Club Plage Péreire* pour boire un verre entre amis ou déjeuner en famille, là, sur la plage...

Ouvert toute l'année **Chambres** 12 chambres doubles : 140 à 240 € - Petit déj. : 12 € **Restaurant** (le soir) : 25 à 55 € **Équipements** climatisation, TV, Wifi **Loisirs** piscine chauffée **Bien-être** hammam **Accès** centre-ville d'Arcachon, au rond-point de la poste, remonter en direction de la Ville d'Hiver jusqu'à l'avenue Victor-Hugo, prendre à gauche.

GRAND HÔTEL FRANÇAIS

grand-hotel-francais.com

12, rue du Temple • 33000 Bordeaux (Gironde)
Tél. 05 56 48 10 35 • Frédéric Auriaconbe

• Au cœur de Bordeaux, dans un quartier calme, semi-piétonnier, non loin des magnifiques quais de Gironde, voici une adresse utile, accueillante et sérieuse. L'édifice, un ancien hôtel particulier fin XVIIIe, ne manque pas d'allure. Certes, il vous faudra réserver les chambres rénovées pour profiter d'un décor contemporain, gai et plein de personnalité (les autres restent très bien tenues, confortables aussi, mais leur décor orangé et leur ameublement sont un peu défraîchis). Au rez-de-chaussée, l'agréable salon conserve son beau parquet ciré en points de Hongrie et ses moulures, avec son mobilier d'acajou XIXe, il fait très "maison" et l'on s'y sent vraiment bien. À côté, une volée de marches permet de rejoindre la salle des petits déjeuners. Sobrement contemporaine, délicatement teintée de gris, elle est d'une élégance sereine, idéale pour se réveiller en douceur autour d'un bon café, d'un thé et de quelques délicieux produits bio (l'hôtel est *Ecolabel Européen*).

Catégorie ★★★ **Ouvert** toute l'année **Chambres** 35 chambres : 128 à 209 € - Petit déj. compris **Équipements** climatisation, TV, Wifi **Divers** animaux (7 €) **Accès** Dans le centre-ville, près de la place des Quinconces et de l'allée de Tourny. Pour l'accès en voiture dans le secteur piétonnier, se présenter à la borne de contrôle située en haut du cours de l'Intendance, entre le magasin Hermès et le restaurant Bistro Romain.

L'AVANT-SCÈNE

lavantscene.fr

36, rue de Borie • 33000 Bordeaux (Gironde)
Tél. 05 57 29 25 39 • Thomas Tequi

• Les splendides quais de Bordeaux sont un véritable théâtre ! On y marche, on y pédale, on y rit et on s'y éclabousse sur un large miroir d'eau... À deux pas, dans une rue étroite du quartier des Chartrons, vous trouverez l'*Avant-Scène* au calme, et à seulement cinq minutes du centre en tramway. La sage façade de cet hôtel particulier XVIIIe dissimule une poignée de chambres très design avec vue sur la rue ou sur le patio végétalisé. Les beaux éléments d'origine sont restés "dans leur jus" : l'escalier de pierre aux marches inégales, les portes palières surmontées de châssis en éventail, quelques cheminées à décor de rocaille... Mais c'est la cage d'escalier, aux murs bruts couleur béton où s'affichent de grandes toiles ultracontemporaines, qui donne le plus de "chien" à l'ensemble. Dans les chambres (qui peuvent être réunies pour former des suites), les meilleurs designers vous attendent (Starck, Saarinen, Knoll, Eames...), pour une ambiance Bauhaus ou plus organique. Et, partout, des murs gris ou blancs chics, quelques touches de couleurs vives au second (nos préférées, mais attention, pas d'ascenseur), des salles de bains épurées. Petits déjeuners en chambre, avec vaisselle chinée et désuète, surprenante elle aussi ! Une adresse à découvrir lors de votre prochain passage à Bordeaux.

Catégorie ★★★ **Ouvert** toute l'année **Chambres** 9 chambres : 94 à 175 € - Petit déj. (7 h à 11 h) : 15 € **Équipements** climatisation, TV, Wifi **Divers** animaux admis, parking fermé (15 €) **Accès** prendre la direction du centre-ville.

HÔTEL DES DUNES

hoteldesdunes.com

119, avenue de Bordeaux • 33970 Lège-Cap-Ferret (Gironde)
Tél. 05 56 60 61 81 • Éric et Anne-Françoise Lhuerre

• Totalement rénové, l'hôtel est situé entre la route du Cap et l'Atlantique, là où les dunes immenses dégringolent par vagues jusqu'à l'océan. D'ici, vous n'aurez pas besoin de vous chausser : à peine levés, vous pourrez partir en maillot de bain jusqu'à la plage et revenir dynamisé pour prendre votre petit déjeuner, servi dans une mignonne petite salle ouverte sur l'extérieur, ou bien, pour certaines chambres, en terrasse individuelle. Ces dernières sont bien entendu les plus agréables, surtout les suites du rez-de-chaussée et leur patio abrité. Celles de l'étage ouvrent sur un petit balcon privatif, idéal pour lire entre deux balades. Car il vous restera à découvrir le côté est de Cap-Ferret, avec son enfilade de cabanes et de petits ports ostréicoles. D'un bord comme de l'autre, les restaurants abondent, du plus simple au plus branché, pour déguster fruits de mer et poissons grillés, en face du bassin d'Arcachon, avec la dune du Pyla en toile de fond. Pour vous orienter, demandez à la réception : on vous conseillera avec un plaisir très communicatif, tout aussi chaleureux que l'accueil général. La décoration de l'ensemble navigue dans les tendances actuelles, teintes mastic, crème et chocolat, qui se marient fort bien avec l'ambiance balnéaire environnante.

Catégorie ★★★ **Ouvert** de mi-février à mi-novembre **Chambres** 13 chambres : 140 à 220 €, 1 junior-suite 320 € - Petit déj. : 13 € **Équipements** climatisation, TV, Wifi **Divers** animaux (10 €) **Loisirs** plage à 100 mètres **Bien-être** sauna **Accès** à 65 km au sud-ouest de Bordeaux par la D 106.

LA MAISON DU BASSIN ♡ LE BAYONNE

lamaisondubassin.com

5, rue des Pionniers • 33970 Lège-Cap-Ferret (Gironde)
Tél. 05 56 60 60 63 • M. et Mme Gomes

• Refuge d'été des stars et des familles bordelaises, le Cap-Ferret est plus que jamais à la mode. Si *La Maison du Bassin* constitue l'adresse idéale pour un magazine de décoration (et c'est un fait que l'on peut difficilement faire plus joli dans le registre balnéaire), ce petit hôtel est aussi un vrai lieu de vie. Derrière sa façade en bois, bien dans la tradition de ce quartier ostréicole, les chambres ont chacune un mobilier et des objets anciens qui évoquent un thème. Il y a "Louisiane", "Cabane de pêcheur", "Maison du bassin", "Cabine de bateau", d'où l'on peut apercevoir le bassin… Elles offrent un confort particulièrement raffiné, même si certaines sont très petites. À l'inverse, les nouvelles, dans la petite maison mitoyenne, sont vastes et profitent toutes d'un grand balcon ou d'une terrasse de plain-pied. Le charme de ce petit hôtel, où vous trouverez un accueil très informel, c'est aussi son irrésistible restaurant, qui propose des spécialités locales, et son bar, Le *Tchanqué*, qui s'inspire des ambiances coloniales et où l'on ne peut rater l'alignement de bocaux dans lesquels macèrent de subtiles et différentes variétés de punch.

Ouvert toute l'année sauf du 3 janv. au 6 février **Chambres** 11 chambres : 140 à 250 € - Petit déj. : 15 € **Restaurant** (le soir) : 25,90 à 39,90 € **Équipements** TV, Wifi **Divers** animaux admis sur demande **Loisirs** plages, pêche **Accès** à 65 km au sud-ouest de Bordeaux

LES FEUILLES D'ACANTHE

feuilles-dacanthe.com

5, rue de l'Église • 33490 Saint-Macaire (Gironde)
Tél. 05 56 62 33 75 • Christelle Bielsa

• Dans le bourg médiéval de Saint-Macaire, fief des tonneliers bordelais, deux sœurs, Christelle et Natacha, dirigent avec dynamisme ce charmant petit hôtel. Voici donc *Les Feuilles* d'*Acanthe*, baptisé ainsi en l'honneur des motifs végétaux qui ornent délicatement les fenêtres à meneaux de cette superbe maison bourgeoise du XVIe siècle. Les chambres, de belle taille, sont volontairement très sobres et d'un style plutôt rustique : murs en plâtre patiné ou pierres apparentes, meubles en chêne vieilli, sols en terre cuite à damier rouge et beige, lits confortables. Les suites marient mobilier en fer forgé et baldaquin à voilages blancs. Christelle et Natacha aiment les couleurs gaies, les jaunes en particulier, présents dans les salles de bains, ornées d'une frise de feuilles de vigne (vin oblige). Les petits déjeuners se prennent dans la chambre ou dans la grande salle à manger, prolongée par une petite cour intérieure. L'hôtel possède également un immense Jacuzzi en mosaïque, lieu de détente à savourer avant ou après la terrasse plein soleil. L'accueil est jeune et sympathique, la cuisine goûteuse et d'un bon rapport qualité-prix, on ne peut donc que se réjouir du projet d'agrandissement du restaurant !

Catégorie ★★★ **Ouvert** de mi-janvier à mi-décembre **Chambres** 11 chambres : 85 à 115 €, 1 junior suite (2 à 4 pers.) de 140 à 150 € - Petit déj. : 10 € **Restaurant** (midi et soir) : 22 à 38 € **Équipements** TV, Wifi **Divers** animaux (10 €) **Bien-être** Jacuzzi **Accès** A 62 sortie n° 3 puis N 13 direction Agen.

RELAIS DU CHÂTEAU D'ARCHE

chateaudarche-sauternes.com

33210 Sauternes (Gironde)
Tél. 05 56 76 67 67 • Fax 05 56 76 69 76

• Le *Château d'Arche* était connu pour son grand cru classé de Sauternes. Il l'est désormais aussi pour le relais ouvert dans la belle et longiligne chartreuse du XVIIe siècle, au cœur de la propriété viticole. Un long couloir aux murs appareillés de grands carrés de plâtre permet d'accéder à des chambres luxueuses et spacieuses. La grande qualité des matériaux choisis résume le décor : moquettes épaisses, meubles cirés, tissus tendus et carreaux immaculés pour les salles de bains. Dans toutes les chambres, de larges et profonds matelas, cerclés de tours de lits assortis, arborent des housses de couettes en satin de coton. Les deux chambres qui occupent des tours d'angle revêtent cependant un caractère à part. La première se niche au sommet d'un escalier de pierre qui cache la salle de bains. La seconde dresse son grand lit sur une estrade et offre, à travers ses fenêtres à meneaux, une vue reposante sur le vignoble. Même coup d'œil enchanteur de la minuscule terrasse côté vignes, où, si vous insistez un peu, vous pourrez savourer votre petit déjeuner gourmand (avec fromage fermier). Le chic sobre, le charme discret d'un confort de grande classe : pour dormir à même un célèbre terroir et sillonner le vignoble à pied ou à vélo (deux sont disponibles sur place), en rêvant de marier foie gras et breuvages délicats.

Catégorie ★★★★ **Ouvert** toute l'année **Chambres** 5 chambres : 120 à 140 €, 4 suites : 150 à 160 € - Petit déj. : 10 € **Équipement** TV **Divers** animaux admis **Loisirs** dégustation de vins **Accès** A62 sortie n° 3 direction Langon puis Sauternes ; le château se trouve à la sortie de Sauternes sur la route de Bommes.

·NOUVEAUTÉ·

HYPE HÔTEL

hypehotel.fr

40, rue du Lieutenant-de-Vaisseau Paris • 40600 Biscarosse (Landes)
Tél. 05 58 07 36 35 • Lisa Martinez et Davis Roodt

• David et Lisa ont fait le tour du monde. Ils ont vécu en Australie, en Californie, en Espagne… Puis le couple a choisi de poser ses valises à Biscarrosse, ville d'origine de Lisa. C'est ici qu'ils ont décidé de se lancer dans une grande aventure : la construction de leur propre hôtel. Ils l'ont imaginé et conçu dans les moindres détails. Ils l'ont voulu moderne, en adéquation avec leur passion pour l'art contemporain, et petit, pour que les clients se sentent chez eux, comme à la maison. En mai 2012, le *Hype Hôtel* ouvre ses portes et propose quatorze chambres climatisées (dont deux junior suites), un tantinet froides mais spacieuses, lumineuses, fonctionnelles et confortables ! Certaines d'entre elles possèdent en prime une terrasse privative. Et puis, il y a le petit déjeuner de David, debout dès cinq heures du matin, pour confectionner des gâteaux qui accompagnent des produits frais, salés et sucrés. Un moment idéal pour feuilleter revues et livres consacrés au design ou écouter ces deux globe-trotters vous parler avec passion de la décoration, des matériaux et des objets choisis un peu partout en Europe. Sans oublier leurs précieux conseils sur les bonnes adresses, testées par leurs soins, où se restaurer. Bonne humeur, service personnalisé et raffinement : ici, tous les ingrédients sont réunis pour un séjour réussi entre lac et océan.

Catégorie ★★★ **Ouvert** du 20 janvier au 21 décembre **Chambres** 12 chambres doubles : 68 à 120 € 2 junior suites : 90 à 135 € - Petit déj. 10 € - Pas de restaurant à l'hôtel **Équipements** climatisation, TV, Wifi **Divers** parking privé fermé **Accès** dans le bourg, D652 jusqu'au dernier rond-point, puis avenue Maréchal-Juin, puis 2e rue à gauche

HÔTEL DE LA PLAGE

hotelplagecontis.com

Avenue de l'Océan • 40170 Saint-Julien-en-Born (Landes)
Tél. 05 58 42 70 15 • Laurent Caillet

• Il y avait là, depuis un siècle, une vieille auberge traditionnelle construite au revers de la dune. On s'y bousculait dès les premiers congés payés alors que la petite station balnéaire s'éveillait en été pour mourir en automne. Landes et écologie obligent, aujourd'hui l'*Hôtel de la Plage* est un hymne au bois. Un grand escalier mène aux chambres de l'étage, décorées dans un souci de modernité et d'élégance. Certaines bénéficient d'une vue sur la mer. D'autres s'organisent autour d'un jardin-patio avec bassin et plantes de dunes, chacune avec un grand balcon ou une terrasse de plain-pied. Au rez-de-jardin, un chaleureux salon rend hommage tout à la fois aux Landes d'antan et à la sérénité asiatique. Dans l'annexe, créée en 2012, sept suites décorées chacune par un artiste différent racontent une histoire. Les amoureux choisiront la suite.... "Érotique", alors que la "Street Art" et la "Caravane" séduiront citadins et voyageurs au long cours qui aiment sortir des sentiers battus. À l'extérieur, de l'art encore. Des sculptures en bois flotté trônent çà et là. Et pour un moment de détente total après une journée de surf, de vélo, de pêche… *Maeva*, centre de bien-être, propose soins et massages. C'est aussi là, au milieu de nulle part, qu'a lieu chaque année, à la fin du mois de juin, un festival international dans le cadre de l'atypique cinéma art et essai de Contis-Plage. Au programme : grande sélection de courts métrages, longs métrages en avant-première, débats... Avis aux cinéphiles !

Ouvert du 3 avril au 1er novembre **Chambres** 14 chambres : 86 à 179 €, 8 suites familiales (3 pers.) : 135 à 209 € - Petit déj. : 10 € **Restaurant** (midi et soir) : 15 à 30 € **Équipements** TV, Wifi **Divers** animaux non admis **Loisirs** pêche, plage et sports nautiques **Accès** à Bordeaux, A 630 direction Bayonne sortie n° 14 puis D 38 jusqu'à Mézos et D 167 jusqu'à Contis-Plage.

LES HORTENSIAS DU LAC

hortensias-du-lac.com

1578, avenue du Tour-du-Lac • 40150 Hossegor (Landes)
Tél. 05 58 43 99 00 • Fabienne et Patrick Baysselier

• Comment ne pas être séduit par la situation de cette maison basco-landaise en bordure du lac salé d'Hossegor. Ici, le calme est absolu, parfois troublé par le vent dans les pins ou le clapotis de l'eau. L'âme de la maison (ancienne propriété de la baronne de Rothschild) empreinte des années folles s'épanouit au salon-bar, magnifique avec ses profonds canapés, ses fauteuils d'un beau design classique, son piano Steinway et, bien sûr, sa vue sur les reflets changeants du lac. Chaleureux aussi le coin-bibliothèque et ses bouteilles engageantes. Réparties entre la maison principale et une dépendance, les vingt-cinq chambres sont parfaites de confort et d'esthétisme : harmonie des couleurs, justesse des éclairages, beauté des matières (couvre-lits, voilages de grandes marques) et du mobilier asiatique, balcon souvent orienté vers le lac... Nous vous les recommandons toutes sans restriction. Une véritable maison de 210 m^2 attend ceux qui recherchent une autonomie totale. Une merveilleuse adresse au luxe de bon aloi, accueillante et particulièrement adaptée aux paresseux : le buffet du petit déjeuner (pantagruélique, avec même un verre de champagne parce que la fête peut commencer dès le matin) vous attend jusqu'à midi ! Et pourquoi ne pas apprécier votre coupe au bord de la magnifique piscine à débordement qui plonge dans le lac ? Bienheureux ceux qui auront la chance de profiter de cette très belle adresse tenue avec passion par Fabienne et Patrick Baysselier.

Catégorie ★★★★ **Ouvert** de mi-mars à mi-novembre **Chambres** 19 chambres doubles : 100 à 220 €, 6 suites : 120 à 530 € - Petit déj. (jusqu'à 12 h) : 11 à 22 € **Équipements** TV, Wifi **Divers** parking privé **Loisirs** plage, pêche, vélo **Bien-être** massages **Accès** A63 sortie Bennesse-Maremne puis Hossegor-centre, direction "plage", 1re à droite après le pont du canal, à 1,50 km.

LA MAISON DE LA PRADE

lamaisondelaprade.com

16, avenue de l'Océan • 40660 Messanges (Landes)
Tél. 05 58 48 38 96 • Franck Ducousso

• L'inscription gravée en façade et les tirages sépia des anciens dortoirs l'attestent : vous êtes bien ici dans une ex-colonie de vacances des années 1930. Si l'architecture Art déco du bâtiment principal, fraîchement repeint, reste à l'identique, la décoration intérieure a pris un sérieux coup de modernité. Fauteuils et canapés de cuir brun façon Le Corbusier, tables et luminaires design répondent aux magnifiques volumes du salon et de la salle des petits déjeuners (excellents d'ailleurs), qui se prolonge sur un vaste ponton de bois pour humer le souffle résineux de la forêt venue s'échouer directement ici. Ce cadre naturel et sauvage contraste avec le côté sud de la maison et sa belle piscine aux délicats aménagements contemporains. De plain-pied, les chambres occupent une longue aile latérale. Murs blancs, sols en fibres, mobilier crème minimal ; les principales touches colorées s'inscrivent dans le cadre des grandes fenêtres : verdure des arbres, ponctuations fleuries, bleu du ciel ou de la piscine… Isolée à quelques centaines de mètres des immenses plages landaises, cette magnifique réalisation est aussi un lieu que Sylvie et Franck Ducousso ont voulu accueillant, un vrai lieu de vacances.

Catégorie ★★★ **Ouvert** du 15 mars au 5 novembre **Chambres** 14 chambres : 105 à 195 €, 2 suites (2 à 4 pers.) : 175 à 240 € - Petit déj. : 13 € **Équipements** TV, Wifi **Loisirs** piscine chauffée **Accès** N 10 sortie n° 11, puis direction Azur et Messanges.

LA MAISON DE MÉZOS

hotel-mezos.fr

Avenue de l'Océan • 40170 Mézos (Landes)
Tél. 05 58 42 61 38 • Laurent Caillet

• Isolé au milieu des pins, à quelques minutes à bicyclette des plages landaises, Mézos est un agréable village traditionnel. C'est en face de la belle église romane du XIIIe siècle que vous découvrirez cette ancienne auberge de 1835 admirablement rénovée. L'accès par la terrasse augure bien du reste tant l'espace est aménagé avec goût. C'est là, à l'ombre des platanes et des pergolas, qu'est servie une délicieuse cuisine gourmande et inventive concoctée par un chef qui a fait ses armes dans un restaurant étoilé. Puis, voici le salon, avec son canapé moelleux face à la cheminée, son sol en carreaux de ciment, son banc en bois, sa bibliothèque, et enfin la délicieuse salle-bistrot avec sa collection de vieilles photographies du village. Si Marie et Éric sont aux commandes de l'établissement depuis 2013, ils ont su conserver les objets et meubles, qui oscillent entre classicisme et tendances déco du moment, choisis avec soin par Annie Dubarry, antiquaire et ancienne gérante de ce lieu si douillet. À l'étage, les chambres rivalisent d'élégance, et il est difficile d'en conseiller une plus qu'une autre (on a conservé les sanitaires rétro aux couleurs acidulées). D'autres petits cocons occupent un pavillon de plain-pied, près de la piscine. Enfin, du côté de l'étang, où l'on peut apercevoir chevaux et moutons, deux jolies roulottes et deux amusants chalets au décor kitch complètent avec bonheur un ensemble à la fois coquet et authentique où les hôtes sont accueillis avec chaleur et simplicité.

Ouvert de mars à décembre **Chambres** 10 chambres : 87 à 110 €, 2 roulottes 130 €, 2 suites : 170 € - Petit déjeuner : 9 € **Restaurant** ou table d'hôtes : 20 à 35 € **Équipements** TV, Wifi **Divers** animaux non admis **Loisirs** piscine **Bien-être** spa complet **Accès** N 10 sortie n° 14 (Laharie) puis Onesse et Mézos par D 38.

LE LOGIS DE SAINT-VINCENT

logis-saint-vincent.com

76, rue Laubaner • 40120 Roquefort (Landes)
Tél. 05 58 45 75 36 • Benoît et Aurore Jarrige

• Une agréable atmosphère de maison de famille flotte dans cet ancien hôtel particulier du XIXe. Ambiance gourmande aussi qui perdure en dépit du changement de propriétaire. Car c'est désormais Benoît et Aurore Jarrige qui sont à la tête de cet établissement renommé pour sa table. La cuisine justement : la passion de Benoît. Après avoir pratiqué la haute gastronomie chez un étoilé, le chef propose chez lui une carte courte axée sur des produits frais de saison, et qui change chaque semaine. Ses plats, agrémentés de bons crus (le couple a installé sa cave à vins dans la salle de séminaire), se savourent dans la lumineuse salle de restaurant, qui ouvre sur une grande cour arborée et ceinturée par les remparts de la ville. On emprunte ensuite le bel escalier en pierre qui mène aux chambres, lesquelles offrent des salles de bains modernes émaillées de touches rétro. À l'étage, "Papetier" est toute bleu et blanc, "Loup-Aner", avec son parquet ancien et ses tonalités qui oscillent entre bordeaux et blanc, profite de la jolie vue sur la cour. Tout comme "Madeleine", logée dans la tour du bâtiment. Sous les toits, la suite "Compostellane" (climatisée) offre une belle sobriété dans les teintes, du bois clair, des poutres apparentes Quant à "Bénédicte", elle s'est refait une beauté : du linge de lit dans les tons beige, blanc et crème met en valeur tomettes, pierres apparentes et poutres. À vous de choisir…

Catégorie ★★★ **Ouvert** toute l'année sauf une semaine en sept. et deux semaines en janv. (fermé le jeudi sauf juillet/août), **Chambres** 5 chambres : 75 à 95 €, 2 suites : 95 € - Petit déjeuner : 8 € **Restaurant** (midi et soir) : 18 à 40 € **Équipements** climatisation, TV, Wifi **Divers** animaux admis **Accès** A 62 sortie Langon, puis A 65 sortie 3 Roquefort, D 932 vers Mont-de-Marsan.

HÔTELLERIE LA PETITE COURONNE

•NOUVEAUTÉ•

lapetitecouronne.com

Route d'Amou • 40700 Saint-Cricq-Chalosse (Landes)
Tél. 05 58 79 38 37 • Iwan et Nancy van Es

• Il y a quelques années encore, la vie d'Iwan et Nancy était aux Pays-Bas. Mais ça, c'était avant qu'ils ne tombent en arrêt sur ce petit coin de Chalosse. C'est là, à vingt-cinq kilomètres de Dax et de Mont-de-Marsan, en pleine nature, que le couple a décidé de bâtir sa nouvelle vie et son hôtel en bois. Un établissement à taille humaine aux allures de motel californien. Les dix chambres de *La Petite Couronne* ont été construites exclusivement avec des matériaux écologiques. La literie n'est pas en reste : les matelas sont en fibre de soja et leur enveloppe en coton et bambou. Une qualité que l'on retrouve dans l'agencement des lieux. Toutes les chambres, très spacieuses, contemporaines sans être froides, possèdent une salle de bain ouverte et une terrasse ou un balcon privé avec vue dégagée sur le paysage vallonné. À l'extérieur, ce n'est que du bonheur. Un potager bio prend sa place non loin de la piscine autour de laquelle des hamacs et des transats vous attendent, à moins que vous ne préfériez boire un verre dans le *pool house* ou profiter d'un bain dans un drôle de spa écolo chauffé au bois, face à un splendide horizon. Si la faim venait perturber la quiétude ambiante, pas de panique ! Iwan et Nancy possèdent aussi l'*Auberge du Laurier,* juste en face…

Catégorie ★★★ **Ouvert** toute l'année **Chambres** 10 chambres doubles : 87 à 110€ - Petit déjeuner compris - **Restaurant** (midi et soir) : 22 à 29€ **Équipements** climatisation, Wifi **Bien-être** Dutchtub (spa écologique chauffé au bois) **Divers** piscine, parking privé **Accès** D 933 entre Orthez et Hagetmau, 2 km avant Hagetmau, D2 vers Saint-Cricq, 500 mètres avant le bourg, à gauche D21 puis fléchage

LA VILLA DE L'ÉTANG BLANC

villaetangblanc.fr

2265, route de l'Étang-Blanc • 40510 Seignosse (Landes)
Tél. 05 58 72 80 15 • David Sulpice

• Sur les berges paisibles de l'étang Blanc, cette accueillante villa du même nom fait oublier les tumultes des villes côtières pourtant si proches. Isolé dans la pinède, l'hôtel s'ouvre sur un paysage d'aquarelle : lac bleu, rythmé par les grandes verticales de pins et les nappes blondes et vertes des prairies humides, ponctué de loin en loin par les affûts de branchages posés sur l'eau, qui reprennent du service en période de chasse. D'inspiration landaise, la villa offre sept chambres douces, en demi-teintes grisées, grèges, mauve pâle, relayées par le voile transparent d'un rideau ou le boutis du couvre-lit (deux petites, avec balcon, ouvrent sur le lac; les autres, sur un ruisseau verdoyant). Cet ensemble épuré, au goût du moment, se complète par d'impeccables salles de bains douillettement pourvues d'un épais linge de toilette et de bons produits d'accueil. Largement ouvertes sur la sérénité du paysage, la salle à manger vitrée (fines chaises en fer forgé, sol en jonc de mer) et la terrasse participent pleinement aux plaisirs de la table. Nous nous y sommes régalés de la cuisine de David Sulpice, aux cuissons justes, aux belles créations, toujours soucieux de la qualité du produit. Et, à titre de promenade digestive, une balade en barque à travers les roseaux s'impose !

Catégorie ★★★ **Ouvert** de mi-février à début octobre **Chambres** 4 chambres : 80 à 130 €, 3 suites : 110 à 160 € - Demi-pension (supp./pers.) : 50 € - Petit déj. : 12 € **Restaurant** (menu-carte) : 28 à 45 € **Équipements** TV, Wifi **Divers** animaux non admis, garage, parking privé **Loisirs** golf, pêche **Accès** A 10 sortie Capbreton-Hossegor, puis route de Seignosse-bourg ; à Seignosse, suivre fléchage "Étang Blanc" ; D 432.

HÔTEL CHÂTEAU DES JACOBINS

chateau-des-jacobins.com

1, place des Jacobins • 47000 Agen (Lot-et-Garonne)
Tél. 05 53 47 03 31 • Stéphane de Capmarty Bujan

• Face à la superbe église des Jacobins (XIIe et XIIIe), l'hôtel particulier (1830) des comtes de Chassaigneau, qui fut aussi le siège de la Banque de France, devint hôtel de charme en 1977 grâce à l'impulsion de la famille Bujan, qui a su préserver son petit air de maison privée tout en lui apportant discrètement le confort hôtelier. C'est aujourd'hui Mme Bujan et son petit-fils Stéphane qui tiennent l'hôtel et font que l'on se sent ici beaucoup plus dans des chambres d'amis que dans l'univers standard d'un hôtel de centre-ville. Témoins, les meubles et objets anciens (XVIIIe et XIXe) que l'on trouve un peu partout, aussi bien dans le salon de lecture, romantique à souhait, que dans les confortables chambres au classicisme de bon aloi (les plus vastes donnent côté jardin). Servi dans la salle à manger, près du vieux vaisselier, ou sur la terrasse verdoyante, le petit déjeuner est excellent. À noter que l'hôtel propose un parking clos de mur (dans le prolongement de la terrasse-jardin, bien pratique dans ce quartier d'étroites ruelles). Pour le reste, comme l'établissement ne fait pas restaurant, vous trouverez à proximité quelques bonnes tables (*La Fleur de sel* et *Las Aucos* notamment). Accueil plein de courtoisie et d'attention.

Catégorie ★★★ **Ouvert** toute l'année **Chambres** 13 chambres : 80 à 160 € - Petit déj. : 10 € **Équipements** climatisation, TV, Wifi **Divers** animaux non admis, parking fermé **Accès** dans le centre-ville, à proximité de l'église des Jacobins.

LA FERME OSTALAPIA

ostalapia.fr

2621, chemin d'Ostalapia • 64210 Ahetze (Pyrénées-Atlantiques)
Tél. 05 59 54 87 42 • Christian Duplaissy

• En pleine campagne, un peu à l'écart de l'axe Biarritz - Saint-Jean-de-Luz, cette ancienne ferme rénovée est l'illustration de ce qui se fait de mieux aujourd'hui lorsqu'il s'agit de marier tradition, modernité et régionalisme. On aime le choix des meubles, objets anciens, tableaux basques, le jeu des éclairages, la qualité des matériaux (coco, lin, pierres apparentes dans les cinq belles chambres meublées dans un mélange de design et de rétro des années 1930 ou 1940). Vous dormirez dans le calme et le confort, profiterez de ravissantes salles de bains mosaïquées, rêverez face au splendide paysage de la Rhune, qui se déploie derrière votre fenêtre ou dans le prolongement de votre terrasse privative. On en oublierait presque la vocation gourmande de la ferme ! Car vous êtes chez Christian Duplaissy, lequel avait fait de son ancien restaurant, *La Tantina de Burgos*, un incontournable de la Côte basque. Grande qualité donc à la table d'*Ostalapia*, où l'on retrouve les délicieux chipirons sautés, le savoureux petit cochon de lait rôti au miel, le carpaccio de thon et la fameuse tarte sucrée à la crème brûlée et aux pommes. Autant de simples merveilles à déguster dans la chaleureuse salle à manger ou en terrasse pour un tête-à-tête avec les collines et la montagne.

Ouvert toute l'année sauf du 1e janvier au 4 janvier, en basse saison restaurant fermé le mardi et mercredi **Chambres** 5 chambres : 90 à 180 € - Petit déj. : 10 € **Restaurant** (fermé mercredi) : 50 € **Équipements** TV, Wifi **Divers** animaux non admis **Loisirs** golf **Accès** sur la N 10 entre Guéthary et Saint-Jean-de-Luz, prendre direction Ahetze par D 855, la ferme est à 2 km.

HÔTEL ITHURRIA

ithurria.com

Place du Fronton • 64250 Ainhoa (Pyrénées-Atlantiques)
Tél. 05 59 29 92 11 • Famille Isabal

• Située au cœur de l'un des "plus beaux villages de France", tout rouge et blanc, au sein des doux vallons du Pays basque, *Ithurria* est une belle auberge qui s'ouvre sur l'esplanade de l'église, laquelle est aussi celle du fronton où l'on joue à la pelote. Ici, tradition familiale et plaisir des vacances s'allient au calme, à l'accueil et à la gastronomie. Côté place, l'entrée se fait directement dans la splendide salle à manger basque, avec son sol de terre cuite rutilant de cire et poli par les siècles, sa grosse poutraison, ses cuivres près de la cheminée, ses portes sculptées à claire-voie ; on y sert, avec le sourire, une très goûteuse cuisine régionale créative, fine, justement étoilée. Et si vous voulez voir d'où proviennent les légumes et les herbes de votre assiette, allez faire un tour au potager ! Qu'elles soient dans les tons bleus, jaunes ou verts, toutes les confortables chambres sont maintenant totalement rénovées dans un agréable style classique intemporel, avec toujours un meuble ancien pour leur donner du caractère. Elles ouvrent sur les toits du village, la campagne, ou encore la route, peu passante la nuit. Ajoutez à cela un délicieux petit bar et une immense piscine au fond du jardin, vous comprendrez alors pourquoi *Ithurria* connaît un franc succès parmi les bons vivants.

Catégorie ★★★ **Ouvert** du 3 avril au 1e novembre **Chambres** 28 chambres : 135 à 165 € - Demi-pension (par pers.) de 110 à 125 € - Petit déjeuner : 13,50 € **Restaurant** (midi et soir) : 42 à 85 € **Équipements** climatisation, TV, Wifi, ascenseur **Divers** animaux (9 €) **Loisirs** piscine **Bien-être** fitness, sauna **Accès** à 25 km au sud de Saint-Jean-de-Luz par D 918.

LA MAISON OPPOCA

oppoca.com

Le Bourg • 64250 Ainhoa (Pyrénées-Atlantiques)
Tél. 05 59 29 90 72 • Dominique Massonde

• Ainhoa... "Le" village basque à découvrir ! *La karrika* (rue) aligne de splendides demeures à colombages, qu'il faut scruter pour admirer, ici une armoirie, là un gracieux balcon de fer forgé. Imaginer aussi qu'en chemin vers l'Espagne on aimait faire étape dans la belle ferme-auberge du XVIIe siècle, l'actuelle Maison *Oppoca*, qui embrasse de ses fenêtres deux des lieux traditionnels de la vie communautaire basque : l'église et le fronton. Dominique et Chantal Massonde s'occupent avec passion de leur maison, réinterprètant les classiques basques en travaillant savamment textures et métissages (sucré-salé, amer-épicé). Les deux salles du restaurant sont dans le droit-fil, mêlant tonalités "tendance" et pièces de mobilier basque. Les chambres, parfois avec balcon, ont été entièrement rénovées dans un style joliment contemporain, tout en douceur – parquet, panachés de beige et de blanc –, et sont extrêmement confortables (pour suivre une partie de pelote, vous serez aux avant-postes de la chambre "Argi", notre préférée). Il y aurait encore tant de choses à dire : les belles suites, la nouvelle salle de bistrot, le spa... et l'accueil, toujours simple et souriant.

Catégorie ★★★ **Ouvert** du 13 février au 5 janvier **Chambres** 10 chambres : 87 à 157 € - Petit déj. : 11 € **Restaurant** ou bistrot ouverts midi et soir : menus de 22 à 65 € **Équipements** climatisation, TV, Wifi **Divers** animaux (10 €) **Bien-être** Jacuzzi, sauna **Accès** Sortie Bayonne-sud sur la A 63. Prendre D 932 direction Ustaritz, Cambo-les-Bains, Espelette, Ainhoa (frontière).

HÔTEL-RESTAURANT ERREGUINA

erreguina.com

Le Bourg • Route de Pampelune • 64430 Banca (Pyrénées-Atlantiques)
Tél. 05 59 37 40 37 • Port. 06 83 72 16 89 • Marie-Pierre et Alain Bidart

• Quelques jours après avoir séjourné à *Erreguina,* l'émotion du lieu est encore présente alors qu'il faut restituer par écrit les raisons de cette sélection. Ce fut d'abord la route, grandiose, qui traverse Saint-Jean-Pied-de-Port, prend d'assaut côtes et virages vers la vallée des Aldudes – odeur du foin coupé, de bois humide –, longe une rivière à truites (le soir nous en goûterons un délicieux spécimen estampillé "Banca" et quelques intéressants produits du terroir). Et la voici qui contourne le village, s'accroche sur un flanc herbeux, finit en impasse à l'auberge. La maison traditionnelle et son prolongement récent surplombent le bourg paisible. À sa gauche une petite église égrène les heures. En face un cirque de verdure dont on profite sans se lasser depuis les grands balcons des chambres. L'accueil tout en discrète gentillesse de Marie Pierre, d'Alain et de leur fils Xabi fait que l'on se sent immédiatement adopté par l'auberge, mais aussi par les moutons des prés alentour (pourquoi pas ?), et même par les montagnes, qu'il nous tarde d'arpenter ! On en oublierait presque les chambres ! pourtant elles ont tout pour plaire : une élégante sobriété, de nobles matériaux (bois brut, pierre, imitation acier, poutres pour les « traditionnelles »), un confort parfait et une vue de rêve. *Erreguina* nous a conquis par ses multiples facettes, en quittant l'auberge on emporte un peu de l'âme basque et on se surprend à respirer plus largement…

Catégorie ★★ **Ouvert** du 1er mars au 15 novembre **Chambres** 16 chambres : 49 à 77 € - Demi-pension (par pers.) de 57 à 69 € - Petit déj. : 7,50 € **Restaurant** (midi et soir) : 19 à 25 € **Équipement** Wifi **Divers** animaux (5,50 €) **Accès** à 50 km au sud-est de Bayonne par D 932 et D 918 jusqu'à Saint-Martin-d'Arossa, puis D 948 jusqu'à Saint-Étienne-de-Baïgorry, puis D 948 vers Banca. Fléchage dans le bourg.

HÔTEL-RESTAURANT CHILO

hotel-chilo.com

Le Bourg • 64130 Barcus (Pyrénées-Atlantiques)
Tél. 05 59 28 90 79 • Pierre Chilo

• À la frontière du Béarn et du Pays basque, Barcus se découvre dans un paysage superbe de reliefs vallonnés, verts pâturages, villages préservés – parmi lesquels Aramits et Lanne-Porthau, immortalisés par Alexandre Dumas. L'environnement de cette maison fleure donc bon l'authenticité et le bien-vivre, la tradition aussi puisque *Chilo* est une véritable institution ! Les chambres ont à présent toutes été rénovées, sans se départir de leur charme classique mais avec quelques jolies touches au goût du jour. Signalons la 10, avec baignoire balnéo et vue sur la montagne, la 20, nichée sous les toits, ou encore la familiale (numéro 8), vaste et lumineuse, avec ses tapis et ses fauteuils crème. Les pièces de réception sont élégantes, on y remarque quelques beaux éléments anciens : vénérable pendule, vieux bancs XVIIIe avec leur amusant système de table escamotable, armoires cirées… Côté restaurant, (belle vue sur le jardin et les montagnes) les produits du terroir se succèdent au rythme des saisons dans une ambiance lumineuse et fleurie. Ainsi, tous les deux mois, la nouvelle carte de M. Chilo affole nos papilles avec ses suggestions de ris d'agneau fondants, pièces de bœuf au gingembre et autres foies, jambonneaux, poissons de l'Atlantique… Une accueillante maison béarnaise avec de belles possibilités de ballades alentour.

Catégorie ★★★ **Ouvert** toute l'année **Chambres** 8 chambres : 55 à 105 € - Demi-pension (supp/pers.) 35 € - Petit déj. : 11 € **Restaurant** (midi et soir) : 13 à 70 € **Équipements** TV, Wifi **Divers** animaux admis, garage, parking fermé **Loisirs** piscine **Accès** à Oloron, suivre la direction Espagne, au rond-point de la Société Lindt, prendre la direction Barcus sur 15 km (ne pas prendre la direction Mauléon).

CHÂTEAU DU CLAIR DE LUNE

hotelclairlune.com

48, avenue Alan Seeger • 64200 Biarritz (Pyrénées-Atlantiques)
Tél. 05 59 41 53 20 • Jean Dabadie

• *Château du Clair de Lune*, un nom si bien assorti à ce domaine d'un romantisme fou, à quelques minutes du centre de Biarritz. Les habitués ne s'y trompent pas, qui reviennent chaque année renouer avec cette atmosphère fin de siècle si charmante. Tout y est : la très longue allée d'accès, le parc, immense, planté de quelques géants (magnolias, cèdres...) et agrémenté d'un bassin, le château XIXe, dont chaque détail signe le raffinement, et le pavillon de chasse. Jean Dabadie (fils de la propriétaire), qui dirige depuis peu l'établissement, compte convertir aux tendances les plus contemporaines les chambres du pavillon (toutes avec terrasse). Quelques touches de modernité dans le château (salon) seront sans doute les bienvenues, mais rassurez-vous, l'esprit "maison de famille" présent dans toutes les chambres sera conservé : objets, gravures, meubles anciens ou peints, beaux papiers peints, tissus élégants... Sans parler des ravissantes salles de bains aux proportions d'un autre temps avec baignoires, lavabos et carrelages anciens. L'absence de restaurant est compensée par la proximité de l'excellent *Campagne et Gourmandises* : vous n'avez qu'à traverser l'allée !

Catégorie ★★★★ **Ouvert** toute l'année sauf du 11 Novembre au 4 Décembre **Chambres** 17 chambres (2 à 4 pers.) de 90 à 210 € - Petit déj. : 11,50 à 16 € **Équipements** TV, Wifi **Divers** animaux (10 €), parking **Loisirs** golf **Accès** à 4 km au sud du centre-ville par le pont de la Négresse et D 255 (route d'Arbonne).

HÔTEL ÉDOUARD VII

hotel-edouardvii.com

21, avenue Carnot • 64200 Biarritz (Pyrénées-Atlantiques)
Tél. 05 59 22 39 80 • Marie-France de Lapasse

• Consciente des atouts de cette belle maison XIXe, Mme de Lapasse vient d'en achever la subtile rénovation. Ainsi, les pièces de réception affichent désormais un beau mélange de mobilier ancien, de petites touches contemporaines et d'objets personnels, le tout égayé par de grands bouquets de fleurs fraîches. Côté salon, on aime les profonds canapés près de la cheminée de marbre, les teintes douces et naturelles. Juste à côté, les gourmandises du petit déjeuner s'offrent sur un vaisselier en pitchpin et participent à l'élégance de la salle à manger (service au jardin l'été). Au gré de découvertes chinées en brocante, les chambres ont pris leur personnalité, et c'est une vraie réussite, tant sur le plan esthétique qu'au niveau du confort (la climatisation permet de conserver une insonorisation hermétique en pleine saison estivale). Une charmante adresse dans un quartier résidentiel à cinq minutes de la Côte des Basques. Accueil tout en gentillesse et en disponibilité.

Catégorie ★★★ **Ouvert** toute l'année **Chambres** 18 chambres : 80 à 200 € - Petit déj. : 12 € **Équipements** climatisation TV, Wifi **Divers** animaux non admis **Accès** A 63 sortie Biarritz Parme direction centre-ville ; au musée Asiatica, direction jardin public, gare du Midi ; puis remonter ensuite en direction des halles.

HÔTEL DE SILHOUETTE

hotel-silhouette-biarritz.com

30, rue Gambetta • 64200 Biarritz (Pyrénées-Atlantiques)
Tél. 05 59 24 93 82

• Rechercher l'ombre chinoise sur fond de quelque chose qui justifierait l'étrange nom de l'hôtel serait faire fausse route : plus simplement, cette maison (construite vers 1600) appartint à Étienne de Silhouette, ministre des finances de Louis XV, inventeur du "signe extérieur de richesse", dont l'impopularité donna lieu à moult caricatures de profil dites "à la Silhouette" (et voici comment l'auguste patronyme devint nom commun...). Au raffinement XVIIIe succède depuis l'ouverture de l'hôtel une esthétique XXIe qui sied parfaitement à la demeure. Les œuvres de plasticiens contemporains investissent les pièces de réception au design recherché et s'épanouissent dans le grand jardin pour que les hôtes installés en terrasse ou dans l'herbe puissent en profiter. Tout est beau, pur, délicatement coloré. Même soin du côté des chambres, luxueusement aménagées dans un esprit chaleureusement actuel (vous en trouverez même une petite, délicieuse, à prix raisonnable pour le lieu, avec terrasse privative d'où l'on voit l'océan de biais). On aime leur confort feutré, l'esthétique des salles de bains, leur point de vue sur le jardin ou la place du marché avec, bien sûr, une mention pour celle dont l'immense terrasse embrasse la ville et le scintillement de la baie. Au cœur de l'un des quartiers les plus charmants de Biarritz, voici une heureuse découverte, attentive au bien-être de ses hôtes.

Catégorie ★★★★ **Ouvert** toute l'année **Chambres** 20 chambres : 179 à 259 €, 5 suites : 259 à 395 € - Petit déj. (7 h à 12 h) : 13 à 17 € **Restaurant** en juillet/août : 18 à 39 € **Équipements** climatisation, Wifi, ascenseur **Divers** animaux admis (8 €), parking fermé (15 €) **Accès** dans le centre de Biarritz, juste à côté du marché.

LA FERME DE BASSILOUR

domainedebassilour.com

Rue Burruntz • 64210 Bidart (Pyrénées-Atlantiques)
Tél. 05 59 41 90 85 • Charlotte Vachet

• Une authentique ferme basque XVIe, bordée par une petite route (qui sait se faire discrète la nuit), des pâturages, quelques lisières boisées et, plus loin, les contreforts vallonnés de la Rhune… Difficile d'imaginer que juste derrière se trouvent Bidart, ses habitations, commerces, zones d'activités (et aussi sa belle plage à trois kilomètres) ! Voilà déjà l'un des premiers atouts de *La Ferme* : authenticité et verdure au cœur du Pays basque balnéaire. Mais elle en a bien d'autres… À commencer par l'exceptionnelle qualité de la rénovation, qui a su mettre en valeur le vieux dallage de pierre, les deux grosses colonnes de l'immense salon-salle à manger, ou encore le parquetage brut à claire-voie de l'ancienne charpente, qui surplombe le palier d'étage. Élégance discrète des matériaux d'origine décapés, cirés, parfois légèrement teintés, décoration sobre et claire dans les jolies chambres campagnardes (mobilier rétro sans excès, belles salles de bains à l'ancienne ponctuées de quelques touches design). Pas vraiment de jardin, mais un coin de verdure pour les petits déjeuners, servis sous l'auvent en été (ou près de l'imposante cheminée de la grande salle de séjour). Accueil discret et prix assez doux pour une aussi belle situation.

Catégorie ★★★ **Ouvert** toute l'année **Chambres** 8 chambres : 107 à 165 €, 2 suites : 149 à 209 € - Petit déj. : 11 € **Équipements** TV, Wifi **Divers** animaux (10 €), parking privé **Loisirs** tennis **Accès** A 63 sortie Biarritz-la-Négresse ; N 10 vers Bidart jusqu'au rond-point de Jardiland, puis suivre fléchage "Domaine de Bassilour".

ITSAS MENDIA

hotelbidart.com

Avenue de la Grande Plage • 64210 Bidart (Pyrénées-Atlantiques)
Tél. 06 87 21 01 77 • Mlle Maïder Etchayde

• C'est ici qu'en 1920 le grand-père des actuels propriétaires a construit cet hôtel de quinze chambres, rénové il y a peu. Idéalement situé à deux pas de la place et de son incontournable fronton, où viennent s'entraîner les amateurs de pelote, ce bel édifice néo-basque est également voisin d'une très belle église aux coursives et plafonds en bois. Ouvertes sur la mer ou sur la montagne, les chambres affichent toutes un mur peint de couleur, agrémenté d'une large rayure rappelant le linge traditionnel de la région. On aime leur confort parfait, le soin du détail, l'esthétisme des salles de bains. Le hall d'entrée comme les parties communes sont d'uns style contemporain, très lumineux, et réussissent à conserver le cachet d'origine du lieu. L'accueil charmant de Maïder Etchayde tient davantage de celui que l'on trouve dans les pensions de famille. Cette enfant du pays se mettra en quatre pour vous faire découvrir les multiples atouts de sa région. Ceux qui préfèrent le calme pourront aussi se détendre dans la longue piscine. Au petit déjeuner, en plus des classiques viennoiseries et oranges pressées, vous dégusterez produits locaux, charcuterie, fromages… (ici pas de restauration, mais une pléthore de propositions alentour). Enfin, le conjoint de votre hôtesse, professeur de golf, peut vous réserver cours et parcours, en particuliers sur le superbe golf d'Ilbarritz.

Ouvert du 1er février au 11 novembre **Chambres** 15 chambres : 112 à 350 € - Petit déj. : 12 € **Équipements** TV **Divers** animaux non admis **Loisirs** piscine, sports nautiques **Accès** A63, sortie n° 4 Biarritz, au rond-point direction Saint-Jean-de-Luz sur 2,50 km (D 810), puis direction Bidart-Centre, puis avenue de la Grande-Plage.

HÔTEL VILLA L'ARCHE

villalarche.com

Chemin Camboénéa • 64210 Bidart (Pyrénées-Atlantiques)
Tél. 05 59 51 65 95 • Florian Bouget

• Il existe un petit hôtel niché derrière un mur d'enceinte chaulé de blanc et émaillé de faïence bleu et blanc. Magique dans son habit scintillant, la *Villa l'Arche* est un lieu de paix contemporain dans lequel luxe rime avec simplicité. Garant de cette atmosphère sereine et raffinée, Florian Bouget, nouveau gérant de ce splendide endroit, vous accueille avec chaleur et élégance et se fait un plaisir de vous conseiller sur les loisirs aux alentours ou sur place. Oui, juste ici… Parce que là, sous vos yeux, au bout de la pelouse d'un beau jardin paysager, au pied de votre chaise longue, au bas de la falaise, se dessine le plus merveilleux des décors…l'océan. Sa beauté à couper le souffle est là, omniprésente. D'un côté, la plage de Guéthary, de l'autre, celle de Bidart. Le spectacle est également grandiose depuis les chambres qui offrent terrasse de plain-pied ou balcon ouvrant sur la mer. À vous de choisir entre l'immaculé design de la "3" (ambiance Murano avec sol laqué blanc et murs matelassés de cuir blanc), l'esprit Art déco de la "6", ou basque des "2" et "5"… Nos préférées : les "1", "4" et "7", sobres et élégantes, avec mobilier et parquet en wengé, au décor rehaussé par quelques tableaux contemporains ou de belles photos sépia de surfeurs. Enfin, trois appartements aménagés avec goût vous attendent. Le dernier-né, 110 m², offre un style maritime avec ses lattes en bois et son mobilier patiné, une cheminée, deux salles de bains et une terrasse privative… Et l'Atlantique encore et toujours…

Catégorie ★★★★ **Ouvert** du 10 février au 20 novembre **Chambres** 6 chambres : 140 à 280 €, 2 suites : 205 à 330 €, 2 appartements : 240 à 430 € - Petit déj. : 18 € **Équipements** TV, Wifi **Divers** animaux (19 €), garage (10 à 15 €) **Loisirs** plages, sports nautiques, pêche **Accès** dans Bidart-centre, rue de l'Uhabia, vers "Les Embruns".

VILLA ARGUIBEL

arguibel.fr

1146, chemin de Laharraga • 64210 Guéthary (Pyrénées-Atlantiques)
Tél. 05 59 41 90 46 • Port. 06 75 68 68 06 • Mariannick et François Blasselle

• Férus de design et de régionalisme, les propriétaires de cette villa néobasque ont fait *d'Arguibel* l'heureux mariage d'un boutique-hôtel et d'une maison d'hôtes. Tout est donc organisé afin que chacun s'approprie le lieu : *l'honesty* bar pour se servir à toute heure de jus de fruits, vin, champagne ou café, le grand salon où s'offrir un moment en musique, visionner un film sur l'écran géant ou tout simplement lire confortablement. Derrière chaque meuble, chaque objet, se cache un créateur : Verner Panton, Bertoia, Hérault, Pettersson Bergman, Gaignault, Hacala… Cela donne un univers tout en formes et en couleurs, avec, ici où là, un élément ancien, et partout de larges baies pour éclairer l'ensemble et accéder aux terrasses extérieures (où l'on prend son petit déjeuner face au mont Jaïsquibel et à l'horizon). Même soin pour les chambres et les suites, certaines avec terrasse, d'autres avec balcon, décorées selon une thématique personnelle où l'on retrouve d'intéressants matériaux : bois flotté, feutre, résine flammée. Splendides salles de bains avec parfois des baignoires pour deux personnes, des douches "ciel de pluie" sur fond de pâtes de verre, galets, béton ciré. Enfin, si *Arguibel* ne dispose pas d'un restaurant, il y a les deux belles tables *Ibarboure* juste à côté, dont l'une à quelques dizaines de mètres.

Ouvert du 14 février au 31 décembre **Chambres** 3 chambres : 135 à 225 €, 2 suites : 215 à 300 € - Petit déj. : 16,50 € **Équipements** TV, Wifi **Divers** animaux non admis, parking privé **Accès** N 10 jusqu'à Guéthary, au feu à gauche vers "La Table des frères Ibarboure" puis, au carrefour, continuer tout droit sur 50 m ; l'hôtel est sur la gauche.

HÔTEL ETCHEMAÏTÉ

hotel-etchemaite.fr

Le Bourg • 64560 Larrau (Pyrénées-Atlantiques)
Tél. 05 59 28 61 45 • Port. 06 89 30 19 19 • Pierre Etchemaïté

• Même si vous n'êtes pas perché sur une bicyclette, les mollets tendus par l'effort, le voyage qui vous mènera chez *Etchemaïté* est une mise en bouche de qualité. À travers les splendides paysages de haute Soule, la route qui longe le gave de Larrau évolue dans un ravin habillé de forêts de châtaigniers et de sapins, au pied de rondeurs pelées et de prés à bétail. L'hôtel lui-même est accroché à la pente, en face d'une falaise vertigineuse que vous contemplerez avec bonheur chaque matin si vous faites le choix d'une chambre avec balcon. Toutes sont simples, mais chaleureuses (enduits teintés, têtes de lits en chêne clair). Avec beaucoup de cœur, Mme *Etchemaïté* les améliore sans cesse, y ajoutant quelques tableaux ou un beau meuble ancien ; les salles de bains demeurant impeccables et très confortables. Mais c'est en rejoignant la grande salle à manger, du côté de la vallée, que vous finirez d'être séduit : sur ces tables revêtues d'admirable linge basque au coton épais, on vous servira une bonne cuisine de terroir. Quel régal et quel joli cadre ! Après le repas, lorsque vous flânerez dans le village, vous penserez déjà à votre prochain séjour chez *Etchemaïté*.

Catégorie ★★ **Ouvert** du 15 février au 5 janvier, fermé dimanche et lundi hors-saison **Chambres** 23 chambres doubles : 58 à 84 € - Petit déj. : 8 € **Restaurant** (midi et soir) : 18 à 52 € **Équipements** TV, Wifi **Divers** garage **Loisirs** pêche, ski de fond, VTT **Accès** A 64 sortie n° 4 vers Bidache, puis D 11 et D 23 jusqu'à Mauléon, puis D 918 jusqu'à Tardets et D 26 jusqu'à Larrau.

HÔTEL DU POURTALET

hotel-pourtalet.com

Col du Pourtalet • 64440 Laruns (Pyrénées Atlantiques)
Tél. 05 59 05 32 00 • Alexandra Casadebaig

• C'est une histoire de famille, une épopée extraordinaire qui débute en 1933 quand Jean-Pierre Casadebaig bâtit un baraquement pour loger les ouvriers qui travaillent sur la construction de la route transfrontalière entre la France et l'Espagne. Marie, sa femme, leur fait manger sa fameuse garbure, un plat devenu légendaire. Quatre-vingts ans plus tard, c'est Alexandra, quatrième génération de Casadebaig, qui reprend l'établissement. Le résultat : un lieu hors du temps rénové intégralement qui allie avec force tradition et modernité, chaleur et convivialité. Cet endroit magique, situé sur un site naturel exceptionnel, au cœur du parc national des Pyrénées et au pied du pic du Midi d'Ossau, n'en finit pas de séduire. Les chambres possèdent toutes une ambiance unique et un nom qui rend hommage à un personnage de la dynastie. Mention spéciale pour "Tant'Aimée", et sa vue panoramique sur le cirque d'Anéou. Si dormir chez Alexandra est un véritable bonheur, manger les plats concoctés par son cousin David, passé par de grandes maisons, est aussi une expérience inoubliable. Et que dire du "Refuge", le bar à vins qui propose grands crus et vins locaux, à déguster au comptoir ou au coin du feu de cheminée dans l'espace salon décoré avec soin au gré des brocantes et de l'imagination d'Alexandra et de sa maman, artiste peintre aux doigts de fée. Un petit tour par la boutique ou à "La Cascade", l'espace détente, s'avère également impératif ! Vous l'aurez compris, nous avons eu un gros coup de cœur pour cette adresse…

Catégorie ★★★ **Ouvert** du 18 décembre au 19 octobre **Chambres** 9 chambres doubles : 83 à 149 €, 1 suite familiale : 126 à 157 € - Petit déj. : 11 € - Demi-pension : + 31 € **Restaurant** (midi et soir) : 20 à 32 € **Équipements** TV, Wifi, ascenseur **Bien-être** sauna, Jacuzzi **Loisirs** sports de montagne **Divers** animaux (5 €), garage **Accès** à Laruns, prendre D 934 vers le col du Pourtalet.

HÔTEL ARCÉ

hotel-arce.com

64430 Saint-Étienne-de-Baigorry (Pyrénées-Atlantiques)
Tél. 05 59 37 40 14 • Christine Arcé

• "Dans la famille Arcé, je demande l'arrière-grand-père, le grand-père, le père, le fils..." Belle histoire en effet que celle de cet établissement qui, de simple trinquet en 1865, est devenu aujourd'hui l'un des plus beaux hôtels du Pays basque. Sa situation privilégiée sur les berges de la Nive n'est pas son seul atout. Christine Arcé a su habiller chambres et pièces de réception avec infiniment de goût et s'adjoindre les talents d'une amie peintre pour donner une couleur encore plus basque à l'ensemble. Redécorée sur le thème du jeu de paume, la longue salle à manger aux grandes baies vitrées (le trinquet des origines) est un modèle d'élégance : nappage blanc, rideaux gris, mobilier tendance. Aux beaux jours, vous vous installerez plutôt en terrasse, sous les platanes, à proximité de la passerelle qui enjambe la Nive et mène à la piscine. Les chambres qui donnent sur le torrent ont été décorées dans une veine plus contemporaine que celles qui ouvrent sur la verdure (certaines avec petit coin-salon). Dans la petite villa, les belles rouges, roses ou jaunes profitent d'un balcon perché sur l'onde... Partout, des livres et des fleurs, toujours un accueil informel et souriant. Une adresse attachante pour un très joli site, idéal pour un séjour.

Catégorie ★★★★ **Ouvert** de 3 avril au 11 novembre **Chambres** 17 chambres doubles : 100 à 180 €, 3 suites (2 à 3 pers.) : 170 à 250 € - Petit déj. : 16 € **Restaurant** (midi et soir) : 32 € **Équipements** TV, Wifi **Divers** petits animaux (20 €), parking privé **Loisirs** pêche, piscine chauffée, tennis, vélos **Accès** à 50 km au sud-est de Bayonne par D 932 et D 918 jusqu'à Saint-Martin-d'Arossa, puis D 948 jusqu'à Saint-Étienne-de-Baïgorry.

LES ALMADIES €

hotel-les-almadies.com

58, rue Gambetta • 64500 Saint-Jean-de-Luz (Pyrénées-Atlantiques)
Tél. 05 59 85 34 48 • Jean-Jacques Hargous

• Installé dans une petite maison basque, au cœur de Saint-Jean-de-Luz, *Les Almadies*, du nom d'un quartier de Dakkar où les propriétaires ont vécu deux ans, est un hôtel à la fois simple et très confortable, décoré dans des tonalités de mastic et de taupe ponctuées de beige, d'ivoire et de crème. L'ensemble est contemporain et chaleureux. Les chambres sont d'une grande sobriété, mais sans être froides ni impersonnelles, avec des literies d'excellente qualité et de belles salles de bains (céramique blanche et bois exotique). Au matin, vous savourez dans un service original de porcelaine blanche un assortiment de baguettes fraîches au levain, viennoiseries, fruits secs, fromages et céréales. Un petit déjeuner agréable dans une petite pièce baignée de soleil, traitée à la manière d'un ponton de bateau et se prolongeant par une terrasse (véritable salon de plein air au premier étage, où quelques tables sont également dressées). *Les Almadies*, c'est aussi une maison de famille de caractère avec un accueil qui l'est tout autant. Patricia a du sang basque et breton qui lui coule dans les veines. Un mélange détonant mais charmant tout en spontanéité et naturel. Elle saura avec Jean-Jacques, son mari, vous conseiller avec verve et bonheur sur les nombreuses beautés à découvrir du Pays Basque. Pour commencer, les ruelles animées de l'ancien quartier des pêcheurs, juste là, autour de vous…

Catégorie ★★★ **Ouvert** du 1er janvier au 11 novembre et du 18 au 31 décembre **Chambres** 7 chambres : 85 à 135 € - Petit déj. : 12 € **Équipements** TV, Wifi **Divers** animaux non admis **Accès** A 63, sortie Saint-Jean-de-Luz-nord, direction centre-ville par N 10, boulevard Victor-Hugo puis, en face du marché, rue d'Ellissagaray.

CHÂTEAU D'URTUBIE

chateaudurtubie.fr

Urrugne • 64500 Saint-Jean-de-Luz (Pyrénées-Atlantiques)
Tél. 05 59 54 31 15 • Laurent de Coral

• Magnifique édifice des XIVe, XVIe et XVIIIe siècles, *Urtubie* se cache dans la verdure… en contrebas de la route. Même si le bruit des voitures se fait très nettement entendre à l'extérieur, ne négligez pas pour autant cette superbe adresse, à quelques minutes de la frontière espagnole. En effet, l'insonorisation est parfaite et la climatisation des chambres vous permettra de dormir dans un calme total. Décorées avec bon goût et de beaux meubles anciens (XVIIIe et XIXe), celles-ci ont tout des chambres d'amis d'autrefois. Connu pour son architecture et le faste grand siècle de ses salons, *Urtubie* est ouvert au public. Le fait de dormir ici vous permet, de facto, d'en faire la visite, souvent en compagnie du propriétaire (dont la famille occupe les lieux depuis 1341). Petits déjeuners servis dans une minisalle à manger tapissée de rouge haute époque, un peu sombre, mais de grand caractère (possibilité de s'installer dehors dès les beaux jours). Enfin, le magnifique parc, avec piscine et tennis, ajoute des possibilités de détente supplémentaires à celles qui sont offertes par la mer et la montagne toutes proches. Et, pour dîner, le frère de M. de Coral propose une joyeuse table "tendance" dans une ancienne ferme, à huit cents mètres du château.

Catégorie ★★★ **Ouvert** du 15 avril au 15 octobre **Chambres** 10 chambres doubles : 85 à 175 €, 1 suite de 170 à 215 € - Petit déj. : 12 € **Équipements** climatisation, TV, Wifi **Divers** animaux non admis **Loisirs** piscine **Accès** A 63 sortie Saint-Jean-de-Luz-sud puis prendre 1re à gauche D 810 direction château d'Urtubie et Urrugne.

LA DEVINIÈRE

\\ hotel-la-deviniere.com

5, rue Loquin • 64500 Saint-Jean-de-Luz (Pyrénées-Atlantiques)
Tél. 05 59 26 05 51 • Bernard Carrère

• En plein cœur de Saint-Jean-de-Luz, dans une ruelle très calme perpendiculaire à la rue la plus commerçante du village, ce lieu de charme, de goût et de raffinement est un hôtel hors normes. De l'extérieur, rien ne laisse présager l'existence d'un délicieux jardinet. L'été, après avoir flâné ou pris le soleil sur la plage, on y retrouve la tranquillité souhaitée, et boire un thé sous l'auvent (baigné dans le fameux rouge basque allumant volets et balcons, coussins et vieux buffet) est un vrai bonheur. Les chambres, avec ou sans balcon, sont toutes ravissantes, meublées de belles antiquités – vitrine de soldats de plombs dans la n° 1, collection de globes de mariage –, tout comme le salon et la bibliothèque, mis à la disposition des clients dans la journée, mais fermés le soir (les propriétaires n'habitent pas sur place et l'hôtel n'emploie pas de veilleur de nuit). Ouvert l'après-midi, un salon de thé qui propose pâtisseries maison, thés et chocolat à l'ancienne, sert aussi de salle de petit déjeuner. Pas de restaurant, mais Saint-Jean-de-Luz compte quelques bonnes adresses authentiques, comme *Chez Pablo, Le Petit Grill Basque, Chez Kako, Zoko Moko ou encore Chez Mattin, à Ciboure*. Et puis, l'Espagne est toute proche, avec les bars à tapas basques et les grandes tables des environs de Saint-Sébastien…

Catégorie ★★★ **Ouvert** toute l'année **Chambres** 10 chambres : 120 à 160 € - Petit déj. : 12 € **Équipement** Wifi **Divers** animaux (15 €) **Accès** à 15 km au sud-ouest de Biarritz, dans le centre-ville.

HÔTEL LA MARISA

hotel-lamarisa.com

16, rue Sopite • 64500 Saint-Jean-de-Luz (Pyrénées-Atlantiques)
Tél. 05 59 26 95 46 • Sylvie Musset

• Après une autre vie, Sylvie Musset expérimente avec bonheur, depuis trois ans, sa nouvelle activité d'hôtelière. *La Marisa* cherchait preneur et ne pouvait rêver mieux ! Vous y trouverez l'ambiance d'une grande maison privée, avec un chaleureux salon-bibliothèque et de très confortables chambres (certaines avec une petite portion de vue sur la mer). Le mobilier classique, marié à quelques antiquités orientales, leur donne une agréable personnalité, alors qu'au plafond un grand ventilateur se tient prêt à rafraîchir sans aucun bruit vos nuits estivales. À côté de l'accueil, trois marches conduisent au bar, également utilisé pour les petits déjeuners, où vous dégusterez d'excellents produits locaux sélectionnés avec soin (au mur, une grande toile réalisée au profit d'une œuvre humanitaire raconte l'épopée de *La Marisa*, navire du capitaine Sopite, natif de Ciboure). En été, le patio très fleuri permet de beurrer ses tartines en écoutant le cri des mouettes. Sylvie y a ajouté un petit coin-salon pour lire ou prendre un verre. Un délicieux petit hôtel, à proximité immédiate de la mer et du vieux Saint-Jean.

Catégorie ★★★ **Ouvert** du 13 février au 4 janvier **Chambres** 16 chambres simples et doubles : 99 à 178 € - Petit déj. : 12 € **Équipements** TV, Wifi **Divers** animaux (8 €), garage (15 €) **Accès** A 63 sortie Saint-Jean-de-Luz-nord ; dans le centre, suivre les panneaux La Marisa.

L'AUBERGE BASQUE

aubergebasque.com

D 307, Route de Saint-Jean-de-Luz • 64310 Saint-Pée-sur-Nivelle (P.-Atlantiques)
Tél. 05 59 51 70 00 • Cédric Béchade

• Cette ancienne ferme basque du XVIIe siècle revisitée par un architecte contemporain fait désormais partie des adresses emblématiques de la région. Posée à flanc de colline, la maison met en valeur les éléments architecturaux d'origine (et une fabuleuse collection de photographies anciennes présentée par le Musée basque), mêlés à quelques judicieux apports plus modernes. Même réussite côté chambres, ultraconfortables et toutes différentes (certaines avec terrasse où l'on peut se faire servir l'extraordinaire plateau du petit déjeuner), traitées par la maison Flamant dans des tonalités sourdes de gris et de brun. On aime aussi les pièces de réception : le bar et son moelleux salon d'été extérieur, le restaurant design, qui escamote la totalité de ses baies vitrées et se prolonge en terrasse devant un fascinant paysage de collines et de montagnes. Les sculptures de Zigor et les tableaux de Tony Soulié en achèvent l'atmosphère. Créative sans excès, élégante, goûteuse, la cuisine magnifie le meilleur des produits basques. Une petite merveille à seulement dix minutes de Saint-Jean-de-Luz.

Catégorie ★★★ **Ouvert** du 6 février au janvier **Chambres** 9 chambres doubles : 76 à 300 €, 3 suites familiales : 146 à 300 € - Petit déj. : 16 à 28 €, **Restaurant** (midi et soir) : 21 à 83 € **Équipements** climatisation, TV, Wifi **Divers** animaux 5 €, parking privé **Bien-être** massages **Accès** prendre N 263 puis D 3 jusqu'à Arcangues, puis D 755 et D 225.

HÔTEL ARRAYA

arraya.com

64310 Sare (Pyrénées-Atlantiques)
Tél. 05 59 54 20 46 • Laurence Fagoaga

• Formé de trois très anciennes maisons groupées autour d'un jardin qui échappe aux regards, *Arraya* occupe le centre de Sare, l'un des plus beaux villages du Pays basque. Dès l'entrée, de beaux salons et une ravissante salle à manger affichent un charme qui doit beaucoup à la patine des meubles rustiques et à l'éclat de gros bouquets de fleurs. Les chambres, toutes différentes, bénéficient de la même attention, notamment en ce qui concerne les draps et les cache-couvertures. Quelques-unes ouvrent côté jardin, d'autres regardent l'activité du village, certaines sont petites, d'autres, plus spacieuses, notamment une dizaine d'entre elles qui viennent d'être magnifiquement rénovées (grands volumes, bois décapés, très beaux tissus à l'ancienne, salles de bains design). Toutes profitent d'un beau mobilier ancien et de gravures chinés au gré des coups de cœur de la famille Fagoaga, dont la passion pour cet hôtel ne faiblit pas. Ajoutez-y les vieux escaliers de bois, les couloirs tortueux, l'antique poutraison, et vous comprendrez pourquoi *l'Arraya* est un lieu unique. Au restaurant, la carte est variée, les recettes régionales restant les meilleures réalisations. Aux beaux jours vous les dégusterez sur la terrasse ombragée, perpendiculaire à la place du village.

Catégorie ★★★ **Ouvert** de fin mars à début novembre **Chambres** 16 chambres : 94 à 150 € - demi-pension : 36 € Petit déj. : 11 € **Restaurant** (midi et soir) : 26 à 45 € **Équipements** climatisation, TV, Wifi, ascenceur **Divers** animaux non admis, parking privé **Accès** à 28 km au sud de Bayonne par A 63, sortie Saint-Jean-de-Luz-nord, D 918 jusqu'à Ascain et D 4 jusqu'à Sare.

GRAND HÔTEL MONTESPAN TALLEYRAND

hotel-montespan.com

2-4, place des Thermes • 03160 Bourbon-L'archambault (Allier)
Tél. 04 70 67 00 24 • Fax 04 70 67 12 00 • Michèle Livertout

• Cet hôtel, composé de quatre bâtiments reliés entre eux (le plus ancien du XVIe siècle), s'insère bien dans la ville, avec ses belles façades aux multiples et hautes fenêtres. Depuis plus de trente ans, les sympathiques propriétaires vous accueillent à la réception du pavillon *Talleyrand*, avec sa cour intérieure verdoyante et l'élégante salle de restaurant (sièges houssés, plafond à la française), où l'on déguste une excellente cuisine familiale. Les salons sont disposés au rez-de-chaussée du corps principal Montespan, complétés par le bar, la bibliothèque, un patio et un coin Internet. Les chambres, toutes différentes, sont bien aménagées et confortables, meublées de rotin et de tissus fleuris (côté *Capucine*), plus chics et vastes côté *Sévigné* et *Talleyrand*, avec mobilier ancien, poutres et pierres. En été, l'endroit le plus enchanteur reste la terrasse fleurie surplombant les toits du bourg et les arbres de la cour. Ici, émergeant d'un admirable pigeonnier XIIe siècle, une fontaine-gargouille déverse de l'eau dans la piscine, non loin des chaises longues invitant au repos. Il est également possible de s'offrir quelques heures de remise en forme dans les thermes réputés qui jouxtent l'hôtel, et que l'on rejoint directement des étages par des couloirs de verre !

Catégorie ★★★ **Ouvert** du 4 avril au 30 sept. **Chambres** 10 chambres (2 à 4 pers.) : 78 à 138 € - Demi-pension (par pers.) : 79 à 98 € - Petit déjeuner : 13 € **Restaurant** (midi et soir) : 13 à 50 € **Équipements** TV, Wifi, ascenseur **Divers** garage **Loisirs** piscine **Bien-être** spa complet, thermalisme, salle de sport **Accès** à 20 km à l'ouest de Moulins ; A 71 sortie Montmarault ou Saint-Amand-Montrond, puis D 953.

LE GRENIER À SEL

legrenierasel.com

10, rue Sainte-Anne • 03100 Montlucon (Allier)
Tél. 04 70 05 53 79 • Fax 04 70 05 87 91 • Jacky Morlon

• Comme pour brouiller les cartes, une enclave semi-piétonne au cœur du Montluçon médiéval joue de son dédale de rues pour nous faire oublier l'urbanisation alentour (bien préparer votre arrivée car la ville est avare en signalisation et trouver l'hôtel peut tenir du jeu de piste) Au détour d'une placette, la porte du *Grenier à Sel* s'ouvre sur un délicieux petit jardin où l'on dîne aux beaux jours. Totalement rénové, cet ancien hôtel particulier (XVIe au, XIXe) a été volontairement aménagé comme une maison particulière : l'intérieur fait la part belle aux meubles anciens à travers un décor très personnel à mille lieux du standard hôtelier (une amusante collection de poupées décline le thème de la pâte à sel). Peintre à ses heures, le chef propriétaire expose ses œuvres et travaille en fonction les coloris de chaque pièce, de chaque chambre. C'est lumineux, vif, pimpant. Côté chambres, les volumes sont vastes au premier étage, plus intimes au second, elles sont toutes confortables, gaies, agrémentées de belles salles de bains (ciel de lit romantique dans chacune) et l'attention que l'on vous porte se retrouve jusque dans le service de couverture chaque soir. Beaucoup de qualités, somme toute, pour cette très accueillante maison qui est également un restaurant apprécié.

Catégorie ★★★★ **Ouvert** toute l'année sauf 8 jours en nov. 12 jours en février et 8 jours en mai. **Chambres** 7 chambres doubles : 126 à 138 €, 1 appartement-studio : 140 à 190 € - Petit déjeuner : 12 € **Restaurant** menu : 25 à 75 € **Équipements** climatisation, TV, Wifi **Divers** animaux (7 €), parking fermé **Accès** à 332 km au sud de Paris par A 10 jusqu'à Orléans et A 71, direction Bourges ; dans la ville médiévale, à proximité du théâtre et de la Mairie, prendre la rue Porte-des-Forges.

HÔTEL DE PARIS

hoteldeparis-moulins.com

21, rue de Paris • 03000 Moulins (Allier)
Tél. 04 70 44 00 58 • Philippe Boismenu

• C'est dans une France d'un autre temps qu'ici vous mettrez les pieds, très discrètement, presque sans déranger : Moulins et son *Hôtel de Paris* semblent tout droit sortis d'un film des années 1940, le confort moderne et l'insouciance en plus. L'établissement a été totalement rénové l'an dernier, et même si son âme prend encore son temps pour réintégrer les lieux complètement, on y apprécie tout le soin et toutes les bonnes intentions qui ont présidé à ce remodelage. Au rez-de-chaussée, le petit bar va se réchauffer de mois en mois, en proposant des assiettes de produits locaux à partager avec l'apéritif, aux clients de l'hôtel comme à ceux de l'extérieur. Le restaurant va se caler lui aussi, et son décor cossu, confortable, contribue déjà beaucoup au plaisir que l'on a à y passer la soirée. Les chambres, elles, sont déjà bien habitées et bien vivantes : on aime leur aménagement qui privilégie le moelleux, le confort, en toutes circonstances – du lit au salon en passant par la salle de bains, on se laisse gagner par la sensation de douillet des rideaux, coussins, édredons et peignoirs… Dans le même registre, on ne saurait que trop vous conseiller le spa, surtout en hiver, quand la brume et la pluie recouvrent la ville et que votre corps se recroqueville. Pour votre programme culturel, vous aurez sur place un aperçu des collections de la faïencerie de Moulins, et bien sûr des autres sites, cathédrales et musées à visiter aux environs.

Catégorie ★★★★ **Ouvert** toute l'année **Chambres** 32 chambres doubles : 100 à 205 €, 10 suites : 165 à 394 € - Demi-pension (supp./pers) : 40 € - Petit déjeuner : 16 € **Restaurant** (midi et soir) : 25 à 59 € **Équipements** climatisation, Wifi, ascenseur **Divers** animaux (10 €), parking sécurisé (8 €) **Loisirs** piscine **Bien-être** spa complet **Accès** dans le centre-ville. fléchage.

CHÂTEAU D'YGRANDE

chateauygrande.fr

Le Mont • 03160 Ygrande (Allier)
Tél. 04 70 66 33 11 • Fax 04 70 66 33 63 • Pierre Marie Tissier

• Après la forêt de Tronçais, la route longe d'immenses paddocks, puis débouche sur la cour du château. Hennissement d'un cheval saluant l'arrivant, crissement du gravier… Le hall d'entrée ne manque pas d'allure, mais c'est surtout le sublime panorama s'étirant à perte de vue qui attire le regard : rien que des prés, des bois, des lacs. Pour en profiter, quelques tables permettent de prendre un verre avant de passer au restaurant, où l'on goûte à une délicieuse cuisine qui nous a toujours enchanté et devrait continuer à le faire avec l'arrivée, il y a quelques mois, d'un nouveau chef. Côté décor, l'ambiance générale est plutôt raffinée : mobilier de style, boiseries à réchampi doré, panneaux de soie… Au premier étage, les chambres affichent de nobles volumes et des meubles choisis, parfois anciens. Confortables, lumineuses, ce sont nos préférées. Celles du second, avec leur poutraison, comportent de petites fenêtres et sont à notre avis moins bien, malgré leur prix plus doux. Près des arbres fruitiers et à proximité d'une superbe cour d'écurie en activité, la piscine chauffée permet quelques brasses à l'écart. Une adresse chic et classique pour se mettre au vert.

Catégorie ★★★★ **Ouvert** du 28 février au 3 janvier sauf les 24 et 25 décembre **Chambres** 19 chambres : 159 à 25 €, 1 suite familiale : 219 à 277 € - Petit déjeuner : 16 € **Restaurant** (midi et soir) : 36 à 81 € **Équipements** climatisation, TV, Wifi **Divers** parking **Loisirs** équitation, pêche, piscine chauffée **Bien-être** hammam, massages **Accès** du nord, A 71 sortie Saint-Amand-Montrond, N 144 et D 978 ; du sud, A 71 sortie Montmarault, N 145 et D 945 ; à Ygrande, fléchage.

AUBERGE DE CONCASTY €

auberge-concasty.com

15600 Boisset (Cantal)
Tél. 04 71 62 21 16 • Fax 04 71 62 22 22 • Martine Causse

• Entièrement restaurée, cette ancienne maison de maître se trouve sur un tertre dans un magnifique paysage vallonné où l'élevage bovin demeure une valeur sûre. Les chambres pastel, parfaitement tenues, à la décoration simple mais soignée, se répartissent entre la maison principale, la remise et le "sécadou" – où se trouve le très beau duplex récemment aménagé. Plus encore que la campagne silencieuse, c'est l'excellente literie qui se porte garante de vos nuits. Côté restaurant, les marmites de Martine Causse font la joie du palais grâce à une savoureuse cuisine de saison (cèpes, foies gras), servie très professionnellement. Ici, les produits bio du potager sont à l'honneur, tout comme ceux (laitages, viandes) des producteurs voisins. Mention bien également pour le petit déjeuner (buffet auvergnat), servi sur la terrasse devant la piscine, ou dans la nouvelle verrière panoramique (toit escamotable l'été, chauffage hors-saison). Un hammam et une salle de massage (une tonnelle en lisière de forêt sert également l'été pour des soins au grand air) permettent de se faire cocooner. Une accueillante adresse de séjour pour découvrir le Cantal et ses nombreuses richesses.

Catégorie ★★★ **Ouvert** du 1er avril au 30 novembre **Chambres** 11 chambres : 70 à 140 €, 1 suite : 145 à 175 € - Petit déjeuner : 16 à 18 € **Restaurant** (le soir) : 35 à 45 € **Équipements** TV, Wifi, **Divers** animaux (5 €), parking privé **Loisirs** billard, piscine chauffée **Bien-être** hammam, jacuzzi **Accès** à 25 km au sud-ouest d'Aurillac ; à Aurillac, direction Figeac - Cahors par N 122, faire environ 20 km et à gauche direction Manhès ; à 500 m suivre la D 64 puis fléchage.

HÔTEL BEAUSÉJOUR

cantal-restaurant-puech.com

Route de Maurs • 15340 Calvinet (Cantal)
Tél. 04 71 49 91 68 • Fax 04 71 49 98 63 • Louis Bernard Puech

• Chef emblématique de sa région, Louis-Bernard Puech n'a pas laissé son étoile lui monter à la tête : il reste très attaché à son village, et l'hôtel tout simple créé par ses parents représente beaucoup pour lui. Cette sincérité et l'amour de son terroir, vous les retrouverez dans l'assiette pour un festival de saveurs et un subtil jeu d'alliances qui, à coup sûr, vous laisseront un inoubliable souvenir. Et parce que tout le monde doit pouvoir participer à la fête, les prix restent petits au regard de la qualité, tant au restaurant que pour les chambres. Côté ambiance, le décor contemporain de la salle à manger (murs de brique, vitrines, éclairages bien pensés, élégant mobilier, voilages et tentures parme, vastes fenêtres dominant la verdure) est en harmonie avec les chambres, rénovées par les artisans locaux. Teintes pastel rehaussées par le velours vif des couvre-lits et des tentures, parquets pâles, mobilier ondulant en bois ou en acier brossé, fauteuils d'osier tressé, superbes salles de bains aux vasques design…, rien n'a été négligé afin que le bonheur soit total et que l'accueillant *Beauséjour* devienne l'adresse de référence pour découvrir cette superbe région.

Catégorie ★★★ **Ouvert** de mars à décembre et vacances scolaires de février **Chambres** 8 chambres et junior-suites : 65 à 80 €, 2 suites familiales (2 à 4 pers.) : 100 à 150 € - Demi-pension (par pers.) : 70 à 88 € - Petit déjeuner : 11 € **Restaurant** (midi et soir) : 19 à 70 € **Équipements** TV, Wifi **Divers** animaux (8 €), parking fermé **Accès** à 34 km au sud d'Aurillac, direction Rodez, D 920 jusqu'à Lafeuillade, puis Calvinet - Conques par D 601.

INSTANTS D'ABSOLU

ECOLODGE, SPA DU LAC DU PÊCHER

ecolodge-france.com

Le lac du pêcher • Fons-Nostre - 15300 Chavagnac (Cantal)
Tél. 04 71 20 83 09 • Fax 04 69 96 75 51 • Laurence Costa

• En très peu d'années, cette merveilleuse adresse a su s'imposer tout en douceur et devenir une vraie référence pour tous les amateurs de grands espaces, d'air pur, de repos. "*Instants d'Absolu*" vous y êtes ! En totale harmonie avec la nature, cette maison templière bâtie au bord d'un lac immense, s'élève au cœur d'un territoire sauvage classé "espace naturel sensible". Laurence et Daniel ont conservé les murs de lave, remaniant presque tout l'intérieur avec des matériaux "propres". La décoration, actuelle, s'appuie sur l'esprit safari et la nature d'alentour : forêt, lac, volcan. Dans les chambres (neuf ouvrent au sud, côté lac), les matières douces imitent les fourrures, les toiles de Jouy racontent des parties de pêche et les troncs d'arbres deviennent vasque ou table de nuit. Signalons aux plus inconditionnels d'une nature sauvage qu'une chambre unique, sous toile de tente, est ouverte du printemps à l'automne ; lieu rare pour guetter la lune, en amoureux, seuls au monde et en connexion avec l'univers... Le soir, on dîne devant le cantou, dans une ambiance chaleureuse, rustico-déco. Mais l'essentiel se passe dehors. Sur la grande terrasse de bois qui embrasse le lac, dans le bain bouillonnant extérieur tourné vers les sommets du puy Mary, dans l'observation des animaux, oiseaux migrateurs et autres cervidés, qui sont ici protégés. Le luxe comme on l'aime !

Ouvert du 18 déc. au 9 mars et du 11 avril au 11 nov. **Chambres** 1 chambre simple : 115 à 125 €, 4 chambres doubles : 120 à 170 €, 7 junior suite : 150 à 210 €, 1 suite (2 pers) : 230 à 260 € - Petit déjeuner : 15 € **Restaurant** 31 à 33 € **Équipements** bar, salon, Wifi **Divers** parking privé **Loisirs** pêche, VTT, chevaux, chiens de traîneau, montgolfière, observations naturalistes **Bien-être** massages, spa complet **Accès** A 75 sortie 23, direction Murat-Le Lioran ; après Massiac, à Neussargues prendre à droite vers Chalinargues-Lac du Pêcher.

€ AUBERGE DE LA TOUR

aubergedela-tour.com

Place de la Fontaine • 15220 Marcolès (Cantal)
Tél. 04 71 46 99 15

• Au cas où vous n'aimeriez pas passer vos vacances isolé parmi les vaches et moutons, vous trouverez ici les cinq chambres les moins rustiques du Cantal et du Quercy réunis : l'hôtel se trouve non pas au milieu des prés, mais en plein cœur d'un village, au-dessus d'un restaurant où une jeune équipe très dynamique fait des prouesses pour réveiller les papilles locales. Les propriétaires ont décidé d'investir dans la rénovation de l'étage, et ils ont créé, dans les volumes existants, des habitacles fort confortables – sans surenchère ni poudre aux yeux. Le résultat est simple et bien fait, avec des éclairages un peu forts à notre goût, mais qui sûrement seront ajustés, avec le temps et les avis des clients. Les rideaux et les dessus-de-lit flamboient dans des teintes vives et lumineuses, à côté des artefacts habituels des magasins de décoration – fagots de bois décoratifs, voilages en soie colorée, pieds de lampes en galets, qui, s'ils n'ont pas la prétention de singer les grandes maisons, disent la bonne intention et l'envie de bien faire. À petits prix, on est ici parfaitement logé, connecté aux réseaux de Wifi et TV, et très bien accueilli – à l'hôtel comme à la table. Le bar fait office de cordial carrefour du village, et c'est dans une salle voisine, plus intime, que vous serez installés pour dîner. Le rez-de-chaussée est arrangé avec soin : les murs ont été enduits en laissant les belles pierres apparentes, et quelques notes de couleur, encore, ponctuent gaiement l'atmosphère…

Catégorie ★★★ **Ouvert** toute l'année, hiver sur réserv. **Chambres** 5 chambres doubles : 60 à 63 € (3 suites en projet cette année) - Petit déjeuner : 8 € **Restaurant** (midi et soir) : 31 à 62 €, possibilité de demi-pension **Équipement** Wifi **Divers** animaux (4 €), parking privé **Accès** à Aurillac prendre la N 122 jusqu'à Saint-Mamet-la-Salvetat, puis D 20 sur 9 km puis D 45 jusqu'à Marcolès. L'hôtel est dans le centre du bourg.

L'AUBERGE FLEURIE €

auberge-fleurie.com

2, avenue d'Aurillac • 15120 Montsalvy (Cantal)
Tél. 04 71 49 20 02 • Fax 04 71 49 29 65 • Jean-Pierre Courchinoux

• A priori, cette auberge couverte de vigne vierge en bordure de route n'attire pas particulièrement le regard, et l'on serait tenté de poursuivre son chemin, perdant ainsi l'occasion d'une charmante étape. En effet, l'intérieur a été rénové de fond en comble, et mélange un certain classicisme rustique avec des références plus actuelles. C'est ainsi que la représentation en gros plan de tomates rubicondes ferme gaiement la perspective de la salle à manger au parquet rutilant, où la modernité de chaises en osier tressé se marie à quelques vieux éléments (cheminée XVIIIe en pierre sculptée, vénérable vaisselier…). Également parquetées, confortables et agréables comme tout, les chambres sont toutes différentes, avec des lits souvent anciens, quelques idées "déco", et des salles de bains impeccables en grès cérame (celles avec des cloisons bardées de bois brut sont particulièrement chaleureuses). L'ambiance est plutôt très cordiale, au bar comme au restaurant, et l'on y dîne de produits frais de saison, travaillés avec générosité. La carte des vins est assez exceptionnelle, et présente des visages peu communs de ce que la fermentation des jus de raisin peut donner comme diversité – on s'y régale de nectars plutôt nature, de la Champagne aux Baléares (qui l'eut cru !).

Catégorie ★★★ **Ouvert** du 9 février au 16 juin, du 25 juin au 15 septembre et du 23 septembre au 1er janvier **Chambres** 7 chambres : 50 à 70 € - Petit déjeuner : 8 à 9 € **Restaurant** (midi et soir) : 16 à 45 € **Équipements** TV, Wifi **Divers** animaux admis **Accès** du nord, prendre A 75 sortie n° 23 (Massiac-Aurillac), puis N 122 et D 920 direction Rodez ; du sud, A 75 sortie n° 43, puis N 88 et D 920.

AUBERGE DES MONTAGNES

auberge-des-montagnes.com

15800 Pailherols (Cantal)
Tél. 04 71 47 57 01 • Fax 04 71 49 63 83 • Coralie Combourieu-Dubois

• Attention : coup de cœur absolu ! Situé sur le plateau sauvage de Pailherols, entre la chaîne des Puys et l'Aubrac, cet hôtel est un pur bonheur. Ici, on sait recevoir, ça se voit, ça se sent, ça s'apprécie. L'établissement comprend trois bâtiments aux inspirations différentes. L'auberge offre de belles chambres douillettes à l'ambiance montagnarde très réussie. Le restaurant propose à prix doux une cuisine d'exception, traditionnelle, fine et goûteuse. *Le Chalet de Jean* accueille d'autres chambres, lambrissées de vieux chêne et habillées de boutis superbes. Et, en pleine nature, face à deux étangs, *Le Clos des Gentianes* en possède dix, toutes douces, romantiques, dont sept avec terrasse. Ici, on peut déguster un menu du marché concocté par Marie. L'ensemble se complète de deux piscines et d'un agréable spa pour se détendre et se faire du bien grâce à la remarquable gamme cosmétique bio (Ecocert) créée par l'hôtel. Résolument tournée vers le bien-être, la famille Combourieu travaille sans cesse à de nouvelles propositions comme une tisanerie, un espace de relaxation et de massage. Sans parler de toutes les activités de loisirs… Et du *buron de Bâne*, nouveau refuge pour les clients randonneurs où l'on peut dormir dans des cabanes de berger et pique-niquer d'un panier gastronomique… Voilà pourquoi cette maison gourmande à l'accueil familial d'une gentillesse rare s'impose comme un lieu de séjour idéal, et sans doute comme l'un des meilleurs rapports qualité-prix de ce guide.

Catégorie ★★ **Ouvert** du 3 avril au 9 octobre et du 21 décembre au 19 mars **Chambres** 23 chambres : 59,50 à 101 € - Demi-pension (par pers.) : 54,50 à 82 € - Petit déjeuner : 9,50 à 12 € **Restaurant** (midi et soir) : 25 à 40 € **Équipements** TV, Wifi **Divers** animaux admis, parking **Loisirs** équitation, deux piscines dont une intérieure chauffée, ski de fond **Bien-être** fitness, spa complet **Accès** à 21 km à l'est d'Aurillac par Vic-sur-Cère, puis D 54 jusqu'à Pailherols.

CHÂTEAU DE VARILLETTES

\\\\\\\\\\\\\\\\ chateaudevarillettes.com

Varillettes • 15100 Saint-Georges (Cantal)
Tél. 04 71 60 45 05 • Fax 04 71 60 34 27 • Philippe Savry

• Mi-gentilhommière, mi-donjon défensif, ce manoir du XVe siècle semble émerger d'un paysage de près et de bois dominés par les monts de la Margeride, à quelques centaines de mètres de l'autoroute, qu'une colline sépare de l'établissement. Ouvert aux hôtes depuis une dizaine d'années, il est accoudé à un petit bois bien entretenu et présente un splendide jardin médiéval : six carrés de buis renfermant une sélection de simples (plantes médicinales ou aromatiques). À l'intérieur, une ambiance intimiste et résolument haute époque un peu raide, mais un confort dernier cri : insonorisation intérieure, chauffage performant, superbe robinetterie dans les petites salles de bains. Les chambres, qui proposent des espaces variables, sont toujours très soignées, personnalisées et impeccablement tenues. Certaines ont été aménagées dans les anciennes écuries, au pied du château, et sont fermées par des portes à deux ouvrants, autrefois conçues pour les chevaux. Au rez-de-chaussée, salon et salle à manger ont chacun leur cheminée de pierre. Partout, les tonalités jouent sur l'association du rouge (tissus), du beige (murs) et du brun (mobilier). Une adresse utilement située, à proximité de la haute cité médiévale de Saint-Flour et sur l'axe Paris-Montpellier.

Ouvert de mai à septembre **Chambres** 12 chambres et 1 logis : à partir de 135 € - Petit déjeuner : 17 € **Restaurant** (midi et soir) menus : de 18 à 46 € **Équipement** Wifi **Divers** animaux (20 €), parking **Loisirs** piscine, tennis **Accès** A 75 sortie n° 29, au rond-point direction Varillettes, Vabres.

HOSTELLERIE DE LA MARONNE

maronne.com

Le Theil • 15140 Saint-Martin-Valmeroux (Cantal)
Tél. 04 71 69 20 33 • Fax 04 71 69 28 22 • Alain Decock

• Le raffinement d'une grande maison allié à l'accueil chaleureux d'un hôtel familial, c'est tout le charme de cette demeure auvergnate XIXe nichée au creux d'une vallée où coule la Maronne. Un véritable écrin de verdure avec ses onze hectares de parc paysager, agrémentés d'une piscine, d'un tennis et d'une cabane perchée dans les arbres (avec terrasse pour lire et kitchenette). Embelli chaque année, l'hôtel vient de rénover les salons et le bar, qui arborent désormais un style chic et feutré (fauteuils en cuir et daim beige, tapis persans, tables en marqueterie). Les grandes baies vitrées du restaurant gastronomique offrent toujours un aussi beau panorama sur le jardin. On y déguste une cuisine savoureuse concoctée à partir du nouveau potager et d'une sélection de produits locaux. Les chambres, modernes et claires, sont d'un grand confort et ouvrent en majorité sur la vallée. Certaines disposent même d'un balcon ou d'une terrasse. Un endroit beau et attachant, dans lequel bon nombre de clients, conquis par le service attentionné et l'hospitalité, prennent plaisir à revenir régulièrement.

Catégorie ★★★ **Ouvert** de pâques à la Toussaint **Chambres** 15 chambres : 80 à 200 €, 4 suites : 160 à 200 € - Petit déjeuner : 12 € **Restaurant** (le soir et à midi le dimanche) : 28 à 48 € **Équipements** climatisation, TV, Wifi **Divers** animaux (10 €) **Loisirs** piscine chauffée, tennis **Accès** à 33 km au nord d'Aurillac par D 922 jusqu'à Saint-Martin-Valmeroux, puis D 37 direction Fontanges.

·NOUVEAUTÉ·

CHEZ REMISE

aubrac-chezremise.com

Le Bourg • 15110 Saint-Urcize (Cantal)
Tél. 04 71 23 20 02 • Isabelle Remise

• *Chez Remise*, c'est une affaire de famille et de femmes ! L'hôtel se transmet de mère en fille depuis cinq générations. Aujourd'hui, c'est Lucile, joyeux pinson trentenaire, qui est aux commandes avec Jocelyn, son mari et très bon cuisinier de l'établissement. Ici, pas de chichis mais de la bonne humeur. Pas de faux-semblants mais un accueil chaleureux et professionnel. L'hôtel-restaurant, véritable institution dans la région, a été entièrement rénové début 2014. En arrivant dans la petite cour, on admire une belle véranda type atelier d'artiste. À l'intérieur, la salle conviviale a gardé son cachet : boiseries, carreaux de ciment et décoration dédiée à la pêche, la passion d'un des autres maîtres des lieux, Fred. Le trublion, qui n'est autre que le mari d'Isabelle, la maman de Lucile, n'a pas son pareil pour conter l'histoire du pays à ses clients, friands de ses dernières anecdotes. Et puis, il y a la table... Un menu unique qui fait la part belle à une cuisine traditionnelle composée avec des produits de saison. Que les fans d'aligot, spécialité de la région, se rassurent. Jocelyn est un spécialiste ! Après, il sera temps d'aller faire la sieste dans une des dix chambres, simples et confortables, ou d'aller visiter Saint-Urcize, petit village médiéval, situé au cœur des somptueux plateaux de l'Aubrac, et dont l'église romane du début du XIIe siècle est classée. Bienvenue !

Ouvert du 1er février au 30 novembre **Chambres** 10 chambres doubles ou triples : 70 à 90 € - Petit déjeuner : 9 € **Restaurant** (midi et soir) : 19,50 à 22 € **Équipements** Wifi **Divers** animaux admis (8 €), parking **Accès** A75 sortie n°38 puis D900 jusqu'à Nasbinals, puis D12 et D112 jusqu'à Saint-Urcize. L'hôtel est dans le centre du village

LE BAILLIAGE

salers-hotel-bailliage.com

Rue Notre-Dame • 15140 Salers (Cantal)
Tél. 04 71 40 71 95 • Fax 04 71 40 74 90 • Dominique Gouzon

• À première vue voici un hôtel d'un parfait classicisme, avec son traditionnel bar ouvert côté village et un restaurant réputé dans la région. Ni la façade ni les abords ne trahissent l'inspiration actuelle, qui a présidé aux derniers aménagements. Et pour cause : les chambres ont pour la plupart subi un véritable relooking et ont été entièrement rénovées. La mini-suite "Salers" avec soupente en planches de bois et mur de pierre dans un esprit grange contemporaine, "Montagne" avec cloison en bûches de bois non écorcé, "Nature" et son mur de galets, ou encore "Marilyn" pour les fans, chacune vous racontera une histoire différente. La plupart dominent les toits de lauze du village et certaines offrent une échappée sur le puy Violent. La salle du restaurant vient, elle aussi, de se voir réaménagée dans un style très contemporain. Autre surprise, le spa, très chic en rouge et en noir, où l'on souhaiterait immédiatement plonger dans un bain hydromassant. Cinq chambres supplémentaires occupent *la Demeure de Jarriges* (XVe) ; restées dans leur jus, plus champêtres, elles offrent l'avantage d'être au calme dans la campagne, à quatre cents mètres du village. Une bonne adresse pour découvrir Salers et les monts du Cantal.

Catégorie ★★★ **Ouvert** du 12 février au 15 novembre **Chambres** 22 chambres : 70 à 110 €, 4 suites (2 à 4 pers.) : 150 à 180 € - Petit déjeuner : 13 € **Restaurant** (midi et soir) : 23 à 49 € **Équipements** TV, Wifi **Divers** animaux admis, garage (8 €) **Loisirs** piscine **Bien-être** spa complet **Accès** A 75 jusqu'à Clermont, N 89 Bort-les-Orgues et D 927 Salers.

HÔTEL SALUCES € ♥

hotel-salers.fr

Rue de la Martille • 15140 Salers (Cantal)
Tél. 04 71 40 70 82 • Fax 04 71 40 71 70 • Daniel Gil

• Au centre du village, l'ancienne maison du gouverneur de Salers (fin XVIe), restaurée avec beaucoup de goût, accueille désormais un hôtel convivial où l'on vient en ami. Ici, on a privilégié la simplicité et la qualité des matériaux, naturels et chauds. La main courante de l'escalier s'enroule en volutes de fer forgé, les planchers sont de chêne ou de hêtre, les cloisons de sapin, et l'on retrouve parfois le chêne comme socle à de belles vasques de lavabo. Marbre, ardoise ou carreaux de ciment habillent les salles de bains, des boutis de belle facture couvrent les lits (rideaux et voilages ont été cousus par la maîtresse de maison). De style ou d'époque, le mobilier campagnard sait parfois s'incliner devant des lignes plus modernes, comme celles résolument nordiques de la chambre "Flanelle". L'ensemble, élégant et épuré, compose de beaux volumes distribués autour d'un minijardin, où l'on déguste sous les platanes de vrais petits déjeuners maison et d'appétissantes tartes à l'heure du thé. L'accueil chaleureux et l'esprit du lieu donnent plus l'impression d'être dans une maison particulière qu'à l'hôtel. Ajoutons que, dans la ruelle voisine, deux chambres d'hôtes sont à votre disposition ; plus simples, mais confortables, elles sont en vis-à-vis au-dessus d'une cuisine bien équipée.

Catégorie ★★ **Ouvert** toute l'année sauf du 6 janvier au 6 février et du 15 novembre au 20 décembre **Chambres** 6 chambres : 74 à 78 €, 2 suites (2 à 4 pers.) : 95 à 155 € - Petit déjeuner : 13 € **Équipements** TV, Wifi **Divers** parking **Accès** A 89 sortie n° 25, D 922 Bort-les-Orgues, Mauriac, D 22 Salers.

AUBERGE DES CALADES

auberge-des-calades.fr

Le Bourg • 43150 Les-Estables (Haute-Loire)
Tél. 04 71 03 85 27 • Emmanuel Donin

• Ambiance "station de montagne" aux Estables. Et pour cause : ce village perdu sur le sublime plateau du Mézenc, à 1 344 mètres d'altitude, est bel et bien une petite station familiale où l'on pratique ski, raquettes et balades en traîneau à chiens l'hiver, randonnées et VTT l'été. L'auberge, labellisée "Auberge de pays d'Auvergne", occupe une ancienne ferme du XVIIe, à côté de l'église. Toit de lauzes, murs en pierre, calades d'origine au sol, bois brut : l'ambiance est authentique, particulièrement chaleureuse, grâce notamment aux aménagements qui, tout en respectant la bâtisse, ont su adoucir son austérité rustique. Dans les cinq chambres, le style "montagne" reste très présent. Toutes sont agréables, et trois d'entre elles peuvent loger les familles (lits superposés ou dans l'esprit "lits clos"). Les espaces du rez-de-chaussée nous ont aussi beaucoup séduits. Des tables en bois occupent la salle à manger, qui se chauffe d'une grande cheminée. Les repas sont simples et bons, autour d'une cuisine bio du terroir (charcuteries, truite, plats à base de fromages, et même menu sans gluten sur demande…). À côté, l'ancienne écurie est très accueillante, avec ses fauteuils modernes rouge vif et ses éclairages intimes : on s'y voit bien jouer aux cartes et finir agréablement sa soirée. Un petit prix sympathique pour se poser dans une région sauvage, de toute beauté.

Ouvert toute l'année sauf du 10 octobre au 11 novembre **Chambres** 5 chambres doubles : 100 à 150 €, 3 chambres familiales : 110 à 190 € - Petit déjeuner compris **Restaurant** 15,50 à 37,50 € **Équipements** Wifi, ascenseur **Divers** animaux non admis **Loisirs** ski de fond, randonnée **Accès** au Puy-en-Velay, D 535 jusqu'à Le Monastier-sur-Gazeille, continuer sur la D 535 sur 3,5 km puis prendre la D 631 jusqu'à Les Estables.

CASTEL-HÔTEL 1904

castel-hotel-1904.com

Rue du Castel • 63390 Saint-Gervais d'Auvergne (Puy-de-Dôme)
Tél. 04 73 85 70 42 • Fax 04 73 85 84 • Jean-Luc Mouty

• L'arrivée au Castel-Hôtel est une expérience étonnante : comme si l'on passait la porte d'une autre époque, d'un temps où l'on savait encore se montrer attentif à l'étranger de passage. C'est sans doute la raison pour laquelle cette maison, véritable institution en Auvergne, a joint sa date de naissance à son nom. La cour en grandes dalles de basalte, le petit jardin frais, les images de l'établissement au début du siècle dernier, à l'heure des premières automobiles, le large escalier à vis de pierre, tout ici appelle à la nostalgie. Jusqu'à cette manière de servir, avec gentillesse et efficacité, une cuisine régionale de très bonne tenue. Il vous faudra choisir entre le restaurant gastronomique, installé dans une belle salle, et *Le Comptoir à Moustaches*, qui propose des menus plus "courts", de délicieuses formules autour d'un plat. Les chambres, gardiennes de quelques meubles rétro de la famille Mouty, sont baptisées du prénom d'un aïeul : "Firmin", "Adrienne", "Isidore"... Presque toutes ont été refaites (salles de bains, moquettes, papiers peints...), sans dénaturer l'âme du lieu, heureusement ! C'est fait avec goût, joliment et simplement. Une maison émouvante, où l'on revient des années durant en espérant secrètement que rien n'a changé. Notre passage l'an dernier l'a encore confirmé : *le Castel Hôtel* reste l'un des plus charmants hôtels de province.

Catégorie ★★★ **Ouvert** toute l'année sauf janvier et du 15 au 30 novembre **Chambres** 13 chambres doubles : 69 à 81 €, 2 chambres familiales (5 pers.) : 99 à 109 € - Demi-pension (par pers.) : 62 à 71 € - Petit déjeuner : 11 € **Restaurant** (midi et soir) : 23 à 69 € **Équipements** TV, Wifi **Divers** animaux (7 €), parking privé **Accès** à 55 km au nord-ouest de Clermont-Ferrand par N 9 ; à Châtelguyon, D 227 jusqu'à Saint-Gervais-d'Auvergne par Manzat.

AUBERGE € DE LA HULOTTE

aubergedelahulotte.com

La Pêche • 63230 Saint-Jacques-d'Ambur (Puy-de-Dôme)
Tél. 04 73 87 72 71 • Gaëlle Sombret et Lise Aubignat

• Intimité maximale et agitation minimale : ici, vous serez à peine une dizaine à vous partager les quatre chambres de cet hôtel de poche, tenu en famille par deux sœurs dynamiques et leurs parents. L'une s'occupe plus particulièrement des chambres – avec son adorable petite fille sur les talons – et l'autre officie en cuisine, à mitonner volailles et viandes locales pour le repas de l'auberge. Certains jours, les week-ends en particulier, il y aura des tablées très conviviales de voisins venus festoyer. Et certains jours vous serez entre vous, en semaine en particulier. Mais à chaque fois vous ressentirez cette chaleur de l'accueil, ce plaisir à faire partager un mode de vie simple et cohérent, à la campagne mais pas coupé du monde pour autant. Les chambres sont plutôt grandes, adaptées aux séjours en famille avec des enfants. Leur ameublement est fait d'un mélange de mobilier de bois, rustique récent ou plus ancien, avec parfois quelques éléments de type mangeoire ou autres souvenirs agricoles, réutilisés ici en tête de lit ou en décoration. Tout autour de l'auberge, vous l'aurez deviné, dialoguent les arbres, les oiseaux, les petits animaux et les fleurs des prés : autant de balades à faire pour s'aérer les jambes et se dégourdir la tête – et se préparer l'estomac pour les gourmandises du soir. À emporter, des miels et des tisanes, des bières locales, à l'épicerie du bar comptoir… Une sincère et sympathique adresse en Auvergne.

Catégorie ★★★ **Ouvert** du 1 avril au 30 novembre **Chambres** 4 chambres : 58 à 66 €, 2 chambres familiales : 78 à 102 € - Demi-pension (par pers.) : 59 à 81 € - Petit déjeuner : 8 € **Restaurant** (fermé lundi et mardi, et au déjeuner du mercredi au vendredi) : 16 à 24 € **Équipement** Wifi **Divers** animaux non admis, parking privé, garage motos, **Accès** A 89 sortie no 26 puis D 941 jusqu'à La Goutelle, puis D 61 jusqu'à Saint-Jacques-d'Ambur, puis direction Puy-Jean, La Vernède et La Pêche.

HÔTEL VILLA LOUISE

hotel-villa-louise.fr

9, rue Franche • 21420 Aloxe Corton (Côte-d'Or)
Tél. 03 80 26 46 70 • Famille Perrin

• Aloxe-Corton ! Ce village évoque à tous le rouge profond d'un grand bourgogne. Pour nous, il s'associe aussi à la charmante *Villa Louise*, un hôtel accueillant à taille humaine, où vous pourrez déguster, dans une cave du XVIIe, le vin du domaine. On aime beaucoup son jardin, joliment planté, et qui s'inscrit entre la maison et les vignes, avec, çà et là, des lits de repos et des petites terrasses aménagées. Autre pôle d'agrément : le spa (hammam, sauna) et sa piscine couverte, vitrée sur l'extérieur. Juste au-dessus, "Le Pigeonnier", notre chambre préférée, pas bien grande, mais dont les larges ouvertures et la terrasse donnent directement sur les rangs de vignes. Le reste se trouve dans la maison, une vieille demeure bourguignonne, totalement refaite il y a une dizaine d'années avec beaucoup de goût. Le grand salon à l'atmosphère très habitée marie Chesterfield de cuir rouge et fauteuils club pour tenir compagnie à une belle cheminée (feu en hiver). Côté vignes ou côté cour, les chambres ont des agencements assez différents, mais on retrouve partout des meubles de bois clair, des cotonnades piquées, des reproductions de tableaux anciens. De l'élégance et de la modernité jusque dans les salles de bains récemment rénovées.

Catégorie ★★★ **Ouvert** du 20 février au 10 janvier **Chambres** 11 chambres : 85 à 166 €, 2 suites : 195 à 220 € - Petit déjeuner : 10 à 16 € **Équipements** TV, Wifi **Divers** animaux (10 €), parking **Loisirs** piscine intérieure chauffée **Bien-être** spa complet **Accès** à 3 km de la sortie n° 24 Beaune-Saint-Nicolas ; depuis Beaune, N 74 direction Dijon, puis prendre après 4 km la sortie Aloxe-Corton.

ERMITAGE DE CORTON

ermitagecorton.com
D974 • 21200 Chorey-les-Beaune (Côte-d'Or)
Tél. 03 80 22 05 28 • Fax 03 80 24 64 51 • Nicolas Chambon

• Assurément, Clémence et Nicolas Chambon ont insufflé un vrai coup de fraîcheur à cet hôtel, idéalement situé à quelques minutes de Beaune, entre les côtes de Beaune et les côtes de Nuits. André Parra l'avait porté autrefois au plus haut niveau de la gastronomie française ; Vincent Chirat s'inscrit aujourd'hui dans cette même tradition des grands classiques bourguignons, avec une petite pointe novatrice fine et sympathique. Vous serez installés en terrasse, en face du vignoble qui s'étend de toute part au-delà du jardin et de la piscine, ou dans la salle "bistrot", toute en boiseries. Elle a été joliment remise au goût du jour par quelques lampes design et de belles chaises gainées de cuir rouge que l'on retrouve dans la salle à manger, vaste et élégante. Malgré le passage de la nationale, vous dormirez sur vos deux oreilles, toutes les chambres et les suites étant équipées d'efficaces doubles vitrages, qu'elles soient dans le pavillon (avec mezzanine et terrasse privée, parfaites pour les familles) ou dans la maison principale. Car il s'agit bien d'une vraie "maison", où vous trouverez, surtout au premier étage, tableaux et dessins, meubles anciens ou patinés et toutes les couleurs "tendance" du moment. Accueil et service impeccables, et conseils avisés pour vos balades dans les vignes à pied ou à vélo…

Catégorie ★★★★ **Ouvert** de mi-mars à mi-décembre et du 30 décembre à mi-février **Chambres** 3 chambres simples et doubles : 129 à 198 €, 9 suites (3 à 4 pers.) : 158 à 297 € - Petit déjeuner : 12 à 17 € **Restaurant** (le soir) : 36 à 76 € **Équipements** climatisation, TV, Wifi, **Divers** animaux (10 €), parking fermé, garderie **Loisirs** piscine **Bien-être** massages **Accès** A 6 sortie n° 24, D 974 (ex-RN 74) direction Dijon (ne pas entrer dans Chorey-les-Beaune) ; l'hôtel se situe à droite sur la D 974.

CHÂTEAU DE COURBAN

chateaudecourban.com

7, rue du Lavoir • 21520 Courban (Côte-d'Or)
Tél. 03 80 93 78 69 • Fax 03 80 93 79 23 • Frédéric Vandendriessche

• À la croisée de quatre départements, ce château aux belles proportions et flanqué d'un colombier reste néanmoins proche de la grosse maison bourgeoise. Décorateur de talent, son propriétaire l'a restauré en privilégiant les imprimés cossus aux tons soutenus, un mobilier confortable et des lambris en bois laqué, l'ensemble restant d'un classicisme cosy du meilleur effet. La salle à manger, où le rouge est de mise, mérite qu'on s'y attarde, notamment lors de petits déjeuners conviviaux. De taille moyenne et bien agencées, les chambres ont presque toutes une alcôve dissimulant une douche hydromassante, un lavabo et des toilettes. Vous y serez extrêmement bien installés et profiterez de très belles vues sur le parc à la française, où les bassins répondent aux terrasses et où de nombreux meubles de jardin ont été disséminés pour votre tranquillité. On aime aussi beaucoup le spa, avec tout ce qu'il faut de bulles, de vapeurs, de chaleurs parfumées pour se sentir bien. Accueil agréable pour cette adresse intimiste et soignée.

Catégorie ★★★★ **Ouvert** toute l'année sauf les 24 et 25 décembre **Chambres** 16 chambres classiques : 99 à 299 €, 6 chambres luxes : 199 à 299 €, 1 suite familiale : 170 à 400 € - Petit déjeuner : 18 €, **Restaurant** 45 à 89 € **Équipements** TV, Wifi, **Divers** animaux (15 €), parking **Loisirs** piscine, vélos **Bien-être** spa complet **Accès** à 15 km de Châtillon-sur-Seine ; A5 sortie n° 23 Montigny-sur-Aube, puis sortie n° 24 Châteauvillain, Châtillon-sur-Seine ; ou A6 sortie n° 23.

LE MANASSÈS

hotelmanasses.com

Rue Guillaume de Tavanes • 21220 Curtil Vergy (Côte-d'Or)
Tél. 03 80 61 43 81 • Fax 03 80 61 42 79 • Port. 06 13 17 81 55 • Yves Chaley

• Isolé dans un hameau à proximité des plus fameux vignobles de Bourgogne, ce petit hôtel familial à la belle rusticité recèle des chambres coquettes et très soigneusement tenues. Dans la maison principale, jolis volumes mansardés, tissus aux coloris très gais et à grands motifs floraux apportant une petite note actuelle très agréable et belle vue sur une petite vallée sauvage et verdoyante. L'été, vous serez plus au large dans les grandes chambres de l'annexe, avec terrasse donnant sur la cour et le jardin fleuri. Vigneron de son état, M. Chaley ne fait pas mentir la réputation de jovialité associée à cette profession, et son accueil, ainsi que celui des membres de sa famille, mérite à lui seul une visite au *Manassès*. Ici, un lointain parfum laisse deviner la proximité de la cave, où continuent de vieillir les précédentes récoltes. Signalons enfin l'exceptionnel petit déjeuner (avec jambon sec du Morvan, jambon persillé de Bourgogne, rosette au marc, et une petite surprise pour les "œnophiles") servi dans la grande pièce commune, agrémentée de beaux meubles anciens et d'un feu de cheminée en saison. Parmi les restaurants conseillés : l'Auberge du Coteau (à Villars-Fontaine) et Simon (à Flagey-Echézeaux).

Ouvert du 1e mars au 15 décembre **Chambres** 12 chambres doubles : 83 à 108 € - Petit déjeuner (buffet) : 14 € **Équipements** climatisation TV, Wifi **Divers** parking privé **Accès** A 31, sortie Nuits-Saint-Georges, puis tout droit, regagner la N 74 vers Dijon ; au premier feu, à gauche D 25 puis D 35.

AUBERGE CÔTÉ RIVIÈRE

auberge-cote-riviere.com

3, rue des Capucins • 21120 Is-sur-Tille (Côte-d'Or)
Tél. 03 80 95 65 40 • Fax 03 80 95 65 41 • Corinne et François Lagrue

• En traversant la France du Nord au Sud, voilà le type d'étape que l'on peut rechercher pour faire une pause réconfortante. L'Ignon s'écoule, parallèle à l'une des rues principales du bourg, de sorte qu'il faut emprunter un charmant petit pont pour accéder à l'auberge. À droite, une vieille longère abrite le restaurant, et c'est là le point fort de l'adresse. Une chaleureuse et élégante pièce avec cheminée et superbes tirages de natures mortes aux murs est complétée par une terrasse verdoyante où l'on devine la présence de la rivière. Nous avions déjà apprécié le talent de François Lagrue au *Moulin de Villeray*, et c'est avec bonheur que nous retrouvons ici sa cuisine tout en saveur et en finesse. Les chambres occupent la maison principale, au centre du petit parc entretenu de la main des propriétaires, et elles sont toutes de belle taille, très confortablement équipées. Totalement rénovée, la maison est fonctionnelle, moderne, le confort contemporain a remplacé les aménagements XIXe, l'an dernier, de nouvelles améliorations intérieures et extérieures, sont venues s'y ajouter. Enfin, la chaleur de l'accueil transcende l'excellente tenue de l'ensemble, fait que l'on s'y sent bien.

Catégorie ★★★ **Ouvert** toute l'année sauf les dimanches soir, une semaine en août et fêtes de fin d'année **Chambres** 8 chambres : 85 à 132 €, 2 suites : 165 à 175 € - Petit déjeuner : 10 € **Restaurant** (midi et soir) de 17 à 49 € **Équipements** TV canal+, Wifi, ascenseur **Divers** parking privé **Accès** à 25 km de Dijon par la N 74, puis D 112 et D 3.

HÔTEL LE CLOS

hotelleclos.com

22, rue des Gravières • 21200 Montagny-les-Beaune (Côte-d'Or)
Tél. 03 80 25 97 98 • Fax 03 80 25 94 70 • Alain et Christiane Oudot

• Bien située à proximité de Beaune et d'une sortie d'autoroute, cette ancienne ferme se trouve au calme dans un petit village bourguignon. Transformé en hôtel, le bâtiment a bénéficié d'une restauration soignée : belles toitures en tuiles plates, pierres et poutres décapées, sols en vieilles dalles dans la cour, terre cuite à l'intérieur. Très accueillants, M. et Mme Oudot ont tout fait pour que leur hôtel propose des prestations de qualité : les chambres sont généralement grandes, confortables et très bien insonorisées. Côté décoration, leur esprit reste tout ce qu'il y a de plus classique et traditionnel : armoire ancienne, mobilier de style, quelques éléments en fer forgé. L'hiver, on investit le salon, fort agréable avec son coin-bar et ses canapés installés autour du feu de cheminée. L'été, c'est la délicieuse cour-jardin qui exerce son attraction avec ses carrés de buis taillés et ses deux terrasses : l'une pour le matin, l'autre pour le soir. Pas de restaurant sur place, mais une auberge presque mitoyenne propose une cuisine cuite au feu de bois dans un four à pain, et ceux qui cherchent plus de gastronomie trouveront aisément leur bonheur à Beaune.

Catégorie ★★★★ **Ouvert** du 23 janvier au 21 novembre **Chambres** 17 chambres doubles : 99 à 135 €, 5 suites duplex : 150 à 170 €, 2 chambres familiales (3 à 4 pers.) : 150 à 260 € - Petit déjeuner : 14,50 € **Équipements** climatisation, TV, Wifi **Accès** A 6 sortie 24.1, au rond-point, à gauche vers Montagny-lès-Beaune sur la D 113.

HÔTEL DE LA HALLE €

terroirs-b.com/lahalle

5, place Monge • 21340 Nolay (Côte-d'Or)
Tél. 03 80 21 76 37 • Noëlle Pocheron

• Juste après avoir quitté les vignobles des côtes de Beaune, la route plonge au creux d'un vallon pour rejoindre le bourg de Nolay. Rues sinueuses, antiques maisons, toits de tuiles plates, quelques façades à pans de bois : un vrai condensé de Bourgogne. Bizarrement, la très belle place de la Halle semble introuvable, et il faudra quelques hésitations et demi-tours avant de la découvrir. Ancien relais du XVIIe siècle, l'hôtel fait face au chevet de l'église et à la vieille halle ancrée sur ses piliers de pierre. Les chambres se répartissent entre *La maison d'entrée* (très belle vue sur la place pour les chambres "Nolay" et "La Rochepot") et *La maison du jardin*, où se trouvent nos préférées. Mais toutes sont très agréables et bien tenues, faites de tonalités fraîches et gaies, avec partout du mobilier généralement ancien en bois fruitier : une simplicité de bon ton, complétée de salles de bains impeccables. Les petits déjeuners, servis dans une charmante salle de plain-pied sur le jardin intérieur (entretenu avec amour et joliment fleuri), "débordent" volontiers à l'extérieur dès l'approche des beaux jours. Enfin, à deux pas de l'hôtel, la maison d'hôtes du frère de Mme Pocheron vient compléter cette offre d'hébergement, avec quelques chambres de bon confort. Accueil familial et sympathique, et, surtout, quel rapport qualité-prix !

Ouvert toute l'année **Chambres** 13 chambres (2 pers.) : 65 à 70 € - Petit déjeuner : 7 € **Équipements** TV, Wifi **Divers** animaux (3 à 6 €) **Accès** à 30 km de Beaune sur la route d'Autun (N 74 puis N 6).

LE CLOS DU COLOMBIER

closducolombier.com

1, rue du Colombier • 21630 Pommard (Côte-d'Or)
Tél. 03 80 22 00 27 • Philippe Barthelmebs

• Cette demeure vigneronne se prêtait bien au projet de Véronique et Philippe : ouvrir un hôtel à taille humaine en Bourgogne. Leur chance, c'est que, sans compter son cachet et son agencement parfait, cette maison du XIXe se trouve dans le prestigieux village de Pommard, les rangs de vignes : du Clos (cultivé en biodynamie) venant même jusqu'à toucher le jardin et la piscine à l'arrière. La maison, faite de parquet, de carreaux de ciment, de moulures et de cheminées, offre de la lumière et de belles proportions à chacune des pièces. Il a suffi d'y ajouter le confort d'aujourd'hui et un esprit déco pour en faire un lieu au goût du jour, ce que Philippe et Véronique ont réalisé en optant pour des couleurs douces et du mobilier actuel, plus rarement des objets chinés. Les chambres et leurs salles de bains sont donc toutes réussies, très agréables à vivre, la plupart étant tournées vers le vignoble et les coteaux. Afin d'y être bien été comme hiver, un beau spa tout vitré est venu en complément de la piscine. Juste à côté, une boutique de linge, de savons et autres produits de la région (dont une sélection de grands crus, bien sûr) vous permettra de repartir avec un souvenir ou un petit cadeau. Très accueillant, cet hôtel, qui n'est pas si loin que ça de l'esprit "maison d'hôtes", devrait rapidement faire de nombreux adeptes.

Ouvert du 23 janvier au 16 décembre **Chambres** 8 chambres doubles : 118 à 155 €, 4 suites : 170 à 215 €, 1 suite familiale : 210 € - Petit déjeuner : 14 € **Équipements** TV, **Divers** parking **Loisirs** piscine, VTT, golf **Bien-être** spa complet **Accès** À 3 Km de Beaune et de la sortie de l'autoroute A 6.

HOTEL
LE MONTRACHET

le-montrachet.com

Place des Marronniers • 21190 Puligny-Montrachet (Côte-d'Or)
Tél. 03 80 21 30 06

• Il fallait une table à la hauteur de ce village mythique où s'élaborent parmi les plus grands vins blancs du monde. C'est chose faite au *Montrachet* depuis l'arrivée en cuisine de Thierry Berger. Puis ce fut au tour des chambres de monter en gamme alors que la terrasse prenait un petit coup de jeune avec son mobilier Loom et ses buis taillés dans d'élégants pots design. Enfin la municipalité vient de prendre le relais, relookant l'immense parking d'en face en un espace ombragé, structuré d'espaces verts et de fontaines. Dans ce nouvel écrin vous aimerez la générosité des espaces de réception, l'élégance de la salle à manger, l'aménagement des chambres. Le style est actuel mais avec toujours de belles bases classiques et l'on n'a pas lésiné sur la qualité des matériaux, l'élégance des tissus. On pourrait en dire autant de la cuisine étoilée: contemporaine sur une base classique avec le souci du bon produit, de préférence régional. Une belle et accueillante adresse pour découvrir le vignoble.

Catégorie ★★★ **Ouvert** de mi-janvier au 30 novembre **Chambres** 22 chambres doubles : 150 à 165 €, 9 suites : 225 à 275 € - Petit déjeuner : 17 € **Restaurant** (midi et soir) : 32 à 90 € **Équipements** TV, Wifi **Divers** animaux admis sur demande **Accès** à 12 km au sud de Beaune par la N 74.

HÔTEL LES ROCHES

les-roches.fr

Place de la Mairie • 21190 Saint-Romain (Côte-d'Or)
Tél. 03 80 21 21 63 • Port. 06 72 90 16 35 • Guillaume Crotet

• Niché au creux d'un cirque de falaises calcaires, Saint-Romain est une curiosité géologique. Le village de vignerons s'étend le long d'une pente légère alors qu'en surplomb le bourg médiéval et les ruines du château surveillent les voies d'accès au site (des sentiers escarpés permettent de le rejoindre et d'admirer ce splendite panorama). L'hôtel *Les Roches* se dresse sur la petite place principale : une terrasse qui s'avance au soleil, une tonnelle couleur crème et de la vigne qui s'enroule à ses pieds. Quelques tables invitent à l'escale, et pour les soirées d'hiver une belle salle genre bistrot, avec cheminée et sol carrelé en damier noir et blanc. L'ardoise affiche les merveilles de la maison : terrine du jour, légumes à la crème d'herbes au citron, tatin d'oreilles de cochon… Le parti pris est résolument "canaille", les produits excellents, et les vins d'amis vignerons (souvent en biodynamie), sublimes - on frémit encore au goût des nectars de Fred Cossard ! Ici, il ne faut pas venir à la diète ni sans aimer manger : l'hôtel est un complément à la table, l'occasion de poser ses valises pour quelques jours de visites alentour. Les impeccables chambres sont très simples, sans luxe ni frime, mais avec tout le confort nécessaire, du bois et des teintes claires. Quatre d'entre elles ouvrent au sud sur le village. Quatre autres donnent sur l'arrière, et sont moins lumineuses, mais tout aussi propres et soignées. L'accueil est cordial, sans façons.

Catégorie ★★ **Ouvert** toute l'année sauf du 20 décembre au 7 janvier, fermé mardi et mercredi **Chambres** 8 chambres : 50 à 70 €, 1 suite familiale : 80 € - Petit déjeuner : 12 € **Restaurant** (midi et soir) : 30 € **Équipements** TV, Wifi **Divers** animaux non admis, parking public **Accès** A 6, sortie Beaune-Hospices ou Châlon-Nord.

HOSTELLERIE DE LA TOUR D'AUXOIS

tourdauxois.com

Square Alexandre Dumaine • 21210 Saulieu (Côte-d'Or)
Tél. 03 80 64 36 19 • Fax 03 80 64 93 10 • Vincent Fournier

• Au cœur de Saulieu et de sa brochette d'auberges de standing varié, dont les célèbres établissements *Loiseau*, ce bel hôtel est adossé à des bribes de rempart et à la tour de l'Auxois, les plus anciens vestiges du château de Saulieu. Les délicats motifs de sa toiture l'inscrivent définitivement dans la stylistique bourguignonne. Vous retrouverez également ici une palette de jolies tomettes anciennes à motifs de losanges dans une des deux salles du restaurant, par ailleurs couronnée d'un magnifique faisceau de poutres. Dans la salle des petits déjeuners, réchauffée d'épais rideaux à carreaux, une jolie vaisselle apporte sa petite note contemporaine. Les chambres, au luxe discret, associent le blanc des parures de lit, le grège des murs et un mobilier peint de couleurs pastel. Depuis certaines (préférez-les à celles donnant sur la nationale 6), belle vue sur la piscine et le splendide toit bourguignon d'une maison voisine. Service courtois et disponible, comme au restaurant, où l'on vous proposera une cuisine traditionnelle de belle facture concoctée par un chef habitué aux cuisines de renom. Dégustations possibles dans l'ambiance chaleureuse de l'ancienne cave. Une belle adresse d'étape.

Catégorie ★★★ **Ouvert** du 12 février au 21 décembre **Chambres** 29 chambres et suites (2 à 5 pers.) : 85 à 145 € - Petit déjeuner : 10 à 13 € **Restaurant** (midi et soir) : 16,90 à 39 € **Équipements** climatisation, TV, Wifi **Divers** animaux (10 €) **Loisirs** piscine chauffée **Accès** A 6 sortie n° 22 ou 24 puis direction Saulieu.

LE HAMEAU DE BARBORON

hameau-barboron.com

Barboron • 21420 Savigny-les-Beaune (Côte-d'Or)
Tél. 03 80 21 58 35 • Fax 03 80 26 10 59 • Odile Nominé

• Le site aurait sûrement inspiré Lamartine, tant ce creux de vallon ourlé de hautes futaies et de pâtures, préservé de l'agitation du monde et de toute atteinte de la modernité, constitue à lui seul un motif de visite. Pour ne pas rompre le charme, le hameau a été restauré avec un remarquable souci d'authenticité et l'idée d'y inclure, très discrètement, le meilleur du confort d'aujourd'hui. Cela donne un ensemble de bâtiments XVIe de grand caractère, un rien austères, organisés autour d'une cour intérieure pavée où l'arrivée d'une voiture à cheval n'aurait rien de surprenant. Et les chambres? Elles ont pour nom "Les Blés", "Les Cousins" (très grande) ou "Lucien", "Léon", "Élyse", prénoms d'anciens habitants du lieu. Pas une ne ressemble à sa voisine, mais toutes ont en commun de superbes matériaux (bois ciré, pierre, enduit à la chaux), un mobilier ancien de qualité et de superbes salles de bains. Musique classique au petit déjeuner, près de la cheminée et face à la nature. Une nature à arpenter à la rencontre des animaux du domaine ou simplement à contempler de l'un des confortables fauteuils club du petit salon brun et ivoire.

Catégorie ★★★ **Ouvert** toute l'année **Chambres** 7 chambres doubles : 110 à 140€, 1 suite familiale (4 pers.) : 200 à 230€ - Petit déjeuner : 10 à 15€ **Restaurant** le soir : 38 à 59€ **Équipements** TV, Wifi **Divers** chiens admis sur demande (8€), garage, parking privé **Bien-être** massages **Accès** sur A6 sortie A31 n° 24, Savigny-lès-Beaune.

CHÂTEAU LE SALLAY

lesallay.com

Le Sallay • 58470 Saincaize-Meauce (Nièvre)
Tél. 03 86 61 10 10 • Port. 06 60 31 64 73 • Odile Castagne

• Plus proche de la maison d'hôtes que de l'hôtel classique, *Le Sallay* a tout pour ravir les amateurs d'histoire, d'accueil et d'atmosphère. Cette demeure Renaissance, avec son extension XVIIIe, a été prise d'affection par une famille de Parisiens tombés amoureux de la Nièvre. Une grande année de restauration aura marqué à jamais la deuxième vie du lieu : chaque mardi, les réunions de chantier ont réuni une vingtaine d'artisans passionnés autour d'une longue et conviviale tablée : de quoi souder le travail en équipe et imprimer de bonnes vibrations au bâtiment. Chaque chambre a gardé son âme mais s'est vue doter de salles de bains toutes neuves, très bien équipées. Toutes sont très lumineuses, sobrement décorées autour des arts décoratifs revisités. Les murs sont blancs, les matières naturelles : bois, terre cuite, pierre. Sur réservation, vous pourrez dîner sur place, et l'arrivée d'un chef à demeure augure de vrais moments gourmands autour tu terroir nivernais. Et, le matin, un petit déjeuner familial vous attendra. On ne saurait que trop vous recommander de rester quelques jours, pour profiter du salon de lecture, du feu dans la cheminée et des balades à faire en forêt, alentour. La Nièvre est une région ressourçante, à découvrir en respirant profondément, sans s'agiter. Pour ceux qui voudraient venir y travailler, *Le Sallay* est aussi bien équipé pour cela : on imagine avoir plaisir à s'y retrouver pour mener à bien un projet, un stage, un atelier. Une très belle maison, à la fois professionnelle et accueillante.

Catégorie ★★★ **Ouvert** toute l'année sauf du 5 au 25 janvier **Chambres** 15 chambres : 98 à 138 €, 3 suites : 125 à 178 € - Demi-pension (supp./pers.) 35 € - Petit déjeuner : 13,50 € **Restaurant** (le soir du lundi au samedi) : 35 € **Divers** animaux admis, parking fermé **Loisirs** piscine, VTT **Accès** prendre la RN 7 jusqu'à Magny-Cours puis D 200 sur 5 km puis à droite D 149 et suivre fléchage.

HÔTEL DE LA POSTE

hotel-laposte-doucet.com

2, avenue de la Libération • 71120 Charolles (Saône-et-Loire)
Tél. 03 85 24 11 32 • Fax 03 85 24 05 74 • Frédéric Doucet

• Les parents de Frédéric Doucet avaient déjà fait de l'*Hôtel de la Poste* une étape réputée du sud de la Bourgogne, voici pourquoi, depuis plus de trente ans, ceux qui passent par "La Petite Venise du Charolais" – savent qu'ils seront reçus ici avec le sourire et qu'ils dîneront fort bien. Frédéric a grandi là, tout naturellement il a pris maintenant la relève. Chef de cuisine, mais aussi véritable homme-orchestre, il a eu l'intelligence de composer entre les qualités traditionnelles du lieu et de judicieux apports contemporains. Et c'est un fait que l'on apprécie le service à l'ancienne du personnel ; heureux de pouvoir hésiter entre l'incontournable entrecôte (servie sur plaque en fonte) ou un plat plus sophistiqué, étonnant, détonnant. Car la cuisine de Frédéric est une vraie merveille de finesse et de créativité. Côté hôtel, des travaux étaient nécessaires pour rajeunir la maison. Les salles du restaurant ont donc été refaites dans un esprit actuel et chaleureux. Aux étages, salles de bains neuves et chambres "relookées" (la n° 3, assez réussie avec sa salle de bains derrière le lit, devrait beaucoup plaire aux amoureux). De l'autre côté de la rue, une autre maison, si charmante que l'appeler "annexe" serait lui faire injure, semble presque une île sur la rivière, tant les eaux vives qui bordent sa cour sont présentes. Vous y trouverez d'autres chambres, toutes très belles, très contemporaines, très confortables. Enfin un grand patio où sont servis les repas lorsqu'il fait beau, ajoute une qualité de plus à ce très bel établissement.

Catégorie ★★★★ **Ouvert** toute l'année sauf du 15 au 28 février, une semaine en juin et du 15 au 30 novembre **Chambres** 13 chambres doubles : 80 à 95 €, 3 suites : 140 à 240 € - Petit déjeuner : 17 € **Restaurant** (midi et soir) : 32 à 93 € **Équipements** climatisation TV, Wifi **Divers** animaux (15 €), garage (10 €) **Accès** dans le centre de Charolles.

HOSTELLERIE LE POTIN GOURMAND

potingourmand.com

4, Champ de Foire • 71250 Cluny (Saône-et-Loire)
Tél. 03 85 59 02 06 • Fax 03 95 59 22 58 • Serge Ripert

• Sur le pourtour de la ville médiévale, en retrait de la foule et devant un grand parking, l'endroit est aussi accueillant qu'atypique. Une dégringolade de fleurs habille la terrasse de ce petit hôtel confidentiel, dont le restaurant draine une clientèle locale, tout au long de l'année. Selon le temps, les saisons, on s'installe dedans, dehors, au bord d'une cheminée ou à l'abri d'un jardin clos – et ce à toute heure, car la maison fait aussi bar et propose des tapas pour grignoter. On aime le caractère rustique, historique, de l'ensemble – ici, il y a eu, il y a quelques centaines d'années, une poterie, dont on peut voir les vestiges. Une bien joyeuse rénovation en a conservé l'esprit tout en y ajoutant sa patte actuelle, avec un surprenant mélange de décoration. Au rez-de-chaussée, on prend place pour dîner entre poutres anciennes, pierres apparentes, colombages et nappage moderne. À la place de chaises, toute une gamme de fauteuils moelleux, colorés. Des sourires parmi toute l'équipe, et une bonne humeur flagrante. Serge Ripert, chef de la cuisine et aux manettes de son nouveau navire hôtel, ne recule devant aucun défi : entreprendre de grands chantiers ne lui fait pas peur, et on peut gager que ce *Potin Gourmand* va évoluer encore, dans les années à venir… À ce jour, huit chambres plutôt grandes ont été intégralement rénovées ; toutes sont confortables, de styles variés – ambiance campagne ou lounge. Une très joyeuse et dynamique maison.

Catégorie ★★★ **Ouvert** toute l'année sauf le mois de janvier **Chambres** 9 chambres doubles : 95 à 145 €, 2 suites (4 pers.): 120 à 175 € - Petit déjeuner : 6 à 12 € **Restaurant** (midi et soir) : 22 à 38 € **Équipement** Wifi **Divers** animaux (10 €) **Accès** dans le centre-ville.

CHÂTEAU D'IGÉ

chateaudige.com

252, rue du château • 71960 Igé (Saône-et-Loire)
Tél. 03 85 33 33 99 • Fax 03 85 33 41 41 • Famille Faivre

• Une étape digne des contes de fées : on déniche ce petit château au creux d'un relief vallonné, parmi les splendides vignobles de la campagne mâconnaise, aux abords du tout petit village d'Igé… Avec ses épaisses tours du XVIIIe siècle, sa portion de douves (XIIIe) et son délicieux jardin moussu, romantique en diable, voici un hôtel au caractère on ne peut plus charmant, familial, dont les propriétaires ont su conserver intact le cachet et la patine tout en le rendant subtilement luxueux. Les chambres sont ravissantes, très confortables et soignées, toujours meublées d'ancien et capitonnées de tissus (Pierre Frey), ce qui leur donne un petit côté nid douillet, même lorsqu'elles sont grandes (et c'est souvent le cas). Dans un genre différent, les deux qui sont situées dans les tours du parc et du guet jouent avec le caractère du lieu : plafond voûté de chapelle dans l'une, lit à baldaquin et escalier de bois dans l'autre. À l'heure des repas, vous goûterez la bonne cuisine traditionnelle d'Olivier Pons dans les petits salons Louis XIII, dans la véranda, meublée de rotin noir, ou bien sur la terrasse, organisée autour d'un bassin débordant de verdure. Accueil vraiment chaleureux, enthousiaste et très attentif, toujours.

Catégorie ★★★★ **Ouvert** du 1er février au 31 décembre **Chambres** 10 chambres : 89 à 189 €, 7 suites : 199 à 249 € - Petit déjeuner : 18 € **Restaurant** (le soir et midi le week-end) : 37 à 89 € **Équipements** TV, Wifi, **Divers** animaux, garage, parking privé **Accès** A 6, sortie Mâcon-Sud, route de Montceau-les-Mines, Cluny ; sortir à La Roche-Vineuse, après le village prendre à droite route de Verzé, puis Igé.

AUBERGE DU PARADIS

aubergeduparadis.fr

Le Plâtre-Durand • 71570 Saint-Amour Bellevue (Saône-et-Loire)
Tél. 03 85 37 10 26 • Cyril Laugier

• Être à Saint-Amour et s'appeler "*Auberge du Paradis*", c'est peut-être placer la barre un peu haut, et pourtant ! On est plutôt bienheureux dans cette maison de village devancée par sa terrasse débordante de fleurs. À l'intérieur, l'auberge nous raconte la vie de façon personnelle et complètement "déco"; meubles design ou de brocante et trouvailles maison s'assemblent dans un camaïeu de couleurs actuelles. Résultat : on aimerait être partout à la fois ! Salon-bibliothèque, bar (très bistrot), jardin clos, bassin-piscine, Jacuzzi... autant de lieux qui font concurrence aux chambres, où chaque mise en scène enchante à nouveau... Conçues comme des lofts avec des salles de bains (splendides !) qui s'intègrent à l'espace, elles sont très douces, et évidemment superbes. Dans ce joyeux décor baroco-rétro-moderne, Cyril Laugier s'amuse à concocter une cuisine pointilliste pleine d'idées et de saveurs. Le menu-dégustation souffle ses intitulés à rallonge avec gourmandise : Escargots de bourgogne au beurre de gingembre, ail confit, pistou de persil aux cacahuètes, compotée de coings citronnée. Ou encore : Panacotta aux épices vietnamiennes et fleur d'oranger, nougatine aux zestes d'agrumes et noix de pécan, sorbet aux carottes pourpre.... Dans tous les sens, pour tous les sens !

Catégorie ★★★ **Ouvert** du 28 janvier au 18 octobre et du 1er novembre au 30 décembre, fermé les mardis hors-saison **Chambres** 6 chambres : 145 à 175 €, 2 suites : 235 à 260 € - Petit déjeuner : 22 € **Restaurant** (midi et soir) : 68 € **Équipements** climatisation, TV, Wifi **Divers** animaux (10 €), garage (10 €), parking **Loisirs** piscine **Bien-être** jacuzzi **Accès** A6 sortie Mâcon-sud (N29) direction Crêches-sur-Saône ou Belleville venant du sud (N30) ; N6 jusqu'à La Chapelle-de-Guinchay, puis direction Saint-Amour, Le Plâtre-Durand.

·NOUVEAUTÉ·

AUX TERRASSES

www.aux-terrasses.com

18, avenue du 23 Janvier • 71700 Tournus (Saône-et-Loire)
Tél. 03 85 51 01 74 • Amandine et Jean-Michel Carrette

• En bord de Saône, il est une institution qui, depuis plusieurs générations, cultive l'art du bien-recevoir, du bien-nourrir et du bien-(faire) boire... *Aux Terrasses*, M. et Mme Carette père et mère ont progressivement laissé leur fils Jean-Michel et sa femme, Amandine, prendre les rênes de la maison, et c'est chaque année un nouveau grand pas, une nouvelle aventure. La réfection intégrale de toute une partie des chambres et du restaurant a pris la tournure d'une véritable révolution-esthétique, assurément, voire rythmique. Il souffle aujourd'hui un air de poème moderne dans l'établissement, une partition orchestrée à la perfection qui laisse néanmoins passer toute une marge de liberté, d'improvisation. En cuisine et en cave, Jean-Michel se fait plaisir et fait passer la vibration à toute son équipe. Ses assiettes sont vives et colorées, les produits ajustés, les vins en écho. Amandine s'occupe du design, du mobilier, du choix des matériaux et des agencements. L'ensemble est une réussite, et on peut gager que leur enthousiasme va continuer à emmener la maison vers de beaux horizons. Côté chambres, on a adoré l'originalité des nouvelles créations, les multiples détails décoratifs ou fonctionnels, les clins d'oeil, les matières et l'atmosphère. Une maison sérieuse – et joyeuse – où s'arrêter en train, en voiture, en bateau...

Ouvert toute l'année **Chambres** 22 chambres doubles et triples : 93 à 195€, 3 junior-suites : 210 à 260€ - Petit déjeuner : 17€ - **Restaurant** (midi et soir) : 25 à 85€ **Équipements** TV, Wifi, climatisation, ascenseur, coffre-fort **Divers** animaux (10€), parking fermé **Accès** dans Tournus, à la jonction av. Maréchal-Leclerc et av. De-Lattre-de-Tassigny

HÔTEL CARRION RELAIS DE MONTMARTRE

relais-de-montmartre.fr

Place André-Lagrange • 71260 Viré (Saône-et-Loire)
Tél. 03 85 33 10 72 • Fax 03 85 33 98 49 • Marie et Frédéric Carrion

• Frédéric fait le tour du monde, travaille comme second auprès de grands chefs, jusqu'au jour où il reprend une affaire. Le voici désormais installé dans un village vigneron du pays mâconnais, emmenant progressivement la clientèle locale vers une cuisine plus élaborée que ce à quoi elle peut être habituée. Aux étages, les chambres ont été aménagées dans un style contemporain et sont d'un confort absolu. On y joue avec les matières et les couleurs (parfois très osées, comme ce superbe vermillon dans les couloirs). S'y ajoute un spa, que l'on peut privatiser pour y être tranquille. Aujourd'hui, Frédéric exprime tout son talent, élabore des plats onctueux, craquants, associe subtilement les produits du terroir à des saveurs inattendues, et maintient des prix plus que raisonnables : on peut merveilleusement déjeuner pour 30 euros et dîner pour 45 ! La petite terrasse, devant la réception, est charmante, isolée par quelques bambous. Et aux environs, vous pourrez découvrir le vignoble du Mâconnais, prendre rendez-vous chez Cécile et Philippe Valette et goûter aux meilleurs blancs de la région !

Catégorie ★★★★ **Ouvert** toute l'année **Chambres** 9 chambres : 140 à 220 €, 1 suite : 280 à 320 € - Petit déjeuner (8 h à 11 h) : 20 € **Restaurant** (midi et soir) : 30 à 95 € **Équipements** TV, Wifi **Divers** animaux (15 €), parking fermé (15 €) **Loisirs** vélos **Bien-être** hammam, jacuzzi **Accès** A6 sortie 28, suivre Tournus, Châlon ; après Saint-Jean-le-Priche, La Salle, Saint-Albain, à gauche vers Viré, Lugny.

LE PARC DES MARÉCHAUX

hotel-parcmarechaux.com

6, avenue Foch • 89000 Auxerre (Yonne)
Tél. 03 86 51 43 77 • Fax 03 86 51 31 72 • Madame Herbreteau

• Quelques mètres de verdure côté rue et un très beau parc romantique à l'arrière permettent à cet hôtel d'associer les avantages d'un cadre bucolique à la proximité du centre-ville. Il s'agit d'une demeure Napoléon III que les propriétaires précédents avaient dédiée aux maréchaux de France, ainsi que l'attestent les intitulés des chambres. Tapissées de bleu roi ou de rouge orangé, pourvues d'épaisses moquettes coordonnées aux imprimés impériaux, les chambres offrent un intérieur bourgeois de style Empire. Très soignées, elles sont souvent de belle taille et parfaitement calmes (demandez "Gouvion-Saint-Cyr" ou "Jourdan", de plain-pied sur le jardin). Le salon, le bar et la petite salle à manger rangent définitivement l'hôtel du côté du charme, tant il y a ici d'objets, de meubles anciens et de tableaux joliment assemblés. Quant à l'accueil et au service, ils sont irréprochables. Un beau projet d'extension (à la place de l'actuelle piscine) devrait apporter enfin à l'hôtel le restaurant qui lui manque (pour le moment, petite restauration légère sur place et l'excellent *Jardin gourmand*, tout près).

Catégorie ★★★★ **Ouvert** toute l'année **Chambres** 25 chambres : 91 à 176 € - Petit déjeuner : 13 € **Équipements** climatisation, TV, Wifi **Divers** animaux (11 €) **Loisirs** piscine chauffée **Accès** à Auxerre, suivre direction centre-ville.

AUBERGE DU POT D'ÉTAIN

potdetain.com

24, rue Bouchardat • 89440 L'Isle-sur-Serein (Yonne)
Tél. 03 86 33 88 10 • Fax 03 86 33 90 93 • Alain Péchery

• Que serait la ravissante vallée du Serein sans cette réjouissante auberge? Depuis plus de vingt ans, Catherine et Alain Péchery bichonnent cet ancien relais de poste à la façade rose mangée par la vigne vierge. Poutres, colombages, pierre de Bourgogne..., ici on chérit les matériaux nobles. Dans les chambres, classiques, sobrement rhabillées de neuf et enduites de lait de chaux, on est attentif à la propreté et, par-dessus tout, à la qualité de la literie. La "1", spacieuse, avec balcon et baignoire balnéo, est fort appréciée pour son excellent rapport qualité-prix. La "5", plus contemporaine sur deux niveaux, dispose d'un petit salon et d'une superbe douche à l'italienne. La plupart donnent sur le patio fleuri; l'été, délaissant l'ambiance chaleureuse du bar, on s'y attable en attendant le dîner. Mais on lui préférerait presque les petites salles à manger à l'atmosphère traditionnelle rajeunie (meubles cirés, bouquets de fleurs fraîches, joli nappage). Confiée à Fabien Péchery, la table fait la part belle aux meilleurs produits du terroir (Catherine et Alain vont repérer eux-mêmes les producteurs aux quatre coins de la France), servis par une cuisine fine, complétée par un splendide plateau de fromages. Vous l'accompagnerez de l'une des innombrables références de la cave (plus de deux mille) passionnément choisies par Alain Péchery. Amateur véritable, il est capable de vous dénicher une petite rareté à prix raisonnable; suivez ses conseils vous ne serez pas déçu!

Ouvert toute l'année, sauf février et du 15 au 31 octobre **Chambres** 9 chambres : 65 à 98 € - Petit déjeuner : 10 € **Restaurant** (midi et soir) : 27 à 60 € **Équipements** climatisation, TV, Wifi **Divers** animaux (4,50 €), garage (3 €) **Loisirs** pêche **Accès** A 6 sortie Avallon puis D 86.

HÔTEL DE LA BEURSAUDIÈRE

€

beursaudiere.com

9 chemin de ronde • 89310 nitry (Yonne)
Tél. 03 86 33 69 70 • Fax 03 86 33 69 60 • Serge Lenoble

• Opportunément située à quelques minutes d'une sortie de l'A6, cette auberge offre une étape de rêve sur la route du sud. On y déguste de bonnes spécialités bourguignonnes servies en costume local au jardin ou dans les trois salles à manger rustiques (les amateurs d'intimité demanderont une table dans la salle Henri Vincenot). N'hésitez pas à rester dormir, vous adorerez les chambres de l'hôtel : onze petits univers décorés avec le meilleur de la ruralité. Grâce à maints objets chinés autour des métiers d'autrefois mis en scène de la façon la plus charmante : enseigne Singer en zinc dans "La Couturière", réchauds à fers dans "La Repasseuse", vieux harnais dans "Le Bourrelier" et, bien sûr, sols en vieilles terres cuites, bois et pierre décapés, mobilier rétro… Autre atout : les salles de bains, d'un confort extrême, avec leurs jolies vasques et baignoires ceinturées de bois. Quelques chambres donnent sur une terrasse dallée de pierre et cernée de vieux murs. D'autres, de plain-pied, jouissent d'un petit salon extérieur sous loggia. Autant de coins parfaits pour prendre un verre, se détendre, lire un livre (en cas de mauvais temps, les belles caves voûtées transformées en salon-bar ne seront pas une pénitence, c'est également là que se prennent les petits déjeuners où vous attendent de nombreux et excellents produits locaux). Tenue depuis plus de trente ans par une famille de vrais passionnés, cette accueillante maison offre une touchante reconstitution à la mémoire de la Bourgogne paysanne. À ne pas manquer !

Ouvert toute l'année sauf du 4 au 25 janvier **Chambres** 11 chambres : 85 à 125 € - Petit déjeuner : 12,50 € **Restaurant** 15,90 à 51,40 € **Équipements** TV, Wifi **Divers** animaux (4 €), parking fermé **Accès** A6 sortie n° 21 Nitry, puis suivre panneaux.

•NOUVEAUTÉ•

HOTEL ARVOR

hotelarvordinan.com

5, rue Pavie • 22100 Dinan • France
Tel. 02 96 39 21 22

• La superbe porte Renaissance à ogive sculptée de l'ancien couvent des jacobins donne immédiatement une idée juste de ce que réserve cet hôtel : un lieu d'exception, plein de charme et d'histoire. À l'intérieur, le hall d'accueil et, quelques marches plus loin, le salon avec cheminée affichent tous deux un bel ensemble de meubles et de tableaux anciens tout à fait dans le goût des nobles demeures dinannaises. Vous retrouverez ce charme classique dans les chambres, mais revu par les belles tendances d'aujourd'hui (bois à patine mate, teintes sourdes et chics), car toutes ont été rénovées en profondeur. Côté confort, la literie est parfaite, les salles de bains sont impeccables, l'insonorisation totale. Certaines chambres jouissent d'une vue de carte postale sur la tour de l'horloge et les maisons médiévales à pan de bois, d'autres, au dernier étage, ouvrent sur un théâtre d'ardoises, de granit, de briques : l'enchevêtrement des toits de la ville. Petites ou grandes, toutes sont recommandables sans restriction. Nous avons aussi particulièrement aimé le petit déjeuner, servi avec beaucoup d'attention dans une salle à l'esprit bistrot, car l'accueil est également une autre belle qualité à mettre à l'actif de l'*Arvor*. Voici donc l'hôtel parfait pour sillonner la vieille ville de Dinan, descendre la rue du Jerzual jusqu'au port, flâner le long des remparts... À découvrir !

Catégorie ★★★ **Ouvert** toute l'année **Chambres** 23 chambres doubles ou triples : 88 à 150 €, 7 suites ou appartements (1 à 6 pers.) : 95 à 250 € - Petit déjeuner : 12 € - **Pas de restaurant** à l'hôtel **Équipements** TV, Wifi, ascenseur **Divers** animaux (10 €), parking fermé et gardé l'été **Accès** dans le centre-ville

LA DEMEURE

demeure-vb.com

5, rue du Général-de-Gaulle • 22200 Guingamp (Côtes-d'Armor)
Tél. 02 96 44 28 53 • Fax 02 96 44 45 54 • Famille Solo

• Qui devinerait que le cœur du vieux Guingamp regorge d'hôtels particuliers sublimes, construits à l'intérieur d'une enceinte fortifiée. *La Demeure* est du nombre ; ce bel édifice affiche une façade XVIIIe et s'ouvre à l'arrière sur un vaste jardin à l'ancienne auquel on accède depuis le jardin d'hiver, où sont servis les petits déjeuners. Vous y serez reçus avec une gentillesse toute spontanée. C'est en famille que l'idée de l'hôtel a germé, et en famille que l'on vous reçoit. Rien d'une ambiance hôtelière habituelle, ne vous étonnez pas… Après vous être régalés de gourmandises et de gâteaux maison, vous pourrez solliciter l'aide de vos hôtes pour organiser votre journée : photographe et motard, le père de la propriétaire a sillonné mille et un chemins de traverse, et se fera un plaisir de vous prêter ses albums pour vous aiguiller visuellement sur votre destination du jour ! Côté chambres (toujours grandes et ultraconfortables), deux styles se côtoient : classique dans la maison principale, contemporain dans l'annexe. Et, partout, la décoration est très réussie, toujours dans ce mélange d'antiquités et de design, sans prétention – mais plutôt avec une joyeuse jubilation et un sympathique grain de folie…

Catégorie ★★★ **Ouvert** du 6 janvier au 9 août et du 1er septembre au 30 décembre ; fermé le samedi soir d'octobre à mars **Chambres** 7 chambres : 85 à 95 €, 3 suites : 119 à 145 € - Petit déjeuner : 10 € **Équipements**, TV, Wifi **Divers** garage (7 €) **Bien-être** hammam **Accès** À 150 m de la place du Centre Bretagne

·NOUVEAUTÉ·

HÔTEL KER MOR

hotel-ker-mor.com

Plage de Trestaou • 38, rue du Maréchal-Foch • 22700 Perros-Guirec
Tél. 02 96 23 14 19 • M. Rannou

• Sans prétention, tout pimpant et fonctionnel, plutôt gai : le *Ker Mor* a fait peau neuve en front de mer, en 2013, et c'est une affaire qui tourne fort – au restaurant comme à l'hôtel. Dans cet ensemble de deux villas 1900 réunies pour n'en faire qu'une, les moquettes couleur mandarine, les chaises en tissu anis ou turquoise et les tables nappées de blanc donnent le ton de la salle sur un mode acidulé, ensoleillé. La gamme renvoie la lumière qui inonde la pièce au travers des grandes, très grandes baies vitrées. Quand elles coulissent, c'est sur le bois de la terrasse que l'on s'envole illico, face à la mer, sur la plage directement. On y prend le petit déjeuner dès que le soleil est assez haut, on s'y retrouve en fin d'après-midi pour un verre de vin et quelques rillettes de poisson, au couchant. Les chambres sont aux étages, et de celles donnant sur l'eau, on y frise le danger de contemplation profonde... On ne peut que féliciter les nouveaux propriétaires de l'établissement, qui ont mené à merveille les travaux de rénovation, tenu la barre à la perfection, fait les bons choix, assuré le démarrage sur les chapeaux de roues en pleine saison... On reviendra en hiver, aussi, car l'atmosphère y est aussi pure et forte, les grèves désertes. En toute saison, accueil naturel – et petits prix pour la situation !

Catégorie ★★★ **Ouvert** du 28 janvier au 17 décembre **Chambres** 28 chambres doubles ou triples : 68 à 180 € - demi-pension : + 35 € - Petit déjeuner : 10 € **Restaurant** (midi et soir) : 27 et 39 € **Équipements** TV, Wifi, coffre-fort, ascenseur **Loisirs** plage et sports nautiques **Divers** animaux admis, parking privé **Accès** dans Perros-Guirec, avenue du Casino, puis rue de Rohellou jusqu'au bout.

HÔTEL LES COSTANS

hotel-les-costans.fr

14, rue Rouzic • 22700 Perros-Guirec (Côtes-d'Armor)
Tél. 02 96 23 20 27 • Philippe Merdy

• Avec ses toits d'ardoise, ses épais murs blancs surlignés de granit, la grande bâtisse peut, de prime abord, paraître massive, austère, mais à l'intérieur, le soleil flamboie quel que soit le temps… Architectes et décorateurs l'ont fait s'ouvrir de toutes parts, lui ont découpé des baies de bois et verre pour faire entrer la lumière, ont rajeuni son style d'origine, très balnéaire breton, à grand renfort de couleurs acidulées et de tissus de lin ou coton à larges bandes bariolées. Installé du mobilier en métal ou en bois exotique, dehors. Toute une partie des chambres ouvre sur un toit terrasse d'où l'on aperçoit la réserve naturelle des Sept-Iles, où nichent les macareux moines – étonnants voyageurs des mers et des airs. Ces chambres sont de véritables bulles de confort douillet; même les plus petites ont d'excellentes literies, des couettes et des salles de bains neuves. Des lambris lasurés blanc en tête-de-lit, des lampes de chevet épurées, du mobilier de bois et des rideaux, des chemins de lit, couleur sable, gris taupe ou souris. Pour rejoindre la plage, on redescend quelques centaines de mètres, et le centre-ville est tout près lui aussi. Sur place, le restaurant travaille les produits de saison pour proposer des formules du marché, simples, et d'autres plus gastronomiques. Les petits déjeuners avec vue donnent le ton de la maison : générosité, sérieux, accueil. Face à l'océan…

Catégorie ★★★ **Ouvert** du 14 février au 1er novembre **Chambres** 27 chambres doubles : 79 à 189 €, 2 suites : 199 à 279 € - demi-pension (supp./pers.) : 43 € - Petit déjeuner : 14,50 à 17 € **Restaurant** (midi et soir) : 25 à 55 € **Équipements** TV, Wifi **Divers** animaux admis (9 €), parking privé, ascenseur **Bien-être** soins du corps et du visage **Accès** à Perros-Guirec au port de plaisance aller vers "Centre-ville" par la corniche, Trégastel, l'hôtel est dans le prolongement de la route de la corniche, rue à droite sur bd. Clémenceau.

LE MANOIR DU SPHINX

lemanoirdusphinx.com
67, chemin de la Messe • 22700 Perros-Guirec (Côtes-d'Armor)
Tél. 02 96 23 25 42 • Fax 09 71 70 45 02 • Jean-Yves Le Verge

• Nouveau souffle pour cette belle maison qui, après cinq mois de travaux, se pare d'une nouvelle jeunesse. Orienté vers la baie de Trestignel, l'édifice début de siècle est situé sur une petite route de corniche qui offre quelques splendides beaux points de vue sur la Côte de Granit rose. Le salon-bar et la très élégante salle à manger, habillés de nouvelles couleurs de terre et mer - turquoise et chocolat - surplombent directement la mer, tout comme les chambres, qui jouissent presque toutes de ce panorama somptueux (certaines ont même un petit coin-salon installé au bord de baies vitrées ou de bow-windows). Leur décoration, revue l'an dernier, joue sur d'élégantes notes contemporaines et huit d'entre elles ont été complètement rénovées. Confiée à Christophe Lenfant-Gallard, la cuisine célèbre les produits de la mer avec beaucoup de sobriété, de talent et de justesse. Enfin, les jardins fleuris et soignés plairont aux sportifs puisqu'ils accompagnent la pente et descendent jusqu'aux rochers battus par les flots. Une accueillante maison, dynamique, sérieuse et dans un site classé remarquable.

Catégorie ★★★ **Ouvert** du 26 février au 14 novembre et du 3 décembre au 15 janvier **Chambres** 20 chambres doubles : 95 à 135 € - Petit déjeuner : 11 € **Restaurant** (midi et soir) : 24 à 50 € **Équipements** TV, Wifi, coffre-fort, **Divers** animaux (8 €), **Loisirs** accès direct à la mer **Accès** à 11 km de Lannion, sur la Corniche, sortie plage de Trestrignel.

LE MANOIR DE RIGOURDAINE

hotel-rigourdaine.fr

Rigourdaine • 22490 Plouër-sur-Rance (Côtes-d'Armor)
Tél. 02 96 86 89 96 • Fax 02 96 86 92 46 • Patrick Van Valenberg

• L'emplacement de cette ancienne ferme associe les charmes de la campagne à une splendide vue dominante sur les eaux bleues de la Rance (deux cents mètres en contrebas). Les chambres, classiques, profitent presque toutes de ce panorama. Habillées de papiers peints de style anglais à motifs de fleurs ou unis, meublées ici d'une armoire ancienne, là d'une jolie commode, elles sont plaisantes et confortables. Six d'entre elles bénéficient d'une terrasse privative bordée de troènes. Pour les familles, les duplex sont particulièrement bien adaptés. Petits déjeuners dans une grande salle à manger de style rustique, à proximité d'une terrasse entourée d'arbustes et de massifs de fleurs. À l'étage, une grande salle ouvre en mezzanine sur le salon. Tables à jeux, coins lecture vous y attendent pour des moments de repos ou de détente. L'ambiance générale est donc très agréable, tout comme l'accueil, attentif et souriant. Pas de restaurant sur place, mais le choix ne manque pas à Plouër : *La Vieille Auberge* ou *La Cale*, qui propose une cuisine de bonne qualité servie au bord de l'eau. Et puis, à peine plus loin, il y a la petite cité de Dinan, où quelques bonnes tables vous attendent, le *Cantorbery* notamment (belle salle à manger aux lambris XVIIIe à l'étage).

Catégorie ★★★ **Ouvert** du 2 avril au 3 novembre **Chambres** 19 chambres : 89 à 105 €, 1 suite familiale : 137 à 145 € - Petit déjeuner : 9,50 € **Équipements** TV, Wifi **Divers** animaux admis sur demande, parking **Accès** à 15 km au nord-est de Dinan ; sur N 176, entre Dol et Dinan, sortie Plouër, direction Langrolay, puis fléchage.

HÔTEL KER MOOR

ker-moor.com

Rue du Président-Le Sénécal • 22410 Saint-Quay-Portrieux (Côtes-d'Armor)
Tél. 02 96 70 52 22 • Fax 02 96 70 50 49 • Jean-Luc Landel

• Fallait-il de l'audace pour construire dans les années 1970-1980 cet hôtel moderne au pied d'une superbe folie XIXe de style mauresque ? Oui, bien sûr, mais l'orientation sud-sud-est et la vue sur mer de cette falaise blanche étaient telles que le jeu en valait la chandelle. En effet, le panorama sur le port, les criques et les îles, et de façon plus générale sur la baie de Saint-Brieuc, est véritablement à couper le souffle, spectaculaire même (vous pourrez l'admirer de votre lit, puisque la quasi-totalité des chambres jouit d'un balcon privatif). Les levers et couchers de soleil magiques rendent le lieu tout à fait romantique. Dès les beaux jours, il ne faut pas hésiter à prendre son petit déjeuner en terrasse. Impeccables, les chambres jouent une carte "désuète" grâce à leur mobilier à motifs floraux, et c'est finalement bien agréable de séjourner dans un établissement qui ne se veut pas "mode". Seules les salles de bains de ce quatre-étoiles, refaites en 2012, sont plus "design", et cette entorse nous convient parfaitement. Bonne note également pour la qualité de l'accueil, le personnel étant aux petits soins. Enfin, vous serez conseillés pour vos repas, car de nombreux petits restaurants, accessibles à pied, vous attendent à Saint-Quay-Portrieux, petit Monaco des Côtes-d'Armor avec son casino. Accès direct à la plage et au sentier des Douaniers, pour une petite randonnée vivifiante : la Bretagne !

Catégorie ★★★★ **Ouvert** du 14 mars au 12 novembre **Chambres** 15 chambres : 99 à 189 € - Petit déjeuner : 14 € **Équipements** Wifi, ascenseur **Restaurant** (midi et soir) : 21 à 39 € **Divers** animaux admis sur demande, parking privé **Accès** RN 12 sortie après Saint-Brieuc puis sortie Paimpol par la côte. A Saint Quaix, prendre la sortie Port puis fléchage.

TI AL LANNEC, SPA

tiallannec.com

14, allée de Mezo Guen • 22560 Trébeurden (Côtes-d'Armor)
Tél. 02 96 15 01 01 • Fax 02 96 15 01 10 • Danielle Jouanny

• *Ti al Lannec*, qui compte parmi les valeurs sûres du nord de la Bretagne, est un lieu d'exception, tant par la qualité de sa décoration intérieure que par sa position dominante lui assurant une vue sublime sur la mer (que vous pourrez rejoindre à pied par un sentier). Les confortables chambres, où s'harmonisent un beau mobilier, des tissus et des papiers souvent anglais, disposent presque toujours d'un coin-salon, d'un bow-window ou d'une terrasse. Même splendide classicisme cosy dans les pièces de réception, abondamment meublées d'ancien et décorées de tableaux et de tentures harmonieusement choisis pour créer une ambiance feutrée très "maison". Juste à côté, l'élégante salle à manger se prolonge par une longue véranda dominant la baie. Le service y est parfait, très attentif, la carte des vins cache quelques vraies merveilles, et la cuisine s'inspire des produits locaux de saison. Dehors, les jardins se succèdent par paliers, au pied des terrasses et de l'*Espace Bleu Marine*, idéal pour se remettre en forme. L'an dernier, une superbe piscine couverte à débordement est venue s'y ajouter : les pins au premier plan, la mer en contrebas... Une adresse haut de gamme, aux prix justifiés, et qui mérite largement votre visite. Accueil très professionnel.

Catégorie ★★★★ **Ouvert** du 13 mars au 31 octobre **Chambres** 26 chambres simples et doubles : 142 à 366 €, 7 suites : 234 à 490 € - Petit déjeuner : 18 € **Restaurant** (midi et soir) : 23,50 à 78 € **Équipements** TV, Wifi, **Divers** animaux (13 €), parking fermé **Loisirs** piscine intérieure chauffée **Bien-être** spa complet **Accès** à 9 km au nord-ouest de Lannion par D 65.

HÔTEL KASTELL DINEC'H €

kastelldinech.com

Lieu-dit Le Castel (route de Lannion) • 22220 Minihy-Tréguier (Côtes-d'Armor)
Tél. 02 96 92 92 92 • Dominique Meurillon

• Cachée aux portes de la très belle cité de Tréguier, la maison s'enfouit dans la campagne du Trégor. On vient ici se mettre au vert, écouter le chant des oiseaux entre deux excursions, profiter du calme et de l'accueil des atypiques et très sympathiques propriétaires. À la manière des maisons d'hôtes, vous y partagerez un verre de bienvenue et réserverez votre table pour le dîner des résidents. Produits locaux et frais (bio si possible) : tel est le fil conducteur pour Laurence. À partir de là, elle s'adonne à des créations personnelles sur la base d'une cuisine simple, familiale, généreuse, où les sauces conservent une place de plus en plus rare de nos jours. Côté chambres, chaque année voit son train de rénovations. Bien sûr, réservez en priorité celles qui en ont bénéficié (bel assortiment de matières et de teintes naturelles, superbes salles de bains), mais les autres restent correctes avec leur style *old fashion*, les tentures murales de belle provenance conservant une certaine allure… Le mobilier, souvent d'acajou, tient encore la route. Certaines sont lumineuses, d'autres moins, il y en a de plain-pied sur le jardin. Une étroite suite familiale en duplex fera le bonheur des familles... Demandez à la réservation, vos hôtes feront tout pour vous contenter tant ils ont à cœur de vous faire partager leur passion pour cette maison. À moins de cinq kilomètres, vous retrouverez la sublime Côte de Granit rose, ses balades infinies... Et pour prendre des forces, le petit déjeuner très copieux est dressé en version buffet sucré-salé, avec de délicieuses confitures maison en prime, et des horaires adaptés aux lève-tard !

Catégorie ★★★ **Ouvert** du 9 mars au 13 décembre **Chambres** 14 chambres (2 pers.) : 65 à 135 €, 1 suite familiale (5 pers.) : 160 à 200 € - Petit déjeuner : 13 € **Restaurant** sur réservation uniquement : 28 € **Équipements** TV, Wifi, coffre clients **Divers** animaux (8 €), parking privé **Loisirs** piscine chauffée **Accès** à Lannion, D 786 vers Tréguier, fléchage au lieu-dit Kernormand.

HÔTEL DE CARANTEC

hoteldecarantec.com

20, rue du Kelenn • 29660 Carantec (Finistère)
Tél. 02 98 67 00 47 • Fax 02 98 67 08 25 • Patrick Jeffroy

• Entièrement tourné vers la superbe baie de *Morlaix*, l'Hôtel de *Carantec* s'expose au soleil et aux vents du large. Si sa façade conserve un petit côté rétro pour films de Tati, la comparaison s'arrête là, car l'intérieur joue une tout autre musique. Très contemporain, il affiche une élégance minimaliste et un confort feutré. Dans les chambres, le bois sombre et lisse du mobilier tranche avec la blancheur des murs et des tissus, tandis que, souvent, parquets et moquettes structurent l'espace (certaines d'entre elles disposent de grandes terrasses sur l'océan). Pour la convivialité, on leur a ajouté quelques livres et des tableaux bien choisis (sachant que le plus somptueux reste celui qui s'encadre derrière chaque fenêtre). Mais c'est au rez-de-chaussée, dans la grande salle à manger panoramique aux allures de vigie, que bat le cœur de l'hôtel. Cuisinier réputé, avec toujours un projet d'avance, Patrick Jeffroy (deux macarons Michelin) est un enchanteur de papilles, l'initiateur capable de vous faire savourer la mer de mille manières différentes. Soucieux de votre confort, il a créé un salon panoramique avec coin-bar-bibliothèque et quelques tables, pour les amateurs de grasse matinée qui souhaitent prendre un petit déjeuner tardif. Et, pour continuer la journée, vingt-cinq mètres plus bas, la plage n'attend plus que vous, l'escalier qui part de l'hôtel permettra de la rejoindre directement.

Catégorie ★★★★ **Ouvert** toute l'année sauf 3 semaines fin novembre et 2 semaines en janvier **Chambres** 12 chambres : 125 à 240 € - Petit déjeuner (8 h à 11 h) : 18 € **Restaurant** (midi et soir) : 48 à 135 € **Équipements** TV, Wifi **Divers** animaux non admis **Accès** N 12 vers Brest, à Morlaix, D 58 jusqu'à Carantec.

VILLA TRI MEN

trimen.fr

16, rue du Phare • 29120 Combrit (Finistère)
Tél. 02 98 51 94 94 • Fax 02 98 51 95 50 • Thierry Acquitter

• En léger surplomb du rivage, *Tri Men* veille sur l'anse de Bénodet et donne la réplique aux jolies maisons d'en face alors que les marées accomplissent leur va-et-vient studieux. Autour, gazon, arbustes et parterres de roses blanches descendent vers un muret qui sépare le jardin de la berge. Exposée au couchant et au levant, une vaste terrasse en teck permet de profiter à loisir de ce panorama d'eau scintillante, entrecoupé d'un premier plan de chênes et de pins. On y prend l'apéritif, on y dîne parfois et, s'il y a un peu trop de vent, on se réfugie derrière la baie vitrée du petit restaurant. Totalement rénové, l'intérieur affiche un décor contemporain et plaisant au minimalisme tempéré par quelques grands tableaux expressionnistes bretons. La majorité des chambres donne sur la mer ; petites, vastes, quelquefois immenses, elles sont toujours extrêmement confortables, avec leurs couettes blanches, leur mobilier zen et leurs superbes salles de bains. L'ambiance est reposante, l'insonorisation parfaite, le service d'une discrète efficacité. Petits déjeuners gourmands et raffinés, servis tard jusqu'aux terrasses les plus proches de l'eau… À noter aussi que l'adorable petit *Hôtel du Bac* (et son bon restaurant) dépend du même établissement. Situé à quelques mètres, directement sur le port, nous vous le recommandons tout autant !

Catégorie ★★★★ **Ouvert** du 7 février à mi novembre **Chambres** 20 chambres : 135 à 315 €, 1 suite familiale : 345 à 507 € - Petit déjeuner 17 € **Restaurant** (le soir) : 39 à 79 € **Équipements** TV canal+, Wifi **Divers** animaux (17 €) **Accès** à Lorient, prendre la N 165 puis la D 44 jusqu'à Fouesnant puis Bénodet ; juste avant Bénodet tourner à droite vers Combrit.

HÔTEL KER-MOOR

hotel-kermor.com

37, rue des Sables Blancs • 29900 Concarneau (Finistère)
Tél. 02 98 97 02 96 • Fax 02 98 97 84 04 • Michel Violant

• Bienvenue à bord du *Ker Moor* ! Les Violant sont trois frères, complémentaires s'il en est : l'un est artiste peintre, metteur en scène et capitaine hôtelier, l'autre navigue et le dernier veille à votre confort… Ensemble, ils ont recréé ici l'atmosphère de la haute mer, de ses intenses frissons – spectaculaires photos de voyages, de naufrages, à l'appui… L'abordage se fait côté rue, par une façade toute simple qui cache bien son jeu. À bâbord, la plage, directement, puis la mer à 180 degrés et le pont de teck, avec transats, lampes-tempête et manche à air, qui prolonge la salle à manger par-delà une large baie vitrée. Même soin à l'intérieur, où le mobilier marin, les maquettes de bateaux et les éléments de cuivre entretiennent l'illusion. Côté chambres, la hiérarchie est respectée : les petites aux matelots, les grandes avec salon et terrasse sur la mer réservées aux officiers ; à vous de choisir, sachant que le confort est suffisant quelle que soit votre destination. Une adresse originale et accueillante, où chacun trouvera son bonheur, même s'il n'a pas le pied marin. Pour commencer la journée, petit déjeuner du côté de la mer, et, par tempête, demandez à visiter le poste d'avant – un étonnant petit salon abrité derrière quelques hublots…

Catégorie ★★★ **Ouvert** toute l'année **Chambres** 11 chambres : 105 à 185 € - Petit déjeuner (7 h 30 à 11 h) : 12 € **Équipements** TV, Wifi **Loisirs** accès direct à la plage **Accès** dans Concarneau, le long de la plage des Sables-Blancs.

LE RELAIS DU VIEUX PORT

lerelaisduvieuxport.com

1, quai du Drellac'h • 29217 Le Conquet (Finistère)
Tél. 02 98 89 15 91 • Jacques Queguiner

• Réputé aujourd'hui pour son activité de pêcherie, Le Conquet était autrefois un important port fortifié, dont les demeures du quai du Drellac'h constituent les splendides vestiges. L'hôtel en fait partie, à quelques pas seulement de l'embarcadère pour Molène et Ouessant. Cet établissement modeste mais tranquille est une étape agréable pour ceux qui s'apprêtent à prendre le bateau pour les îles, ou qui ont choisi de parcourir à pied les très nombreux chemins côtiers des alentours. On préférera l'une des cinq chambres qui s'ouvrent sur le port, dont les grandes fenêtres font entrer la lumière océane (deux autres donnent sur l'arrière). Toutes sont revêtues de papier de verre blanc rehaussé d'originales frises marines au pochoir. Au sol, des parquets de bois décapé donnent un petit aspect "brut" et marin à la décoration, façon pont de bateau. Au bas de l'escalier, une porte communique directement avec la grande salle à manger aux murs de pierres apparentes. On y trouve galettes, crêpes et plats du jour inspirés par les produits de la pêche, mais, juste en contrebas de l'hôtel, en terrasse sur le quai, on peut aussi manger des huîtres au soleil. En face, la presqu'île de Kermorvan invite à la promenade, au rebord de la belle plage des Grands-Sablons. Pendant qu'au sud le phare de la pointe Saint-Mathieu veille…

Catégorie ★★ **Ouvert** toute l'année **Chambres** 8 chambres (2 à 3 pers.) : 56 à 84 € - Petit déjeuner 8 € **Restaurant** 31 € **Équipements** TV, Wifi **Divers** animaux admis, **Accès** à 15 km de Brest, prendre D 789 sur 15 km puis suivre fléchage.

LA VINOTIÈRE

lavinotiere.fr

1, rue du Lieutenant Jourden • 29217 Le Conquet (Finistère)
Tél. 02 98 89 17 79 • Fax 02 98 89 08 99 • Port. 06 82 37 24 32 • Joëlle Tromeur

• Il n'est pas de port fortifié plus adorable que celui-ci ! Le Conquet se découvre du quai : entre deux tourelles de guet, on remonte la rampe du Drellac'h et on arrive sur la place centrale. Là, la terrasse de *La Vinotière* darde ses couleurs acidulées sur fond de murs de pierres apparentes, tout juste jointoyées à la chaux. En face, la boutique des Tromeur : lui est artisan ébéniste, elle est spécialiste de la décoration, d'objets marins ou malins pour égayer le quotidien. Ensemble ils ont créé cet hôtel ravissant, tout à fait dans le ton des tendances actuelles de bord de mer, avec tantôt du bois brut, tantôt de l'acajou, du jonc de mer et des tissus de lin, unis ou à rayures, façon toile à matelas. Le confort est impeccable, la décoration très sobre, reposante, bien sentie. On y voyage de chambre en chambre au gré des noms des phares et balises de la mer d'Iroise : la Grande Vinotière est cette tourelle rouge à l'entrée du port du Conquet, le Grand Courleau, la Louve ou la Luronne en sont d'autres, signalant les récifs dangereux entre Ouessant et Molène. Outre ces onze chambres, l'hôtel offre les délices d'un salon de thé dangereusement gourmand : les gâteaux sont faits maison, chaque jour, de beurre salé et de caramel, de fruits de saison, et les thés (bio) sont des plus originaux ! Une très charmante adresse avant d'embarquer pour Ouessant ou Molène (l'embarcadère est à 500 m.)

Catégorie ★★★ **Ouvert** toute l'année **Chambres** 9 chambres doubles : 90 à 135 €, 1 suite (3 à 4 pers.) : 100 à 200 € - Petit déjeuner : 10 € **Équipements** TV, Wifi **Divers** animaux (10 €) **Bien-être** Jacuzzi **Accès** à 15 km de Brest, prendre D 789 sur 15 km puis suivre fléchage.

HÔTEL TY MAD

hoteltymad.com

Plage Saint-Jean • Tréboul • 29100 Douarnenez (Finistère)
Tél. 02 98 74 00 53 • Arnaud et Armelle Raillard

• Merveilleux *Ty Mad* ! Il ne cesse de s'embellir, au point d'être devenu, à notre avis, l'un des plus charmants hôtels "tendance" de Bretagne. Passionnés d'art et de décoration, M. et Mme Raillard ont créé ici autant d'univers qu'il y a de pièces, mélange harmonieux et très personnel d'ambiance contemporaine et de références rétro : parquet brut ou jonc de mer, tissus épais, coton écru, franches couleurs ou teintes grèges et patine de chaux crème… Un style léger, élégant et aéré, rehaussé çà et là de belles œuvres d'art. La majorité des chambres a vue sur la mer. Au pied de la maison, une ravissante terrasse bordée de bambous accueille vos petits déjeuners, tandis qu'au restaurant une carte resserrée permet de déguster de belles assiettes d'une cuisine fraîche et goûteuse. Très prisé autrefois par Max Jacob (qui fut pensionnaire ici pendant deux ans), l'accueillant *Ty Mad* a ses inconditionnels, alors si vous voulez être sûr d'avoir une place, réservez à l'avance !

Catégorie ★★★ **Ouvert** du 15 mars au 12 novembre **Chambres** 14 chambres : 75 à 215 €, 1 maison (3 chambres) prix à la semaine : 1 232 à 1 729 € - Demi-pension (supp. par pers.) : 45 € - Petit déjeuner : 14 € **Restaurant** (le soir) : 32 à 35 € **Équipements** TV, Wifi **Divers** animaux (8 €) **Loisirs** piscine intérieure chauffée **Bien-être** massages, spa complet **Accès** à 18 km au nord-ouest de Quimper par D 765 ; direction Tréboul, puis suivre fléchage.

LES HERBES FOLLES

hotel-iledebatz.com

Le Débarcadère • 29253 Île-de-Batz (Finistère)
Tél. 02 98 61 78 28

• Si l'on goûte le parfum des îles, celle de Batz, encore assez secrète, est à découvrir. Familial ! Le mot est lâché et convient totalement à ce petit hôtel-restaurant de dix chambres, qui a plus d'un atout, dont celui, unique sur l'île, d'être ouvert toute l'année. Plus qu'un hôtel, c'est une jolie maison avec vue sur la mer située à trois minutes du débarcadère de l'île, au plus près d'une petite grève encore sauvage. Au premier étage, vous y découvrirez encore un petit plus, typique des années 1930 : un jardin d'hiver devenu chaleureux salon où vous attendent revues et jeux de société ; lequel donne sur une terrasse pour prendre le soleil face à la mer ou contempler la vie du port. L'autre mot pour qualifier ce lieu au bon rapport qualité-prix est "simplicité" : simplicité des chambres, à la décoration soignée, souvent vêtues de gris et de blanc (les 202, 101, 102 étant les plus lumineuses, et sept chambres donnent sur la mer) ; simplicité de la carte du restaurant, qui privilégie une cuisine maison à base de produits frais, principalement locaux ; simplicité, enfin, de l'accueil. Les familles, qui seront toujours bien reçues, se verront prêter jouets de plage, cerfs-volants, jumelles, jeux de boules et même paniers à crevettes ! Quant au bar à l'enseigne souriante – *Le Bigorneau langoureux* –, il n'a rien de conventionnel, et vous y passerez d'agréables moments en sirotant vin, sirop, thé ou whisky. Que cela ne vous détourne pas de la visite de cette petite île, à vélo c'est le rêve, et, pour vous faciliter la vie, l'hôtel a conclu un accord avec le loueur tout proche.

Catégorie ★★ **Ouvert** toute l'année sauf le 24 décembre et le 25 décembre **Chambres** 10 chambres : 70 à 105 € - Petit déjeuner (8h à 10h45) : 9 € **Restaurant** à partir de 19,50 € **Équipement** Wifi **Divers** animaux (10 €) **Loisirs** plage, pêche **Accès** au débarcadère de l'île de Batz (embarquement à Roscoff).

HÔTEL LA BAIE DES ANGES - SPA LES ANGES

lesanges.fr

350, route des Anges • Port de l'Aber Wrac'h • 29870 Landéda (Finistère)
Tél. 02 98 04 90 04 • Fax 02 98 04 92 27 • Jacques Briant

• Non loin de l'aber Wrach, en face de la baie des Anges, ce petit hôtel joliment rénové est piloté de main de maître par Jacques Briant, personnalité dynamique et enjouée, d'une disponibilité et d'une chaleur sans égales. Décorés dans un style vacances, mêlant bois clair, osier tressé, tissus bleus ou beiges, le salon d'accueil et la salle à manger expriment parfaitement la tonalité générale du lieu. Côté chambres, l'ambiance est très plaisante, avec un mobilier en bois naturel et des teintes de crème et d'azur, de beaux tirages de photos noir et blanc aux murs. Généreusement éclairées, un grand nombre d'entre elles donne directement sur la mer, sans pour autant souffrir du bruit de la route grâce à un efficace double vitrage. Et, si votre chambre ouvre sur l'arrière, vous vous consolerez en prenant un verre sur la belle terrasse en teck, lieu magique lorsque le ciel incandescent enflamme la baie et son chapelet d'îlots. Enfin, de très bons petits déjeuners confirment l'excellente impression générale de cet établissement, qui a ouvert, juste à côté et les pieds dans l'eau, la *Villa les Anges*, directement sur la plage, avec de véritables appartements tout équipés, et la *Résidence de la Marine*, deux petites merveilles décorées dans ce que le style balnéaire fait de plus raffiné. À découvrir d'urgence !

Catégorie ★★★★ **Ouvert** toute l'année **Chambres** 20 chambres : 108 à 228 €, 9 appartement-studio (2 à 6 pers.) : 148 à 228 €, 2 suites : 228 à 268 € - Petit déjeuner : 15 à 18 € **Équipements** TV, Wifi, **Divers** animaux (15 €) **Loisirs** piscine intérieure chauffée, plage, sports nautiques, pêche **Bien-être** massages, spa complet **Accès** à Brest, D 13 vers Gouesnou, Lannilis, Landéda, l'aber Wrach.

GRAND HÔTEL DES BAINS

grand-hotel-des-bains.com

15, rue de l'Église • 29241 Locquirec (Finistère)
Tél. 02 98 67 41 02 • Fax 02 98 67 44 60 • Anne-Marie Nicol

• Avec son parc à fleur d'eau, qui servit de décor au film L'*Hôtel de la Plage*, cet imposant hôtel début de siècle occupe l'un des très beaux sites de la côte bretonne. Exposées au soleil levant, presque toutes les chambres donnent sur la mer (sauf, notamment, la 210, que nous ne recommandons pas) et offrent le spectacle alternatif des eaux claires battant les rochers (pour ne rien en perdre, quelques tables ombragées de tilleuls sont installées le long du muret) ou de l'immense plage découverte à marée basse. De taille variable, mais presque toutes au même prix, leur confortable aménagement rappelle le style balnéaire 1900 (murs délicatement teintés de gris ou de grège, tissus bleu pâle, vieux rose ou vert tilleul, meubles peints en blanc…). Certaines profitent même d'une grande terrasse, d'autres de salles de bains récemment rénovées, rééquipées. Superbe et immense piscine couverte, excellente cuisine à base de produits bio, servie dans une vaste salle à manger très élégante et généreusement ouverte sur le jardin. En annexe de l'hôtel, sur le port, la *Brasserie de la Plage* sert une cuisine de marché dans un cadre plus décontracté. L'ensemble est un petit paradis maritime, au coeur duquel on ne peut que se reposer, se ressourcer.

Catégorie ★★★★ **Ouvert** toute l'année **Chambres** 36 chambres : 151 à 299 € - Demi-pension (supp./pers.) : 40 € - Petit déjeuner compris **Restaurant** (le soir) : 42 € **Équipements** TV, Wifi **Divers** animaux (20 €) **Loisirs** piscine intérieure chauffée, plage, sports nautiques, pêche **Bien-être** fitness, spa complet **Accès** à 18 km de Morlaix par D 786 vers Plestin puis D 64.

LES MOULINS DU DUC

hotel-moulins-du-duc.com

Route des Moulins • 29350 Moëlan-sur-Mer (Finistère)
Tél. 02 98 96 52 52 • M. et Mme Jouault

• Qui dit moulin – ancienne propriété des ducs de Bretagne – dit rivière et même mieux : un véritable hameau au charme bucolique, hors du temps, un décor de rêve digne des légendes du roi Arthur. Traversé par le Belon, le domaine est entouré d'un parc naturel de quinze hectares, l'ensemble à seulement trois kilomètres de la mer. Cela en fait un lieu idéal pour découvrir le Finistère et ses haut-lieux, tels Pont-Aven, Concarneau et Bénodet. Autour du moulin (qui accueille le restaurant et le bar), les chambres et suites de cet hôtel quatre-étoiles sont dispersées dans des maisonnettes de pierre offrant une certaine intimité. On est loin ici d'un décor design ; il est plutôt "traditionnel", en phase avec la patte de l'hôtel, qui décline de jolis thèmes "Bord de mer", "Art", "Romantique" ou suites "Voyageur". Attention, certaines sont encore en cours de rénovation, mais dans l'ensemble elles sont soignées, élégantes, et aussi agréables que l'espace bien-être – piscine intérieure chauffée et spa – que vous rejoindrez par de jolis chemins. Côté restaurant, *Le Raphaël* est indéniablement gastronomique : cheminée monumentale, vue sur la cascade, salon "à fleur d'eau" pour goûter une cuisine raffinée, pure, authentique et aventureuse.

Catégorie ★★★★ **Ouvert** du 1er mars au 1er novembre **Chambres** 20 chambres : 150 à 290 €, 5 suites : 350 à 550 € - Demi-pension (supp./pers.) : 41 € - Petit déjeuner : 19 à 23 € **Restaurant** (le soir) : 45 à 86 € **Équipements** TV, Wifi, ascenseur **Divers** animaux (15 €), parking privé **Loisirs** pêche, piscine couverte chauffée **Bien-être** spa complet **Accès** à Quimperlé, D 116 vers Moëlan puis fléchage.

AR MEN DU

men-du.com

47, rue des Îles-Raguenez-Plage • 29920 Névez (Finistère)
Tél. 02 98 06 84 22 • Fax 02 98 06 76 69 • Pierre-Yves Roué

• De belles plages de sable fin, quelques rochers, un sentier de douaniers pour d'infinies balades, une île accessible à marée basse, des champs, des bosquets de végétation salée… Voici le royaume d'*Ar Men Du!* Certes, l'hôtel affiche une architecture un peu banale, mais qu'importe, ce lieu est magique, surtout le soir lorsqu'il ne reste plus ici que les quelques privilégiés qui logent à l'hôtel. Rénové et relooké, l'intérieur est des plus agréables. On aime la petite entrée avec ses murs blancs, ses photos sépia de vieux gréements, son canapé de paquebot en bois, cuir et cuivre (mobilier reproduit très présent dans la maison). Un couloir moquetté de rouge mène aux chambres. Petites, sobres et confortables, elles jouissent toutes d'une vue sur la mer. Certaines sont d'amusants miniduplex, quant à la 7, immense, sous toiture, elle profite d'une paroi vitrée qui donne l'impression de dormir sur la plage. Et depuis cette années, ceux qui souhaitent une terrasse privée pourront réserver l'une des deux nouvelles chambres ou la très belle suite. Charmant petit restaurant panoramique à l'ambiance design où l'acajou se marie à l'osier tressé, pour déguster la remarquable cuisine de Patrick Le Guen, passé maître dans l'art de choisir les meilleurs produits et de les préparer avec tout le respect et la créativité qu'ils lui inspirent. Une agréable petite terrasse chauffée et abritée, garnie de fauteuils metteur en scène, permet également de se régaler devant la grande bleue.

Catégorie ★★★ **Ouvert** du 7 mars au 2 novembre et du 12 décembre au 4 janvier **Chambres** 15 chambres : 104 à 169 €, 1 suite : 209 € - Petit déjeuner (jusqu'à 12 h) : 14 € **Restaurant** (le soir) : 46 à 85 € **Équipements** TV, Wifi **Divers** animaux (10 €) **Loisirs** GR, location vélos, plage, pêche **Accès** N 165, sortie Kerampaou ; à Nevez, prendre Raguenez, puis fléchage.

MANOIR DALMORE

manoirdalmore.com

7, corniche de Pouldon • Plage de Port-Manec'h • 29920 Névez (Finistère)
Tél. 02 98 06 82 43 • Arnaud Tétard

• Il est si élégant qu'on ne se lasse pas de le contempler. Un vrai manoir en pierre, vue imprenable sur la plage de Port-Manec'h avec ses cabines en bois, qui nous renvoient à la Belle Époque. Sans parler de la flottille de voiliers et de bateaux de pêche qui ajoute encore au charme du site. Une situation privilégiée, donc, toute proche de Pont-Aven, avec de beaux sentiers côtiers tout autour. C'est d'ailleurs pour se rapprocher du village culte et de sa célèbre école de peinture que le manoir fut construit en 1926 par une Australienne d'origine écossaise, grande amatrice d'art, avant d'être racheté en 1941 par une famille brestoise. L'aventure continue, puisque c'est un couple de Parisiens qui l'a racheté en 2011 et l'a transformé en hôtel en rénovant avec brio les dix chambres du bâtiment. Elles allient meubles anciens chinés, cheminées d'époque, fenêtres aux petits carreaux, à des touches et teintes résolument épurées et modernes, comme cette moquette à rayures noires et blanches, ces pans de murs orange ou bleu vif, quelques salles de bains intégrées dans des tours… La vue est magnifique, certaines suites se prolongent par une terrasse privative (ceux qui n'en bénéficient pas se retrouveront sur les chaises longues du bel espace commun). Même mélange d'ancien et de design dans le salon et la salle de petits déjeuners où chaises Philippe Stark transparentes et tables anciennes forment d'amusants couples. Une grande réussite !

Catégorie ★★★★ **Ouvert** toute l'année, sauf du 6 au 30 janvier **Chambres** 6 chambres (2 pers) : 100 à 170 €, 4 suites (2 à 4 pers.) : 180 à 260 € - Petit déjeuner : 14 € (enfants 7 €) **Restaurant** du vendredi au dimanche soir (et tous les soirs pendant les vacances) : 40 à 50 € **Équipements** TV, câble / satellite, Wifi, ascenseur, **Divers** animaux admis, parking fermé **Loisirs** pêche, plage, canoë kayak **Bien-être** sauna, massage sur réservation **Accès** à Névez, prendre la direction du port puis fléchage.

HOSTELLERIE DE LA POINTE SAINT-MATHIEU

pointe-saint-mathieu.com

Pointe Saint-Mathieu • 29217 Plougonvelin (Finistère)
Tél. 02 98 89 00 19 • Fax 02 98 89 15 68 • Philippe Corre

• L'emplacement est ébouriffant, lové au pied du phare de la pointe Saint-Mathieu, à l'entrée de la rade de Brest, face à Sein, Ouessant et Molène. Fondu dans l'ensemble du hameau, sans frivolité de façade particulière, l'hôtel n'attire guère l'œil : murs blancs et toit d'ardoise. Mais, de l'intérieur, on remercie à chaque instant l'architecte et ses commanditaires (les patrons, passionnés, de l'établissement) d'avoir pensé à ouvrir partout des baies, des verrières. Presque toutes les chambres offrent ainsi une vue sur la mer, plus ou moins large, mais toujours heureuse. Du lit, on laisse glisser son regard vers la lande puis le bleu atlantique, qui devient changeant, mouvant par tempête. Régulièrement rénovées, remises aux goûts du jour, chambres et salles de bains sont confortables, parfaitement équipées, décorées dans des gammes de bleu, sable et blanc, très bord de mer (sauf certaines, moins actuelles, encore en jaune et bleu). Au restaurant, le chef (le même passionné patron !) sert une cuisine classique et soignée, autour des produits de la mer. La maison vient d'ouvrir un deuxième hôtel à proximité, le *Vent d'Iroise* – tout neuf, fonctionnel et pimpant. Dans l'un comme dans l'autre, on vous proposera des vélos électriques pour vous balader et on vous accueillera de manière très professionnelle et concernée.

Catégorie ★★★★ **Ouvert** toute l'année **Chambres** 23 chambres : 105 à 265 € - Demi-pension (supp./pers.) : 45 € - Petit déjeuner : 13 € **Restaurant** (le midi en semaine), 33 à 88 € **Équipements** TV, Wifi, ascenseur **Divers** parking privé (5 €) **Loisirs** pêche, plage, piscine intérieure chauffée **Bien-être** Jacuzzi, sauna **Accès** à Brest, D 789 vers Le Conquet, sortie Plougonvelin, continuer sur 4 km.

HÔTEL-RESTAURANT DE LA BUTTE

labutte.fr

10, rue de la Mer • 29260 Plouider (Finistère)
Tél. 02 98 25 40 54 • Fax 02 98 25 44 17 • Solène et Nicolas Conraux-Becam

• L'*Hôtel-restaurant de La Butte*? Une sacrée histoire, une histoire de cœur avant tout puisque trois générations s'y succèdent depuis sa création, en 1968. D'ailleurs, la grand-mère Jeanne-Yvonne et le père, Hervé, veillent encore symboliquement, du haut de leurs superbes portraits, sur la nouvelle salle de restaurant. C'est Solène, la petite-fille, et son mari Nicolas, qui sont à l'origine de la flambant neuve institution, agrandie, très contemporaine et très élégante. L'ancien restaurant ouvrier, qui accueillait de fameux bals publics, s'est mué en un hôtel à la fois familial et de luxe : une bonne table gastronomique, renommée dans toute la Bretagne; un hôtel raffiné privilégiant les teintes sobres, les nobles matières et les photos de paysages bretons aux murs; une piscine (à débordement), un spa extrêmement agréable pour un séjour bien-être et détente, avec sauna, douche norvégienne, hammam et massages. On aime la large vue sur la baie de Goulven et les landes bretonnes, une vue imprenable sur la mer d'à peu près toutes les chambres. On aime également l'aménagement de la nouvelle salle de restaurant avec son "mur" de bouteilles, ses fauteuils en cuir et son éclairage très travaillé. Bref, une atmosphère zen pour goûter, pourquoi pas, à la fameuse recette de Jeanne Yvonne, toujours à la carte : les brochettes de Saint-Jacques. Ou celle de Nicolas : le ragoût de homard. Bon appétit !

Ouvert toute l'année, sauf du 1er au 24 janvier **Chambres** 21 chambres : 83 à 183 € - Petit déjeuner : 16,50 € **Restaurant** (midi et soir) : 25 à 89 € **Équipements** TV, Wifi, ascenseur **Divers** animaux (12 €) **Loisirs** piscine couverte, pêche, plage **Bien-être** spa complet **Accès** à Lesneven, prendre la D 125 jusqu'à Plouider, continuer sur la D 125 en traversant le bourg, l'hôtel est à gauche un peu avant la sortie.

•NOUVEAUTÉ•

LE CHÂTEAU DE SABLE

lechateaudesablehotel.fr

38, rue de l'Europe • 29840 Porspoder (Finistère)
Tél. 02 29 00 31 32

• Il fallait oser reprendre ce grand bâtiment peu gracieux – une ancienne colonie de vacances – pour le transformer intégralement, en faire un complexe sobre, élégant – dédié au tourisme, au confort, à la gastronomie. À la tombée du soir, on peut voir les chambres s'allumer une par une, leur lumière rayonner comme autant de phares délicatement tamisés. Les goélands frôlent les toits et s'enfuient vers les dunes, et on leur emboîte facilement le pas : un chemin se dessine juste devant l'hôtel pour permettre l'envol vers le rivage, à travers les sables, les chardons, les oyats. Pour se réchauffer, un bar qui sert aussi le thé, très cosy. Et puis une belle salle de restaurant éclairée de grandes baies. Toute la façade est ainsi intégralement vitrée : c'est son point fort, intégré avec talent pour que jamais on ne trouve l'atmosphère froide – au contraire ! Les matières sont nobles : du bois clair, du lin, des écrus et des beiges avec un filet de couleur parfois. Un spa, un accueil délicieux, un climat serein, quelle que soit la météo : l'ensemble est une réussite, orchestré au sein d'une dynamique plus large par les propriétaires, qui ont également dans leur panier *Les Jardins de Kergroadez*, à proximité, et beaucoup d'idées pour faire découvrir le Finistère.

Classement ★★★★ **Ouvert** du 10 février au 31 décembre **Chambres** 27 chambres : 95 à 189 € - Petit déjeuner : 12 € **Restaurant** (midi et soir) : 25 à 98 € **Équipements** TV, Wififi, ascenseur **Divers** parking privé, animaux admis **Loisirs** plage et sports nautiques **Bien-être** Jacuzzi, sauna, soins **Accès** sur la D27 entre Porspoder et la presqu'île du Vivier

LE BRITTANY

hotel-brittany.com

Boulevard Sainte-Barbe • 29680 Roscoff (Finistère)
Tél. 02 98 69 70 78 • Fax 02 98 61 13 29 • Famille Chapalain

• À l'entrée de la petite cité de caractère de Roscoff, l'hôtel *Brittany* s'érige en dernier rempart contre les alizés marins. Les chambres, décorées de beaux meubles anciens et tapissées de tissu blanc, sont calmes et agréables ; les salles de bains, d'un bon confort, sauf pour quelques petites chambres, où elles sont parfois exiguës. Celles du rez-de-chaussée, de style joliment contemporain, ne bénéficient pas de la vue sur l'océan, mais sur un chemin d'accès à la piscine. Leur intimité étant néanmoins préservée par l'aménagement de terrasses privatives. À côté du bar, à l'ambiance feutrée et discrète des grands hôtels, la salle à manger est l'endroit le plus charmant et le plus agréable : face à la mer, orientée plein ouest, avec de grandes portes-fenêtres voûtées en ogive baignant la pièce de lumière et permettant de dîner (table en tous points excellente) ou de prendre un verre dehors. Dernière étape sur le chemin de l'Irlande et de l'Angleterre, cette auberge réunit les qualités d'un endroit de passage confortable et le calme d'une vieille maison bretonne, avec en prime une splendide piscine couverte digne d'un tableau abstrait – un carré d'ardoise surligné de blanc, de rouge. Pour vos promenades, des vélos sont à disposition – pour rejoindre le jardin exotique par exemple, ou traverser pour l'île de Batz. Accueil courtois, professionnel..

Catégorie ★★★★ **Ouvert** de mi-mars à mi-novembre **Chambres** 19 chambres : 150 à 295 €, 1 suite : 320 à 390 €, 3 appartements : 390 à 560 € - Petit déjeuner : 23 € **Restaurant** 55 à 105 € **Équipements** TV, Wifi **Divers** animaux (21 €) **Loisirs** piscine chauffée **Bien-être** hammam, sauna **Accès** à 25 km au nord de Morlaix.

HÔTEL CHEZ JANIE

chezjanie.com

Le Port • 29680 Roscoff (Finistère)
Tél. 02 98 61 24 25 • Fax 02 98 61 15 43 • Jean-Marie Chapalain

• Du côté de l'île de Batz, sur la face nord d'un Finistère très authentique, Roscoff s'enrobe dans un granit qui la rend fière – prête à braver les pires houles et invasions d'une marée déchaînée. Le métier de corsaire rapportait gros, à l'époque, et aujourd'hui encore la ville affiche une impressionnante concentration de petites maisons et de minimanoirs fortifiés, tournés vers une mer envahie de rochers, qu'il fallait savoir dompter avant d'en extraire les richesses de toutes sortes. Pour sentir battre le cœur de cette petite cité de caractère, *Chez Janie* constitue une halte idéale et abordable. Son bar-restaurant est devenu une véritable institution locale, avec sa terrasse en face du port de pêche et du terrain de boules. Entièrement rénové voici cinq ans, l'établissement marie une simplicité bon enfant à une décoration actuelle, un rien "tendance", du meilleur effet. Harmonie de gris pâle et de rouge, meubles réédités ou chinés peints en gris, chaises Loom, têtes de lits en assemblage de planches… Que ce soit dans les charmantes et impeccables petites chambres (presque toutes ont vue sur la mer), dans le petit salon-bibliothèque ou dans la salle à manger surplombant les bateaux, l'ensemble est d'une irrésistible cohérence. Accueil jeune et souriant, prix très très doux.

Catégorie ★★ **Ouvert** de mi-février à mi-novembre **Chambres** 16 chambres : 59 à 124€ - Petit déjeuner (8h à 11h) : 9,50€ **Restaurant**, menu à partir de : 14€ **Équipement** TV, Wifi **Divers** animaux (8€) **Accès** à 25 km au nord de Morlaix. TER direct jusqu'à Roscoff (gare à 8mn à pied)

LE TEMPS DE VIVRE

letempsdevivre.net

19, place Lacaze-Duthiers • 29680 Roscoff (Finistère)
Tél. 02 98 19 33 19 • Fax 02 98 19 33 00 • Lionnel Garrec

• Entre la place de l'église et le claquement des vagues, l'hôtel est constitué de deux très anciennes petites maisons en granit (dont une du XIVe) reliées par un jardin de curé. Comme pour démontrer la possible connivence du charme et du contemporain, les chambres sont toutes différentes, leur décor s'amusant des variations de volumes ou de vue. Les plus impressionnantes donnent directement sur l'eau et le rocher, chaque fenêtre formant un véritable tableau marin. Dans certaines, en rez-de-chaussée, l'écume vient parfois "toquer" aux baies, comme pour s'inviter, les jours de tempête… Sur les tables et les surfaces brillantes du mobilier design, l'horizon et la mer se reflètent en miroir, accentuant encore l'effet d'immersion. Les autres chambres sont néanmoins tout aussi belles, mariant le mobilier en chêne wengé aux lignes pures de l'architecture, aux fauteuils et causeuses en grosse toile unie. Sur les grands lits, les couettes blanches s'associent aux beaux plaids, aux parquets laqués. Une jolie réalisation, y compris dans les salles de bains, à la robinetterie et aux éclairages ultrasophistiqués. Le petit déjeuner est servi dans une salle plus minérale, mais au-dehors l'air du large vous appelle déjà…

Catégorie ★★★★ **Ouvert** du 13 février au 18 janvier **Chambres** 13 chambres : 110 à 250 €, 2 junior-suites : 220 à 315 € - Petit déjeuner : 15 € **Équipements** TV, Wifi, ascenseur **Divers** animaux (11 €) **Loisirs** pêche **Accès** à 25 km au nord de Morlaix.

HÔTEL-RESTAURANT DIDIER MÉRIL

restaurant-didier-meril.com

1, place du Général-de-Gaulle • 35800 Dinard (Ille-et-Vilaine)
Tél. 02 99 46 95 74 • Didier Méril

• Dinard est l'une des plus anciennes stations balnéaires françaises. Dès la fin du XIXe, la haute société venait y prendre un bain de mer et découvrir les bienfaits de l'air iodé. Cet hôtel se situe au cœur du centre historique, en surplomb direct de la plage et de la baie du Prieuré. C'est avant tout un restaurant réputé, où l'on déguste poissons de petite pêche, crustacés splendides et quelques viandes bien choisies, le tout cuisiné avec cette sobriété, cette finesse, qui est la marque des grands. Pour en profiter, la vaste salle à manger contemporaine est un lieu idéal. Son alignement de baies vitrées ouvrant sur l'océan permet au regard de s'envoler et d'admirer au loin les fortifications de Saint-Malo, qui s'enflamment au couchant. Quatre chambres donnent sur ce panorama. Petites (sauf les deux qui sont installées sous les volumes de la charpente), elles n'en sont pas moins élégamment design, subtilement colorées et totalement confortables. Celles côté église sont de même catégorie, seule la vue diffère, et leur tarif en tient compte. Petits déjeuners soignés et accueil souriant, très concerné.

Catégorie ★★★ **Ouvert** toute l'année sauf le 25 décembre et le 1er janvier **Chambres** 6 chambres : 65 à 160 € - Petit déjeuner : 12 € **Restaurant** (midi et soir) : 21 à 80 € **Équipements** climatisation, TV, Wifi **Divers** animaux (10 €) **Loisirs** golf **Accès** à la jonction du boulevard de la Libération et du boulevard Féart.

HÔTEL DE LA VALLÉE

hoteldelavallee.com

6, avenue George-V • 35800 Dinard (Ille-et-Vilaine)
Tél. 02 99 46 94 00 • Fax 02 99 88 22 47 • Gwendal Tanazacq

• L'*Hôtel de la Vallée* occupe une petite crique d'où vont et viennent les vedettes assurant la liaison avec Saint-Malo. C'est l'un des plus charmants emplacements de Dinard, accessible en voiture par le haut de la ville ou à pied en longeant la longue plage vers la pointe du Moulinet. À la nuit tombée, la vue sur les embrasements crépusculaires de la Cité corsaire est absolument féerique. Dedans, c'est un mélange d'ambiance balnéaire et de design contemporain, au milieu desquels s'immiscent les plaisirs de la table. D'emblée, on est attiré par la belle terrasse et son platelage de bois, avec fauteuils moulés et parasols terracotta. Elle prolonge la salle de restaurant, inondée de lumière, son nappage blanc et ses sièges Loom. À côté, un coin-bar et, derrière une grande toile de voile, un vaste salon illuminé le soir par de graciles échassiers-luminaires penchés sur des canapés brun et crème. Même soin pour les chambres, au design luxueusement sobre, où chaque étage a sa couleur : orangé, turquoise ou anis. Dix-sept sont ouvertes sur la mer, avec parfois un joli balcon. On aime aussi particulièrement la cuisine de Gwendal et la manière dont Laetitia organise le service. Il faut dire qu'avant de reprendre l'établissement, tous deux sont passés par quelques très fameuses maisons bretonne (*Tirel-Guérin* et *Château Richeux* notamment). Magnifiques produits de la mer, cuissons parfaites, justesse des accompagnements... C'est juste délicieux !

Catégorie ★★★ **Ouvert** du 8 février au 6 janvier **Chambres** 23 chambres : 80 à 180 € - Petit déjeuner : 14 € **Restaurant** tapas de la mer (midi et soir) **Équipements** TV, Wifi **Divers** animaux (10 €) **Loisirs** plage, pêche, sports nautiques **Accès** à Dinard, boulevard Féart, puis rue Émile-Bara et, à gauche, avenue George-V.

VILLA REINE HORTENSE

villa-reine-hortense.com
19, rue de la Malouine • 35800 Dinard (Ille-et-Vilaine)
Tél. 02 99 46 54 31 • Fax 02 99 88 15 88 • Florence et Marc Benoist

• C'est tout le charme et le faste de la Belle Époque que restitue cette villa construite par le prince Vlasov en hommage à celle qu'il avait aimée : Hortense de Beauharnais, reine de Hollande. Ainsi le salon, décoré dans le style Napoléon III, et surtout la chambre de la reine conservent-ils plusieurs souvenirs de l'illustre femme (dont sa baignoire en argent, toujours utilisable). Partout, les meubles anciens, les objets précieux, les tableaux et autres décors en trompe-l'œil apportent leur touche cossue et romantique. La véranda du salon, prolongée par une terrasse, surplombe directement la mer. On y sert d'excellents petits déjeuners et, après une dernière gorgée de café, chacun peut accéder à la plage, juste au pied de l'hôtel. Sept chambres sur huit donnent sur cet irrésistible et vivant panorama. Rénovées de frais mais avec tact, toutes rivalisent de confort, de charme et de séduction. Trois d'entre elles possèdent une terrasse-véranda privée, et l'exceptionnelle suite comporte deux vastes chambres ouvrant sur un salon éclairé par six fenêtres ! Pour dîner, *La Conelle*, à la pointe du Moulinet, est connue pour son panorama et la qualité de ses poissons, quant aux gastronomes, ils trouveront tout près d'ici l'excellent restaurant *Didier Méril* (voir page 156). Accueil jeune et convivial en ce lieu qui compte parmi les plus beaux de la côte ouest.

Catégorie ★★★★ **Ouvert** du 25 mars au 6 octobre **Chambres** 7 chambres doubles : 168 à 268 €, 1 suite : 299 à 405 € - Petit déjeuner buffet : 18,50 € **Équipements** TV, Wifi **Divers** animaux (18 €), parking fermé **Loisirs** golf, plage et sports nautiques **Accès** dans Dinard, près de la plage de l'Écluse (près du casino dans le centre de Dinard, au rond-point ou finit le Bd Wilson, prendre le Bd Albert Ier, puis, à droite, la rue de la Malouine).

LECOQ-GADBY

ecoq-gadby.com

156, rue d'Antrain • 35700 Rennes (Ille-et-Vilaine)
Tél. 02 99 38 05 55 • Fax 02 99 38 53 40 • Véronique Brégeon

• Dans un quartier calme relativement proche du centre de Rennes, voici un superbe hôtel, entièrement rénové et aux allures de maison particulière. C'est précisément ce que veulent exprimer les propriétaires, et l'on sent immédiatement qu'ils ont aimé chaque meuble, chaque objet, chaque tableau, notamment dans le superbe salon XIXe. Joliment capitonnées de tissus chatoyants, les chambres sont confortables, très bien tenues, décorées avec goût et personnalité dans un style classique, parfois un peu précieux, toujours gai. Leur coût varie selon la taille et l'exposition (certaines sont un peu petites pour leur prix, mais leur aménagement est très soigné). À signaler quelques chambres plus contemporaines, du côté du splendide spa (où se fait désormais l'accueil de l'hôtel). Servie avec attention, la cuisine est excellente ; vous la dégusterez à "*La Coquerie*", agréable salle à manger couleur sable donnant sur un ravissant petit jardin abondamment fleuri de roses. Enfin, préférez le délicieux buffet du petit déjeuner au service en chambre. Ce petit bémol mis à part, *Lecoq-Gadby* reste une luxueuse et très accueillante adresse. Autres petits plus : un fleuriste artiste vient d'élire domicile dans une nouvelle annexe, bardée de bois, et le chef et lui se lancent dans des cours d'art floral, de cuisine…

Catégorie ★★★★ **Ouvert** toute l'année **Chambres** 24 chambres doubles : 117 à 400 €, 6 suites et suites familiales : 300 à 500 € - Petit déjeuner : 15 à 18 € **Restaurant** (midi et soir) : 29 à 90 € **Équipement** Wifi **Divers** animaux admis sur demande, parking fermé **Loisirs** piscine intérieure chauffée **Bien-être** massages, spa complet **Accès** rocade nord de Rennes direction Saint-Malo sortie n° 14 Maurepas/Maison blanche puis Rennes centre

AUBERGE DE LA MOTTE JEAN

€

hotelpointedugrouin.com

35350 Saint-Coulomb (Ille-et-Vilaine)
Tél. 02 99 89 41 99 • Fax 02 99 89 41 38 • Marie-France Simon

• Sur la route de Cancale, cette ancienne ferme du XVIIIe siècle est une maison de famille, restaurée à neuf et en partie refaite par Marie-France Simon, la propriétaire. Les chambres, réparties sur deux bâtiments en pierre, dont l'un était jadis l'écurie, sont joliment décorées, dans des tonalités gaies, et meublées dans un élégant style rétro. Elles offrent également une vue magnifique sur le jardin. En contrebas, des transats sont disposés au milieu des fleurs, non loin des bords de l'étang, où s'ébattent canards, poules et coqs de collection. Dépaysement garanti, on est ici en pleine campagne, à moins de deux kilomètres de la mer. Les petits déjeuners (far breton, gelée de pommes maison, œufs de la propriété…) sont copieux. On les prend l'été sur la terrasse et l'hiver dans l'une des deux salles à manger : la grande, meublée avec goût et caractère (poutres, cheminée, collection de faïences), ou la petite, une ancienne laiterie attenante au jardin. Pas de restaurant sur place, mais celui de l'*Hôtel de la Pointe du Grouin*, qui appartient à la même famille, vous attend à cinq kilomètres (cuisine de la mer et vue panoramique sur la baie du Mont-Saint-Michel).

Catégorie ★★★ **Ouvert** du 1er mars au 30 septembre **Chambres** 11 chambres simples et doubles : 90 à 110 €, 2 suites : 140 à 155 € - Petit déjeuner : 11 € **Équipements** TV, Wifi **Divers** animaux (10 €) **Loisirs** tennis **Accès** à Cancale, D 355 vers Saint-Coulomb ; l'hôtel est à 2 km sur la gauche.

ASCOTT HÔTEL

ascotthotel.com

35, rue du Chapitre • 35400 Saint-Malo (Ille-et-Vilaine)
Tél. 02 99 81 89 93 • Fax 02 99 81 77 40 • Port. 06 07 67 35 59 • André Brault

• Repris par un jeune couple passionné par sa nouvelle aventure, l'*Ascott* est un petit boutique-hôtel chic, non loin du port de Saint-Servan. Chaleureusement design avec une pointe vintage, le décor joue sur une harmonie de couleurs, parfois relevée d'une touche vive pour faire ressortir le tout. De capacité restreinte, l'hôtel peut exploiter à fond son côté "maison", notamment avec ses minichambres confortables, soignées et fonctionnelles (ceux qui cherchent plus d'espace choisiront "Windsor", "Fontainebleau" ou "York", toutes de belle taille), et surtout son ravissant salon, idéal pour lire les revues à disposition ou prendre un verre. L'été, c'est le petit jardin fleuri qui prend l'avantage tant on s'y sent à l'abri de l'agitation de la cité malouine (on y sert aussi les très bons petits déjeuners à dominante bio qui, le reste du temps, se prennent au salon). À côté, le petit bar permet de découvrir une sélection de vins également bio à déguster avec une assiette de fromages. Pour aller plus loin côté restauration, goûtez absolument l'excellent *Saint-Placide* (une étoile Michelin), à quelques mètres de l'hôtel, ou *La Cale* et *Le Bulot*, sur le petit port de Saint-Servan, à moins de préférer Saint-Malo intra-muros pour découvrir par exemple l'étonnante cuisine japonaise du *Tanpopo*. Accueil vraiment sympathique.

Catégorie ★★★ **Ouvert** du 1er mars au 5 janvier **Chambres** 9 chambres : 90 à 160 €, 2 suites (2 à 4 pers.) : 140 à 180 € - Petit déjeuner : 13 € **Équipements** abri vélos, TV, Wifi **Divers** animaux (5 €), parking privé **Loisirs** plage, sports nautiques **Accès** sur N 137 prendre direction Saint-Servan, puis boulevard Douville et 2e rue à gauche (fléché)

HÔTEL BEAUFORT

hotel-beaufort.com

25, chaussée du Sillon • 35400 Saint-Malo (Ille-et-Vilaine)
Tél. 02 99 40 99 99 • Fax 02 99 40 99 62 • Mark et Sylvie Peterson

• La promenade du Sillon est l'endroit où, selon l'usage local, on vient flâner seul, en poète, ou bien en famille, depuis plusieurs générations. Directement ouvert sur la plage, *Le Beaufort* aurait pu se contenter de cet emplacement exceptionnel et ne pas faire plus d'efforts pour l'aménagement de ses chambres. Ses propriétaires ont préféré pousser l'avantage et faire de cette petite maison fin XIXe un hôtel de charme bien ancré dans les tendances actuelles. Partout, les dominantes de blanc, de crème et de brun sombre alliées à un mobilier de teck ou d'osier tressé donnent au lieu un côté colonial qui prend tout son sens dans la salle des petits déjeuners, qui devient bar, avec vue sur la mer, dans la journée. Malgré des volumes parfois petits, les chambres sont plaisantes, avec leurs moquettes chinées, leurs couvre-lits gris-brun et leurs têtes de lits en planches mates et blanchies. Parfaitement insonorisées, celles côté rue bénéficient du soleil levant et sont moins chères. Côté mer, elles offrent une vue au couchant dont vous ne vous lasserez pas, agrémentées, pour certaines, d'une terrasse ou d'un bow-window. Il n'y a pas de restaurant sur place, mais les bonnes tables ne manquent pas à proximité : il est toujours fort plaisant de rejoindre la ville close à pied par la digue, en un quart d'heure tout au plus. L'accueil est simple et agréable : en bref, voilà une très bonne adresse.

Catégorie ★★★ **Ouvert** toute l'année sauf du 24 janvier au 12 février **Chambres** 22 chambres (prix selon saison) : 79 à 281 € - Petit déjeuner : 13 € **Équipements** TV, Wifi **Divers** animaux (12 €) **Loisirs** plage, sports nautiques **Accès** à Saint-Malo prendre direction centre puis gare SNCF et suivre Le Sillon.

LA VILLEFROMOY

villefromoy.fr

7, boulevard Hébert • 35400 Saint-Malo (Ille-et-Vilaine)
Tél. 02 99 40 92 20 • Fax 02 99 56 79 49 • Éric et Brigitte Bourdigal

• À quarante mètres de la plage, cette belle maison de maître fin XIXe s'est rhabillée au goût du jour en taupe et turquoise, matières et coloris très contemporains. Constituée de deux bâtiments reliés par une galerie vitrée bordée de petits jardins soignés, elle offre depuis certaines chambres quelques belles échappées visuelles sur la mer. Très confortables et impeccablement tenues, toutes son gaies, dotées de salles de bains parfaites. Leur prix est fonction de la vue. Les suites avec salon modulable nous paraissent surtout intéressantes pour les familles ; les couples préféreront les chambres doubles, d'un meilleur rapport qualité-prix. Particulièrement agréables, le salon et son coin-bar affichent un décor marin très actuel sur fond d'architecture Second Empire : boiseries crème, stucs, bow-windows, parquet en pitchpin verni. Les confortables fauteuils en fibre tressée, petites tables design et éclairages subtils font que l'on s'y sent vraiment bien en toute saison. Et, en levant le nez de son livre ou de sa tasse (bons petits déjeuners à base de produits malouins), on aperçoit le bleu pimpant de l'océan – un grand bonheur ! Enfin, la gentillesse de la petite équipe confortent, plus encore, ce sentiment de bien-être.

Catégorie ★★★★ **Ouvert** ouverture du 14 février au 14 novembre **Chambres** 24 chambres : 79 à 359 €, 2 suites (2 à 4 pers.) : 159 à 359 € - Petit déjeuner : 14,50 à 17 € **Équipements** TV, Wifi, coffre-fort **Divers** animaux (14 €), parking fermé **Loisirs** location de vélos **Accès** N 137 sortie Saint-Malo, puis direction Cancale par la côte, puis panneaux "Hôtels de Rochebonne".

CHÂTEAU RICHEUX

maisons-de-bricourt.com

Le Buot • 35350 Saint-Méloir-des-Ondes (Ille-et-Vilaine)
Tél. 02 99 89 64 76 • Fax 02 99 89 88 47 • Jeanne et Olivier Roellinger

• À la manière d'une maison de famille, Jeanne et Olivier Rœllinger ont transformé cette villa de bord de mer en un hôtel d'un luxe discret, chaleureux. Dans chaque délicieuse chambre, qui domine la mer ou la campagne, vous trouverez une ambiance différente, de beaux meubles anciens, un bouquet de fleurs (les salles de bains ne sont pas en reste). Partout, les tissus, les tableaux, les objets s'harmonisent à merveille et forment un décor chic, très habité. Pour dîner, vous vous régalerez de la marée du jour, des légumes et des fruits de la propriété, cuisinés avec maestria par l'équipe d'Olivier Rœllinger (on ne présente plus l'un des meilleurs chefs de France…), servis dans deux salles à manger ouvrant sur le jardin et la mer. Derrière, le salon, décoré dans un goût actuel, plaisant et chaleureux, vous attend pour l'apéritif ou le café. Et dehors, de bosquets en recoins, les jardins jouent à un cache-cache géant avec l'océan, pendant qu'au fournil les pains (bio) gonflent et cuisent doucement, et qu'au potager les abeilles, les papillons font le plein… Une belle adresse pour se ressourcer à laquelle nous pouvons associer *Les Rimains*, petite maison d'hôtes où les Rœllinger ont aménagé quelques ravissants gîtes marins à louer à la semaine.

Catégorie ★★★★ **Ouvert** toute l'année sauf du 11 février au 25 février **Chambres** 13 chambres et suites : 195 à 355 €, 5 gîtes marins : 190 à 310 € - Petit déjeuner : 24 € **Restaurant** (midi et soir) : 32 à 139 € **Équipements** TV, Wifi, ascenseur **Divers** animaux (20 €), parking privé **Loisirs** plage, pêche, GR **Accès** à 5 km de Cancale (vers Rennes puis le Mont-Saint-Michel).

LE PARC ER GRÉO

parcergreo.com

9, rue Mané-Guen • Le Gréo B.P. 1 - 56610 Arradon (Morbihan)
Tél. 02 97 44 73 03 • Fax 02 97 44 80 48 • Port. 06 11 97 30 40 • Éric Bermond

• Familial et très bien tenu, ce petit hôtel mérite amplement le label "de charme". D'abord par l'accueil. Ensuite par la vue dont on profite depuis les chambres et la terrasse : la piscine, des haies et des massifs, un champ bordé par un rideau d'arbres. Et partout, dans cette luxuriance fleurie, des petits salons d'été pour en profiter. Exposées plein sud, les chambres sont agréables, soignées et régulièrement remises au goût du jour. Au rez-de-chaussée, le salon-bar se prolonge par une élégante terrasse ombragée. À côté se trouvent la salle des petits déjeuners (où sont exposées les œuvres du père de M. Bermond, excellent peintre de bateaux et paysages marins) et le petit jardin d'hiver, où prospère un bougainvillier. À proximité de la mer, voici un lieu idéalement abrité du vent, pour profiter du paysage sans en avoir les inconvénients. Enfin, la piscine couverte et chauffée fera le bonheur de tous, quelle que soit la saison !

Catégorie ★★★ **Ouvert** du 7 février au 3 janvier **Chambres** 14 chambres simples et doubles : 74 à 174 €, 1 suite (4 pers.) : 198 à 278 € - Petit déjeuner : 14 € **Équipements** TV, Wifi, **Divers** animaux (10 €), parking privé **Loisirs** piscine couverte chauffée **Bien-être** Jacuzzi, massages, sauna **Accès** à 10 km au sud-ouest de Vannes par D 101 jusqu'au Moustoir, à gauche, puis 6e à droite.

CITADELLE VAUBAN HÔTEL-MUSÉE

citadellevauban.com

La Citadelle • 56360 Le-Palais • Belle-Île (Morbihan)
Tél. 02 97 31 84 17 • Fax 02 97 31 89 47 • Philippe Savry

• Sa muraille domine le port et, du bateau, déjà, on l'aperçoit, barre de pierre étirée au sommet de la falaise, à l'à-pic du ciel et de la mer. Ouvrage militaire édifié par Vauban au XVIIe siècle, la citadelle est longtemps restée inoccupée. Jusqu'alors ouverte au public seulement pour la visite, elle accueille à présent des hôtes pour la nuit. Les chambres les plus belles ouvrent sur l'Atlantique – on ne saurait omettre de mentionner la suite "Sarah Bernhardt", vraiment superbe. Celles qui donnent côté citadelle sont aussi soignées, et un peu moins chères. Toutes affichent des teintes ocre et brunes, avec de très belles salles de bains. Les parties communes sont splendides, restaurées avec goût et discrétion : rien de tape-à-l'œil ici, mais une élégance sobre qui marie à merveille l'existant, restauré (pierres apparentes ou murs chaulés), et le contemporain – des meubles et des portes en bois laissé brut, des sols en béton teinté et des éclairages tamisés. Avec un choix de petits coins-salons adorables. Une table gourmande et, pour les soins du corps, un petit spa bien utile.

Ouvert du 2 mai au 30 septembre **Chambres** 55 chambres et junior-suites prix : 125 à 355 € - Petit déjeuner : 17 € **Restaurant** (midi et soir) : 28 à 55 € **Équipements** Wifi, ascenseur **Divers** animaux (20 €) **Loisirs** pêche, piscine chauffée **Bien-être** spa **Accès** à l'arrivée au port du Palais.

LA DÉSIRADE

hotel-la-desirade.com

Le Petit Cosquet • 56360 Bangor • Belle-Île (Morbihan)
Tél. 02 97 31 70 70 • Fax 02 97 31 89 63 • Bénédicte et Pierre Rebour

• Celui qui débarque sur Belle-Ile et demande sa route pour *La Désirade* est immédiatement regardé comme un chanceux. C'est dire le prestige que les insulaires accordent à cette adresse ! Car *La Désirade*, c'est d'abord un accueil hors pair prodigué sans artifice par Bénédicte et Pierre Rebour, qui ne ménagent jamais leur peine pour faire de votre séjour une parenthèse inoubliable. C'est aussi une île dans l'île avec ses propres maisons roses - toutes des belliloises véritables ! – qui forment un hameau hors du temps, au croisement des petites routes qui mènent, entre cyclistes et moutons, de Bangor à Sauzon. Rénovées dans un style cosy, la plupart des chambres – qui donnent toutes sur l'une des rares piscines de l'île - offrent un confort sans réserve. *La Désirade* est aussi une table renommée, à commencer par celle du petit-déjeuner, généreuse à souhait, dédiée aux produits locaux, aux fars bretons (excellentissimes) qui feront apprécier la salle de sport et le spa aux âmes gourmandes les plus faibles. C'est une table du soir, qui sent l'iode et les produits de saison, où se pressent les bellilois et les familles d'habitués qui découvrent une cuisine d'une incontestable qualité, un service hors pair et – le soir encore – un Pierre Rebour passant de table en table, heureux d'achever sa journée le regard plongé dans celui, abandonné et comblé, de ses clients.

Catégorie ★★★ **Ouvert** du 11 avril au 15 novembre **Chambres** 28 chambres : 105 à 189 €, 4 suites familiales (2 à 5 pers.) : 250 à 370 € - Demi-pension (supp./pers) : 48 € - Petit déjeuner : 17 € **Restaurant** 32 à 79 € **Équipements** TV, Wifi, **Divers** parking privé, animaux (14 €) **Loisirs** piscine chauffée, location de vélos **Bien-être** spa complet, fitness **Accès** en voiture, liaison ferry Quiberon - Le Palais ; à 7 km au sud-ouest du Palais par la D 190 par Bangor (l'hôtel est à 2 km de Bangor). Réservation impérative du passage bateau.

HÔTEL-RESTAURANT SPA LE TUMULUS

hotel-tumulus.com

Chemin du Tumulus • 56340 Carnac (Morbihan)
Tél. 02 97 52 08 21 • Fax 02 97 52 81 88 • Gwénaëlle Wilhem

• Touchant, confortable, sans prétention : l'histoire du *Tumulus* est plutôt originale, son emplacement vraiment agréable, en surplomb de Carnac, sa rénovation impeccable, et l'atmosphère qui y règne des plus humaines. La même famille veille sur les lieux depuis quatre générations : au départ, *Le Tumulus* permettait aux visiteurs du site archéologique mitoyen de boire une limonade et d'acheter quelques souvenirs. Puis on leur a offert la table. Le gîte. Et, de fil en aiguille, un splendide hôtel. C'est la dernière héritière en date qui a choisi le style et les couleurs, les équipements de la meilleure qualité qui soit. Elle n'a pas hésité à investir, à refaire intégralement la salle du restaurant – superbe espace panoramique où par beau temps on voit jusqu'à l'océan, là-bas, au loin. Et où l'on goûte une cuisine fine, actuelle, de saison. Même les petits *snackings* sont concoctés à base de produits frais, locaux, artisanaux – que ce soient des charcuteries, des produits de la mer, des légumes, des laitages. On peut même y boire des vins faits en biodynamie. On ne sait y résister ! Et, pour la sieste, plonger dans les teintes sable des chambres – côté mer ou côté tumulus, vers l'adorable chapelle Saint-Michel. S'accorder ensuite un moment de spa, massage ou Jacuzzi au jardin. Savourer ces belles lumières bretonnes et ronronner de bonheur.

Catégorie ★★★ Ouvert du 14 février au 11 novembre **Chambres** 23 chambres doubles : 95 à 175 €, 6 suites : 185 à 300 € - Petit déjeuner : 16 € **Restaurant** (midi et soir) : 30 à 90 €, demi-pension : 48 € **Équipements** , coffre-fort, TV, Wifi, ascenseur **Divers** animaux (13 €), parking privé **Loisirs** piscine chauffée **Bien-être** spa complet **Accès** Depuis le centre de Carnac, prendre la D 781 (route de La Trinité-sur-Mer), le chemin du Tumulus est sur la gauche après avoir croisé la rue de Poul Person.

LA GRÉE DES LANDES
ÉCO-HÔTEL SPA YVES ROCHER

lagreedeslandes.com

Cournon • 56200 La Gacilly (Morbihan)
Tél. 02 99 08 50 50 • Fax 02 99 93 35 40 • Denis Petrel

• Révolution verte en Morbihan : Jacques Rocher, fils d'Yves – fondateur de la célèbre marque de cosmétiques –, a mené à bien son vaste projet de construction écologique, après avoir fait passer toutes les productions végétales (herbes fines, légumes) de la maison en agriculture biologique. Une grande structure de bois et de verre s'élève désormais au sommet d'une colline, faisant face à un panorama délicieusement bucolique, entre landes, prairies et forêts. Les fenêtres de l'éco-hôtel, mais aussi tous les meubles, cloisons, têtes de lits et escaliers, sont en chêne massif. Dans les couloirs et les salles de bains, les sols sont en ardoise brute. Le linge de lit en coton bio. Les produits du petit déjeuner sont, eux aussi, bio (et souvent ceux du restaurant, où Gilles Le Gallès nous fait découvrir avec sensibilité et talent les merveilles des petits producteurs locaux). Quoique très design, l'ensemble reste chaleureux, et les livres d'art, les tirages photographiques grand format qui parsèment chaque superbe salon, chaque table basse rappelle que La Gacilly est aussi la capitale bretonne de la photographie contemporaine, théâtre d'un festival estival de renom. On descend au village à pied en cinq minutes, pour voir une expo, boire un thé (bio!) aux *Enfants Gathés*, et on remonte à l'hôtel pour profiter du splendide spa, de la piscine intérieure où le regard vole au-dessus de la cime des arbres… L'adresse idéale pour "lâcher prise"!

Catégorie ★★★ **Ouvert** toute l'année sauf du 2 au 7 janvier **Chambres** 29 chambres : 120 à 150 €, 1 suite : 180 à 225 €, 1 cabane (4 pers.) : 195 à 225 € - petit dej. : 14 € et 17 € **Restaurant** 26 à 70 € **Équipement** Wifi **Divers** animaux non admis **Loisirs** piscine intérieure chauffée **Bien-être** hammam, massages **Accès** à Redon, suivre la D 873/D 777 jusqu'à La Gacilly.

LE SAN FRANCISCO

le-sanfrancisco.com

Le port • 56780 Île-aux-Moines (Morbihan)
Tél. 02 97 26 31 52 • Fax 02 97 26 35 59 • Camille et Mathilde Vermynck

• Véritable institution de l'île, merveilleusement situé en amont du port, *Le San Francisco* retrouve des couleurs ! Depuis 2008, il participe à une belle histoire de famille. Philippe, Geneviève et leurs deux filles, Camille et Mathilde, ont trente années de vacances à l'Île-aux-Moines derrière eux, et s'ils y travaillent désormais tous ensemble, c'est sans se départir de cette bonne humeur qu'ils ont su transmettre à leur jeune équipe et qu'ils communiquent à tous ceux qui ont la bonne idée de faire escale ici. À bord vous attendent huit chambres délicieuses, dont quatre encore un brin classiques, mais jolies et agréables, et quatre autres revisitées par Geneviève avec un goût infaillible (murs lambrissés gorge-de-pigeon, gravures ou lithos anciennes sur le thème marin, couettes blanches et fibres végétales). Peu à peu, cette même belle élégance gagne tout l'hôtel, y compris les vastes terrasses, où dès les beaux jours on dresse les tables à l'ombre du grand pin. La vue est tout simplement magique, avec le va-et vient des bateaux en contrebas, le coucher de soleil, les petites bougies qui dansent sur les tables devant les plateaux de fruits de mer, les poissons grillés et autres merveilles. Toutes sortes de choses délicieuses, simples, fines et justes, accompagnées par un rare choix de vins naturels sélectionnés avec passion par Camille. Formidable !

Ouvert d'avril à fin septembre **Chambres** 8 chambres : 90 à 150 €, 1 suite familiale : 120 à 140 € - Petit déjeuner : 10 € **Restaurant** (midi et soir) : 20 à 48 € **Équipements** TV, Wifi **Divers** animaux (8 €) **Loisirs** pêche **Accès** embarcadère de Port-Blanc, traversée tous les quarts d'heure l'été et toutes les demi-heures le reste de l'année.

HÔTEL DE LA JETÉE

hoteldelajetee.fr

1, quai Port Tudy • 56590 Groix - Île-de-Groix (Morbihan)
Tél. 02 97 86 80 82 • Fax 09 70 06 37 26 • Mme Tonnerre

• Groix est une petite perle d'île bretonne, sauvage mais vivante, en équilibre entre son port, son bourg et ses villages répartis aux quatre points cardinaux. Vous trouverez le petit *Hôtel de la Jetée* tout juste en débarquant du bateau, sur le quai à droite, à l'extrémité du bassin. Une façade sur le port et l'autre battue par les embruns de l'océan en font la singularité. Le rez-de-chaussée se partage entre un café traditionnel que prolongent quelques jolies tables en terrasse (lieu de rencontre entre les pêcheurs et les plaisanciers) et un pub irlandais où l'on peut déguster les huîtres élevées par le fils de M. et Mme Tonnerre, installé ici comme ostréiculteur. Les chambres sont petites, mais charmantes : habillées de papiers peints unis surmontés d'une frise, décorées de meubles anciens cirés et de tissus coordonnés d'esprit anglais… Côté port, c'est une véritable vue de carte postale, mais sur l'arrière, côté mer, c'est tout aussi idyllique, avec la vue en biais sur le grand large et la petite terrasse installée sur un rocher. Réservée aux hôtes, elle permet de goûter à la solitude devant l'immensité bleue, au milieu des goélands et tout auprès de petites criques de sable fin. L'ensemble est simple, sans chichis, bien tenu.

Catégorie ★★ **Ouvert** toute l'année sauf en janvier **Chambres** 8 chambres, dont 1 suite familiale (3 pers.) : 84 à 89 € - Petit déjeuner : 9 € **Équipements** TV, Wifi **Divers** animaux non admis **Accès** bateau de Lorient (45 minutes), Compagnie Océane, tél. 0820 056 156.

AUBERGE DES € VOYAJOUEURS

auberge-des-voyajoueurs.com

Rue du Chaperon-Rouge • 56380 Monténeuf (Morbihan)
Tél. 02 97 93 22 18 • Anne-Sophie Hochet

• Quatre cents jeux différents ! Ici on laisse parler son âme d'enfant dès le salon-biblio-ludothèque : un décor de salle de classe pour enfants chahuteurs, avec tables en bois brut, arbre à lampions et sièges design en carton (pour, selon l'heure, y jouer ou déguster de savoureux petits déjeuners à l'esprit bio). À l'intérieur, sous le préau, sur la terrasse en bois ou dans l'herbe, on passe du jeu de la grenouille au mikado géant, jeux de cartes, billes, quilles, jeux de stratégie ou jeux de piste, le répertoire est infini. C'est la petite équipe d'accueil qui, à la demande et avec le sourire, vous en expliquera les règles. N'en déduisez pas une cacophonie ambiante, car esprit zen et respect de l'autre font partie des règles pour que l'auberge soit aussi lieu de repos et de ressourcement. De plain-pied sur un long balcon en U, les chambres sont délicieuses, sobres, gaies, subtilement colorées, avec de larges et confortables lits habillés d'un trait de tissu brodé japonisant. Souvent la fenêtre s'ouvre, horizontale, dans l'axe du lit, comme un tableau boisé qui changerait avec les saisons. Les salles de bains, blanches, soulignées d'une frise en mosaïque, sont parfaites. Et l'ensemble fonctionne sous le signe du développement durable. Comme quoi un cube contemporain en bois, béton et acier peut se révéler chaleureux. En le quittant, prenez une craie, filez au tableau noir-livre d'or (là, dans le couloir !), et de votre plus belle écriture tracez un mot gentil à la suite de ceux qui y figurent déjà !

Catégorie ★★ Ouvert du 2 février au 3 janvier **Chambres** 7 chambres et suites : 62 à 99 €, 1 appartement-studio : 160 à 190 € - Petit déjeuner : 9 € **Équipement** Wifi **Divers** animaux (8 €) **Loisirs** locations de vélos **Accès** de Rennes, prendre la RN 24 sortie Guer-Coëtquidan, puis D 776 vers Malestroit.

HÔTEL DES DEUX MERS

hotel-des-deux-mers.com

8, avenue Surcouf • Penthièvre Plage • 56510 Saint-Pierre-Quiberon (Morbihan)
Tél. 02 97 52 33 75 • Fax 02 97 52 43 29 • Delphine et Mathieu Dubos

• Une mince bande de terre et de sable sépare la plage des Sables-Blancs (côté baie de Quiberon) de celle de Penthièvre (côté océan). Cette dernière, immense, n'est qu'à une vingtaine de mètres de ce délicieux hôtel des années 1930, au nom parfaitement approprié, puisque, des chambres des étages élevés, ce sont bien deux mers que l'on peut admirer (presque trois, si l'on compte l'infinie canopée de cyprès qui s'étend entre les deux). Réveillé par ses jeunes propriétaires, l'hôtel fait progressivement peau neuve. Côté chambres, le choix très réussi des couleurs et l'ajout de quelques éléments décoratifs les mettent au goût du jour, et si leur aménagement reste simple, il s'accompagne peu à peu de quelques meubles chinés. Une réussite qui se prolonge dans la merveilleuse véranda-salon et, juste à côté, dans la très élégante salle à manger. On aime le mélange rétro-design de leur ambiance, le très beau choix de couleurs délavées, le jeu des lumières traversantes. On aime aussi beaucoup l'accueil de Delphine et de Mathieu, leur gentillesse enthousiaste qui donne envie de prolonger le séjour. A défaut d'avoir sa propre maison de famille sur la côte bretonne, on peut ici s'y sentir comme chez soi, et passer d'excellents week-ends et vacances.

Catégorie ★★★ **Ouvert** de mi-janvier à début décembre **Chambres** 4 chambres : 90 à 135 €, 10 suites familiales (2 à 4 pers.) : 155 à 195 € - Petit déjeuner : 12 € **Équipement** Wifi **Divers** animaux non admis, parking fermé **Loisirs** pêche, plage, sports nautiques **Accès** à Vannes, prendre la N 165/E 60.

LE PETIT HÔTEL DU GRAND LARGE

lepetithoteldugrandlarge.fr

11, quai Saint-Ivy • 56510 Saint-Pierre-Quiberon (Morbihan)
Tél. 02 97 30 91 61 • Hervé Bourdon

• La mer, encore la mer, toujours la mer. Quand on arrive à Saint-Pierre-Quiberon, au beau milieu de la presqu'île et juste avant Quiberon, il faut oser prendre à droite, direction Portivy, petit village de pêcheurs au bout du bout du monde. Non loin du café du port, l'ancienne *Taverne*, pension de famille chaleureuse mais tristounette, est devenue un petit hôtel de charme, coloré et lumineux, classe et sans esbroufe. Catherine et Hervé, jeune couple lassé de la pub mais doté d'un sens aigu de l'esthétisme, ont redessiné le lieu à leur image. Salle à manger blanchie et jeu de miroirs pour voir la mer, même de dos ! (On peut également s'installer en terrasse.) D'abord l'apéro et son coucher de soleil à l'horizon, puis la cuisine, gourmande, créative et généreuse. Huîtres, langoustines et poissons magnifiques, fromages goûteux, desserts revisités succulents… De quoi accrocher une étoile Michelin sur l'enseigne du *Grand Large*, ce qui est fait depuis l'an dernier ! Dans les chambres, même topo. Déco épurée, meubles et glaces chinés, jonc de mer au sol, lambris sur les murs jouant sur les couleurs. Grandes douches, sol italien et vasques contemporaines dans les salles de bains, avec ouverture arrondie façon hublot. La mer, toujours la mer. Le matin, petit déjeuner baguette, beurre, confitures, avec la presse du jour et l'océan qui brille !

Ouvert toute l'année **Chambres** 6 chambres doubles : 95 à 135 € - Petit déjeuner : 13 € **Restaurant** (midi et soir) : 30 à 80 € **Équipement** Wifi **Divers** animaux (5 €) **Loisirs** pêche, plage, sports nautiques **Accès** entrer sur la presqu'île, à Kerhostin prendre le premier feu à droite direction Côte Sauvage et Portivy.

LE GALET HÔTEL, SPA

legalet.fr

Saint-Philibert • Le Congre • 56470 La Trinité-sur-Mer (Morbihan)
Tél. 02 97 55 00 56 • Fax 02 97 55 19 77 • Gaëtan Arnaud

• En retrait de la route qui mène au port de La Trinité, cet hôtel prouve que l'on peut transcender une architecture cubique des années 1970, la rendre élégante, actuelle, très agréable à vivre. Ainsi, la façade joue l'alternance de gris clairs ou plus profonds et s'entoure d'une butte gazonnée qui s'achève sur une terrasse en planches. L'élégant mobilier d'extérieur en bois ou tressé façon Loom, la communication aisée avec les pièces de réception, tout cela donne terriblement envie de s'installer ici, avec un verre et un bon journal. À l'intérieur : réorganisation des volumes ! À l'exemple de cette fine cloison ajourée, colorée par les verres et les bouteilles, qui sépare *lounge-bar* et coin-salon (fauteuils en cuir, rampe-cheminée à gaz design). Les chambres (plusieurs avec de vastes balcons) bénéficient du même lifting pour une ambiance épurée, chaleureuse. Dans chacune, une étroite colonne vitrée laisse entrevoir l'étincellement des chromes de la salle de bains sur fond de murs sombres, et les produits d'accueil prennent ainsi une allure précieuse. Mais *Le Galet* n'est pas qu'un hôtel "déco", ses propriétaires en ont aussi fait un lieu détendu, familial, et proposent tous les soirs un sympathique menu du marché : idéal pour ceux que l'hôtel aurait rendus casaniers… surtout avec le beau spa agréé *Cinq Mondes* et très bien équipé ! Accueil jeune, décontracté.

Catégorie ★★★ **Ouvert** toute l'année **Chambres** 18 chambres doubles : 98 à 130 €, 2 suites : 145 à 165 € - Petit déjeuner : 13 € **Restaurant** (le soir) uniquement pour les résidents **Équipements** TV, Wifi **Divers** animaux (13 €) **Loisirs** piscine chauffée, tennis **Bien-être** spa complet (16 €) **Accès** N 165 sortie La Trinité-sur-Mer ; après Crach, vers La Trinité, l'hôtel est à 300 m sur la droite après le rond-point dit "du Chat noir".

LE LODGE KERISPER

lodge-kerisper.com

4, rue du Latz • 56470 La Trinité-sur-Mer (Morbihan)
Tél. 02 97 52 88 56 • Fax 02 97 52 76 39 • Philippe Favre

• À une dizaine de minutes à pied du port, l'hôtel se tient bien en retrait des foules du quai et l'on y profite d'un calme absolu. À l'intérieur, on retrouve quelque chose de l'ambiance balnéaire des années 1900, mariée à un contemporain subtil et plutôt tendance – très "Côté ouest". Le salon-bar, avec son vieux comptoir, son plancher de bois brut et ses profonds canapés écrus devant la cheminée, s'illumine le soir de fibres optiques. Lumières toujours, avec les appliques en filaments incandescents dans les couloirs ou avec le lustre tubulaire et les petites suspensions en cloche de verre de la véranda rétro (salle des petits déjeuners avec anciennes tables de bistrot, vieux comptoir et objets de brocante). On aime aussi beaucoup les chambres à la douce sérénité beige, leurs rideaux en organdi blanc, les élégants couvre-lits colorés en piqué (même confort partout, seules la taille et la présence d'une terrasse privative font varier les tarifs). La terrasse, sur pilotis, donne en surplomb sur un charmant jardin de curé, clos de murs et de plus en plus gagné par la végétation autour de sa petite piscine chauffée. Une adresse reposante, propice à un exil de citadins surmenés… Accueil discret, attentif.

Catégorie ★★★★ **Ouvert** toute l'année sauf du 10 au 23 janvier **Chambres** 11 chambres : 80 à 185 €, 9 suites et suites familiales : 148 à 268 € - Petit déjeuner : 9 à 14 € **Équipements** TV, Wifi, **Divers** animaux (14 €), garage, parking privé **Loisirs** piscine chauffée, vélos **Bien-être** massages **Accès** N 165 sortie Auray ; à La Trinité, fléchage à l'angle du pont de Kerisper.

LE PETIT HÔTEL DES HORTENSIAS

leshortensias.info

4, place Yvonne Sarcey • 56470 La Trinité-sur-Mer (Morbihan)
Tél. 02 97 30 10 30 • Fax 02 97 30 14 54 • Pierre Le Gloahec

• Venir à La Trinité, c'est presque obligatoirement sacrifier au mythe de la navigation hauturière et des grandes courses transatlantiques. Vous voici aux premières loges, car l'hôtel et le restaurant surplombent légèrement l'extrémité du quai, à seulement quelques mètres du passage des bateaux. Dès les premières marches, le ton est donné : terrasse en teck, sièges et parasols terracotta, minipalmiers… Déjà on voudrait s'asseoir pour un premier verre, observer le va-et-vient des voiliers, vieux gréements, petits chalutiers ou trimarans de compétition. Pourtant, les chambres sont tout aussi attrayantes, avec leur mobilier anglais en pin ciré, leurs petites banquettes Napoléon III au pied des lits, leurs fauteuils balinais ou tressés. Outre le nom d'une île voisine, chacune a sa couleur : blanc et marine pour l'une, beige et vert écossais pour l'autre, rouge brique et crème pour la suite (superbe, avec sa cheminée de marbre noir, ses gravures anciennes et son salon-véranda), etc. "Belle-Île" et "Bréhat" sont en plus très lumineuses grâce à leur double exposition. L'ambiance chaleureuse et leur excellent niveau de confort les rendent attrayantes en toute saison, de sorte qu'entre le restaurant sur place et le magnifique bar (fauteuils club, cheminée, illustrations marines, bois foncé et subtils éclairages) fréquenté par les stars de la voile, on en viendrait presque à souhaiter qu'une petite pluie vienne arroser les *Hortensias* et nous y laisse prendre racine.

Ouvert toute l'année **Chambres** 6 chambres : 99 à 180 € - Petit déjeuner : 13,50 € **Restaurant** (midi et soir) **Équipements** TV, Wifi **Divers** animaux (8 €) **Accès** à 30 km au sud-ouest de Vannes.

LA VILLA BEL ANGE

lavillabelange.com

25, route des Plages • 56470 La Trinité-sur-Mer (Morbihan)
Tél. 02 97 50 23 44

• La mer, une forêt de pins, un chemin côtier vers la plage, à dix minutes..., cet hôtel occupe une place tout bonnement idyllique, à deux pas du port très couru de La Trinité-sur-Mer et à six kilomètres du golf de Baden. Si l'on ajoute à cela un petit air de villa en Louisiane dû aux lambris extérieurs tous peints de blanc, le charme est total. La décoration des chambres, suites et appartements fait également la part belle aux lambris clairs, aux meubles blancs et aux couleurs très sobres, souvent beige ou gris, avec cette touche "cosy" qui est ici la règle. Pas design, mais très intemporel. Si la vue sur la mer est aussi presque toujours la règle, elle sera encore plus agréable depuis les terrasses privatives, parfois panoramiques. Propices au calme et à la détente (certaines ont même un Jacuzzi), elles sont parfaites pour déguster les grandes assiettes froides proposées par la maison. Composées de charcuterie, foie gras et fromage, elles peuvent également être prises dans le salon de thé-bar à tapas ou sur la grande terrasse commune, bien exposée. On y trouvera aussi des jeux et des livres, une connexion Internet, et on peut y emprunter un lecteur DVD. Pour les petits déjeuners, le buffet est copieux (possibilité de les déguster en chambre), et, comme nous, vous vous souviendrez encore longtemps des crêpes au caramel ! Bref, une adresse accueillante qui fera bien des heureux.

Ouvert toute l'année sauf janvier et février **Chambres** 2 chambres doubles : 80 à 120 €, 5 suites (dont une avec Jacuzzi) : 120 à 260 €, 3 appartements (dont un avec jaccuzi): 160 à 300 € - Petit déjeuner : 15 € **Restaurant** plateaux de fruits de mer **Équipements** TV, Wifi, ascenseur **Divers** animaux (15 €), parking privé **Bien-être** massage sur demande **Accès** à Auray, prendre la D 28, au croisement avec la D 781, prendre à droite la route de La Trinité, puis la 1ère route à gauche (route du Ster) vers Saint-Philibert, puis fléchage.

VILLA KERASY HÔTEL SPA

villakerasy.com

20, avenue Favrel et Lincy • 56000 Vannes (Morbihan)
Tél. 02 97 68 36 83 • Fax 02 97 68 36 84 • Jean-Jacques Violo

• On fait escale ici pour profiter de la vieille ville de Vannes et de son cœur médiéval. Mais la situation de l'hôtel, près des boulevards circulaires bordant la ville, permet aussi de rejoindre facilement les sites phares de la Bretagne sud : le golfe et ses eaux claires, les îles, mais aussi, tout près, Lorient et son musée de la Compagnie des Indes, incontournable après avoir séjourné à la *Villa Kerasy*. Car, ici, tout est une ode, un écho ou un clin d'œil à ces comptoirs commerciaux créés aux XVIIe et XVIIIe siècles par des Bretons à l'âme aventureuse. Les chambres portent le nom de ces villes-relais, de Cadix au Cap en passant par Pondichéry et Macao ; un livret en retrace chaque fois l'histoire, la géographie – de quoi donner envie de poursuivre le voyage dans le nouveau spa ayurvédique. Toutes sont de belle taille (il y en a cinq nouvelles), chacune décorée selon le thème de son comptoir, avec une salle de bains très agréable. L'ensemble est neuf, mais on a ici envie de vous faire découvrir et la Bretagne et l'ailleurs : parfois c'est le mois du Japon, avec une sélection de livres, de thés, de restaurants à proximité… Toujours c'est un lieu raffiné, où l'accueil et l'atmosphère réchauffent autant le cœur que l'esprit.

Catégorie ★★★★ **Fermeture** : de mi-novembre à mi-décembre et janvier **Chambres** 15 chambres doubles : 99 à 279 €, 2 suites (3 à 6 pers.) : 339 à 439 € - Petit déjeuner : 9,5 à 20 € **Équipements** climatisation, TV, Wifi, **Divers** animaux (10 €), parking fermé, **Loisirs** vélos **Bien-être** massages, spa complet **Accès** voie express sortie Vannes-centre, suivre direction gare ou hôpital puis fléchage de l'hôtel.

PRIEURÉ NOTRE-DAME D'ORSAN

prieuredorsan.com

Prieuré d'Orsan • 18170 Maisonnais (Cher)
Tél. 02 48 56 27 50 • Fax 02 48 56 39 64 • Patrice Taravella

• Édifié en 1107, par Robert d'Arbrissel, Orsan a bénéficié d'une restauration exemplaire grâce à la passion de Patrice Taravella, architecte et propriétaire du lieu. Autour de ses vestiges (XVIe, XVIIe et XVIIIe), il eut d'abord l'idée de recréer ce jardin monastique, désormais nationalement célèbre, en tenant compte de toute la symbolique en vigueur avant la Renaissance. Du cloître végétal au labyrinthe, en passant par le nouveau jardin de Marie, le résultat est fascinant: haies, palissades et gloriettes de bois cloisonnent l'espace, et l'on ne se lasse pas d'admirer les roses, les herbes aromatiques, les légumes qui défilent au gré des allées et des voûtes végétales. À cette merveille ouverte au public viennent s'ajouter quelques magnifiques chambres. Sobres, vastes, faisant la part belle au bois et à la pierre, elles disposent, pour certaines, d'une terrasse privative où l'on peut prendre son petit déjeuner en toute intimité (quelques tables installées sous une treille offrent une autre séduisante possibilité). Même ambiance sereine dans les salons et au restaurant, avec, comme constante, des parois en pin ciré intégrant rayonnages, bibliothèques, dessertes, cheminées… Enfin, la table, qui célèbre judicieusement les légumes du jardin, correspond exactement à ce que l'on attend de ce lieu exceptionnel et très accueillant.

Catégorie ★★★ **Ouvert** du 1er avril au 1er novembre **Chambres** 6 chambres : 245 à 395 € - Petit déjeuner : 20 à 25 € **Restaurant** 70 € **Équipements** TV, Wifi **Divers** animaux non admis, **Accès** A71 sortie Saint-Amand-Montrond ; D 925 vers Lignières, puis D 65 direction Le Châtelet et suivre fléchage.

CHÂTEAU DE LA VERRERIE

chateaudelaverrerie.com

18700 Oizon (Cher)
Tél. 02 48 81 51 60 • Fax 02 48 58 21 25 • Béraud de Vogüé

• Depuis 1422, l'ancien château des Stuarts puis des ducs de Richmond se reflète dans les eaux calmes d'un lac, au cœur de huit cents hectares de forêts. L'intérieur restitue tout le caractère et les fastes de ce qui est sans conteste l'un des plus beaux édifices du Berry. Fréquemment rafraîchies, mais toujours meublées avec leur magnificence originelle, les chambres sont exactement telles que les connurent les amis ou la famille des propriétaires. Cette rare authenticité, exempte de toute mise en scène, constitue l'un des principaux attraits de *La Verrerie*. En témoignent des baldaquins ouvragés, le mobilier toujours ancien, de gigantesques cheminées peintes… et d'incroyables toilettes de bois. Le purisme n'exclut pas le confort, il suffit de découvrir les superbes salles de bains pour s'en convaincre (l'une contient une baignoire rare d'enfant). L'ambiance est plaisante, à mi-chemin entre l'hôtel et la maison d'hôtes. Ne vous attendez donc pas à un service très présent, mais laissez-vous gagner par la quiétude du lieu. Pour dîner, l'ambiance est féerique : plusieurs petites tables dans la salle à manger pour déguster le menu du jour et continuer cette remontée du temps à bord de l'un de ses plus beaux navires.

Ouvert du 1er avril au 1er décembre **Chambres** 12 chambres et suites : 145 à 380 € - Demi-pension (par pers.) : 129 à 229 € - Petit déjeuner : 18 € **Restaurant** ou table d'hôtes : 29 € **Équipements** Wifi, **Divers** animaux (15 €), parking privé **Loisirs** barque, tir à l'arc, tennis, vélos **Accès** à 35 km au sud de Gien ; A 77 sortie n° 19 puis D 940 vers Bourges-Gien ; à Aubigny-sur-Nère suivre le fléchage.

LE GRAND MONARQUE

bw-grand-monarque.com

22, place des Épars • 28000 Chartres (Eure-et-Loir)
Tél. 02 37 18 15 15 • Fax 02 37 36 34 18 • Bertrand Jallerat

• Il mérite bien son nom, ce *Grand Monarque* plein d'allure qui se reflète sur les fontaines de la place des Épars, l'endroit idéal pour visiter la célèbre cathédrale et le centre historique de Chartres. Dès le vaste hall d'entrée, vous découvrirez une ambiance feutrée et une décoration classique très réussies. Lookée dans des tonalités lie-de-vin et gris taupe, la salle à manger (où vous dégusterez l'une des meilleures cuisines de la région) ne manque pas d'allure avec son bel ensemble de tableaux XVIIIe et XIXe et sa collection de minifourneaux. À côté, la cour intérieure sous verrière (et le coin-bar anglais) propose une restauration plus simple mais de bonne qualité. Qu'il s'agisse des suites, très agréables pour les familles, ou des chambres, le confort et la décoration (systématiquement différente) sont d'un excellent niveau. Toutes sont lumineuses, qu'elles donnent sur la place (bonne insonorisation) ou sur la cour intérieure. *Le Grand Monarque,* c'est aussi un splendide spa de huit cents mètres carrés où, aux équipements chauds traditionnels et à la belle piscine intérieure, s'ajoutent un bain polaire et une fontaine de glace. Accueil prévenant et très professionnel.

Catégorie ★★★★ **Ouvert** toute l'année **Chambres** 50 chambres : 143 à 210 €, 5 suites 270 € - petit déj. : 15 € **Équipements** climatisation, TV, Wifi, ascenseur, **Divers** animaux (8 €), parking (8 €), voiturier **Loisirs** piscine intérieure chauffée **Bien-être** fitness, spa complet **Accès** à 90 km de Paris, par A 10 puis A 11, sortie Chartres-centre.

LE CLOS D'AMBOISE

leclosamboise.com

27, rue Rabelais • 37400 Amboise (Indre-et-Loire)
Tél. 02 47 30 10 20 • Fax 02 47 57 33 43 • Gabriel Lombardini

• À l'occasion d'un changement de propriétaire en 2012, cet hôtel particulier XVIIe fait progresser un peu plus encore le luxe bon ton qui le caractérisait déjà. Vous pourrez ainsi opter pour l'une des nouvelles très belles chambres et suites du bâtiment principal, ou préférer les logements, tout aussi confortables, des pavillons *Mansart*. La plupart ouvrent sur le parc, véritable îlot de nature et de calme en plein cœur de la ville : trois mille mètres carrés clos de murs, disposés à la française autour de buis taillés en topiaire, d'un grand cèdre bicentenaire et de deux magnolias presque aussi âgés qui contemplent la piscine. Enfin, vous dégusterez un petit déjeuner pantagruélique au salon, avant de rejoindre, si vous êtes encore d'attaque, l'inattendue salle de fitness, installée dans les anciens box à chevaux. Une agréable demeure de caractère, où l'on s'installe pour boire un thé, un verre, lire un livre ou le journal, dîner même, dans l'une des belles pièces disposées en enfilade le long de la façade - après une balade en ville, une visite de château aux environs. Accueil jeune, professionnel et souriant.

Catégorie ★★★★ **Ouvert** toute l'année **Chambres** 17 chambres doubles et suites : 110 à 305 €, 2 chambres familiales (4 pers.) : 155 à 220 €, 2 chambres supérieures (2 pers,) : 155 à 220 €, 5 junior-suites et suites (2 pers.) : 205 à 305 € - Petit déjeuner : 15 €, **Restaurant** au salon : 15 à 40 € **Équipements** climatisation, TV, Wifi **Divers** animaux (10 €), location de vélos, parking fermé **Bien-être** massages, sauna **Accès** A10 sortie Amboise ; l'hôtel se trouve en centre-ville.

LE MANOIR LES MINIMES

manoirlesminimes.com

34, quai Charles-Guinot • 37400 Amboise (Indre-et-Loire)
Tél. 02 47 30 40 40 • Fax 02 47 30 40 77 • Éric Deforges

• Adresse de référence à Amboise, cette vaste demeure bourgeoise XVIIIe précédée par un jardin très soigné se trouve entre les berges de la Loire et le château. Richement décorée de meubles anciens ou de style, de tableaux, faïences, miroirs, fleurs fraîches, tapis, dorures, l'enfilade de salons affiche l'ambiance d'une maison particulière pleine de lumière et de gaieté. Les chambres du manoir sont baignées de soleil et aménagées avec un classicisme élégant (mobilier ancien, tissus de marque, gravures). Vastes au premier étage, plus intimes mais non moins belles au second, elles sont d'un confort absolu et profitent toutes d'une vue sur le château ou sur le fleuve (climatisation et double vitrage les protègent alors de toute nuisance). Nous aimons aussi beaucoup celles du petit pavillon d'entrée, luxueusement aménagées dans un esprit contemporain des plus réussis. Dès les beaux jours, l'apéritif en terrasse, face aux murailles tutélaires du château, est un plaisir. Quant aux petits déjeuners, ils sont servis en chambre ou dans la salle à manger Directoire, en jaune, or et acajou. Accueil plein de gentillesse et d'attention.

Catégorie ★★★★ **Ouvert** du 1er au 24 janvier et du 12 février au 31 décembre **Chambres** 13 chambres : 139 à 225 €, 2 suites : 305 € - Petit déjeuner : 16 à 20 € **Équipements** climatisation, TV, Wifi, **Divers** parking privé **Accès** A 10 sortie Amboise, D 31, aussitôt après le pont sur la Loire, prendre à droite direction centre-ville, puis 2 km sur le quai.

•NOUVEAUTÉ•

HÔTEL DE BIENCOURT €

hotelbiencourt.fr

7, rue Balzac • 37190 Azay-le-Rideau
Tél. 02 47 45 20 75 • Fax 02 47 45 91 73

• Ne cherchez plus : pour dormir à Azay-le-Rideau, c'est ici ! Au calme d'une rue piétonne à cent mètres du château, l'hôtel se compose d'une maison XVIIIe ouverte sur un patio-jardin très soigné qui donne accès à l'ancienne école de filles du village. Au-rez-de-chaussée de la maison principale se trouve la salle des petits déjeuners, pour se régaler de produits locaux bio amoureusement choisis et décrits sur l'ardoise du jour (ambiance au design délicatement vintage de bois blond et de pierre crème). À côté, le salon déplie ses baies vitrées sur le mini-jardin équipé de tables et de parasols. Les chambres se répartissent entre les deux bâtiments, grandes ou plus petites, nous les aimons toutes pour leur élégance sobre et classiquement "tendance", le confort des salles de bains, leur tenue impeccable. Certaines sont parfaitement adaptées pour les familles et toutes affichent des prix particulièrement raisonnables. Amoureux de leur maison et de leur nouvelle vie d'hôteliers, les propriétaires se mettent en quatre pour cocooner leurs hôtes et entretenir ici une ambiance détendue et heureuse.

Catégorie ★★★ **Ouvert** toute l'année **Chambres** 13 chambres (2 à 3 pers.) : 65 à 125 €, 2 suites familiales (4 pers.) : 125 à 140 € - Petit déjeuner : 10,50 € **Pas de restaurant** à l'hôtel **Équipements** Wifi **Divers** parking public **Accès** dans le Bourg.

LE FLEURAY HOTEL

lefleurayhotel.com

Fleuray • 32, route D74 • 37530 Cangey (Indre-et-Loire)
Tél. 02 47 56 09 25 • Fax 02 47 56 93 97 • Cassie Newington

• C'était il y a une vingtaine d'années: Hazel et Peter transformaient avec enthousiasme et énergie cette ancienne ferme située sur le plateau verdoyant qui domine la Loire et les vignobles de Vouvray. Aujourd'hui, c'est leur fils qui progressivement reprend les rênes, et l'on trouve chez lui la même fibre hôtelière ! Toujours aussi pimpante et bien tenue, la maison ne cesse de rénover ses chambres : décoration campagnarde dans des teintes souvent jaune orangé, mobilier de style anglais en pin ciré, ciels de lits romantiques et dimensions respectables. En rez-de-chaussée, leur alignement de plain-pied sur une petite terrasse privative a quelque chose de systématique, mais on s'y sent bien, et quelques pas seulement nous séparent de la piscine chauffée. En plus d'être hôtel de charme, *Le Fleuray* est aussi table très soignée ; déjeuner et dîner ont lieu en terrasse ou dans la blancheur d'une vaste véranda ouverte sur le jardin et la campagne. La cuisine, confiée au talentueux Jeremy Faghel, est fine, précise, excellente, le service agréable, bien dans le ton de cette très accueillante adresse.

Catégorie ★★★ **Ouvert** du 1er janvier au 1er mars, du 9 mars au 22 novembre, du 1er au 20 décembre et du 26 au 31 décembre **Chambres** 24 chambres doubles : 98 à 162 €, 2 suites familiales : 168 à 248 € - Demi-pension (supp./pers) : 54 € - Petit déjeuner : 15 € **Restaurant** (midi et soir) : 29 à 39 € **Équipements** TV, Wifi **Divers** animaux (12 €), garage, parking privé **Loisirs** golf, VTT, piscine chauffée, tennis **Bien-être** Jacuzzi, massages **Accès** A 10 sortie n° 18 Amboise-Château-Renault, puis D 31 direction Amboise jusqu'à Autrèche (2 km), puis à gauche et panneaux "Dame-Marie-les-Bois" (D 55) ; dans le village, à droite, D 74 vers Cangey.

HÔTEL DU BON LABOUREUR ET DU CHÂTEAU

bonlaboureur.com

6, rue du Docteur-Bretonneau • 37150 Chenonceaux (Indre-et-Loire)
Tél. 02 47 23 90 02 • Fax 02 47 23 82 01 • Isabelle Jeudi

• Dans la même famille depuis quatre générations, cet ancien relais de poste (1786) est l'un des beaux exemples de ce que la tradition hôtelière fait de mieux. À cinq minutes à pied du château de Chenonceau, il s'agit de cinq maisons situées de part et d'autre de la rue, ponctuées de jardins (dont l'un, immense, héberge un potager, des poules et des moutons), de courettes verdoyantes, et agrémentées d'une piscine. Très fréquemment rénovées, les chambres sont toutes différentes, confortables, joliment décorées dans un goût classique et actuel. Vous profiterez aussi de trois salons agréables et feutrés. Lumineuse et vaste, la salle à manger (à dominante de beige et de brun) ouvre dès les beaux jours ses portes vitrées, pour se prolonger sous les parasols de la cour fleurie avec, au fond, des salons de jardin en Loom. Justement réputée, la cuisine fait la part belle aux légumes du potager et joue avec talent sur le registre d'une simplicité très maîtrisée (imbattable menu du midi). Accueil vraiment aimable, souple et très concerné.

Catégorie ★★★★ **Ouvert** du 20 décembre au 3 janvier et du 14 février au 10 novembre **Chambres** 19 chambres (2 pers.) : 134 à 214 €, 7 suites (2 pers.) : 270 à 310 € - Demi-pension (supp. par pers) : 62 € - Petit déjeuner : 18 € **Restaurant** carte : 30 à 95 € **Équipements** climatisation, TV, Wifi, **Divers** animaux (12 €), garage, parking fermé, voiturier **Loisirs** piscine chauffée **Accès** A10, sortie n° 18 Amboise, Château-Renault, puis direction Bléré - A85 sortie n° 11 direction Bléré puis Chenonceaux.

€ HÔTEL DIDEROT

hoteldiderot.com

4, rue de Buffon • 37500 Chinon (Indre-et-Loire)
Tél. 02 47 93 18 87 • Fax 02 47 93 37 10

• C'est derrière la place Jeanne-d'Arc, au cœur de l'ancienne cité royale, mais tout à fait au calme, que vous trouverez cette charmante hostellerie. Il s'agit d'une grande maison XVe et XVIIIe en tuffeau blanc, dont le caractère reste encore bien visible dans la salle à manger avec sa belle cheminée et ses vénérables poutres (on y sert les bons petits déjeuners, célèbres pour la qualité des confitures maison et des produits locaux: jus de pomme, chèvre frais, noix du jardin, miel, yaourts au lait entier…). Réparties entre la maison principale et une petite annexe, les chambres affichent un classicisme indémodable. Régulièrement rafraîchies, elles sont confortables, bien tenues et souvent joliment meublées d'ancien. Certaines peuvent se grouper en suite, formule idéale pour les familles. D'année en année, fleurs et végétation exotique (bananiers, oliviers) s'épanouissent et bordent la cour de manière à créer des petits coins-repos où prendre un verre avant de rejoindre pour dîner l'excellent Chapeau Rouge ou *L'Océanic*. Cette adresse pleine de charme, bien tenue et vraiment accueillante vient juste de changer de propriétaires, nous leurs souhaitons de continuer à entretenir l'âme de cette belle maison .

Catégorie ★★ **Ouvert** toute l'année sauf 3 semaines après le week-end du 11 novembre et 2 semaines avant les vacances de février **Chambres** 23 chambres doubles : 62 à 102 € - Petit déjeuner : 9,60 € **Équipements** TV, Wifi, **Divers** parking fermé (8 €) **Accès** à 48 km de Tours par D 751 ; longer la Vienne jusqu'à la place Jeanne-d'Arc ; l'hôtel est à l'angle de la rue Buffon et de la rue Lavoisier.

CHÂTEAU DE BEAULIEU

chateaudebeaulieu37.com

67, rue de Beaulieu • 37300 Joué-les-Tours (Indre-et-Loire)
Tél. 02 47 53 20 26 • Jean-Marc Lozay

• Beaulieu déplie ses jardins en terrasses jusqu'au lit de la Loire, qui se devine dans le lointain au-delà des rideaux d'arbres. Étonnante situation que celle de ce château qui semble en pleine campagne et se situe pourtant à quelques petites minutes du centre de Tours. Édifié au XVe, remanié au XIXe, le lieu ne conserve plus beaucoup de meubles anciens, mais l'aménagement s'est attaché à en respecter l'esprit grâce à un mobilier de style qui tient son rôle et crée une atmosphère bourgeoisement feutrée. Les couleurs sont lumineuses, le souci du détail omniprésent, le service toujours disponible. Les prix varient selon la surface et la vue des chambres, toutes très confortables, mais vous choisirez en priorité celles qui ont été récemment rénovées (beaux choix de matériaux et de coloris y compris dans les salles de bains). Deux plaisirs complémentaires vous attendent ici : la table (à la suite de son père, Jean-Marc Lozay réalise une cuisine bien tournée, précise, d'un agréable classicisme réveillé par quelques touches plus "tendance") et le spa, récemment créé, avec tout ce qu'il faut pour être dorloté, détendu et dynamisé. Une adresse de qualité, sérieusement tenue par une famille qui aime son métier et ses clients.

Catégorie ★★★ **Ouvert** toute l'année **Chambres** 18 chambres : 97 à 197 € - Petit déjeuner : 12 à 14 € **Restaurant** (midi et soir) : 29 à 75 € **Équipements** climatisation, TV, Wifi **Divers** animaux (8 €) parking privé **Loisirs** tennis **Bien-être** spa complet **Accès** à 5 km au sud-ouest de Tours par A 10, sortie 24, rocade D 37, sortie Savonnières-Villandry, puis deux fois à gauche venant de Bordeaux ou de Paris.

€ LE XII DE LUYNES

le-12.com

12, rue de la République • 37230 Luynes (Indre-et-Loire)
Tél. 02 47 26 07 41 • Yoann Bourdais

• Tout près de Tours mais au calme d'un village typiquement français : voilà la proposition du *XII de Luynes*, qui accueille une clientèle très locale à sa table, et très internationale dans ses chambres. Le propriétaire, un grand voyageur natif de la région, a eu envie de poser ici ses valises et, pour cela, il a investi sérieusement : rénovation intégrale du bâtiment, équipements haut de gamme des neuf chambres, création d'une cuisine de nouvelle génération. L'ensemble reste simple, mais on comprend très vite que tout a été pensé – et bien pensé ! Le but ultime : le confort du client, mais aussi de ceux qui y travaillent, à l'année, en cuisine, en salle ou dans les étages. Des duplex malins permettent de loger en famille, avec les enfants, sans se sentir à l'étroit et en optimisant son budget. Les chambres doubles sont cosy, très confortables, équipées de tout ce dont on peut avoir besoin – Wifi, climatisation, etc. On y accède par des escaliers extérieurs, qui desservent chaque étage indépendamment – depuis le rez-de-chaussée (le restaurant et la salle des petits déjeuners), jusqu'au jardin-terrasse en hauteur, aménagé… au niveau des toits. En effet, l'implantation contre la falaise donne à cet hôtel une originalité sans pareille – et une vue superbe, à la belle saison, pour déjeuner en panoramique. L'accueil de la jeune équipe est dynamique, très prévenant : on aime !

Ouvert toute l'année **Chambres** 13 chambres (4 pers.) : 77 à 155 € - Demi-pension (par pers.) : 72,50 à 81,50 € - Petit déjeuner : 10 € **Restaurant** (midi et soir) : 15,50 à 30,50 € **Équipements** climatisation, TV, Wifi **Divers** animaux non admis, **Accès** à Tours prendre la D952 jusqu'à Luynes, l'hôtel est dans le centre du bourg.

DOMAINE DE LA TORTINIÈRE

tortiniere.com

10, route Ballan • 37250 Veigné (Indre-et-Loire)
Tél. 02 47 34 35 00 • Fax 02 47 65 95 70 • Anne et Xavier Olivereau

• Typique de l'architecture Second Empire, *La Tortinière* profite d'un parc de quinze hectares et s'élève sur le versant sud de la vallée de l'Indre. Le restaurant, le salon et la plupart des chambres se trouvent dans le château. Ces dernières, meublées d'ancien et décorées de tissus chatoyants, sont aussi belles et confortables que possible. Nous ne bouderons pas non plus (au contraire !) celles qui sont installées dans les dépendances. Elles rivalisent de charme et affichent souvent une décoration dans le meilleur goût du jour. Un nouveau pavillon avec trois chambres de plain-pied joue sur des notes plus contemporaines et tout aussi heureuses. Entièrement redécorée dans des tonalités délicates, la salle de restaurant profite d'une belle luminosité, ses immenses baies s'ouvrent aux beaux jours sur une terrasse panoramique où l'on déguste sandre, géline, petits gris… À l'automne, des cyclamens envahissent les sous-bois, et, s'il fait doux, on peut encore profiter de la piscine chauffée. Affaire familiale depuis deux générations, *La Tortinière* bénéficie d'une passion sans faille, d'un professionnalisme et d'un sens de l'accueil qui en font un lieu rare et attachant.

Catégorie ★★★★ **Ouvert** du 1er mars au 19 décembre **Chambres** 26 chambres : 140 à 315 €, 4 suites familiales : 350 à 390 € - Demi-pension (supp. par pers.) : 73 € - Petit déjeuner : 15 à 20 € **Restaurant** (midi et soir) : 32 à 79 € **Équipements** climatisation, TV, Wifi, **Divers** animaux (15 €), parking privé **Loisirs** barque, canoë kayak, tennis **Accès** A 10, sortie n° 23 puis D 910 direction Montbazon ; après le panneau Veigné, tourner au 3e feu à droite sur la route de Ballan-Miré.

CHÂTEAU DE LA BOURDAISIÈRE

chateaulabourdaisiere.com

25, rue de la Bourdaisière • 37270 Montlouis-sur-Loire (Indre-et-Loire)
Tél. 02 47 45 16 31 • Fax 02 47 45 09 11 • Louis Albert de Broglie

• Ses premières heures glorieuses, *La Bourdaisière* les doit à quelques femmes célèbres qui régnèrent sur ses murs et sur deux cœurs royaux : Marie Babou (François Ier), puis Gabrielle d'Estrée (Henri IV). Aujourd'hui, le château connaît une nouvelle célébrité grâce au talent visionnaire de Louis Albert de Broglie. Non content de ressusciter le potager en y créant un fascinant conservatoire de la tomate (cinq cents variétés à déguster au "bar à tomates"), de réveiller la roseraie, de créer un jardin de couleurs avec le dahlia pour pinceau, d'organiser des expositions en plein air, le prince-jardinier lance sa "Ferme du futur". Lieu unique au monde pour expérimenter, autour de la permaculture, un mode de production vertueux. Et l'hôtel, dans tout ça ? Il s'épanouit dans cet écrin végétal, gourmand et coloré. Réparties entre le château et les dépendances, les chambres sont toutes différentes, très bien décorées dans un style ancien du meilleur goût et viennent de bénéficier d'une rénovation pleine de tact autour de tissus de grandes maisons. Leurs salles de bains sont aussi séduisantes et confortables. Petits déjeuners servis dans une chaleureuse pièce qui déborde sur le jardin aux beaux jours. Vaste salon noblement meublé et dominé par une impressionnante cheminée. Et partout des objets anciens et curieux du monde entier à la manière des cabinets de curiosités. On aime cette exubérance maîtrisée, cette inventivité joyeuse. On s'y sent bien !

Catégorie ★★★ **Ouvert** toute l'année sauf du 4 janvier au 14 mars et du 15 novembre au 20 décembre **Chambres** 23 chambres doubles : 170 à 285 €, 4 appartements-studios (2 à 5 pers.) : 315 € - Petit déjeuner : 16 € **Restaurant** 32 € **Équipement** Wifi, **Divers** animaux (13 €), parking privé **Loisirs** piscine chauffée **Accès** à 11 km à l'est de Tours par D 751.

·NOUVEAUTÉ·

CHÂTEAU DE PERREUX

chateaudeperreux.fr

Route de Pocé • 37530 Nazelles-Négron (Indre et Loire)
Tél. 02 47 57 27 47 • Olivier Fructus

• Construit à l'aube du XVIIIe puis remanié à la fin du XIXe par un collaborateur de Gustave Eiffel, ce château sera brillamment sauvé de l'abandon en 2009 avant de renaître en hôtel trois ans plus tard. Adossé à la roche, il fait face à un vaste terre-plein gazonné qui donne accès à un petit bois d'où part en contrebas un tunnel sous la route pour rejoindre l'autre partie du parc, la vaste piscine et les berges de la Cisse. C'est un univers plein de surprises : le garage troglodyte et sa galerie élégamment éclairée pour rejoindre le hall du château, l'ancien aquarium géant creusé dans la roche tendre au XIXe, l'immense serre qui attend une nouvelle vocation. Les pièces de réception sont réellement magnifiques, mélange de classicisme et de poésie contemporaine. Même soin pour les chambres, souvent très vastes, confortables à souhait, et qui répondent en tout point aux exigences actuelles. Chacune a sa personnalité (très amusante chambre capitonnée de bois brut installée dans une tour en duplex au-dessus de sa salle de bains), mais toutes ont en commun une belle luminosité, un calme parfait et une vue généreuse sur le parc. Un lieu rare et confidentiel, avec un service discret pour ne pas en rompre le charme.

Ouvert toute l'année **Chambres** 6 chambres doubles ou triples : 105 à 175 €, triples : 195 à 315 €, 6 suites : 165 à 295 € - Petit déjeuner : 12 € **Restaurant** en table d'hôtes : env. 40 € **Équipements** TV, Wifi **Divers** parking fermé, garage, animaux admis (20 €) **Loisirs** piscine chauffée, barque **Accès** à Nazelles-Négron prendre D1 vers Pocé

CHÂTEAU DE REIGNAC

lechateaudereignac.com

19, rue Louis de Barberin • 37310 Reignac-sur-Indre (Indre-et-Loire)
Tél. 02 47 94 14 10 • Fax 02 47 94 12 67 • Érick Charrier

• Dans ce joli village, la cour accueillante du *Château de Reignac* – ayant appartenu au général marquis de Lafayette – invite le voyageur à séjourner au fil du temps. Avec ses deux tours cylindriques du XVe siècle donnant sur un parc à la française, sa chapelle accolée du XVIIIe et l'habillage néogothique des façades et des toits, le château est un intéressant amalgame d'époques architecturales. L'aménagement contemporain des salons confortables, déclinés dans de réjouissantes tonalités acidulées, vient parachever cet ensemble hors norme. Les "douze et une" chambres (superstition oblige !) portent le nom d'une personnalité (Noailles, Borghèse…) qui a inspiré la décoration élégante et intimiste de chacune. Sous les toits pentus, deux chambres-lofts permettent de profiter des admirables courbures et équerrages de la charpente en bois. Le soir, un délicieux et unique menu de saison (concocté par le propriétaire, qui veille en cuisine) est servi dans la salle à manger, où règnent distinction et convivialité.

Catégorie ★★★★ **Ouvert** du 15 février au 31 décembre **Chambres** 10 chambres : 120 à 250 €, 3 suites : 200 à 280 € - Demi-pension (supp./pers.) : 61 € - Petit déjeuner : 14 € **Restaurant** 47 € **Équipements** TV, Wifi **Divers** animaux (10 €) **Accès** A 10 jusqu'à Tours, sortie n° 23, direction Châteauroux, Loches par N 143 ; à environ 20 km, tourner à gauche vers Reignac (D 58).

L'AUBINIÈRE ET SPA

aubiniere.com

29, rue Jules-Gautier • 37530 Saint-Ouen-les-Vignes (Indre-et-Loire)
Tél. 02 47 30 15 29 • Odile et Jacques Arrayet

• Nous avions laissé *L'Aubinière* avec sa poignée de chambres et son restaurant de campagne déjà réputé. Nous retrouvons sur le même terrain un tout nouvel établissement beaucoup plus grand, ultra-moderne, ultra-confortable, mais toujours tourné vers la nature et à la table toujours aussi gourmande. Odile et Jacques Arrayet avaient rêvé ce nouvel outil de travail, pour aller encore plus loin en cuisine et à l'accueil, proposant du même coup à leur région une nouvelle offre haut de gamme avec spa (très rare en Touraine), sans toutefois pratiquer des prix délirants. L'équation n'était pas simple, mais le résultat est là: convaincant! On aime un peu partout les teintes douces de brun, de sable, réveillées au restaurant par quelques touches rouges et le reflet prometteur des bouteilles derrière leur cave vitrée. Très agréables aussi les multiples baies qui cadrent les rideaux d'arbres en léger contrebas, poussent le regard vers l'extérieur. En profiter depuis la terrasse Loom du restaurant, depuis la plage de la piscine incluse dans le bâti et ouverte sur la verdure, et aussi depuis les terrasses et les balcons des chambres. Une belle sérénité, ressourçante, une vraie bonne table et, toute proche, la Touraine des vignobles et des châteaux.

Catégorie ★★★★ **Ouvert** du 4 janvier au 12 février **Chambres** 12 chambres simples et doubles : 130 à 250 €, Suite : 280 à 300 € - Petit déjeuner : 17 € **Restaurant** 20 à 78 € **Divers** animaux (8 €), parking privé **Loisirs** piscine chauffée **Bien-être** massages, spa complet **Accès** A 10 sortie 18 puis D 31 jusqu'à D 431 vers Saint-Ouen-les-Vignes, l'hôtel est dans la rue principale.

€ L'ADRESSE

hotel-ladresse.com

12, rue de la Rôtisserie • 37000 Tours (Indre-et-Loire)

Tél. 02 47 20 85 76 • Fax 02 47 05 74 87 • Mme Delanoë

• Non loin de la gare, le petit quartier Plumereau, secteur piétonnier du vieux Tours, n'est pas sans intérêt. Y passer une soirée vous permettra de découvrir quelques belles façades Renaissance ou à pans de bois, et vous n'aurez pas à aller loin pour trouver une bonne table. L'hôtel occupe une maison XVIIIe intégralement rénovée il y a quatre ans. L'élégance de son aménagement apparaît de la rue, car, derrière l'ancienne devanture de boutique, on peut admirer la jolie salle des petits déjeuners. Tables carrées en chêne clair, chaises Loom mastic, éclairages délicats, pan de mur en tuffeau donnent le ton d'une décoration actuelle et tout en camaïeux. Les chambres ne dérogent pas à la règle, avec leurs murs blancs, leur mobilier design simple teinté de gris et leurs belles courtepointes de velours taupe, gris-brun ou vieux rouge. Préférez celles des étages élevés (poutres blanches au dernier étage) et évitez le premier étage sur l'arrière, car la fenêtre ouvre sur un espace étroit et peu lumineux. Très motivée par la satisfaction de ses clients, Mme Delanoë est accueillante et disponible. Ses bons petits déjeuners apportent une qualité de plus à cette belle *Adresse*.

Catégorie ★★ **Ouvert** toute l'année **Chambres** 3 chambres simples : 55 €, 14 chambres doubles : 78 à 105 € - petit déj. : 9,50 € **Équipements** climatisation, TV, Wifi **Divers** animaux non admis, **Accès** à Tours, suivre les panneaux "Tours-centre" puis "quartier des Halles" et "vieux Tours"

RELAIS DE LA MOTHE €

relaisdelamothe.com

1 place du 11 Novembre • 37290 Yzeures-sur-Creuse (Indre-et-Loire)
Tél. 02 47 91 49 00 • Isabelle de Rochechouart

• L'endroit est réconfortant quand une envie soudaine de campagne vous prend, un désir fort d'aller parler aux arbres, de marcher au bord des rivières, de revisiter l'histoire de la France par ses châteaux et villages. Entre Touraine et Poitou, cet ancien relais de poste du XVIIIe vient d'être très joliment rénové de fond en comble, avec beaucoup de passion et de délicatesse, par des personnes de cœur et de goût. Le résultat est un petit bijou de paix et de confort, pas du tout ostentatoire, mais au contraire, plein de simplicité. Les chambres sont décorées de manière gentiment épurée, jouant plutôt sur l'usage des belles matières, avec au sol des parquets de bois massif, de ravissants boutis sur les grands lits, quelques meubles anciens, de très agréables salles de bains. Au gré des salons, des couloirs et recoins, des canapés et fauteuils ont été disposés sous les poutres apparentes et colombages, parfois devant un feu de cheminée. Vous y serez douillettement bien, en toute saison, après vos journées de visite et avant de passer à table, sur place : une très pimpante salle de restaurant assure votre plaisir gastronomique, autour des produits de saison, avec un petit brin de cérémonie qui plaît beaucoup localement. Le petit déjeuner, lui, est servi dans une ravissante pièce tendue de tissu, sur un sol de tomettes en terre cuite. Accueil formidable, chaleureux, attentionné et dévoué d'Isabelle, plébiscité par les visiteurs du monde entier.

Catégorie ★★★ **Ouvert** toute l'année sauf en janvier **Chambres** 22 chambres : 71 à 150 €, 1 suite familiale : 114 à 150 € - Petit déjeuner : 10 à 12 € **Restaurant** (midi et soir) : 24 à 48 € **Équipement** Wifi **Loisirs** tennis, salle de sport, **Bien-être** massages, sauna : 12 à 35 € **Accès** A 10 sortie Châtellerault-Nord direction La Roche-Posay, après le bourg, prendre direction Le Blanc puis Yzeures.

CÔTÉ LOIRE - € AUBERGE LIGÉRIENNE

coteloire.com

2, place de la Grève • 41000 Blois (Loir-et-Cher)
Tél. 02 54 78 07 86 • Fax 02 54 56 87 33 • Laurent Morin

• En retrait du bord de Loire, cette petite auberge semble se cacher en contrebas d'une minuscule place ombragée. L'aspect triangulaire de sa façade en pignon témoigne de l'ancienneté de cette maison (XVIe), qui aurait reçu Mme de Sévigné. On ne s'étonnera donc pas d'y trouver quelques beaux vestiges. Il faut venir ici dans un esprit de simplicité, déguster la cuisine du marché, saine et goûteuse, accompagnée de quelques vins bio. On choisit à l'ardoise dans une ambiance de bistrot à l'ancienne, vivante et chaleureuse (salle à manger rétro ou longue cour verdoyante pour déjeuner dehors à la belle saison). Intégralement rénovées, les chambres conservent néanmoins un agréable côté provincial, leurs salles de bains ou de douche pouvant être exiguës mais toujours agencées au mieux. Plusieurs donnent sur la Loire avec, sur la gauche le célèbre et splendide pont de pierre qui enjambe majestueusement le fleuve. L'insonorisation est parfaite. Tenue avec passion, cette accueillante maison à prix très doux est une étape idéale aux portes de la Sologne.

Catégorie ★★ **Ouvert** du 1er février au 31 décembre **Chambres** 8 chambres : 59 à 95 € - Demi-pension (par pers.) : 67,50 à 85,50 € - Petit déjeuner : 10,50 € **Restaurant** (midi et soir) : 20,50 à 30,50 € **Équipements** TV, Wifi **Divers** petits animaux (6 €), parking moto (5 €) **Accès** A 10 sortie Blois, direction Blois-sud puis rives de Loire ; l'auberge se situe rive droite, derrière le château, quartier Saint-Nicolas, entre le pont Jacques-Gabriel et le pont François-Mitterrand.

LE MANOIR DE CONTRES

manoirdecontres.com

23, rue des Combattants d'Afrique du Nord • 41700 Contres (Loir-et-Cher)
Tél. 02 54 78 45 39 • Port. 06 62 19 07 99 • Maria et Victor Orsenne

• L'élégante façade néogothique de ce manoir se dresse au milieu d'un beau parc à la sortie du bourg de Contres. Arbres séculaires, petite pièce d'eau alimentée par la Bièvre, dépendances... Rien ne manque à cette propriété d'agrément totalement rénovée en 2011. Victor Orsenne et son épouse ont eu l'œil et le savoir-faire pour transformer la maison en bel hôtel de charme, lui offrir un confort feutré et un décor sagement contemporain plein d'élégance et de douceur. Nous les connaissions déjà pour leurs deux beaux hôtels parisiens, et aussi pour le *Bistrot Montpensier*, où le propriétaire exerçait comme chef (ce qui augure bien de la qualité de la cuisine qu'il propose ici). Chaque jour, l'ardoise présente le menu du marché autour de produits frais et goûteux préparés avec simplicité. Huit vastes chambres à la litterie *king-size* et un petit pavillon individuel vous attendent pour un séjour de calme et de repos à quelques minutes de Chambord et de l'immense forêt solognote. Une belle maison pleine d'avenir.

Catégorie ★★★ **Ouvert** du 13 février au 23 décembre, **Chambres** 8 chambres simples et doubles : 145 à 200 € - Petit déjeuner offert **Restaurant** (le soir sauf dimanche) : 35 à 45 € **Équipements** climatisation, salon, TV, Wifi, ascenseur, **Divers** parking privé **Accès** : à 20 km au sud de Blois. A 10 sortie n° 17 puis suivre "Limoges bis"

LA MAISON D'À CÔTÉ

lamaisondacote.fr

25, route de Chambord • 41350 Montlivault (Loir-et-Cher)
Tél. 02 54 20 62 30 • Fax 02 54 20 58 55 • Christophe Hay

• Juste en retrait des rives de la Loire, dans un village sobre et discret, une façade surmontée de quelques panneaux annonce la couleur : *La Maison d'à côté* se révèle être non seulement une bonne surprise, mais une belle illustration de l'auberge de village "nouvelle génération". Si la grande salle à manger conserve sa hauteur sous plafond et son imposante poutraison de chêne, le décor a été revu façon lounge urbain, avec un nappage chic et un service de grande maison décontracté néanmoins. Les chambres se répartissent autour d'un patio-terrasse où l'on peut prendre le petit déjeuner. Les "5", "6", "7" ouvrent assez directement sur cet espace, les autres donnent sur les tilleuls de la place de l'Église. Parquet en teck, couettes et dessus-de-lit (*queen size*) soigneusement disposés, avec quelques éclats de couleurs acidulées : elles sont très agréables, et vont être améliorées encore au fil des mois à venir. Séduisantes salles de douche carrelées de beige ou d'ardoise, parois en verre sablé et chromes rutilants. Du goût et du confort partout, et en prime un accueil attentionné. Pour la table, c'est à présent Christophe Hay qui officie aux fourneaux, choisit les meilleurs producteurs fermiers voisins, et, avec cette matière première, il fait des étincelles. Une étape joyeuse et gourmande !

Catégorie ★★★ **Ouvert** du 18 janvier au 17 novembre et du 5 au 31 décembre **Chambres** 8 chambres : 78 à 98 €, 1 suite familiale (5 pers.) : 120 à 220 € - Petit déjeuner : 10 € **Restaurant** 29 à 65 € **Équipements** climatisation, TV, Wifi **Divers** animaux non admis, **Accès** A 10 sortie Blois ou Mer, puis D 951 vers Chambord.

CHÂTEAU DES TERTRES

chateau-tertres.com

11 bis, rue de Meuves • 41150 Onzain (Loir-et-Cher)
Tél. 02 54 20 83 88 • Bernard et Christine Valois

• Beau bâtiment que ce château du XIXe, plein de charme et de goût. Au rez-de-chaussée, donnant sur la campagne et le jardin, une élégante réception côtoie le salon, qui a retrouvé ses meubles d'époque. À côté se trouve une salle très sympathique et raffinée où l'on prend de délicieux petits déjeuners. Un climat "maison familiale" règne partout. Les chambres, très confortables, sont toutes plus jolies les unes que les autres, les dernières rénovations privilégiant des teintes claires et de jolis tissus tendus. Ajoutez à cela de très agréables salles de bains où rutilent souvent le chrome et le bois exotique verni. Un peu plus loin dans le parc, Bernard Valois donne totalement libre cours à son talent artistique dans quatre délicieuses petites chambres d'une maisonnette envahie de roses et de chèvrefeuille: sculptures créées avec des objets de récup, éclairages subtils, tableaux conceptuels, chaînes stéréo, beau mobilier... On adore ce lieu totalement unique, d'une vraie poésie! Un hôtel rare et très attachant, idéal notamment pour visiter Chaumont et son incontournable Festival des jardins: c'est juste en face, sur la rive sud de la Loire. L'hôtel a même prévu des vélos pour vous permettre d'y aller sans prendre votre voiture.

Catégorie ★★★ **Ouvert** du 1er avril au 20 octobre **Chambres** 17 chambres : 89 à 140 €, 1 suite familiale (4 pers.) : 155 à 175 € - Petit déjeuner : 10 € **Équipements** Wifi, ascenseur **Divers** animaux non admis **Loisirs** vélos **Accès** à 198 km de Paris par A 10, sortie Blois ; à 17 km à l'ouest de Blois par N 152, vers Tours, puis D 1 jusqu'à Onzain et D 58 vers Monteaux.

€ MANOIR DE LA FORÊT

manoirdelaforet.fr

Rue Françoise de Lorraine • Fort-Girard • 41160 La-Ville-aux-Clercs (Loir-et-Cher)
Tél. 02 54 80 62 83 • Guy Redon

• Cet ancien pavillon de chasse agrandi en hôtel se cache dans un parc de deux hectares avec étang. Autour, la forêt et les vallons du Vendômois participent à l'impression de calme et d'isolement qui caractérise le lieu. Depuis quelque temps, la maison commençait à prendre des airs de Belle au bois dormant… La voici qui s'éveille enfin : la rénovation d'une dizaine de chambres et le rafraîchissement des couloirs viennent donc à propos, en attendant celui des pièces de réception et du dallage des terrasses. Et tout cela en respectant l'ambiance provinciale de la maison et son décor classique, aussi bien dans les chambres que dans l'enfilade de salons au mobilier XIXe ou dans la vaste salle à manger éclairée par onze fenêtres donnant sur le jardin. C'est la pièce maîtresse du manoir, on aime tout autant son élégance fleurie que la cuisine classique et bien orientée sur les bons produits locaux. L'été, le service déborde à l'extérieur, et c'est un vrai plaisir de dîner en face des grands arbres de la forêt lorsque monte la fraîcheur du soir et que les oiseaux se cherchent gaiement une place pour la nuit. Une accueillante adresse tenue avec humour, passion et professionnalisme.

Catégorie ★★ **Ouvert** toute l'année sauf du 2 au 31 janvier **Chambres** 8 chambres doubles : 60 à 80 €, 2 suites : 90 à 140 € - Petit déjeuner : 10 à 11,50 € **Restaurant** (midi et soir) : 23 à 60 € **Équipements** TV, Wifi **Divers** animaux (10 €), parking privé **Accès** A11 sortie n° 3 Châteaudun puis N10 direction Tours ; à Cloyes traverser le bourg, direction Vendôme, puis prendre à droite D24 (avant la gendarmerie à gauche) vers La Ville-aux-Clercs.

AUBERGE DU CHEVAL BLANC

aubergeduchevalblanc.com

1, place du Cheval Blanc • 41600 Yvoy-le-Marron (Loir-et-Cher)
Tél. 02 54 94 00 00 • Fax 02 54 94 00 01 • Joël Danthu

• L'hôtel occupe une sorte de place en patte-d'oie dont les diagonales, bordées de longères en briques et colombages, se perdent au loin dans la forêt. Devancée par une terrasse avec tables en teck et parasols blancs, sa façade est des plus accueillantes. À l'intérieur, le petit salon et la salle de restaurant affichent un beau style rustique sans excès, comme en témoignent le vieux pavage en terre cuite, la cheminée souvent en activité, quelques trophées ou tableaux de chasse… C'est sobre, élégant, chaleureux: une belle reconstitution de campagne. À l'étage, partiellement distribuées par un balcon-coursive avec accès direct sur l'extérieur, les chambres sont également séduisantes (moquettes vert foncé à pointillé brique, tissus de marque associés à des petits meubles peints dans un rappel de coloris, agréables salles de bains claires et lisses). En cuisine, M. Danthu travaille des produits de qualité à travers un registre d'une belle simplicité et des cuissons précises. En salle, son épouse veille à tout, avec caractère, spontanéité et générosité. Une bonne adresse, prisée des chasseurs gastronomes, et que nous recommandons aussi à tous les amateurs de forêt, d'étangs (ceux de Saint-Viâtre sont à quelques minutes), de marche ou de patrimoine rural.

Catégorie ★★★ **Ouvert** du 8 janvier au 2 mars et du 21 mars au 21 décembre **Chambres** 15 chambres (2 pers.) : 110 € - Petit déjeuner : 15 € **Restaurant** (midi et soir) : 32 à 51 € **Équipements** TV, Wifi **Divers** animaux (10 €) **Accès** à 24 km d'Orléans par D 922 sur 3,5 km, puis D 17 sur 1,9 km.

L'ÉCU DE BRETAGNE

ecudebretagne.fr

5, rue de la Maille d'Or • 45190 Beaugency (Loiret)
Tél. 02 38 44 67 60 • Fax 02 38 44 68 07 • France Renucci

• Comme touché par la grâce, le vieux relais de poste qui sommeillait sur la place du Marché marie désormais la belle tradition provinciale aux nouvelles tendances actuelles. Tradition dans le bar, avec cheminée, carrelage et mobilier rétro; tradition également à la table du restaurant, où l'amour du beau produit, simplement et joliment cuisiné, s'impose dans un décor chaleureux aux belles harmonies anglaises de vert et de chocolat. Tendances déco du côté des chambres des deux bâtiments indépendants, qui ont été sobrement et superbement aménagées : douces teintes murales en écho à la couleur dominante des rideaux, moquettes impeccables, poutres cirées, gravures souvent anciennes sur le thème de la chasse, jolis abat-jour, réjouissantes salles de bains associant deux couleurs de carreaux de grès émaillé. Une indéniable réussite qui, l'été, touche aussi le jardin et sa piscine, la terrasse en fer forgé… Aux portes de la Sologne, une adresse accueillante et très confortable que l'on a peine à quitter.

Catégorie ★★★ **Ouvert** toute l'année **Chambres** 29 chambres : 65 à 165 € - dej : 9,90 € **Restaurant** (midi et soir) : 27 à 37,50 € **Équipements** climatisation, TV, Wifi, **Divers** animaux (15 €), parking fermé **Loisirs** piscine chauffée **Bien-être** massages **Accès** A 10, sortie Meung-sur-Loire, direction Beaugency-centre.

HÔTEL DE L'ABEILLE

hoteldelabeille.com

64, rue Alsace-Lorraine • 45000 Orléans (Loiret)
Tél. 02 38 53 54 87 • Fax 02 38 62 65 84 • Dominique Foucault

• Dans une rue piétonne en plein centre d'Orléans, à trois minutes à pied de la gare, le très charmant Hôtel de l'Abeille occupe un bel immeuble de facture néo-classique. On y vient pour affaires, mais aussi en touriste, la ville d'Orléans (classée Ville d'art et d'histoire) offrant à voir, entre autres, une cathédrale, un musée des Beaux-Arts, un centre historique, et ses bords de Loire propices à la promenade à pied ou à vélo. Quatrième génération d'hôteliers, Dominique et sa sœur Virginie tiennent cet établissement de leurs arrière-grands-parents. D'où un côté très "maison de famille". Cela se sent dans l'accueil, prévenant et chaleureux, dans l'atmosphère (d'entrée de jeu on aime l'ambiance habitée de la pièce de réception), dans la façon de soigner les détails, et, bien sûr, dans la décoration. Perlées, feutrées, avec des salles de bains flambant neuves et une isolation phonique parfaite (intérieure comme extérieure), les 25 chambres sont toutes personnalisées et très confortables. Habitées d'un esprit très fin XIXe, elles s'habillent de tissus et papiers délicats, de gravures, de petits bronzes, de mobilier ancien, parfois d'une cheminée ou d'un petit balcon… À l'héritage familial s'ajoute ce que Dominique chine ou achète dans les salles des ventes. Un toit-terrasse de 80 m² couronne le tout, pour un moment de lecture, un coucher de soleil ; transats, parasols, plantes en pot et vue sur la cathédrale, on y resterait des heures…

Catégorie ★★★ **Ouvert** toute l'année **Chambres** 1 chambres simples : 21 € chambres doubles et triples : 98 à 150 €, 1 suite : 170 € - Petit déjeuner (de 6 h 30 à 11 h) : 12 € **Équipement** Wifi, TV **Divers** animaux (10 €) **Bien-être** fitness **Accès** à Orléans prendre la direction de la gare, puis prendre le boulevard Alexandre-Martin (D97) vers l'est, puis la rue des Anglaises, puis 1re à gauche rue d'Alsace-Lorraine.

€ LA CLOSERAIE

hotel-la-closeraie.com

14, rue Porte Berry • 45600 Sully-sur-Loire (Loiret)
Tél. 02 38 05 10 90 • Fax 02 38 67 14 54 • Fernando Alves

• Face à la placette ombragée de la paisible collégiale Saint-Ythier (où l'on peut se garer), une petite porte donne accès à l'univers joliment arrangé de cette vieille maison de ville réhabilitée. Les dynamiques propriétaires ont tout fait eux-mêmes, du gros-œuvre aux patines, dans un style sobre et classique, pourtant chaleureux, actuel et très confortable. Impossible de ne pas remarquer les peintures sur toile, abstraites et colorées de Lourdes – la souriante maîtresse de maison –, qui personnalisent et égayent le lieu, et chacune des neuf chambres. Spacieuses, celles-ci profitent des volumes généreux de la bâtisse, déployée d'une façon irrégulière autour d'un large escalier de bois en colimaçon. Une cour intérieure dotée d'une fontaine ainsi qu'un très beau sauna-jacuzzi situé dans l'ancienne cave en voûte viennent parachever l'impression d'un lieu de paix où il fait bon séjourner. Possibilité de se faire servir un plateau-repas le soir.

Catégorie ★★★ **Ouvert** toute l'année **Chambres** 8 chambres simples et doubles : 70 à 90 €, chambre familiale (2 à 4 pers.) : 90 à 110 € - Petit déjeuner : 10 € **Équipements** climatisation, TV, Wifi **Divers** animaux acceptés sur demande (5 €) **Bien-être** Jacuzzi, sauna **Accès** à 45 km d'Orléans. Depuis Orléans prendre la tangentielle-est puis la D 952 vers Gien. À Saint-Père-sur-Loire prendre la D 948 sur 1,4 km. L'hôtel est face à la collégiale Saint-Ythier.

LA TONNELLERIE

latonnelleriehotel.com

12, rue des Eaux-Bleues • 45190 Beaugency (Loiret)
Tél. 02 38 44 68 15 • Fax 02 38 44 10 01 • Hélène et François Thévard

• Au coeur d'un petit village, cette ancienne tonnellerie des vignerons de Loire est une auberge au charme classique et intemporel. Aménagée avec du beau mobilier de famille (XVIIIe et XIXe siècle), elle affiche l'ambiance égayée d'un intérieur provincial à mille lieux du standard hôtelier. Vastes et lumineuses, les pièces de réception regardent le jardin fleuri et la terrasse sous l'ombre d'un gigantesque marronnier. Desservies par de grands couloirs aux paliers larges comme des salons, les chambres occupent les différentes ailes de la maison. On aime leur élégance, leur confort (même si l'insonorisation intérieure n'est pas toujours parfaite), et les salles de bains rénovées les unes après les autres qui leur offrent progressivement une touche de modernité. Servi avec la presse du jour dans une grande et belle salle, le petit déjeuner est aussi bon que copieux. Une bien jolie adresse à prix raisonnables, irréprochablement tenue par un personnel souriant et concerné. À la suite d'un changement de propriétaires, *La Tonnellerie* propose désormais une formule du soir autour d'une cuisine simple, de saison à base de produits frais et locaux.

Catégorie ★★★ **Ouvert** de mi-janvier à mi-décembre **Chambres** 12 chambres doubles : 80 à 115 €, 5 chambres familiales (4 pers.) : 125 à 190 €, 3 suites junior (2 pers.) : 135 à 155 € - Petit déjeuner : 14 € **Restaurant** : formule du soir pour les résidents **Équipements** TV, Wifi, ascenseur, **Divers** animaux (9 €), parking privé **Loisirs** piscine chauffée **Accès** A10 sortie Meung sur Loire, Beaugency, suivre la D2152 vers Beaugency; à Tavers, aller au centre du village.

HÔTEL LE DORMEUR DU VAL

dormeur.fr

32 bis, rue Gravière • 08000 Charleville-Mézières (Ardennes)
Tél. 03 24 42 04 30

• Une étonnante restauration – audacieuse de décalage – pour cette petite ville de Charleville-Mézières, que l'on associe souvent plus à son activité industrielle qu'à ses possibilités de villégiature. À tort, car la région est riche en histoire autant qu'en sites naturels. Depuis la gare, très facile de repérer l'hôtel : la lumière se reflète sur la haute façade, entièrement vitrée, où le fantôme de Rimbaud (natif de la ville) a recopié quelques-uns de ses vers préférés, en grandes lettres manuscrites bien déliées. Il n'y a qu'un pas à faire, traverser la rue, pour venir s'installer ici valise à la main. Dans le hall, les volumes sont vastes, agencés selon un registre plutôt contemporain – pas dans l'épure absolue, mais avec un fourmillement de détails décalés qui surgissent de-ci de-là, tels un bar en métal et verre, une collection de scooters anciens, des jeux de couleurs et de luminaires à tort et à travers… Les chambres sont d'un confort absolu, bien pensées pour tirer le meilleur parti des impératifs techniques du bâtiment. Les premières catégories de chambres n'ont pas de fenêtres avec vue, simplement des Velux pour éclairer l'intérieur. Les autres donnent soit sur de tout petits patios, soit sur la rue. Les literies sont grandes, les salles de bains aussi, et il y a sur place un spa pour décompresser, un petit jardin dans une courette pour prendre l'air. Parfait pour une étape urbaine !

Catégorie ★★★★ **Ouvert** toute l'année **Chambres** 17 chambres doubles : 113 à 161 € - Petit déjeuner buffet : 13 € ou express au bar lounge : 6 € **Équipements** climatisation, TV, Wifi **Divers** animaux (6 €) **Bien-être** fitness, hammam, sauna **Accès** dans le centre-ville près de la gare SNCF.

LE MARIUS €

hotel-le-marius.com

2, place de l'Église • 10340 Les Riceys (Aube)
Tél. 03 25 29 31 65 • Fax 03 25 29 02 21 • Claudine et Jean-Michel Josselin

• *Le Marius?* Ne vous y trompez pas : les propriétaires de cet hôtel, viticulteurs, sont bien d'ici, de cette terre de Champagne aux trois AOC. Mme Josselin a juste voulu rendre hommage à son grand-père, qui ouvrit un café dans ce beau village vigneron… en 1924. Café, délicieusement rétro, qui est toujours là, avec ses quelques tables en terrasse, face à l'église, et dont les boiseries ont retrouvé tout leur lustre, à l'image des quatre habitations formant l'hôtel et du splendide escalier XVIe du hall d'entrée. Cette longue rénovation a permis de mettre à nu, sous les plâtres : cheminées en pierre de Bourgogne, poutres, boiseries, pierres de taille…, qui donnent aux chambres et aux suites un cachet indéniable. Dans un tel cadre, quelques touches de couleurs vivifiantes (moquettes bordeaux, rideaux rayés ou fleuris roses ou rouges, boiseries jaunes, tableaux contemporains) suffisent à donner à cet ensemble une allure très actuelle. Même jolie vue sur l'église pour un réveil en douceur, en terrasse ou dans la salle des petits déjeuners aux tons beige et bleu. Mais le clou reste la salle du restaurant, aménagé dans d'anciennes caves typiquement champenoises. Décor sobre et lumières tamisées pour découvrir ou redécouvrir quelques incontournables du terroir (andouillette, chaource) accompagnés des meilleurs vins locaux : le fameux rosé des Riceys, vous connaissez?

Catégorie ★★★ **Ouvert** du 20 janvier au 8 novembre et du 1er au 19 décembre; restaurant fermé dimanche et lundi soir **Chambres** 11 chambres : 63 à 160 € - Petit déjeuner : 11 € **Restaurant** (midi et soir) : 14 à 50 € **Équipements** TV, Wifi (10 €) **Divers** parking (10€) **Accès** A5 sortie 21, N71 vers Troyes-sud, puis D452 et D17.

LE CHAMP DES OISEAUX

champdesoiseaux.com

20, rue Linard Gonthier • 10000 Troyes (Aube)
Tél. 03 25 80 58 50 • Fax 03 25 80 98 34 • Thierry Carcassin

• Autour de la cathédrale, le vieux Troyes semble surgir du Moyen Âge avec ses ruelles irrégulièrement bordées de maisons à pans de bois. Les bâtiments qui constituent l'hôtel datent des XVe et XVIe siècles et se répartissent autour d'une courée verdoyante (arbustes, vigne grimpante) où l'on a installé quelques tables. C'est sur ce ravissant décor que donne la majeure partie des chambres. Intimes, extrêmement raffinées, elles se jouent des volumes et des décrochements pour le plus grand bonheur des puristes. Chacune a sa personnalité, associant quelques jolies pièces de mobilier ancien, chaises et petits meubles peints (rouge grenat, bleu tendre, jaune paille), gravures et nobles étoffes. En guise de têtes de lits, parfois, quelques rangées de tomettes anciennes qui sont du meilleur effet. Le confort est sans faille, y compris dans les impeccables salles de bains, l'accueil attentif et les petits déjeuners excellents. Enfin, si vous aimez sommeiller sous un faisceau de poutres, offrez-vous l'extraordinaire "Suite médiévale" ou la chambre "Marinot", qui jouit d'une très belle vue sur le parc de la Fondation Lévy, un musée incontournable à Troyes, qui ravira les amateurs d'art.

Catégorie ★★★★ **Ouvert** toute l'année **Chambres** 12 chambres : 199 à 240 €, 1 suite : 308 € - Petit déjeuner (7 h à 11 h) : 20 € **Équipements** TV, Wifi **Divers** animaux (15 €), parking (15 €) **Accès** A 5, sortie n° 21 : Troyes-centre, puis centre-ville, cathédrale.

LA MAISON DE RHODES

maisonderhodes.com

18, rue Linard Gonthier • 10000 Troyes (Aube)
Tél. 03 25 43 11 11 • Fax 03 25 43 10 43 • Thierry Carcassin

• Au cœur du Troyes médiéval, non loin de la cathédrale, cette maison moyenâgeuse est un modèle de rénovation réussie. Passé le grand porche, on pénètre dans une cour autour de laquelle s'articulent plusieurs bâtiments à pans de bois. Trois magnifiques escaliers en chêne brut (dont un extérieur) desservent onze chambres et suites. De beaux matériaux naturels s'y invitent en nombre et forment le meilleur des décors : charpente apparente et poutres à foison, portes de placards issues de meubles anciens ou découverts sur place, sols, tous splendides, en pierre de Chassagne (Bourgogne) ou en tomettes teintées, briques dans les cheminées… Toutes spacieuses, elles affichent un beau mobilier ancien, quelques touches contemporaines, et rivalisent de charme et de personnalité. Des fauteuils patinés à l'ancienne et recouverts de tissus Pierre Frey, réédition de modèles XVIIIe, illustrent le bon goût ambiant. Claires et bien pensées, les salles de bains sont carrelées de terre cuite émaillée aux coloris profonds et peuvent être époustouflantes (dans la suite notamment). Une magnifique réalisation qui se complète d'un sympathique petit restaurant (service au jardin dès les beaux jours). Accueil naturel et courtois. Une maison à découvrir !

Catégorie ★★★★★ **Ouvert** toute l'année **Chambres** 5 chambres : 209 à 275 €, 6 suites : 308 à 450 € - Petit déjeuner (7 h 15 à 11 h 30) : 20 € **Restaurant** (le soir) : 34 € **Équipements** TV, Wifi **Divers** animaux (15 €), parking (15 €) **Loisirs** piscine **Accès** dans le centre-ville à proximité de la cathédrale.

HÔTEL-RESTAURANT LES AVISÉS

selosse-lesavises.com

59, rue de Cramant • 51190 Avize (Marne)
Tél. 03 26 57 70 06 • Anselme Selosse

• En hauteur sur la côte des Blancs, Avize (cité préhistorique), est un haut lieu du vignoble champenois. C'est ici que Corinne et Anselme Selosse (lui-même producteur d'un exceptionnel champagne, respectueux de la nature et qui fait, à notre avis, désormais partie des plus grands) ont investi l'ancienne maison *Bricout-Delbeck*, non sans l'avoir entièrement restaurée avec l'aide de Bruno Borrione, autrefois chef de projet chez Philippe Starck. Leur souhait était de créer une atmosphère "maison de famille", chaleureuse et ouverte à tous. Le résultat, de très belle qualité, est contemporain et élégant, personnalisé par quelques meubles et objets plus classiques. Les chambres aux jolis tons gris donnent sur le parc et les vignes. Chacune possède aux murs des toiles marouflées, peintes pour l'hôtel, sur le thème du vin et du vignoble. Les salles de bains sont également superbes. Côté restaurant, vous aurez le privilège de goûter la divine cuisine du chef Stéphane Rossillon (ex-second d'Anne-Sophie Pic) et de son épouse Nathalie. Tous deux concoctent une cuisine de caractère conçue avec des produits locaux. Dans la salle à manger du restaurant, vous aurez le choix entre des tables classiques ou une grande centrale en table d'hôtes. Une très heureuse découverte !

Ouvert toute l'année sauf du 16 décembre au 7 janvier, du 23 février au 4 mars et du 4 au 19 août **Chambres** 7 chambres : 230 à 295 €, 3 suites : 295 à 380 € - Petit déjeuner : 20 € **Restaurant** (midi et soir) : 38 à 60 € **Équipements** TV, Wifi **Divers** animaux admis, parking fermé **Loisirs** piscine intérieure chauffée **Accès** A4 sortie Dormans/Épernay, après Épernay prendre direction Châlons puis Vertus, à Avize aller vers l'église.

LE CLOS RAYMI

closraymi-hotel.com

3, rue Joseph de Venoge • 51200 Épernay (Marne)
Tél. 03 26 51 00 58 • Fax 03 26 51 18 98 • Mme Woda

• L'avenue qui mène au *Clos Raymi* aligne les glorieuses façades des grandes maisons de Champagne et nous donne l'impression de passer en revue, grandeur nature, le rayon vins et spiritueux d'une épicerie fine. Au calme dans une petite rue, voici un peu l'archétype de l'hôtel de charme en ville. C'est d'abord la maison de Mme Woda, et l'on mesure l'attachement de sa propriétaire à la qualité des meubles, objets et œuvres d'art (toiles cubistes, peintures et sculptures animalières), majoritairement Art déco, que l'on retrouve dans le ravissant salon comme dans les chambres. Toujours agrémentées d'un bouquet de fleurs fraîches, ces dernières sont ultraconfortables et déclinent une harmonie de teintes douces et chaudes à travers leur propre thématique. Trois ont été récemment installées au dernier étage ; leur vue par des verrières de loft s'étend sur les toits d'Épernay et, au loin, la côte champenoise. Enfin, les excellents petits déjeuners sont servis au jardin dès que le temps le permet. Une adresse intime et accueillante pour séjour euphorique au pays des bulles !

Catégorie ★★★ **Ouvert** toute l'année sauf du 23 décembre au 12 janvier **Chambres** 7 chambres : 120 à 190 € - Petit déjeuner : 18 € **Équipements** TV, Wifi **Divers** animaux (7 €), parking fermé **Accès** au rond-point de l'Europe prendre l'avenue de Champagne, puis à droite au 1er feu (rue Croix-de-Bussy), puis 2e rue à droite.

CHÂTEAU D'ÉTOGES

etoges.com

4, rue Richebourg • 51270 Étoges (Marne)
Tél. 03 26 59 30 08 • Fax 03 26 59 35 57 • Anne Filliette-Neuville

• Superbe témoignage de l'architecture XVIIe, *Étoges* est entièrement serti d'eau, sa situation en contrebas d'une petite colline permettant aux sources souterraines de surgir sous la forme de fontaines et d'élégants jets d'eau. L'intérieur est tout aussi exceptionnel, rénové dans un goût classique et gai, aussi bien dans l'enfilade des vastes pièces de réception, aux lambris peints et meublées d'ancien (avec quelques confortables concessions au confort actuel, comme les profonds canapés du salon), que dans les chambres. Ces dernières affichent des volumes somptueux ou plus intimes, mais la joyeuse association des meubles anciens et des jolis tissus y est égale (et la vue sur les douves, pleine de romantisme). Année après année, *Étoges* soigne aussi la qualité de sa table – confiée à Anthony Thibaut, passé auparavant par de prestigieuses maisons étoilées (*Le Clos de la Violette, Jamin…*). Celle-ci propose désormais une cuisine fine et appétissante, servie dans la vaste orangerie magnifiquement rénovée, et qui joue le mariage parfait du bon goût classique et des tendances déco. Que ce soit au restaurant ou dans les nouvelles chambres, le résultat est une réussite, couronnée par l'ouverture d'un spa !

Ouvert toute l'année sauf du 23 janvier au 12 février **Chambres** 25 chambres doubles : 99 à 298 €, 3 suites : 159 à 320 € - Petit déjeuner : 18 € **Restaurant** (midi et soir) : 45 à 89 € **Équipements** climatisation, TV, Wifi **Divers** animaux (20 €) **Loisirs** vélos **Bien-être** massages, spa complet **Accès** à 120 km à l'est de Paris par A4 sortie n° 18 puis suivre Chalons jusqu'Etoges.

HOSTELLERIE LA MONTAGNE

hostellerielamontagne.com

10, rue de Pisseloup • 52330 Colombey-les-deux-Églises (Haute-Marne)
Tél. 03 25 01 51 69 • Fax 03 25 01 53 20 • Jean-Baptiste et Hélène Natali

• Le mémorial Charles-de-Gaulle, nouveau musée interactif abordant toutes les facettes du grand homme, a rallumé la flamme de cette mythique bourgade de Haute-Marne. Mais il existe désormais une autre bonne raison de faire halte dans ce village : la cuisine merveilleuse de Jean-Baptiste Natali, (une étoile au Michelin). Après avoir fait ses classes dans de grandes maisons internationales, le voici de retour pour créer, à deux pas de l'auberge de son père, son propre établissement. Le choix s'est porté sur cette élégante maison de maître, déjà superbement restaurée par son précédent propriétaire. Créative, colorée, la carte traduit un goût prononcé pour le sucré-salé, les épices et les saveurs asiatiques. S'il admet avoir un faible pour le poisson, le chef travaille tout aussi bien le gibier, incontournable dans cette région de chasse. L'été, réservez la "datcha", qui donne sur les cuisines et permet de suivre l'élaboration de votre repas. Côté chambres, le caractère rustique prévaut, avec mobilier ancien, poutres, cheminées et toilettes délicieusement rétro. Pour la vue sur le jardin et les prés d'alentour, préférez celles de l'annexe (8 et 9) ou la suite "Victoire". Enfin, cette année, une agréable brasserie vient d'être ouverte pour des repas plus simples et plus rapides.

Catégorie ★★★ **Ouvert** toute l'année sauf du 7 au 29 janvier **Chambres** 8 chambres : 120 à 150 €, 1 suite : 170 € - Petit déjeuner : 14 € **Restaurant** (midi et soir) : 28 à 88 € **Équipements** TV, Wifi **Divers** animaux (15 €), garage, parking fermé **Accès** A 5 sortie Bar-sur-Aube puis D 619 vers Colombey ; l'hôtel est au centre du bourg.

HÔTEL LES MOUETTES

hotellesmouettes.fr

9, cours Lucien-Bonaparte • 20000 Ajaccio (Corse-du-Sud)
Tél. 04 95 50 40 40 • Fax 04 95 21 71 80 • Jean-Baptiste et Julien Pieri

• À la sortie d'Ajaccio, sur la route des Sanguinaires, cet hôtel associe les plaisirs du bord de mer aux ressources d'une ville gaie et animée en toute saison. La petite cour d'entrée ombragée par un grand eucalyptus ne laisse imaginer le flot de lumière baignant l'immense hall (redécoré de très jolis rideaux et coussins aux motifs de corail, emblème d'une certaine Corse liée à l'"or rouge"). Vous y verrez également un très beau papier panoramique Zuber, dont la balustrade rappelle celles qui ornent la plus élégante partie de l'hôtel et lui donnent une allure de palais italien avec leurs arcades abritant de grandes terrasses privatives. Alanguis sur vos chaises longues, vous n'aurez que le bleu du ciel et de la mer pour compagnon... Car elle est là, tout près, et il suffit de descendre quelques marches pour rejoindre votre petite plage privée. Cette vue exceptionnelle s'offre aussi aux chambres du second bâtiment aux généreux balcons. Très confortables et extrêmement lumineuses, elles sont toutes décorées dans un style classique : mobilier peint, d'esprit plus ou moins provençal, tissus choisis. Les petits déjeuners sont servis sur une terrasse ombragée par un vénérable pin parasol, tandis que de beaux palmiers encadrent la piscine... Une maison dynamique et très accueillante, une adresse de séjour idéale.

Catégorie ★★★★ **Ouvert** de début avril à début-novembre **Chambres** 26 chambres : 105 à 540 €, 2 suites : 330 à 715 € - Petit déjeuner (8 h à 11 h) : 21 € **Équipements** climatisation, TV, Wifi, **Divers** animaux (20 €), parking privé **Loisirs** pêche, piscine chauffée, plage privée **Bien-être** spa complet **Accès** en front de mer à la sortie d'Ajaccio vers les Sanguinaires.

ARTEMISIA

\\ hotel-artemisia.com

Boccialacce • 20119 Bastelica (Corse-du-Sud)
Tél. 04 95 28 19 13 • Fax 04 95 28 38 74 • Christophe Gandon

• C'est un éden, construit sur un ancien verger au cœur du village de Bastelica, situé à huit cents mètres d'altitude dans la belle vallée du Prunelli. Dans ce paysage d'alpages couvert de châtaigniers et de pommiers, d'où part une sublime route des crêtes, l'hôtel design et contemporain de Christophe Gandon s'intègre parfaitement. Au rez-de-chaussée de ce bâtiment tout en longueur, le restaurant, vitré de part et d'autre, propose une cuisine de saison, avec bien sûr les produits frais de la région. Car votre hôte est un enfant du village, et connaît tous les producteurs. C'est aussi là, ou en terrasse, que vous sera servi le petit déjeuner. Les dix chambres sont vastes, blanches, avec de belles baies vitrées donnant sur ce somptueux paysage. Elles possèdent des salles de bains ouvertes, avec des baignoires face aux fenêtres pour d'inoubliables bains panoramiques. Les amateurs de livres trouveront une bibliothèque à leur disposition, les autres se détendront dans le bassin de baignade avant de partir se régaler des célèbres reinettes et de la charcuterie du terroir ou encore visiter la Maison des Senteurs et découvrir sa production d'huiles essentielles. L'hiver, la station du Val d'Ese, à une quinzaine de minutes, permet de skier. L'été, les plages de sable fin d'Ajaccio ne sont qu'à trente-cinq minutes, une situation de rêve. À noter, un accueil très chaleureux.

Catégorie ★★★ Ouvert toute l'année **Chambres** 11 chambres : 90 à 190 € - Petit déjeuner : 13 € **Restaurant** (le soir) spécialités corses **Équipements** climatisation, TV, accès internet **Loisirs** piscine **Accès** à 39 km à l'est d'Ajaccio par RN 193, puis RN 196 jusqu'à Cauro, puis D 27 jusqu'à Bastelica.

HÔTEL GENOVESE

hotel-genovese.com

Rue Prosper Mérimée • Quartier de la Citadelle • 20169 Bonifacio (Corse-du-Sud)
Tél. 04 95 73 12 34 • Fax 04 95 73 09 03 • M. Lantieri

• La situation du *Genovese* est en tout point exceptionnelle, car l'hôtel occupe une ancienne bâtisse de la Marine nationale, aménagée directement sur les remparts d'où elle domine la mer, la ville et le port. Depuis le salon-bar au décor design d'une superbe élégance (des gris, blancs et bruns rehaussés par l'éclat coloré d'une œuvre d'art), vous serez saisis par l'harmonie éblouissante de la vaste terrasse-piscine sur laquelle il ouvre. De grands pots de céramique turquoise font écho aux bleus tour à tour pâlissants ou éclatants du ciel et de l'eau, alors que transats et petits coins-salons éloignent toute idée de sortie (buffet froid à base de produits de la mer à midi). Les chambres s'ordonnent principalement autour d'une petite cour intérieure. À part leurs coloris, toutes sont semblables et très contemporaines dans leurs lignes et leur mobilier. De leurs petits balcons, huit chambres offrent un coup d'œil fabuleux sur le port et la vieille ville, et vous y vivrez des couchers de soleil mémorables. Pour une vue panoramique grandiose, la suite n° 15, dotée d'une terrasse immense, s'impose ; si vous aimez la vie des ports, les trois suites de luxe de l'annexe, en contrebas, vous permettront d'observer le va-et-vient des bateaux dans la passe. Enfin, la mise à disposition d'un parking est un atout déterminant dans cette cité où se garer relève du miracle. Une très belle adresse, chic et discrète.

Catégorie ★★★ **Ouvert** du 20 janvier au 15 novembre **Chambres** 15 chambres : 140 à 400 €, 3 suites : 265 à 610 € - Petit déjeuner : 20 € **Équipements** climatisation, TV, Wifi **Loisirs** piscine **Accès** dans Bonifacio, tout de suite à droite à la sortie de la route menant à la Citadelle ; aéroport de Figari à 21 km, tél. 04 95 71 00 22.

A PIGNATA

apignata.com

Route des Sites Archéologiques de Cucuruzzu • 20170 Levie (Corse-du-Sud)
Tél. 04 95 78 41 90 • Fax 04 95 78 46 03 • Famille de Rocca Serra

• Au cœur de l'Alta Rocca, à quelques kilomètres de Levie et au milieu des pins laricio, se cache cette élégante ferme-auberge, connue depuis plusieurs générations pour les délices de sa table corse. Il vous faudra peut-être demander votre chemin avant d'arriver à destination, sur une route à peine carrossable. Mais le jeu en vaut la chandelle : A Pignata se présente comme un petit hameau de pierre très chaleureux, dont les logements sont répartis dans trois bâtiments. La maison d'origine abrite quatre jolies chambres aux têtes de lits et chevets de bois brut, qui disposent de terrasses de plain-pied. La dépendance est réservée aux chambres standard, proprettes mais plus communes ; c'est dans le dernier bâtiment, construit en gradins et au toit couvert de tavaillons (tuiles de bois), que se nichent les plus belles, distribuées autour d'un escalier central en pierre de Brando. Elles sont spacieuses, dépouillées et de très grande qualité : de hauts volets sombres servent de portes aux placards, le plancher est en chêne massif et des teintes discrètes ornent les murs. Toutes bénéficient d'une terrasse de pierre orientée du côté des sommets de l'Ospedale, comme la salle de restaurant, qui offre un panorama exceptionnel. Sous vos pieds, la piscine couverte est tout aussi spectaculaire. Une adresse que l'on emporte avec soi comme un secret bien gardé et qui vient d'ouvrir une suite-cabane dans un arbre, pour être encore plus près de la nature !

Catégorie ★★★ **Ouvert** du 28 mars au 31 décembre **Chambres** 16 chambres (dont 1 chambre-cabane) : 121 à 376 € - Demi-pension (2 pers.) : 230 à 450 € (obligatoire en haute saison) - Petit déjeuner en buffet compris **Restaurant** (midi et soir) : 45 € **Équipements** climatisation, TV, Wifi **Divers** parking privé, **Loisirs** piscine intérieure chauffée, hammam, équitation, randonnée **Bien-être** massages, spa complet **Accès** sur la D 268, entre Levie et Sainte-Lucie-de-Tallano, prendre la bifurcation qui mène aux sites archéologiques.

LES ROCHES ROUGES

lesrochesrouges.com

Route de Porto • 20115 Piana (Corse-du-Sud)
Tél. 04 95 27 81 81 • Fax 04 95 27 81 76 • Madeleine Dalakupeyan

• L'architecture de ce vaste bâtiment fin XIXe impressionne, avec ses hauts pilastres et sa longue terrasse en surplomb des célèbres calanques de grès rouge, l'un des plus beaux panoramas de Corse. C'est un hôtel d'autrefois, qui se rafraîchit régulièrement sans jamais céder aux sirènes de la mode (les étonnantes toilettes du restaurant mériteraient d'être classées monument historique). Alors, oui, les chambres, très simples, tiennent plus de la pension de famille que de l'hôtel (leur prix est d'ailleurs en conséquence) et les sanitaires, équipés de petites douches, s'avèrent un peu vieillissants. Mais, comme lorsque vous rendez visite à une vieille tante, le charme opère. Vous y aimerez le parquet qui craque, le mobilier de bois verni, les murs d'un désuet rose pâle ou saumon… sans parler de cette vue inoubliable, plus belle encore de l'immense terrasse à colonnes commune aux chambres 113, 115 et 117. Le soir venu, on a bien du mal à refermer ses persiennes. Le rez-de-chaussée est d'un tout autre niveau, avec le grand hall d'accueil qui dessert la terrasse panoramique au mobilier élégant et l'impressionnante salle à manger dominée par de splendides fresques qui courent à la base des plafonds. On y sert avec amabilité une cuisine traditionnelle bien tournée. Une adresse rare, qui doit beaucoup à la personnalité de Mme Dalakupeyan, véritable maîtresse de maison des Roches Rouges.

Catégorie ★★ **Ouvert** du 15 mars au 15 novembre **Chambres** 30 chambres : 145 à 245 € - Petit déjeuner compris **Restaurant** (midi et soir) : 39 à 49 € **Équipements** TV, Wifi **Divers** animaux admis **Accès** à Ajaccio, prendre la direction de Calvi par la côte.

LE GOÉLAND

hotelgoeland.com

La Marine • 20137 Porto-Vecchio (Corse-du-Sud)
Tél. 04 95 70 14 15 • Fax 04 95 72 05 18 • Mme et M. Santini

• Posé au bord de l'eau comme l'oiseau dont il porte le nom, ce bel hôtel est situé dans la marina. On rejoint la réception après avoir traversé un long couloir qui propose une perspective inattendue sur la baie, à travers les portes-fenêtres de la salle à manger. Devant celle-ci, la terrasse donne accès à une minuscule plage, au port privé et à un joli carré de pelouse planté de pins maritimes. Y boire un verre ou prendre un café après quelques tapas, risottos ou spécialités corses est idyllique. Les chambres donnent sur le jardin ou la mer et sont dotées, pour certaines, de terrasses de plain-pied ou au contraire suspendues, offrant une vue remarquable sur la baie de Porto-Vecchio. Murs très clairs, portes de placards patinées gris-vert ou turquoise, planches de bois flotté en guise de têtes de lits, l'ambiance est au naturel. Et, partout, quelques beaux tableaux contemporains. Les salles de bains, très réussies, sont spacieuses, et entre des murs et des sols tapissés de petits galets – voire la baignoire tout entière dans la 34 ! –, de belles vasques de pierre ou de marbre portent une robinetterie sophistiquée. Accueil souriant et efficace dans cet hôtel idéal pour les familles (nombreuses chambres triples et quadruples) et de bon rapport qualité-prix compte tenu de sa situation exceptionnelle.

Catégorie ★★★ **Ouvert** toute l'année **Chambres** 31 chambres : 150 à 390 €, 3 suites : 260 à 430 € - Petit déjeuner compris **Restaurant** en demi-pension uniquement **Équipements** climatisation, TV, Wifi **Divers** animaux admis, parking fermé **Loisirs** sports nautiques, pêche **Accès** à Porto-Vecchio, longer le port de plaisance, l'hôtel est 200 m à droite après l'esplanade.

LE VIEUX MOULIN

le-vieux-moulin.net

Le Port • 20238 Centuri (Haute-Corse)
Tél. 04 95 35 60 15 • Fax 04 95 35 60 24 • M. Alessandrini

• Le minuscule port de Centuri, un modèle du genre tel qu'il ne s'en trouve plus sur le continent, est une vraie merveille. Réputé pour sa pêche à la langouste, vous y trouverez une quantité de produits délicieux servis dans les restaurants du village, et également au *Vieux Moulin*. Précédée par une vaste terrasse bordée de vieux tamaris, cette belle demeure surplombe le port et quelques maisons en pierres schisteuses aux toitures de lauzes si particulières ; sous le soleil du petit matin, elles prennent une teinte pâle et argentée qui donne à ce village perdu du cap Corse une allure presque nordique. Construite au XIXe siècle par un oncle parti faire fortune en Amérique, cette maison de maître a conservé beaucoup de caractère, notamment dans le hall d'accueil, dans la très chic salle à manger, ornée d'immenses toiles peintes par M. Alessandrini lui-même, et au salon du premier étage. La demeure abrite seulement deux superbes suites, meublées d'ancien, d'où vous aurez tout le loisir de contempler le va-et-vient des bateaux de pêche et la petite vie du village. Centuri étant très visité l'été, nous vous recommandons le printemps pour en découvrir les vrais charmes. Quant aux chambres de l'annexe, elles sont aménagées simplement, dans un style moderne et agréable. Profitant toutes de terrasses privatives, elles offrent un beau point de vue sur la mer ou le village et sont d'un bon rapport qualité-prix, surtout hors saison. Accueil sympathique et naturel.

Ouvert de mi-février à la toussaint **Chambres** 18 chambres : 110 à 230 € - Demi-pension (par pers.) : 166 à 175 € - Petit déjeuner (8 h 30 à 11 h) : 8 à 12 € **Restaurant** (midi et soir) : 75 € **Équipements** climatisation, TV **Divers** animaux admis **Bien-être** jacuzzi **Accès** à 50 km au nord de Bastia ; aéroport de Bastia-Poretta, tél. 04 95 54 54 54.

HÔTEL DEMEURE CASTEL BRANDO

castelbrando.com

Route du Cap • 20222 Erbalunga (Haute-Corse)
Tél. 04 95 30 10 30 • Fax 04 95 33 98 18 • Julien Pieri

• Erbalunga est un incontournable village de pêcheurs du Cap Corse, à proximité de plages exposées au levant. Parfaitement préservé, le site a inspiré de nombreux peintres. *Le Castel Brando*, l'un des plus charmants hôtels de l'île, se trouve au cœur d'un parc de tilleuls et de palmiers séculaires. Avec un goût évident pour les belles choses, Joëlle et Jean-Paul Pieri ont tout d'abord restauré une élégante maison patricienne du XIXe siècle, puis créé trois autres constructions, leur apportant confort et personnalité. Plafonds voûtés, murs blanchis à la chaux…, vous aimerez le petit salon-bibliothèque xixe, meublé d'ancien. Ceux qui tiennent à une vue sur la mer réserveront les suites privilège du second étage, aménagées dans le même esprit. *La Villa Jaune et l'Orangeraie* donnent, elles, chacune sur leur propre piscine, et leurs fort jolies terrasses baignent dans la verdure et les orangers. Là aussi, beau décor classique intégrant un mobilier bien dans le goût du moment. L'été, vous profiterez, dès le petit déjeuner, d'un agréable patio ombragé, où il fait bon lire ou prendre un verre. Et, avant d'aller dîner dans les restaurants du port, réservez un gommage ou une séance de massage dans le spa… pour une détente totale. Une très belle adresse tenue avec passion et gentillesse.

Catégorie ★★★★ **Ouvert** du 2 avril au 2 novembre **Chambres** 38 chambres doubles : 105 à 259 €, 6 suites : 139 à 259 € - Petit déjeuner : 14 € **Équipements** climatisation, TV, Wifi, **Divers** animaux admis, **Loisirs** piscine chauffée **Bien-être** hammam, jacuzzi, massages **Accès** à 9 km au nord de Bastia par la N 193 route du Cap ; aéroport de Bastia-Poretta, tél. 04 95 54 54 54.

HÔTEL CAS'ANNA LIDIA

hoteldecharme-corse.com

San Matteu • 20225 Feliceto (Haute-Corse)
Tél. 06 73 39 23 94 • Iwona Thomas

• Felicidinchi, c'est le nom des habitants de Feliceto, petit village de deux cents âmes, à la belle église baroque construite à la fin XVIIe et XVIIe. Saint-Nicolas, c'est son nom, possède en outre un orgue remarquable et un fort beau tableau du XVIIe classé monument historique. C'est ici qu'Iwona et Tony Thomas ont ouvert en 2011 leur hôtel, constitué de deux bâtiments sur trois niveaux en escalier. Il comprend neuf chambres climatisées et spacieuses, avec au sol des dallages pour conserver au maximum la fraîcheur. La décoration est très féminine, les salles de bains sont contemporaines et élégantes. À l'extérieur, outre la vue sur le village de Nessa, accroché au coteau qui fait face, une piscine vous tend les bras ainsi qu'un espace-détente avec Jacuzzi et table de massage. Idéalement situé à une vingtaine de minutes de L'île Rousse, vous êtes aussi à deux pas de la Falconaghja (refuge des faucons) et de sa célèbre maison du bandit corse, à la vue panoramique époustouflante sur la Balagne. La région est aussi connue pour ses vins, sciacarellu, niellucciu, Vermentinu, produits ici par les domaines Renucci et Maestracci. Une des dernières verreries en activité et un moulin à huile sont aussi à voir.

Ouvert du 1er mai au 30 septembre **Chambres** 8 chambres : 110 à 175 € - Petit déjeuner : 15 € **Restaurant** (plateaux-repas du terroir) **Équipements** climatisation, TV, Wifi, **Divers** parking privé **Loisirs** piscine chauffée **Bien-être** fitness, hammam, jacuzzi **Accès** à 26 km au nord-est de Calvi par N 197 jusqu'au-delà d'Alcajola, puis à droite, D 13 jusqu'à Feliceto par Santa-Reparata ; aéroport de Calvi-Sainte-Catherine, tél. 04 95 65 08 09.

GRAND HÔTEL MARE E MONTI

hotel-maremonti.com

Le Bourg, 20225 Feliceto (Haute-Corse)
Tél. 04 95 63 02 00 • Fax 04 95 63 02 01 • Port. 06 70 33 54 35 • M. Renucci

• Traverser le chapelet de villages en corniche de la Balagne montagneuse fait partie des grands bonheurs offerts par la Corse. C'est à Feliceto que vous trouverez justement la félicité, en cette belle maison de maître adossée aux roches, tandis qu'au loin se profile la mer derrière L'Île-Rousse. Construit vers 1870 par un aïeul de la famille Renucci ayant fait fortune à Porto Rico, ce *palazzu* a conservé de superbes salles de réception, à commencer par les plafonds peints du hall, abritant, dans la plus pure tradition corse, une immense jarre à eau. À gauche, le très charmant salon Louis-Philippe ; à droite, la chapelle privée. Et, si vous insistez, la chaleureuse famille Renucci vous montrera le fameux salon Napoléon III. Plus simples mais fort confortables, les chambres mêlent mobilier en bois sculpté d'inspiration hispano-mauresque et murs enduits, et disposent de vastes salles de bains très réussies, à dominante bleue ou jaune. Des chambres d'angle 13 et 14, vous aurez la plus jolie vue sur l'église baroque du village et apercevrez, au milieu de fleurs méridionales, la belle piscine panoramique au bord de laquelle vous pourrez prendre vos repas. Au menu du restaurant *El Sol e Luna*, le meilleur de la cuisine corse, à base de produits de la ferme. Spécialité maison : l'excellent cabri aux herbes du maquis !

Catégorie ★★★ **Ouvert** du 23 avril au 7 octobre **Chambres** 16 chambres doubles : 105 à 139 €, 2 appartement (4 pers.) : 150 à 180 € - Petit déjeuner : 13 € **Restaurant** 20 à 35 € **Équipements** climatisation, TV, Wifi, **Divers** animaux non admis **Loisirs** piscine **Bien-être** massages **Accès** à 26 km au nord-est de Calvi par N 197 jusqu'au-delà d'Alcajola, puis à droite, D 13 jusqu'à Feliceto par Santa-Reparata ; aéroport de Calvi-Sainte-Catherine, tél. 04 95 65 08 09.

CASE LATINE

caselatine.com

Route du Haut-Village • 20218 Lama (Haute-Corse)
Tél. 04 95 46 84 11 • Port. 06 22 37 14 16 • Anne Reydet Baccelli

• Entre mer et montagnes, plaines et collines, à l'horizon de la plage de l'Ostriconi, *Case Latine* est le patronyme trompeur de cet hôtel agrippé à la pente, au-dessus du village de Lama. Il s'agit du dérivé de *campu latino* ("champ fertile") : le nom du restaurant juste en contrebas, qui appartient à la même famille et propose une cuisine traditionnelle tout à fait délicieuse. Il a fallu des travaux titanesques pour ériger ces "bergeries", qui imitent l'architecture rurale insulaire. On croirait pénétrer un fortin médiéval. Une poignée d'appartements cossus et très spacieux se cache dans ce dédale de petites terrasses aériennes, qui recèlent deux piscines à débordement de rêve. À l'intérieur, une sobriété de bon goût : beaux parquets de chêne ou tomettes, murs crépis de chaux teintée, longues salles de bains d'ardoise, et quelques tableaux contemporains et objets discrets, comme ces luminaires de belle facture. Bien assez pour ne plus jamais vouloir quitter la fraîcheur de son nid d'aigle. D'autant que, où que vous y soyez : alanguis au bord de la piscine ou prenant le soleil sur votre terrasse, vous jouirez de panoramas extraordinaires sur les maisons médiévales ou les *palazzi* toscans de Lama, et sur la côte, au loin. Et s'il fait encore un peu frais au printemps, une petite flambée vous réchauffera dans le nouveau salon qui jouxte la réception. Une adresse discrète et très chic.

Ouvert d'avril à octobre **Chambres** 2 suites familiales (4 pers.) : 332 à 422 €, 4 suites (2 pers.) : 212 à 300 € - Petit déjeuner : 12 à 17 € **Restaurant** (midi et soir) : 28 à 30 € **Équipements** climatisation, TV, Wifi **Divers** animaux non admis **Loisirs** 2 piscines **Accès** à L'Île-Rousse prendre N 197 direction Bastia, puis N 1197, sortie Lama, puis suivre la route du Haut-Village.

HÔTEL A PIATTATELLA

apiattatella.com

20220 Monticello (Haute-Corse)
Tél. 04 95 60 07 00 • Fax 04 95 55 14 17

• Verger de la Corse, la Balagne produittoujours amandes, agrumes, vins et olives. Surplombant la mer, Monticello est un petit village de la région, perché sur son promontoire, qui a su conserver son caractère. À quelques minutes de là, au bout d'un sentier empierré, se cache cet hôtel de très grande qualité, à la vue exceptionnelle sur la vallée du Reginu, son lac et ses hautes montagnes. Dans une ambiance simple et conviviale, les maîtres des lieux vous feront découvrir vos chambres à la décoration très actuelle, avec meubles de style revisités de manière contemporaine, en métal découpé au laser… Un peu froides d'aspect avec leurs grands dallages au sol, elles sont réchauffées par la présence d'un mur de pierre ou d'un paravent en bois flotté ici, d'une vasque creusée dans un bloc de granit là, autant d'éléments fabriqués par des artisans de la région. Toutes les chambres possèdent une terrasse et sont dotées d'un équipement digne des plus beaux quatre-étoiles ! Délicieux petits déjeuners (demi-tarif pour les enfants). Pas de restaurant sur place, mais des en-cas à toute heure de la journée pour déguster les produits locaux.

Ouvert d'avril à octobre **Chambres** 13 chambres doubles : 168 à 338 € - Petit déjeuner : 18 € **Équipements** climatisation, TV **Divers** parking privé **Loisirs** piscine chauffée **Bien-être** fitness, spa complet **Accès** RN 197 jusqu'à L'Île-Rousse puis D 63 jusqu'à Monticello.

LA DIMORA

ladimora.fr

Route de Saint-Florent • 20232 Oletta (Haute-Corse)
Tél. 04 95 35 22 51 • Fax 04 95 38 25 31 • Carole et Antoine Tejero-Leccia

• Au pied du village d'Oletta et à quelques minutes de la baie de Saint-Florent, cette ancienne ferme XVIIIe totalement rénovée fait partie des beaux hôtels "tendance" de Corse. Vous y trouverez donc le meilleur du design et des couleurs du moment (gris, prune, brun, pistache), mais pas seulement, car Carole, sa famille et Antoine se sont beaucoup investis pour personnaliser l'hôtel, mêlant mobilier très contemporain et pièces chinées. Chaque chambre, où pointent quelques touches colorées, dégage une atmosphère unique, et vous n'y verrez rien de banal : paravent métallique aux jolies courbures en tête de lit, prie-dieu Napoléon III recouvert d'une pimpante étoffe à pois… et, surtout, de magnifiques luminaires, de taille et de formes différentes, pour jouer l'asymétrie. Vastes et carrelées de pierre grège, les salles de bains sont également irrésistibles. Même recherche pour le mobilier de jardin, en terrasse ou au salon d'été, installé sous le préau de l'ancienne bergerie. Servi dans un patio abrité du vent ou sous les voûtes de l'ancienne cave, le petit déjeuner est excellent. Et puis, il y a le jardin, très soigné, la piscine et sa plage de bois, et ce fameux salon d'été où quelques gros coussins vous attendent… à moins que vous n'optiez pour déguster les salades et assiettes raffinées proposées par le tout nouveau bar. Un bel univers chic et serein.

Catégorie ★★★★ **Ouvert** d'avril à octobre **Chambres** 15 chambres : 145 à 350 €, 2 suites : 290 à 450 € - Petit déjeuner : 19 € **Équipements** climatisation, TV, Wifi **Divers** animaux (30 €) **Loisirs** piscine chauffée **Bien-être** spa complet **Accès** sur la D 82 entre Saint-Florent et Oletta.

PALAZZU PIGNA

hotel-corse-palazzu.com

Pigna village • 20220 Pigna (Haute-Corse)
Tél. 04 95 47 32 78 • Port. 06 10 86 22 45 • Franceschini dominique

• Village d'artistes et d'artisans, Pigna se dresse sur une colline en surplomb de la plaine et de la mer. Cet ancien palazzu XVIIIe en occupe le meilleur emplacement et offre de nombreux points de vue sur cet immense panorama. Plus que dans un bel hôtel, vous pénétrez dans la demeure de la famille Franceschini, qui fut puissante au XVIIIe siècle : cent cinquante hectares de terres, deux moulins, une pépinière royale… et le caveau familial, que l'on aperçoit encore sur la colline. La blanche pièce des petits déjeuners était ainsi la réserve à huile, le restaurant mitoyen, l'ancien pressoir, le bel auvent, dans la cour, d'anciennes mangeoires… Sept années de travaux ont été nécessaires à Dominique Franceschini pour lui rendre tout son lustre. Et le résultat est là, d'une élégante sobriété, avec juste ce qu'il faut de meubles anciens et de jolis tissus. Dans les chambres et suites, les propriétaires ont pris soin de réveiller quelques portions de fresque ou de reproduire les délicates frises de couleur encadrant les portes de châtaignier. Les suites disposent de magnifiques terrasses (cent quarante mètres carrés pour "Simon Giovani" !) tandis que les chambres, sous les toits, ont accès à un solarium commun, tout aussi agréable. Cuisine fraiche de saison et jardin panoramique au Palazzu Pigna, où se produisent régulièrement des groupes traditionnels corses. Une des plus belles adresses de Balagne.

Ouvert d'avril à octobre **Chambres** 2 chambres doubles : 143 à 158 €, 1 chambre standing : 220 à 245 €, 2 suites : 250 à 290 € - Petit-déj. : 10 à 16 € **Restaurant** (midi et soir) : 30 € **Équipements** climatisation, Wifi **Divers** animaux non admis, parking public **Accès** en venant du nord, après L'Île-Rousse, prendre la N 197 direction Calvi, puis après 6 km prendre à gauche la D 151 vers Pigna.

HÔTEL LA CORNICHE

hotel-lacorniche.com

Hameau de castagneto • 20200 San-Martino-di-Lota (Haute-Corse)
Tél. 04 95 31 40 98 • Fax 04 95 32 37 69 • Famille Anziani

• Bastia n'est qu'à une dizaine de minutes du village perché de San-Martino-di-Lota, et il vaut mieux être véhiculé pour s'attaquer à la route en lacet qui escalade le maquis. Accroché sur le flanc est de la montagne, l'hôtel offre une incomparable vue à 90 degrés sur la Méditerranée, avec, au premier plan, le village groupé autour de son église… Un vrai tableau, où ciel et mer déploient une immensité bleue dans laquelle on plongerait ! Fraîchement repeinte de jaune et de vert, la maison surplombe une vaste terrasse, qui a tout du paradis. En y déjeunant (table excellente) à l'ombre de grands platanes, vous y rencontrerez peut-être Mme Anziani mère, qui vous racontera la création de l'hôtel en 1935, puis l'aventure familiale, que sa petite-fille entend bien poursuivre aujourd'hui… tout en y maintenant les prix doux qui font son succès. Certes, un crépi daté subsiste dans la cage d'escalier, mais les chambres, quoique simples, affichent un assortiment de couleurs chaleureuses et sont plutôt spacieuses. Trois d'entre elles jouissent de beaux balcons, en particulier la n° 12 *bis*. Enfin, deux autres terrasses de rêve vous attendent pour le farniente : la première, au bord de piscine, et la deuxième, sur d'élégants salons de jardin entourés de verdure. Accueil amical et très attentif de la famille Anziani.

Ouvert toute l'année sauf 1er janvier au 12 février **Chambres** 20 chambres : 56 à 130 € - Petit déjeuner : 8 à 13 € **Restaurant** (midi et soir) : 24 à 70 € **Équipements** TV, Wifi **Divers** animaux (10 à 15 €), garage, parking privé **Loisirs** piscine **Accès** à 6 km au nord de Bastia par D 80, à Pietranera D 131.

A SPELUNCA

hotel-a-spelunca.com

Place du village • 20226 Speloncato (Haute-Corse)
Tél. 04 95 61 50 38 • Fax 04 95 61 53 14 • Jean Francois Princivalle

• Sur son piton rocheux autour des vestiges de la forteresse du XIe siècle, Speloncato est un magnifique village au tortueux réseau de ruelles pavées. Donnant à la fois sur la place et dominant la plaine de Regino avec la mer au loin, cette belle maison patricienne, percée de fenêtres génoises, abrite un hôtel accueillant, tenu depuis soixante ans par la même famille. Du cardinal Savelli, ministre de la police du pape Pie IX (surnommé "Le chien corse"), dont c'était la résidence, il subsiste un magnifique salon au premier étage aux papiers à motifs dorés bi-centenaires… Délicieux retour dans le temps qui opère pleinement si vous logez dans la chambre 111, ouvrant sur cette pièce d'apparat, ou dans la 114, ancienne chambre du cardinal… Papier peint et mobilier de style XVIIIe un brin surannés…, certaines chambres, plutôt vastes au premier étage, semblent de belles endormies. D'autres ont été aménagées très simplement ou se font plus rustiques, au troisième étage, sous les toits. Quelques salles de bains mériteraient un petit coup de jeune, mais les prix pratiqués et l'accueil attentionné font d'*A Spelunca* une auberge où il fait bon séjourner. L'été, le petit déjeuner sur la terrasse face à la place est enchanteur. Avant de partir, grimpez l'escalier monumental jusqu'à la galerie carrée percée de multiples fenêtres : le panorama est époustouflant !

Ouvert toute l'année (hiver sur réservation uniquement) **Chambres** 17 chambres : 40 à 85 €, 1 suite familiale : 80 à 135 € - Petit déjeuner : 9 €, **Restaurant** : 10 à 25 € **Équipement** Wifi **Divers** animaux (5 €), **Loisirs** VTT **Accès** à 30 km de Calvi en direction de L'Île-Rousse jusqu'à Lumio, puis direction Belgodère ; prendre D 71, après Feliceto tourner à droite et continuer sur 4 km ; l'hôtel est sur la place du village.

•NOUVEAUTÉ•

HÔTEL DE LA SALINE ROYALE

salineroyale.com

25610 Arc-et-Senans (Doubs)
Tél. 03 81 54 45 17 (du lundi au vendredi de 9 h à 17 h)

• L'occasion est trop belle pour s'en priver : rester dormir dans la cité idéale réalisée par Claude Nicolas Ledoux, architecte visionnaire du siècle des Lumières, est désormais un rêve que l'on peut enfin réaliser. Créé au XVIIIe puis abandonné un siècle plus tard, le site d'extraction et de transformation du sel, orchestré par l'humaniste ingénieur, a fini par être sauvé et rouvert au public. L'occasion de faire partager son histoire, le goût de l'aventure technique et sociale, la mise en scène d'une utopie concrétisée. Les chambres ont été restaurées, réaménagées par Jean-Michel Wilmotte, simplement, avec de belles matières, un bureau de bois aux lignes pures, quelques mots inscrits à même le mur. Les tailles varient d'une chambre à l'autre, selon les étages, les ailes. Les salles de bains restent parfois très fonctionnelles. Mais dans chacune on est bien, imprégné de cette harmonie générale. Une fois que les grilles se ferment au public, l'ancienne manufacture retrouve son âme intacte au crépuscule. Un habile jeu de lumières, tissé par le plasticien Michel Verjux, vient souligner encore la magie du lieu, avant la nuit noire. Petits prix en toutes saisons, et accueil dynamique d'une équipe très motivée. Avec, tout autour, une belle région à visiter.

Classement ★★★ **Ouvert** du 1er mars au 31 octobre (sur réservation l'hiver) **Chambres** 24 chambres doubles : 113€ - Petit déjeuner : 10 € **Restaurant** le midi en été : 25 € **Équipements** TV, Wifi **Divers** parking fermé **Loisirs** visite du monument, rencontre avec les artistes en résidence **Accès** A36 sortie Gendrey/Saline royale ou A39 sortie Poligny

HÔTEL LE SAUVAGE

hotel-lesauvage.com

6, rue du Chapitre • 25000 Besançon (Doubs)
Tél. 03 81 82 00 21 • Fax 03 81 59 37 81 • Philippe Mathieu

• Pendant des années, *Le Sauvage*, petit hôtel tout sauf conventionnel, a fait partie de nos adresses préférées. Confidentiel, élégant par la sobriété de ses aménagements, on y retrouvait tout de l'hôtel particulier, mais en plus décontracté, animé avec tact et spontanéité. Belles matières, boiseries XVIIIe et pierres des siècles précédents, peintures mates : c'était un plaisir que d'y évoluer, dans les chambres et les salons, en écoutant craquer le parquet ou en musardant dans l'adorable jardin sur l'arrière. C'est heureusement toujours possible mais différemment, car les propriétaires de ce petit bijou, désormais bien rodés, ont décidé de le louer en appartements à la semaine (vous pouvez contacter l'hôtel si vous êtes intéressé par ce type d'hébergement). Ils ont alors jeté leur dévolu sur un ancien couvent du siècle dernier, en bas de la même rue. Après le départ des dernières sœurs clarisses, ils y ont réalisé d'importants travaux, de sorte qu'à présent, depuis le grand hall, on accède à près d'une trentaine de chambres, une grande salle à manger, quelques petits coins salon. L'ensemble est un peu moins intime, mais tout aussi soigné, et on y profite de plus d'espace. Alors gageons que cet établissement deviendra vite l'étape idéale pour ceux qui recherchent vue dégagée, accès facile et stationnement pratique, sans forcément y perdre leur âme… Une belle et très agréable adresse.

Catégorie ★★★ **Ouvert** toute l'année **Chambres** 23 chambres : 92 à 165 €, 2 suites : 220 à 280 € - Petit déjeuner : 13,50 € **Équipements** TV, Wifi, **Divers** animaux (8 €), parking fermé **Accès** à Besançon, prendre la direction du centre-ville, puis suivre les panneaux "Citadelle", puis "Hôtels centre-ville".

HÔTEL TAILLARD

hotel-taillard.fr

3, route de la Corniche • 25470 Goumois (Doubs)
Tél. 03 81 44 20 75 • Fax 03 81 44 26 15 • Jean-François Taillard

• Depuis maintenant plus d'un siècle, c'est la même famille qui entretient l'excellente réputation de cet hôtel situé en surplomb du village-frontière de Goumois. On vient ici pour le calme et pour le cadre très préservé de la vallée du Doubs, bonheur des pêcheurs, des randonneurs et des amateurs de beaux paysages. Que l'on soit dans l'hôtel, le jardin ou au bord de la piscine, de toute part on profite de cet écrin de verdure. Gaies et confortables, dotées de salles de bains impeccables, les chambres de la maison présentent un style actuel. Claires et accueillantes, celles de l'annexe affichent un décor un peu plus standardisé, mais elles sont encore plus spacieuses, et toutes disposent d'un grand balcon ou d'une terrasse avec une belle vue. Signalons enfin la cuisine, très attachée aux saveurs du terroir à travers une carte imaginative et des plats "allégés" qui dessinent l'une des très bonnes tables de la région. On se sent très bien sur la terrasse, soigneusement entretenue, comme dans la belle salle à manger panoramique, face aux horizons bleutés de la Suisse, qui occupe le versant opposé. Toutes ces qualités font du *Taillard* l'adresse idéale pour un séjour au vert.

Catégorie ★★★ **Ouvert** de mi-mars à début novembre **Chambres** 16 chambres : 90 à 195 €, 4 suites : 155 à 197 € - Petit déjeuner : 14 € **Restaurant** (midi et soir) : 29 à 78 € **Équipements** TV, Wifi **Divers** animaux (9 €), garage, **Loisirs** piscine, tennis **Bien-être** Jacuzzi, sauna **Accès** A 36 sortie Voujeaucourt puis direction Pont-de-Roide ; avant Maîche, au lieu-dit Maison-Rouge, prendre direction Goumois/La Suisse.

HÔTEL LE SAUT DE LA TRUITE

hotel-saut-de-la-truite.fr

112, route du Ballon-d'Alsace • 90200 Lepuix (Territoire de Belfort)
Tél. 09 72 26 90 99 • Fax 03 68 38 58 29 • M. Herouard et M. Faivre

• Il faut rouler quelques kilomètres sur une route en lacets dans la forêt avant d'atteindre la grande maison rose de l'hostellerie. Dans la presque brume, au milieu des grands arbres, la grande bâtisse fait office de vigie depuis le siècle dernier. On venait y pêcher la truite, vous l'aurez deviné – ou bien simplement la manger et se reposer. L'air est ici pur et frais – on y respire mieux en été, assurément, et on y trouve la neige en hiver. L'automne et le printemps sont les saisons bénies pour la marche à pied, la cueillette des champignons, mais tout au long de l'année on peut envisager de venir pour se ressourcer. La table est bonne, les produits locaux, la salle à manger chaleureuse, avec une belle vue sur le grand vert du dehors. Aux étages, les chambres sont toutes neuves, ultra-confortables, équipées de literies de qualité, avec des salles de bains modernes et bien conçues. Notre cœur a battu encore plus fort au matin, à la découverte du spa ; avec son sauna grand format, à travers les fenêtres duquel on voit dégringoler un ruisseau, au milieu des roches et des lichens, de l'herbe, des tas de bois coupé, on est instantanément transporté ailleurs, bien loin des villes et des appartements confinés. Quelques livres sont posés là pour entrouvrir d'autres mondes encore – bref, pour résumer, on adore. Avec la perspective, pour qui voudrait s'activer, de visiter les ballons d'Alsace, la belle ville de Belfort, un riche patrimoine culturel et de nombreux musées.

Catégorie ★★★ **Ouvert** toute l'année sauf du 17 au 31 mars et du 1er au 17 septembre **Chambres** 10 chambres : 105 à 137 €, 1 suite : 137 € - Demi-pension (par pers.) : 81 à 92,50 € - Petit déjeuner : 14 € **Restaurant** (le soir) : 23 € **Divers** animaux admis, parking privé **Bien-être** hammam, sauna **Loisirs** ski **Accès** à Orbey, au niveau de la place du Marché, prendre la rue de la Libération, puis route de Remomont jusqu'à l'hôtel.

HÔTEL BRIGHTON

paris-hotel-brighton.com

218, rue de Rivoli • 75001 Paris
Tél. 01 47 03 61 61

• Depuis que d'importants travaux de rénovation ont rendu au *Brighton* tout son charme et sa splendeur des années 1850, cet hôtel est devenu l'un de nos préférés à Paris. Le salon, ouvert sur les arcades de la rue de Rivoli et baigné de lumière, a conservé ses miroirs, colonnes et lustres de cristal, qui lui donnent cette allure de grand hôtel. Juste à côté, l'hôtel vient d'y ouvrir un beau bar - salon de thé. Entièrement refaites, les chambres sont superbes, spacieuses, avec de grandes salles de bains et une décoration des plus soignées : meubles anciens, gravures, tableaux, tissus… Tout est chic et de qualité. On dormira côté cour pour le calme, mais côté rue la vue sur le jardin des Tuileries est absolument unique, et il serait vraiment dommage de s'en priver (vue plus panoramique encore pour les chambres en angle). Quant aux derniers étages, avec balcons, la vue sur Paris y est ex-cep-tio-nnelle ! À la faveur de son emplacement, de la qualité du décor, de la gentillesse de l'accueil et des prix pratiqués (imbattables pour le quartier et la prestation offerte), le *Brighton* a vraiment de quoi faire pâlir les palaces voisins ! Et si l'hôtel était complet, n'hésitez pas à questionner sur les autres établissements du groupe (les hôtels Mansart, Place du Louvre, Parc Saint-Séverin, des Saints-Pères, d'Orsay, Aiglon), tous très recommandables.

Catégorie ★★★★ **Ouvert** toute l'année **Chambres** 48 chambres simples et doubles : 190 à 420 €, 13 chambres exécutives de 384 à 450 € - Petit déjeuner : 16 à 19 € **Équipements** climatisation, TV, Wifi, ascenseur **Divers** animaux admis sur demande, parking public **Accès** métros Tuileries et Concorde.

HÔTEL CAMBON

hotelcambon.com

3, rue Cambon • 75001 Paris
Tél. 01 44 58 93 93 • Mme Siméon

• Dans ce quartier privilégié par les touristes et les gens de la mode, le Cambon est une très agréable surprise. D'emblée, on est séduit par le cadre aéré et reposant des pièces de réception. Mme Siméon, qui est là depuis plus de 30 ans, soigne son hôtel comme sa propre maison. Avec l'aide de son architecte, elle a su faire évoluer son établissement en y créant une atmosphère contemporaine à la fois personnelle et très japonisante. Le bois, la délicatesse des éclairages, tout comme les objets et les nombreux tableaux et dessins chinés au gré des salles des ventes animent le décor. Élégantes et méticuleusement entretenues, les chambres ont été traitées comme de douillets espaces de détente. Les cloisons de bois (fixes ou coulissantes) se marient à de belles bandes de tissu et le mobilier en sycomore – fait sur mesure – rivalise d'ingéniosité : d'heureux bureaux et meubles de rangements se jouent des volumes, très graphiquement. Les salles de bains, toutes blanches, répondent aux mêmes exigences de confort. Avec en prime un accueil attentif et vraiment chaleureux, ce petit quatre-étoiles n'a pas grand-chose à envier aux grands hôtels du quartier.

Catégorie ★★★★ **Ouvert** toute l'année **Chambres** 32 chambres doubles : 250 à 430 €, 7 junior-suites : 490 à 650 €, 1 suite prestige 850 € - Petit déjeuner : 23 € **Équipements** climatisation, TV, Wifi, ascenseur **Divers** animaux non admis, parking fermé **Accès** métro Concorde (ligne 1, 8, 12, 14) ; bus 24, 42, 52, 72, 84 et 94.

HÔTEL THÉRÈSE

hoteltherese.com

5-7, rue Thérèse • 75001 Paris
Tél. 01 42 96 10 01 • Fax 01 42 96 15 22

• Magnifique rénovation dans cet hôtel au cœur de Paris qui, dès l'entrée, exprime une atmosphère tamisée avec un très beau jeu de matières, de miroirs, d'éclairages subtils, quelques beaux rappels Art déco ou *sixtes* associés à un très intéressant jeu de matières. Des coins intimes et confortables permettent de prendre un verre, de lire un livre emprunté à la bibliothèque (*tea time* offert aux clients entre 16 h et 18 h). Même soin dans les chambres, également toutes redécorées. Quelle que soit leur taille, on y retrouve cette même impression d'élégance et de grand confort. Mobilier contemporain ou vintage, éclairages dosés, lits hyperdouillets, flanelles, velours unis créent le décor ; seuls les couleurs, toujours très chics, et les tableaux ou dessins choisis par la propriétaire changent. À noter que les petites chambres avec douche offrent mieux qu'un bon rapport qualité-prix. D'ailleurs, cet hôtel très calme et merveilleusement bien situé (entre le Louvre, le Palais-Royal et l'Opéra) pratique des prix plus que raisonnables. Une adresse parfaite à découvrir sans tarder !

Catégorie ★★★★ **Ouvert** toute l'année **Chambres** 40 chambres : 170 à 360 € - Petit déjeuner : 6 à 15 € **Équipements** climatisation, TV, Wifi, ascenseur **Divers** animaux non admis, navettes aéroport ou gare, parking public **Accès** métros Pyramides et Palais-Royal-Musée-du-Louvre ; bus 21, 27, 39, 68, 81, 95 et Roissy bus (à Opéra).

HÔTEL DE LUTÈCE

hoteldelutece.com

65, rue Saint-Louis-en-l'Île • 75004 Paris
Tél. 01 43 26 23 52 • Fax 01 43 29 60 25 • M. Buffat

• L'éclairage intime, le beau bouquet de fleurs fraîches, les boiseries anciennes, les tomettes cirées au sol, tout invite à pousser la porte de la réception. Ici, chaque détail est pensé avec goût et avec soin. Couloirs, salons et escaliers sont parés de gravures et d'objets d'Asie. Dans les chambres, l'atmosphère est douce et reposante, remise au goût du jour par une importante rénovation : nouveaux meubles, nouveaux tissus, dans des teintes de crème, de grège, avec toujours des rideaux d'un jaune très ensoleillé, des courtepointes d'un rouge profond. En général, l'espace y est plutôt réduit, mais les salles de bains, entièrement équipées de neuf, peuvent être assez grandes, ce qui compense ce premier inconvénient. Pour bénéficier de plus de lumière, privilégiez les étages supérieurs, comme souvent à Paris, car la rue Saint-Louis-en-l'Île est particulièrement étroite. Autres qualités appréciables : un accueil souriant et un personnel soigneux, fidèle à la maison. Et rappelez-vous que, pour loger ici, mieux vaut réserver à l'avance, car l'île Saint-Louis est toujours très recherchée, et le *Lutèce* très apprécié... Trois autres beaux hôtels font partie du même petit groupe : l'*Hôtel des Deux Îles* (tél. : 01 43 26 13 35), l'*Henri IV Rive Gauche* (tél. : 01 46 33 20 20) et, dans le 8e, le *Galileo* (tél. : 01 47 20 66 06).

Catégorie ★★★ **Ouvert** toute l'année **Chambres** 23 chambres simples et doubles : 165 à 205 €, chambres triples 240 € - Petit déjeuner : 13 € **Équipements** climatisation, TV, Wifi, ascenseur **Divers** parking public **Accès** métro Pont-Marie ; bus - 24, 63, 67, 86, 87 et 89.

€ HÔTEL DE NICE

hoteldenice.com

42 bis, rue de Rivoli • 75004 Paris
Tél. 01 42 78 55 29 • Fax 01 42 78 36 07 • M. et Mme Vaudoux

• On ne repère pas immédiatement l'entrée de l'*Hôtel de Nice*, dont la réception se trouve au 1er étage. En revanche, une fois à l'intérieur, on devine tout de suite que l'on est ici dans un hôtel d'atmosphère. Les murs, recouverts de papier reliure (dont on retrouve le graphisme sur les kilims couvrant le sol), sont un beau support pour les nombreuses couvertures du *Petit Journal* qui les décorent. Au salon, où a lieu le service du petit déjeuner, l'ambiance de maison particulière perdure grâce à un choix très personnel de meubles anciens et à une belle collection de peintures du XIXe. Les chambres reflètent également les coups de cœur des propriétaires : sièges Napoléon III, bureaux Louis-Philippe, armoires, portes anciennes, indiennes en guise de couvre-lits et, là encore, beaucoup de gravures, de pastels… Celles du dernier étage, mansardées et dotées d'un petit balcon, comptent parmi les plus grandes (mais la 10 et la 15 conviennent mieux en chambres d'appoint pour les enfants du fait de leur agencement tout en longueur). Côté place, les chambres sont souvent plus petites, mais aussi plus calmes, que celles qui donnent sur la rue de Rivoli. Une atmosphère unique et inattendue, entre le Marais historique et l'Hôtel de Ville.

Catégorie ★★ **Ouvert** toute l'année **Chambres** 23 chambres simples et doubles : 80 à 220 €, triples : 135 à 240 € - Petit-déj. : 8 € **Équipements** climatisation, TV, Wifi, ascenseur **Divers** animaux non admis, parking public **Accès** métro Hôtel-de-Ville ; tous bus pour Hôtel-de-Ville.

HÔTEL DESIGN SORBONNE

hotelsorbonne.com

6, rue Victor Cousin • 75005 Paris
Tél. 01 43 54 58 08 • Mme Moncelli et M. David Germain

• Adorable, osé, chic, tonique : voilà le nouvel *Hôtel de la Sorbonne* depuis son dernier lifting. Pleins d'idées, les propriétaires ont fait de leurs petites chambres de vrais espaces intimes et douillets dont le confort total fait oublier le manque d'ampleur. Le décor joue sur un design qui revisite le style baroque à travers un mobilier italien amusant, des couleurs contrastées (sombres, acidulées, douces, flashy), des motifs (des ronds, des rayures, des grandes fleurs…). On a envie de s'y reposer, on a envie de rester des heures sous sa douche, on a envie de jouer avec l'iMac posé sur le bureau (qui permet de "surfer", écouter de la musique, regarder la télé et des DVD), mais on est content de descendre le matin pour aller prendre un bon petit déjeuner dans la ravissante salle à manger au décor d'Alhambra. Ce refuge cosy et pétillant comme tout vous situera au cœur du Quartier latin, entre Notre-Dame et le Panthéon, avec tous les cinémas d'art et d'essai à portée de main. À noter que quatre autres beaux hôtels, tous dans le 5e et le 6e arrondissement, font partie du même groupe : L'*Hôtel des Grands Hommes* (tél. : 01 46 34 19 60), L'*Hôtel du Panthéon* (tél. : 01 43 54 32 95), *La Belle Juliette* (tél. : 01 42 22 97 40) et *Le Jardin de l'Odéon* (tél. : 01 53 10 28 50).

Catégorie ★★★ **Ouvert** toute l'année **Chambres** 38 chambres doubles : 120 à 400 € - Petit déj. : 14 € **Équipements** TV, ordinateur, Wifi, ascenseur **Divers** animaux non admis, parking public **Accès** métro Cluny-la-Sorbonne ; RER B Luxembourg ; bus 21, 27, 38, 82, 84, 85 et 89.

HÔTEL DE L'ABBAYE

hotel-abbaye.com

10, rue Cassette • 75006 Paris
Tél. 01 45 44 38 11 • Fax 01 45 48 07 86 • M. et Mme Lafortune

• De jour comme de nuit, l'arrivée à l'*Abbaye* procure un léger frémissement d'émotion : on se fraye un chemin parmi les pots qui végétalisent l'entrée et on ralentit le pas dans la noble cour pavée pour bien s'imprégner de l'atmosphère – singulière et délicieuse – de cet hôtel particulier en plein Saint-Germain-des-Prés. À l'intérieur, l'impression de grande chaleur est immédiate, tant dans les matières et les coloris choisis que dans les quelques paroles aussitôt échangées à la réception. On parle très vite d'art, de littérature, d'expos à ne pas manquer dans tel ou tel musée. Puis on se fait accompagner aux étages pour déposer ses affaires dans l'une des confortablissimes chambres – les plus spectaculaires étant les duplex du dernier étage avec terrasse privée sur Paris. Toutes sont parées de tissus épais, de literies exemplaires, avec des salles de bains à la robinetterie contemporaine sur fond de marbre gris. Assez vite cependant on brûle de redescendre pour s'installer dans les moelleux canapés, disposés de petit salon en petit salon. Là, feu de cheminée, belles pièces de mobilier ancien, quelques splendides toiles de Viala… Une ambiance d'appartement privé, ouvert sur un ravissant jardin intérieur où l'on est invité à prendre son petit déjeuner les matins d'été et à grignoter midi et soir…

Catégorie ★★★★ **Ouvert** toute l'année **Chambres** 35 chambres : 280 à 400 €, 9 junior-suites et duplex : 505 à 640 € - Petit déj. compris **Équipements** climatisation, TV, Wifi, ascenseur, **Divers** animaux non admis, parking public **Accès** métros Saint-Sulpice, Sèvres-Babylone, Rennes et Saint-Germain-des-Prés ; bus 48, 63, 70, 84, 86, 87, 95 et 96.

APOSTROPHE HÔTEL

\\ apostrophe-hotel.com

3, rue de Chevreuse • 75006 Paris
Tél. 01 56 54 31 31 • Isabelle Lozano

• C'est une ode au livre, à l'écriture, en plein Montparnasse. On y est comme dans un conte, au pied d'un arbre qui déploie ses branches peintes à même la façade... Une petite réception, quelques tables de verre et des coupelles de fleurs fraîches, les flammes dansantes d'une cheminée et un ascenseur entièrement vitré où, sur le mur, défile une histoire. Le premier étage est dédié aux traces de l'écriture, le deuxième aux signes, le troisième aux débuts de l'écrit. On entre dans les chambres comme à l'intérieur d'un livre, avec, en baldaquin, les pages qui se froissent au-dessus de la tête, les rideaux qui se tournent, et partout les mots, les phrases, de Beauvoir, de Hemingway, qui se lisent par miroir interposé. La mise en scène est un succès. Au quatrième étage, place à l'écrit dans la ville, et, là, c'est en esquisses murales que l'on visite Paris, au fil des crayonnés de Frédéric, animateur de randos-croquis. Le rêve absolu, c'est au cinquième. La chambre est une déclinaison de Jules Renard : "Ajoutez deux lettres à Paris et c'est le paradis." En trompe-l'œil, les toits de la ville, le ciel et quelques nuages. Partout l'équipement est des meilleurs, le confort intense. Une ambiance atypique et réjouissante grâce aux talents d'une "atmosphériste" (Sandrine Alouf), d'un architecte (Vincent Bastie), et à beaucoup de passion maison!

Ouvert toute l'année **Chambres** 16 chambres doubles (balnéo ou douche à jet) : 149 à 353 € - Petit déjeuner : 8 à 17 € **Équipements** climatisation, TV, Wifi, ascenseur **Divers** parking public **Accès** métros Vavin ; Raspail et Notre-Dame-des-Champs ; RER B - Port-Royal (accès direct aux deux aéroports) ; SNCF gare Montparnasse ; bus 58, 68, 82, 83 et 91.

HÔTEL DU DANUBE

hoteldanube.fr

58, rue Jacob • 75006 Paris
Tél. 01 42 60 34 70 • Fax 01 42 60 81 18 • Port. 01 42 60 94 07

• Ce bel édifice Napoléon III compte parmi les plus charmants hôtels de Paris. Depuis la rue – et quelle rue! la rue Jacob est l'une des plus célèbres de Saint-Germain-des-Prés –, une devanture revêtue de chêne laisse entrevoir les meubles anciens, les lampes de bronze et les jolis canapés d'un salon tendu de chintz fleuri. On est accueilli avec une courtoisie extrême, au milieu des bouquets de fleurs fraîches, renouvelés chaque jour. Dans les chambres de la catégorie "supérieure", les murs ont conservé l'esprit d'antan, avec des rideaux, des papiers aux motifs de Jouy, changés quand il le faut. Un beau mobilier, une ou deux petites lampes et quelques gravures signent le décor. Le quartier n'est-il pas tout entier tourné vers les antiquaires, les galeries, les grandes maisons de tissu et de passementerie? Un léger souffle contemporain frémit néanmoins à l'orée des chambres de la catégorie "confort" : douche, vasques et robinetterie suivent la mode actuelle et se posent sur du wengé noir. On prend le petit déjeuner dans une élégante salle à manger, parmi quelques porcelaines de Chine, mais l'été on peut passer au patio, au pied du palmier. Une belle adresse aux prix ajustés à la taille de chaque chambre, sans excès.

Catégorie ★★★ **Ouvert** toute l'année **Chambres** 39 chambres doubles : 155 à 240 €, suites familiales (3 à 4 pers) 285 € - Petit-déj. : 13 € **Équipements** TV, Wifi, ascenseur **Divers** animaux (10 €), parking public **Accès** métro Saint-Germain-des-Prés ; bus - 39, 48, 63 et 95.

HÔTEL DE LONDRES EIFFEL

londres-eiffel.com

1, rue Augereau • 75007 Paris
Tél. 01 45 51 63 02 • Fax 01 47 05 28 96 • Isabelle et Hervé Prigent

• Derrière sa jolie façade, le *Londres Eiffel* est un très bon exemple d'hôtel de quartier transformé en hôtel de charme grâce à des propriétaires pleins d'idées et surtout passionnés par leur métier. Comme pour garantir une ambiance ensoleillée en toute saison, le salon d'accueil et son coin bibliothèque resplendissent de teintes chaudes. La décoration soignée, avec des compositions de fleurs fraîches et des miniatures Napoléon III, exprime bien l'attention apportée ici au détail. Ambiance tout aussi cosy dans les pièces utilisées pour le service du petit déjeuner. Dans les étages, tout a été rénové depuis deux ans. On a commencé par refaire les six chambres de l'annexe, côté cour, dotées d'un fauteuil-lit, elles peuvent confortablement loger un enfant. Puis ce fut le tour de toutes celles du bâtiment sur rue (plus lumineuses). Avec un thème par étage ("rayures", "toile de Jouy", "noir et blanc"...), Isabelle Prigent s'est amusée à choisir un tissu différent pour chaque chambre. C'est très joli, c'est confortable, et les salles de bains sont flambant neuves. Ici, pas de problème de bruit : la rue Augereau est tranquille, et l'hôtel climatisé. Une maison vraiment très accueillante et sérieusement tenue, avec deux petits frères : dans le 14e, le bel *Apollon Montparnasse* (tél. 01 43 95 62 00) et dans le 7e, le *Lindberg* (tél: 01 45 48 35 53).

Catégorie ★★★ **Ouvert** toute l'année **Chambres** 7 chambres simples de 135 à 235 €, 17 chambres doubles : 150 à 320 € - Petit-déj. : 14 € **Équipements** climatisation, TV, Wifi, ascenseur **Divers** parking public **Accès** métro École-Militaire ; RER C Pont-de-l'Alma ; bus 28, 42, 69, 80, 82, 87 et 92.

HÔTEL SAINT-VINCENT

hotelsaintvincentparis.com

5, rue du Pré aux Clercs • 75007 Paris
Tél. 01 42 61 01 51

• Le Saint-Vincent est luxueux cousin de son voisin, le *Saint Thomas-d'Aquin* (tél. : 01 42 61 01 22), que nous aimons depuis longtemps pour le soin apporté au décor et la méticulosité avec laquelle il est tenu. Même propriétaire, donc même esprit et même rigueur absolue, avec une légère montée en gamme en ce qui concerne les volumes des chambres et les parties communes (et les prix). On navigue ici dans un univers tout inspiré du XIXe : une ambiance bourgeoise confortable, très cossue, riche en mobilier Napoléon III, en tissus lourds et soyeux. L'entrée est impressionnante, presque "cathédrale", et laisse déjà entendre le crépitement d'un feu de bois, tapi au fond d'un délicieux, moelleux petit salon. À côté, on aperçoit une lumineuse et ravissante salle du petit déjeuner, dressée en linge basque rouge et blanc, où l'on s'installe sur des banquettes de velours sous quelques images de Paris en noir et blanc. Au premier étage – l'étage "noble" –, la belle hauteur sous plafond donnerait presque des ailes pour danser sur le parquet ancien en point de Hongrie… Aux étages supérieurs, même élégance, même confort, avec une mention particulière pour la suite, où d'aucuns posent leur valises avec délectation pour la semaine entière, le temps d'un séjour très parisien. Une adresse remarquable, au cœur de Saint-Germain-des-Prés.

Ouvert toute l'année **Chambres** 22 chambres simples et doubles : 180 à 330 €, 2 suites de 540 à 590 € - Petit déjeuner : 15 € **Équipements** climatisation, ascenseur **Divers** animaux non admis, parking public **Bien-être** fitness **Accès** métros Rue-du-Bac et Saint-Germain-des-Prés ; RER C Musée-d'Orsay ; bus 39, 48, 63, 68, 69, 86 et 95.

HÔTEL D'ALBION

hotelalbion.net

15, rue de Penthièvre • 75008 Paris
Tél. 01 42 65 84 15 • Fax 01 49 24 03 47 • Danièle et Christian Mondollot

• Récemment passé en trois-étoiles, L'*Albion* est un hôtel très sympathique où les propriétaires ont su créer une atmosphère chaleureuse et personnelle faite d'objets chinés et d'éléments de "déco" bien choisis : la nature, l'enfance, la musique, la poésie et la danse ont inspiré la nouvelle décoration. De la réception-salon, on accède à un charmant boudoir qui fait office de salle à manger ; ces espaces, petits mais adorables, ouvrent sur la courette arborée avec son amusante collection de nichoirs et quelques tables que l'on se disputerait presque pour venir savourer le petit déjeuner... Entièrement rénovées, les chambres affichent différents styles : couleurs vives et actuelles, mêlant les rayures et les unis assortis, toutes sont très réussies. Deux catégories au choix : des "standard", petites mais fonctionnelles, et des "supérieures", plus spacieuses orientées côté patio. Au cinquième étage, mansardé, les poutres apparentes apportent beaucoup de cachet. Les salles de bains sont toutes impeccables. Enfin, impossible de parler de l'*Albion* sans évoquer Danièle, la charmante propriétaire québécoise, qui contribue grandement à l'ambiance du lieu !

Catégorie ★★★ **Ouvert** toute l'année **Chambres** 26 chambres doubles : 95 à 240 €, 4 suites familiales (4 pers.) de 240 à 450 € - Petit déjeuner : 13 € **Équipements** TV, Wifi, câble / satellite, ascenseur **Divers** parking **Accès** métro Miromesnil ; bus 22, 28, 32, 43, 52, 80, 83, 84 et 93.

NEW ORIENT HÔTEL

hotelneworient.com

16, rue de Constantinople • 75008 Paris
Tél. 01 45 22 21 64 • Fax 01 42 93 83 23 • Catherine et Josef Wehrle

• Non loin derrière la gare Saint-Lazare, dans une rue calme et résidentielle, le *New Orient* se remarque tout de suite à sa façade très "boutique-hôtel", qui, outre qu'elle est ravissante, ne manque pas d'être abondamment fleurie toute l'année. Ce charmant deux-étoiles doit beaucoup à la personnalité de ses propriétaires. Catherine et Josef Wehrle ont choisi de l'aménager comme s'il s'agissait d'une maison particulière, et passent, pour cela, une partie de leurs loisirs à acquérir et à restaurer des meubles rétro. Les résultats sont là : la plupart des chambres arborent des têtes de lit, fin XIXe, des chaises et des petits meubles Napoléon III. Les chambres ne sont pas vraiment grandes (excepté les *twins* et les familiales), mais tous ces détails créent un ensemble personnel, chaleureux, gai et parfaitement entretenu. De plus, bon nombre d'entre elles profitent d'un balcon où l'on a pu installer une petite table et deux chaises rouges. Beaucoup de qualités, auxquelles s'ajoutent la gentillesse de l'accueil et des prix très raisonnables, de quoi faire du *New Orient Hôtel* une adresse précieuse de la rive droite parisienne.

Catégorie ★★★ **Ouvert** toute l'année **Chambres** 20 chambres simples et doubles : 170 à 240 €, 8 chambres simples (1 pers.) : 130 à 145 €, 2 chambres triples : 195 à 230 € - Petit déjeuner (7h à 11h) de 9 à 13 € **Équipements** climatisation, TV, Wifi, ascenseur **Divers** animaux admis sur demande, parking public **Accès** métros Europe, Villiers et Saint-Lazare ; RER E Haussmann-Saint-Lazare ; SNCF gare Saint-Lazare ; bus 30, 53, 66, 80 et 95.

HÔTEL LE VIGNON

levignon.com

23, rue Vignon • 75008 Paris
Tél. 01 47 42 93 00 • Fax 01 47 42 04 60

• Voilà un hôtel pimpant, à la fois frais, chaleureux et vivant! *Le Vignon* réunit toutes les qualités que l'on attend : un accueil excellent, volontairement amical, disponible et efficace, une décoration actuelle et singulière, des tarifs raisonnables pour la situation et les prestations. Situé dans une rue tranquille du quartier de la Madeleine, il ne cesse de faire des adeptes. Visible de la rue, l'unique petit salon, aux teintes joyeuses et chics comme tout, incite à pousser la porte. Les chambres, elles, jouent la carte de la simplicité reposante. On évolue dans un environnement clair, très soigné, où doubles rideaux, photos en noir et blanc et autres accessoires apportent ce qu'il faut d'élégance et d'esprit "déco". Les junior-suites du sixième étage sont plus abouties encore : le charme de leur volume sous les toits, associé à un aménagement particulièrement bien pensé, les fait compter parmi les plus jolies chambres de Paris. Le petit déjeuner, auquel on a apporté un soin particulier dans le choix des fournisseurs, est servi dans les sous-sols, mais ici le rouge flamboyant des sièges apportera ce qu'il faut de tonique pour bien commencer la journée. Un modèle de professionnalisme et d'élégance.

Catégorie ★★★★ **Ouvert** toute l'année Chambres 28 chambres : 250 à 400 € **Équipements** climatisation, TV, Wifi, ascenseur **Divers** animaux admis sur demande, parking **Accès** métros Madeleine et Havre-Caumartin ; RER A Auber, RER E Haussmann-Saint-Lazare ; SNCF gare Saint-Lazare ; tous bus pour Saint-Lazare

HÔTEL ARVOR SAINT GEORGES

hotelarvor.com

8, rue Laferrière • 75009 Paris
Tél. 01 48 78 60 92 • Fax 01 48 78 16 52 • Nadine Flammarion

• On gravit une ou deux rues, histoire de se souvenir qu'ici on se rapproche de la butte Montmartre, on passe l'église Notre-Dame-de-Lorette, puis la place Saint-Georges, et on se retrouve soudain dans une rue très tranquille pour rejoindre au numéro 8 un immeuble de belle facture. Le seuil franchi, le coup de cœur est immédiat. Les volumes sont beaux, l'atmosphère contemporaine, juste ce qu'il faut, extrêmement reposante, un peu comme dans un grand appartement privé. Parquet blond à lames larges, murs blancs, affiches de Buren ou de Warhol, luminaires et mobilier éclectiques, un mélange de design actuel et de plus ancien, chiné. Une belle sélection de thés, du pain maison, des tapas parfois, et beaucoup de livres à feuilleter, sur l'art, sur la ville... À l'arrière, un patio fleuri, sur lequel donne une chambre. Et puis, dans les étages, les autres chambres, vastes et lumineuses, belles surtout, totalement refaites dans un goût sobre et personnel. Le mobilier est discret, élégant, les couleurs à la fois tendres et présentes. Les literies sont grandes et confortables, les salles de bains en grès cérame parfaites, avec des produits de toilette délicats. Car c'est bien de délicatesse qu'il s'agit ici, tant dans l'accueil, l'état d'esprit, que dans l'aménagement intérieur, l'ambiance ainsi créée par Nadine Flammarion et sa fine équipe.

Catégorie ★★★ **Ouvert** toute l'année **Chambres** 30 chambres : 110 à 185 €, 6 suites : 170 à 295 € - Petit-déj. : 14 € **Équipements** TV, Wifi, ascenseur **Divers** animaux non admis, parking (2 places de voitures) (20 €) **Loisirs** vélos **Accès** métro Saint-Georges ; bus 67 et 74.

LE 20 PRIEURÉ HÔTEL

hotelgrandprieure.fr

20, rue du Grand-Prieuré • 75011 Paris
Tél. 01 47 00 74 14 • Fax 01 49 23 06 64 • Guillaume Billon

• On ne peut qu'être séduit par ce trois-étoiles sobre et urbain né de l'envie d'un homme d'affaires de créer l'hôtel qu'il aimerait trouver lors de ses déplacements : confortable, situé dans un quartier jeune et vivant, aux prix judicieusement étudiés, et – surtout – extrêmement accueillant. Pari tenu. Ici, vous serez bien reçus, de jour comme de nuit, par une équipe souriante, disponible, qui saura vous conseiller dans vos sorties, les restaurants et les bars à fréquenter autour de République, rue Oberkampf, rue Jean-Pierre-Timbaud, ou encore dans le Marais, tout proche. Dans les chambres, calmes et d'une taille honnête, l'idée est assez simple : une grande photo représentant un détail surdimensionné d'un monument de Paris couvre le mur derrière le lit. Pour le reste, mobilier en chêne clair, actuel et fonctionnel, couette blanche et plaid coloré sur le lit, bel abat-jour au plafond, et des salles de bains grises impeccables. Sous les toits, une jolie série de chambres individuelles, et, en bas, une pièce de réception très avenante avec de belles toiles aux murs, quelques fauteuils *design* autour d'une table basse signée Nogushi, des pommes à croquer et, dans les bibliothèques, plein de beaux livres à feuilleter. Décor tout aussi agréable et contemporain à l'heure du petit déjeuner. À conseiller sans hésiter !

Catégorie ★★★ **Ouvert** toute l'année **Chambres** 22 chambres simples et doubles : 180 à 330 €, 2 suites : 540 € à 590 € - Petit déjeuner : 15 € **Équipements** climatisation, TV, Wifi, ascenseur **Divers** animaux admis, parking public **Accès** métros République et Oberkampf ; bus 20, 56, 65, 75 et 96.

COLOR DESIGN HÔTEL

colordesign-hotel-paris.com

35, rue de Citeaux • 75012 Paris

Tél. 01 43 07 77 28 • Fax 01 43 46 67 45 • Florence Pons

• On pourrait penser que son nom est un clin d'œil, car, en poussant la porte du *Color*, ce qui frappe et amène presque au bord du vertige, de l'étourdissement, c'est en premier lieu le... blanc ! Façade, sol, murs, mobilier, tout est blanc. Sauf un mobile, une création originale qui agglomère un surprenant bouquet de flacons et fait tourner, pour la première fois ici, la grande roue des couleurs – primaires essentiellement. Et puis, en prenant l'ascenseur, on découvre que chaque étage a reçu la sienne. Sur cour, les fenêtres sont protégées par des écrans de Plexiglas aux teintes acidulées : un chouette orange, un vert vif, un bleu joyeux. Dans les couloirs, on craint de s'être trompé à nouveau : est-ce bien un hôtel, ou est-on passé à la clinique voisine ? Mais non... Derrière les numéros de chambre, peints en gris et en très gros sur les portes (blanches), on retrouve l'éclatante symphonie du plastique multicolore. Les bureaux, les étagères, les portes de placards ou de salles de bains, les tables de chevet : c'est ingénieux, graphique et agréable à vivre. On adore. Pour le petit déjeuner, on frémit encore : murs de pierre claire, voûtes immaculées, mais, sur la table, en gourmandises, la couleur retrouvée... Un concept amusant, réjouissant, et accueillant. À noter que, dans le 11e, le beau *Standard Design Hôtel* (tél. : 01 48 05 30 97) appartient à la même direction.

Catégorie ★★★ **Ouvert** toute l'année Chambres 40 chambres : 235 €, 8 luxes : 290 € - Petit-déj. : 13 ou 17 € **Équipements** climatisation, TV, Wifi, ascenseur **Divers** animaux non admis, parking public **Accès** métros Faidherbe-Chaligny et Reuilly-Diderot ; RER A et SNCF Gare-de-Lyon ; bus 46, 57 et 86.

HÔTEL VIRGINA

paris.hotel-virgina.com

66, rue du Père-Corentin • 75014 Paris
Tél. 01 45 40 70 90 • Fax 01 45 40 95 21 • Mr et Mme Olivier

• D'entrée, le *Virgina* affiche beaucoup d'élégance et de confort dans ses pièces de réception, dont on profite avec bonheur dès le petit déjeuner. Tables et chaises houssées de blanc sont disposées autour d'un petit patio lumineux et arboré. Plusieurs coins-salons, dans les tons beige et parme, créent une atmosphère intime et chaleureuse. Même élégance autour de l'ascenseur 1900, sur les paliers habillés de consoles et de tableaux. Côté chambres, on appréciait déjà celles des colonnes 5 et 6 (105, 106, 205, 206…), en bleu et chocolat ou violine et prune. On aimait encore plus celles des colonnes 1 et 2 (sauf les 101 et 102, non refaites), aux teintes douces, plus féminines peut-être, avec quelques coussins de couleurs vives et des douches à petits carreaux particulièrement réussies. Désormais, ce sont celles de la colonne 7, dernières-nées, qui ont notre préférence. Très contemporaines, avec leurs têtes de lits noires et hautes, elles privilégient les étoffes travaillées de manière actuelle dans les tons gris, chocolat ou brique. Les autres chambres demeurent démodées ; si nos préférées sont déjà réservées, optez néanmoins pour celles de la colonne 4, spacieuses et lumineuses avec leur double exposition rue et cour. Accueil familial et chaleureux.

Catégorie ★★ **Ouvert** toute l'année **Chambres** 55 chambres (2 à 3 pers.) : 95 à 130 €, chambres quadruples : 155 € - Petit déjeuner (10 €) **Équipements** TV, Wifi, ascenseur **Divers** animaux (8 €), parking privé (8 places) (17 €) **Accès** métro Porte-d'Orléans ; RER B Cité-Universitaire ; bus 28, 38, 68, PC, Orlybus ; tramway T3.

€ HÔTEL DE L'AVRE

hoteldelavre.com

21, rue de l'Avre • 75015 Paris
Tél. 01 45 75 31 03 • Fax 01 45 75 63 26 • M. Bernard Vialettes

• Bernard Vialettes s'occupe de son hôtel comme de sa propre maison, et c'est avec un plaisir évident qu'il y reçoit ses hôtes. Il a refait la réception et la salle du petit déjeuner, acheté une jolie vaisselle et fleuri son jardin, où quelques tables et chaises bistrot côtoient de grands hortensias. Les chambres sont très agréables ; selon les étages, les tapisseries bleues (très réussies), jaunes (très lumineuses) ou encore ivoire s'harmonisent aux jolis rideaux. Le mobilier est sobre, les salles de bains impeccables, la literie changée dès qu'il le faut et, l'an dernier, toutes les moquettes ont été remplacées par un beau parquet en chêne massif. Résultat : l'ensemble est gai, confortable, soigné, et surtout méticuleusement entretenu. Les chambres ont également l'avantage d'être très calmes, et même quand elles ne donnent pas sur le charmant jardin, elles ouvrent sur la petite rue de l'Avre, qui reste très tranquille. À noter : le jardin est baigné de soleil le matin (on y sert le petit déjeuner dès qu'il fait beau), et la proximité du centre de la capitale immédiate grâce au bus et aux deux lignes de métro. Beaucoup de qualités, un accueil généreux, des prix très doux : depuis plus de dix ans, l'*Hôtel de l'Avre* n'a jamais cessé de compter parmi les meilleurs deux-étoiles de Paris.

Catégorie ★★★ **Ouvert** toute l'année **Chambres** 26 chambres doubles : 120 à 130 € - Petit déjeuner : 95 € **Équipements** TV, Wifi, ascenseur **Divers** parking public **Accès** métro La Motte-Picquet-Grenelle, bus 80.

HÔTEL NICOLO

hotel-nicolo.fr

3, rue Nicolo • 75116 Paris
Tél. 01 42 88 83 40 • Fax 01 42 24 45 41 • Mme Michelle Ferric

• Entre La Muette et le Trocadéro, à vingt mètres de la rue de Passy, le *Nicolo* offre la garantie du calme. En effet, l'établissement est séparé de la rue par un immeuble, puis par une grande cour fleurie à l'année, où les clients peuvent prendre leur petit déjeuner et se reposer à toute heure de la journée. Un vrai charme habite tout l'hôtel, à commencer par l'atmosphère très "maison" des pièces du rez-de-chaussée. Dans les étages, de longs couloirs habillés de tapis, de consoles, de tableaux mènent aux chambres, lesquelles offrent souvent des volumes généreux. Toutes ont été personnalisées avec un beau paravent ancien en guise de tête de lit, des gravures, des miroirs, des tissus de qualité. Tout est joli, tout est judicieusement choisi, chaque chambre ayant son propre décor. Le confort est bien pensé, la tenue irréprochable, et si vous souhaitez encore plus d'espace, réservez alors l'une des trois junior-suites, vraiment grandes, dont les fauteuils convertibles du coin-salon permettent de loger les familles. Accueil des meilleurs et excellent rapport qualité-prix (d'autant qu'ici le petit déjeuner est offert). Un hôtel qui a une âme.

Catégorie ★★ **Ouvert** toute l'année **Chambres** 24 chambres simples et doubles : 158 à 230 €, 3 suites junior (2 à 4 pers.) : 230 à 312 € - Petit déj. compris **Équipements** TV, Wifi, ascenseur, animaux admis (10 €), **Accès** métros Passy et La Muette ; RER C Boulainvilliers ; bus 22, 32 et 52.

HÔTEL DE BANVILLE

hotelbanville.fr

166, boulevard Berthier • 75017 Paris
Tél. 01 42 67 70 16 • Marianne Moreau

• Disons-le tout de suite, le *Banville* est l'un des plus jolis hôtels de Paris. Il occupe un bel immeuble 1930 sur un boulevard bordé de platanes, à quinze minutes à pied de l'Étoile. D'emblée, on est séduit par l'élégance du bar et du salon, aménagés autour d'un piano à queue, piano qui prend vie tous les mardis soir pour le plus grand bonheur de tous : au micro, Marianne Moreau, petite fille du fondateur de l'hôtel et musicienne passionnée. Les chambres, claires, spacieuses, rivalisent de charme et de confort. Toutes différentes, elles affichent une décoration très soignée, très travaillée : salles de bains magnifiques, teintes douces et raffinées, tantôt féminines (délicieuse "Julie", romantique "Théodore de Banville", enfantine "Sophie"), tantôt masculines ("Paul", ou l'une des dernières-nées au beau minimalisme gris et blanc). Au huitième étage, vous serez bienheureux d'embrasser tout Paris de "La chambre d'Amélie", unique avec sa petite terrasse plein sud, et malheureux de quitter le douillet "Appartement de Marie". C'est pourquoi, même s'il est un peu excentré, le *Banville* mérite vraiment que l'on s'y arrête.

Ouvert toute l'année **Chambres** 38 chambres : 159 à 409 €, 1 appartement (35 m^2 avec balcon-verrière vue tour Eiffel et arc de triomphe) : 319 à 509 € - Petit déj. (7 h à 11 h) : 20 € **Équipements** climatisation, TV, Wifi **Divers** animaux admis sur demande, parking public **Bien-être** massages **Accès** métro Porte-de-Champerret ; RER C Pereire ; bus 84, 92, 93, PC et bus Air France pour Roissy (porte Maillot).

HÔTEL REGENT'S GARDEN

hotel-paris-garden.com

6, rue Pierre-Demours • 75017 Paris
Tél. 01 45 74 07 30 • Fax 01 40 55 01 42 • M. Condy

• Napoléon III, qui fit construire ce bel hôtel particulier pour son médecin, aurait bien du mal à le reconnaître. La métamorphose du décor s'achève, et c'est une réussite ! La cour d'entrée et le jardin sont toujours là, mais ce dernier a subi une jolie révolution, un brin japonisante. Réception, *lobby* et salle du petit déjeuner forment un ensemble harmonieux, zébré d'étoffes bayadères et élégamment éclairé de lustres en verre de Murano. Particulièrement habile à inscrire cette nouvelle note contemporaine dans ces beaux volumes anciens, le décorateur Denis Doisteau a donné à chaque chambre sa personnalité. Du choix des tissus colorés (Lelièvre) se dégagent néanmoins trois tendances : design, japonisante (là encore) et ethnique chic. Magnifiques et spacieuses, les salles de bains sont parfois rehaussées de pierre de lave moutarde ou turquoise. Optez pour les chambres dites "classiques" (de taille variable mais jamais petites), la différence de prix avec les "supérieures" n'étant pas si significative. Aux beaux jours, c'est un peu la campagne à Paris : installé dans le jardin zen (où peut être servi le petit déjeuner), vous oublierez vite que vous êtes ici à deux minutes de l'Étoile et des Champs-Élysées.

Catégorie ★★★★ **Ouvert** toute l'année **Chambres** 40 chambres classiques : 189 à 370 €, supérieures : 239 à 470 €, suites : 339 à 520 € - Petit déjeuner : 21 € **Équipements** climatisation, TV, Wifi, **Divers** parking 8 places (21 €) **Accès** métro Ternes ; RER A Charles-de-Gaulle-Étoile ; bus 43, 92, 93, PC et bus Air France pour Orly et Roissy (avenue Carnot).

HÔTEL TILSITT ETOILE

tilsitt.com

23, rue Brey • 75017 Paris
Tél. 01 43 80 39 71 • Stéphane Batten

• La rue Brey est idéale pour être à la fois au calme et à proximité immédiate des Champs-Élysées. En y mettant leur goût et leur sens pratique, les propriétaires ont créé ici l'un des hôtels les plus sympathiques du quartier de l'Étoile. Il y a tout d'abord le salon-bar, dont les volumes, les couleurs éclatantes et le design d'inspiration scandinave invitent à prendre son temps autour d'un verre. Il y a ensuite les chambres, confortables et soignées, qui marient mobilier Blanc d'Ivoire, patine craie et tissus travaillés de façon actuelle dans des tons plus soutenus (un beau parquet de chêne naturel, comme celui du salon, est venu remplacer les moquettes pour davantage d'hygiène et d'harmonie). Bien que les volumes manquent parfois d'ampleur, l'effet produit est séduisant. Et, si vous venez en séjour, on vous attribuera d'office l'une des chambres les plus spacieuses. À noter que celles du rez-de-chaussée, avec une petite terrasse, plaisent beaucoup l'été. Très agréable salle du petit déjeuner, aménagée comme un jardin d'hiver et éclairée de lumière naturelle. L'ensemble est très bien tenu, l'accueil particulièrement attentif.

Catégorie ★★★ **Ouvert** toute l'année **Chambres** 38 chambres (2 à 4 pers.) 195 à 315 € - Petit-déj.: 13 € **Équipements** climatisation, TV, Wifi, ascenseur, **Divers** animaux non admis, parking public **Accès** métros Ternes et Charles-de-Gaulle-Étoile ; RER A Charles-de-Gaulle-Étoile ; bus 22, 30, 31, 43, 52, 73, 92 et bus Air France pour Orly et Roissy (avenue Carnot).

HÔTEL RELAIS MONTMARTRE

escapade-paris.com

6, rue Constance • 75018 Paris
Tél. 01 70 64 25 25

• Au cœur du village de Montmartre, entre le Moulin Rouge et la rue des Abbesses, voici un agréable petit hôtel qui rassemble beaucoup des ingrédients du charme parisien : peu de chambres, un joli salon de réception meublé à l'ancienne – avec feu de cheminée – et une décoration classique très soignée. Les chambres sont cosy à souhait : couleurs franches sur les poutres, meubles de style, tissus de chez Nobilis et de chez Pierre Frey, gravures encadrées… Tout contribue à créer une atmosphère élégante et feutrée, un rien british. S'y ajoutent le confort des salles de bains, celui de la literie (queen-size dans la plupart des chambres), ainsi que la présence d'un joli patio où plantes en pots et mobilier de jardin partagent l'espace. Perpendiculaire à la rue Lepic, la rue Constance reste très calme – gage de tranquillité absolue. Mais il suffit de faire quelques pas pour retrouver l'animation de ce quartier fort sympathique où commerçants et habitants conservent jalousement l'ambiance de village qui en a toujours fait le charme.

Catégorie ★★★ **Ouvert** toute l'année **Chambres** 26 chambres : 185 à 240 € - Petit déjeuner (7 h à 11 h) : 15 € **Équipements** climatisation, TV canal+, Wifi **Divers** animaux admis sur demande, parking public **Accès** métros Blanche et Abbesses ; bus 30, 54, 68, 74, 80, 95 et Montmartrobus.

€ MAMA SHELTER

mamashelter.com

109, rue de Bagnolet • 75020 Paris
Tél. 01 43 48 48 48 • Fax 01 44 54 38 66

• *Mama Shelter* – "l'abri de maman" en anglais – n'est pas né par hasard. C'est le fruit d'une mûre réflexion de Serge Trigano et du philosophe Cyril Aouizerate pour créer un lieu urbain, hyperdémocratique (les prix démarrent à 79 euros la *single* et à 89 euros la double en réservant sur Internet), un refuge où l'on peut faire ce qu'on veut, à l'heure qu'on veut. Au décor : Philippe Starck, qui a tout dessiné. À commencer par les chambres, reposantes, très confortables, ultradesign, toutes pareilles – à quelques mètres carrés près –, avec iMac 24 pouces pour surfer, regarder des DVD, et kitchenette dans l'entrée au cas où on n'aurait pas envie de bouger. En bas, le designer a imaginé quatre cents mètres carrés absolument étonnants, très accueillants, pour vivre librement autour de plusieurs espaces. Tout y est : cheminée, canapés profonds, bougies, journaux, bonbons en libre-service, table d'hôte XXL – incrustée d'écrans plats –, billard, baby-foot géant, bar à cocktails, terrasse plein sud, restaurant (*by* Alain Senderens) et snack à toute heure. Au service, un staff disponible, chaleureux, dirigé par Jean-Claude Elgaire, ancien chef concierge au *Plaza Athénée*, et, pour se déplacer, quelques scooters électriques à louer. Plus qu'un hôtel, un abri rêvé qui bouleverse tous les codes du luxe au cœur d'un Paris-village populaire. On adore !

Ouvert toute l'année **Chambres** 170 chambres : 79 à 139 €, suites et chambres avec terrasse : à partir de 169 € - Petit déjeuner (6 h 30 à 11 h) : 15 € **Restaurant** (midi et soir), menu carte de 25 à 60 € **Équipements** TV, Wifi, climatisation, ascenseur **Divers** animaux (15 €), parking de l'hôtel (20 €) **Loisirs** billard, location de scooters électriques **Accès** métros Gambetta et Alexandre-Dumas ; bus 26 et 76.

CHÂTEAU DE BOURRON

bourron.fr

14 bis, rue du Maréchal-Foch • 77780 Bourron Marlotte (Seine-et-Marne)
Tél. 01 64 78 39 39 • Fax 01 64 78 35 35 • Estrella de Cordon

• Secrètement caché derrière ses quarante hectares de parc clos de murs, Bourron (XVIIe) compte parmi les plus beaux châteaux d'Île-de-France. Très prochainement, l'accès par une longue allée plantée de cinq cents tilleuls parfaitement alignés permettra de découvrir dans toute sa majesté le canal et la grande perspective du jardin à la française. L'ancienne glacière XVIIe ou la romantique source Saint-Sévère, qui alimente les douves, raviront les amateurs d'histoire, lesquels tenteront même, peut-être, de retrouver le diamant qu'aurait perdu ici lors d'un séjour Marie Leczinska, future reine de France. Malgré la magnificence des lieux et du décor – bibliothèque en boiseries XVIIIe, tapisseries flamandes fin XVIe, splendide mobilier d'époque et tentures signées Pierre Frey, Lelièvre... dans chaque chambre –, Bourron s'attache à rester une demeure chaleureuse et vivante, pleine de souvenirs de famille ; les jeunes et accueillants propriétaires comptent parmi leurs ancêtres d'Artagnan, Louvois, ou encore les frères Montgolfier. Aménagé dans les anciennes écuries, le restaurant Les Prémices propose, sous une jolie verrière ouverte sur une terrasse-jardin, une cuisine inventive, imprévisible même, qui met merveilleusement en musique les plus beaux fleurons de notre terroir.

Ouvert toute l'année **Chambres** 9 chambres (2 pers.) : 199 à 520 € - Petit déjeuner : 16 € **Restaurant** (midi et soir) de 42 à 95 € **Équipements** climatisation, Wifi **Divers** animaux non admis, parking **Loisirs** tennis **Accès** A 6, sortie Fontainebleau, puis N 7 (à l'obélisque) vers Nemours-Montargis ; à 8 km prendre à droite la direction Villiers-sous-Grez puis Bourron-Marlotte.

HÔTEL DE LONDRES

hoteldelondres.com

1, place du Général-de-Gaulle • 77300 Fontainebleau (Seine-et-Marne)
Tél. 01 64 22 20 21 • Fax 01 60 72 39 16 • Philippe Colombier

• L'emplacement est rêvé pour apprécier l'ordonnance majestueuse du palais de Fontainebleau, car la façade de cet hôtel particulier XVIIIe donne directement sur la grille d'entrée. Une fois franchi le seuil d'une porte toute simple, vous serez gagnés par le charme provincial des pièces de réception, qui affichent l'ambiance cossue des vieilles maisons de famille (les lambris décorés de scènes de genre et les deux immenses fresques du salon renvoient à l'imagerie locale : la Cour des adieux semble un miroir orienté vers le palais, le Laisser-courre évoque les grandes chasses organisées dans le massif forestier voisin). Classiquement meublées d'ancien et relevées de quelques touches plus tendances, les chambres offrent un confort douillet (très beaux rideaux, collection de gravures XVIIIe et XIXe) et des salles de bains stylées. En façade, elles ouvrent sur les balustrades d'un balcon face à la perspective magique du palais. À l'arrière, la vue révèle une jolie cour pavée où il fait bon se détendre l'été et sur laquelle donnent quelques très belles chambres récemment relookées. Depuis plus de soixante-dix ans, c'est la même famille qui accueille les hôtes avec courtoisie et attention. L'une des clés du succès de cette adresse où il n'est pas rare de croiser quelque célébrité venue trouver ici repos et confidentialité.

Catégorie ★★★ **Ouvert** du 10 janvier au 11 août ; du 19 août au 22 décembre **Chambres** 16 chambres : 120 à 250 €, 1 suite : 188 à 350 € - Petit déjeuner : 15 € **Équipements** climatisation, TV, Wifi **Divers** parking (12 €) **Accès** dans le centre-ville, face au palais.

HOSTELLERIE LE GONFALON

2, rue de l'Église • 77910 Germigny-l'Évêque (Seine-et-Marne)
Tél. 01 64 33 16 05 • Fax 01 64 33 25 59 • Jean-Pierre Renaud

• Qu'il est doux de s'éloigner des sentiers battus et de faire halte, à moins d'une heure de Paris, dans cet hôtel en bord de Marne. Ici, pas de route à traverser, l'eau est à deux pas, uniquement troublée par les sillons argentés des cygnes et des canards ou, en été, par les pénichettes contournant l'îlot boisé d'en face. La jolie terrasse de l'hôtel, bordée de saules et de tilleuls centenaires, prend ses aises le long d'un chemin de terre, point de départ de balades romantiques. Dans la salle à manger, rénovée dans un élégant style Louis XVI en blanc et bleu avec de belles boiseries, on ne perd jamais le fil des saisons, attablé autour de l'énorme cheminée ou dans la salle vitrée jouxtant la terrasse. Jean-Pierre Renaud étant très attentif à l'entretien de son établissement, il ne ménage pas sa peine pour conserver la belle réputation de sa demeure et entreprend régulièrement des travaux à l'extérieur comme à l'intérieur. Ses huit confortables chambres (vue sur la rivière ou le village) ont été rajeunies et offrent une décoration "de style" aux couleurs harmonisées, avec petits cadres, miroirs. Quatre d'entre elles (1, 2, 3 et 4) jouissent d'une véranda aménagée en salon. Mansardées au second étage, elles sont plus petites mais offrent l'avantage de prix ajustés en conséquence. À noter: de bons petit déjeuners avec brioches maison et jus de fruits frais sont à déguster dehors, dès les beaux jours. Ajoutez à cela une table réputée dans le pays de Meaux et les richesses culturelles et historiques de la région à découvrir.

Catégorie ★★★ **Ouvert** du 8 février à mi-janvier **Chambres** 7 chambres : 80 à 120 €, 1 suite : 135 à 150 € - Petit déjeuner : 12 € **Restaurant** (midi et soir) de 39 à 62 € **Équipements** TV, Wifi **Divers** animaux (10 €), parking **Loisirs** pêche **Accès** à 60 km à l'est de Paris par A4, sortir après le péage direction Meaux, puis N 140 vers Senlis et Soissons jusqu'à Varreddes par la rocade qui contourne la ville de Meaux.

DOMAINE DE BELLEVUE

domaine-de-bellevue.net

19 rue de l'Église • 77610 Neufmoutiers-en-Brie (Seine-et-Marne)
Tél. 01 64 07 11 05 • Fax 01 64 07 19 27 • Isabelle et Patrick Galpin

• En bordure de village, *Bellevue* ouvre sur l'immensité des champs de la Brie et sur un jardin superbement paysager : la jolie allée de bouleaux, les vieux saules, la mare bordée de roseaux et le petit pont de bois offrent un cadre extrêmement reposant à moins d'une heure de Paris. Disséminés dans la verdure, plusieurs bâtiments proposent des ambiances différentes. La bâtisse principale abrite l'accueil, le restaurant et le spa. Près d'un feu de cheminée ou dans la véranda ouverte sur la plaine, on prend le petit déjeuner et on goûte la cuisine semi-gastronomique du jeune chef. Avant ou après, direction le premier étage, entièrement consacré aux soins et aux massages, pratiqués dans de beaux espaces. Aurélie, l'une des deux propriétaires est elle-même masseuse et trois autres professionnelles travaillent ici à temps plein. Au rez-de-chaussée, le Jacuzzi est ouvert sur la campagne et privatisable. Bref, de purs moments zen qui continuent dans les chambres. L'ancienne ferme abrite au premier étage, au-dessus d'un grand salon cosy, des chambres en duplex aux tons doux avec meubles patinés, poutres apparentes et parquet clair. Deux petites maisonnettes récentes mais rénovées avec des matériaux anciens dans le style des maisons briardes, accueillent chacune un lodge indépendant coquet avec cheminée, patines, tissus et meubles clairs, alors que trois autres offrent six suites de luxe épurées et aux inspirations japonisantes. L'ensemble est agrémenté d'agréables terrasses privatives. Une adresse très accueillante, idéale pour rayonner dans la région.

Ouvert toute l'année **Chambres** 13 chambres duplex et lodges de 112 à 230 € - Petit déjeuner : 9 à 15 €, **Restaurant** (midi et soir) de 25 à 49 € **Équipements** climatisation, TV, câble/satellite, Wifi **Divers** animaux admis, parking privé **Bien-être** spa complet : 30 à 60 € **Accès** à 40 km à l'est de Paris ; A4 direction Metz, sortie 13, direction Villeneuve-Lecomte puis Neufmoutiers-en-Brie ; à l'église, fléchage.

HOSTELLERIE AUX VIEUX REMPARTS

auxvieuxremparts.com

3, rue Couverte • 77160 Provins (Seine-et-Marne)
Tél. 01 64 08 94 00 • Fax 01 60 67 77 22 • Cécile et Xavier Roy

• Avec ses airs de village fortifié, le quartier médiéval de Provins ne manque pas de caractère : ruelles pavées en pente, maisons à encorbellement groupées autour de la célèbre tour César, multiples points de vue sur la ville basse et le grand paysage briard. Au cœur du site, cette hostellerie occupe plusieurs bâtiments anciens agrandis par une aile plus moderne. Toutes différentes et très confortables, la plupart des chambres jouent la carte du charme : belles moquettes ou parquets, tissus assortis (toiles de Jouy ou motifs floraux plus contemporains) et mobilier de style souvent XVIIIe, patiné dans des tons gris pâle ou ivoire. Les familles choisiront plutôt les vastes chambres de l'annexe, aux belles salles de bains en faïence. Récemment, un spa a vu le jour dans un décor de pierres apparentes, avec piscine intérieure, hammam, sauna, balnéothérapie, cabines de soins et musique douce… – un lieu d'une belle sérénité, privatisable après 19 heures. Dans le bâtiment principal, le long d'une terrasse ombragée (où l'on sert en été), se trouve le restaurant. Pour ménager votre portefeuille, vous pourrez aussi prendre une formule "bistrot" dans une chaleureuse maison à colombages. L'accueil est particulièrement aimable.

Catégorie ★★★ **Ouvert** toute l'année **Chambres** 40 chambres : 99 à 279 € - Demi-pension (par pers.) de 133 à 199 € - Petit déjeuner : 19 € **Restaurant** de 31 à 85 € **Équipements** TV, Wifi **Divers** animaux (20 €), parking **Loisirs** piscine intérieure chauffée **Bien-être** spa complet **Accès** à 86 km à l'est de Paris par A4, puis D231 jusqu'à Provins.

AUBERGE DE LA SOURCE

€

aubergedelasource.fr

8, place Saint-Barthélémy • 77750 Saint-Ouen-sur-Morin (Seine-et-Marne)
Tél. 01 60 24 80 61 • Fax 01 60 44 80 22 • Joan Prudhommeaux

• Restée "dans son jus", la façade de *l'Auberge de la Source* a gardé la belle simplicité du petit hôtel des années 1930, très prisé des artistes montmartrois au début du XXe siècle. À seulement une heure de Paris, dans la vallée du Petit-Morin, on retrouve ici à la fois l'esprit guinguette, avec deux charmantes terrasses et une déco actuelle avec un petit esprit "broc" (vieilles affiches de "Charlie Hebdo", du "Petit Journal", fenêtres type "atelier d'artiste" dans la salle de restaurant) et un accueil très agréable. Dans les chambres, belle harmonie de blanc, d'ivoire et de chocolat, boutis moelleux, mobilier joliment patiné, et jeu savant de poutres dans la suite de luxe "Cœur de champagne" et pour la catégorie charme, avec "Fleur de champagne" et "La Romantique", notre préférée. Un bel ensemble dont certains défauts, comme une moquette tâchée dans certaines d'entre elles, feront, nous l'espérons, rapidement l'objet d'un rafraîchissement nécessaire, de la part du nouveau et jeune propriétaire qui fut, ici même, directeur de salles. Joan Prudhommeaux a en effet racheté l'auberge en janvier 2014. Et c'est lui qui officie en cuisine avec une exigence de qualité qui se retrouve dans le choix des produits. Résultat : une halte gourmande déjà réputée dans la région. Autre bonheur: un jardin clos avec sa piscine et son salon d'été… Et souvenez-vous ! Ici, nous ne sommes qu'à quelques kilomètres des premiers vignobles de Champagne.

Catégorie ★★★ **Ouvert** toute l'année **Chambres** 2 chambres : 85 à 98 €, 6 suites : 125 à 155 € - Petit déjeuner (8 h à 10 h) : 14 € **Restaurant** (midi et soir) de 23 à 40 € **Équipements** TV, Wifi **Divers** animaux admis, parking **Loisirs** piscine chauffée **Accès** A 4, sortie 18 vers La Ferté-sous-Jouarre, D 407 (direction Montmirail), au lieu-dit Montapeine, à droite direction Saint-Ouen-sur-Morin.

ABBAYE DES VAUX DE CERNAY

abbayedecernay.com

Route d'Auffargis • 78720 Cernay-la-Ville (Yvelines)
Tél. 01 34 85 23 00 • Fax 01 34 85 11 60 • Philippe Savry

• Fascinant ensemble architectural, cette ancienne abbaye cistercienne offre un subtil compromis entre sa fonction hôtelière et son antique vocation religieuse. Il y a l'ancien réfectoire des convers, devenu restaurant, le cellier, transformé en salon de musique, l'impressionnante salle des moines aux colonnades et voûtes d'ogives, le salon gothique et ses cheminées monumentales, l'ancien cloître, la salle capitulaire… immense. Mais le charme est bien là, dans le mobilier ancien et varié des salons et des chambres, dans l'absence délibérée de téléviseurs, dans l'aménagement des terrasses à l'abri de vieux pans de murs ou à proximité de l'étang (cet étang sur lequel l'ancien kiosque asiatique XIXe vient d'être transformé en suite sublime au ras de l'eau) dans le parc enfin, qui se confond avec la forêt de Rambouillet. Si le lieu est indéniablement luxueux, il sait rester accessible et de bon goût. Une superbe adresse qu'affectionnaient déjà Saint Louis et Marguerite de Provence après qu'ils y eurent trouvé la fécondité en buvant l'eau miraculeuse de la fontaine Saint-Thibaud, située dans le bois voisin.

Ouvert toute l'année **Chambres** 51 chambres : à partir de 130€ - Petit déjeuner : 20€; brunch dimanche et jours fériés : 48€ **Restaurant** (midi et soir) : à partir de 32€ **Équipement** Wifi **Divers** animaux (18€), parking fermé **Loisirs** barque, piscine, tennis **Bien-être** spa complet **Accès** à 30 km de Paris, N 10 sortie Les Essarts-Auffargis, puis D 24.

L'AUBERGE DU CHÂTEAU

latabledesblot.com

1, Grande-Rue • 78720 Dampierre-en-Yvelines (Yvelines)
Tél. 01 30 47 56 56 • Fax 01 30 47 51 75 • Sylvie et Christophe Blot

• Adossée à la forêt de Rambouillet, presque en face de l'entrée du superbe château XVIIIe de Dampierre, voici l'auberge rêvée pour se ressourcer tout près de Paris. Bien décidés à en faire un lieu incontournable, Sylvie et Christophe Blot maintiennent, année après année, la réputation gastronomique et tout à fait méritée de l'auberge. En digne élève de Marc Meneau et de Troisgros, Christophe réalise des merveilles en cuisine, ce qui ne l'empêche pas de rejoindre souvent Sylvie en salle pour participer à un service d'une qualité et d'une rapidité hors du commun. La salle à manger est d'un agréable et lumineux style rustique. À côté, le coin-salon, avec son mobilier design en cuir rouge et ses objets contemporains, apporte sa petite touche de modernité. Rafraîchies en profondeur, les chambres bénéficient du même soin et affichent une agréable simplicité campagnarde bien rajeunie dans le goût d'aujourd'hui. La plupart donnent sur la rue principale, mais elles ont souvent un double vitrage, et la circulation nocturne reste très limitée.

Ouvert toute l'année sauf vacances de février, fin août et quelques jours fin décembre; **Chambres** 7 chambres : 80 à 120 € - Petit déjeuner : 12 € **Restaurant** 57 € **Équipements** TV, Wifi **Divers** animaux (10 €), **Accès** à 30 km de Paris par A 13 vers Dreux, puis A 12; à Rambouillet prendre N 10, Trappes, Mesnil-Saint-Denis, puis Dampierre.

HÔTEL DE LA CHAPELLE

hotelchapelle.com

2, route de Chevreuse • 78470 Milon-la-Chapelle (Yvelines)
Tél. 01 30 23 49 40 • Céline Saïdi

• Voici un petit hôtel de charme par excellence, et qui ne cesse de s'améliorer au fil des ans. À trente-cinq kilomètres de Paris, dans un petit village de carte postale au sein du parc naturel régional de la vallée de Chevreuse, cet ancien relais de poste du XIXe ressemble à une maison particulière en pierre meulière. Avant même d'y pénétrer, on est enchanté par son petit jardin ouvert sur la forêt environnante, pressé d'aller s'y poser sous de jolis parasols verts, à côté du grand bouddha ou de la cabane de jardin. Côté chambres, toutes sont impeccables et lumineuses, chacune avec son style, sa taille et sa couleur, et ce mobilier en pin anglais indémodable. Parfois, des éléments orientaux d'Asie ou du Maroc évoquent discrètement le voyage. On aime aussi l'esprit plus contemporain de "Saint-Forget" et de "Dampierre", aux superbes salles de bains. Dans cet hôtel sensible à la protection de l'environnement, vous goûterez, dans l'adorable salle des petit déjeuners aux allures de maison de poupée, une sélection de produits locaux : yaourts fermiers, jus de pomme et confitures gourmandes. Et vous trouverez ici une mine d'informations sur les nombreuses possibilités de balades. Une adresse à l'accueil enthousiaste et chaleureux.

Catégorie ★★★ **Ouvert** toute l'année **Chambres** 17 chambres : 88 à 109 € - Petit déjeuner : 11,50 € **Équipements** TV, Wifi, ascenseur **Divers** animaux non admis, parking privé **Loisirs** location de vélos électriques **Accès** à 35 km au sud de Paris, A 12 puis N 286 sortie Guyancourt ; à la sortie de Voisins-le-Bretonneux, D 36 (route de Trappes) puis D 91 et D 46.

HÔTEL SAINT-LAURENT

hotelsaint-laurent.com

2, place Lebreton • 78490 Montfort-l'Amaury (Yvelines)
Tél. 01 34 57 06 66 • Fax 01 34 86 12 27 • Mme Delabarre

• Première bonne surprise du *Saint-Laurent* : son emplacement, au cœur de la petite cité médiévale, sur une jolie place triangulaire au pavage ancien bordée d'élégantes maisons. Cette demeure de charme construite au début du XVIIe siècle fut un temps la propriété du célèbre cinéaste Henri-Georges Clouzot, qui tourna à Monfort-l'Amaury *Les Diaboliques* et *Le Corbeau*. Franchissez le porche et vous découvrirez un ensemble de très belle allure devant lequel s'étend un jardin où trône un splendide tilleul. Au classicisme de la façade répond celui du décor des quinze chambres, tout en sobriété : tons ivoire ou vanille, mobilier contemporain en chêne clair, rideaux, coussins et jetés de lit coordonnés dans une gamme de rouge basque, jaune... et quelques tableaux discrets. Lors de la rénovation, on a pris soin de mettre en valeur la poutraison de la salle des petit déjeuners (buffet soigné avec gâteaux maison) et la charpente apparente de certaines chambres. Celles-ci se différencient seulement par leur volume (en rez-de-chaussée, elles disposent de terrasses privatives sur le jardin). L'hôtel propose également quatre autres chambres dans une maison voisine, également dotée d'un jardin : *La Résidence*. Excepté l'absence de véritable salon, le confort de l'ensemble est excellent et permet à l'accueillant *Saint-Laurent* d'être apprécié par une clientèle d'affaires en semaine et de touristes le week-end, à seulement quarante kilomètres de Paris.

Catégorie ★★★ **Ouvert** toute l'année sauf du 28 décembre au 4 janvier et du 2 au 23 août **Chambres** 19 chambres : 105 à 220 € - Petit déjeuner : 14 € **Équipements** TV, Wifi, ascenseur **Divers** animaux (15 €), parking fermé **Accès** sur N 12 entre Pontchartrain et Houdan, sortie Monfort-l'Amaury, fléchage en centre-ville.

DOMAINE DE LA CORNICHE

domainedelacorniche.com

5, route de la Corniche • 78270 Rolleboise (Yvelines)
Tél. 01 30 93 20 00 • Fax 01 30 42 27 44 • Jérôme Crepatte

• Pour la petite histoire, cette opulente maison fut construite à la fin du XIXe sur ordre du roi belge Léopold II, pour y vivre une secrète idylle avec une baronne… On imagine aisément ce choix, loin des regards, depuis cette corniche surélevée des coteaux de Seine, surplombant la vallée et le lit argenté du fleuve à perte de vue. Entièrement rénové, le domaine adopte un style contemporain des plus feutrés : la réception se veut tendance (du lamé, du plexi, de l'argenté, du brillant !), avec son escalier en bois blanc se détachant dans un beau jeu d'ébénisterie sur les murs violets. Dans les chambres, moquettes et peintures marient leurs couleurs flashy : violet-rouge, vert-violet… ; elles sont équipées de neuf, avec des lits confortables, des salles de bains dernier cri – parfois complètement ouvertes sur la chambre. Parmi les dix-huit chambres du bâtiment principal, préférez celles qui donnent côté Seine : c'est vertigineux et splendide ! Ou celles de la jolie villa adjacente, *La Jeanette*, que l'on rejoint à pied par un chemin sous les arbres ; elle est plus calme, avec à l'étage d'adorables volumes mansardés. Celles de *La Forestière*, dans une maison plus récente, côté jardin, sont dans le même esprit mais un peu moins attrayantes. Le soir, dîner panoramique, après un plongeon dans la piscine. Une adresse pour changer d'air à une heure de Paris !

Catégorie ★★★★ **Ouvert** toute l'année **Chambres** 34 chambres : 105 à 396 € - Petit déjeuner : 10 à 16 € **Restaurant** (midi et soir) de 29 à 75 € **Équipements** climatisation, TV, Wifi **Divers** animaux (8 €), parking **Loisirs** piscine, vtt **Bien-être** massages **Accès** de Paris, A 13 sortie 13 Mantes-ouest, suivre Rosny-sur-Seine, traverser Rosny puis Rolleboise. De Rouen, A 13 sortie 15 Chauffour, suivre Bonnières-sur-Seine puis Freneuse puis Rolleboise.

HÔTEL DE FRANCE

lhotelfrance3.com

2, place du Marché • 91670 Angerville (Essonne)
Tél. 01 69 95 11 30 • Fax 01 64 95 39 59 • Mme Faucheux

• La façade, au premier abord sans intérêt, de cet ancien relais de poste cache un hôtel de grand charme, constitué de trois maisons anciennes autour d'une cour verdoyante. Madame Faucheux, issue d'une famille d'hôteliers, à derrière elle trois générations de professionnels, elle tient d'eux un savoir-faire, un sens de l'accueil qui vous comblera. L'intérieur, décoré de manière chaleureuse, utilement isolé de la rue et de la place du marché par des doubles vitrages, offre des chambres toutes différentes. Douze d'entre elles viennent d'être entièrement refaites avec beaucoup de goût. Une petite armoire XVIIIe ici, une commode Louis-Philippe là, des tissus de marque créent dans chacune une ambiance intimiste. Au rez-de-chaussée, la salle à manger permet de déguster la cuisine savoureuse et fine de votre hôte. À côté, une chaleureuse pièce fait office, selon l'heure, de salle des petit déjeuners ou de salon-bar, grâce au canapé et aux fauteuils qui encadrent la cheminée. Une adresse qui mérite plus qu'une étape pour découvrir les richesses cachées de la région. D'autant plus qu'un centre de bien-être sera prochainement aménagé dans les anciennes caves.

Catégorie ★★★ **Ouvert** toute l'année **Chambres** 20 chambres doubles : 115 à 150 € - Petit déjeuner : 14,50 € **Restaurant** 32 € - Forfait étape en semaine : 95 € **Équipements** TV, Wifi **Divers** animaux (20 €), parking **Bien-être** spa complet en projet **Accès** à 60 km au sud de Paris par N 20, direction Étampes, à 16 km au sud d'Étampes. A 10 en venant de Paris sortie Allainville puis direction Étampes, seconde rue à droite au 1er rond-point

CHÂTEAU DU MARÉCHAL DE SAXE

chateaudumarechaldesaxe.com

Avenue du Domaine-de-la-Grange • 91330 Yèrres (Essonne)
Tél. 01 69 48 78 53 • Fax 01 69 83 84 91 • Philippe Savry

• Aux portes de Paris, cet imposant château XVIIe en briques et pierres se dresse à l'entrée d'un vaste domaine. Dans le prolongement de l'allée centrale, la route d'arrivée offre une perspective princière à l'ancienne demeure du Maréchal de Saxe. La cour aux pavés usés par le temps accueille les voyageurs, alors que les sphinx sculptés veillent sur les eaux des douves. À l'intérieur, les pièces d'apparat se succèdent, superbes vestiges du savoir-faire ancestral : faux marbre rehaussé d'or, décors de stuc, boiseries patinées et tapisseries. On se prend au jeu de ce faste d'antan, en circulant librement au gré des salles majestueuses et des salons feutrés. Rénovées, les chambres allient subtilement confort moderne et mobilier d'époque – Ancien Régime et Art déco–, avec des salles de bains rutilantes. À côté du potager, une dépendance abrite des chambres plus exotiques, modernes et économiques (certaines lumineuses et agréables). Dès que le temps le permet, les hautes portes-fenêtres du château s'ouvrent sur la terrasse, où l'on sert de somptueux goûters et petit déjeuners, avec vue sur le parc et les moutons, qui remplacent la tondeuse à gazon !

Ouvert du 27 février au 31 décembre **Chambres** 32 chambres doubles : à partir de 115 € - Petit déjeuner : 17 € **Restaurant** (midi et soir) : menus à partir de 30 € **Équipement** Wifi **Divers** animaux (18 €), parking **Loisirs** piscine intérieure chauffée **Accès** à 20 km à l'est de Paris ; porte de Charenton, prendre la N 19 jusqu'au château de Gros-Bois et tourner à droite juste avant le château en direction de Yerres (D 941) ; le château est dans le prolongement de la route.

HOSTELLERIE DU PRIEURÉ

hosteldupriere.com

74, rue Auguste-Rey • 95390 Saint-Prix (Val-d'Oise)
Tél. 01 34 27 51 51 • Yves et Frédérique Farouze

• Paris n'est qu'à une vingtaine de kilomètres, et, de cet étonnant endroit, on peut admirer la capitale au loin dans la brume. L'*Hostellerie du Prieuré* accueille ses hôtes dans le petit bistrot traditionnel avec ses banquettes rouges et ses nappes à carreaux ou, pour une expérience plus intimiste, dans le petit salon cosy avec sa cheminée. Carte à l'ardoise avec plats inventifs et produits excellents. Sélection de vins originaux avec une heureuse prédilection pour la biodynamie (conseil averti des patrons et grand choix de petits domaines servis au verre), à déguster autour d'une cuisine pleine de fraîcheur, qui, à l'instar des chambres, aime marier la tradition française avec des trouvailles plus exotiques. À l'étage, en effet, chaque porte cache un univers différent : des meubles syriens ou libanais pour "Aladin"; une barre de navigation et des hublots pour "Capitaine"; des masques africains pour le décor de *lodge* de "Safari" ou un salon-bibliothèque pour l'appartement "Victor Hugo"… Une belle et accueillante maison pour s'échapper de Paris en quelques minutes.

Catégorie ★★★★ **Ouvert** toute l'année sauf 15 jours en août et une semaine en janvier **Chambres** 7 chambres : 118 à 148 €, 1 suite 190 € - Petit déjeuner : 15 € **Restaurant** de 45 à 70 € **Équipements** climatisation, TV, Wifi **Divers** animaux (10 €), parking fermé (10 €) **Loisirs** à proximité golf, équitation, randonnée, thermalisme, tir à l'arc, VTT **Accès** A 15 direction Cergy-Pontoise puis A 115 vers Calais, sortie Saint-Leu-la-Forêt, à gauche, puis au carrefour à droite et, au rond-point, D 44 direction "Vieux village" et, au 1er feu, à gauche vers Chauvry.

BLOC G

bloc-g.com

112, rue Barbacane • 11000 Carcassonne (Aude)
Tél. 04 68 47 58 20 • Port. 06 71 72 72 14 • Sophie Galinier

• Il fallait oser créer à Carcassonne un tel univers de modernité. L'emplacement est astucieux : à cinq minutes à pied de l'entrée de la cité médiévale et du centre-ville, sur une place tranquille face au pont Vieux. Ouvert au printemps 2008, le restaurant est devenu rapidement un QG "tendance" et convivial, où se croisent Carcassonnais et visiteurs d'un jour, artistes, amateurs de vins ou de musique électro. L'été, cet espace blanc et design, incluant quelques pièces signées Konstantin Grcic, se prolonge en terrasse. La cuisine, simple mais pleine de réjouissantes trouvailles, maîtrise à merveille l'art du wok et s'essaie à d'insolites associations – tartare coriandre et gingembre, clafoutis aux asperges... Côté chambres, c'est le plus strict minimalisme qui prévaut, avec un sol gris en lino, des portants noirs et des bouquets graphiques. On y retrouve cette obsédante blancheur qui sublime volumes et lumières, et ce goût pour les lignes pures (baignoires Starck, luminaires design). Beaucoup d'attention apportée aux salles de bains, qui sont ici des pièces à part entière, avec un détournement réussi de cuves à laver et autres meubles de cuisine professionnelle. Et, si vous venez en hiver, une belle flambée vous attendra dans le bar lounge...

Ouvert du 1er février au 31 décembre **Chambres** 4 chambres : 100 à 120 €, 1 suite : 130 à 200 € - Petit déjeuner : 10 € **Restaurant** 20 à 50 € **Équipements** climatisation, TV, Wifi **Divers** animaux non admis **Accès** A 61 sortie Carcassonne-est, direction centre-ville (avenue du Général-Leclerc), à la gendarmerie prendre à droite, puis à gauche, passer sous les deux ponts ; le BLOC G se trouve sur une petite place à gauche.

HÔTEL DU CHÂTEAU

hotelduchateau.net

Montée Gaston-Combéléran • 2, rue Camille-Saint-Saëns • 11000 Carcassonne (Aude)
Tél. 04 68 11 38 38 • Fax 04 68 11 38 39 • Stéphane Rives

• À quelques mètres seulement de l'entrée de la cité fortifiée, face à la ligne crénelée des remparts, *l'Hôtel du Château*, c'est trois univers distincts. La structure quatre étoiles, à la fois médiévale et contemporaine, offre des suites superbes d'inspiration japonisante ou monacale avec terrasses privatives, à part, sur le pourtour verdoyant de la piscine et des chambres splendides et raffinées, avec des salles de bains à se damner comme dans la 1 et la 2. Un bar lounge et cosy, un Jacuzzi extérieur chauffé à l'année, un spa Carita avec hammam et bassin sont autant d'invitations à la détente et à la volupté. En saison, on vit plutôt sur la grande terrasse dressée à l'ombre des Albizia. Sur de moelleuses méridiennes, on se fait servir, avec bonne humeur et enthousiasme, boissons et petits déjeuners, face aux murailles... Deux autres structures trois étoiles sont également aux petits soins pour leurs clients. *L'Hôtel Montmorency*, où la décoration des chambres alterne entre esprit champêtre et design très actuel et aux couleurs flashy. *L'Hôtel de l'Octroi*, à cent mètres de là, propose une amusante ambiance pop-design à découvrir à travers un étonnant dédale de coursives conduisant aux chambres et au patio-piscine (le cœur de l'hôtel avec ses canapés en skaï et tubes chromés et ses petites tables pour prendre un verre). Vous aurez donc l'embarras du choix : la question étant de choisir son style de décoration, d'atmosphère – quel volume, quelle vue... Des lieux aux multiples qualités, tenus par une famille et un personnel plein d'allant, passionnés par leur métier.

Catégorie ★★★★ **Ouvert** toute l'année **Chambres** 14 chambres doubles et triples : 132 à 255 €, 3 juniors suites (4 pers.) : 192 à 305 € - Petit déjeuner 15 € **Équipements** climatisation, TV, Wifi **Divers** animaux (10 €), parking privé **Loisirs** piscine **Bien-être** massages, spa complet **Accès** RN 113 vers Cité médiévale ; l'hôtel se situe en face du pont-levis.

HOSTELLERIE DU GRAND DUC €

host-du-grand-duc.com

2, route de Boucheville • 11140 Gincla (Aude)
Tél. 04 68 20 55 02 • Fax 04 68 20 61 22 • Martine et Bruno Bruchet

• Pour rejoindre cette vaste auberge cossue recouverte de lierre, il vous faudra emprunter une route sinueuse qui s'enfonce loin dans la montagne, aux confins d'un pays cathare à l'histoire tourmentée. Au coeur d'un paisible village d'une quarantaine d'habitants, la vieille maison de maître (1780) est tenue depuis trente huit ans par une sympathique et dynamique famille. Vous y trouverez un accueil chaleureux et neuf chambres bien tenues, décorées dans un style traditionnel qui évolue au gré des modes et des rénovations. Les chambres, distribuées à l'étage de part et d'autre d'un long couloir, offrent six vues au sud (jardin) et trois à l'arrière (plus sombres), grâce à de hautes fenêtres. L'an dernier toutes les salles de bains ont été refaites, ultramodernes, avec des douches à l'italienne. Bordé d'un élégant parc doté d'une fontaine, de statues et de coins pour prendre le frais en été, le restaurant prend des airs espagnols avec ses poutres foncées, son crépi blanc et son mobilier en bois. Il reste le théâtre d'une cuisine du terroir, sagement inventive, avec à l'honneur des produits catalans (viandes) et des labels du pays cathare (miel, jus de fruits). L'Hostellerie est sans aucun doute le lieu d'une étape authentique, à des prix encore raisonnables.

Catégorie ★★★ **Ouvert** du 1er avril au 28 octobre **Chambres** 12 chambres simples et doubles : 70 à 100 €, 1 chambre triple : 105 à 115 € - Petit déjeuner : 12 € **Restaurant** (midi et soir) : 30 à 85 € **Équipements** TV, Wifi **Divers** animaux admis (6 €), garage (6 €) **Accès** à 63 km au nord-ouest de Perpignan par D 117 jusqu'à Lapradelle, puis D 22 sur 7 km jusqu'à Gincla.

LA RÉSIDENCE

hotelresidence.fr

6, rue du 1er-Mai • 11100 Narbonne (Aude)
Tél. 04 68 32 19 41 • Fax 04 68 65 51 82 • Jean-Luc M. Guillot

• Grâce au dynamisme du propriétaire, la rénovation de cet hôtel va bon train ! Installé dans une très belle bâtisse XIXe d'un quartier tranquille et cossu du centre-ville il incarne on ne peut mieux le petit hôtel de charme en centre-ville. Pour que les fidèles ne soient pas perdus, fauteuils et armoires à tendance rocaille ont été conservés, mais repeints en mastic ou en noir, avec des tissus d'un baroque modernisé. Et, dans l'une des pièces de réception, la photo grandeur nature du canal du Midi recouvre toujours intégralement la paroi, donnant à cet espace une perspective amusante. N'oublions pas que Narbonne est l'une des villes phares du canal et qu'en sortant de l'hôtel, à cent pas, on le trouve là, à jouer des écluses et à promener les péniches, sous l'aile de platanes flamboyants. Du côté des chambres, toutes agréables et lumineuses, les travaux vont bon train. Chaque hiver, plusieurs sont intégralement refaites dans un esprit actuel qui n'oublie pas de respecter la noblesse classique du bâtiment. Ces chambres sont bien entendu celles que nous vous recommandons, certaines ayant des "plus" comme par exemple un balcon, une cheminée, ou encore un bout de vue sur la cathédrale – le bijou de Narbonne, qui, avec le musée voisin, forme un ensemble sublime (superbes fresques et mosaïques romaines). Celles non rénovées encore sont donc de moins en moins nombreuses, nous ne les conseillons pas, sauf pour dépanner. Bons petit déjeuners servis dans une pièce lumineuse et pimpante. Attentifs, les réceptionnistes vous indiqueront les bons restaurants, notamment le *Méli-Mélo*, juste derrière l'hôtel, et *Chez-Bebelle* ou *Chez-Fourmi* aux halles.

Catégorie ★★★ **Ouvert** toute l'année **Chambres** 26 chambres : 95 à 145 € - Petit déjeuner : 12 € **Équipements** climatisation, TV, Wifi, ascenseur **Divers** animaux (9 €) **Accès** dans le centre-ville.

HOSTELLERIE DU CHÂTEAU DE LA POMARÈDE

hostellerie-lapomarede.fr

Château de la Pomarède • 11400 La Pomarède (Aude)
Tél. 04 68 60 49 69 • Fax 04 68 60 49 71 • Gérald Garcia

• À la limite de l'Aude et de la Haute-Garonne, entre Castelnaudary et Toulouse, La Pomarède abrite un château cathare édifié en 1052. Bel édifice de pierre en partie accroché à un soubassement rocheux, le lieu est l'une des principales étapes gastronomiques de la région. Cette renaissance, il la doit à l'impulsion de Gérald Garcia, chef réputé pour sa cuisine délicate et créative (foie gras chaud, pêche de vigne marinée au porto, bar rôti au pesto, coquillages et haricots cocos en salade tiède, œuf coque, litchi et rose, mouillettes façon "Palmito"...). Vous vous régalerez sous les superbes volumes de la salle à manger, chaleureuse et contemporaine. Quand le temps le permet, on s'installe sur la terrasse, dont la vue domine la plaine du Lauraguais. Vous ne serez pas mal non plus dans les chambres, très confortables, décorées dans un esprit sobre et actuel (certaines ouvrent sur la belle vue). Celles de l'ancien presbytère, situé en contrebas du château, plus spacieuses et modernes, témoignent d'un véritable goût pour la décoration : dalle en béton, photos numériques appliquées sur des bâches qui épousent le pan de mur en tête de lit, lampadaire industriel, présentoir à journaux rouillé, baignoire rétro, objets de brocante, malles anciennes... Magnifiques, insolites, elles proposent chacune une ambiance très différente. Leurs salles de bains sont un enchantement. Une belle réussite. Tout comme la piscine extérieure et le spa, véritable espace zen qui privilégie le pastel, une plante de la région reconnue pour ses propriétés dermatologiques.

Catégorie ★★★★★ **Ouvert** toute l'année **Chambres** 12 chambres : 110 à 250 €, 2 suites : 250 à 300 € - Demi-pension (supp./pers.) 60 € - Petit déjeuner : 18 € **Restaurant** (midi et soir) : 29 à 99 € **Équipements** climatisation, TV, Wifi **Divers** animaux (10 €) **Loisirs** piscine chauffée **Bien-être** massages **Accès** A 6 sortie Castelnaudary puis D 624 vers Castres, Revel.

HÔTEL LES TEMPLIERS

hotellestempliers.fr

23, rue de la République • 30220 Aigues-Mortes (Gard)
Tél. 04 66 53 66 56 • Fax 04 66 53 69 61 • Igor et Anne Gourry Alary

• D'une maison de marchands du XVIIIe siècle, en plein cœur d'Aigues-Mortes, les propriétaires ont fait un hôtel original et raffiné. On est tout de suite séduit par leur hospitalité et la chaleur des lieux : salons aux confortables banquettes, bar très cosy avec fauteuils club en cuir usé et lumières tamisées. Partout, des objets, souvenirs de nombreux voyages, des livres, des affiches, des vieux meubles chinés ici et là participent de cette atmosphère. Un bel escalier conduit aux ravissantes chambres, toutes différentes et décorées avec le même esprit. Certaines donnent sur la rue piétonne (climatisation et double vitrage les isolent bien des bruits éventuels), d'autres ouvrent sur la douceur de la cour intérieure avec sa fontaine rafraîchissante et son bassin de nage. On y savoure une bonne cuisine du marché, servie également dans un ancien garage aménagé en restaurant (beau sol en béton noir). Dans une autre pièce, on retrouve un bistrot plus simple, mais tout aussi séduisant, avec quelques tables en terrasse, ouvertes au spectacle de la ruelle. Une merveilleuse adresse de charme comme on aimerait en trouver plus souvent.

Catégorie ★★★ **Ouvert** toute l'année **Chambres** 14 chambres : 125 à 190 € - Petit déjeuner : 12 € **Restaurant** (le soir) **Équipements** climatisation, TV, Wifi **Divers** animaux (15 €) **Loisirs** piscine **Accès** à Arles, direction Saintes-Maries-de-la-Mer, puis D 58.

CHÂTEAU D'ARPAILLARGUES

chateaudarpaillargues.com

Rue du Château • Château d'Arpaillargues • 30700 Arpaillargues et Aureillac (Gard)
Tél. 04 66 22 14 48 • Fax 04 66 22 56 10 • Benjamin Savry

• Arpaillargues, belle demeure XVIIIe où vécut la comtesse Marie d'Agoult, compagne de Franz Liszt, se trouve à quelques kilomètres d'Uzès. D'emblée, on est séduit par la superbe cour-jardin, où l'on s'installe volontiers pour lire ou prendre un verre à l'ombre du grand figuier. À l'intérieur, les pièces de réception ont du caractère, et l'atmosphère y est plutôt celle d'une maison privée. Un escalier monumental mène aux étages, où se trouvent neuf grandes chambres, classiquement aménagées avec beaucoup de goût et très bien meublées (même si certaines salles de bains n'ont pas le même faste). Les autres sont dans la magnanerie ; elles ont pour elles une très agréable terrasse de plain-pied sur le jardin, un bon confort et quelques meubles anciens, mais mériteraient une meilleure ventilation. Pour le soleil, un bel espace isolé côté parc permet de se détendre au bord d'une grande piscine. En saison, on peut y déjeuner au grill d'été, ou rejoindre le restaurant pour une cuisine un peu plus élaborée bien qu'un peu irrégulière. L'accueil et le service sont aussi agréables qu'attentifs. Signalons *l'Hôtel du Général d'Entraigues* (tél. : 04 66 22 32 68), situé dans un très beau bâtiment au cœur de la cité d'Uzès ; cet établissement, géré par la même famille, rejoindra nos pages dès que sa rénovation sera achevée.

Catégorie ★★★ **Ouvert** du 12 février au 1er novembre et du 1er décembre au 19 janvier **Chambres** 25 chambres (2 pers.) : 120 à 260 €, 3 suites : 200 à 335 € - Demi-pension (supp. par pers.) : 60 € - Petit déjeuner : 16 € **Restaurant** 30 à 50 € **Équipements** climatisation, TV, Wifi **Divers** animaux (15 €) **Loisirs** piscine, tennis **Bien-être** Jacuzzi **Accès** N 100 jusqu'à Remoulins (sur A 9, sortie Remoulins), puis D 981 jusqu'à Uzès, et D 982 (vers l'ouest), 4 km jusqu'à Arpaillargues.

DOMAINE DES CLOS

domaine-des-clos.com

911, chemin du Mas-de-la-Tour • 30300 Beaucaire (Gard)
Tél. 04 66 01 14 61 • Port. 06 22 30 79 50 • David et Sandrine Ausset

• Ils ont longtemps reçu en tant que maison d'hôtes, et en ont gardé une partie du fonctionnement : David s'occupe de l'accueil et du jardin, Sandrine de la maison, de la cuisine – et ensemble de leurs trois enfants. Le succès et les nouvelles dispositions réglementaires les ont d'abord poussés à devenir hôtel, puis à aménager, dans un esprit "maison de campagne", de véritables appartements. Dans cet authentique mas provençal du XVIIIe siècle, les chambres arborent toujours tomettes anciennes, parquets, patines et enduits à la chaux, avec un mobilier parfois d'inspiration provençale, mais aussi un mélange entre ancien et contemporain. Un petit déjeuner gourmand est servi dans la salle des écuries. C'est aussi là, autour d'une grande table et en compagnie des propriétaires, que l'on déguste les spécialités provençales, préparées avec les produits du jardin potager ou du terroir. Et, comme ici, les bonnes choses appellent les prolongations, on retrouve dans la boutique, outre vins du coin, l'huile d'olive et les confitures du domaine (la "pêche-lavande" est un pur bonheur…) Autres sources de bien-être : la piscine sur l'oliveraie, l'espace massage, la bibliothèque, le vaste jardin… À l'extérieur, la fête continue : dans un rayon de trente kilomètres, Nîmes, Arles, Avignon, le pont du Gard, Uzès, les Alpilles, Saint-Rémy-de-Provence, la Camargue et la Méditerranée vous attendent.

Catégorie ★★★ **Ouvert** toute l'année sauf du 25 décembre au 31 janvier **Chambres** 7 chambres doubles : 95 à 115 €, 2 suites familiales : 155 à 175 €, 9 appartements-studios (prix/semaine) : 550 à 1800 € - Petit déjeuner compris **Équipements** climatisation, TV, Wifi **Divers** animaux non admis, parking privé **Loisirs** piscine **Accès** sur la D 38 ; à 6 km de Beaucaire en direction de Bellegarde, sur la gauche petit chemin fléché.

HOSTELLERIE LE CASTELLAS

lecastellas.com

30, grande rue • 30210 Collias (Gard)
Tél. 04 66 22 88 88 • Fax 04 66 22 84 28

• *L'Hostellerie Le Castellas* occupe deux vieilles demeures du XVIIe siècle, dans une petite rue du centre de Collias. Tirant admirablement parti de la disposition des maisons, Mme Aparis a réussi à faire de la cour fermée une oasis de verdure et à nicher en contrebas une petite piscine bordée par un espace où tiennent quelques chaises longues. Lieu d'expression privilégié pour des artistes, peintres ou sculpteurs, la seconde maison possède des chambres à la décoration intérieure exceptionnelle, avec parfois des salles de bains fabuleuses (l'une d'elles a été aménagée sur une terrasse-solarium, sur le toit, et la baignoire trône au centre). Plus classiques, les chambres de la maison principale sont également très agréables et d'un confort parfait. Côté restaurant, l'arrivée de Stéphana Mazières nous semble pleine de belles promesses gastronomiques, notamment sur le travail des légumes dont certains sont désormais produits sur place, pour plus de qualité, plus de fraîcheur. Vous vous régalerez sous les voûtes de la salle à manger ou dehors, en terrasse (les petit déjeuners méritent aussi une mention). Accueil sympathique et très prévenant. Une très belle adresse de charme à découvrir pour un séjour ou juste le temps d'un repas.

Catégorie ★★★ **Ouvert** du 1e au 19 janvier, du 12 au 16 février et du 1e mars au 31 décembre **Chambres** 13 chambres (2 pers.) : 85 à 229 € et 2 suites (2 pers.) : 199 à 299 € - Petit déjeuner : 12 à 20 € **Restaurant** (midi et soir) : 37 à 109 € **Équipements** climatisation, TV, Wifi, **Divers** animaux (17 €) parking privé **Loisirs** piscine **Bien-être** massages **Accès** à 26 km au nord-est de Nîmes par A 9, sortie Remoulins ; à Remoulins, prendre D 981 puis D 112 jusqu'à Collias.

LA VIEILLE FONTAINE

lavieillefontaine.net

30630 Cornillon (Gard)
Tél. 04 66 82 20 56 • Fax 04 66 82 33 64 • Famille Audibert

• Dans l'enceinte de l'ancien château médiéval (XIe) du charmant village de Cornillon, M. et Mme Audibert ont intégré de belles et grandes chambres, totalement rénovées l'an dernier, auxquelles on accède par un escalier de verre qui permet d'admirer le petit jardin méridional sur fond de vieille muraille. Deux ou trois chambres par étage, élégamment décorées (meubles anciens), toutes soignées et impeccablement entretenues. Au premier, les petites ouvertures d'origine ont été conservées, ce qui garantit une fraîcheur bienvenue lorsqu'il fait chaud. La montée aux étages est récompensée par l'agrément de la vue au-dessus des toits du village, ou de balcons qui dominent les murs du château et profitent d'un panorama époustouflant sur les vignes et la vallée de la Cèze. Celui-là même qu'on admire de la grande terrasse intérieure et extérieure du restaurant (beaucoup de réussite aussi de ce côté-là, grâce au talent du gendre de Mme Audibert, qui signe une cuisine fine et judicieusement créative). Pour accéder à la piscine (nage à contre-courant), il vous faudra descendre à travers un jardin en étages, parsemé de fleurs et de plantes odorantes… Cinq petites minutes de marche avant le grand plouf au pied des remparts ! Accueil familial et chaleureux.

Ouvert d'avril à mi-octobre **Chambres** 6 chambres : 150 à 195 € - Petit déjeuner : 10 € **Restaurant** (soir et midi et soir le week-end) : 40 à 65 € **Équipements** climatisation, TV **Divers** animaux (10 €) **Loisirs** piscine **Accès** à 45 km au nord-ouest d'Avignon par A 9 sortie Tavel, jusqu'à Bagnols-sur-Cèze, puis D 980 direction Barjac ; A 7, sortie Bollène.

JARDINS SECRETS

jardinssecrets.net

3, rue Gaston-Maruejols • 30000 Nîmes (Gard)
Tél. 04 66 84 82 64 • Fax 04 66 84 27 47 • Mme Valentin

• Située en centre-ville, cette ravissante maison rose, tout en longueur, ouvre sur un délicieux jardin méditerranéen secrètement clos de murs. Styliste pour la presse, Annabelle Valentin a fait de sa maison un décor. Tout a été retravaillé pour laisser place à un intérieur luxueux, reconstitué dans l'esprit d'une demeure du XVIIIe siècle, avec quelques éléments empruntés au XIXe. Au rez-de-chaussée, une enfilade de salons éclairés de grandes portes-fenêtres donne accès au jardin. Tout y est : les canapés devant les cheminées, les livres d'art posés sur les tables basses, le Pleyel, les tapis, les gravures… Le raffinement est là, partout, même dans la cuisine, reconstituée elle aussi, où vous pourrez, à la lueur des bougies, dans le cristal et l'argenterie, déguster des plateaux de fruits de mer et de fromages sur commande. Plus que spacieuses, les chambres et les suites, donnant sur le jardin ou sur un superbe cloître à l'italienne aux colonnes de marbre, occupent l'étage. Là non plus, rien n'est laissé au hasard : matériaux anciens, antiquités, soieries, vitraux, lustres à pampilles, linge de maison monogrammé…, tout est très abouti, d'un confort et d'un raffinement extrêmes. Enfin, le service très attentif parfait cette merveilleuse mise en scène, villégiature de rêve et d'exception au cœur de Nîmes.

Catégorie ★★★★ **Ouvert** toute l'année **Chambres** 14 chambres doubles : 195 à 450 € - Petit déjeuner : 25 à 30 € **Équipements** climatisation, TV, Wifi **Divers** animaux (20 €), garage (20 €) **Loisirs** piscine intérieure chauffée **Bien-être** hammam, Jacuzzi **Accès** dans le centre-ville.

€ CHÂTEAU DU REY

chateaudurey.fr

30570 Pont-d'Hérault (Gard)
Tél. 04 67 82 40 06 • Fax 04 67 82 47 79 • Famille Cazalis de Fondouce

• Depuis le XIIIe siècle, les hautes tours du *Rey* veillent sur le Viganais. Remanié au XIXe par Viollet-le-Duc, le château est désormais ouvert aux hôtes dans une atmosphère toute provinciale. Pleine d'humour et de personnalité, Mme Cazalis vous y recevra avec une vraie grande gentillesse. Au premier étage, vous aurez le choix entre quatre belles et vastes chambres et une superbe suite, toutes hautes de plafond et aménagées avec du mobilier de famille, sans luxe ni mise en scène. Elles sont nos préférées, par leur allure et leur espace. Celles du second, beaucoup plus simples nous semblent moins recommandables, même si leurs prix sont plus doux. Le Petit déjeuner peut être servi en chambre (la meilleure solution pour qui veut profiter pleinement du château) ou dans une dépendance rustique. Derrière se trouve l'ancienne bergerie (XIIIe), dont l'épaisse voûte en berceau diffuse une agréable fraîcheur en été (et qui se prolonge par une terrasse sous toile). À l'image du lieu, la cuisine est saine et bonne. Non loin de la piscine, les berges de l'Arre, avec leurs rochers arrondis et leurs cuvettes naturelles, offrent une merveilleuse possibilité de promenade. Jeux de lumière, passage de truites dans une eau limpide, bruissement des feuilles… Au *Rey*, sensible au temps qui passe et au parfum des ambiances surannées, on se sent pousser une âme de peintre ou de poète.

Catégorie ★★ **Ouvert** du 1er mai au 30 septembre **Chambres** 12 chambres : 78 à 99 €, 1 suite : 160 € - Demi-pension (par pers.) : 68 à 82 € - Petit déjeuner : 10 € **Restaurant** (midi et soir) : 15 à 45 € **Équipements** TV, Wifi **Divers** animaux (6 €) **Loisirs** pêche, piscine **Accès** A 9 sortie Montpellier, D 999 vers Ganges-Le Vigan ; le château se trouve à 1 km après avoir traversé Pont-d'Hérault.

LE SAINT-LAURENT

lesaintlaurent.biz

1, place de l'Arbre • 30126 Saint-Laurent-des-Arbres (Gard)
Tél. 04 66 50 14 14 • Fax 04 66 50 46 30 • Thierry Lelong et Christophe Bricaud

• À proximité d'Uzès et du pont du Gard, voici une ancienne maison de village qui cache bien des qualités. Si l'architecture est ici plus modeste, le soin apporté à la clientèle est extrême. Quelques tables en terrasse sous parasols souhaitent la bienvenue aux hôtes venus se garer sur la petite place, puis il y a le salon au décor de brocante baroque et la salle voûtée des petit déjeuners, où l'on s'émerveille chaque matin du buffet pantagruélique (servi dans le patio fleuri en été). En surplomb du patio, un salon en loggia dessert la majorité des chambres, véritables bonbonnières romantiques, plus ou moins grandes, parfois très originales, il y en a pour tous les goûts et si vous voyagez hors-saison n'hésitez pas à vous les faire décrire lors de votre réservation par téléphone afin d'obtenir celle qui correspond le mieux à vos attentes. Pour prolonger le plaisir, une étonnante terrasse cache une minipiscine pour se rafraîchir et prendre le soleil alors qu'une légère brise agite les voilages qui la bordent sur un côté. Ouvert en toute saison, *Le Saint-Laurent* dispose également d'un petit espace de soins bien appréciable. Accueil attentif et agréable.

Catégorie ★★★ **Ouvert** toute l'année sauf 2 semaine fin novembre et début décembre **Chambres** 7 chambres doubles et 3 suites : 129 à 239 € - Petit déjeuner compris **Table d'hôtes** le soir : 39 €, snacking : 10 à 15 € **Équipements** TV, Wifi **Divers** animaux admis (6 €), parking fermé (5 €) **Loisirs** minipiscine **Bien-être** petit spa **Accès** A9 sortie n° 1, Roquemaure ; à gauche N580 vers Bagnols-sur-Cèze, continuer sur 3 km puis à gauche vers Saint-Laurent.

CHÂTEAU DE VARENNE

chateaudevarenne.com

Rue Roger Martin du Gard • 30150 Sauveterre (Gard)
Tél. 04 66 82 59 45 • Fax 04 66 82 84 83 • M. Allen

• Majestueux, profondément beau, élégant : *le Château de Varenne* est un superbe monument. On y arrive par le bas de ses terrasses ; il faut alors gravir l'imposant escalier et tirer une petite révérence émue au gardien des lieux : un cèdre du Liban vieux de quelque quatre cents ans… Puis les jardins laissent la place au perron, et, là encore, on s'incline : l'architecture est belle, toute XVIIe et XVIIIe, avec une tour XIXe qui agite la main au-dessus de l'ensemble. Un chien fait la sieste près du jeu de boules, on l'enjambe pour entrer sans le réveiller. Là, un hall immense, à nouveau un grand escalier où s'exposent des artistes, de mois en mois. Les salons du rez-de-chaussée sont cossus, celui des petit déjeuners intime et paisible. Enfin les chambres sont des plus belles : celles du premier ont une splendide hauteur sous plafond, celles du second sont plus petites, parfois mansardées et très douillettes. Toutes sont d'un joli style classique, avec de belles salles de bains. Parfois du parquet Versailles ou point de Hongrie, parfois des moquettes épaisses. Du bon goût toujours. Et un accueil naturel, plus "maison" qu'hôtelier. Une très belle adresse de séjour aux abords d'Avignon.

Catégorie ★★★★ **Ouvert** du 27 mars au 25 octobre **Chambres** 10 chambres : 158 à 268 €, 3 suites familiales : 278 à 360 € - Petit déjeuner : 19 € **Restaurant** (midi et soir) : 49 € **Équipements** climatisation, TV, Wifi, **Divers** animaux (6 €) **Loisirs** piscine **Accès** sortie A 9 : Roquemaure, Nîmes puis départementale 971 sortie A 7 : Avignon-nord, Le Pontet, puis direction Villeneuve-lès-Avignon et Roquemaure.

HOSTELLERIE PROVENÇALE

hostellerieprovencale.com

1, rue Grande-Bourgade • 30700 Uzès (Gard)
Tél. 04 66 22 11 06 • Fax 09 70 32 47 28 • François Duchesne et Éric Aumard

• *"Voici les clés de ton bonheur, il n'attend plus que toi"*. Ces paroles d'une chanson de Gérard Lenorman prennent ici tout leur sens. Des photos et CD de l'interprète habillent la réception. Normal ! Le chanteur n'est autre que le frère de François Duchesne, l'un des deux propriétaires. Avec Éric Aumard, son compagnon, ils ont rénové cette bâtisse typique et ancienne (plus de trois cents ans) du pays d'Uzès, située à cent mètres de la fameuse place aux Herbes. Résultat : un petit hôtel de charme dont les vieux éléments d'origine ont été conservés : pans de murs en pierre, plafonds à la française (XVIIe), tomettes… Les neuf chambres décorées aux couleurs de la Provence, sont coquettes et possèdent tout le confort moderne : climatisation, Internet, mini-bar, télévision LCD, salles de bains avec bain à remous ou avec douche à plusieurs jets ou douche à l'italienne. Elles traduisent aussi l'esprit artistique du lieu, tout comme les parties communes : portraits de pin-up façon puzzle, tableaux, et partout des livres à disposition. Le petit déjeuner fait la part belle à la qualité : jus d'orange pressée, confitures maison, thé en vrac... Il se prend sur place dans le restaurant *La Parenthèse*. Ici, on déguste une cuisine traditionnelle réactualisée, concoctée avec des produits du marché et de saison. Une parenthèse goûteuse donc, à apprécier dans une petite salle cosy ou sur la terrasse panoramique qui domine les vieux toits du bourg. Nos férus de gastronomie et d'hôtellerie, charmants et aux petits soins, ont aussi créé des chambres d'hôte dans une annexe, juste en face. Voici les clés…

Catégorie ★★★ **Ouvert** toute l'année **Chambres** 9 chambres : 95 à 150 € - Petit déjeuner : 13 à 16 € **Restaurant** (midi et soir) menu-carte : 34 € **Équipements** climatisation, TV, Wifi, ascenseur **Divers** animaux (8 €) parking privé (10 €) **Accès** A 9 sortie Remoulins, puis D 981 vers Uzès (10 km).

·NOUVEAUTÉ·

LA MAISON D'ULYSSE

lamaisondulysse.com

Place Ulysse-Dumas • 30700 Baron (Gard)
Tél. 04 66 81 38 41 • Port. 06 48 77 67 70 • Wouter Vandendriessche et Guy Toullelan

• Rares sont les adresses où l'on peut autant apprécier la beauté de l'environnement, la tranquillité des lieux, le charme des chambres, le confort des équipements, l'harmonie du jardin, et la grande gentillesse, la chaleur amicale de l'accueil qui vous est réservé en toutes circonstances. Guy et Wouter ont rénové intégralement cette belle maison de village des environs d'Uzès, et cela d'une manière discrète, qui ne se laisse pas deviner de l'extérieur. La façade, les murs d'enceinte semblent avoir toujours été tels quels et disent l'histoire de l'ancien occupant, Ulysse, poète archéologue du XIXe siècle. On peut facilement passer ici ses journées, à nager dans la superbe piscine, se dorer sur le ponton de bois, et partir explorer les massifs de vivaces et graminées – une passionnante initiation à l'art du jardin "sec". Sous une pièce voûtée, un hammam, et puis dans un patio, la salle à manger de pierre et de verre, que l'on rejoint par une allée pavée, une cour de graviers. Les chambres sont vastes et fraîches, décorées subtilement de quelques éléments de mobilier contemporain. Les matières, les tomettes, les volumes sont infiniment respectés. Le matin, Véronique vient en voisine aider Wouter à préparer le petit déjeuner, et tous les deux font équipe merveilleusement pour vous servir.

Ouvert du 28 mars au 3 nov. **Chambres** 3 chambres doubles : 180 à 194 € ; 5 suites : 240 à 330 € (2/4 pers.) ; 1 appart. avec kitchenette : 315 à 375 € (4 pers.) ; lit suppl. : 30 € - Petit déj. "express" compris : 8 à 13 € **Table d'hôtes** 1 à 2 soirs/semaine, sur réserv. : 37 € **Équipements** climatisation, TV sur demande, Wifi **Divers** animaux non admis, parking fermé **Loisirs** piscine chauffée **Bien-être** hammam, massages **Accès** (cartes 6 et 7) : à 12 km d'Uzès par D 981 dir. Alès ; dans le village, face à la mairie.

HÔTEL LA SUITE

hotellasuite.fr

65-67, rue de la République • 30400 Villeneuve-lès-Avignon (Gard)
Tél. 04 90 21 51 07 • Famille Sorgheré

• Villégiature des cardinaux au XIVe siècle, Villeneuve-lès-Avignon recèle un patrimoine d'exception (chartreuse pontificale du Val-de-Bénédiction, fort Saint-André, collégiale Notre-Dame…). Ici, les lieux historiques sont pléthore, et que dire une fois le pont traversé, lorsqu'on atteint Avignon intra-muros ! La Suite est une maison historique : elle a vu naître, avant la Révolution française, Jean-Baptiste Chabrel, célèbre maire de la ville. Deux années de travaux auront été nécessaires à la famille Sorgheré pour que cette demeure du XVIIe siècle retrouve son lustre. Une restauration menée dans le respect des volumes et des espaces, à grand renfort de matériaux nobles. Côté décoration, une certaine audace et un mélange de meubles de charme et de pièces vintage. Les chambres sont à thème. "I" se consacre au voyage, avec son lit en fer, sa grosse valise rétro et son lampadaire mappemonde ; "H" décline un esprit résolument pop, avec téléphone orange à cadran, lithos Vasarely et coussins à motif très Soixante-dix ; "C" joue d'un style très charme campagnard réactualisé, avec meubles peints en taupe ou gris clair, murs blancs. Les six chambres comme les trois suites ont toutes leur propre ambiance. Un spa est à votre disposition dans l'hôtel, ainsi qu'une belle piscine à l'extérieur.

Ouvert du 17 avril au 10 octobre **Chambres** 6 chambres doubles : 140 à 250 €, 3 suites (2 pers.) : 220 à 360 €, 3 suites familiales (4 pers.) : 270 à 410 € - Petit déjeuner : de 10 à 15 € **Équipements** climatisation, TV, Wifi **Divers** animaux non admis, parking fermé **Loisirs** piscine **Accès** dans le centre-ville.

HÔTEL LE GUILHEM

leguilhem.com

18, rue Jean-Jacques-Rousseau • 34000 Montpellier (Hérault)
Tél. 04 67 52 90 90 • Fax 04 67 60 67 67 • M. Charpentier

• À deux pas du très beau jardin des Plantes, dans une ruelle du vieux Montpellier, *Le Guilhem* a été aménagé dans cinq maisons attenantes du XVIe siècle. Il est encore possible d'accéder à l'une d'elles par l'ancienne boucherie-charcuterie, dont on a conservé la devanture. Au calme, la plupart des chambres donnent sur un jardin aux essences méditerranéennes, en face de la cathédrale Saint-Pierre, qui sonne les heures, mais reste silencieuse la nuit. Régulièrement, la décoration de l'ensemble des chambres est rafraîchie, et des travaux ont permis d'agrandir les plus petites. Les toiles de Jouy sont coordonnées pour les rideaux et couvre-lits, alors que les papiers peints unis ou rayés prennent des teintes de gris et de framboise. Avec, dans certaines, des salles de bains et lavabos en granit noir. Le petit déjeuner, servi en chambre avec bouquet de fleurs et journal du jour, peut également se prendre sur une grande terrasse ensoleillée. À côté, la place de la Canourgue est un délice pour le café à l'ombre des arbres. Pour dîner, *La Maison de la Lozère, Les Vignes, Le Tamarillos* sont à proximité.

Catégorie ★★★ **Ouvert** toute l'année **Chambres** 35 chambres : 97 à 189 € - Petit déjeuner : 12 € **Équipements** climatisation, TV, Wifi **Divers** animaux admis, parking public (7 €) **Accès** A 9 sortie Montpellier-est, suivre fléchage Centre historique, passer sous l'arc de triomphe puis 1re rue à gauche après le palais de justice.

HÔTEL DU PARC €

hotelduparc-montpellier.com

8, rue Achille Bégé • 34000 Montpellier (Hérault)
Tél. 04 67 41 16 49 • Jean-Pierre Beauvais

• *Le Parc* est depuis quelques années la merveilleuse petite adresse de charme de Montpellier : on y vient et on y revient comme chez des amis, avec ses petites habitudes, sa chambre préférée. Ces dernières sont très variées (taille, couleur, orientation) et elles permettent de se loger avec plus ou moins de confort, selon ses envies, son budget. Mais, dans chacune, la décoration suit le même esprit, classique et gai : rideaux et dessus-de-lit coordonnés, fauteuils et meubles anciens ou éléments de campagne juste repeints. Parquet ou moquette. Ombre ou soleil. Belle hauteur sous plafond ou intimité d'une mansarde. La maison est un ancien hôtel particulier du XVIIIe, entouré d'un petit parc où l'on peut se garer. Les rues voisines sont assez tranquilles et permettent de stationner. Le centre historique est à trois cents mètres de l'hôtel, et l'on sort se promener, dîner, avec une grande facilité. Dès les premiers rayons du soleil, on prend le Petit déjeuner sur une petite terrasse, bien abrité parmi les plantes, les arbres voisins. Une précision toutefois, à l'heure où nous "bouclons" cette édition nous apprenons la vente de l'hôtel, nous y retournerons donc cette année pour vous en dire plus…

Catégorie ★★ **Ouvert** toute l'année **Chambres** 19 chambres : 52 à 108 € - Petit déjeuner : 10 € **Équipements** climatisation, TV, Wifi **Divers** animaux non admis **Accès** sortie n° 29 Montpellier-est ; suivre direction Montpellier-centre puis direction Millau ; prendre la direction Grand-Boutonnet, Commerces puis tourner à droite dans la troisième petite rue.

LA LOZERETTE

lalozerette.com

48400 Cocures (Lozère)
Tél. 04 66 45 06 04 • Fax 04 66 45 12 93 • Pierrette Agulhon

• "*Comment vont tes pieds*" : c'est souvent ainsi que débutent les conversations du Petit déjeuner dans cette auberge de village très prisée des randonneurs. Il faut dire que le site vaut le détour : vous en aurez un avant-goût en suivant le petit sentier pédestre aménagé par l'hôtel, et qui vous mènera, deux cents mètres plus loin, au sommet d'une falaise surplombant les eaux du Tarn. Après l'effort, le réconfort : les chambres sont ici douillettes à souhait, avec leurs gros édredons blancs et d'excellents matelas dont il est bien difficile de s'extraire. Parquet de chêne couleur de miel, tissus raffinés et clairs, agréables éclairages leur confèrent une touche d'élégance, alors qu'un balcon bordé de géraniums s'y ajoute souvent. Dans la vaste salle à manger du rez-de-chaussée officie une équipe à la fois discrète et attentive. On apprécie la cuisine joliment terroir de Jorge Borges. Pour les vins, faites confiance à Pierrette Agulhon, sommelière réputée et propriétaire du lieu. Enfin, de l'autre côté de la route, un petit terre-plein arboré a été aménagé pour la détente et pour l'apéritif. Une bonne et très sympathique adresse dans une région à découvrir absolument.

Catégorie ★★ **Ouvert** des Rameaux à la Toussaint, fermé les mardis et mercredis midi et hors saison le mardi soir **Chambres** 20 chambres : 63 à 98 € - Petit déjeuner : de 9 à 15 € **Restaurant** (midi et soir) : 19 à 51 € **Équipements** TV, Wifi **Divers** animaux (6,50 €) **Accès** à 38 km de Mende ; à 5,5 km au nord-ouest de Florac par N 106 et D 998.

DOMAINE DE CARRIÈRE

domainedecarriere.com

Avenue Montplaisir • 48100 Marvejols (Lozère)
Tél. 04 66 32 47 05 • Port. 06 20 89 80 04 • M. et Mme Carmona

• Cette vieille demeure gardoise, située à quelques minutes du centre de Marvejols, vous marque dès l'entrée par un parfum imprégné du bois d'hiver qui s'y consume depuis des siècles. Les immenses lampions rouges et leur étrange ambiance – qui subliment cette première impression - évoqueraient presque une fumerie d'opium...Vous êtes pourtant au cœur des Cévennes, dans une demeure XVIIIe on ne peut plus française ! Le parti pris – et réussi – de ses propriétaires étant de vous plonger dans une odyssée permanente : dans le temps de votre enfance avec ses couloirs de bois craquant dans l'enfilade des suites, au cœur des légendes du Gévaudan dont les collines se dessinent derrière les fenêtres de votre chambre, dans un temple aussi, avec, dans l'escalier, ces masques de Bouddha hilares et multicolores qui rythment votre ascension. Ouverte sur un parc arpenté par deux paons facétieux, cette ancienne propriété de chasse est donc envoutante. On aime les magnifiques chambres (parquets anciens, lampes design, miroirs, tapis fluo, peintures modernes) la décoration vernie et pastel de la salle du petit déjeuner (bon et généreux), l'immense salle "zen" servant de bibliothèque ou de salle de cinéma … Et bien sûr la cuisine méditerranéenne de Ramon Carmona servie dans une ancienne écurie aux fresques vives et modernes, où en terrasse dans une ambiance minérale et reposante.

Ouvert du 25 avril au 14 septembre **Chambres** 5 chambres doubles : 100 € - Petit déjeuner compris, **Restaurant** (midi et soir) : 20 à 40 € **Équipement** Wifi **Divers** animaux admis sur demande **Loisirs** piscine chauffée **Accès** A 75 sortie 38 puis D 900, à Marvejols prendre direction Montrodat, fléchage à la sortie du village.

LA REGORDANE

regordane.com

La Garde-Guérin • 48800 Villefort (Lozère)
Tél. 04 66 46 82 88 • Fax 04 66 46 90 29 • M. Nogier

• Entre le mont Lozère et les gorges du Chassezac, La Garde-Guérin est un village fortifié installé sur un plateau de landes rocailleuses, qui semble préservé de la civilisation depuis des temps immémoriaux. (Grimpez absolument en haut du donjon pour admirer les splendides gorges du Chassezac.) De fait, l'auberge, qui occupe une ancienne demeure seigneuriale du XVIe siècle, doit son nom à la voie préromaine reliant le Midi au Massif central. Derrière l'austérité de sa façade se cachent d'agréables petites chambres au parquet couleur de miel et au décor sobre agrémenté d'un beau tissu et de quelques éléments anciens. Toutes donnent sur les vieux murs du village avec, parfois, une échappée sur la campagne. Vous profiterez également d'un séduisant salon plein de caractère avec sa cheminée monumentale et son beau mobilier Louis-Philippe. Excellente cuisine servie dans une salle à manger voûtée ou, l'été, dans l'ambiance minérale d'une belle cour intérieure. Une très sympathique adresse, remarquablement tenue par deux frères passionnés.

Catégorie ★★ **Ouvert** du 18 avril au 27 septembre **Chambres** 16 chambres : 63 à 74 € - Demi-pension (par pers.) : 62 à 70 € - Petit déjeuner : 10 € **Restaurant** 27 à 39 € **Équipements** TV, Wifi **Divers** animaux (6 €) **Accès** à 55 km d'Alès par D 906.

LES GRANGES DE BIGOSE €

•NOUVEAUTÉ•

grangesbigose.com

Lieu-dit Bigose • 48200 Rimeize (Lozère)
Tél. 04 66 47 12 65 • Benoît et Mylène Castarède

• Bigose est un lieu-dit perdu en pleine Lozère, à 6 kilomètres d'Aumont-Aubrac, dans un cadre délicieusement champêtre. Depuis mars 2012, on peut s'y arrêter en se réfugiant dans cette grange totalement restaurée par Benoît et Mylène. Enfants du pays, ils rêvaient tous deux d'avoir un jour un endroit où accueillir les voyageurs amoureux de leur belle région. Outre la partie chambres et gîte d'étape davantage conçus pour les pèlerins ou randonneurs, trois chambres dites "de charme" sont proposées. Style rustique contemporain, boutis de coton ou de velours sur les lits, murs de pierres apparentes ou tons pastel : chacune a son cachet. Toutes ouvrent sur un pré traversé par un ruisseau où les poules et les ânes viennent se désaltérer. L'auberge, meublée dans un style assez nordique et chauffée par un poêle à bois, occupe l'étage ; par beau temps, une grande terrasse sur pilotis permet de jouir du paysage. Côté cuisine, des plats traditionnels et gourmands, réalisés avec des produits du terroir. L'accueil est d'une grande gentillesse et les conseils de vos hôtes, de qualité ; n'hésitez pas à les questionner pour vos randonnées ou visites. Enfin, les cavaliers seront ravis d'apprendre que leurs chevaux pourront aussi trouver refuge ici.

Ouvert du 1er mars au 31 décembre **Chambres** 6 chambres doubles : 65 à 95 € - Petit déjeuner : 8 € **Restaurant** midi et soir : menus de 19,90 à 27,90 € **Équipements** TV, Wifi **Divers** animaux (10 €), garage **Loisirs** pêche, randonnée, location de vélos, ski de fond **Bien-être** "Spa en Aubrac" à 5 min **Accès** : du nord : A 75 sortie 34 "St-Chély-d'Apcher", dir. Mende sur 8 km (laisser Rimeize sur la dte), puis D 7 à dte dir. Aumont-Aubrac : à 1 km sur la g. - Du sud : A 75 sortie 36 "Aumont-Aubrac", puis D 7 dir. Les Estrets ; Bigose est à dte à 5 km.

·NOUVEAUTÉ·

HÔTEL RIBERACH

riberach.com

2a route de Caladroy • 66720 Bélesta (Pyrénées-Orientales)
Tél. 04 68 50 30 10 • Karin Pühringer et Luc Richard

• La petite route monte, tourne, s'étire parmi les vignes, chênes verts et garrigue, passe un petit col, tourne pour redescendre vers Bélesta. Impossible de ne pas remarquer l'ancienne cave coopérative qui, sur 120 mètres, forme un rempart au pied de l'église et du château. Rempart contemporain en pierre, bois et métal depuis sa transformation en éco-hôtel, et qui superpose des jardins en gradins vers la piscine naturelle (galets, plantes filtrantes). Sous la tonnelle, la terrasse du restaurant et celle des salons surplombent ce vallon verdoyant. À l'intérieur, l'originalité continue : l'ancienne presse bordée par une immense baie vitrée, accueille le restaurant, idéal pour apprécier la remarquable cuisine étoilée de Laurent Lemal. Originalité aussi côté chambres. Installées dans les anciennes cuves, on y décèle le béton chaulé des parois d'origine, la trappe de robinetterie, mariés à un décor contemporain, coloré, douillet... Magnifique ! On accède à l'étage par une coursive dont une extrémité surplombe la salle de restaurant et l'autre les cuves et le stockage de la cave de Riberach. Car, ici, on ne se contente pas de faire référence au passé, on vit encore la vigne au présent, et la carte propose différentes bonnes cuvées du vin maison.

Catégorie ★★★★ **Ouvert** d'avril à décembre **Chambres** 10 chambres : 140 à 215 €, 2 triples : 220 à 290 €, 6 suites : 195 à 260 € - Petit déjeuner : 18 € **Restaurant** (midi et soir) : 34 à 85 € **Équipements** géothermie, TV, Wifi, coffre-fort **Divers** animaux admis (15 €), parking privé **Loisirs** piscine naturelle **Bien-être** hammam, bain japonais **Accès** RN 116 jusqu'à Ille-sur-Têt, puis D21 jusqu'à Bélesta

LE RELAIS DES CHARTREUSES

relais-des-chartreuses.fr

106, avenue d'en-Carboner • 66160 Le Boulou (Pyrénées-Orientales)
Tél. 04 68 83 15 88 • Fax 04 68 83 26 62 • Anne et Frédéric Besset

• Quittant sans regret la vie parisienne avec armes et bagages, Anne et Frédéric Besset ont rallié cette jolie région au pied du massif des Albères, ultime pli des Pyrénées avant la Méditerranée. Avec ce beau mas catalan du XVIIe siècle, ils réalisent un vieux rêve. Le lieu est en effet magique, même si l' A 9 n'est pas loin, ici l'on ne voit que monts et collines, silence et végétation luxuriante parsemée de quelques résidences cossues. Les chambres ont été rénovées avec un goût parfait et beaucoup d'idées. L'ancien mobilier, repeint de couleurs sobres (camaïeux de gris, noir ou blanc), s'accorde aux tendances du moment et s'associe à quelques belles pièces anciennes ou couvre-lits charmants retrouvés sur place. Dans les chambres 2 et 3, nos préférées, un ou deux pans de mur gris perle ou framboise apportent cette petite touche contemporaine voulue par les propriétaires. Les salles de bains se font même design avec originalité parfois comme ces deux douches côte à côte ou cette baignoire centrale. Jolie suite avec terrasse et salle de bains cathédrale dans le vieux pigeonnier. La salle à manger avec son coin-salon autour de la cheminée est chaleureuse, abondamment éclairée par une succession de portes fenêtres à petits carreaux. L'été, petit déjeuners et dîners se prennent en terrasse, le long d'un jardin luxuriant qui dévale jusqu'à la piscine et face à un sublime panorama méridional. Dans vos assiettes, ce sont les meilleurs produits du marché, travaillés subtilement sous le signe de la Méditerranée. Accueil particulièrement agréable.

Catégorie ★★★ **Ouvert** du 4 mars au 2 janvier (sur réservation du 15 novembre au 20 décembre) **Chambres** 14 chambres : 60 à 187 €, 1 suite familiale : 210 à 270 € - Demi-pension (supp. / pers.) : 45 € - Petit déjeuner : 15 € **Restaurant** (le soir) : 38 € **Équipements** climatisation, TV, Wifi **Divers** animaux (10 à 30 €), parking privé **Loisirs** piscine **Accès** A9 sortie Le Boulou, direction Argelès, Saint-Genis-des-Fontaines ; à 3 km tourner à droite direction Les Chartreuses-du-Boulou puis fléchage.

LE MAS TRILLES

le-mas-trilles.com

Le Pont-de-Reynès • 66400 Céret (Pyrénées-Orientales)
Tél. 04 68 87 38 37 • Fax 04 68 87 42 62 • M. et Mme Bukk

• C'est un mas très ancien, entouré de verdure et d'arbres fruitiers, dont le parc s'achève sur une piscine sertie de vivaces avec de multiples espaces pour bronzer, lire, prendre un verre. De là on peut descendre à travers une végétation luxuriante délicatement domestiquée et rejoindre le Tech, qui coule en contrebas (on peut vous y installer un hamac sur demande). Retrouvons à présent la fraîcheur des vieux murs où tout est joliment décoré : sols en terre cuite provençale, murs peints à l'éponge ou talochés de blanc, tissus de qualité, peintures gaies et colorées, œuvres de Mme Bukk. C'est à présent son fils et sa belle-fille qui ont pris la relève avec passion. Apportant ici et là leur propre touche, comme ce très agréable salon d'été sous son dais de cannisses, trait d'union entre le jardin et la cour d'arrivée. Les chambres sont douillettes et silencieuses, vous profiterez d'agréables salles de bains et, souvent, d'une terrasse privative où l'on peut vous servir les petit déjeuners (toujours avec quelques fruits frais). Pas de restaurant sur place, mais deux bonnes tables sont accessibles à pied pour ceux qui ne souhaitent pas reprendre la voiture et aller à Céret. Une ambiance très "maison" renforcée par l'accueil chaleureux des jeunes propriétaires, habitués à une clientèle internationale. Une adresse de vrai grand charme, aussi plaisante que confortable.

Catégorie ★★★ **Ouvert** du 24 avril au 20 octobre **Chambres** 10 chambres doubles : 85 à 219 € - Petit déjeuner : 13 € **Équipements** climatisation, TV, Wifi **Divers** animaux (13 €), parking fermé **Loisirs** pêche, piscine chauffée **Accès** à 31 km au sud-ouest de Perpignan par A 9, sortie n° 43 Le Boulou, puis D 115 direction Céret (ne pas entrer dans Céret) ; 2 km après Céret, prendre direction Amélie-les-Bains.

HÔTEL CASA PAÏRAL

hotel-casa-pairal.com

Impasse des Palmiers • 66190 Collioure (Pyrénées-Orientales)
Tél. 04 68 82 05 81 • Fax 04 68 82 52 10 • Mmes Guiot et Lormand

• Cachée dans une petite impasse, au centre même de Collioure, *la Casa Païral* se trouve à quelques minutes des plages, des restaurants, des cafés, mais reste néanmoins très au calme. Cette belle maison bourgeoise du XIXe siècle fut construite dans un style arabisant : fers forgés, marbres, céramiques sont les éléments essentiels de la décoration, sans oublier le patio où pousse, à l'ombre d'un grand palmier et d'un magnolia centenaire, une végétation luxuriante. Qu'elles soient dans la maison principale ou dans la dépendance, la plupart des chambres sont confortables, personnalisées et très séduisantes. Ajoutez-y un salon rétro des plus charmants, une sympathique petite piscine, un copieux buffet de Petit déjeuner, un accueil attentif, professionnel, et vous aurez les ingrédients d'un séjour délicieux sur la côte catalane. Pour dîner, réservez au *Cinquième Péché*, le nouveau bistrot gastronomique de Collioure, ou bien au Poisson Rouge, les pieds dans l'eau, à Port-Vendres, ou encore, pour les plus gourmets, à Gérone (quelques minutes de l'autre côté de la frontière), à l'extraordinaire *El Celler de Can Roca*, l'un des sommets de la gastronomie espagnole…

Catégorie ★★★ **Ouvert** du 27 mars au 1er novembre **Chambres** 25 chambres et suites : 95 à 299 € - Petit déjeuner : 16 € **Équipements** climatisation, TV, Wifi **Divers** animaux (10 €), parking fermé (17 €) **Loisirs** piscine chauffée **Accès** à 26 km au sud-est de Perpignan par N 114 sortie n° 14 ; en centre-ville face à la poste (impasse entre le café Sola et Les Délices Catalans).

•NOUVEAUTÉ•

AUBERGE DU CELLIER

aubergeducellier.com

1, rue de Sainte-Eugénie • 66720 Montner (Pyrénées-Orientales)
Tél. 04 68 29 09 78 • Pierre-Louis Marin

• Pierre-Louis Marin l'avait annoncé : *"Ça n'est pas parce que j'ai obtenu une étoile que je vais révolutionner mes prix."* De fait, nous retrouvons toujours son imbattable menu à 19 € le midi en semaine et les festivités du soir commencent à partir de 32 €. Vous vous régalerez donc à coup sûr, et goûterez par la même occasion d'excellents vins, l'autre passion du chef (ce qui est assez rare pour être signalé). Pierre-Louis Marin aime son pays catalan dans toutes ses dimensions ; depuis le bourg vigneron de Montner, il sillonne les meilleures caves, débusque les plus authentiques producteurs de légumes, viandes, fromages, fruits, et les chasseurs aussi, qui alimentent sa carte d'automne en gibiers. Autant de trésors mis en musique dans l'élégante salle du restaurant aux teintes douces et son prolongement en terrasse (surprise ! cette maison de village côté pile révèle côté face une belle vue sur la campagne en contrebas). Avec toutes ces qualités, impossible de ne pas éprouver un certain regret en quittant l'auberge, mais si vous vous y prenez assez tôt, vous pourrez réserver l'une des quatre chambres de l'étage. Confortables, d'une élégante sobriété, elles sont parfaites et dotées d'impeccables petites salles de bains blanches; à signaler que deux d'entre elles ouvrent sur une immense terrasse sans supplément de prix. Ne cherchez plus : pour découvrir le magnifique arrière-pays des Pyrénées-Orientales, c'est ici !

Ouvert de fin novembre à mi octobre, restaurant fermé mardi et mercredi, et dimanche soir et lundi en hiver **Chambres** 4 chambres : 75 € - Petit déjeuner : 9 € **Restaurant** (midi et soir) : 19 € (le midi), 32 à 69 € **Équipements** climatisation, TV, Wifi **Divers** animaux admis (5 €), parking public **Accès** RN 116 jusqu'à Millas puis D 612 vers Estagel, Montner est à 4 km avant Estagel

LE BEAULIEU

hotelbeaulieudordogne.com

4, place du Champ-de-Mars • 19120 Beaulieu-sur-Dordogne (Corrèze)
Tél. 05 55 91 01 34 • Catherine Perrette et Jean-Yves Castanet

• Sur les rives de la Dordogne, Beaulieu fait partie des plus charmants bourgs de Corrèze. Voici l'hôtel idéal pour le découvrir et visiter par la même occasion le gouffre de Padirac, Rocamadour, Collonges-la-Rouge, Turenne... Cette opulente maison traditionnelle avec des petits airs de manoir vient de faire peau neuve et offre, pour un prix raisonnable, tout le confort nécessaire dans une chaleureuse ambiance mi-traditionnelle mi-tendance. Qu'elles ouvrent sur la cour intérieure fleurie ou sur la place du Champ-de-Mars, les chambres sont toutes plaisantes, parquetées ou en jonc de mer, habillées de tons naturels (pour quelques euros de plus, les suites proposent plus d'espace et une atmosphère plus chic). Pour vos repas, ne cherchez pas ailleurs, en tout cas si vous souhaitez une cuisine traditionnelle, généreuse et bien tournée. La grande salle à manger ne manque pas d'allure avec sa cheminée en pierre de taille. L'été, vous lui préférerez probablement la vaste terrasse sur deux niveaux, ses parasols et, un petit mètre plus haut, son appareillage de bois et de lin brun pour structurer l'espace et ménager des coins ombragés. Une bien jolie maison, accueillante et résolument corrézienne.

Catégorie ★★★ **Ouvert** toute l'année **Chambres** 28 chambres et suites : 65 à 120 € - Petit déjeuner : 9,50€ **Restaurant** (midi et soir) : 16 à 48 € **Équipements** TV, Wifi **Divers** parking privé **Accès** : en venant du nord, A 20 sortie N° 52 après Brive, puis direction Collonges-la-Rouge, puis Meyssac et Beaulieu par la RD 38.

LA MAISON DES CHANOINES

maison-des-chanoines.com

Rue Joseph-Rouveyrol • 19500 Turenne (Corrèze)
Tél. 05 55 85 93 43 • Fax 05 55 22 32 18 • M. et Mme Cheyroux

• Après une très heureuse rénovation, qui a su lui conserver tout son caractère, cette ancienne maison du chapitre (XVe), avec sa porte de style gothique flamboyant et son bel escalier à vis, illustre bien les richesses architecturales de Turenne, l'un des plus beaux villages de France. Avec son nombre réduit de chambres, l'hôtel est calme, intime, son petit restaurant propose une cuisine fraîche, fine et très goûteuse, d'une vraie personnalité. À savourer l'été sous une treille de chèvrefeuille et en hiver dans la belle salle voûtée en lieu et place d'un ancien chai. Les chambres, élégamment redécorées et délicatement meublées d'ancien, se répartissent entre le bâtiment principal – où l'une d'entre elles bénéficie d'une grande terrasse – et une très agréable maison située de l'autre côté de la rue et de la tonnelle, avec, pour certaines, une vue sur la campagne environnante. Toutes disposent de belles salles de bains en pierre. Agréable jardin tenu avec beaucoup de soins. Accueil très sympathique. Une adresse rare, à découvrir !

Catégorie ★★★ **Ouvert** de pâques à la toussaint; fermé le mercredi soir en juin **Chambres** 3 chambres : 80 à 100 €, 2 suites (2 à 4 pers.) : 105 à 140 €, 2 appartements à la semaine : 390 à 450 € - Demi-pension : 85 à 95 € - Petit déjeuner : 10 € **Restaurant** (le soir et midi les jours fériés) : 39 à 55 € **Équipements** TV, Wifi **Divers** animaux (5 €) **Accès** à 14 km au sud-est de Brive-la-Gaillarde; sur A 20, sortie 52 à Noailles; Turenne est à 10 minutes, l'hôtel se trouve 100 m avant l'église en direction du château.

HÔTEL LES ESTONNERIES €

hotel-les-estonneries.com

41, avenue Georges-Clemenceau • 23170 Chambon-sur-Voueize (Creuse)
Tél. 05 55 82 14 66 • Graziella Pascal

• Autrefois ce quartier de Chambon-sur-Voueize était un terrain inondable. Les moines auxquels il appartenait s'en servaient pour organiser à la belle saison des marchés ou quelques fêtes religieuses, bref des événements "estonnants", d'où le nom du quartier. Reconvertie en hôtel, cette ancienne maison de notaire aux beaux volumes est tenue par des propriétaires qui ont parfaitement su la mettre en valeur. Anciens architectes d'intérieur inspirés par la mode et le théâtre, Graziella et Jean-Pierre emploient aujourd'hui leur savoir-faire à donner une âme à cette bâtisse désormais meublée de livres, de sculptures et d'affiches de collection. Les chambres sont immenses, et les tapisseries bigarrées d'époque réinventent un univers à part, sous le jeu des lignes simples du mobilier contemporain. Les confortables lits invitent à la contemplation du parc, à travers les hautes et multiples fenêtres. Les salles de bains ont été refaites chacune à son tour. Côté cuisine, Jean-Pierre concocte des petits plats mijotés avec soin, servis dans la salle à manger jaune où l'Art déco, les tissus indiens et le mobilier design se mêlent avec gaieté et brio. Le salon, pourvu d'une abondante bibliothèque, permet de s'imprégner de la culture de la maison, à moins d'y bavarder gentiment avec vos hôtes, très attentifs et sympathiques.

Catégorie ★★★ **Ouvert** du 10 février au 31 décembre **Chambres** 8 chambres : 70 € - Petitdéjeuner : 10 € **Équipements** TV, Wifi **Divers** animaux (7 €) **Accès** à 25 km de Montluçon. Depuis A71, N145 vers Guéret, sortie Chambon-sur-Voueize puis D917 sur 6 km. Depuis A20, N145 vers Montluçon, sortie Gouzon et D915 sur 15 km.

LA BERGERIE DES CHAPELLES

domainedeschapelles.com

Chemin de la Côte • 87150 Oradour-sur-Vayres (Haute-Vienne)
Tél. 05 55 78 29 91 • Fax 05 55 71 70 19 • Jan Kroes

• En face d'un paisible panorama de collines, les vaches ruminent à l'ombre des arbres tandis qu'un héron pêche dans la mare en contrebas. Les deux grands dalmatiens de la maison gambadent entre la piscine, les tennis et les quelques maisons louées en gîtes à l'arrière de la propriété. Ici, tout le monde respecte le calme de la nature et l'harmonie du paysage. Les chambres sont situées dans le bâtiment principal, une ancienne bergerie toute en pierres ocre jaune. De plain-pied, elles ouvrent chacune sur une petite terrasse de graviers privative, isolée par des arbustes. Dans un volume vaste et clair, on découvre un sol de dalles blanches, un mobilier réduit à l'essentiel, plutôt contemporain, et deux fauteuils comme seule note de couleur vive. Les salles de bains sont conçues dans le même esprit, avec vasques et robinetterie très actuelles, et au sol comme sur les murs des tons de sable mouillé. Literie ultraconfortable, minichaîne hi-fi, frigo, bouilloire… (une immense chambre comporte même un mini-spa privé), ajoutez la piscine, les coins de lecture sous les arbres et le restaurant, on se sent vite à son aise. À table, produits frais et choisis, accommodés avec créativité, sous l'œil amusé de moutons géants, peints sur fond vert pomme – une lumineuse installation dans un décor de pierre, métal et bois. Accueil attentif d'une souriante famille hollandaise.

Catégorie ★★★ **Ouvert** toute l'année **Chambres** 5 chambres doubles : 85 à 108 €, 1 suite spa/wellness (2 pers.) : 135 à 150 € - Demi-pension (par pers.) : 80 à 87 € - Petit déjeuner : 12,50 à 16 € **Restaurant** réservé aux résidents : 29 à 33 € **Équipements** TV, Wifi **Divers** animaux (7 €) **Loisirs** piscine chauffée, tennis **Accès** à Oradour-sur-Vayres, prendre direction Cussac par la D 22.

L'ABBAYE-CHÂTEAU DE CAMON

chateaudecamon.com

09500 Camon (Ariège)
Tél. et fax 05 61 60 31 23 • Katie et Peter Lawton

• Au sommet d'un village fortifié, Camon s'impose par sa beauté et sa magnificence. Ancienne abbaye bénédictine aux allures de palais, le bâtiment, dont l'origine remonterait Xe siècle, domine un paysage de vallons. L'intérieur est impressionnant, avec quelques aménagements datant du XVIIIe, pour créer une enfilade de salons et de grandes ouvertures sur la délicieuse terrasse plein sud qui surplombe le parc, la piscine et la vue. L'un des salons est classé, couvert de toiles de l'école de Boucher représentant les quatre saisons, alors que l'oratoire des moines laisse entrevoir des fresques peintes du XVIe siècle. Unique ! En fonction du temps, le restaurant (un menu chaque jour, avec cinq petits plats) est, selon les circonstances, dressé dans le jardin romantique du cloître, la cuisine des moines ou encore près du feu de cheminée d'un chaleureux salon. Pour dormir, on rejoint l'étage et son imposant couloir. Grandes, confortables et sans austérité, les chambres sont soigneusement tendues de tissu et meublées d'ancien par la propriétaire, décoratrice (élégantes salles de bains). Toutes donnent sur une vue magnifique. Aux confins de l'Aude et de l'Ariège, ce monument historique a su garder son âme tout en s'adaptant au confort d'aujourd'hui. Les amateurs de vieilles pierres ne devraient pas hésiter à s'y arrêter.

Ouvert du 1er avril au 31 octobre **Chambres** 4 chambres : 135 à 195 €, 2 suites familiales (4 pers.) : 255 à 295 € - Petit déjeuner : 18 € **Restaurant** (le soir) : 44 € **Équipements** TV, Wifi **Divers** animaux (8 €) **Accès** à 59 km au sud-ouest de Carcassonne par la D 119 jusqu'à Mirepoix, puis D 7 vers Chalabre.

LA MAISON DES CONSULS

maisondesconsuls.com

6, place du Maréchal-Leclerc • 09500 Mirepoix (Ariège)
Tél. 05 61 68 81 81 • Fax 05 61 68 81 15 • M. Garcia

• Constituée de maisons à colombages sur galeries de bois sculpté, la place de Mirepoix est un chef-d'œuvre médiéval qu'il faut absolument admirer si l'on passe dans la région. On peut aussi vouloir y dormir, et, dans ce cas, *La Maison des Consuls* (XIVe) constitue une étape obligée. Avant d'entrer, admirez les sculptures de la façade (femmes à coiffe, tortue, tête barbue...), ce sont probablement les plus belles de la ville. Au rez-de-chaussée, le *Café des Maquignons* vous accueille pour le petit déjeuner dans un décor rustique près d'une courette verdoyante. Aux étages, les huit chambres et suites, toutes différentes, offrent un bon niveau de confort. Côté place, on a joué le style classique (Louis XIII, Louis XV, etc.) avec quelques meubles anciens. Les quatre autres, ouvertes sur le patio, les toits ou les coteaux environnants, sont plus modernes, parfois même plutôt osées, comme la vaste "Astronome" (avec terrasse) au modernisme un peu grandiloquent. Pas de restaurant sur place, mais les possibilités ne manquent pas à Mirepoix, l'une des meilleures adresses se trouvant à quelques minutes : l'excellente *Auberge Llobet*.

Catégorie ★★★ **Ouvert** toute l'année **Chambres** 8 chambres (dont 2 suites) : 75 à 185 € - Petit déjeuner : 11 à 16 € **Restaurant** (assiette du terroir) **Équipements** climatisation, TV, Wifi **Divers** animaux (10 €), garage (10 €) **Accès** à 40 km au sud-ouest de Carcassonne par D 119.

HÔTEL EYCHENNE €

ariege.com/hotel-eychenne

8, avenue Paul-Laffont • 09200 Saint-Girons (Ariège)
Tél. 05 61 04 04 50 • Fax 05 61 96 07 20 • M. et Mme Bordeau

• Depuis plusieurs générations dans la même famille, cet ancien relais de poste résiste aux sirènes de la mode pour perpétuer brillamment le meilleur de la tradition hôtelière et une certaine idée de la gastronomie régionale : pigeonneau au fitou, foie gras de canard frais aux raisins… Même souci de qualité dans les confortables chambres aux tonalités claires sur lesquelles ressort le bois ciré d'un élégant mobilier ancien souvent XIXe. De niveaux différents, toutes sont recommandables, sérieusement tenues et d'un bon rapport qualité-prix. On aime aussi beaucoup l'entrée aux boiseries XVIIIe intégrant de petites étagères où rutilent quelques pièces d'argenterie, le bel escalier et sa rampe en bois tourné et, l'été, le charmant petit jardin près de la piscine où l'on sert à déjeuner. Nombreuses balades en montagne, de village en site panoramique, de forêt en belvédère, de pic en vallée… Avec toutes ces qualités, Eychenne est un hôtel idéal pour séjourner, prendre le temps de découvrir la région.

Catégorie ★★★ **Ouvert** du 1er avril au 30 novembre **Chambres** 70 chambres (2 pers.): 70 à 205 € - Petit déjeuner : 12 € **Restaurant** (midi et soir) : 18 à 45 € **Équipements** climatisation, TV, Wifi **Divers** animaux (7 €), parking fermé (4 €) **Loisirs** piscine chauffée **Bien-être** massages **Accès** dans Saint-Girons suivre direction Foix et fléchage.

HÔTEL DU VIEUX PONT

hotelbelcastel.com

12390 Belcastel (Aveyron)
Tél. 05 65 64 52 29 • Fax 05 65 64 44 32 • Nicole et Michèle Fagegaltier

• Avec ses maisons de pierre et de lauzes blotties au pied d'un château féodal et son vieux pont qui enjambe la rivière, Belcastel fait à l'évidence partie des plus splendides villages de l'Aveyron. Sur la rive droite se trouve le restaurant, maison d'enfance de Nicole et Michèle Fagegaltier, qui, après leurs grands-parents et leurs parents, régalent leurs hôtes et réalisent aujourd'hui d'inoubliables prouesses culinaires servies dans une élégante salle à manger. Ce succès n'enlève rien à la simplicité et à la gentillesse des deux sœurs, qui ne cessent d'améliorer l'endroit. C'est ainsi que sept irrésistibles chambres ont été installées de l'autre côté du pont, dans une vieille maison voisine de l'église. D'un confort irréprochable, toutes affichent un décor simple et beau : sol en chêne clair, dessus-de-lit en piqué blanc, très élégants rideaux, un ou deux petits meubles anciens. Ajoutez-y de ravissantes salles de bains blanches et une superbe vue sur la rivière… Voilà pourquoi les séjours à l'*Hôtel du Vieux Pont* semblent toujours trop courts, et pourquoi nous continuons à classer cette adresse parmi nos principaux coups de cœur.

Catégorie ★★★ **Ouvert** du 15 mars au 31 décembre ; fermeture hebdomadaire dimanche soir mardi midi **Chambres** 7 chambres : 95 à 115 € - Petit déjeuner : 15 à 20 € **Restaurant** (midi et soir) : 52 à 85 € **Équipements** TV, Wifi **Accès** à 25 km à l'ouest de Rodez.

HÔTEL-RESTAURANT HERVÉ BUSSET

moulindecambelong.com

Domaine de Cambelong • 12320 Conques (Aveyron)
Tél. 05 65 72 84 77 • Fax 05 65 72 83 91 • Hervé Busset

• Bordé par les eaux limpides du Dourdou, en contrebas de la route qui mène au superbe village de Conques, le lieu est rêvé pour faire étape avant de découvrir l'une des plus belles abbatiales de France. Extrêmement chaleureux, l'intérieur de ce vieux moulin se compose d'une belle suite de pièces de réception en demi-niveaux, meublées d'ancien, notamment l'adorable petit salon tout en bois, dont les ouvertures dominent la rivière. En écho au créateur des vitraux de l'abbatiale, les chambres sont progressivement refaites dans un esprit Pierre Soulages. Pour les couleurs : du bleu, du noir, du brou de noix. Pour le style : du mobilier et des équipements ultracontemporains, avec le souci de choisir des matériaux écologiques. Une ambiance actuelle, un confort optimal et, côté rivière (toutes les chambres sauf deux), des baies vitrées. On profite également de la vue de la terrasse qui surplombe le Dourdou, où il est très agréable de dîner ou de prendre un verre. En été, la demi-pension est de rigueur, une petite contrainte qui devrait être très supportable au regard du talent reconnu du jeune Hervé Busset. Une très belle adresse, tenue avec cœur, accueillante et sereine, sauf peut-être en pleine saison, lorsque les touristes affluent en journée pour découvrir Conques. Mais, heureusement, tout se passe côté rivière, et la route se fait oublier le soir venu pour laisser place au seul gargouillis de la chute d'eau…

Catégorie ★★★★ **Ouvert** du 1er avril au 1er novembre **Chambres** 8 chambres doubles : 90 à 310 €, 1 suite (4 pers.) : 200 à 370 € - Petit déjeuner : 20 € **Restaurant** (midi et soir) : 35 à 95 € **Équipements** TV, Wifi **Loisirs** piscine chauffée **Accès** A 75 sortie Brive puis D 901 vers Rodez, Aurillac.

HÔTEL LA RIVIÈRE

hotellariviere.com

60, avenue du Pont-de-Truyère • 12140 Entraygues-sur-Truyère (Aveyron)
Tél. 05 65 66 16 83 • Port. 05 65 66 24 98 • Laurent Bouchet

• Accolée à un pont gothique du XIIIe siècle, cette imposante bâtisse en pierre marque l'entrée du village animé d'Entraygues. Un emplacement idéal en bordure de la Truyère doublé d'une rénovation soignée et d'un personnel attentionné en font déjà une adresse de référence dans la région. Les chambres sont claires, confortables (épaisse moquette, literie en cent soixante ou cent quatre-vingts, écran plat, Wifi), et disposent de belles salles de bains modernes. Six d'entre elles profitent même d'une agréable terrasse ou d'un balcon. Côté gastronomie, on se régale d'une cuisine maison élaborée à partir de produits locaux (bœuf d'Aubrac, agneau del Païs, veau d'Aveyron et du Ségala) travaillés avec des épices et saveurs du monde. Le résultat : une carte moderne et gastronomique à tester dans une salle ouverte sur la nature avec vue sur la piscine chauffée avec solarium et le Lot. Couples, groupes et familles choisissent leur espace dans un lieu où se mêlent art contemporain et ancien. Salle de sport, sauna, Jacuzzi, hammam et aire de jeu pour les enfants complètent l'équipement de qualité offert par l'hôtel. Sans oublier la possibilité de bénéficier de soins et massages sur réservation avant d'aller déguster au bar une belle sélection de whiskys et armagnacs…

Catégorie ★★★ **Ouvert** du 13 mars au 16 novembre **Chambres** 2 chambres simples : 97 à 127 €, 29 chambres doubles : 71 à 87 €, 1 suite : 137 à 157 € - Demi-pension : 164 à 224 € - Petit déjeuner 12 € **Restaurant** (le soir) : 32 à 36 € **Équipements** TV, Wifi **Divers** animaux non admis **Loisirs** piscine **Bien-être** spa complet **Accès** A 75 sortie 28, Saint-Flour, puis D 921 direction Espalion ; à Alpuech, D 34 jusqu'à Entraygues.

AUBERGE DU FEL

auberge-du-fel.com

Le Bourg • 12140 Le Fel (Aveyron)
Tél. 05 65 44 52 30 • Fax 05 65 48 64 96 • Elisabeth Albespy

• Après avoir longé le Lot, une route sinueuse grimpe à travers le vignoble du Fel pour atteindre cet adorable village, juché sur une étroite crête... Ici, moins de deux cents habitants vivent dans des maisons de pierres sèches érigées depuis plusieurs générations. L'auberge profite de l'ambiance du village (producteurs de vins, fromages de chèvre, atelier de cuir, etc.) d'un côté, et surplombe un paysage de hauts et verts vallons de l'autre. Simplement décorées, les chambres sont toutes différentes, avec de jolis boutis colorés, des meubles peints et des parquets clairs. Relativement petites, les salles de bains n'en demeurent pas moins fonctionnelles. Chaque chambre bénéficie d'une jolie vue sur les toits de lauzes du village ou sur la vallée, certaines avec terrasse ou balcon. L'adresse est tout particulièrement attrayante pour sa philosophie culinaire : aux fourneaux, l'accueillante maîtresse des lieux privilégie les produits biologiques et locaux. Héritière des recettes familiales (qu'elle revisite avec talent), elle n'a pas son pareil pour concocter le menu quotidien (et unique) au gré du marché. À déguster dans la grande salle à manger lumineuse côté vallée ou à l'ombre de la treille côté village. Une sympathique adresse à prix doux.

Catégorie ★★ **Ouvert** du 4 avril au 2 novembre **Chambres** 10 chambres : 66 à 72 €, 1 suite familiale : 90 à 96 € - Petit déjeuner : 8,50 € **Restaurant** (le soir) : 22 à 44 € **Équipements** TV, Wifi **Divers** animaux (5 €) **Accès** sur la D 920 Aurillac-Rodez, prendre direction Le Fel, entre Montsalvy et Entraygues.

GRAND HÔTEL DE LA MUSE ET DU ROZIER

hotel-delamuse.fr

Route des gorges du Tarn • 12720 Mostuejouls (Aveyron)
Tél. 05 65 62 60 01 • Fax 05 65 62 63 88 • M. et Mme Bonneville

• Moderne, un rien massive, l'architecture de l'hôtel ne doit pas vous freiner : de l'autre côté, la vue sur les rives boisées et escarpées du Tarn est sublime, avec, au rebord des terrasses et des jardins, une succession de petites plages privées, sable blond, canoës… À l'intérieur, tout n'est qu'espace et lumière, au fil de lignes contemporaines épurées, avec un choix de meubles en bois exotiques et des tonalités harmonieuses. Dans les salons en enfilade, au coin du feu, sous la grande verrière, sur la terrasse, dans les chambres, une sobre élégance est au rendez-vous. Les chambres ouvrent sur la rivière, les plus grandes avec salon en bow-window, les plus petites avec terrasse tropézienne pour compter les étoiles depuis le lit… Là encore, style zen de rigueur : tissus épais et mobilier de bois brut aux formes graphiques, literies et salles de bains très confortables. Côté cuisine, tendance contemporaine : on y suit l'inspiration du chef, entre exotisme et terroir, sous l'œil attentif d'un personnel souriant et réactif, face au panorama sublime. Délicieux, le petit déjeuner peut se négocier en terrasse – en promettant de ne pas réveiller les chambres situées juste au-dessus…

Catégorie ★★★★ **Ouvert** du 3 avril au 31 octobre, fermé le lundi et mardi en avril et octobre **Chambres** 32 chambres (2 pers.) : 120 à 190 €, 3 suites familiales (4 à 5 pers.) : 190 à 320 € - Demi-pension (supp. par pers) : 45 € - Petit déjeuner : 15 € **Restaurant** (le soir) : 30 à 50 € **Équipements** TV, Wifi, ascenseur, **Divers** animaux (10 €), garage, parking fermé **Bien-être** : massages **Loisirs** billard **Accès** A 75 sortie n° 44 bis Cahors, Aguessac, viaduc (payant) puis gorges du Tarn.

CHÂTEAU DE LABRO

chateaulabro.fr

Labro • 12850 Onet-le-Château (Aveyron)
Tél. 05 65 67 90 62 • Fax 05 65 67 45 79 • Port. 06 12 99 65 56 • M. Rouquet

• Aux portes de Rodez, dans une campagne riante et calme, se trouve un étonnant château du XVIe, dont un amoureux des vieilles pierres et des meubles chinés a fait son royaume. Un "palais d'hôtes" empli des surprises nées de l'imagination de son propriétaire, Jean Rouquet. Pièce par pièce, il y a patiemment aménagé des chambres plus singulières les unes que les autres, mais regorgeant toutes d'idées et de beaux objets anciens, mis en situation avec grâce. On passe ainsi de l'esprit château de la chambre "De Creato", où trône un splendide clavecin encadré de candélabres d'or, au confort moderne de "Ronsard", dotée de chaises de métal et d'un canapé de cuir. On s'égare dans le luxe pourpre de "Cardinal", avant de découvrir, ravi, l'élégance toute contemporaine de la chambre "D'artiste". On entre, interdit, dans la salle des petits déjeuners, fruit des amours entre un grenier et un cabinet de curiosités ; ou bien l'on se réveille, émerveillé, au sommet d'un arbre, sous le toit de la cabane perchée, "Canopée", de laquelle on hissera le panier du petit déjeuner… Du château à la métairie et de recoin en recoin, c'est à un véritable voyage dans le temps et l'espace que vous êtes ici conviés…

Ouvert toute l'année **Chambres** 14 chambres : 90 à 160 €, 2 appartements : 200 €, 1 cabane perchée : 250 € - Petit déjeuner : 10 € **Restaurant** réservé aux hôtes (le soir) **Équipement** Wifi **Divers** animaux (10 €) **Loisirs** piscine **Bien-être** Jacuzzi, sauna **Accès** A20 (sortie 56) jusqu'à Figeac, puis N 140 (axe Brive-Méditerranée) par Decazeville ou A71 jusqu'à Clermont-Ferrand, puis A75 jusqu'à Séverac.

•NOUVEAUTÉ•

FERME DE BOURRAN

fermedebourran.com

Quartier de Bourran • 12000 Rodez (Aveyron)
Tél. 05 65 73 62 62 • Fax 05 65 73 14 15 • Famille Fagegaltier-Rouquier

• Et de deux ! Après l'*Hôtel du Vieux* Pont à Belcastel, une affaire de famille que nous continuons à classer parmi nos principaux coups de cœur, la famille Fagegaltier-Rouquier a installé un autre établissement dans la maison de maître d'une ancienne ferme à la façade rosée, perchée sur les hauteurs de Rodez. Si le choix de l'emplacement, un quartier d'affaires sans charme, peut étonner (vue sur une série d'immeubles...), il s'avère pertinent au moins pour une raison : le calme. Ici, c'est un petit bout de campagne à proximité de la ville. Et, en un coup de voiture, on découvre le nouveau musée Soulages et la magnifique cathédrale ruthénoise. Quant au lieu, un petit boutique-hôtel entouré d'un jardin, il est résolument contemporain. Des fauteuils en moleskine très "pop art" habillent le salon. Les sept chambres, très spacieuses sont épurées, voire un peu froides. Mais les parquets en chêne brûlé et les fauteuils colorés en panne de velours réchauffent l'ensemble. Quant à la literie (lits en 2 x 2 m), à la propreté et à l'accueil : tout est simplement irréprochable ! Le personnel est non seulement très chaleureux, mais aussi très professionnel et d'excellent conseil, notamment pour le choix des restaurants.

Catégorie ★★★★ **Ouvert** toute l'année **Chambres** 7 chambres doubles : 99 à 169 € - Petit déjeuner : 13 € **Pas de restaurant** à l'hôtel **Équipements** climatisation, TV, Wifi, coffre-fort, ascenseur **Divers** animaux admis, parking privé fermé **Accès** RN 88 (rocade de Rodez) sortie D67 puis D 84 puis fléchage

HÔTEL DU MIDI-PAPILLON

hoteldumidipapillon-12.com

12230 Saint-Jean-du-Bruel (Aveyron)
Tél. 05 65 62 26 04 • Fax 05 65 62 12 97 • M. et Mme Papillon

• Entre Larzac et Cévennes, à proximité du viaduc de Millau et des gorges du Tarn, cet ancien relais de poste, véritable balcon sur la Dourbie, offre une jolie vue sur les maisons de Saint-Jean-du-Bruel et sur un vieux pont de pierre. Véritable étape de choix pour les amoureux de la nature, des grands espaces, c'est aussi un petit paradis pour les gourmands et les gourmets… Volailles élevées sur place, charcuterie faite maison, légumes et fruits qui passent directement du jardin à l'assiette, portions énormes. Depuis quelques années, Laura Becdro-Prelorenzo a pris avec passion le relais de son oncle et de sa tante. Une continuité logique pour cet établissement tenu par la même famille depuis cinq générations. Laura, férue de cuisine depuis l'enfance, a fait ses armes chez les meilleurs chefs du département dont Michel Bras. Si la table est un régal, l'accueil vaut aussi le détour. À la réception, dans un salon entièrement rénové et décoré de photos et d'objets d'art à vendre, le mari de la cuisinière est d'une extrême gentillesse. En salle, sa maman est un condensé d'humour et de bonne humeur. Les chambres, aux tarifs plus que raisonnables – presque incroyables de nos jours –, sont très bien tenues. L'ambiance un rien désuète est toujours là, mais des rénovations rajeunissent peu à peu l'ensemble. Onze chambres ouvrent sur la rivière, cinq disposent d'un balcon sur l'eau, et deux suites attendent les familles dans l'annexe. Dehors, un jardin coquet et fleuri, une piscine et un Jacuzzi complètent un ensemble hors du temps et chaleureux.

Catégorie ★★ **Ouvert** des Rameaux au 11 novembre **Chambres** 16 chambres : 42 à 55 €, 2 suites : 75 € - Petit déj. : 7 € **Restaurant** (midi et soir) : 16 à 47 € **Équipement** Wifi **Divers** animaux admis **Loisirs** piscine chauffée **Bien-être** SPA complet **Accès** à 99 km au nord-ouest de Montpellier par N 109 et N 9, vers Le Caylar jusqu'à La Cavalerie, puis D 999 (à l'entrée du village)

HÔTEL LE SÉNÉCHAL

hotelsenechal.com

Le Bourg • 12800 Sauveterre-de-Rouergue (Aveyron)
Tél. 05 65 71 29 00 • Fax 05 65 71 29 09 • Michel Truchon

• C'est au cœur de l'une des plus belles bastides de l'Aveyron, tout près de la place centrale et de ses quarante-sept maisons à arcades, que se trouve *Le Sénéchal*. Certes, l'auberge n'a pas la même ancienneté que son environnement, mais l'établissement rayonne dans le ciel des gastronomes et des bons vivants. Car Michel Truchon est un autodidacte génial. Avec lui, le terroir aveyronnais a trouvé l'un de ses plus subtils défenseurs, et c'est sans restriction que nous vous engageons à découvrir son travail,"étoilé" depuis 1990. Vous resterez sûrement dormir dans l'une des onze belles chambres de l'hôtel, toutes très zen et hyperconfortables : un univers moderne, fait de matières et de couleurs chaudes, spacieux et lumineux, avec des lits gigantesques et des baies vitrées qui ouvrent – au-delà de la place – sur les vallons du Rouergue. Au niveau du restaurant, beaucoup d'espace et de lumière là encore, quelques meubles anciens venant s'intégrer à la modernité ambiante. À la belle saison, on dîne aussi dans un agréable patio et, hiver comme été, on profite de la piscine, installée sous une grande verrière, traitée comme un jardin exotique avec bambous et plage en bois. Cette maison sérieuse et extrêmement accueillante (Chantal Truchon pourrait recevoir la médaille du meilleur savoir recevoir) mérite vraiment que l'on s'y arrête.

Catégorie ★★★★ **Ouvert** de mi-mars à début janvier **Chambres** 8 chambres : 130 à 150 €, 3 suites : 200 à 220 € - Petit déj. : 16 à 20 € **Restaurant** (midi et soir) : 29 à 120 € **Équipements** climatisation, TV, Wifi **Divers** animaux admis sur demande **Loisirs** piscine chauffée **Accès** à 32 km au sud-ouest de Rodez.

LES FLEURINES

lesfleurines.com

17, boulevard Haute-Guyenne • 12200 Villefranche-de-Rouergue (Aveyron)
Tél. 05 65 45 86 90

• Cette toute nouvelle adresse décoiffe assurément l'hôtellerie traditionnelle de l'Aveyron : effets de lumière en façade, grand hall cathédrale, chambres contemporaines, accueil jeune et décontracté… Tout ça sans renier le moindre professionnalisme, bien au contraire : Romain Bouillard s'est lancé de toutes ses forces dans cette nouvelle activité, et s'est entouré de personnes tout aussi motivées que compétentes. Un immense travail a été fait avec une jeune architecte de la région pour concevoir des aménagements de chambres ultra-adaptés et bien pensés. Les salles de bains s'intègrent avec inventivité dans les petites chambres, par des jeux de découpes et de portes coulissantes. Les chevets, les tables et les chaises, les éclairages : tout sort de l'ordinaire et dit haut et fort l'envie de réveiller l'atmosphère. Les 18 chambres sont ainsi réparties dans les étages de ce haut bâtiment du boulevard périphérique de Villefranche-de-Rouergue, et elles se partagent, au rez-de-chaussée, un espace salon de thé utilisé pour les petits déjeuners – très design et lumineux. Quelques tables en terrasse, sur l'arrière, donnent l'occasion de s'immerger petit à petit dans le cœur de la belle bastide médiévale, dont on ne saurait trop vanter les attraits. En marchant vers la collégiale, en particulier le samedi, jour du marché, levez le nez pour observer les belles maisons du XVe siècle, les chapelles et arcades, les voûtes de pierre taillée…

Catégorie ★★★ **Ouvert** toute l'année **Chambres** 18 chambres doubles : 73 à 119 € - Petit déj. : 10 € **Équipements** climatisation, Wifi, ascenseur **Divers** animaux admis (10 €), garage **Accès** à côté de la chapelle des Pénitents noirs.

HÔTEL SAINT LAURANS

hotelstlaurans.fr

Place de la mairie • 31420 Aurignac (Haute-Garonne)
Tél. 05 61 90 49 55

• Il était une fois deux jeunes couples de Néerlandais installés dans un charmant village des Pyrénées, débordant d'énergie, et qui avaient envie de travailler ensemble. L'idée fut de créer un centre de vie pour les habitants d'Aurignac, quelques jolies suites pour les touristes de passage, et plusieurs formules de restauration. Cette multi-activité permettait de rester ouvert toute l'année, et ce n'est pas gagné lorsqu on est à l'écart des grands axes ! L'Hôtel Saint Laurans, c'est donc beaucoup de choses : une salle de sport pour pratiquer fitness, yoga, tai-chi, un très sympathique bistro où l'on prend un verre entre amis, un café, ou bien une formule du jour, un restaurant gastronomique (au calme, à l'arrière, avec patio et feu de cheminée), un bar à vins assez mode qui sert des tapas, un billard, et cinq suites, sobres, spacieuses et très agréables (la 5 est un vrai petit loft). Immense et très ancienne, la maison a beaucoup de caractère. Elle a en plus l'avantage de se trouver en plein centre, à l'angle d'une ruelle et d'une placette. S'y installer en terrasse côté rue est un pur bonheur : les gens passent, s'arrêtent pour discuter, font leurs courses, c'est la vie de village avec, en arrière-plan, la chaîne des Pyrénées. Une belle ambiance, de la chaleur, le goût des choses simples et bien faites, et des prix défiant toute concurrence : courez-y, et restez quelques jours pour découvrir la région !

Ouvert toute l'année **Chambres** 3 chambres doubles : 65 €, 5 suites : 65 à 110 € - Petit déj. : 9,50 € **Restaurant** (midi et soir) : 10 € à 20 € **Équipements** TV, Wifi **Divers** animaux (10 €) **Bien-être** fitness **Accès** depuis Toulouse, A 62, puis A 64 sortie n° 21 vers Boussens puis D 635 jusqu au village.

HÔTEL DES BEAUX-ARTS

hoteldesbeauxarts.com

1, place du Pont Neuf • 31000 Toulouse (Haute-Garonne)
Tél. 05 34 45 42 42 • Fax 05 34 45 42 43

• Dans la magnifique ville de Toulouse, il est difficile de trouver meilleur emplacement pour un hôtel. À deux pas de la place du Capitole, le long de la Garonne, où les promenades sont si belles, l'Hôtel des Beaux-Arts cache derrière sa façade XVIIIe un intérieur où le confort le dispute à l'élégance. Peu à peu, les chambres sont rénovées dans un bel esprit contemporain : tonalités gris-bleu, portes de placards ajourées couleur ébène, masques japonais ou africains… Quant aux salles de bains, au goût du jour, elles sont raffinées et confortables. Tout est prévu pour se sentir bien, et la vue, superbe sur le fleuve et l'hôtel-Dieu, ne dément pas cette impression. À cela s'ajoutent un accueil particulièrement attentif et de délicieux petits déjeuners que l'on peut prendre en chambre ou dans une jolie salle voûtée située sous l'hôtel.

Catégorie ★★★★ **Ouvert** toute l'année **Chambres** 19 chambres doubles : 115 à 255 €, 1 chambre avec terrasse : 255 €, 1 suite : 255 € - Petit déjeuner : 14 € **Restaurant** (midi et soir) : 25 € **Équipements** climatisation, TV, Wifi **Divers** parking gratuit sur réservation **Accès** dans Toulouse, au bout de la rue de Metz, au pied du pont Neuf.

CLOS DES POTIERS

le-clos-des-potiers.com

12, rue des Potiers • 31000 Toulouse (Haute-Garonne)
Tél. 05 61 47 15 15 • Fax 05 61 47 65 75

• Nous aimons les hôtels de campagne, mais la ville a aussi ses charmes, surtout quand on peut se garer sans difficulté et "vivre" à pied une belle cité comme Toulouse. Au *Clos des Potiers*, vous serez dans un quartier animé et assez chic de la Ville rose, au calme, à deux cents mètres de la cathédrale Saint-Étienne et de la Halle aux Grains. Le quartier attire pour ses façades fastueuses, ses galeries d'art, ses antiquaires. Voilà pour la situation. Maintenant l'hôtel. Celui-ci occupe une demeure du Second Empire avec jardin et propose peu de chambres, toutes différentes, assez personnelles et bien installées. Les meubles de famille se mêlent à des objets contemporains, des tableaux (belle collection d'herbiers dans l'escalier). Souvent le mélange des genres est original, très réussi (seules quelques moquettes à poils très longs ne seront pas du goût de tous). Aux étages nobles, les chambres s'éclairent de hautes fenêtres, et les deux sous les toits, avec Velux, nous ont semblé totalement cosy et séduisantes (une prouesse compte tenu du manque de vue). Le matin, le salon – qui pourrait être celui d'un décorateur – devient salle du petit déjeuner ; on retire les livres d'art et les magazines de la table basse, on installe des guéridons. C'est ce côté confidentiel qu'on aime bien ici, ce sentiment d'être dans une maison particulière plutôt qu'à l'hôtel.

Catégorie ★★★★ **Ouvert** toute l'année **Chambres** 10 chambres : 108 à 154 €, 3 suites : 180 à 257 € - Petit déj.: 14 € **Équipements** climatisation, TV **Divers** animaux admis, parking (12 €) **Accès** dans le centre-ville.

L'ÉCHAPPÉE BELLE

echappee-belle.fr

Rue Fernand Mestre • 32600 L'Isle-Jourdain (Gers)
Tél. 05 62 07 50 00 • Julien Vincendeau

• Aux portes de Toulouse, mais déjà tournée vers la Gascogne, L'Isle-Jourdain est une ancienne cité médiévale au cœur d'une campagne vallonnée et fertile. Dans cet environnement très "terroir", l'hôtel se démarque volontairement de l'hostellerie traditionnelle. Construite en U autour d'un patio, la façade contemporaine aux jolis balcons atypiques se fond parmi les habitations locales. De la terrasse bordée de bambous et abritée par des velums, on profite de l'atmosphère d'une placette gersoise en briquettes et colombages. À l'étage, les chambres sont des petits écrins au confort savamment agencé par des artisans (mobilier sur mesure, fenêtres en fer forgé, belles matières et finitions...), avec d'agréables salles de bains. Un poster-photo XXL fait office de tête de lit (l'escalier d'un phare, des coquelicots, un sous-bois, une cabane de pêcheur, etc.) et emmène le regard au-delà, comme dans un rêve. Décoration épurée, avec quelques créations design (lampes, sièges), et ambiance des plus cosy grâce à l'effet cocon de l'architecture. En rez-de-chaussée, salon et salle à manger sont très attrayants, avec banquettes alambiquées, chaises en plexi ajouré, luminaires géants. Et, pour parfaire cette étonnante échappée, le restaurant propose une carte alléchante et de grande qualité, élaborée par un chef étoilé.

Catégorie ★★★ **Ouvert** toute l'année **Chambres** 27 chambres doubles : 79 à 125 €, 2 suites : 125 à 165 € - Petit déjeuner : 12 € **Restaurant** (midi et soir) : 19 à 39 € **Équipements** TV, Wifi, ascenseur **Divers** animaux (15 €) **Accès** à 30 km de Toulouse par RN 124, dans le centre du bourg.

HÔTEL DE BASTARD

hotel-de-bastard.com

Rue Lagrange • 32700 Lectoure (Gers)
Tél. 05 62 68 82 44 • Fax 05 62 68 76 81 • Jean luc Arnaud

• Surplombant les vallons du Gers, Lectoure est une belle ville fortifiée. On part à la découverte de ses ruelles bordées d'antiques maisons et l'on découvre, au détour de l'une d'elles, le monumental portique en pierre de taille qui marque l'entrée de cet hôtel particulier du plus pur style XVIIIe. Là, une vaste esplanade dallée, égayée par une piscine, domine les derniers toits du bourg puis s'ouvre sur la campagne. C'est sur ce panorama que donnent les pièces de réception, et leur décoration est tout aussi plaisante : jolis tissus, hauts plafonds et mobilier de style XVIIIe. Pas très grandes, mais agréablement déclinées dans des tonalités douces et actuelles, les chambres sont d'un bon confort (celles du second étage, qui manquaient de lumière, ont bénéficié de travaux leur offrant désormais vue et soleil). La cuisine de M. Arnaud s'articule autour des produits locaux, et c'est un immense plaisir de la déguster l'été dans la belle cour d'entrée avec vue sur la piscine et l'horizon vallonné. Sur le côté, un bar cosy avec des sièges profonds sert d'espace culturel pour des expositions de peintures et de photographies. L'adresse est, dans l'ensemble, vraiment charmante, plus spontanée que ne le laisse supposer le classicisme de sa façade.

Catégorie ★★★ **Ouvert** du 1er février au 22 décembre **Chambres** 26 chambres : 50 à 100 €, 2 suites : 110 à 150 € - Petit déjeuner : 11 € **Restaurant** (midi et soir) : 31 à 50 € **Équipements** TV, Wifi **Divers** animaux (4 €) **Loisirs** piscine chauffée **Accès** à 35 km au nord d'Auch par N21. Autoroute A62 jusqu'à Agen.

CHÂTEAU DE PROJAN

chateau-de-projan.com

510, route du Château • 32400 Projan (Gers)
Tél. 05 62 09 46 21 • Port. 06 85 56 03 42 • Bernard Vichet et Christine Poullain

• Avec son impressionnante collection d'art contemporain, mélangée à quelques imposants meubles XVIIe et XVIIIe, son ambiance "maison", voici un hôtel hors du commun. Côté chambres, la décoration est toujours "pensée". Vastes pour certaines, petites et intimes pour d'autres, toutes agrémentées de belles salles de bains, elles sont une réussite en perpétuelle amélioration. Dehors, l'immense parc déploie de multiples points de vue sur un vaste panorama, le plus beau étant celui qui s'offre à vous, au coucher du soleil, de la terrasse où l'on sert l'apéritif et le dîner en été (celui du côté des grands chênes et de la magnifique piscine n'est pas mal non plus !). L'hiver aussi a ses charmes à *Projan*, avec notamment ses grands feux de cheminée, comme celui de la salle à manger où l'on se régale de la cuisine de Richard (fidèle et savoureuse accompagnatrice des saisons), escortée de vins locaux choisis avec passion et discernement. Une nature sublime, des aménagements extraordinaires, un accueil agréable et naturel... À vous de choisir entre les multiples qualités de *Projan*, l'une de nos adresses préférées dans le Sud-Ouest.

Catégorie ★★★ **Ouvert** de mi-mars à mi-janvier **Chambres** 5 chambres : 110 à 160 €, 2 suites familiales : 180 à 210 € - Petit déjeuner : 19 € **Restaurant** 37 € **Équipements** Wifi **Divers** garage, parking privé **Loisirs** piscine chauffée, tennis, vélos **Accès** A 65, sortie 8 Garlin (en venant de Pau) ou sortie 7 aire sur l'Adour Sud (en venant de Bordeaux) ; à 40 km au nord de Pau par N 134 jusqu'à Sarron, et D 646 direction Riscle.

LE VINOIS

levinois.com

Place de la Croix • 46140 Caillac (Lot)
Tél. 05 65 30 53 60 • Fax 05 65 21 67 27 • Jean-Claude Voisin

• Jean-Claude Voisin est avant tout cuisinier, créatif, amoureux des bons produits de son terroir et des mélanges de saveurs. Cet ancien chef étoilé, qui tient sa passion de sa grand-mère, est revenu aux sources. C'est à Caillac qu'il décide d'accueillir les amateurs de sa table désormais réputée en Quercy. Mais cette personnalité volubile et très active ne pouvait pas en rester là. Avec sa femme, Jean-Claude a aménagé dix chambres dans un curieux ensemble de bâtiments, collé tout contre la poste du village, en face d'un vaste plan d'eau au pourtour arboré. Dans la maison principale, cinq d'entre elles permettent de compter les lignes des pêcheurs, les foulées des joggeurs... Dans le bâtiment d'en face, trois autres, dont la "9", de plain-pied sur la superbe piscine. Enfin, dans le dernier bâtiment, les "6", "7", et "8" ouvrent soit sur les vignes, soit sur le village ou sur l'eau, en bow-window. Tout ici est flambant neuf, des linoléums aux papiers peints noirs ou gris, presque seventies, ponctués de motifs graphiques, de coussins couleur argent ou prune. Rien n'est laissé au hasard : confort des lits, design des salles de bains, produits cosmétiques et soins bio sur demande... Le pari contemporain est réussi. Avide de transmission, notre entrepreneur donne également des cours de cuisine et vient d'ouvrir un coin "Côté vins et petits plats" pour un apéro gourmand ... En plein cœur du vignoble, à dix minutes de Cahors, une adresse de caractère, pimpante et accueillante.

Catégorie ★★★ **Ouvert** du 1er février au 11 octobre et du 3 novembre au 31 décembre **Chambres** 10 chambres simples et doubles : 84 à 158 € - Demi-pension (supp/pers.) : 42 € - Petit déjeuner : 14 à 15 € **Restaurant** (midi et soir) : 38 à 77 € **Équipements** climatisation, TV, Wifi **Divers** animaux (10 €) **Loisirs** piscine chauffée **Accès** à Cahors, D811 vers Bergerac ; à Mercuès, au 2e feu, tourner à gauche direction Caillac.

HÔTEL LE GRÉZALIDE

grezalide.com

46320 Grezes (Lot)
Tél. 05 65 11 20 40 • Karine et Bruno Widenmann

• De tout leur cœur, Karine et Bruno ont fait de cet ancien prieuré du Quercy une hacienda dédiée à leurs passions conjointes de l'accueil et des pratiques artistiques : les rénovations ont intégré la couleur à la pierre d'origine, ébouriffé le côté rustique classique pour accrocher partout, sur tous les murs, dessins et peintures – à la manière d'un gigantesque carnet de voyage. On peut dire leur enthousiasme à chaque endroit de la maison : dans la salle de restaurant, qui accueille des expositions d'artistes tout au long de l'année. Dans les petits salons en enfilade qui, eux aussi, accueillent des œuvres. Dans les jardins. Dans les chambres bien sûr. Celles de l'étage de la maison principale ont l'avantage d'avoir de belles hauteurs sous plafond, du parquet de bois ciré. Celles de l'annexe, sur l'arrière, sont de plain-pied et jouissent de plus d'indépendance ; elles ouvrent cependant sur le patio commun à toute la maison. Ajoutez à cela une belle piscine, un espace bien-être dans une petite maisonnette, et les merveilles de Karine en cuisine – et vous aurez les ingrédients d'un séjour joyeux, chaleureux et réussi dans le Lot ! Certains matins, vous goûterez un riz au lait maison, d'autres fois ce seront des yaourts du jour. Toujours généreux et délicieux. Tout autour de cette petite enclave, les collines invitent à la promenade et à la marche à pied, avant le grand rendez-vous convivial du dîner…

Catégorie ★★★ **Ouvert** du 1er avril au 11 octobre **Chambres** 19 chambres : 85 à 165 €, 3 suites : 145 à 165 € - Demi-pension (supp./pers.) : 45 € - Petit déjeuner (8 h à 9 h 30) : 11 € **Restaurant** (le soir) : 26 à 48 € **Équipements** TV, Wifi **Divers** animaux non admis, parking privé, piscine chauffée **Bien-être** sauna **Accès** à 20 km à l'ouest de Figeac par la D802 puis par la D13 jusqu'à Grèze, puis fléchage.

LE PONT DE L'OUYSSE

lepontdelouysse.fr

46200 Lacave (Lot)
Tél. 05 65 37 87 04 • Fax 05 65 32 77 41 • Famille Chambon

• L'étroit chemin se faufile entre une puissante falaise aux reflets cuivrés et en contrebas le cours d'eau bordé de jardins et de potagers d'herbes. Deux cents mètres initiatiques qui nous guident vers ce qui ressemble à un délicieux hameau avec ses placettes et ses micro-terrasses lovées çà et là : en plein soleil sur un promontoire rocheux émaillé d'oliviers, à l'ombre d'un tilleul ou autour de la piscine étirant ses courbes à l'écart, dans la pelouse du parc. Flanqué tout contre la falaise et ouvrant sur une jolie terrasse à l'ancienne ombragée par un marronnier, l'établissement familial propose quatorze chambres classiquement colorées au confort douillet, avec parquets, boutis et têtes de lits patinées. Tenants de la cinquième génération sur place, Stéphane et Mathieu Chambon préparent avec passion la relève. L'un est en cuisine aux côtés de Daniel, le père, l'autre surveille et anime la salle, et l'étoile Michelin brille toujours sur la maison depuis 1989. Vous vous régalerez donc d'une cuisine fine et précise, très attentive à vous révéler ce que la région offre de meilleur. Une belle adresse qui s'inscrit dans la grande tradition hôtelière.

Catégorie ★★★ **Ouvert** du 28 mars au 1er novembre **Chambres** 12 chambres : 130 à 180 €, 2 suites : 165 à 240 € - Demi-pension (supp./pers.) : 90 € - Petit déjeuner : 17 € **Restaurant** (midi certains jours de semaine et soir) : 60 à 89 € **Équipements** climatisation, TV, Wifi **Divers** animaux admis piscine chauffée **Bien-être** Jacuzzi **Accès** sur D 43 entre Souillac et Rocamadour.

HOSTELLERIE LE VERT

hotellevert.com

Le Vert • 46700 Mauroux (Lot)
Tél. 05 65 36 51 36 • Eva et Bernard Philippe

• C est un très beau site vallonné, en pleine nature, qui sert de cadre à l'*Hostellerie Le Vert*. Les modestes ouvertures de la ferme d'autrefois, les mansardes surplombant les quatre façades et la fenêtre à meneaux de la belle salle à manger diffusent une lumière douce sur des intérieurs spacieux, confortables, raffinés, qui se prolongent par une délicieuse terrasse sur voûtes. C'est ici, au soleil couchant, face à la campagne environnante, qu'Eva et Bernard Philippe vous offrent chaque soir du vin et des jus de fruit à l'apéritif avant de vous servir de bons repas, largement réalisés à base de produits bio de la région. L'*Hostellerie Le Vert*, c'est aussi une volonté, celle de toujours mieux faire, comme en témoignent les travaux régulièrement entrepris. Cela donne des chambres agréables, avec des salles de bains neuves, dont l'ambiance varie selon leur emplacement. Zen, lumineuses et simplement charmantes dans la maison principale (peintures Farrow & Ball, boutis, jolis tapis et petits meubles de campagne). Plus austères et typées dans la dépendance : cheminée de pierre, murs frais en été, petites fenêtres ; l'été, elles sont idéales pour bien profiter du jardin et de la piscine. Une adresse gérée avec bon esprit, parfaite pour venir se reposer au vert.

Catégorie ★★★ **Ouvert** toute l'année (de novembre à mars sur réservation uniquement) **Chambres** 6 chambres doubles : 85 à 130 € - Demi-pension (supp. par pers) : 42 € - Petit déjeuner : 10 € **Restaurant** (le soir) : 32 € **Équipements** climatisation, TV, Wifi **Divers** animaux (5 €) **Accès** à 37 km à l'ouest de Cahors par D811 jusqu'à Puy-l'Évêque, puis D5 direction Mauroux sur la D811 entre Cahors et Fumel.

HÔTEL BELLEVUE

hotelbellevue-puyleveque.com

Place de la Truffière • 46700 Puy-l'Évêque (Lot)
Tél. 05 65 36 06 60 • Fax 05 65 36 06 61 • Christophe Lasmaries

• *Bellevue*... C'est un euphémisme ! La vue est vertigineuse depuis cet hôtel installé à la verticale du Lot, qui serpente cinquante mètres en contrebas, le long d'une plaine où alternent cultures et urbanisation. Côté place, l'ambiance n'est pas mal non plus, car Puy-l'Évêque fait partie des très beaux villages de la région. À l'intérieur, en revanche, ne cherchez pas les anciennes patines : la décoration est moderne, plutôt colorée. Cela donne onze chambres rénovées, claires et confortables, décorées selon un goût un peu standard, mais le résultat est tout à fait agréable à vivre. Certaines sont vastes, voire immenses, et toutes sont tournées vers le Lot, avec parfois un petit balcon en prime. Pour dîner, et s'il ne fait pas trop chaud, on rejoint l'impressionnante salle à manger panoramique, moderne, pas guindée, où l'on déguste une cuisine époustouflante de finesse, d'idées et de présentation, qui fait de Christophe Lasmaries l'un des très bons chefs de sa génération. Au programme : foie gras de canard cuit entier au chaudron, cassolette de coquilles Saint-Jacques et gambas, moelleux de courgette et aubergine, concassée de petites tomates au basilic, feuilleté aux fraises, framboises écrasées au sucre et sorbet au fromage blanc... Une belle sélection de vins complète ce moment de plaisir gustatif. Et, pour ceux qui souhaitent dépenser moins, un resto-bistrot aménagé dans une véranda propose un menu plus simple. Une adresse précieuse au rapport qualité-prix remarquable.

Catégorie ★★★ **Ouvert** toute l'année sauf du 3 février au 2 novembre **Chambres** 10 chambres doubles : 76 à 96 € - Demi-pension (par pers.) : 76 à 86 € - Petit déjeuner : 10 à 12 € **Restaurant** (midi et soir) : 19,50 à 34 € **Équipements** TV, Wifi, ascenseur **Divers** animaux (8 €) **Accès** de Paris A 20 sortie n° 54, N 10 et D 673 ; de Toulouse A 20, sortie n° 56, D 807 et D 32 ; suivre "Cité médiévale" et franchir la porte fortifiée pour accéder au parking privé de l'hôtel.

HÔTEL BEAU SITE

bestwestern-beausite.com

Cité médiévale • 46500 Rocamadour (Lot)
Tél. 05 65 33 63 08 • Fax 05 65 33 65 23 • Martial Menot

• La notoriété mondiale de Rocamadour tient autant aux pèlerins qui convergent ici depuis le Moyen Âge qu'à sa situation exceptionnelle, comme sculpté, accroché au flanc d'un gigantesque rocher face au vide et aux falaises du Causse. L'hôtel se trouve au cœur de la cité médiévale : passé l'agitation des rues piétonnes (jusqu'à 19 heures), vous serez parmi les très rares privilégiés auxquels Rocamadour offre son plus beau visage. Témoin de l'ancienneté de la maison, le hall d'accueil affiche une ambiance très haute époque avec, cachés derrière l'escalier central, deux petits salons voûtés très prisés en période caniculaire. Agréables, classiques et confortables, les chambres bénéficient presque toujours d'une belle vue, notre préférence allant toutefois à celles de la maison principale (les autres sont en face, de l'autre côté de la rue et au-dessus du restaurant). Très bonne cuisine régionale servie dans le respect de la tradition à la grande salle du restaurant panoramique ou dehors, en terrasse. Accueil prévenant.

Catégorie ★★★ **Ouvert** du 14 février au 11 novembre **Chambres** 36 chambres doubles : 89 à 125 €, 2 suites : 135 à 165 € - Petit déj. : 13,50 € **Restaurant** (midi et soir) : 26 à 60 € **Équipements** climatisation, TV, Wifi, ascenseur **Divers** animaux admis, garage, parking privé **Accès** de Paris A 20 sortie n° 54, N 10 et D 673 ; de Toulouse A 20, sortie n° 56, D 807 et D 32 ; suivre "Cité médiévale" et franchir la porte fortifiée pour accéder au parking privé de l'hôtel.

HÔTEL LES ESCLARGIES

esclargies.com

Route de Payrac (l'Hospitalet) • 46500 Rocamadour (Lot)
Tél. 05 65 38 73 23 • Port. 06 13 03 47 23 • Martine et Pierre Poisson

• Malgré son affluence touristique, Rocamadour reste l'un des lieux les plus envoûtants qui soient. Pour y séjourner on peut choisir de loger au cœur du village-musée, dans une maison aux murs ancestraux, ou préférer rester au calme, à l'écart. Pour nous, *Les Esclargies* est la solution idéale. Ouvert en 2006, cet hôtel d'architecte se présente comme un espace de paix et de lumière, un lieu qui épouse la nature et où l'on respire. Construit sur une chênaie, le bâtiment est fait de pierre, de bois clair, et surtout de baies vitrées, si bien que, depuis chaque pièce, on profite de l'extérieur à tout moment. Ici, la lumière (*esclarrèje* signifie "faisceau de lumière") est omniprésente. Les confortables aménagements, bien dans le goût actuel, jouent sur un mobilier sobre et d'autant plus en harmonie avec le lieu qu'il a été réalisé spécialement pour la maison par un ébéniste-designer. Le salon, avec cheminée, et la salle du petit déjeuner ouvrent sur une terrasse ombragée de quelques chênes truffiers ; on s'y repose avant de rejoindre à pied le château (comptez dix minutes) ou la cité médiévale (vingt minutes) ; agréable promenade par un petit sentier qui vous permet d'arriver directement sur les monuments tout en restant à l'écart de l'affluence touristique. Une maison apaisante, accueillante, très plaisante en toute saison.

Catégorie ★★★ **Ouvert** du 13 janvier au 19 février au 22 décembre **Chambres** 16 chambres : 76 à 165 € - Petit déjeuner : 8 à 12 € **Équipements** climatisation, TV, Wifi, **Divers** animaux (8 €), parking privé, piscine **Accès** A 20 sortie n° 54, D 840 puis D 673 ; à l'Hospitalet, une fois devant la maison du tourisme, continuer tout droit sur 400 m.

VILLA RIC

villaric.com

Route de Leyme • 46400 Saint-Céré (Lot)
Tél. 05 65 38 04 08 • Fax 05 65 38 00 14 • Élisabeth et Jean-Pierre Ric

• Un emplacement unique, avec une vue à couper le souffle, une piscine merveilleuse, et un accueil hors pair, chaleureux s'il en est : vous trouverez ici l'endroit rêvé pour des vacances gourmandes, et reposantes. Certes, les murs en stuc vert d'eau et jaune de la salle à manger, les teintes pastel des cinq chambres et le mobilier en rotin blanc ne seront pas forcément du goût de tout le monde, mais justement : cette maison a tellement d'atouts, et en particulier sa sincérité, que l'on apprécie cette fraicheur dans la décoration, le soin avec lequel elle est entretenue – et le cocon douillet qu'elle réserve à vos nuits. La grande villa blanche est adossée à une colline, sur les hauteurs de Saint-Céré, et à l'étage, les cinq chambres sont claires et confortables (télés à écran plat, climatisation, plan vasque carrelé dans les salles de bains). Elles offrent une vue dégagée sur la vallée de la Dordogne et le parc d'un hectare – qui compte érables, chênes et cascades en terrasses. Les plaisirs se poursuivent à table (demi-pension fortement recommandée en haute saison) avec la cuisine fine et savoureuse de Jean-Pierre Ric. C'est en effet derrière les fourneaux que la générosité du propriétaire se révèle pleinement depuis vingt ans. L'ours parfois gentiment bourru laisse place au cordon bleu soucieux de régaler ses hôtes avec un bon foie gras, un agneau du Quercy ou un moelleux au chocolat désormais culte... Une adresse intime et atypique pour découvrir ou redécouvrir la région !

Ouvert du 1er avril au 10 novembre **Chambres** 2 chambres doubles : 79 à 109 € - Demi-pension (par pers.) : 89 à 109 € - Petit déjeuner : 11 € **Restaurant** (midi et soir) : 37 à 53 € **Équipements** climatisation, TV, Wifi **Divers** animaux non admis, parking privé, piscine chauffée **Accès** A20 en venant de Limoges, à Brive la sortie n° 52 direction Saint-Céré ; en venant de Toulouse, sortie n° 56 ; dans Saint-Céré, prendre la route de Leyme sur 3 km.

AUBERGE DU SOMBRAL

lesombral.com

Place du Sombral • 46330 Saint-Circq-Lapopie (Lot)
Tél. 05 65 31 26 08 • Fax 05 65 30 26 37 • Mme Hardeveld

• Sur son rocher en surplomb du Lot, Saint-Cirq-Lapopie est une pure merveille, l'un des plus beaux villages de France, avec ses ruelles en pente, ses vénérables maisons, petits carrés de jardins et superbes points de vue sur la campagne. Très prisé des touristes, le site peut perdre de sa sérénité en été. L'idéal est alors de dormir sur place pour bénéficier du calme retrouvé et de la douce tombée du soir. *Le Sombral* est une auberge comme autrefois, avec de beaux meubles anciens régionaux et quelques tables en terrasse pour prendre un verre ou un repas. À l'étage, huit petites chambres traditionnelles, vraiment mignonnes, récemment rénovées avec goût et simplicité, vous attendent (salles de bains neuves, joliment refaites elles aussi). Côté cuisine, vous n'aurez pas à vous plaindre non plus : le gendre de Mme Hardeveld, cuisinier, devrait vous régaler de ses spécialités, servies dans les chaleureuses pièces du rez-de-chaussée à l'atmosphère très "maison". *Le Sombral* rend aussi hommage aux artistes du village en présentant un bel ensemble d'œuvres d'Alain Prillard, dont l'atelier-expo se trouve plus bas dans la rue. Du charme, de la simplicité, et une nouvelle dynamique portée par la jeune génération, qui nous inspirent un coup de cœur !

Catégorie ★★ **Ouvert** du 1er avril au 15 novembre **Chambres** 8 chambres : 60 à 85 € - Petit déjeuner : 9 € **Restaurant** 16,50 à 30 € **Équipement** Wifi **Divers** animaux admis **Accès** à 33 km à l'est de Cahors par D 653, direction Saint-Géry, puis D 662.

HÔTEL LE SAINT CIRQ

hotel-lesaintcirq.com

Face à Saint-Cirq-Lapopie • 46330 Tour-de-Faure (Lot)
Tél. 05 65 30 30 30 • Fax 05 65 24 58 20 • Port. 06 12 77 22 70 • Éric Viven

• On peut parfois sentir le désir qui a fait naître certains établissements. Sur un petit plateau surplombant le Lot, en face de cette merveille qu'est Saint-Cirq-Lapopie, Éric Viven et sa compagne ont longtemps rêvé de ce lieu et peaufiné les moindres détails de leur projet avant de le mettre en œuvre. Les chambres les plus agréables donnent ainsi de plain-pied sur une jeune vigne, piquée sur une bosse engazonnée subtilement orientée dans la perspective du village médiéval, de l'autre côté de la rivière. Les suites, superbes, sont dotées de terrasses avec pergola, d'une baignoire pour deux (!) ou d'une douche à l'italienne. Mobilier à l'ancienne, sols de terre cuite, ciels de lits drapant des couchages immenses : un confort indiscutable et fait pour durer. Pas de restaurant à proximité immédiate ? Une navette vous emmène en quelques minutes dans les ruelles de Saint-Cirq, où les propriétaires disposent de deux tables de qualité. L'ensemble donne l'impression d'évoluer dans un hameau quercynois désaffecté, restauré avec goût et talent : il n'en est rien. Hormis l'ancien séchoir à tabac, tous les bâtiments sont… entièrement neufs ! La promesse d'un séjour de choix, avec les grillons, l'ânesse Popie et les grenouilles pour voisins…

Catégorie ★★★ **Ouvert** du 7 février à la fin novembre (et vacances de Noël) **Chambres** 17 chambres : 78 à 148 €, 3 junior-suites : 150 à 198 €, 4 appartements (4 pers.) : 180 à 198 € - Petit déj. : 13,80 € **Équipements** climatisation, Wifi **Divers** animaux non admis **Loisirs** piscine intérieure avec espace bien-être **Accès** à 33 km à l'est de Cahors par D 653, direction Saint-Géry, puis D 662 vers Saint-Cirq Lapopie puis direction du Mas ; l'hôtel se situe à 300 mètres après la sortie Le Mas.

CHÂTEAU DE LA TREYNE

chateaudelatreyne.com

La Treyne • 46200 Souillac (Lot)
Tél. 05 65 27 60 60 • Fax 05 65 27 60 70 • Famille Gombert

• Par son site totalement exceptionnel, la qualité de son aménagement et l'extrême professionnalisme des équipes qui officient derrière ses murs, *La Treyne* est à notre avis l'un des plus merveilleux châteaux-hôtels de France. À ses pieds la Dordogne dessine paresseusement ses méandres le long d'une falaise, puissant socle du château et de l'ensemble de terrasses, jardins à la française et autres frondaisons centenaires qui composent cet univers fascinant. À l'intérieur, les pièces à vivre ont chacune leur atmosphère, très XVIIIe siècle pour la salle des petits déjeuners, plus cosy pour le salon bar aux fauteuils de cuir rouge. Quant à la salle à manger Louis XIII, elle se prolonge par une grande terrasse en surplomb de la rivière. Instants magiques en perspective, où vous pourrez déguster la très subtile cuisine étoilée de Stéphane Andrieux (ex-Pic, Meneaux...). Même bonheur dans les chambres, toutes différentes, avec leur décoration soignée, alliant tissus tendus, mobilier d'époque, et dont le souci du détail se retrouve jusque dans les salles de bains. Pour ce qui est de la vue, qu'elle soit sur la Dordogne ou sur le parc, elle est toujours magnifique. Derrière ses murs cinq fois centenaires, cet accueillant château réussit à combiner luxe, élégance et gentillesse.

Catégorie ★★★★ **Ouvert** du 21 mars au 11 novembre et du 24 décembre au 2 janvier **Chambres** 14 chambres : 200 à 480 €, 3 appartements : 600 à 1 200 € - Petit déjeuner : 24 € **Restaurant** (midi et soir) : 48 à 138 € **Équipements** climatisation, TV, Wifi **Divers** animaux admis, parking fermé **Loisirs** pêche, piscine chauffée, tennis **Bien-être** Jacuzzi **Accès** à 37 km au sud de Brive-la-Gaillarde par A20 jusqu'à Souillac, sortie n° 55, puis D43 sur 5 km jusqu'à La Treyne.

LA MAISON D'HOURSENTUT €

maison-hoursentut.com

Hoursentut Eschars • Gripp • 65710 Campan (Hautes-Pyrénées)
Tél. 05 62 91 89 42 • Francis Laffont

• Sur la route du Tourmalet et de la station de ski de la Mongie, au détour d'un hameau en sommeil, voici une petite auberge accueillante, propice à une halte réparatrice après une randonnée à pied ou à skis. Ici, les jeunes propriétaires conjuguent vie de famille, grand air et accueil rayonnant – entre une échappée dans la montagne à moto et quelques voyages au Maroc… La décoration, contemporaine et un brin austère, tranche avec l'esprit "chalet". La part belle est faite aux matériaux naturels : chaux, bois, ardoises peintes en noir dans les salles de bains. Les murs et les menuiseries restent tout aussi sobres, enduits de peintures mates, blanches ou grises, avec quelques touches de *tadelakt* rouge orangé. Préférez les chambres qui donnent sur la rue tranquille : elles bénéficient du soleil le matin et de fenêtres plus ouvertes. Celles sur l'arrière, où coule le torrent, ont des ouvertures un peu hautes (il faut se mettre sur la pointe des pieds pour apercevoir la luxuriante végétation). D'autres encore sont traversantes et offrent plus d'espace, avec la penderie dans une petite pièce à part. Le repas du soir est un plaisir, composé de produits simples et frais, travaillés avec créativité – tout comme les petits déjeuners, servis au soleil en été. Une adresse atypique et attachante.

Catégorie ★★ **Ouvert** toute l'année sauf dimanche soir et lundi **Chambres** 8 chambres : 65 €, 1 suite : 75 €, 4 chambres familiales : 75 à 105 € - Petit déjeuner : 8 € **Restaurant** (le soir sur réservation) : 20 € **Équipements** TV, Wifi **Divers** animaux non admis, parking privé **Loisirs** ski de fond **Bien-être** thermalisme **Accès** A 64 sortie Tarbes, puis suivre Bagnères-de-Bigorre, Campan, la Mongie.

€ HÔTEL DU LION D'OR

liondor.eu

12, rue Richelieu • 65110 Cauterets (Hautes-Pyrénées)
Tél. 05 62 92 52 87 • Fax 05 62 92 03 67 • Famille Lasserre-Morel

• Que l'on soit skieur, marcheur, touriste ou venu pour une remise en forme, cet hôtel fait chaud au cœur pour ses qualités d'accueil ainsi que pour le soin extrême porté à chaque élément de la décoration. Vous rencontrerez ici deux sœurs charmantes, filles et petites-filles des créateurs de l'établissement, secondées aujourd'hui par leurs enfants et petits-enfants. Car, au *Lion d'Or*, on travaille en famille, dans la bonne humeur, la volonté de faire au mieux, et pour que les hôtes se sentent ici comme à la maison, ils sont enveloppés d'attentions… Comme l'un des fils Lasserre est moniteur de ski, vous n'aurez pas de meilleurs conseils sur les possibilités de la station. Les chambres sont pimpantes, coquettes et confortables : toutes roses et romantiques avec ciels de lits, moulures et coussins assortis, d'un bleu très frais ou d'un jaune gorgé de soleil. Préférez celles du 3e étage, baignées de lumière grâce à leurs deux fenêtres. Très soignées, parfois couvertes de carreaux dessinés pour l'hôtel, les salles de bains compensent leur petite taille par un entretien parfait et un équipement balnéo dans certaines douches. Voici une adresse délicieuse, où l'on fait les choses avec amour.

Catégorie ★★★ **Ouvert** du 20 décembre au 20 avril et du 9 mai au 4 octobre **Chambres** 16 chambres : 79 à 182 €, 2 suites : 142 à 187 € - Petit déjeuner : 12 € **Restaurant** (le soir) : 14 à 28 € **Équipements** TV, Wifi **Divers** animaux non admis **Accès** A 64, sortie Lourdes, direction Argelès-Gazost ; passer Lourdes, Pierrefitte et Cauteret, l'entrée de l'hôtel se trouve face aux thermes.

HÔTEL LE VISCOS

hotel-leviscos.com

1, rue Lamarque • 65400 Saint-Savin (Hautes-Pyrénées)
Tél. 05 62 97 02 28 • Port. 06 14 80 84 38 • Fax 09 70 61 28 76 • M. Saint-Martin

• Au-delà de Lourdes, sur la route du cirque de Gavarnie, il est un charmant village tranquille où se cache une table gourmande, réputée pour la franchise de sa démarche, son choix de produits frais et savoureux, travaillés avec cœur et talent. Coquettes et soigneusement entretenues, les chambres jouent sur un registre classique (mobilier de style, ciels de lits, tissus frais et colorés). Pas de prétention décorative, mais du confort, des literies et des salles de bains impeccables, et puis quelques fenêtres orientées sur le pic de Viscos, les contreforts du Hautacam et l'adorable chapelle de la Piétat. Mais ce que l'on retient avant tout au *Viscos*, ce sont les petits déjeuners comme les repas, servis dans la salle de restaurant ou en terrasse, côté montagne, ainsi que l'accueil, qui ne manque pas de générosité. Car, dans la famille Saint-Martin, l'art de recevoir et de cuisiner est une tradition perpétuée en ces murs depuis 1840! Aujourd'hui, vous serez chaleureusement reçus par la sixième et la septième génération, et c'est le chef lui-même qui viendra à votre table vous renseigner sur la composition des menus, vous raconter la carte du jour, constamment inventive. Vous aurez alors fiévreusement envie de tout goûter, du cochon noir de Bigorre au foie frais poêlé en mille-feuille…

Catégorie ★★★ **Ouvert** toute l'année **Chambres** 6 chambres familiales: 83 à 130 €, 3 suites : 110 à 130 € - Petit déjeuner-buffet: 14 € **Restaurant** (midi et soir) : 17 à 92 € **Équipements** climatisation, TV, Wifi **Divers** parking, chiens admis **Accès** à Lourdes, N21 jusqu'à Argelès-Gazost puis D13.

LA GRANGE AUX MARMOTTES

grangeauxmarmottes.com

Marmottes • 65120 Viscos (Hautes-Pyrénées)
Tél. 05 62 92 91 13 • Fax 05 62 92 93 75 • Mme Sénac

• Adossé à la montagne au-dessus de la vallée de Luz, Viscos est un petit village très préservé, avec des ruelles pavées, des maisons de schiste coiffées d'épaisses ardoises, des chemins pris en tenaille entre de vieux murs couverts de mousse… Au printemps et à l'automne, les moutons paissent tranquillement dans les prairies alentour. Intégré au cœur du village, l'hôtel (qui déborde de fleurs en été) est le lieu idéal pour prendre l'air et rayonner dans le parc national des Pyrénées. Dans le salon d'entrée, quelques fauteuils prennent place devant le feu de bois. Au-dessus, la salle à manger joue sur une ambiance d'auberge traditionnelle ; on y goûte une cuisine bien ancrée dans son terroir et très appréciée dans la région. Les chambres situées dans ce bâtiment sont les plus agréables. Elles ont l'avantage d'être les plus vastes, d'offrir une belle vue sur les montagnes (parfois avec une petite terrasse de plain-pied) et d'avoir une décoration plus récente (la 16 est vraiment très réussie). Celles de la bergerie nous plaisent nettement moins, en particulier les quatre du rez-de-chaussée, dont la vue est encaissée. Une adresse tenue avec dynamisme, pour des séjours nature, sportifs ou contemplatifs.

Catégorie ★★★ **Ouvert** de mi-décembre à mi-novembre **Chambres** 15 chambres : 72 à 160 € - Demi-pension (par pers.) : 62 à 101 € - Petit déjeuner : 11 € **Restaurant** (midi et soir) : 22 à 35 € **Équipements** TV, Wifi **Divers** animaux (10 €) **Loisirs** piscine **Accès** à Lourdes, N21 jusqu'à Argelès-Gazost puis D13.

LE CASTEL DE BURLATS

lecasteldeburlats.com

8, place du 8-Mai-1945 • 81100 Burlats (Tarn)
Tél. 05 63 35 29 20 • Fax 09 70 06 74 80 • Patricia Dauphin

• À quelques minutes de Castres, au centre de la vallée de l'Agout et du massif granitique du Sidobre, le village médiéval de Burlats existe depuis le VIIe siècle. L'hôtel y occupe le château des seigneurs locaux au cœur d'un très beau parc à la française. Impressionnant avec sa tour du Xe et son austère façade Renaissance en U, il s'adosse à la pente et fait face à la collégiale romane. Après une rénovation réussie, il propose, au second étage, huit vastes chambres, confortables, d'une belle sobriété et très bien tenues. Décorées de teintes claires, cheminées anciennes, tomettes, elles sont aménagées avec un bel ensemble de meubles Louis-Philippe et une robinetterie rétro dans les salles de bains. Au premier étage, le grand salon à disposition de la clientèle a été transformé en salle de restaurant. C'est ici, lors d'un dîner romantique près de la cheminée ou sur la belle terrasse qui surplombe les arbres centenaires, que l'on apprécie une cuisine fine, de terroir, confectionnée par Fabien Billières. Le jeune chef met un point d'honneur à travailler des produits frais et de saison. Au petit déjeuner, on descend pour rejoindre l'ancienne cuisine, un peu sombre, mais authentique et très chaleureuse. Attablés autour d'une belle et grande table en bois, on réfléchit aux nombreuses activités touristiques de la région et aux beautés du Tarn à découvrir : le musée Goya, l'Albigeois, les bastides, le pays de Cocagne…

Ouvert toute l'année **Chambres** 10 chambres (2 pers.) : 75 à 120 €, 1 appartement (4 pers.) : 140 € - Demi-pension (par pers.) : 85 à 105 € - Petit déjeuner : 10 € **Restaurant** 25 à 45 € **Équipements** TV, Wifi **Divers** parking privé **Loisirs** billard, pêche, canoë-kayak **Accès** à la sortie de Castres, prendre la direction Roquecourbe ; l'hôtel est à 5 km.

CHÂTEAU DE SALETTES

chateaudesalettes.com

Salettes • 81140 Cahuzac-sur-Vère (Tarn)
Tél. 05 63 33 60 60 • Fax 05 63 33 60 61 • Famille Le Net

• Perdu dans la belle campagne viticole du Gaillacois, pas très loin d'Albi, ce château est un exemple de mariage réussi entre l'ancien et le contemporain. Ancien pour les bâtiments des XIIIe et XVIe siècles ; contemporain pour le parti pris minimaliste du décor (du blanc, de la pierre et du bois, un mobilier très sobre, de grandes ouvertures et des éclairages étudiés). Le résultat séduit, apaise, on se réjouit de l'espace, du confort, des détails bien pensés, et on ne souhaite qu'une chose : paresser dans sa chambre et dans la salle de bains (la suite panoramique est exceptionnelle !). À l'image du style très épuré de la grande salle du restaurant, la cuisine inventive et équilibrée de Pascal Auger (qui a obtenu sa première étoile *Michelin* en 2008) offre une perception allégée des produits du Sud-Ouest, mis en valeur par les vins du domaine. L'été, vous la dégusterez dehors, sous une toile tendue (possibilité de salades goûteuses et originales au déjeuner). Peu de chambres, le calme, les vignes, une excellente table, un accueil professionnel et souriant, un caveau de dégustation et, pour compléter le tableau, une belle piscine avec plage en cèdre rouge ouverte sur le paysage vert et vallonné… Une adresse où se poser sans hésiter !

Catégorie ★★★★ **Ouvert** du 22 janvier au 5 avril et du 1er octobre au 31 décembre ouvert du jeudi au samedi en basse saison; du 5 mai au 30 septembre tous les jours en haute saison **Chambres** 9 chambres (2 pers.) : 145 à 205 €, 3 suites (3 à 5 pers.) : 310 à 375 € - Petit déjeuner : 21 € **Restaurant** 33 à 90 € **Équipements** climatisation, TV, Wifi **Divers** animaux (13 €) piscine **Accès** A 68 direction Albi puis D 922 vers Cordes.

HÔTEL CUQ EN TERRASSES

cuqenterrasses.com

8, chemin du château • Cuq le château • 81470 Cuq-Toulza (Tarn)
Tél. 05 63 82 54 00

• Accrochée à la colline, cette ancienne maison dont l'entrée discrète se situe sur la place de l'Église se déplie voluptueusement en niveaux successifs. De palier en terrasse, du jardin à la piscine, on découvre les vallons en patchwork du pays de cocagne. La maison a été magnifiquement restaurée, et la réussite de son aménagement doit beaucoup à la noblesse des matériaux utilisés et à la décoration soignée des chambres claires, où le respect de la tradition se marie au confort le plus actuel. Se distinguent "Le Pigeonnier" (isolée près de la piscine) et "Lauragais" (très grande avec terrasse), mais toutes ont leur attrait, leur personnalité, et il est bien difficile d'en choisir une plutôt qu'une autre. À l'extérieur, on ne peut qu'être enchanté par la sérénité du site, la terrasse panoramique, l'escalier qui court dans un jardin de rocaille, les coins ombragés aux abords de la piscine… L'été, on sert les dîners dehors, au soleil couchant, et, quand il fait un peu plus frais, c'est dans la belle salle à manger que l'on se régale de la cuisine d'Andonis, dont le style marie saveurs méditerranéennes (grecques notamment), viandes locales et légumes du potager. Une très jolie maison avec un accueil qui ne contredit pas ses nombreuses autres qualités.

Catégorie ★★★ **Ouvert** du 17 avril au 17 octobre **Chambres** 6 chambres : 85 à 165 €, 2 suites : 150 à 200 € - Petit déjeuner : 15 € **Restaurant** (le soir sur réservation) : 37 € **Équipements** climatisation, TV, Wifi, **Divers** animaux (10 €) **Bien-être** massages **Accès** A 68 direction Albi puis D 922 vers Cordes.

LE PAVILLON DU CHÂTEAU DE GARREVAQUES

garrevaques.com

81700 Garrevaques (Tarn)
Tél. 05 63 75 04 54 • Fax 05 63 70 26 44

• C'est désormais Matthieu Stauff qui est à la tête de cet établissement de charme, idéalement situé au cœur du pays cathare, à quarante-cinq minutes de Toulouse, Albi et Carcassonne. Dans un environnement verdoyant et calme, le jeune entrepreneur a décidé de poursuivre l'œuvre de ses beaux-parents et de leurs aïeux dont on peut admirer les photos sur l'immense arbre généalogique qui habille le mur le long d'un grand escalier. Mais il a instillé une touche moderne à cet hôtel installé dans les anciens communs du château. Dans la vaste salle qui sert de salon et de restaurant, une fontaine en pierre observe une grande fresque qui représente la demeure, un piano à queue, des meubles style Louis XVI et une salle de restaurant contemporaine ouverte sur le jardin dans lequel des canapés d'été ont été installés. Pour la détente, les salons, la piscine extérieure et le spa sont parfaits. Dans ce centre de soins, avec salon de repos et terrasse arborée, des esthéticiennes chevronnées sont à l'écoute de vos besoins. Les chambres, toutes différentes, bénéficient d'un ameublement chaleureux et de belle facture : bureaux et commodes de style Louis XVI, grands voiles tombant du plafond, parquet de bois clair et poutres apparentes dans des pièces hautes de plafond. Les lits, géants, et leurs dossiers capitonnés de velours sont une vraie invitation à la paresse, et les salles de bains, spacieuses et confortables, présentent de belles vasques sur fond de céramiques de qualité.

Catégorie ★★★★ **Ouvert** toute l'année **Chambres** 29 chambres (2 pers) : 110 à 250 €, 1 duplex (5 pers.) : 260 à 280 € - Petit déjeuner (8h à 11h) : 12 € **Restaurant** sur réservation, menu à partir de : 25 € **Équipements** climatisation, TV, Wifi **Divers** animaux (20 €) **Loisirs** piscine **Bien-être** spa complet **Accès** A 61, sortie Castelnaudary et A 68 sortie Castres puis Revel.

L'ANCIENNE AUBERGE

ancienne-auberge.com

Place de l'Église • 81140 Puycelci (Tarn)
Tél. 05 63 33 65 90 • Fax 05 63 33 21 12 • Dorothée Alexander

• Les moines de l'abbaye d'Aurillac sont à l'origine de ce vieux village fortifié (XIe) en surplomb de la vallée de la Vère et du bas Quercy. L'auberge se trouve au cœur du bourg, près de l'église. Il s'agit d'une maison médiévale, rénovée avec l'idée réussie d'y faire cohabiter l'ancien et le moderne. Respect des beaux matériaux d'origine, volonté de personnaliser chacune des huit chambres dans le registre de la sophistication ou de la simplicité (les plus belles sont les plus élevées…), mise en valeur des jolies vues, rien n'a été oublié pour faire de cette maison un lieu de séjour très agréable. Et surtout pas la table ! Peut-être le grand point fort du lieu. Grâce au talent de Mme Alexander, vous découvrirez que les produits bio ou du terroir peuvent sortir des sentiers battus et se présenter sous un jour nouveau, pour la surprise et le plaisir de vos papilles (possibilité de vente à emporter). Une petite fête gourmande qui se passe dans l'ambiance chaleureuse de la belle salle à manger aux voûtes d'ogives (sols en tomettes et décor de bois et de fer forgé) ou, l'été, sur une sympathique terrasse. Enfin, cette accueillante adresse de vacances propose depuis peu un sympathique bistrot de pays.

Catégorie ★★★ **Ouvert** du 1er mars au 31 janvier **Chambres** 8 chambres : 80 à 125 €, 1 suite : 150 € - Petit déjeuner : 5 à 15 € **Restaurant** (midi et soir) : 26 à 50 € **Équipements** TV, Wifi **Divers** animaux (10 €), garage (10 €)**Accès** à 45 km d'Albi ; A 68 sortie Gaillac puis D 964 vers Castelnau-de-Montmirail, puis vers Montauban.

CAP DE CASTEL

capdecastel.com

36, rue Cap-de-Castel • 81700 Puylaurens (Tarn)
Tél. 05 63 70 21 76 • Fax 05 63 75 77 18 • M. Henry

• Au cœur du vieux village de Puylaurens, surplombant la plaine du Lauragais, l'hôtel se compose d'une partie de l'ancien château (XIIIe siècle) et de deux bâtisses restaurées (XVIIe et XVIIIe siècles). Face au panorama, qu'on ne se lasse pas d'admirer, on est d'emblée conquis par le lieu, puis séduit par l'accueil sincère et attentionné du propriétaire. Les chambres sont disséminées autour du jardin intérieur très stylé qui borde la piscine, créant un sentiment d'intimité sans aucun vis-à-vis. D'un bel ocre orangé, récemment relookées, avec des notes subtiles et originales, ethniques et méditerranéennes (belle lumière, jonc tressé, fer forgé, terres cuites…), les chambres misent aussi sur le confort des literies. Les salles de bains, souvent avec douche et baignoire, sont coquettes, fournies en produits de beauté de qualité. La salle à manger sous charpente est un lieu feutré pour prendre son petit déjeuner (copieux buffet maison) ou goûter à la cuisine fine du nouveau chef. Dès les beaux jours, on dîne dehors à la lueur des bougies et des éclairages tamisés qui se reflètent dans la piscine, sur fond de scintillements lointains du doux paysage de cocagne.

Catégorie ★★★ **Ouvert** du 1er février au 31 décembre **Chambres** 8 chambres : 91 à 170 €, 2 suites (dont une pour 5 pers.) : 180 à 250 € - Demi-pension (supp./pers.) : 50 € - Petit déjeuner : 14 € **Restaurant** (le soir) : 30 à 35 € **Équipements** TV, Wifi **Divers** animaux non admis, parking public **Loisirs** piscine chauffée **Accès** à 15 km de Castres sur N 126 direction Toulouse.

DOMAINE DE RASIGOUS

domainederasigous.com

Lieu-dit Rasigous • 81290 Saint-Affrique-les-Montagnes (Tarn)
Tél. 05 63 73 30 50

• Entre Albi et Carcassonne, cette ancienne maison de maître du XIXe siècle a été transformée, avec beaucoup de goût et d'idées, en un hôtel de caractère qui a su conserver une atmosphère intime bien loin du standard hôtelier. C'est Analia Andreoni, la maîtresse des lieux, née en Argentine, de famille italienne et mariée à un espagnol, qui a su mélanger inspirations et tendances avec éclat. Le grand salon est ainsi une vraie réussite en matière de décoration, avec ses tableaux, sculptures, tapis et meubles anciens. Sa cheminée de marbre devient un refuge bien agréable par temps frais. Même amour de la peinture et des beaux objets dans les couloirs et les huit chambres, aux tonalités douces, très reposantes. Une magnifique bibliothèque en mezzanine est aussi un endroit incontournable de ce lieu superbe. Et pour dîner, pas besoin de sortir : chaque jour, une cuisine fine du marché concoctée également par Analia vous sera servie dans une élégante salle à manger. L'été, une pergola bienvenue abrite du soleil. Tout autour de la demeure, on profite d'un beau parc avec des espaces fleuris, des sculptures, des arbres centenaires, une piscine et un spa avec sauna, Jacuzzi, salle de massage et de musculation. Un lieu apaisant qui convient aussi bien pour une étape que pour de vraies vacances et dans lequel on est reçu avec simplicité, discrétion et chaleur.

Catégorie ★★★★ **Ouvert** du 15 mars au 15 novembre **Chambres** 5 chambres : 130 à 200 €, 3 suites : 230 € - Petit déjeuner : 12 € **Restaurant** 29 € **Équipements** TV, Wifi **Loisirs** piscine **Bien-être** Jacuzzi, sauna **Accès** sur la D85 à 2 km de Saint-Affrique-les-Montagnes (sur la gauche) ; à 14 km de Castres (suivre direction Dourgne) ; à 18 km de Mazamet (suivre direction Toulouse, puis Dourgne) ; à 19 km de Revel (sur D85 suivre direction Dourgne, puis direction Castres).

CHÂTEAU DE L'HOSTE

chateaudelhoste.com

Route de Cahors • 82150 Saint-Beauzeil (Tarn-et-Garonne)
Tél. 05 63 95 25 61 • Fax 09 72 30 89 85 • Éric et Lisa Trepp

• C'est entre les mains d'un couple de passionnés franco-suisses que ce très bel endroit revit désormais d'heureuses années : cette bâtisse début XVIIe peut accueillir des hôtes à la table de son restaurant, mais aussi les loger dans l'une de ses vingt-quatre chambres. Un potager bio fournit la cuisine en herbes et légumes, et les paysans des environs apportent le complément : agneau et canard du Quercy, céréales, fruits… Et, bien sûr, le vin : un bar lui est consacré qui permet de goûter une intéressante sélection de production locale et d'acheter les bouteilles de son choix. Les chambres, à l'étage et dans les différents corps de bâtiment de ce qui forme un élégant "U", sont décorées de manière classique mais cosy, avec en tête de lit des coussins suspendus et aux murs des peintures d'artistes locaux. On aime tout particulièrement l'atmosphère des salons, de la bibliothèque et du bar du rez-de-chaussée, avec leurs volumes, leurs éclairages tamisés, leurs murs en pierres apparentes et leur mobilier faisant la part belle au bois. Hors saison, on y ronronnerait presque au coin du feu… L'été, les tables du restaurant sont dressées sur la terrasse, face au parc, et là tout s'enchante : le ciel s'étoile, la frondaison des arbres disparaît dans le crépuscule, et le cliquetis des couverts prend le relais des criquets et grillons… Un bel endroit, où l'on sent partout sincère la volonté de bien accueillir, de bien faire.

Ouvert du 1er avril au 15 octobre **Chambres** 22 chambres : 110 à 175 €, 1 suite familiale : 200 à 220 € - Demi-pension (supp./ pers.) : 39 € - Petit déjeuner : 15 € **Restaurant** (le soir et midi le dimanche) : 25 à 39 € **Équipement** Wifi **Divers** animaux non admis, parking privé **Loisirs** badminton, ping-pong, piscine **Bien-être** hammam **Accès** à Agen prendre la D 656 direction Tournon-d'Agen sur 30 km puis prendre à gauche la D 82 jusqu'à Saint-Beauzeil, puis fléchage.

RÉSIDENCES DU GOLF DES ROUCOUS

golfdesroucous.com

Golf des Roucous • 82110 Sauveterre (Tarn-et-Garonne)
Tél. 05 63 95 83 70 • M. et Mme Finance

• À vingt-cinq kilomètres de Cahors, dans une vallée isolée, le *Golf des Roucous* accompagne de son green impeccable les doux vallonnements du terroir quercynois. L'hébergement associé à ce type de sport manque souvent de charme, et les sélections dans ce guide sont rares. Nous ferons une exception pour ces cinq maisonnettes en bois entourées de quelques chênes et construites à proximité de la piscine et du tennis. Parfaites pour les familles, elles comprennent chacune deux petites chambres, une pièce à vivre avec coin-salon et un espace salle à manger intégrant une cuisine. L'ensemble est d'une agréable simplicité, parfait pour séjourner en harmonie avec la nature environnante. Les équipements et les pièces de réception se partagent avec les golfeurs, mais ces derniers préférant arpenter le green, la jouissance de la piscine reste surtout l'apanage des clients de l'hôtel. C'est au *club-house*, dans une sympathique et chaleureuse atmosphère de taverne irlandaise, que l'on prend les repas (salades généreuses, produits du Sud-Ouest, cake "maison"...). L'ambiance est ici très détendue, très "bon enfant", et, une fois sur place, vous comprendrez sûrement pourquoi nous sommes littéralement tombés sous le charme de Georges et de Nadine Finance, les propriétaires.

Catégorie ★★★ **Ouvert** toute l'année **Chambres** 5 maisonnettes de 2 chambres (4 pers) : 107 à 117 € - Petit déjeuner : 8 € **Restaurant** (midi et soir) : 27 € **Équipement** TV **Divers** animaux non admis **Loisirs** golf, piscine, tennis **Accès** A 20 sortie n° 58 ; à Cahors, prendre direction Castelnau-Montratier par D 19 ; dans Castelnau, suivre panneaux "golf des Roucous".

LA CHÂTELLERIE DE SCHOEBEQUE

schoebeque.com

32, rue Foch • 59670 Cassel (Nord)
Tél. 03 28 42 42 67

• Très prisée par le tourisme, la petite cité fortifiée de Cassel offre une impressionnante vue sur la plaine de Flandre. Conscients de cet avantage, les propriétaires du *Schoebeque* ont eu l'idée de ceinturer la façade arrière de cette ancienne maison bourgeoise d'une large véranda en demi-cercle. C'est ici que bat le cœur de l'hôtel, dans cette immense surface vitrée, mi-contemporaine, mi-baroque, où de moelleux coins-salon avec fauteuils club en cuir ou en velours frappé brun alternent avec des tables et des chaises médaillon panthère. On y prend un verre ou le petit déjeuner (aussi excellent que raffiné), le regard happé par la vue panoramique. L'époque est aux chambres à thème, ce bel hôtel ne fait pas exception, mais il a su y mettre une belle dose de luxe et de confort high-tech. Neuf chambres, trois suites et deux cottages sur le jardin jouent ainsi chacun leur partition : "La Vie en rose", "Les Comédiens", "La Mer" (et son extraordinaire salle de bains en duplex), "Maréchal Foch" alternent ainsi classicisme, exotisme ou esprit "tendance", avec quelques touches farfelues (voire carrément kitsch comme "Moulin Rouge"). Enfin, la proximité immédiate d'un bon restaurant achèvera de vous convaincre de découvrir cet ensemble très abouti et plein de bonne humeur.

Catégorie ★★★★ **Ouvert** toute l'année **Chambres** 15 chambres : à partir de 189 €, 3 suites : à partir de 218 € - Petit déjeuner : 17,50 à 19,50 € **Équipements** TV, Wifi **Bien-être** massages et soins du corps**Accès** dans le centre de la vieille ville de Cassel.

LA FERME BLANCHE

fermeblanche.fr

9, rue Pasteur • 59840 Lompret (Nord)
Tél. 03 20 92 99 12 • Danille et Olivier Deleval

• Ce petit hôtel bien proche du format de la maison d'hôtes vient d'ouvrir dans la campagne lilloise, et on y vient non seulement parce qu'on y est bien, mais aussi parce qu'on peut rejoindre Lille, Roubaix, et même Bruges, en moins de trente minutes – en voiture ou en métro –, tout en écoutant chanter les oiseaux de la campagne alentour. Danièle et Olivier Deleval y ont réussi un joli pari : offrir une table de qualité, familiale quoique raffinée, et permettre aux convives de passer la nuit dans l'une de leurs neuf chambres. Ils ont longtemps tenu un restaurant à Lille, *La Coquille*, et désormais ils savourent un autre rythme, dynamique mais plus à l'écoute du temps, des gens. En parallèle à son nouveau *Son de cuisine*, le chef donne beaucoup de cours, aux adultes comme aux enfants, pour des privés comme des entreprises. Et ne prend pas plus de 16 couverts à table. Une presque pré-retraite, aussi joyeuse qu'active ! Les chambres sont réparties dans plusieurs petits corps de ferme, de plain-pied. Comme dans le restaurant, la décoration, elle, est plutôt urbaine pour une partie d'entre elles, à grand renfort de rouge et noir, de matières plastiques tranchant sur des murs de brique chaulés de blanc – créant un surprenant contraste avec le bâtiment. D'autres sont décorées de manière plus classique, dans des couleurs naturelles et bucoliques. Une sympathique auberge contemporaine à découvrir pour un week-end dans le Nord.

Catégorie ★★★ **Ouvert** toute l'année **Chambres** 6 chambres : 95 à 112 €, 2 suites : 136 à 145 € - Demi-pension : 192 à 210 € - Petit déjeuner 13 € **Restaurant** (fermé dimanche soir et lundi midi) : 20,50 € **Équipements** TV, Wifi **Divers** animaux admis sur demande, parking fermé **Accès** rocade nord-ouest de Lille, sortie n° 6, prendre la rue de Lille puis à droite rue Hugues-de-Champagne qui devient la rue Pasteur.

AUBERGE DU BON FERMIER

bonfermier.com

64, rue de Famars • 59300 Valenciennes (Nord)
Tél. 03 27 46 68 25 • Fax 03 27 33 75 01 • M. Beine

• Ancien relais de poste classé monument historique (XVIIe), *le Bon Fermier* semble résonner encore du choc des sabots et du roulement des calèches qui empruntaient l'ancienne route de Bruxelles. Les briques rouges recouvrant les murs extérieurs – et souvent l'intérieur même de la maison –, les poutres, les planchers de chêne et autres éléments sculptés (bois d'église, balustres) restituent de façon étonnante l'ambiance d'époque. D'amusants couloirs, des petits escaliers mènent à des chambres régulièrement rénovées avec goût et passion sans jamais en atténuer le caractère. Beaux volumes sous charpente, mobilier ancien ou de style, épaisses moquettes ou vieux planchers, couleurs classiques ou plus audacieuses, pas une ne ressemble à sa voisine. Le restaurant, avec son antique rôtissoire et son sol irrégulier en galets vernis, fait gaillardement revivre l'auberge tricentenaire : hypnotiques, les cochons de lait et autres poulardes tournent à la broche, promesse (tenue) de délices simples et goûteux. À côté, le coin-bar et son confortable mobilier d'esprit Directoire ainsi que le salon qui le prolonge apparaissent plus civilisés. Petit déjeuner dans la véranda, côté rue. Une très accueillante maison aux qualités inaltérables !

Ouvert toute l'année **Chambres** 16 chambres : 92 à 110 € - Petit déjeuner : 11 € **Restaurant** (midi et soir) : 29 à 66 € **Équipements** climatisation, TV, Wifi **Divers** animaux (8 €), garage (11 €) **Accès** dans le centre-ville, entre la place du Canada et l'hôtel de ville.

LA COUR DE RÉMI

lacourderemi.com

62130 Bermicourt (Pas-de-Calais)
Tél. 03 21 03 33 33 • Fax 03 21 41 44 38 • Sébastien de La Borde

• C'est l'histoire de Balthazar et de Sébastien, deux frères qui, pour faire revivre la propriété de famille, décidèrent de changer de vie, abandonnant leurs postes de cadres, l'un pour coordonner les travaux, l'autre pour faire ses classes de cuisinier. Et c'est leur couvreur qui a réalisé le zinc du bar, le ferronnier du village qui s'est attaqué au design zen des tables en bois et en acier, un copain sommelier célèbre qui a conseillé le choix des vins, le père d'un ami du rugby qui a organisé certains points de déco. Et la maison tourne, rondement, déjà un peu célèbre tant ils ont su en faire un lieu à part, gourmand, convivial. Le petit pigeonnier d'entrée et les deux ailes symétriques ont conservé leur beau caractère, tandis qu'à l'intérieur un chaleureux design rectiligne en crème, brun et gris, ponctué de quelques meubles anciens, caractérise l'aménagement parfait des chambres et des salles de bains (avec en prime une douillette cabane en haut d'un grand chêne). Même sobre réussite au salon et au restaurant, qui se prolonge en terrasse sur l'ancien potager clos de murs. On s'y régale, vraiment, d'une cuisine sincère et précise qui sait choisir le produit et le célébrer sans effets de manches. Ne cherchez pas ailleurs, pour votre prochain week-end, c'est ici !

Ouvert toute l'année **Chambres** 9 chambres et suites : 85 à 160 €, 1 cabane perchée : 160 € - Petit déjeuner : 12,50 € **Restaurant** (midi et soir) : 19 à 32 € **Équipement** TV **Accès** A 1 sortie Arras puis N 39 vers Le Touquet ; après Saint-Pol, D 98 et suivre fléchage Bermicourt.

L'ENCLOS DE L'ÉVÊCHÉ

- TERRASSES DE L'ENCLOS

enclosdeleveche.com

6, rue de Pressy • 62200 Boulogne-sur-Mer (Pas-de-Calais)
Tél. 03 91 90 05 90 • Fax 03 91 90 05 94 • Thierry et Pascaline Humez

• Premier port de pêche en France, Boulogne est aussi une vieille ville fortifiée avec son château-musée, sa cathédrale, ses hauts remparts dominant la ville et la Côte d'Opale... Au cœur de ce triangle d'or, *L'Enclos de l'Évêché* est le lieu qui manquait pour y séjourner. À l'étage et dans les petites ailes se trouvent cinq chambres coquettes, chacune dédiée à un personnage marquant du Boulonnais : Godefroy de Bouillon, Auguste Mariette, les frères Coquelin, etc. Décorées dans un style classique et gai (meubles anciens ou de style, gravures, tissus colorés), elles se teintent parfois d'originalité et bénéficient toutes de salles de bains flambant neuves. À mi-chemin entre la chambre d'hôte et la petite hôtellerie de charme, voici une accueillante et confortable maison pour une étape comme pour un séjour.

Ouvert toute l'année sauf du 5 au 20 janvier **Chambres** 5 chambres simples et doubles et 1 suite familiale (4 pers.) : 75 à 153 € - Petit déj. compris **Pas de restaurant** à l'hôtel **Équipements** TV, Wifi **Divers** animaux non admis **Accès** A 16 sortie Boulogne-sur-Mer-centre ou A 26 sortie N 42 ; dans la ville haute.

CHARTREUSE DU VAL SAINT-ESPRIT

lachartreuse.com

I, rue de Fouquières • 62199 Gosnay (Pas-de-Calais)
Tél. 03 21 62 80 00 • Fax 03 21 62 42 50 • M. et Mme Constant

• De l'ancien monastère construit en 1320, il ne reste que peu de chose en dehors de quelques pans de murs et de prestigieuses citations dans les chartes de donation. Après les vicissitudes de l'histoire, l'édifice actuel se présente sous l'aspect d'un très élégant château XVIIe à la belle ordonnance. L'intérieur ne contredit pas le superbe classicisme de la demeure, comme en atteste l'enfilade de pièces de réception au décor feutré et raffiné, dont les grandes fenêtres ouvrent sur la verdure du parc de six hectares. Même soin dans les chambres qui occupent le château et une nouvelle aile parfaitement intégrée. Leurs volumes sont souvent vastes, leur confort absolu, la décoration luxueusement intemporelle, avec mobilier ancien ou de style et tissus de marque. Pour dîner, vous rejoindrez le restaurant gastronomique, qui occupe un somptueux salon lambrissé, avec tableaux anciens et tapisserie XVIIIe. Pour une cuisine plus simple, choisissez l'ancienne distillerie et son décor XIXe ou encore *Le Vasco*, qui propose dans une ambiance *british* à tendance coloniale une cuisine originale et goûteuse. Une magnifique adresse, emblématique dans la région, accueillante, et au rapport qualité-prix bien étudié.

Catégorie ★★★★ **Ouvert** toute l'année **Chambres** 52 chambres : 147 à 305 €, 1 suite : 400 € - Petit déj. : 19 € **Restaurant** (midi et soir) : 68 à 82 € **Équipements** Wifi **Divers** animaux non admis, parking privé **Loisirs** tennis **Bien-être** fitess **Accès** à 5 km au sud de Béthune, sur A 26 sortie n° 6, direction Les Chartreuses.

CLOS DE LA PRAIRIE

leclosdelaprairie.com

17, rue Saint Remy • 62870 Gouy-Saint-André (Pas-de-Calais)
Tél. 03 21 90 39 58 • Sébastien et Sandrine Adam

• Un jeune couple a repris cette ancienne petite ferme constituée de charmants bâtiments disposés en carré. D'intenses travaux, une déco actuelle, des équipements de haute qualité, du silence, et une bonne table, avec juste quinze couverts, pour ne servir que du frais et bien s'occuper de chaque client : le résultat nous plaît. Lui est en cuisine, et elle partout ailleurs, souriante, toujours de bonne humeur ; ainsi, à deux, ils veillent sur votre bien-être avec beaucoup de gentillesse et souci de la perfection. Dans les huit chambres, fort spacieuses et de grand confort, les couleurs restent dans la sobriété de la gamme des mastic, taupe et lin. Peintures murales, sols, mobilier, habillage des lits : rien n'accroche l'oeil et tout s'harmonise avec tout, en douceur. Aux murs, quelques photos noir et blanc ; sur les tables une ou deux plantes pour se relier à la nature, très présente. Chacune donne de plain-pied sur une terrasse sous auvent, et la vue sur les pâturages et les vallons est ravissante, totalement bucolique, face au "Pays des Sept Vallées". Au petit déjeuner (copieux et délicieux !), les cafés, les thés sont choisis, les confitures aussi, tout comme les cakes, le tout servi dans une belle porcelaine. À pied, on rejoint les jardins de l'abbaye de Valloires, sublime endroit, et à un quart d'heure de route, Montreuil-sur-Mer, les plages de Berck et du Touquet, le parc du Marquenterre. On peut aussi louer sur place des vélos. Et venir en famille, sans hésiter.

Ouvert toute l'année **Chambres** 6 chambres doubles : 95 à 130 €, 2 suites familiales (4 pers.) : 135 à 167 € - Petit déjeuner : 15 € **Restaurant** 38 € **Équipements** climatisation, TV, Wifi **Divers** parking fermé **Accès** A 16 sortie n° 24 vers Fort-Mahon puis route de Vron, Saulchoy, Saint-Rémy-aux-Bois et Gouy.

AUBERGE DE LA GRENOUILLÈRE

lagrenouillere.fr

La Madelaine-sous-Montreuil • 62170 Montreuil-sur-Mer (Pas-de-Calais)
Tél. 03 21 06 07 22 • Fax 03 21 86 36 36 • Roland et Alexandre Gauthier

• Depuis qu'Alexandre Gauthier a repris les rênes du fief familial, la vieille ferme picarde, telles les grenouilles habitant les berges de la Canche toute proche, n'en finit pas de faire sa mue ! Après huit mois de travaux en 2011, la voici bien achevée cette fois-ci. Fort de son étoile en 2008, qui l'a propulsé dans le club des figures montantes de la scène culinaire, Alexandre continue de cultiver sa singularité, dispensant une cuisine "radicale et surprenante, tantôt subtile, tantôt brutale". L'anticonformisme d'un artiste qui aime explorer l'inexploré et parler en termes nouveaux du Nord et de ses produits. Un anticonformisme qui l'a mené jusqu'à l'architecte Patrick Bouchain. Ensemble, ils ont conçu une nouvelle salle de restaurant, futuriste forge de fer et de verre, éclairée aux fibres optiques et braseros, bel ovni ouvert à la fois sur l'espace des cuisines et sur la nature. Avec le même appétit pour le brut et le sauvage, pour le bois et le béton ciré, et inspiré par l'atmosphère des nuits de guet au marais, huit huttes disséminées dans un jardin contemporain offrent un confort haut de gamme à la mesure de ce lieu beau et bizarre et viennent s'ajouter aux quatre chambres existantes (celle en duplex semble n'avoir pas encore trouvé son style entre rustique et contemporain…). Tentez l'expérience, faites un saut à *la Grenouillère*, vous ne le regretterez pas !

Ouvert toute l'année sauf du 21 au 26 décembre **Chambres** 3 chambres doubles : 140 à 180 €, 1 suite familiale : 195 €, 8 huttes dans le jardin : 215 à 250 € - Petit déj. : 22,50 € **Restaurant** (midi et soir) : 45 à 120 € **Équipements** TV, Wifi **Divers** animaux admis sur demande (10 €) **Accès** à 13 km du Touquet ; à 2,5 km de Montreuil D 917 et D 139.

CHÂTEAU DE COCOVE

chateaudecocove.com

2, avenue de Cocove • 62890 Recques-sur-Hem (Pas-de-Calais)
Tél. 03 21 82 68 29 • Fax 03 21 82 72 59 • M. Cooren

• Transformé en hôtel il y a une vingtaine d'années, *Cocove* est un bel édifice XVIIIe avec vingt-six fenêtres ouvertes sur le parc. Chargé d'histoire (pendant le camp de Boulogne, le maréchal Ney y organisait de somptueuses fêtes), le château a su rester dans un beau registre classique. Mobilier ancien ou de style, réédition de tissus XVIIIe, gravures ou tableaux personnalisent ainsi chaque chambre avec plus ou moins de faste (mansardées au second étage). Peu à peu de belles salles de bains au design "tendance" leur donnent une vraie touche de modernité. La salle à manger occupe les anciennes écuries, dont les larges portes arrondies ont été avantageusement remplacées par des baies vitrées donnant sur le parc. On aime son beau pavage ancien et sa décoration sobre et claire qui met en valeur un imposant tableau de chasse. La table est bonne, le service agréable. À côté se trouve le bar, chaleureusement éclairé de petites bougies chaque soir, et où l'on peut découvrir quelques-uns des bons crus de la cave, qu'il est possible d'acquérir à prix raisonnables.

Catégorie ★★★ **Ouvert** toute l'année sauf les 24 et 25 décembre **Chambres** 22 chambres : 98 à 168 €, 2 pavillons du château (chambres balnéo) : 220 à 300 € - Petit déjeuner : 13 € **Restaurant** (midi et soir) : 28 à 45 € **Équipements** TV, Wifi **Divers** animaux (20 €) **Bien-être** sauna **Accès** A 26 sortie n° 2 (Ardres-Licques), à droite D 217 ; traverser la N 43 et prendre à gauche. À 15 minutes de Calais.

LE CANVILLE

lecanville.com

3, rue de l'Église • 62360 Saint-Léonard (Pas-de-Calais)
Tél. 03 21 30 26 20 Mobile : 06 52 34 09 79 • M. Osseland

• Pas complètement hôtel ni seulement résidence, pas maison d'hôtes non plus : le mystère est entier et il est gentiment savoureux... Les propriétaires de ce corps de logis ont aménagé huit appartements très charmants, fonctionnels, sobres et élégants. Tous donnent sur la cour intérieure et font partager à leurs clients un sentiment d'intimité protégée. On entre dans cet ensemble par un hall qui fait office de sas et de passage : abondamment vitré, il est pourtant loin d'être froid, en partie grâce à la vue sur le vert des arbres tout autour et, surtout, grâce à sa cheminée centrale, qui délimite l'accès à un petit joyau de bleu turquoise... Une piscine couverte chauffée occupe tout l'espace de cette véranda, et on rêverait qu'il pleuve et qu'il vente autour pour se délecter encore plus d'être aussi bien ici, à l'abri. Chaque appartement a sa cuisine, donc c'est idéal si vous aimez ramener des fruits de mer et poissons de Boulogne et les cuisiner nature. Idem pour vos petits déjeuners, à vous confectionner quand vous voulez – mais vos hôtes peuvent aussi vous les préparer, si vous ne restez que peu de temps et ne faites pas de courses vous-mêmes. Leur gentillesse, leur discrète mais efficace attention, sera un plaisir supplémentaire à celui que vous aurez d'être logés ici, dans cet environnement calme, au décor très frais, très bord de mer, haut de dune ou campagne normande pour les couleurs, tissus et atmosphères.

Ouvert du 2 janvier au 21 décembre **Chambres** 8 appartements : 95 à 170 € (à la semaine : 400 à 680 €) - Petit déjeuner : 12 € **Équipements** TV, Wifi **Divers** animaux non admis, parking fermé **Bien-être** piscine couverte et chauffée **Accès** A 16 puis rocade sud de Boulogne (N416) puis au rond-point prendre la "route de Calais à Paris", puis à 400 m, la rue de l'Église, puis fléchage.

AUBERGE DE LA SOURCE

auberge-de-la-source.fr

Chemin du Moulin • 14600 Barneville-la-Bertran (Calvados)
Tél. 02 31 89 25 02 • Fax 02 31 89 44 40 • Christine Boelen

• Si les foules dominicales du port de Honfleur vous affolent, voilà le lieu de repli idéal : La Source est bâtie à l'endroit d'un affleurement d'eau, et en quelques heures on s'y régénère, on s'y… ressource ! Dans le bâtiment principal, les chambres sont de taille moyenne mais elles permettent de passer un week-end sur cette côte de rêve à prix raisonnables, en couple ou en famille (avec des chambres communicantes, bien pratiques). De l'autre côté du ravissant jardinet, deux maisons à colombages, typiquement normandes, *La Longère* et *Le Pavillon*, invitent à un séjour cosy. Les chambres y sont superbes, décorées de bois brut, de tissus grèges, d'une douceur infinie. Celles de l'étage sont charmantes, avec leur charpente apparente, les salles de bains ajourées de parois vitrées, pour jongler entre lumière et intimité. Celles du bas offrent quelques mètres carrés de terrasse sur jardin. On s'y installe avec plaisir, et au matin celui-ci se prolonge en un délicieux petit déjeuner, une joyeuse farandole de pains et de produits gourmands, souvent locaux. Une belle maison qui vient encore de s'améliorer (chambres agrandies, décor encore plus soigné) et d'obtenir un agrément quatre-étoiles.

Catégorie ★★★★ **Ouvert** toute l'année sauf du 15 novembre au 18 décembre **Chambres** 15 chambres et suites : 115 à 250 € - Demi-pension (par pers) : 220 à 355 € - Petit déjeuner : 15 € **Restaurant** (tous les soir - et déjeuner en fin de semaine) : 39 € **Équipements** TV, Wifi **Divers** animaux admis, parking **Accès** A29 sortie n° 1 Saint-Gatien, à gauche direction Saint-Gatien, au rond-point, deuxième sortie Saint-Gatien, à 2 km prendre à droite direction Honfleur et à la sortie d'Équemauville, au rond-point, 3e sortie vers Barneville.

LA CÔTE FLEURIE €

hoteldelacotefleurie.com

55, avenue de la République • 14800 Deauville (Calvados)
Tél. 02 31 98 47 47 • Fax 02 31 98 47 46 • Isabelle Jean

• Au calme, bien qu'à quelques rues du casino, des cinémas et des fameuses planches, cet hôtel aux allures de jolie villa permet de profiter à prix doux de la célèbre station balnéaire. L'accueil y est tranquillement attentionné, l'ambiance presque familiale, légère et sans complications. Fraîcheur, gaieté et teintes douces caractérisent le décor coquet des chambres, qui allient fonctionnalité et vrai souci du détail. Leur nom, "Pimprenelle", "Coquelicot", "Campanule"... est un bel hommage aux fleurs que vous retrouverez jusque sur les murs, en pochoirs, papier peint ou frise. Autres atouts : leur luminosité, leur tenue parfaite et la présence d'une fenêtre dans de nombreuses salles de bains. Les deux chambres du rez-de-chaussée ont la jouissance de plain-pied du petit jardin, de ses bambous et des roses trémières couleur prune semées par les oiseaux de passage. "Iris d'eau", teintée de bleu, les surplombe de son balcon. Dans l'entrée, de beaux vitraux à décor floral stylisé dans l'esprit Art nouveau sont une heureuse manière d'isoler de la rue la salle des petits déjeuners, qui se colore ainsi délicatement au coucher du soleil. Enfin, la qualité du petit déjeuner (gâteau, deux sortes de pain, confitures anciennes, fromage...), servi au jardin l'été, mérite d'être soulignée. Une belle adresse de séjour, idéale en famille.

Catégorie ★★ **Ouvert** toute l'année sauf en janvier **Chambres** 10 chambres doubles : 67 à 125 €, 4 chambres triples : 79 à 125 €, 3 chambres familiales (3 pers.) - Petit déjeuner : 9 € **Équipements** TV, Wifi **Divers** animaux (8 €) **Accès** dans le centre de Deauville, près du casino et de la place Morny.

L'ABSINTHE

absinthe.fr

1, rue de la Ville • 14600 Honfleur (Calvados)
Tél. 02 31 89 23 23 • Fax 02 31 89 53 60 • M. et Mme Ceffrey

• Entre le port de pêche et le vieux bassin, *L'Absinthe* est une quasi-forteresse normande, installée dans un ancien presbytère du XVIe siècle. L'entrée se trouve dans une petite ruelle pavée, au cœur de l'univers maritime d'Honfleur, autrefois repaire de corsaires et aujourd'hui berceau des artistes, des marchands... Les onze chambres intimes au confort douillet sont réparties entre le presbytère et l'annexe, à deux pas. Ici, plus grandes et contemporaines, elles déclinent poutres apparentes, plancher de bois blond, salles de bains dernier cri et quelques vues sur l'activité du port. Côté presbytère, elles sont un peu plus alambiquées et étroites, mais dégagent une atmosphère feutrée derrière d'épais murs, où se mêlent ancien (armoires, tableaux de maître) et moderne (belles literies, douches à l'italienne). Dans le salon chaleureux un brin anglo-saxon, un feu de cheminée invite à prolonger la soirée après un dîner au restaurant, l'une des meilleures tables du port, sans cesse à l'affût des tendances de la gastronomie. Un bistrot et une brasserie de la même maison proposent plateaux de fruits de mer, cuisses de grenouilles et plats traditionnels de poissons dans une ambiance plus décontractée, mais toujours dans ce cadre "flibustier" tellement typique du petit port.

Catégorie ★★★ **Ouvert** du 16 décembre au 14 novembre **Chambres** 9 chambres doubles : 130 à 210 €, 2 suites (2 à 4 pers.) : 255 à 289 € - Petit déjeuner : 13 € **Équipements** TV, Wifi **Divers** animaux (7 €), garage (13 €) **Accès** A 13 sortie pont de Normandie, A 29 puis direction Honfleur ; en face du port de pêche (parking près de l'hôtel).

HÔTEL-RESTAURANT SPA LES MAISONS DE LÉA

spa-nuxe.lesmaisonsdelea.com

Place Sainte-Catherine • 14600 Honfleur (Calvados)
Tél. 02 31 14 49 49 • Fax 02 31 89 28 61 • Didier Lassarat

• Cette imposante maison normande à colombages et vigne vierge est en réalité la réunion d'un ancien grenier à sel et de trois maisons XVIe à deux pas des quais du vieux bassin, sur la célèbre place Sainte-Catherine. L'accueil, souriant et sympathique, met tout de suite à l'aise pour profiter des pièces de réception : le salon et ses boiseries, la terrasse et l'agréable bibliothèque, avec ses profonds fauteuils rouges. Un petit coin enfants achève notre conquête. Décorées avec un mobilier en pin Interior's, véritable marque de fabrique du lieu, les chambres, aux jolies moquettes et lits douillets, sont impeccables, très cosy. Elles se déclinent en quatre thèmes, bien marqués : "Capitaine", "Baltimore", "Romance" et "Campagne" (dans cette dernière catégorie, préférez les grises, plus actuelles). À noter : le bon rapport qualité-prix des chambres 4 et 5, avec vue sur la place Saint-Catherine. En face, une maisonnette du XVIIe ainsi que deux suites balnéo sont également proposées à la location. Et, pour une détente totale, été comme hiver, découvrez les bienfaits du nouveau spa (avec deux tisaneries), très réussi. Les excellents petits déjeuners (pâtisseries maison) sont servis dans une réjouissante petite salle tout en jaune et blanc, ou en terrasse. Et cette année, vous pourrez même rester déjeuner ou dîner : l'hôtel vient d'ouvrir dans le salon bibliothèque un chaleureux et très alléchant restaurant (basé sur d'excellents produits cuisinés avec belle créativité).

Catégorie ★★★ **Ouvert** toute l'année **Chambres** 35 chambres doubles : 170 à 260 €, 8 chambres familiales : 260 à 325 € - Petit déjeuner : 18 € **Restaurant** 30 à 58 € **Équipements** TV, Wifi **Divers** parking public **Bien-être** spa complet **Accès** dans le centre de Honfleur, suivre fléchage église Sainte-Catherine.

HÔTEL DES LOGES

hoteldesloges.com

18, rue Brûlée • 14600 Honfleur (Calvados)
Tél. 02 31 89 38 26 • Fax 02 31 89 42 79 • Mme Louvel

• L'emplacement est idéal pour flâner dans les ruelles d'alentour et profiter du charme du port : ces trois anciennes maisons de pêcheurs contiguës se cachent à deux pas de la place Sainte-Catherine et du bassin de Honfleur, immortalisé par tant de peintres – dont Eugène Boudin, à qui la ville a consacré un intéressant petit musée. Rénovées il y a quelques années maintenant, les chambres sont lumineuses, décorées de couleurs franches bien assorties, de fauteuils design en acier tressé recouvert de kraft, avec des têtes de lits et des meubles fonctionnels en chêne naturel. Toutes sont d'une tenue et d'un confort parfaits, d'un excellent rapport qualité-prix – notamment celles qui ouvrent sur le jardin mitoyen (les 24, 26, 32 et 33), ou la mansardée, qui regarde les collines (la 17). Au rez-de-chaussée, une salle aménagée avec sobriété sert pour les bons petits déjeuners. À la manière des boutiques-hôtels, la jolie vaisselle et également tout le mobilier des chambres sont en vente. Une maison attachante, où venir avec ses enfants n'est pas un problème (on vous aidera ici chaleureusement pour leur rendre le séjour confortable à eux aussi !).

Catégorie ★★★ **Ouvert** toute l'année **Chambres** 13 chambres simples et doubles : 118 à 144 €, 1 chambre triple : 154 à 164 €, 1 maisonnette (5 pers.) : 500 à 900 € - Petit déjeuner : 12 € **Équipements** TV, Wifi, room-service **Divers** animaux (10 €), parking public, garderie **Accès** A13 sortie Beuzeville, puis direction Honfleur-centre-ville.

HÔTEL LA MAISON DE LUCIE

lamaisondelucie.com

44, rue des Capucins • 14600 Honfleur (Calvados)
Tél. 02 31 14 40 40 • Fax 02 31 14 40 41 • Muriel Daridon

• Sur les hauteurs de Honfleur, dans un dédale de ruelles étroites, des pointes de bambous dépassent d'un mur de pierres blondes, et un palmier bat le vent de ses feuilles – ainsi remarque-t-on à peine la maison natale de la poétesse Lucie Delarue-Mardrus (1874-1945). Belle façade XVIIIe, aussi haute que large, ouverte sur une cour intérieure où il fait bon se réfugier après une incursion dans la foule des quais. Intégralement restaurée avec les plus beaux matériaux, des enduits aux boiseries en passant par les parquets, les vitraux (créations d'un atelier de Honfleur), les zelliges marocains des salles de bains, les robinetteries à l'ancienne, les literies larges et confortables, la maison se révèle être un lieu raffiné, atypique, envoûtant. On peut y choisir une chambre modeste, au rez-de-chaussée, grimper d'un étage et mieux respirer, s'enfuir sous les toits, plonger les yeux dans l'estuaire, se cacher dans la cour intérieure ou s'offrir une folie : le "Pavillon de la cour", avec son petit salon boisé, sa cheminée et sa splendide chambre à l'étage. Au sous-sol, un jolie spa voûté d'inspiration orientale se réserve juste pour soi... Le petit déjeuner – régal de fromage, de fruits, d'œufs et de lard fondant – se prend dans le jardin, en terrasse, ou devant la cheminée, sur les canapés. Et pourquoi ne pas déguster une coupe de champagne au calme, dans l'un des superbes salons. L'accueil est ici délicieux, calme et souriant, la quiétude absolue…

Catégorie ★★★ **Ouvert** toute l'année et fermé du 30 novembre au 18 décembre **Chambres** 9 chambres doubles : 170 à 200 €, 3 suites : 250 à 330 € - Petit déjeuner : 12 à 22 € **Équipements** TV, Wifi **Divers** animaux non admis, parking **Accès** dans le centre de Honfleur, direction Côte de Grâce à 150 m sur la droite.

HÔTEL LE FER À CHEVAL

hotel-trouville.com

11, rue Victor-Hugo • 14360 Trouville-sur-Mer (Calvados)
Tél. 02 31 98 30 20 • Fax 02 31 98 04 00 • Claude Bisson

• En plein cœur de Trouville, l'adresse réserve bien des surprises : une très jolie rénovation d'une maison de brique typique de la côte normande, des chambres confortables et soignées, un accueil familial et professionnel à la fois, des petits prix… Mais surtout, au réveil, l'affolement des papilles et capteurs, à l'approche de la salle des petits déjeuners : toutes les viennoiseries sont faites maison par le père des actuelles propriétaires, ancien boulanger de métier. Un supplément de gourmandise et d'attention, servi en chambre à la demande – et jusqu'à tard, les week-ends, pour ceux qui ont besoin de se reposer. Les demoiselles Bisson sont très investies dans leur nouvel établissement, et les deux sœurs ont toutes les deux à cœur de faire leur maximum pour que chacun s'y sente le mieux possible. Avec le Wifi, on y travaille en semaine et, en vacances, on est à deux pas de la mer, du port, de tous les commerces. Le seul bémol pourrait être le stationnement, aussi, si vous ne venez pas en train, essayez de vous garer sur les hauteurs de la ville, pour être tranquille et circuler à pied, ensuite. À la réservation, vous ferez votre choix parmi les catégories de chambres, mais à l'arrivée vous pourrez être "surclassé" dans la catégorie supérieure si l'occasion le permet – une autre bonne surprise possible !

Catégorie ★★★ **Ouvert** toute l'année **Chambres** 34 chambres doubles : 87 à 125 € - Petit déjeuner (de 8 h à 11 h) : 12,50 € **Équipements** TV, Wifi, ascenseur **Divers** animaux (7 €), parking public **Accès** près du pont des Belges, prendre le Bd Fernand-Moureaux et, au bout, la rue Victor-Hugo.

HÔTEL SAINT JAMES €

hotel-saint-james.fr

16, rue de la Plage • 14360 Trouville-sur-Mer (Calvados)
Tél. 02 31 88 05 23 • Fax 02 31 87 98 45 • Nicolas Donot

• S'il vous prend l'envie soudaine de déguster un plateau de fruits de mer sur la côte normande, voici l'hôtel idéal pour ne pas se ruiner. Sans faire face à la mer, il est parfaitement situé, dans une rue calme, à quelques mètres des fameuses planches de Trouville et de son casino, et vous y serez merveilleusement accueillis par Christian Fleury, directeur de ce petit établissement de poche (10 chambres) depuis… vingt-neuf ans ! C'est dire s'il est attaché à cet ancien hôtel particulier qui compte par exemple, au nombre de ses habitués, Nadine de Rothschild. Cette dernière a même sa chambre de prédilection : la seule suite sous les toits, avec vue sur la façade néonormande du *Grand hôtel Flaubert*. Toutes ont conservé l'atmosphère des villas d'autrefois, avec meubles anciens et moult toile de Jouy ou vichy bleu ou rose, recouvrant têtes de lits, chevets, fauteuils… De vraies bonbonnières moquettées accessibles par un vieil escalier (avec élévateur), dont le grincement fait partie du charme du lieu ! Les salles de bains, progressivement rénovées, sont devenues confortables et jouissent d'une fenêtre dans la catégorie "Supérieur". Vous aimerez sûrement le chaleureux salon-bar où, en deux temps trois mouvements, Christian Fleury installe les tables du petit déjeuner (très classique). Tissus écossais, bois patiné, profonds fauteuils, tout y est, même les gravures anglaises à contempler, s'il fait encore un peu frais, au coin du feu.

Catégorie ★★★ **Ouvert** de mi-mars à mi-janvier **Chambres** 8 chambres (2 pers.) : 70 à 130 €, 4 chambres supérieures (2 pers.) : 105 à 175 €, 1 suite (4 pers.) : 125 à 185 € - Petit déjeuner : 14 € **Équipements** TV, Wifi **Divers** animaux non admis, parking public **Loisirs** plage, sports nautiques **Accès** De Paris : A13 ou A14 direction Caen, sortie Deauville/Trouville.

HÔTEL OUTRE-MER

hoteloutremer.com

1, rue du Maréchal-Leclerc • 14640 Villers-sur-Mer (Calvados)
Tél. 02 31 87 04 64 • Fax 02 31 87 48 90 • M. Leray

• Original, gai et atypique, cet hôtel n'est pas complètement sur le sable, mais bien en face de l'océan, au croisement de la route côtière et de la promenade du bord de mer. Beaucoup, dans cette situation, se contenteraient de gérer les affaires courantes, sans zèle particulier, la clientèle étant presque assurée. Mais, ici, la propriétaire a réussi à réveiller l'âme de son petit hôtel, situé sur le méridien de Greenwich. On adore les minisalles de réception du rez-de-chaussée (coin-bar, coin-salon, salle des petits déjeuners) avec leurs bases et plafonds lambrissés de bois naturel, leur festival de teintes acidulées sur les murs, sur les rideaux et sur les tables rétro peintes (vert anis, mauve, turquoise, fuchsia...). Une audacieuse harmonie et beaucoup de chaleur aussi, notamment au bar (collection de marines xixe, livres à disposition) ou dans le salon de thé, où l'on peut déguster à toute heure quelques gourmandises maison. Tout aussi pimpantes et amusantes, les chambres restent dans le même esprit très bariolé. Huit ont une vue directe sur la mer, dont cinq avec terrasse ou balcon. Côté salles de bains, c'est désormais la quasi-totalité qui bénéficie d'un nouvel habillage de bois ou de faïence – ici, on ne cultive pas la surenchère en matière de design, mais plutôt un confort honnête, des clins d'œil colorés. Une très accueillante adresse.

Catégorie ★★★ **Ouvert** toute l'année **Chambres** 12 chambres simples et doubles : 81 à 215 €, chambres (3 pers.) : 116 à 185 € - Petit déjeuner : 14 € **Équipements** TV, Wifi **Divers** animaux non admis **Loisirs** plage, sports nautiques **Accès** A 13 sortie Villers-sur-Mer (La Haie-Tondue) puis N 175 jusqu'à Annebault, et D 45 jusqu'à Villers-sur-Mer.

LE PETIT COQ AUX CHAMPS

lepetitcoqauxchamps.fr

400, chemin du Petit-Coq • 27500 Campigny (Eure)
Tél. 02 32 41 04 19 • Fax 02 32 56 06 25 • Fabienne et Jean-Marie Huard

• L'an dernier, la fameuse vieille chaumière du *Petit Coq aux Champs*, où trône une collection ahurissante… de coqs venant du monde entier, fêtait ses 200 ans ! C'est sans doute pour célébrer dignement cet anniversaire que ce bel hôtel niché au cœur du bocage normand a fait peau neuve de bien des manières. Rassurez-vous, les toits de chaume couronnés d'iris mauves sont toujours bel et bien là ; le jardin, les terrasses bordées de fleurs sont plus que jamais magnifiques, et l'excellente cuisine de Jean-Marie Huard, toujours aussi merveilleusement créative. Disons que l'atmosphère très rustique du hall et des salons se trouve désormais rajeunie. Les chambres exposées à l'ouest profitent toutes d'une petite terrasse donnant sur le jardin : à l'étage, c'est un plaisir d'y prendre le soleil à l'abri de l'épais toit de chaume. Côté décor, elles demeurent d'un classicisme intemporel, toutes de beige vêtues (enduit crème, voile de lin en guise de ciel de lit, meubles en bois fruitier), à l'inverse des chambres exposées à l'est, désormais totalement design et tendance (beau progrès aussi côté salles de bains). Enfin, la piscine et la campagne environnante ajoutent une qualité supplémentaire à cette adresse réjouissante.

Catégorie ★★★★ **Ouvert** du 16 février au 20 décembre (fermé dimanche et lundi soir du 1er novembre au 31 mars) **Chambres** 16 chambres : 120 à 240 € - Petit déjeuner : 16 € **Restaurant** (midi et soir) : 45 à 73 € **Équipements** TV, Wifi **Divers** parking privé **Loisirs** piscine chauffée **Accès** A 13 sortie n° 26 ; à Pont-Audemer, D 810 en direction de Bernay, Saint-Georges, puis, 2 km plus loin, suivre D 29 vers Campigny.

LE JARDIN DES PLUMES

lejardindesplumes.fr

1,rue du Milieu • 27620 Giverny (Eure)
Tél. 02 32 54 26 35 • Fax 02 32 54 26 20

• On avait aimé les premiers pas d'Éric Guérin dans son hôtel-restaurant de *La Mare aux Oiseaux*, en Loire-Atlantique, et on est heureux d'en retrouver l'œil – ici à Giverny, épicentre de la peinture impressionniste et carrefour d'un tourisme international avide de culture et d'émotion. Après avoir relooké avec ses équipes et sa maman cette belle villa 1900 (qui appartint à un collaborateur de Gustave Eiffel), il a confié à Nadia et Joackim le rôle de chefs d'orchestre. Au nouveau tandem de faire vivre au quotidien ce charmant petit hôtel confidentiel et confortable ! Ambitieux et néanmoins simple, chaleureux, l'endroit est plus qu'attrayant, pour venir prendre le vert depuis Paris et joindre les plaisirs de la table au repos intégral. Car, ici, le lieu s'articule au-dessus et à côté d'un très beau restaurant pour une cuisine plus orientée sur le produit que sur les effets autour. Esprit Art déco pour la grande salle principale, cosy chic pour les chambres au-dessus et Arty pour celles de l'annexe. Des chambres d'une élégance pleine de personnalité et d'un confort absolu. Dehors, le jardin, entouré de grands arbres qui se reflètent dans les eaux dormantes d'une mare, nous aide à mieux comprendre l'attachement de Claude Monet pour le village, la végétation environnante, la limpidité de l'air. On aime cette nouvelle très bonne adresse en Vexin.

Catégorie ★★★★ **Ouvert** toute l'année sauf du 3 janvier au 4 février **Chambres** 4 chambres : 180 à 220 €, 4 suites : 250 à 290 € - Demi-pension (supp./par pers.) : 50 € - Petit déjeuner : 17 à 22 € **Restaurant** 29 à 82 € **Équipement** Wifi **Divers** animaux (10 €), parking fermé **Accès** à 400 mètres de la Fondation Claude-Monet (fléchage sur la D5).

HÔTEL LA LICORNE

hotel-licorne.com

27, place Isaac-Benserade • 27480 Lyons-la-Forêt (Eure)
Tél. 02 32 48 24 24 • Fax 02 32 49 80 09 • Fabrice Levesque

• Au cœur de l'un des plus charmants villages de France, ce très bel hôtel a bénéficié d'une rénovation respectueuse des quelques éléments d'origine (rampe d'escalier, beaux carrelages...), mis en valeur par des camaïeux de gris qui en restituent tout le charme. Les chambres portent le nom des lieux-dits de la forêt qui environne Lyons. "Le Clos caboche" est la plus originale, avec sa baignoire ancienne trônant entre le lit et les fenêtres ouvertes sur le jardin et les collines. "Le Val aux dames" profite d'un grand bureau, "La Vente à genêts" est très lumineuse. Certaines donnent sur les halles anciennes, cœur du village, les autres sur le jardin, où des tables attendent un rayon de soleil sous leurs parasols blancs. La cuisine d'un jeune chef très prometteur est à découvrir absolument : fine et goûteuse, aux cuissons parfaitement maîtrisées et aux détails inventifs qui enchantent, elle justifie une étape à cette adresse, où vous recevrez un accueil d'une souriante gentillesse.

Catégorie ★★★★ **Ouvert** toute l'année **Chambres** 14 chambres : 135 à 180 €, 6 suites familiales : 220 à 285 €, 1 appartement (6 pers.) : 280 à 345 € - Petit déjeuner : 15 à 18 € **Restaurant** (midi et soir) : 47 € **Équipements** TV, Wifi **Divers** animaux (15 €), parking privé **Loisirs** piscine chauffée **Bien-être** spa complet **Accès** dans le centre de Lyons-la-Forêt.

LES LIONS DE BEAUCLERC

leslionsdebeauclerc.com

7, rue de l'Hôtel-de-Ville • 27480 Lyons-la-Forêt (Eure)
Tél. 02 32 49 18 90 • Fax 02 32 48 27 80 • Fabrice Levesque

• Lyons-la-Forêt, classé parmi les plus beaux villages de France, témoigne du passé de la région, comme cette adresse à l'atmosphère de maison bourgeoise confortable et intime. Meubles de style, lits, gravures, doubles rideaux, appliques : dans les pièces d'habitation, comme dans les couloirs ou la belle salle à manger, les vrais amateurs s'amuseront à identifier l'origine des objets qui les entourent. Les chambres ont elles aussi été aménagées en fonction du goût prononcé de vos hôtes pour tout ce qui est ancien. Parées de tissus épais, de moquettes de qualité et de papiers peints parfois réédités de modèles XIXe, elles sont toutes riches d'objets et d'œuvres qui ne laissent jamais indifférent. Moquette Empire pour la chambre 5, toile de Jouy à grands motifs pour la 1 (douillette et élégante, quoique petite), papier peint "golfeurs" pour la 3 et litanie des "Louis" pour la chambre 6 : de la commode (Louis-Philippe) aux bureaux et fauteuils (Louis XVI) en passant par le lit corbeille (Louis XV) et le chevet (Louis-Philippe) ! Quant au restaurant, il dispose de deux terrasses contiguës où l'on mange l'un des deux plats du jour (un poisson, une viande), ou bien salades et crêpes. Un magasin d'antiquités et un salon de thé de l'autre côté des halles complètent cette adresse de caractère à petits prix.

Ouvert toute l'année **Chambres** 4 chambres : 85 €, 2 suites : 145 € - Petit déjeuner : 13 € **Restaurant** 15 à 30 € **Équipements** TV, Wifi **Divers** animaux (15 €), parking public **Accès** dans le centre de Lyons-la-Forêt.

HOTEL-RESTAURANT CHÂTEAU D'AGNEAUX

chateau-agneaux.com

Avenue Sainte Marie • 50180 Agneaux (Manche)
Tél. 02 33 57 65 88 • M. Groult

• On rêverait la Normandie médiévale ainsi : une forêt de feuillus, une rivière, un château. Celui d'*Agneaux* date du XIIIe siècle, et, dans ses chambres, les ouvertures sont restées étroites. Alors, s'il vous faut de la lumière, préférez les grandes du premier étage, avec leurs fenêtres sur le parc et le vallon boisé. Au rez-de-chaussée ou au second, c'est plus acrobatique : on se joue des volumes, des escaliers et soupentes – certains adorent, d'autres moins… Presque partout, la décoration a été rafraîchie et égayée de couvre-lits, de rideaux aux teintes vives, rose ou vert acidulé. La suite prestige est étonnante avec ses vues à pic sur les lacets d'une rivière. Quelques salles de bains sont conçues dans les tours de guet, et la chambre "neuf" possède une terrasse adorable, ouverte sur la nature. De l'autre côté du parc se trouve l'ancienne ferme du château, immense et superbe, transformée en deux restaurants. Cuisine du marché pour l'un, plus gastronomique pour l'autre, et tous deux d'une excellente qualité à base de produits frais du terroir. Service du soir en terrasse au chant des oiseaux ou à l'intérieur des salles en pierres, subtilement éclairées et décorées de façon actuelle et originale.

Catégorie ★★★ **Ouvert** toute l'année sauf du 22 au 28 décembre **Chambres** 9 chambres (2 à 4 pers.) : 105 à 184€, 1 suite : 212€ - Petit déjeuner : 12€ **Restaurant** (midi et soir) : 12 à 69€ **Équipements** TV, Wifi **Divers** parking fermé **Loisirs** vélos **Accès** A84 sortie Thorigny, contourner Saint-Lô par la rocade et prendre sortie Agneaux.

HÔTEL € LE CONQUÉRANT

hotel-leconquerant.com

16-18, rue Saint-Thomas-Becket • 50760 Barfleur (Manche)
Tél. 02 33 54 00 82 • Fax 02 33 54 65 25 • Catherine et Pierre Delomenède

• Rien dans la façade de cet ancien manoir fin XVIIe, début XVIIIe, ne laisse deviner le magnifique univers qu'elle cache. Vous y découvrirez avec bonheur, dans un petit jardin à la française très soigné, les plantes migratrices et le *Sophora japonica*, les cordylines venues d'ailleurs pour s'épanouir ici sous le soleil, la bruine et l'écume... Un tout petit belvédère permet d'apercevoir le charmant port de Barfleur, qui n'est qu'à quelques mètres. Les Delomenède, qui ont su fidéliser une clientèle nombreuse, vous accueillent avec une telle gentillesse que vous vous sentez vite chez vous. Ne cédant en rien aux sirènes de la mode et de la déco, ils ont eu le souci de garder ici l'esprit "pension de famille". Toujours simples et fonctionnelles, les dix chambres proposent un mobilier rustique de bois verni et disposent d'impeccables salles de bains. Six d'entre elles bénéficient d'une vue sur le jardin : si la "9" reste l'une de nos préférées, la "8" et la "1" proposent elles aussi espace, lumière et hauteur sous plafond. Pour une terrasse privée, optez pour la chambre 17, située dans le pavillon du jardin. À choisir parmi quatre formules, un petit déjeuner très gourmand à prendre au jardin dès les beaux jours ou dans le grand salon au haut plafond normand : les propriétaires y proposent à la vente des produits du terroir (jus de pomme, soupes de poisson, cidre, Calvados…). Et, en collectionneurs invétérés, ils exposent ici ou là, au détour d'un couloir, des objets chinés à acheter…

Catégorie ★★ **Ouvert** du 1er avril au 2 novembre **Chambres** 10 chambres simples et doubles : 80 à 125 € - Petit déjeuner : 8 à 13 € **Équipement** TV **Divers** parking fermé (8 €) **Accès** N 13 puis D 902 jusqu'à Quettehou et Barfleur.

HOTEL DE LA MARINE

hotelmarine.com

I I, rue Paris • 50270 Barneville-Carteret (Manche)
Tél. 02 33 53 83 31 • M et Mme Cesne

• En bordure du chenal d'un petit port de pêche, l'*Hôtel de la Marine* porte beau son nom, jaillissant quasiment au-dessus de la mer, ses façades de verre tournées vers le large et les îles anglo-normandes. Telle une embarcation légère, l'hôtel offre de chacun de ses pontons une magnifique vue sur les tons changeants de la côte, selon les marées. Le bar, le salon, le restaurant et sa magnifique terrasse permettent divers angles sur le dehors, à travers les baies vitrées de plain-pied, en rotonde ou sur plusieurs niveaux. Globalement design dans sa décoration, l'établissement prend des airs *seventies* à l'heure de l'apéritif, ou plus classiques à table. Les chambres blanches et épurées se parent de quelques touches de couleur (des coussins, un jeté de lit), les salles de bains impeccables et vastes, ne perdent rien du ciel et de la mer derrière leurs portes vitrées. Ultraconfortables les plus belles chambres s'ouvrent sur une terrasse aérienne. Garant étoilé d'un séjour gastronomique, le chef Laurent Cesne mitonne en cuisine des plats qui ravissent yeux et papilles, puisant son inspiration sans borne dans les fruits iodés de la mer.

Ouvert du 22 février au 22 décembre **Chambres** 26 chambres (haute-saison) : 50 à 137 €, (basse-saison) : 103 à 285 € - Demi-pension (par pers.) : 114 à 205 € - Petit déj. : 16,50 € **Restaurant** (midi et soir) : 45 à 94 € **Équipements** climatisation, TV, Wifi, ascenseur **Divers** animaux admis sur demande, parking privé **Loisirs** plage, sports nautiques, pêche **Accès** A 13, sortie Caen, puis N 13 vers Cherbourg, sortie Valognes ; prendre direction Barneville-Carteret.

HÔTEL DES ORMES

hoteldesormes.com

Quai Barbey-d'Aurevilly • 50270 Barneville-Carteret (Manche)
Tél. 02 33 52 23 50 • Fax 02 33 52 91 65 • M. et Mme De Mello

• Tout près du port de plaisance de Carteret, ce petit hôtel de charme ravira les amateurs de week-ends en amoureux en toute saison. Une poignée de chambres, la mer et ses gris-bleus par-delà une petite route tranquille, un jardin aux délicieux effluves de roses anciennes, la discrétion du personnel..., voici pour le cadre de ce doux cocon. Côté décoration, la douceur est également de mise, fuyant les contrastes violents pour des camaïeux de gris, de beige, de bleus, préférant la moquette et le jonc de mer au parquet. On y reconnaît la patte des décorateurs Flamant et Blanc d'Ivoire : mobilier rétro patiné de blanc, épais rideaux de lin et jetés de lits douillets. Certes, excepté les trois vastes chambres du pavillon d'entrée, les autres sont plutôt petites, mais on aime leur sobre esthétisme et leurs élégantes salles de bains (carrelages ardoise, parquet blond, robinetteries rutilantes). Ouvertes sur la mer ou sur le jardin, elles offrent toutes un confort feutré des plus agréables. Petit déjeuner servi au jardin en été : cris de mouettes garantis !

Ouvert du 1er mars au 31 décembre **Chambres** 12 chambres : 129 à 189 €, chambres triples : 160 à 210 € - Petit déjeuner : 14 € **Restaurant** (midi et soir) : 38 à 49 € **Équipements** TV, Wifi **Divers** animaux admis sur demande (15 €) **Accès** A 13, sortie Caen puis N 13 vers Cherbourg, sortie Valognes ; prendre direction Barneville-Carteret ; au village, aller au port de plaisance.

HÔTEL-RESTAURANT DES ISLES

hotel-desisles-barnevillecarteret.fr

9, boulevard Maritime • 50270 Barneville-Carteret (Manche)
Tél. 02 33 04 90 76 • M et Mme De Mello

• *"Je voudrais de la lumière comme en Nouvelle-Angleterre..."* Par cette phrase, le ton est donné: ce bel hôtel aux allures de vieille demeure balnéaire des pays nordiques est un havre de dépaysement! Avec sa terrasse en teck surplombant la petite route littorale et offrant une vue imprenable sur les plages de la côte des Isles, on dirait aussi une villa créole... Et lorsque vous aurez vu, dans le très joli salon tout blanc, une ancienne pirogue devenue transat, vous penserez au Brésil... Autant d'inspirations qui font de cet ensemble, rénové par les Portugo-Brésiliens José et Flavia De Mello, une superbe réussite, toute en fraîcheur. Depuis la grande majorité des chambres, vous pourrez admirer l'embrasement du ciel au couchant, les teintes douces du petit matin, Jersey et Guernesey, qui se profilent au large les jours clairs. Certaines bénéficient de grandes terrasses. Très "Nouvelle-Angleterre", elles se parent de blanc et de gris-bleu, avec rayures et pointes de rouge, comme dans les vastes et harmonieuses pièces de réception, également très "coquillages et crustacés". Cuisine simple et de qualité, servie dans une ambiance vivante et gaie. Un accueillant hôtel à découvrir en toute saison.

Catégorie ★★★ **Ouvert** toute l'année **Chambres** 30 chambres doubles : 114 à 139 € - Petit déj. : 13 € **Restaurant** (midi et soir) : 18 à 35 € **Équipements** TV, Wifi **Divers** animaux (20 €), parking public **Loisirs** piscine chauffée, plage, pêche **Accès** A 13, sortie Caen puis N 13 vers Cherbourg, sortie Valognes; prendre direction Barneville-Carteret puis suivre les panneaux "La Plage".

LE MASCARET

lemascaret.fr

1, rue de Bas • 50560 Blainville-sur-Mer (Manche)
Tél. 02 33 45 86 09 • Nadia Hardy

• Autant le dire tout de suite, *Le Mascaret* est un endroit à part, très personnalisé, à l'image des propriétaires, dont l'éclectisme issu de leur goût du voyage, s'insuffle à tout l'établissement. Le concept est simple : le bien-être avant tout et l'éveil aux cinq sens. Peu de chambres, une table soignée et absolument originale, un bar à sushi, un espace spa avec des soins ayurvédiques, de la réflexologie plantaire, des massages au chocolat, au fromage blanc (maison !), aux huiles essentielles bio, sur eau ou dans l'eau… Philippe et Nadia Hardy ont grand plaisir à s'occuper de leurs hôtes. Dans l'assiette, le talent du chef s'exprime à travers le choix ciblé des produits. Légumes et plantes aromatiques du potager bio (cultivés sur un hectare) accompagnent viandes du terroir et pêches du jour. Et, pour de plus grands horizons, *le Bistrot* du monde propose – sur réservation – sous la verrière quelques délicats plats asiatiques (8 à 14 euros). Dans les chambres, Nadia a choisi de distiller un esprit baroque en misant sur les matières et les couleurs (soieries, tapisseries Ralph Lauren, tissus moirés, lustres en cristal, verreries, miroirs ciselés, argentés et dorés…) ; micro-ondes, frigo, évier, canapé, baignoire sur pied s'y rajoutent et brouillent un peu la lisibilité de l'ensemble. Les salles de bains sont parfaites, avec des douches à l'italienne, des équipements chics et une séparation vitrée. Tout a été pensé pour le confort des hôtes, et c'est tant mieux !

Ouvert toute l'année sauf du 2 au 22 janvier **Chambres** 5 chambres : 105 à 195 € - Petit déjeuner : 17 € **Restaurant** (midi et soir) : 25 à 88,50 € **Équipements** TV, Wifi **Divers** animaux (8 €), parking privé **Loisirs** plage, pêche **Accès** à 15 km à l'est de Coutances par la D 44 puis la D 650, l'hôtel est dans le bourg.

L'ERGUILLÈRE

hotel-lerguillere.com

Port Racine • 50440 Saint-Germain-des-Vaux (Manche)
Tél. 02 33 52 75 31 • Nicolas Chanu

• La seule évocation de cette adresse où Jacques Prévert aimait séjourner nous pousserait à bondir dans un train pour nous enfuir à grande vitesse vers cette extrême pointe du Cotentin – là où la terre se tortille entre ciel et mer, et s'offre en tremplin aux oiseaux marins… Une maison de pierre bâtie pour résister aux tempêtes et aux embruns. Une descente en pente douce, et la mer, la Manche, juste en bas. Un petit port d'abri où les barques sont accrochées pour qu'elles ne s'entrechoquent pas à la première houle venue du large. Port Racine. Par beau temps, c'est un paradis. De la terrasse de l'hôtel, on peut ne faire que ça : le contempler, sans jamais s'en rassasier. Quand ça fraîchit, on trouve refuge au bar, derrière les grandes baies vitrées. À l'étage, dix chambres, ultraconfort, ultracosy. La plupart sont blanches, l'une est à baldaquin dans les tons pistache, une autre est décorée d'un poème mural de Prévert, d'autres de tableaux du France ou d'aquarelles ; toutes sont agrémentées d'un petit bureau pour méditer sous la fenêtre, face à la mer, et garnies de couettes et de gros oreillers pour s'abîmer dans les rêves hauturiers… Le petit déjeuner se prend dans une agréable salle claire, au sol en damier noir et blanc, d'où l'on plonge encore dans l'infini de la mer en savourant des agrumes pressés, des salades de fruits de saison, du pain perdu et des yaourts locaux… En journée, on part marcher sur les sentiers côtiers ou s'embarquer pour les îles – Jersey, Guernesey et les autres Anglo-Normandes.

Catégorie ★★★ **Ouvert** toute l'année **Chambres** 10 chambres : 57 à 148 € - Petit déjeuner (de 8 h 30 à 12 h) : 14,50 € **Équipements** TV, Wifi **Divers** parking **Accès** à l'extrême pointe du Cotentin, au-dessus du port Racine.

MANOIR DU LYS

manoir-du-lys.fr

La Croix-Gauthier • 61140 Bagnoles-de-l'Orne (Orne)
Tél. 02 33 37 80 69 • Fax 02 33 30 05 80 • Franck Quinton

• On vient ici d'abord pour la cuisine, louée et récompensée par la critique gastronomique et qui fait honneur aux produits normands en les poussant dans leurs subtils retranchements. Mais le chef et sa femme, fort dynamiques propriétaires, proposent également une grande variété de chambres, toutes différentes, pour rester sur place, en étape ou en séjour. Elles sont claires, bien équipées et parfaitement insonorisées, avec une décoration variant du classique au sagement moderne. Certaines profitent d'une terrasse ; d'autres, mansardées, ont vue sur le verger. Nombre d'entre elles ont été complètement refaites, dans des teintes sombres ponctuées de notes vives, de matières brillantes – un style plus urbain que "campagne", mais moderne, assurément. Les familles s'installeront dans les maisons sur pilotis, bâties au-dessus de carrés potagers. Vous serez accueillis et guidés avec beaucoup de sérieux vers la salle à manger, où la décoration, en jaune et vert clair, disparaît au profit du contenu des assiettes. À noter l'ouverture d'une "annexe" en ville : *O Gayot*, pour dormir et manger à plus petits prix, mais avec d'aussi bons produits. Un bel esprit !

Catégorie ★★★★ **Ouvert** du 14 février au 1er janvier, fermé dimanche et lundi soir jusqu'au 30 avril et à partir du 1er novembre **Chambres** 20 chambres (2 pers.) : 125 à 165 €, 7 suites (4 pers.) : 225 à 300 € - Petit déjeuner : 17 € **Restaurant** (midi et soir) : 45 à 99 € **Équipements** climatisation, TV, Wifi, ascenseur **Divers** animaux (12 €), garage **Loisirs** billard, piscine chauffée, tennis, VTT **Accès** à l'ouest d'Alençon, N 12 jusqu'à Pré-en-Pail, N 176 et D 916 ; prendre la route de Juvigny-sous-Andaines par D 235 dans le centre de Bagnoles-de-l'Orne.

DOMAINE DE VILLERAY

\\ domainedevilleray.com

Villeray • 61110 Condeau (Orne)
Tél. 02 33 73 30 22 • Fax 02 33 73 38 28 • Famille Eelsen

• Le site est incroyable, ravissant : l'Huisne s'écoule paisiblement au pied de ce hameau du Perche, avec un bras formant le bief – calme en amont du moulin, tumultueux en aval. L'hôtel occupe le bas et le haut du village : le moulin, quatre petites maisons et le château (XVIIIe et XIXe), dont l'enfilade de salons aux boiseries en chêne donne sur une vaste terrasse. Le style des chambres varie donc selon le lieu, allant d'un rustique très au goût du jour à la noble reconstitution de chambres d'amis, au château. Les salles de bains les plus récemment rénovées sont splendides, parées de bois massif et d'ardoise, magnifiquement équipées de baignoires à jets et de douches grand format. Les autres commencent parfois à dater, mais restent correctes. Partout, le mobilier est ancien, les tissus bien choisis, l'ambiance "habitée". Les repas se prennent au moulin, dans une grande salle à manger rustique laissant apparaître l'antique roue à aubes, ou bien dehors, en terrasse. On y savoure d'intéressantes créations culinaires, en écoutant le vent dans les feuilles, le clapotis de l'eau. L'équipe est charmante, attentionnée et très spontanée; la carte des vins, bien choisie. Avec un superbe parc et sa roseraie, le charme des vieux murs du village et la possibilité d'emprunter un canoë, on passe, au *Domaine de Villeray*, un séjour des plus heureux.

Catégorie ★★★★ **Ouvert** toute l'année **Chambres** 32 chambres : 105 à 185 €, 6 suites et appartement : 215 à 395 € - Petit déjeuner (8 h à 11 h) : 15 € **Restaurant** (midi et soir) : 29 à 75 € **Équipements** TV, Wifi **Divers** animaux (10 €) **Loisirs** pêche, piscine chauffée, tennis, vélos **Accès** à 9 km au nord de Nogent-le-Rotrou ; sur A 11, sortie Luigny ou La Ferté-Bernard.

€ HÔTEL DU TRIBUNAL

hotel-tribunal.fr

4, place du Palais • 61400 Mortagne-au-Perche (Orne)
Tél. 02 33 25 04 77 • Fax 02 33 83 60 83 • Mme Le Boucher

• On s'arrête à Mortagne-au-Perche en étape et on découvre son charme en flânant un peu au fil des ruelles pavées, avant ou après le dîner. Ce sont trois maisons enchevêtrées des XIIIe et XVIIIe siècles, sur une petite place ombragée, qui constituent l'hôtel. Rénové de pied en cap, il offre un bon niveau de confort et une atmosphère chaleureuse. Le nombre de maisons, la variété des volumes et des époques donnent lieu à des chambres toutes différentes, qui viennent d'être rénovées dans un esprit contemporain ou "campagne-chic". Certaines donnent sur la place, d'autres sur les ruelles latérales ou sur une courette. La vue est donc variable : verdure des tilleuls, toits du village, église… Côté table, le jeune et nouveau chef s'amuse à inventer des assiettes colorées, autour de produits frais et choisis. On en profite à l'intérieur, dans une salle à manger toute neuve, très apprêtée, avec des piliers dorés à la feuille, des rideaux rayés prune et bordeaux, une ambiance feutrée. Mais aussi en terrasse, dans la cour gravillonnée (où l'on peut prendre le petit déjeuner sur demande). Une adresse dynamique, très accueillante.

Catégorie ★★★ **Ouvert** toute l'année sauf noël et jour de l'an **Chambres** 21 chambres : 80 à 120 € - Petit déjeuner : 11,50 € **Restaurant** (midi et soir) : 31 à 60 € **Équipements** TV, Wifi **Divers** animaux (5 €) **Accès** à 38 km à l'est d'Alençon par N 12 et à 40 km de Verneuil-sur-Avre en venant de Paris ; l'hôtel est dans le centre-ville, au-dessous de l'église.

VILLA FOL AVRIL

villafolavril.fr

2, rue des Fers-Chauds • 61110 Moutiers-au-Perche (Orne)
Tél. 02 33 83 22 67 • Sandrine et Philippe Sicre

• Avec goût et passion, Sandrine et Philippe ont ouvert dans l'un des plus beaux sites du Perche l'hôtel de charme qui lui manquait. Si les murs ont une âme, ceux de l'ancienne auberge de village doivent jubiler, avec leurs nouveaux enduits naturels, leurs bois décapés et leurs sols qui ont retrouvé l'habillage de tomettes ou parquet d'autrefois. Car il s'agit bien d'une renaissance, où le sobre esthétisme du moment (camaïeux de gris ou de brun, meubles chinés, réédition de tissus anciens, et quelques touches design) restitue l'ambiance d'une belle maison de campagne. Quand il fait beau, on déjeune en terrasse, près de la glycine, avant de partir à la découverte des richesses du village – église romane, pont muletier, lavoir sur la Corbionne. Au retour, on s'installe dans un coin du joli jardin aménagé sur un terre-plein en contre-haut. Les jours plus incertains, de belles flambées dans le salon ou la grande salle à manger sont la promesse de moments chaleureux… et gourmands ! Car la cuisine simple et savoureuse ainsi que les petits déjeuners ne sont pas à négliger dans cette très accueillante maison.

Ouvert toute l'année **Chambres** 12 chambres et suites (2 à 4 pers.) : 100 à 180 € - Petit déjeuner : 13 € **Restaurant** 25 à 40 € **Équipements** TV, Wifi **Loisir** piscine **Accès** N 12 Paris-Verneuil-sur-Avre, puis D 839 vers La Ferté-Vidame, D 36 vers Nogent-le-Rotrou, et D 280 vers Moutiers.

CLOS MASURE

closmasure.com

8, route de la Plaine • 76590 Belmesnil (Seine-Maritime)
Tél. 02 32 14 00 00 • Port. 06 20 33 50 58 • Jean-François Lenen

• Propriétaires d'un clos-masure du XVIIe siècle, Jean-François Lenen et Patrick Langlois ont eu l'heureuse idée d'y aménager un hôtel au cachet unique. La traditionnelle "masure", autrefois enclose d'une double rangée de hêtres, comprenait la maison du propriétaire ainsi que différents bâtiments agricoles. Une belle piscine jouxte un petit espace fitness et massages. L'étable et la charretterie, aux jolis murs de brique, ont été rénovées afin d'abriter une poignée de chambres très contemporaines. La plupart, de plain-pied, se prolongent par une terrasse d'où vous pourrez savourer l'agréable sensation d'espace et de calme qui règne ici. L'ambiance est au naturel : parquet de pin traité à l'huile blanche ou noire, poutres décapées, murs simulant la robe soyeuse du poney et mobilier de chêne clair. Patrick n'a pu résister à les orner de quelques objets déco de sa collection – sculptures, céramiques, luminaires design… – que vous retrouverez également dans le très feutré salon *lounge* (avec cheminée) de la maison principale, aux superbes colombages. On aime aussi la petite boutique de déco et la salle à manger à l'atmosphère très "arty" et décalée. Vous y déjeunerez ou dînerez simplement comme chez des amis, en toute intimité. Une vraie "maison-hôtel de campagne" !

Catégorie ★★★ **Ouvert** du 13 octobre au 23 septembre **Chambres** 7 chambres : 99 à 141 €, 6 suites : 139 à 177 € - Petit déjeuner : 15 € **Restaurant** (le soir) : 32 € **Équipements** TV, Wifi **Divers** animaux non admis **Loisir** piscine chauffée **Accès** depuis Rouen A 151 vers Dieppe puis N 27. Sortie Belmesnil n° 429.

AUBERGE DU VAL AU CESNE

valaucesne.fr

Le Val au Cesne • 76190 Croix-Mare (Seine-Maritime)
Tél. 02 35 56 63 06 • Fax 02 35 56 92 78 • Jérôme Carel

• En lisière d'une campagne onctueuse de verdure, de prés et de collines boisées, voici une étape avant tout gourmande : on y vient des villages voisins, célébrer une fête de famille ou une affaire bien conclue. Le restaurant traditionnel, très chaleureusement aménagé avec ses deux petites pièces séparées par une cheminée, ses étages ravissants, sous les toits, propose une cuisine de terroir. Le jardin, à l'extérieur, est en partie consacré aux animaux : pour le plus grand bonheur des enfants, on y admire une volière de perruches, des espèces rares de poules, des colombes… Les cinq chambres sont très simples, agréables, mais notre préférence va à "Fougère", avec ses meubles 1930 au charme désuet particulier, ainsi qu'aux deux grandes situées à l'étage, mansardées et décorées dans des tons chaleureux. On espère quelques travaux, programmés pour bientôt, dans les chambres du bas. Sage et ordonné, l'ensemble dégage une grande impression de calme, malgré la départementale qui traverse le val. Une bonne petite adresse pour visiter le pays de Caux et ses nombreuses abbayes.

Ouvert toute l'année **Chambres** 5 chambres : 90 € - Petit déjeuner : 10 € **Restaurant** (midi et soir) : 29 à 60 € **Équipements** TV, Wifi **Divers** animaux (8 €), parking **Accès** A 150 jusqu'à Yvetot, puis D 5 sur 3 km, vers Duclair ou A 29 sortie Yvetot-est, rester sur la rocade à l'entrée d'Yvetot puis D 5 ou A 13 sortie Bourg-Achard direction pont de Brotonne et Yvetot, suivre la rocade puis la D 5.

RELAIS HÔTELIER DOUCE FRANCE

doucefrance.fr

13, rue du Docteur-Girard • 76980 Veules-les-Roses (Seine-Maritime)
Tél. 02 35 57 85 30 • Fax 02 35 57 85 31 • M. Bardot

• Le plus petit fleuve de France traverse le très beau village de Veules et longe gaiement cet ancien relais de poste flanqué à l'entrée de deux insolites tourelles. Disposées de part et d'autre d'une ravissante cour pavée, les chambres, souvent grandes, sont abondamment fleuries, réparties dans plusieurs corps de logis faits de brique, de bois pistache et de torchis jaune clair. Celles du rez-de-chaussée donnent sur le jardin (trois suites jouissent de terrasses privatives sur la Veules – à demander en priorité par beau temps), alors qu'à l'étage elles sont plus chaleureuses et mansardées. Toutes disposent d'un coin-cuisine et encouragent les séjours en famille (un très grand salon agréablement meublé, avec de nombreux espaces jeux ou farniente, est à disposition). Au sol, des carreaux de terre cuite bordent des murs patinés de beige rosé. Accessible en traversant la grande cour par un chemin bucolique, un second jardin, plus petit mais encore plus agréable, ajoute le ruissellement d'une fontaine noyée dans la verdure au vif courant de l'eau claire du petit fleuve. C'est là que l'on peut prendre le thé ou le petit déjeuner en été, même tardivement (brunch le dimanche). L'accueil est bienveillant, et il fait bon se laisser vivre dans ce lieu bercé de tendre insouciance.

Ouvert toute l'année sauf du 11 janvier au 11 février (inclus) **Chambres** 21 suites : 99 à 159 €, 4 appartement (2 chambres kitchenette) : 239 € - Petit déjeuner (8h30 à 11h) : 13 € **Équipements** TV, Wifi **Divers** animaux (15 €), parking public **Accès** à Rouen, A150 vers Le Havre, Barentin ; sortir après Barentin, direction Pavilly, Yerville, Fontaine, puis fléchage.

SAINT-CHRISTOPHE

st-christophe.com

Place Notre-Dame • 44502 (Loire-Atlantique)
Tél. 02 40 62 40 00 • Fax 02 40 62 40 40 • Nadine Flammarion

• On ne peut que fondre devant ce tableau idyllique : une terrasse aux tables nappées de blanc, délicatement ombragée par les pins, au pied d'une ravissante villa début de siècle à colombages rouge sombre, tout à côté de la plage. Cette ancienne pension de famille profite de la verdure et du calme, dans l'un des quartiers les plus agréables de la station balnéaire. Réparties entre quatre villas 1900, les chambres présentent un joli décor classique – avec de beaux meubles anciens cirés, des couleurs assorties et des gravures bien choisies. Chaque année voit son lot de rénovations, sa nouvelle série de salles de bains. Au rez-de-chaussée, on aime les pièces de réception, chaleureusement décorées à l'anglaise. On y dîne simplement, sous des portraits d'ancêtres, de notables du XIXe siècle, parmi quelques gouaches anciennes et d'autres fantaisies plus actuelles. L'été, tout se passe en terrasse, en mode demi-pension : les vieilles dames déjeunent d'une salade, d'un poisson grillé, et les familles prennent des forces pour l'après-midi. Le service est gentiment distingué mais détendu, le calme un peu troublé en demi-saison, car une tente, dehors, reçoit des mariages… Une adresse à géométrie variable, toujours très accueillante.

Catégorie ★★ **Ouvert** toute l'année **Chambres** 44 chambres simples et doubles : 77 à 215 €, 3 suites (3 à 4 pers.) : 150 à 250 € - Demi-pension (supp./pers.) : 45 € - Petit déj. : 14 € **Restaurant** (midi et soir) : 25 à 39 € **Équipements** TV, Wifi **Divers** animaux (10 €) **Accès** dans le centre de La Baule, après un grand carrefour ; laisser sur la gauche le square avec le manège et l'office de tourisme et continuer tout droit vers Atlantia, Le Pouliguen ; 4e rue à gauche (fléchage), allée des Pétrels.

€ VILLA CAP D'AIL

villacapdail.com

145, avenue du Maréchal-de-Lattre-de-Tassigny • 44500 La Baule-Escoublac (Loire-Atlantique)
Tél. 02 40 60 29 30 • Fax 02 40 11 03 96 • Pascal Bettencourt

• On aime toujours beaucoup ce petit hôtel pimpant, situé en plein centre de la station balnéaire, derrière le casino, la thalasso et les sables fins de la plage Benoît. Ses nouveaux acquéreurs entendent continuer le joli travail de leurs prédécesseurs, maintenir l'âme du lieu tout en privilégiant certaines tendances qui leur sont plus proches, dorénavant. Fini les motifs de toile de Jouy en tapisserie, la (belle) austérité du "tout wengé" en mobilier, et place aux couleurs plus vives, plus "flashy". La salle des petits déjeuners a déjà été revue dans cet esprit, de même que le salon, à l'entrée de la maison, décoré désormais de tableaux très colorés d'artistes locaux, de part et d'autre des plantes vertes et canapés cosy. Aux étages de cette demeure de 1927, les chambres sont douillettes, parfaitement entretenues, avec des sols recouverts de moquettes, des teintes douces de gris perle et brun, réhaussées de quelques autres coloris. Toutes sont différentes, quoiqu'aussi confortables les unes que les autres. Celles du rez-de-jardin sont sur carrelage, mais ont l'avantage d'être au plus près du ravissant petit jardin planté d'essences méditerranéennes. La partie arrière est plus calme, l'avant étant directement exposé à la rue, plutôt passante. Mais l'insonorisation, dedans, est parfaite. D'ici, vous pourrez circuler à pied ou louer des vélos, et savourer la douce vie balnéaire…

Catégorie ★★★ **Ouvert** toute l'année sauf du 7 au 22 février **Chambres** 20 chambres doubles : 70 à 144 €, 2 suites (3 à 4 pers) : 130 à 221 € - Petit déj. (servi de 8 h à 11 h) : 10,50 à 12 € **Équipements** TV, Wifi **Divers** animaux (10 €) **Accès** à 200 m de la plage de La Baule, de la thalasso et du casino.

L'HÔTEL €

nanteshotel.com

6, rue Henri-IV • 44000 Nantes (Loire-Atlantique)
Tél. 02 40 29 30 31 • Fax 02 40 29 00 95 • Patrick Peigné

• On aime beaucoup de choses de ce petit hôtel qui n'a presque l'air de rien, depuis la rue. Son emplacement, d'abord, en plein cœur de Nantes, à côté de la gare TGV et du quartier piétonnier du château des ducs de Bretagne. Le *Lieu Unique*, ancienne usine LU, devenu l'épicentre de la movida nantaise, est juste en face, sur l'autre quai, avec ses expos, concerts, resto, bar, librairie. La grande place Louis-XVI permet de se garer et de se promener à l'ombre, avec une belle perspective sur la ville. Et, à l'intérieur, on est séduit par son confort, ses choix de décoration contemporaine, aux lignes simples et pures, ses équipements de qualité. Les literies sont neuves et excellentes, les salles de bains modernes, pratiques et agréables. Au sol, les moquettes sortent de l'ordinaire, arborent des motifs qui s'éloignent des standards hôteliers. Toute une série de chambres ont une vue dégagée sur le château, et c'est un horizon vaste et très plaisant qui s'ouvre là. D'autres donnent sur l'arrière, très au calme, et, parmi celles-ci, certaines ont une petite terrasse arborée assez unique en ville : une table, deux chaises, et des plantes à foison ! Le hall, en couloir, et la salle des petits déjeuners, en contrebas, sont un peu sombres, mais, aux murs, des expos, dessins, tableaux viennent habiller le lieu en roulement et présenter quelques artistes intéressants.

Catégorie ★★★ **Ouvert** toute l'année sauf entre Noël et le nouvel an **Chambres** 31 chambres : 79 à 160 € - Petit déj. : 11,90 € **Équipements** TV, Wifi **Divers** parking (10 €), animaux non admis **Accès** dans le centre-ville.

HÔTEL LA PÉROUSE

hotel-laperouse.fr

Cours des 50-Otages • 3, allée Duquesne • 44000 Nantes (Loire-Atlantique)
Tél. 02 40 89 75 00 • Fax 02 40 89 76 00 • Gilles Cibert

• Hypercentral, façade discrète ultradesign et calme neutralité du ton, à l'accueil, reposent de bien des standards hoteliers grinçant de phrases toutes faites et de décors ronflants. Vous aimez cette sobriété-là ? Alors vous apprécierez toute la suite de ce voyage urbain. Si l'on dit de l'hôtel qu'il est high-tech et contemporain, en aucun cas on ne suggère la moindre standardisation ou tentation de gigantisme : il est avant tout un lieu intime et plein de personnalité, fruit d'une réflexion sur l'intégration du contemporain dans un tissu citadin. Les emprunts au monde de la marine sont nombreux, telle la passerelle d'accès ou les menuiseries des chambres, réalisées par les Chantiers de l'Atlantique. En revanche, les banquettes sont d'Eileen Gray, les fauteuils de Le Corbusier, les deux armoires de Saweta Clouet. Côté chambres, tout le mobilier est signé Barto+Barto (bureau, chevet, appliques, rideaux "clipsables" sur les hublots rectangulaires) – seules les chaises zigzag sont dues à G. Rietveld. Parquets de bois clair, tissus blancs : sobriété totale. Quant aux salles de bains, avec leur mosaïque céladon et leurs vasques de verre rénovées régulièrement, elles sont la séduction même. Le petit déjeuner ouvre la voie aux vrais produits, bios et/ou locaux. Une adresse de goût que l'on adore.

Catégorie ★★★ **Ouvert** toute l'année **Chambres** 46 chambres : 59 à 155 € - Petit déjeuner (7h à 11h) : 14 € **Équipements** climatisation, TV, Wifi **Divers** animaux (8 €) **Accès** entre la cathédrale, la préfecture et le CHU, le cours des 50-Otages se trouve près du parking Bretagne.

HÔTEL POMMERAYE €

hotel-pommeraye.com

2, rue Boileau • 44000 Nantes (Loire-Atlantique)
Tél. 02 40 48 78 79 • Fax 02 40 47 63 75 • Florent Cibert

• Au cœur du centre historique et culturel de la cité des ducs de Bretagne, mais dans une rue piétonne, cet hôtel bien rénové accueille ses clients par un agréable murmure de fontaine. Au-dessus de la réception, les horloges qui donnent l'heure de Nantes, Zanzibar et Valparaiso rappellent la vocation portuaire de la ville. On vous proposera deux types de chambres, celles de type Louis XL, plus spacieuses. L'endroit a été aménagé de manière résolument contemporaine avec un choix de couleurs inhabituelles : bistre, grège et pourpre, versus jaune mandarine ou saumon. Une association de teintes sombres et lumineuses qui se retrouve tant dans les communs que dans les chambres, où moquette épaisse et dessus-de-lit, rideaux bicolores et petits meubles design forment un ensemble coordonné que l'on peut néanmoins trouver un peu sévère. La décoration est minimaliste, l'ameublement fonctionnel et discret, mais de belle qualité, comme la literie et l'ensemble des matériaux retenus. Les salles de bains, élégantes, sont très bien équipées et disposent de sanitaires originaux. Enfin, de discrètes installations artistiques disséminées dans l'établissement lui donnent une touche poétique. Elles changent régulièrement, pour le plus grand plaisir des habitués.

Catégorie ★★ **Ouvert** toute l'année **Chambres** 50 chambres simples et doubles : 54 à 169 € - Petit déjeuner : 11 € **Équipements** TV, Wifi, ascenseur **Divers** animaux (5 €) **Accès** à Nantes suivre Nantes-centre puis les panneaux bleus "Circuit cœur" jusqu'à la place Graslin, ensuite, fléchage jusqu'à l'hôtel.

HÔTEL SOZO

sozohotel.fr

16, rue Frédéric Caillaud • 44000 Nantes (Loire-Atlantique)
Tél. 02 51 82 40 00 • Fax 02 40 77 79 40

• Pour se risquer dans une telle aventure, il a fallu braver les freins culturels et les complications techniques, ne pas sacrifier le spirituel tout en tentant le conceptuel - et ils l'ont fait ! Adeline et Benoît ont racheté cette ancienne chapelle XIXe en plein cœur de Nantes, et l'ont intégralement aménagée en hôtel de luxe ultra-contemporain – sans perdre l'esprit ni l'originalité architecturale d'origine. Trois catégories de chambres, les plus incroyables étant celles du haut, avec vue plongeante sur les vitraux et sous la voûte en étoile. Mais il fait bon s'essayer à dormir partout, à tous les étages, au gré de vos escales à Nantes : dans les absidioles de la Chapelle, dans la sacristie… Le design et les couleurs, les matériaux utilisés, subliment les nuances de gris de la pierre et font que l'ensemble n'est ni triste ni austère, sans pour autant être démesurément déplacé ni clinquant. Une belle réussite. Côté services, tout est pensé pour le confort total de chacun : insonorisation, climatisation, wifi partout, machines Nespresso dans les chambres, excellents petits déjeuners avec des produits bio si possible, ou tout au moins bien faits et très savoureux – vous goûterez les yaourts et fromages de la maison *Beillevaire*. La livraison est même possible en chambre jusqu'à 11 heures, et sans supplément ! Enfin, un parking privé, un bar, des plateaux-repas jour et nuit. Et un emplacement de rêve, le long du Jardin des Plantes, et à deux minutes à pied de la gare. Une très belle adresse de ville.

Catégorie ★★★★ **Ouvert** toute l'année **Chambres** 27 chambres doubles : 135 à 197 €, 4 junior-suites : 224 à 347 € - Petit déj. : 16 € **Équipements** climatisation, TV, Wifi **Divers** animaux (10 €), parking fermé (10 €) **Accès** dans le centre-ville, direction Gare SNCF-Nord / Jardin des Plantes.

ANNE DE BRETAGNE

annedebretagne.com

Port de la Gravette • 44770 La Plaine-sur-Mer (Loire-Atlantique)
Tél. 02 40 21 54 72 • Fax 02 40 21 02 33 • Michèle et Philippe Vételé

• Elle a un petit air blanc Louisiane, et les couleurs changeantes de la mer habillent sa façade. À ses pieds, un platelage de bois bordé d'orangers du Mexique délimite la terrasse, où l'on goûte, aux beaux jours, l'une des meilleures cuisines de la région. L'océan est là, juste après un petit parking, l'air marin se mêle aux parfums souvent iodés de l'assiette (hors saison, les grandes baies vitrées lui font écran mais laissent intact le panorama), et c'est un régal absolu, très justement salué par une seconde étoile Michelin. Car les créations sensibles et goûteuses de Philippe Vételé sont un festival de saveurs discrètes et justes (si bien mariées aux excellents vins de la cave choisis par sa femme, Michèle). Alors, bien sûr, on ne veut plus partir, et ça tombe bien, puisque l'hôtel vient de rénover ses chambres pour en faire des petits paradis contemporains et gais. Qu'elles ouvrent sur le parc et la piscine ou sur la mer, toutes sont lumineuses, sobres, égayées de tableaux modernes et de sièges pop aux teintes acidulées signés par quelques grands designers italiens (terrasse privative en prime pour certaines). Le confort est partout, la tenue irréprochable, l'accueil parfait.

Catégorie ★★★★ **Ouvert** de mi-février à mi-novembre **Chambres** 10 chambres : 147 à 295 €, 10 suites et appartements : 260 à 421 € - Petit déjeuner : 25 € **Équipements** TV, Wifi **Divers** animaux (17 €), parking (14 €) **Loisirs** piscine chauffée, tennis **Accès** à Nantes D 751 vers Noirmoutier ; à Pornic D 286 puis D 13 jusqu'à La Plaine-sur-Mer.

AUBERGE LA FONTAINE AUX BRETONS

auberge-la-fontaine.com

Chemin des Noëlles • 44210 Pornic (Loire-Atlantique)
Tél. 02 51 74 07 07 • Fax 02 51 74 15 15 • M. Pavageau

• Le grand potager avec ses fleurs, légumes et arbres fruitiers, le pré et les espaces clos où l'on peut saluer ânes, moutons, cochons et vaches, la bonne cuisine du restaurant, qui s'appuie sur les denrées fraîches produites sur place… tout cela nous rappelle que *La Fontaine aux Bretons* fut longtemps une ferme en activité, propriété religieuse. L'immense bâtisse que l'on aperçoit, bordant la côte, accueillait les frères enseignants de l'ordre de Saint-Jean-Baptiste-de-La Salle. Avant de reprendre la route pour Saint-Jacques-de-Compostelle, les pèlerins bretons faisaient halte à la fameuse fontaine, qui trône encore dans le potager. Derrière la longue façade d'origine, bordée de deux agréables terrasses, se cache une rénovation discrètement moderne permettant de renouer avec une certaine authenticité du terroir (style sobre et rustique) tout en garantissant un confort parfait aux hébergements proposés. Excepté ceux du rez-de-chaussée, ils offrent tous une merveilleuse vue sur la mer. À deux pas de Pornic, un concept astucieux qui ravit les familles… et les papilles.

Catégorie ★★★ **Ouvert** toute l'année **Chambres** 5 chambres : 98 à 147 €, 22 appartements ou studios (2 à 4 pers.) : 98 à 256 € - Petit déj. : 14,50 € **Équipements** TV, Wifi **Divers** animaux (10 €) **Loisirs** piscine chauffée, tennis **Accès** à Nantes D 751 vers Noirmoutier puis Pornic ; à Pornic, tourner à gauche après voie ferrée et suivre fléchage hôtel.

HÔTEL VILLA FLORNOY

villa-flornoy.com

7, avenue Flornoy • 44380 Pornichet (Loire-Atlantique)
Tél. 02 40 11 60 00 • Fax 02 40 61 86 47 • M. et Mme Maiguet

• On peut ici oublier complètement l'agitation qui gagne la côte, même en plein cœur de l'été, à trois cents mètres des plages de Pornichet et de La Baule, cet hôtel jouit d'un calme souverain. La façade de la Villa, début de siècle, traitée dans un style "côte normande", se fond discrètement dans ce quartier résidentiel, très arboré. Rien de tapageur, seulement de la douceur. Régulièrement entretenu au goût du jour, l'hôtel propose de jolies chambres, toutes différentes, lumineuses, meublées dans un style gai, classique et très cosy. Les tissus tendus à motifs de Jouy du troisième étage sont flambant neufs, et les lambris blancs des années précédentes impeccables. Chacune a son visage, sa taille, son caractère. Elles donnent sur la rue et les propriétés voisines, ou sur le jardin de l'hôtel, à l'arrière. Au rez-de-chaussée, un élégant salon d'accueil, récemment "rajeuni" en anthracite et noir, avec quelques couleurs vives, se prolonge d'un côté sur un bow-window qui ouvre sur le jardin, de l'autre sur une ravissante salle à manger aux tonalités ivoire et ficelle. On s'y retrouve en famille ou entre clients pour boire un apéritif avant de passer à table. Auparavant réservé aux hôtes, le restaurant *Le Secret* propose une cuisine simple et fraîche, revisitant des plats traditionnels concoctés avec des produits de petits producteurs et servie dans une atmosphère détendue de pension de famille. L'accueil est prévenant, souriant – excellent.

Catégorie ★★★ Ouvert de février à novembre **Chambres** 30 chambres doubles dont 7 familiales : 99 à 147 € - Demi-pension (par pers.) : 38 à 58 € - Petit déj. : 12 € **Restaurant** menu-carte : 20 à 30 € **Équipements** TV, **Loisirs** Wifi, piscine couverte **Divers** animaux admis sur demande **Bien-être** massage et soins **Accès** à 5 km à l'est de La Baule ; en face de l'hôtel-de-ville de Pornichet.

LA MARE AUX OISEAUX

mareauxoiseaux.fr
223, rue du Chef de l'île Fédrun • 44720 Saint-Joachim (Loire-Atlantique)
Tél. 02 40 88 53 01 • Fax 02 40 91 67 44 • Eric Guérin

• Au fil des années, Éric Guérin a fait croître son établissement, au point qu'aujourd'hui il est devenu un quasi-parc à thème dédié aux oiseaux, passion d'Éric depuis toujours. Dans des cages ou des verrières, au milieu de la toute nouvelle salle de restaurant, ou bien en liberté sur la terrasse, au jardin. Tout autour, des vols de canards, d'aigrettes, de busards, au-dessus des roseaux de ce qui est l'un des plus riches marais doux de France : la Brière, terre de chasse, de pêche et de mystère. Les locaux viennent ici déjeuner ou dîner, pour fêter un anniversaire, la signature d'un contrat. De plus loin, on y reste dormir, et c'est là un doux moment, dans les anciennes chambres de l'auberge d'origine comme dans celles sur pilotis (nos préférées pour s'imprégner des sons et vibrations du marais). Ou bien encore dans les toutes nouvelles, aménagées dans le jardin voisin. Là, lumière, cloisons vitrées, bois, design japonais - avec partout des clins d'œil à la nature, aux volatiles de collection. Dans le dédale de bambous et de plantes d'ici ou d'ailleurs, l'une des maisonnettes abrite une belle piscine chauffée et un espace spa. De quoi digérer les agapes d'une cuisine désormais réputée et toute en foisonnements…

Catégorie ★★★★ **Ouvert** toute l'année **Chambres** 10 chambres : 160 à 195 €, 5 suites et duplex : 265 à 290 € - Demi-pension (supp./pers.) : 65 € - Petit déj. : 20 € **Restaurant** (fermé les lundis au déjeuner) : 45 à 98 € **Équipement** Wifi **Divers** animaux (10 €), parking fermé **Bien-être** spa complet **Accès** à 16 km au nord-ouest de Saint-Nazaire par D 47.

ABBAYE DE VILLENEUVE

\\\ abbayedevilleneuve.com

Route de La-Roche-sur-Yon • 44840 Les Sorinières (Loire-Atlantique)
Tél. 02 40 04 40 25 • Fax 02 40 31 28 45 • Philippe Savry

• Cette abbaye cistercienne, fondée en 1201 par Constance de Bretagne, fut en partie détruite à la Révolution. Restaurée en 1977, l'ancienne hôtellerie début XVIIIe est aujourd'hui un hôtel au beau charme classique. La bibliothèque des moines abrite le restaurant principal. Quant aux chambres, toujours meublées d'ancien, elles ont conservé leur noble volume au premier étage (avec en sus de superbes salles de bains mosaïquées), et au second (petites) le magnifique colombage de la charpente. Dans le même esprit, trois suites dallées de pierre donnent sur le parc et la piscine (s'y ajoute une chambre aménagée dans l'ancien prieuré autour d'un étonnant four à pain). Dans l'enfilade de salons et de salles à manger, plafonds à la française et cheminées de pierre créent une atmosphère un peu majestueuse, mais préférable, quand il s'agit d'y séjourner, à l'austérité d'une abbaye. Un grand confort et une réelle élégance règnent dans cet établissement, dont le vaste parc borde la route de Nantes. Service et accueil d'un grand hôtel. Cuisine classique et de qualité.

Ouvert toute l'année **Chambres** 22 chambres : de 95 à 230 € - Petit déj. : 17 € **Restaurant** (sauf le dimanche soir et le lundi midi) : à partir de 28 € **Équipements** TV, Wifi **Divers** animaux (20 €), parking privé **Loisirs** piscine **Accès** à 10 km au sud de Nantes par A 83, direction Bordeaux, La Roche-sur-Yon, puis Viais.

CHÂTEAU DES BRIOTTIERES

briottieres.com

Route de Marigné • 49330 Champigné (Maine-et-Loire)
Tél. 02 41 42 00 02 • Port. 06 60 85 00 02 • M. et Mme de Valbray

• Hors des sentiers battus, dans son immense parc à l'anglaise dont on ne sait pas très bien où il s'arrête, le Château des Briottières mérite que l'on vienne ici tout spécialement pour lui. Les maîtres de maison vous y accueilleront avec chaleur et spontanéité. Une vaste galerie dessert les pièces de réception : salons meublés comme au XVIIIe siècle, grande salle à manger gris perle rehaussé de soie rose, bibliothèque avec billard français. À l'étage, les superbes chambres sont toutes décorées avec le meilleur goût, des tissus choisis, de très beaux meubles anciens. Certaines ont l'intimité d'un boudoir, d'autres sont vastes comme des appartements. Régulièrement refaites avec encore plus de réussite (comme celle, récemment installée dans une aile, toute de pourpre et dotée d'une salle de bains grandiose), elles conviennent à des séjours hors du commun. À signaler également celles de l'orangerie, parfaites pour les familles, et l'agréable piscine, installée dans l'ancien potager bordé de fleurs. Une belle adresse, à la cuisine de tradition familiale, classique donc, mais servie avec raffinement dans l'argenterie et la porcelaine. Enfin, quelques rénovations, cet hiver, viennent d'ajouter aux *Briottières* une heureuse petite touche "tendance".

Ouvert toute l'année (sur réservation en hiver) **Chambres** 15 chambres doubles : 144 à 350 € - Petit déjeuner : 19 € **Restaurant** en table d'hôtes : 50 € **Équipements** TV, Wifi **Divers** animaux (50 €), garage **Loisirs** barque, équitation, golf, pêche, piscine chauffée, tennis **Accès** de Paris, A 11 sortie n° 11 Durtal ; puis Dauneray, Châteauneuf-sur-Sarthe et Champigné ; depuis Angers, A 11 sortie n° 16 puis direction Sablé via Cantenay (fléchage à Champigné).

DOMAINE DE MESTRÉ

domaine-de-mestre.com

49590 Fontevraud-l'Abbaye (Maine-et-Loire)
Tél. 02 41 51 72 32 • Fax 09 70 62 28 61 • Famille Dauge

• S'il fallait un seul adjectif pour qualifier le Domaine de Mestré, ce serait : inclassable. "Tourisme à la ferme", nous dit-on ? Mais quelle ferme ! Celle des moines de l'abbaye de Fontevraud, autrefois étape réputée sur la route de Saint-Jacques-de-Compostelle. Une tradition hospitalière qui perdure aujourd'hui grâce aux membres de la famille Dauge, aux commandes depuis… le XVIIIe siècle. Ils reçoivent avec la bonhomie et le dynamisme de leurs trente années d'expérience, toujours motivés pour faire goûter leur production personnelle. Jusqu'à présent, on dînait ici en table d'hôtes, mais, le succès aidant, un vrai restaurant vient d'ouvrir dans la belle enfilade de pièces de réception. Classiques et très "maison de famille", les douze chambres arborent moulures, cheminées, beaux papiers peints, et sont très joliment meublées d'ancien, tout comme le vaste salon. Huit d'entre elles donnent sur le parc, mais préférez celles sur la cour intérieure : la lumière du soir sur les bâtiments de tuffeau qui la bordent est inoubliable. Enfin, le savoir-faire artisanal de la famille Dauge prend des aspects inattendus à travers la fabrique de savon naturels du domaine, dont les effluves délicieux le disputent aux parfums des champs.

Ouvert toute l'année sauf du 5 janvier au 5 février et 1ere semaine d'octobre **Chambres** 9 chambres : 65 à 90 €, 3 suites familiales (3 à 5 pers.) : 133 à 172 € - Petit déjeuner : 12 € **Restaurant** : 19 à 35 € **Équipement** Wifi **Divers** animaux non admis **Accès** sur la D 947, entre Montsoreau et Fontevraud-l'Abbaye.

HÔTEL LA MARINE DE LOIRE

hotel-lamarinedeloire.com

9, avenue de la Loire • 49730 Montsoreau (Maine-et-Loire)
Tél. 02 41 50 18 21 • Fax 02 41 50 19 26 • Caroline Chagnaud

• À Montsoreau, les maisons regardent la Loire glisser, longer un banc de sable, irriguer un îlot boisé… En première ligne, cet hôtel n'est séparé du fleuve que par la route (laquelle est sans nuisance). Harmonieux concentré des plus jolies tendances déco du moment, les chambres sont personnalisées par les meubles et objets chinés en brocante. Difficile d'en décrire toute la variété, car chacune a son ambiance bien à elle, mais vous y trouverez toujours de beaux matériaux bruts et des couleurs mates, crayeuses, aux teintes taupe, grisées, beiges, parfois réveillées par un velours ou une soierie plus affirmés. Une moitié donne sur la Loire, les autres sur un carré de jardin qui relie les bâtiments par un platelage de bois entouré de gazon, de vivaces et d'arbustes taillés. C'est sur ce jardin que donnent le nouveau spa et sa terrasse-solarium – un espace splendide sous une voûte en berceau, teinté de pierre et de sable, habillé de draps en lin, parfumé aux huiles essentielles de la gamme Omnisens (qui fournit les produits de soins pour massages, gommages…), avec un hammam digne des Mille et Une Nuits en pâte de verre irisée de rouille bleutée. Autre refuge, le grand salon-bar, où l'on a envie de prendre ses aises. Et, si vous réservez assez tôt, un menu du jour vous sera servi. Accueil souriant et raffiné. Une maison réjouissante.

Catégorie ★★★★ **Ouvert** toute l'année sauf les 24 et 25 décembre **Chambres** 6 chambres : 155 à 195 €, 4 suites (2 à 4 pers.) : 255 € - Petit déjeuner : 14 € **Restaurant** 35 € **Équipements** climatisation, Wifi **Loisirs** piscine intérieure chauffée **Bien-être** massages, spa complet **Accès** A85 sortie n° 5 vers Chinon, Montsoreau.

CHÂTEAU DE L'ÉPINAY

chateauepinay.com

49170 Saint-Georges-sur-Loire (Maine-et-Loire)
Tél. 02 41 39 87 05

• Voici l'illustration parfaite de la douceur angevine. À l'écart du bourg, en pleine campagne, ce château-hôtel émerge d'un immense parc qui, à l'approche de l'édifice, se transforme en élégant petit jardin à la française avec effet d'eau, buis, rosiers, gauras, agapanthes... Côté face, le château affiche un style Renaissance très ouvragé, côté pile, il révèle son ancienneté avec sa façade XVIe et XVIIe et ses dépendances. C'est également ici que l'on découvre la superbe piscine naturelle avec ses plantes filtrantes et sa plage de bois aménagée pour les bains de soleil. À côté se trouve le *Spa Cinq Mondes* et la salle de remise en forme. Au-dessus, quelques jolies chambres sont accessibles par un balcon extérieur. Les autres, vastes et plus luxueuses, se trouvent dans le château, chacune a son style, un décor classique modernisé extrêmement abouti avec une subtile harmonie de couleurs, un très beau mobilier. Vous retrouverez cette même élégance dans les pièces de réception, le salon (avec piano et cheminée), la ravissante salle à manger céladon où l'on se régale d'un menu unique selon une formule très proche de la table d'hôtes. Car, vous l'avez deviné, cet hôtel, c'est avant tout une vraie maison, celle de Valérie, qui vous accueille et s'occupe avec passion de la réussite de votre séjour. Voilà pourquoi *l'Épinay* est l'une des plus belles découvertes de cette édition.

Ouvert toute l'année **Chambres** 12 chambres et suites : 190 à 450 € - Petit déjeuner compris **Restaurant** : 30 à 70 € **Équipements** climatisation (pour les suites) TV, Wifi **Divers** parking privé **Loisirs** piscine naturelle **Bien-être** spa complet **Accès** en venant de Chalonnes par D961 au niveau de la gare (2 km avant Saint-Georges-sur-Loire) prendre petite route à gauche puis fléchage.

CHÂTEAU DE VERRIÈRES

chateau-verrieres.com

53, rue d'Alsace • 49400 Saumur (Maine-et-Loire)
Tél. 02 41 38 05 15 • Fax 02 41 38 18 18 • Yolaine de Valbray-Auger

• En plein centre-ville, un long mur et une haute grille noire forment le premier rempart qui protège abruptement Verrières de l'extérieur… On est alors très heureux d'entrer vite à l'abri et de découvrir enfin la beauté du lieu. Car ce vaste hôtel particulier a été construit par un général du Second Empire et offre un rare exemple de ce que le style Napoléon III a pu faire de plus étincellant. Le lieu s'est ouvert au public selon une formule proche de la maison d'hôtes, et il plaît avant tout pour son exceptionnelle décoration d'origine, ses dépendances et son parc à l'anglaise. À l'intérieur, le magnifique décor de boiseries des salons, parés de lambris de chêne sculptés aux attributs de musiques, de plafonds peints de roses et de perspectives aériennes, a été méticuleusement remis en état puis magnifiquement meublé d'ancien. Également très classiques, chambres et salles de bains affichent de beaux volumes qui s'ouvrent par de larges fenêtres sur les frondaisons du parc, l'école de cavalerie, ou encore, au loin, le château. Mobilier XIXe, belles étoffes, superbes salles de bains . l'ensemble est une réussite.

Catégorie ★★★★★ **Ouvert** toute l'année sauf à Noël **Chambres** 9 chambres doubles : 180 à 295 €, 10 suites : 345 € - Petit déjeuner : 17 à 22 € **Équipements** climatisation, TV, Wifi, ascenseur **Divers** animaux non admis, parking fermé **Accès** à Saumur, après le pont du Cadre-Noir sur la Loire, suivre Saumur-centre, au 2e petit rond-point, à gauche, direction "Château" ; l'hôtel est à 100 m, à droite.

HARAS DE LA POTARDIÈRE

potardiere.com

La Potardière • 72200 Crosmieres (Sarthe)
Tél. 02 43 45 83 47 • Fax 02 43 45 81 06 • Marie-Yvonne Benoist

• En surplomb de la vallée de l'Argance, à la frontière de l'Anjou et du Maine, le domaine de *La Potardière* offre douze hectares de parc à l'anglaise, de bois et de vallons, ainsi qu'un noble bâtiment XIXe d'allure XVIIe et de vastes dépendances. Il s'agit avant tout d'une maison de famille qu'il a fallu un jour rentabiliser en l'ouvrant aux hôtes. Et l'on s'en félicitera à la vue des beaux salons classiques du rez-de-chaussée qui conservent leur mobilier ancien et leurs tapis chamarrés sur fond de parquet en chêne (salon, salle à manger, bibliothèque). Même caractère dans les chambres du manoir, tendues de tissu, où vous trouverez de nobles volumes au premier et de jolies soupentes au second. D'autres chambres se trouvent dans les anciennes écuries, à proximité de la salle de billard. Ces dernières ont moins d'allure et si elles présentent actuellement quelques signes d'usure, elles restent recommandables toutefois. C'est également de ce côté que se trouve la piscine, plaisamment abritée par quelques murs coupe-vent qui ouvrent sur un jardin de plus en plus verdoyant. Pas de restaurant ici, mais *la Petite Auberge* (à Malicorne) n'est pas loin, et, à *La Flèche*, se trouve le *Moulin* des quatre saisons. Une vraie maison de famille, classique et hors mode.

Catégorie ★★★ **Ouvert** toute l'année sauf du 11 au 27 février **Chambres** 18 chambres simples et doubles : 90 à 140 €, 1 suite familiale : 155 à 198 €, 1 appartement-studio : 160 € - Petit déjeuner : 12 € **Équipements** TV, Wifi **Divers** animaux admis **Loisirs** piscine chauffée **Bien-être** massages **Accès** à 10 km au nord-ouest de La Flèche ; A 11, sortie La Flèche, Sablé, Crosmières, puis à droite direction Bazouges jusqu'à La Potardière (D 70).

HÔTEL DE FRANCE

lhoteldefrance.fr

29 place de la République • 72340 La Chartre-sur-le-Loir (Sarthe)
Tél. 02 43 44 40 16 • M. Overington

• C'est l'hôtel français typique, celui dont on rêve pour un voyage dans une France authentique et intemporelle, très traditionnelle. Vigne vierge géante en façade, terrasse animée, bar vivant, salle de restaurant, escalier menant aux chambres comme dans une pension de famille... Toute une atmosphère. Le nouveau propriétaire, d'origine britannique, a refait intégralement les chambres avec un magnifique choix de papiers peints, tissus, mobilier des plus raffinés. L'ensemble reste relativement sobre, avec quelques éléments anciens ou réalisés sur le modèle d'anciens. Les literies, les salles de bains, sont neuves. Tout cela dit le nouvel élan de la maison – sans abîmer l'âme du lieu. Souvenir des propriétaires précédents, le bar est tout entier dédié à la mémoire des courses automobiles – proximité du Mans oblige – et il rappelle les visites des célébrités du siècle passé. Stars du cinéma international, hommes d'État – J.F. Kennedy lui-même est en photo parmi les bolides… On y apprend ainsi tout sur le sujet, dans une joyeuse ambiance, une petite ruche où s'affaire un personnel international, lui aussi très attentionné. Une bonne table, une petite piscine au fond du jardinet de bord de rivière – et le tour est joué : on est séduit !

Classement ★★ **Ouvert** toute l'année **Chambres** 23 chambres doubles et triples : 70 à 83 € - Petit déjeuner : 8,50 € **Équipements** climatisation, Wifi **Restaurant** (midi et soir) : 15 à 35 € **Divers** animaux admis, parking fermé **Loisirs** piscine chauffée **Accès** A28 sortie n°26 puis direction Château-du-Loir et La Chartre-sur-le-Loire.

AUBERGE DU PORT-DES-ROCHES

Le Port-des-Roches • 72800 Luché-Pringé (Sarthe)
Tél. 02 43 45 44 48 - Fax 02 43 45 39 61 • Valérie et Thierry Lesiourd

• On aime cette adresse avant tout pour sa terrasse, car c'est un réel plaisir, au réveil ou en soirée, de s'y installer pour lire ou regarder pêcher les cormorans, les pieds presque dans l'eau ! Voire d'y prendre les repas, après une journée de route – tout cela mérite un détour, assurément. Car cette auberge est des plus simples, presque comme un cliché de ces établissements de campagne à l'ancienne, "très français" pour les étrangers, avec sa salle à manger bien confortable où s'affaire une volée de stagiaires en noir et blanc, très sérieux et voulant bien faire. Aux murs, des aquarelles ou des acryliques d'amateurs locaux, encadrés en doré, et, dans les salons, une rénovation faite à grand renfort de tissus et de couleurs. Les chambres sont de plus en plus rehaussées de vivacité, elles aussi, de turquoise, de fuchsia ou de vert anis. Les salles de bains sont fonctionnelles, l'insonorisation légère, mais les prix le restent aussi, et les sourires sont omniprésents. En cuisine, le chef, propriétaire du lieu, s'applique à réaliser des menus conséquents et soignés, avec des produits qu'il aime à choisir de qualité.

Catégorie ★★ **Ouvert** de mars à janvier sauf dimanche soir, lundi et vacances de la Toussaint **Chambres** 12 chambres : 60 à 70 € - Demi-pension (par pers) : 64 à 69 € - Petit déjeuner : 8 € **Restaurant** 28 à 58 € **Équipements** TV, Wifi **Divers** animaux admis **Accès** à 40 km au sud-ouest du Mans, direction La Flèche, puis D 13 jusqu'à Luché-Pringé, et D 214 jusqu'au lieu-dit Le Port-des-Roches.

CHÂTEAU DE SAINT-PATERNE

chateau-saintpaterne.com

4, rue de la gaieté • 72610 Saint-Paterne (Sarthe)
Tél. 02 33 27 54 71 • Fax 02 33 29 16 71 • M. et Mme de Valbray

• On savoure ici tout le charme d'une demeure familiale, et l'on s'y réfugie avec une profonde délectation. À l'abri des vieux murs de pierre, l'ambiance est feutrée, déconnectée du monde extérieur et du temps. Après un verre de vin blanc au jardin, on passe à table, dans la ravissante salle à manger éclairée de bougies, parsemée de fleurs fraîchement coupées. La cuisine, le service sont simples et chaleureux, et l'occasion de beaucoup d'attentions (les propriétaires ont également ouvert un délicieux petit restaurant dans Alençon). À côté, un superbe salon, très élégamment meublé d'ancien, invite à prendre une boisson chaude, un vieil alcool de collection. Un autre à jouer du piano. Puis une chambre, romantique en diable, ouvre sur la petite terrasse. À l'étage, d'autres chambres, chacune avec son style particulier – dont la "Henri IV", avec son superbe plafond polychrome à la française. Toutes affichent une ravissante décoration, qui met parfaitement en valeur les meubles de famille, et d'irréprochables salles de bains (une somptueuse suite occupe l'ancienne orangerie). Au matin, la piscine bordée de lavandes vous attend à la lisière du parc, un peu plus loin, les amoureux pourront réserver la nouvelle datcha en mélèze, avec sauna et Jacuzzi extérieur privé. Vous ne voudrez plus jamais quitter les lieux… Une très belle adresse, où l'on vous réserve une paix absolue.

Catégorie ★★★ **Ouvert** du 15 mars au 1er janvier (fermé à Noël) **Chambres** 5 chambres : 145 à 175 €, 6 suites : de 195 à 255 € - Petit déj. : 14 € **Restaurant** (menu hors boissons) : 49 € **Équipement** Wifi **Divers** animaux (10 €) **Bien-être** spa complet **Accès** à 3 km à l'est d'Alençon, direction Chartres-Mamers ; A28 sortie n° 19 Alençon-sud direction Saint-Paterne-centre.

DOMAINE DE CHATENAY

domainedechatenay.com

D 304, route de la Milesse • 72650 Saint-Saturnin (Sarthe)
Tél. 02 43 25 44 60 • Port. 06 46 06 46 91 • Bogusia et Benoît Desbans

• Très agréablement isolé dans son grand parc boisé, cet hôtel n'est qu'à une dizaine de minutes du Mans (trop méconnu, le quartier moyenâgeux du vieux Mans mérite une visite !). Pleine de mystères, l'allée qui mène au manoir anticipe le côté confidentiel du lieu sans signalétique tapageuse pour casser le rêve. Construit sur une base très ancienne, ce petit manoir, qui conserve surtout des témoignages des XVIIe et XVIIIe siècles, a bénéficié d'une rénovation qui en a préservé le caractère. À l'intérieur, les coloris subtils des patines, la mise en valeur des matériaux d'origine, l'étonnant escalier, le mobilier ancien et le nombre restreint de chambres conservent au lieu son indéniable petit côté "maison de famille", qui en fait le charme (dans cet esprit, Benoît Desbans accueille fréquemment ses hôtes autour d'un verre). On sera heureux d'y découvrir des chambres toutes différentes, confortables, décorées dans un beau style classique et sobre, avec des sols en parquet ou vieilles tomettes. À côté du salon se trouvent deux petites salles à manger, où l'on sert les petits déjeuners et parfois les repas du soir. En restant ici quelques jours, on peut profiter du calme du parc et de l'étang, des beautés secrètes de la Sarthe – églises romanes et villages préservés, rivières, vallons et forêts… Une sympathique adresse qui ouvre quatre nouvelles chambres cette année et va créer une vaste serre à l'ancienne dans l'orangerie.

Catégorie ★★★ **Ouvert** toute l'année **Chambres** 6 chambres : 145 à 185 €, 2 suites (2 à 4 pers.) : 190 à 225 € - Petit déjeuner compris **Équipements** TV, Wifi **Divers** animaux (16 €) **Loisirs** barque, vtt **Accès** A 11, A 28 et A 81 sortie Le Mans-nord, direction Saint-Saturnin (N 138) ; à gauche au feu vers l'église puis fléchage 100 m après l'église.

LE CHÂTEAU DE LA VÉRIE

€

chateau-de-la-verie.com

Le Château de la Vérie • 110, route de Soullans • 85300 Challans (Vendée)
Tél. 02 51 35 33 44 • Fax 02 51 35 14 84 • Nienke Jansen

• On a un petit peu peur, il faut le dire, quand on voit le panneau peu clair à l'entrée de la propriété et qu'on débouche sur un parking bardé d'interdictions et de consignes pour stationner… Mais, en rentrant, on se détend, car on comprend que c'est avec bonne volonté que les jeunes propriétaires hollandais tiennent cet établissement. Qu'ils ont refait beaucoup des chambres, et que petit à petit la chaleur et la justesse reviennent. Enfin on le pressent et on le constate dans les salles à manger et salons, plutôt réussis. Ni tristes ni clinquants, on y déguste une cuisine raisonnable, composée par un chef qui joue la carte de la décoration sur assiette et mise en scène du produit, avec dessins géométriques et gouttes de pluie balsamique. Les chambres du premier étage sont grandes et hautes de plafond, aménagées dans un style classique, un rien figé parfois, mais avec quelques meubles de caractère et de lumineuses salles de bains. Celles du second, plus petites, mansardées, sont progressivement redécorées. Cette année également, une nouvelle terrasse est née, et permet d'habiter un peu plus l'extérieur. Une étape à seulement quelques kilomètres des plages de Vendée, sans les foules du bord de mer ni l'agitation estivale.

Catégorie ★★★ **Ouvert** toute l'année sauf les 24 et 25 décembre **Chambres** 21 chambres doubles : 75 à 185 € - Demi-pension (suppl. par pers.) : 46 € - Petit déjeuner : 15 € **Restaurant** 17 à 57 € **Équipements** TV, Wifi **Divers** parking privé **Loisirs** piscine **Accès** à la sortie de Challans, prendre la D 69 vers Saint-Gilles.

HÔTEL L'ESCALE €

yeu-escale.fr

14, rue Croix-du-Port • 85350 Port-Joinville • L'Île-d'Yeu (Vendée)
Tél. 02 51 58 50 28 • Port. 06 08 82 77 03 • M. et Mme Taraud

• Cet établissement constitue assurément l'adresse la plus agréable de l'île. Le port n'est qu'à deux minutes à pied et, s'il n'y a pas ici de vue sur mer, un grand jardin offre un délicieux endroit de détente. On adopte rapidement les transats colorés pour lire ou prendre le soleil les pieds dans l'herbe, alors que les petites tables à l'ombre de la treille sont parfaites pour le petit déjeuner. Les chambres qui y sont attenantes, de plain-pied ou à l'étage, sont sobres et confortables, régulièrement rafraîchies et désormais parquetées. On leur préférera toutefois celles aux volets gris qui leur font face. Chaleureuses, bien tenues, elles affichent les tendances du moment, basées sur des camaïeux gris, taupe ou écru, et jouissent de douches spacieuses (celles du rez-de-chaussée bénéficient chacune d'une petite terrasse privative bordée de bambous). Le hall affiche un joli caractère balnéaire, avec ses fauteuils metteur en scène assortis à quelques tables en teck et son coin cheminée. Dynamiques et accueillants, les propriétaires y dressent chaque matin le buffet des petits déjeuners où cohabitent sucré et salé. C'est donc avec des forces renouvelées que l'on partira à la découverte de cette île aux multiples itinéraires de randonnées à pied ou à vélo (possibilité également de louer une voiture sur place). Pour déjeuner ou dîner, choisissez *La Crêperie Bleue* (sur le port) ou *Les Bafouettes*. Pour boire un verre de bon vin autour d'une planche de charcuterie, il y a *Le Bouchon,* dans une ruelle juste au bout du port. Mais le top de la formule se trouve à Saint-Sauveur (3 km), à *La Dilettante*, une délicieuse cave à vins naturels (on y trouve parmi les meilleures de France) à emporter ou à déguster sur place autour d'excellents produits Soirées jazz très prisées en été.

Catégorie ★★ **Ouvert** du 6 fév. au 31 déc. **Chambres** 25 chambres doubles : 63 à 91 €, 4 chambres triples : 75 à 125 € - Petit déj. : 9 € **Équipements** TV, Wifi **Divers** animaux admis, parking privé **Loisirs** vélos **Accès** liaisons maritimes de Port-Joinville et de Fromentine ; sur le port, direction Saint-Sauveur.

HÔTEL LES PRATEAUX

lesprateaux.com

8, allée du Tambourin • 85330 Noirmoutier-en-l'Île (Vendée)
Tél. 02 51 39 12 52 • Fax 02 51 39 46 28 • Olivier Le Goff

• Entouré de pins, cet hôtel du bois de la Chaise se présente comme une juxtaposition de maisons vendéennes se refermant sur un grand jardin. De belle taille, voire franchement grandes, les chambres sont toujours très confortables, bien insonorisées et décorées de manière sobrement classique dans des tons doux. Les plus agréables disposent d'un balcon (immense dans une chambre du premier étage) ou d'une terrasse en rez-de-jardin. Le restaurant, décoré dans des teintes de turquoise et de blanc, se trouve dans la maison principale. On y dîne très bien, autour des produits de la mer, d'une carte des vins régionaux et d'un exceptionnel plateau de fromages. L'été, on sert aussi dehors dans un mobilier loom sous des grands parasols anthracite (le sol en gazon synthétique participe à l'impression de "soigné" qui domine, mais peut surprendre ceux qui n'ont pas réalisé que rien de confortable ne pousse sur le sable). À toutes ces qualités s'ajoutent une atmosphère très "pension de famille" (nombreux clients fidèles) et surtout un emplacement de choix : construit à l'extrémité de l'île, au milieu d'une belle pinède, l'hôtel bénéficie d'un calme absolu et de la proximité immédiate des plages, que l'on rejoint en quelques enjambées par un portillon ouvert sur un chemin ombragé.

Catégorie ★★★ **Ouvert** du 6 février au 11 novembre et du 25 décembre au 4 janvier **Chambres** 20 chambres : 99 à 179 €, 1 suite familiale : 160 à 240 € - Petit déjeuner : 15 € **Restaurant** 42 à 85 € **Équipements** TV, Wifi **Divers** parking privé **Accès** à 82 km au sud-ouest de Nantes par D 751 et D 758 ; pont routier à Fromentine ; à 1,5 km de Noirmoutier, fléchage au bois de la Chaise.

FLEUR DE SEL

fleurdesel.fr

10, rue des Saulniers • BP 207 - 85330 Noirmoutier-en-l'Île (Vendée)
Tél. 02 51 39 09 07 • Fax 02 51 39 09 76 • Pierrick et Amandine Wattecamps

• Un peu en retrait du village, cet hôtel spacieux encadre de ses multiples décrochements une superbe piscine et un jardin très soigné avec, au loin, les tours du château. Les chambres, toutes lumineuses, dotées de salles de bains bien refaites et de terrasses privatives en teck de récupération (au rez-de-jardin) affichent deux styles distincts : atmosphère cosy en pin anglais ciré, ou alors ambiance marine – davantage en harmonie avec l'esprit des lieux. Et, récemment, des couettes et de jolis chemins de lits pour encore plus de confort. Les deux grandes salles à manger, mêlant charpente en chêne et lambris blancs, jouent l'élégance bord de mer. À côté, deux petits salons très chaleureux ; on peut y prendre un verre et s'attarder au coin du feu, atout appréciable en arrière-saison. Dès les beaux jours, c'est en terrasse que l'on vient déjeuner ou dîner, dans ce qui demeure l'une des bonnes tables de l'île. Les présentations d'Éric Pichou (aux commandes des fourneaux depuis vingt ans) sont inventives et raffinées, à l'image de la cuisine, toujours excellente. Dirigée avec dynamisme, une belle adresse, appréciée des familles.

Catégorie ★★★ **Ouvert** du 3 avril au 27 septembre **Chambres** 27 chambres doubles : 111 à 226 € - **Restaurant** (midi et soir) : 22 à 42 € **Équipements** TV, Wifi **Divers** animaux admis (10 €), parking privé **Loisirs** piscine chauffée **Bien-être** Jacuzzi **Accès** à 82 km au sud-ouest de Nantes ; pont routier à Fromentine ; l'hôtel est à 500 m derrière l'église.

HÔTEL DU GÉNÉRAL D'ELBÉE

generaldelbee.com

Place d'Armes • 85330 Noirmoutier-en-l'Île (Vendée)
Tél. 02 51 39 10 29 • Fax 02 51 39 08 23 • Philippe Savry

• C'est à l'un des principaux généraux des guerres de Vendée (où les "blancs", vendéens royalistes, affrontèrent les "bleus" de la nouvelle armée révolutionnaire républicaine) que cette belle maison XVIIIe (l'une des plus belles de la presqu'île) doit son nom. Encadrée par le petit port de Noirmoutier et le château médiéval, elle restitue beaucoup de son authenticité originelle, grâce à une délicate rénovation. En témoignent le bel ensemble de meubles anciens provinciaux des pièces de réception et des chambres, les matériaux nobles et vieux éléments d'architecture, les volumes des pièces… Beaucoup de caractère, surtout dans les chambres de la maison principale, plus de simplicité balnéaire chez celles installées dans une aile plus récente donnant sur la piscine (mention spéciale pour les deux chambres avec terrasse). À côté des salons d'une d'élégante austérité, le bar joue sur une tonalité plus actuelle et s'ouvre généreusement sur le jardin clos de murs et la piscine. Accueil prévenant. Enfin, l'excellent *Fleur de Sel* (voir page précédente) et *Le Vélo Noir* compenseront utilement l'absence de restaurant sur place.

Ouvert de mai à septembre **Chambres** 26 chambres et 1 suite : à partir de 115 € - Petit déjeuner : 17 € **Équipement** Wifi **Divers** animaux (18 €) **Loisirs** piscine **Accès** à 82 km au sud-ouest de Nantes ; pont routier à Fromentine.

HÔTEL LOGIS DE LA CHABOTTERIE

thierry-drapeau.com

Site du Logis de la Chabotterie • 85260 Saint-Sulpice-le-Verdon (Vendée)
Tél 02 51 40 00 03 • Karine Buchy-Drapeau et Thierry Drapeau

• Emblématique de la Vendée, le Logis de *la Chabotterie* fut le théâtre de l'arrestation du général Charette, point final des guerres de Vendée. Désormais, les touristes affluent pour remonter l'histoire, mais aussi goûter à la cuisine de Thierry Drapeau, laquelle est en passe de devenir aussi célèbre que le monument qui l'héberge. Il faut dire que le chef n'a pas son pareil pour magnifier ce que le terroir vendéen offre de mieux : volailles, viandes, produits de la mer, légumes, fruits... À travers des créations toujours très délicates, simples et originales, il compose des plats inoubliables, parfaitement à la hauteur des deux étoiles Michelin qui brillent sur cette table. Si la salle à manger occupe les dépendances du château-musée, l'hôtel se situe à deux cents mètres. L'allée en sous-bois qui permet de le rejoindre débouche directement sur le potager de Thierry. Vous laisserez de part et d'autre tomates, choux, potirons, fleurs, herbes aromatiques avant d'atteindre la première terrasse de l'hôtel, celle des petits déjeuners (crescendo gourmand en trois services). Très bien intégré au site, cet édifice contemporain était le rêve de Thierry et de Karine, il a été conçu non seulement pour offrir un espace et un confort maximums, mais aussi pour héberger un superbe spa, une excellente boulangerie bio ouverte au public et une épicerie-chocolaterie. Côté chambres chacune a son style design, sa couleur, pop ou plus discrète, une terrasse sur les champs ou sur le jardin zen du premier étage et une salle de bains parfaite. Une très accueillante adresse.

Catégorie ★★★★ **Ouvert** toute l'année **Chambres** 6 chambres doubles : 99 à 215 €, 8 junior-suites : 165 à 315 € - Petit déjeuner : 24 € - **Restaurant** (midi et soir) : 39 à 210 € **Équipements** TV, Wifi, climatisation, ascenseur, coffre-fort **Bien-être** sauna, Jacuzzi **Divers** parking privé **Accès** à A 83 par D 763 et suivre panneaux *"Logis de la Chabotterie"*

AUBERGE DE LA RIVIÈRE

hotel-riviere-vendee.com

2, rue du Port-de-la-Fouarne • 85770 Velluire (Vendée)
Tél. 02 51 52 32 15 • Fax 02 51 52 37 42 • M. et Mme Riefolo

• Sur les berges de la splendide Vendée, en bordure d'un petit village à quelques kilomètres de Fontenay-le-Comte, *l'Auberge de la Rivière* offre un calme réparateur, à peine troublé par le coup de queue d'une carpe ou le sifflement d'un merle (et parfois le passage, lointain, d'un train). Les chambres, qui donnent pour la plupart sur la rivière, se répartissent entre le bâtiment principal et la petite maison voisine. Régulièrement rénovées (important programme cette année) avec le souci d'y mettre des moquettes confortables, des rideaux et des dessus-de-lit colorés, des salles de bains contemporaines (sol de teck, douches à l'italienne), elles sont très bien tenues. Le tout jeune chef prépare des spécialités régionales servies par sa charmante épouse dans une grande salle à manger aux murs chocolat, dotée de lustres aériens et de petites chaises de cuir. La situation de cette auberge de campagne, l'accueil sympathique : autant de qualités qui font de cette maison une étape très agréable et sans prétention, loin des routes touristiques.

Ouvert toute l'année sauf du 15 janvier au 13 février **Chambres** 11 chambres (2 pers.) : 60 à 104 € - Demi-pension (supp/pers.) : 41 € - Petit déjeuner : 11 € **Restaurant** (midi et soir) : 29 à 60 € **Équipements** TV, Wifi **Divers** animaux (4 €), parking privés pêche, barque **Accès** à 45 km au nord-ouest de Niort par N 148 direction Fontenay-le-Comte, puis D 938 sur 10 km et D 68 jusqu'à Velluire.

HÔTEL DE L'ABBAYE

hotel-abbaye-longpont.fr

8, rue des Tourelles • 02600 Longpont (Aisne)
Tél. 03 23 96 02 44 • Fax 03 23 96 10 60 • M. Verdun

• Fantomatiques, les ruines de l'abbaye de Longpont élèvent leurs parois ajourées au coeur de la forêt de Retz. Dans la perspective, quelques maisons de pierre lui dressent comme une haie d'honneur le long d'une rue pavée barrée d'une pittoresque poterne. Parmi elles se trouve cette petite auberge : point de rencontre de générations de chasseurs et de promeneurs, et hôtel au charme inimitable. Dans les deux salles à manger, superbes de rusticité, les amateurs dégustent une cuisine familiale de saison où gibier et viandes grillées dans la cheminée sont à l'honneur. L'été, on installe les tables au jardin, devant quelques boxes à chevaux, et les plats se font moins caloriques. Si cette petite cour s'est quelque peu "boboïsée", si les chambres ont pris un léger coup de "déco" et perdu leurs papiers peints à fleurs croquignolets au profit de tonalités actuelles, rassurez-vous : l'*Hôtel de l'Abbaye* est resté ce QG irrésistible et bohème, à la fois café de village, restaurant et minisyndicat d'initiative animé par l'accueillant et savant M. Verdun ! Et les chambres ont sû conserver tableaux, gravures anciennes et mobilier antédiluvien, enfin, tout ce qui fait le charme sans pareil de ce lieu débordant de vie et de sourires. Et si vous y dormez au moment magique du brame du cerf, vous n'aurez qu'une envie : y retourner au plus vite pour vous dépayser et sentir ne serait-ce que le temps d'une soirée cet air sain et plein de la forêt. À une heure de Paris, une authentique auberge de campagne comme il en reste finalement assez peu.

Catégorie ★★★ **Ouvert** toute l'année **Chambres** 11 chambres : 75 à 122 € - Demi-pension (par pers) : 79 à 94 € - Petit déjeuner servi de 7h à 12h : 10 € **Restaurant** 25 à 36 € **Équipements** TV, Wifi **Divers** animaux (5 €) **Accès** à 20 km au sud de Soissons par N 2, direction Villers-Cotterêts, puis D 2.

AUBERGE LE RELAIS

relaisreuilly.com

2, rue de Paris • 02850 Reuilly-Sauvigny (Aisne)
Tél. 03 23 70 35 36 • Fax 03 23 70 27 76 • M. et Mme Berthuit

• À flanc de coteau, cette belle auberge domine l'église, les toits du village, et l'on aperçoit même entre les arbres une boucle de la Marne, qui a creusé son lit dans les côtes crayeuses des premiers vignobles du Champenois. Les grandes baies vitrées du restaurant, qui se prolonge en terrasse, ainsi que le jardin en pente permettent de profiter au mieux de cette très jolie vue (excellente cuisine, un peu chère à la carte, plus raisonnable pour le menu du jour). Décor mi-classique, mi-moderne, dans des tons doux de gris, de violine et de beige, l'intérieur est aménagé comme pour une maison particulière, confortable et cosy. À l'étage, les chambres sont toutes différentes, très élégantes, souvent grandes et parfaitement tenues. Ne craignez pas la proximité de la route, le bâtiment est en retrait, et les fenêtres sont systématiquement dotées de double vitrage. Élégance, confort, bon niveau de calme et table de qualité, voici une excellente adresse où l'on vous réservera toujours bon accueil.

Catégorie ★★★ **Ouvert** du 28 février au 16 août et du 4 septembre au 30 janvier **Chambres** 7 chambres : 94 à 112 € - Petit déjeuner : 17,50 € **Restaurant** 58 à 93 € **Équipements** climatisation, TV, Wifi **Divers** parking fermé **Accès** sur D 1003 entre Dormans et Château-Thierry ; A4 sortie n° 21 en venant de Reims ou sortie n° 20 en venant de Paris.

DOMAINE DE BARIVE

domainedebarive.com

Domaine de Barive • 02350 Sainte-Preuve (Aisne)
Tél. 03 23 22 15 15 • Fax 03 23 22 08 39 • Nicolas Froment et Pascal Leromain

• Perdu dans la campagne au milieu d'un vaste domaine, cet élégant château fut d'abord une ferme, puis un rendez-vous de chasse princier… C'est aujourd'hui un impeccable hôtel entièrement rénové dans des styles variés. Les chambres sont spacieuses, vraiment confortables avec leurs grandes salles de bains. Pas de meubles anciens, mais des copies classiques ou exotiques tentant de recréer l'ambiance d'autrefois. Ajoutée à l'édifice, une longue et belle salle à manger vitrée s'ouvre largement sur le nouveau mobilier en bois de la très belle terrasse où l'on sert en été, parmi tout un ensemble de sculptures originales. Dans cette ambiance chaleureuse de rouge brique, beige et taupe, la cuisine précise de Franck Dumoulin se joue des couleurs, des textures et des saveurs. Une superbe piscine à débordement (couverte et chauffée), un sauna, la possibilité de massages relaxants et le tennis permettent de se remettre en forme. Autour de Nicolas Froment et de Pascal Leromain, toute l'équipe du château offre un service de grande maison, avec ce quelque chose de spécial en plus qui fait la différence, un élément décalé qui soudain fait sourire. C'est ce même esprit que l'on retrouve désormais à 2 kilomètres de là, au *Prieuré*, où, dans une belle longère, ont été aménagées, à l'étage, 5 chambres d'hôtes ; le rez-de-chaussée reste ouvert aux jeux de société, parties de ping-pong et autres moments en famille, une fois le petit déjeuner servi et desservi. Une nouvelle facette pour ce splendide univers !

Catégorie ★★★★ **Ouvert** toute l'année **Chambres** 14 chambres (2 pers.) : 120 à 240 €, 1 suite (2 à 4 pers.) : 230 à 450 €, 1 appartement (6 pers.) : 300 à 450 € - Petit déjeuner : 18 € **Restaurant** (midi et soir) : 40 à 95 € **Équipements** TV, Wifi **Divers** animaux (10 €), parking privé **Loisirs** billard, piscine intérieure chauffée, tennis **Bien-être** spa complet **Accès** à 18 km à l'est de Laon par D 977 - 2 heures de Paris par autoroute A 4 puis A 26.

L'AUNETTE COTTAGE

launettecottage.com

9 et 11, rue Alain-de-Rothschild • 60300 Chamant (Oise)
Tél. 03 44 72 73 47 • Fax 03 60 74 43 00 • Port. 06 24 31 92 64 • M. Madliger

• Au nord de Senlis, à quelques encablures d'une sortie d'autoroute qui met le village à moins d'une heure de Paris, Chamant abrite l'une des résidences du baron de Rothschild. C'est ce qui explique sans doute ses maisons bien préservées, ses ruelles coquettes et l'aspect très soigné de l'ensemble. *L'Aunette Cottage* se présente comme une série de petits bâtiments autour d'une cour qui mène à un grand jardin clos avec piscine (joliment sertie d'un platelage de bois). Les chambres sont joliment aménagées, avec toujours un beau meuble et quelques détails de décoration très réussis. Nous aimons beaucoup les volumes de "Chocolat", qui a sa baignoire (balnéo) en angle dans une salle de bains à la fois séparée et intégrée à la chambre. "Cottage", sous charpente, est également très séduisante, avec son grand lit en estrade. Toutes les autres ont leur attrait et partagent confort, tenue, esthétisme. En hiver, les petits déjeuners sont servis au coin du feu, dans la belle salle à manger ; l'été, ils pointent le nez en terrasse, et c'est avec le chant des oiseaux que l'on déguste pains, viennoiseries, laitages, confitures artisanales, jus de fruits pressés… Même organisation de l'espace pour les dîners, où un menu unique (cuisine simple) est proposé : surtout pratique pour qui ne souhaite pas ressortir.

Ouvert toute l'année **Chambres** 12 chambres et 2 suites : 136 à 198 € - Petit déj. : 12 € **Équipements** TV, Wifi **Divers** animaux admis sur demande **Loisirs** piscine chauffée **Accès** A1 sortie Senlis ; suivre direction Creil-Chantilly, puis Compiègne ; à Chamant, l'hôtel est à droite, peu après la mairie.

CHÂTEAU D'ERMENONVILLE

chateau-ermenonville.com

60950 Ermenonville (Oise)
Tél. 03 44 54 00 26 • Fax 03 44 54 01 00 • Philippe Savry

• L'histoire du Château *d'Ermenonville* se confond un peu avec celle de la France, et, si l'on ne compte plus les personnages historiques qui séjournèrent ici, nous aurons tout de même une petite pensée pour Jean-Jacques Rousseau, qui vécut au château ses dernières semaines et fut inhumé dans le parc avant le transfert de ses cendres au Panthéon. L'aspect actuel de l'édifice est résolument XVIIIe, superbe de proportions. Il occupe une île directement délimitée sur l'eau par le corps principal du château et ses deux ailes, qui encadrent la cour d'honneur. À l'intérieur, les pièces de réception et les chambres affichent un décor très classique, d'une incontestable élégance. Chambres et suites vous ramèneront fidèlement, le confort en plus, au siècle des Lumières (les petites du dernier étage sont également gaies et soignées). Pour dîner, le restaurant La Table du Poète occupe un vaste salon aux boiseries XVIIIe. On y goûte une belle cuisine classique revisitée, et servie avec beaucoup d'attention. Une superbe adresse pour vivre la vie de château à moins d'une heure de Paris.

Ouvert toute l'année **Chambres** 51 chambres et suites, à partir de : 110 € - Petit déj. : 17 € **Restaurant** (midi et soir) : 30 à 50 € **Équipement** Wifi **Divers** animaux (20 €), parking fermé **Loisirs** barque **Accès** A1 sortie n° 8, Senlis, puis N 330 direction Meaux jusqu'à Ermenonville ; le château se trouve au centre du bourg.

À LA BONNE IDÉE

a-la-bonne-idee.fr

3, rue des Meuniers • 60350 Saint-Jean-aux-Bois (Oise)
Tél. 03 44 42 84 09 • Fax 03 44 42 80 45 • M. Giustiniani

• Saint-Jean-aux-Bois, son abbaye, la forêt de Compiègne aux innombrables possibilités de promenades et… *À la Bonne Idée*. Depuis sa reprise par M. et Mme Giustiniani, cette auberge ne cesse de nous ravir de séjour en séjour. À commencer par sa table, menée de main de maître par Gilles Bosquet (une étoile Michelin). Ici, le goût du bon produit ignore tout camouflage. Le service, remarquablement efficace, ainsi que le cadre – teintes ivoire, élégantes gravures et subtils éclairages, avec belle flambée l'hiver – sont à la hauteur du raffinement de l'assiette. Dans la haute véranda, dîner, l'été, est divin, toutes vitres ouvertes, face au jardin très soigné. Côté chambres (préférez celles du bâtiment principal), le charmant M. Giustiniani veille à tout. Toutes très différentes, elles voguent sur des tendances plus ou moins au goût du jour : dans les récentes ("Grenat", "Tilleul", "Noisette"…), beau choix de papiers peints actuels, mobilier et objets *Mis en Demeure*. Mais on aime aussi la gaieté de "Mangue", "Mimosa", "Provence"… Et, partout, de très belles salles de bains. À cette adresse très accueillante, sachez que vous serez chouchouté…

Catégorie ★★★ **Ouvert** toute l'année sauf 3 semaines en janvier ; fermé dimanche soir et lundi **Chambres** 18 chambres : 110 à 120 €, 5 suites familiales : 170 € - Petit déjeuner : 14 € **Restaurant** 35 à 87,50 € **Équipements** TV, Wifi **Divers** animaux (15 €), parking **Accès** A1 sortie n° 9 Compiègne-sud, direction Verberie ; à la sortie du village, direction La Croix-Saint-Ouen, puis Saint-Jean-aux-Bois.

HÔTEL MARROTTE

hotel-marotte.com

3, rue Marotte • 80000 Amiens (Somme)
Tél. 03 60 12 50 00 • Port. 06 13 39 22 47 • Estelle Walti

• Ouvrir un nouvel hôtel modèle en plein cœur du centre historique d'Amiens : c'était le défi de ses propriétaires, une sorte de pari – tenu et relevé avec brio. Toutes les chambres ont été transformées, repensées, recréées, avec des éléments de mobilier qui sortent de l'ordinaire et s'adaptent parfaitement aux besoins que tout un chacun peut avoir lors d'un séjour à l'hôtel – et, bien sûr, tout particulièrement, en cas de mobilité réduite. Plutôt que de commander des meubles standard au salon annuel de la profession, la direction a ici fait le choix d'embaucher un menuisier ébéniste à temps plein ! Il réalise ainsi de très belles pièces in situ, peut adapter, changer, refaire – et aussi fabriquer sur commande. Si vous avez un coup de cœur et/ou une idée, parlez-en à la réception... Et sinon, vous savourerez simplement le grand confort des chambres, des très belles salles de bains. Les beaux volumes de la salle du restaurant, en bas. Le plaisir d'être dans un bâtiment historique, mais équipé de tout ce que la modernité peut apporter. À l'entrée, la jolie petite cour pavée contribue au charme de l'ensemble, ainsi que la façade, dont les éléments contemporains se marient avec tact aux plus anciens. Une bien belle adresse en centre-ville.

Catégorie ★★★★ **Ouvert** toute l'année **Chambres** 7 chambres : 145 à 219 €, 5 suites (avec sauna et jacuzzi) : 265 à 435 € - Petit déj. (7 h à 10 h et 8 h à 11 h le week-end) : 15 à 22 € **Équipement** ascenseur **Divers** animaux sur demande (20 à 30 €), parking fermé **Accès** dans le centre-ville.

CHÂTEAU DE BÉHEN

chateau-de-behen.com

8, rue du Château • 80870 Béhen (Somme)
Tél. 03 22 31 58 30 • Fax 03 22 31 58 39 • Port. 06 08 98 05 74 • Famille Cuvelier

• Avec de splendides et lumineux salons, parquets, boiseries d'époque, cheminées ouvragées et hautes fenêtres jusqu'au plafond ; manifestement ce grand château des XVIIIe et XIXe siècles a été pensé pour recevoir. On y prend de généreux repas, préparés avec gourmandise, et un copieux petit déjeuner, avant de partir à vélo ou à cheval par les sentiers jusqu'en baie de Somme, ou tout simplement marcher dans le parc autour. Chambres et suites, aux étages, sont toutes spacieuses (les familles y seront bien au large), ouvertes à la lumière et restaurées avec tout le confort moderne sans qu'il n'y paraisse rien : l'atmosphère est restée intacte, le mobilier également, seules les literies et les salles de bains sont neuves, très confortables. Aux portes d'Abbeville, dans un village de campagne à seulement quinze minutes de la baie de Somme et de son exceptionnel par ornithologique, voici une adresse heureuse, où vous trouverez un accueil familial d'une grande chaleur.

Ouvert toute l'année **Chambres** 3 chambres : 125 à 149 €, 2 chambres familiales : 149 à 213 €, 2 suites : 180 à 244 € - Petit déjeuner compris **Restaurant** (menu unique vin compris) : 43 à 53 € **Équipement** Wifi **Divers** animaux non admis, parking privé **Loisirs** équitation **Accès** A 16 direction Abbeville, sortie n° 23 Abbeville-nord, poursuivre l'A28 sur 9 km direction Rouen, prendre la sortie n° 3 "Monts Caubert, Moyenneville" pour Béhen.

HIDDEN BAY HOTEL

\\\ **hiddenbay.eu**

192, rue Maréchal-Foch • 80410 Cayeux-sur-Mer (Somme)
Tél. 03 22 30 54 53 • M. de Raedt et M. Foubert

• Quand le vent souffle sur la grande plage de Cayeux, que les derniers promeneurs se sont rapatriés à l'abri et que la nuit tombe doucement sur la station balnéaire déserte, il reste une lumière – et pas des moindres : celle de *l'Hidden Bay Hotel*, installé derrière les murs d'un ancien café de village, pour vous réconforter. On devrait même dire vous enchanter, car ce lieu atypique est des plus chaleureux, par son agencement, son espace propice aux échanges de table à table, son grand bar convivial. Et aussi, surtout, encore, par l'accueil unique, jovial, professionnel et amical, de Marie-Hélène et Anne, arrivées ici, en Somme, par les hasards de la vie, l'envie d'une nouvelle aventure, et qui remplissent le lieu de leur pétillante énergie. La première a longtemps travaillé à Paris et à l'international, en voyage, et, ici, elle apprécie l'ancrage ; la seconde a convaincu son mari de quitter leurs terres d'outre-Manche et d'installer son atelier de peinture ici. Toutes les deux vous garantissent des délices à la table, du matin au soir, et des chambres impeccables, d'un haut niveau de confort et d'une savoureuse sobriété. Les matériaux sont des environs : silex, opale, chêne. Le mobilier de design belge. Et le dessin de l'ensemble d'un cabinet d'architecture d'intérieur alsacien. International, original, élégant. En décalage, forcément, avec l'emplacement, que l'on aurait bien vu côté mer mais qui donne sur un rond-point – le charme, ici, est à l'intérieur !

Ouvert du 13 février au 4 janvier, fermeture hebdomadaire les lundis, mardis et mercredis sauf vacances scolaires, juillet et aôut. **Chambres** 6 chambres : 95 à 145 € - Petit déjeuner : 12 € **Restaurant** (midi et soir) : 15 à 25 € **Équipements** TV, Wifi, ascenseur **Divers** garage et parking privé **Loisirs** pêche **Accès** à Saint-Valery-sur-Somme prendre la D3 jusqu'à Cayeux-sur-Mer, l'hôtel est en centre-ville (panneaux).

LES TOURELLES

lestourelles.com

2-4, rue Pierre-Guerlain BP90036 • 80550 Le-Crotoy (Somme)
Tél. 03 22 27 16 33 • Fax 03 22 27 11 45 • M. et Mme Ferreira da Silva

• C'est à un grand bol d'air marin que vous convie cette adresse à part. La fameuse silhouette orangée du manoir des *Tourelles*, perchée au bord de la falaise du Crotoy, domine en effet de toute sa longueur l'horizon infini de la baie de Somme. Estuaire majestueux, c'est une terre de prédilection pour les mammifères (notamment une colonie de phoques) et les oiseaux marins, qui viendront tutoyer vos fenêtres. Les maîtres du lieu ont bien compris que le cadre prenait ici toute la place. Ils se sont donc contentés de lui rendre hommage en habillant leurs chambres, simples mais de goût délicat, de ses nuances les plus courantes : blanc et gris, bleu ciel et sable, beiges variés tapissent ainsi les sols et les murs de matières écrues traversées par les lumières changeantes de la baie. Les plus agréables sont dotées d'un petit balconnet de brique. Surtout, n'hésitez pas à amener vos enfants : dehors, le terrain de jeu est immense et, dedans, un joli dortoir baptisé le "Couchage matelot" leur est réservé. Enfin, une très jolie salle de restaurant, ouverte sur la verdure du jardin, permet de rester dîner sur place et de goûter une cuisine qui privilégie les bons produits locaux (le restaurant est *Ecolabel Européen*).

Catégorie ★★ **Ouvert** toute l'année sauf du 4 au 29 janvier **Chambres** 35 chambres : 80 à 138 €, 1 dortoir matelos : 26 à 31 € - Petit déjeuner 12 € Restaurant (midi et soir) : 29 € **Équipements** TV, Wifi **Divers** animaux (7 €) **Loisirs** plage, sports nautiques, pêche **Accès** A 16 sortie Abbeville-nord puis D 40 jusqu'au Crotoy.

L'YEUSE

yeuse.fr

65, rue de Bellevue • 16100 Châteaubernard (Charente)
Tél. 05 45 36 82 60 • Fax 05 45 35 06 32 • Céline Desmazières

• Petit château XIXe prolongé d'une aile récente gagnée par la végétation, *L'Yeuse* tire sa fierté de sa situation. À l'aplomb d'un promontoire aux portes de Cognac, l'hôtel offre en effet une vue exceptionnelle, avec, au-delà de la Charente, un immense panorama de vallons, de vignes et de bois. L'intérieur reste néanmoins très agréable. Décoré avec un mobilier "de style" très cossu et une abondance de peintures patinées unies, en trompe-l'œil ou à décor, il affiche, y compris dans les chambres (dont certaines donnent sur la Charente), une ambiance classique et feutrée. Paresser au bord de la piscine, prendre un verre alors que rougit et tombe lentement le soleil, déguster en plein air la remarquable cuisine de Pascal Nebout… Un plaisir qui se prolonge au spa, très bien conçu et chaleureusement parqueté de bois exotique. Espace de détente qui, pour nous, englobe le jardin, tellement on y est bien : ravissement des yeux, du corps et de l'âme, on voit qu'il est organisé avec amour, humour et sens artistique.

Catégorie ★★★★ **Ouvert** du 1er février au 20 décembre **Chambres** 21 chambres : 128 à 199 €, 3 suites : 308 à 409 € - Petit déjeuner : 19 € **Restaurant** (midi et soir) : 45 à 57 € **Équipements** TV, Wifi **Divers** animaux (10 €), parking fermé **Loisir** piscine **Bien-être** massages **Accès** A 10 sortie Saintes, puis N 141 vers Cognac ; ne pas sortir à Châteaubernard, mais prendre D 15 vers Saint-Brice, quartier de l'Échassier.

LES PIGEONS BLANCS

pigeons-blancs.com

110, rue Jules-Brisson • 16100 Cognac (Charente)
Tél. 05 45 82 16 36 • Fax 05 45 82 29 29 • Famille Tachet

• Depuis le XVIIIe siècle, cet ancien relais de poste campé à la sortie de la ville est toujours resté dans la même famille. Aujourd'hui, vous y serez accueillis avec fantaisie et bonne humeur par la fille de M. Tachet, une personnalité hors du commun s'il en est. Très présente et passionnée, elle vous ouvrira sa maison en vous narrant les multiples péripéties historiques, les mille et une aventures dont elle a été témoin. L'un de ses frères est en cuisine, et il y décline quelques belles symphonies gastronomiques classiques, servies par le second frère, maître de la salle de restaurant. D'un confort feutré, décorées avec un joli mobilier ancien ou de style, égayées par des tissus coordonnés et des papiers peints, les chambres sont toujours bien tenues, leurs salles de bains sont progressivement rénovées. Même tendance dans le salon des petits déjeuners, nouvellement tapissé de gris bleuté rehaussé d'arabesques argentées, et dans les parties extérieures, également rénovées (dernièrement les aménagements des jardins ont fait de beaux progrès grâce à l'installation de petits salons de repos très appréciés par les hôtes). À pied, le centre-ville n'est qu'à quelques minutes. Une dynamique positive et toujours en phase avec cette atmosphère unique, familiale en diable ; le principal charme des *Pigeons Blancs*.

Catégorie ★★★ **Ouvert** toute l'année **Chambres** 6 chambres simples et doubles : 75 à 115 € - Petit déjeuner : 12 € **Restaurant** (midi et soir) : 26 à 59 € **Équipements** TV, Wifi **Divers** animaux (5 €), parking fermé, garderie **Accès** à 40 km à l'ouest d'Angoulême par N 141 ; route de Saint-Jean-d'Angély, Matha.

DOMAINE DU CHATELARD

•NOUVEAUTÉ•

domaineduchatelard.com

Le Got • 16420 Dirac (Charente)
Tél : 05 45 70 76 76 • Ivan Gotfredsen

• La première chose qui frappe en arrivant au *Domaine du Chatelard*, c'est la quiétude des lieux, à seulement huit kilomètres d'Angoulême. Cette maison rurale du XIXe siècle, devenue hôtel en 2009, est située dans une zone naturelle protégée. Puis, deuxième choc, la beauté du cadre : quatre-vingts hectares de prairies et de bois et un magnifique lac privé de dix hectares sur lequel on vient faire du canoë ou de l'aviron. Enfin c'est la rencontre avec Pascale, la maîtresse des lieux, aussi chaleureuse que naturelle. Ivan, son mari, est en cuisine, certainement en train de préparer des légumes issus de leur potager, dans lequel on peut admirer de grandes plantations de safran, de fraises ou de framboises. Mais, avant de déguster en terrasse, face au lac, les plats de ce chef qui a fait ses armes dans des établissements renommés, il est temps de visiter les douze chambres. Toutes sont spacieuses, de 15 à 35 m², et sont meublées avec charme et raffinement. Certaines possèdent une vue imprenable sur le lac. Les autres donnent sur le jardin ou la piscine. Dans chacune d'elles vous pourrez tester des produits biologiques à base de lait de jument. Les chevaux justement… La passion de Pascale. Elle travaille d'ailleurs avec une école d'équitation située à cinq cents mètres. Pour les amateurs de golf, un dix-huit trous les attend à Angoulême. S'ils arrivent à quitter ce lieu splendide…Difficile !

Ouvert toute l'année sauf quelques jours fin oct. et début nov. **Chambres** 8 chambres doubles : 92 à 160 €, 4 suites ou junior-suites : 129 à 176 € - Petit déj. : 13 € - **Restaurant** (midi et soir) : 42 à 62 € **Équipements** Wifi, coffre-fort **Loisirs** piscine chauffée, tennis, VTT, barque sur l'étang, promenade en calèche **Divers** animaux (10 €), parking privé **Accès** à Angoulême, rocade sud (D 1000) jusqu'au rond-point Leroy-Merlin, puis à droite D59 jusqu'au lieu-dit Vieux-Sainte-Catherine, 1re à droite après le rond-pont (D101) puis à dte D104 et fléchage sur route du Stade.

•NOUVEAUTÉ•

LE LIGARO

hotel-ligaro.com

74, Grande-Rue • 16200 Jarnac (Charente)
Tél : 05 45 32 71 38 • Ludovic Merle

• Au départ, une maison de maître du XIXe siècle située face à l'église de Jarnac. Et puis il y a Ludovic et Caroline. Lui, l'enfant du pays parti faire ses armes en cuisine à Manhattan et à Lyon, auprès de Georges Blanc. Elle, irlandaise, venue en Charente en 1997, où elle travaille comme guide touristique puis responsable des relations publiques dans le monde du cognac. Ensemble, ils mettent en place ici leur projet d'hôtel haut de gamme. En septembre 2012, *Le Ligaro,* un boutique-hôtel nommé en référence aux trois enfants du couple, ouvre ses portes. Le résultat : dix chambres spacieuses, modernes, raffinées, avec quelques touches de luxe que l'on retrouve notamment dans les matériaux (marbre de Carrare pour les douches italiennes) et le choix d'une literie haut de gamme en 2 x 2 m habillée de linge en percale. À noter que la chambre "Ligaro" possède sa propre terrasse privative donnant sur le jardin. Dans les espaces communs, des tons chauds adoucissent la décoration contemporaine. L'orange, par exemple, fait référence au "nectar des dieux" (le cognac). Caroline est attentive au moindre détail, jusqu'à faire venir des pinces à sucre en argent de Dublin parce qu'elle ne trouve pas ce qu'elle veut ici. À trois cents mètres, au *Restaurant du Château*, propriété de Ludovic, le même soin est apporté à la sélection des produits pour une alliance entre simplicité, qualité et créativité. Sans oublier la chaleur de l'accueil…

Ouvert toute l'année **Chambres** 10 chambres doubles : 129 à 265 €, 2 suites : 245 à 265 € - Petit déjeuner : 16 € - Demi-pension : + 60 € **Restaurant** (midi et soir) : 21,50 à 56 € **Équipements** TV climatisation, Wifi, coffre-fort, ascenseur **Divers** animaux (15 à 25 €), garage **Accès** Dans le centre de Jarnac.

CHÂTEAU DE NIEUIL

chateaunieuilhotel.com

16270 Nieuil (Charente)
Tél. 05 45 71 36 38 • Fax 05 45 71 46 45 • M. et Mme Bodinaud

• Au XIVe siècle, le château était fortifié; au XVIe, François Ier en fit un rendez-vous de chasse; au XIXe, la mode lui rendit tourelles, créneaux et autres échauguettes. Puis, en 1937, les grands-parents de M. Bodinaud le transformèrent en hôtel. Nieuil se présente donc comme un ensemble romantique précédé par les volutes d'un jardin à la française, serti de douves et environné d'un immense parc avec étang. Si, à l'intérieur, le style haute époque domine dans les pièces de réception, les vastes chambres s'accordent davantage de fantaisie, à commencer par leurs noms : "Pie", "Hirondelle", "Rossignol"... Bel hommage de la propriétaire à la gent ailée (amusant parcours d'oiseaux dans le parc, avec poèmes accrochés aux branches). Également passionnée d'art, Mme Bodinaud a apporté un soin particulier à chaque chambre : mobilier ancien et collections de tableaux abondent. Et ce n'est pas tout ! Une galerie d'art ainsi qu'un espace brocante ont vu le jour dans les anciennes cuisines du château. Luce Bodinaud, également amoureuse des arbres, a offert une seconde vie à un très vieux et très grand cèdre du Liban. Condamné par la tempête et la foudre, c'est aujourd'hui une immense sculpture végétale. Beau et étonnant… Pour le dîner, vous rejoindrez la *Grange aux Oies*, installée dans les anciennes écuries. On y goûte une cuisine du terroir simple et bonne, servie dans un décor étonnant très contemporain ou, les soirs d'été, sur une superbe terrasse, en face du château. Accueil chaleureux et très attentif.

Catégorie ★★★★ **Ouvert** du 1er avril au 31 octobre ; fermé en novembre (ouvert uniquement les vendredis et samedis de décembre à fin mars) **Chambres** 7 chambres : 130 à 316 €, 3 suites : 275 à 483 € - Demi-pension (par pers.) : 140 à 195 € - Petit déjeuner : 15 € **Restaurant** (midi et soir) : 52 € **Équipements** climatisation, TV, Wifi **Divers** animaux admis **Loisirs** piscine, tennis **Accès** à 40 km au nord-ouest d'Angoulême par N 141 direction Chasseneuil, Fontafie et Nieuil sur D 739.

HÔTEL NAPOLÉON

hotel-ile-aix.com

I, rue Gourgaud • 17123 Île d'Aix (Charente-Maritime)
Tél. 05 46 84 00 77 • Fax 05 46 83 06 32 • Martine et Noël Bourdet

• Ancienne île de garnison fortifiée, Aix fut en partie rachetée par le descendant d'un aide de camp de Napoléon. D'où le nom de l'hôtel, conçu à la fin du xixe, et tout récemment rénové. En bordure des quelques maisons basses du village, la belle façade sobre et patinée par le temps donne sur une étendue de verdure qui accueille les voyageurs au sortir du bateau. Telle l'image d'une France d'il y a quarante ans, l'île d'Aix conserve un environnement sauvage étonnamment préservé du tourisme (pas de voitures ni de panneaux publicitaires). Il fait bon s'y promener sur tout chemin de traverse, notamment à vélo (tour de l'île en une heure). Décorateur de profession, le propriétaire de l'hôtel a laissé son goût du design guider ses choix audacieux, qui fonctionnent parfaitement dans cet univers à part. Les chambres offrent de beaux volumes, avec de confortables literies et des douches à l'italienne. Miroirs en bois doré, mobilier chic en plastique aux couleurs acidulées, clichés photographiques retravaillés créent une atmosphère très agréable à vivre, avec vue sur les toits et la végétation. De multiples terrasses, une cour intérieure en teck et son jardin minéral permettent de profiter des beaux jours en toute tranquillité. Une adresse au décor original, qui fera le bonheur des amoureux de la nature.

Catégorie ★★★ **Ouvert** du 21 mars au 2 novembre **Chambres** 18 chambres : 80 à 140 €, 2 suites familiales (4 pers.) : 120 à 240 € - Petit déjeuner : 10 à 12 € **Restaurant** (midi et soir) : 23 à 28 € **Équipements** TV, Wifi **Divers** parking fermé **Accès** Depuis Paris, autoroute A 10 jusqu'à sortie "La Rochelle", suivre La Rochelle, Rochefort, sortir à Fouras et suivre embarcadère "la pointe de la Fumée". Bac Fouras-Aix : 20 min de traversée sans voiture. L'hôtel Napoléon est à 100 m à pied.

LES JARDINS D'ALIÉNOR

lesjardinsdalienor.com

I I, rue du Maréchal-Foch • 17480 Le Château d'Oléron (Île d'Oléron) (Charente-Maritime)
Tél. 05 46 76 48 30 • Fax 05 46 76 58 47 • Laëtitia et Marc Le Reun

• Bien sûr, il vous faudra réserver bien à l'avance l'une des quatre chambres de cet adorable petit hôtel – car il est très évident qu'elles seront prises d'assaut à la belle saison ! Mais Oléron se savoure tout autant à l'automne, en hiver ou au printemps, quand les oiseaux entament leur migration et que les tempêtes les rabattent vers l'île. Jumelles autour du cou, coupe-vent bien arrimé, vous arpenterez l'île et ses côtes, ses marais, et rentrerez à l'hôtel, ivres de vent. Là, vous plongerez dans le confort douillet des chambres, d'une grande sobriété et entièrement rénovées. Peintures, moquettes, rideaux et dessus-de-lit ont été choisis dans des tons naturels très locaux : du brun au turquoise, avec des teintes de coquillages, de lagon. Le tout dans un esprit bord de mer confortable, avec des salles de bains plutôt design, des décors originaux en pâte de verre de couleur vive dans les douches. Il aura fallu deux ans de travaux aux nouveaux propriétaires pour ouvrir les portes de cette maison de village. Après un début de carrière dans d'intéressantes cuisines parisiennes, ils sont de retour dans la région d'origine de Laëtitia. Lui se concentre surtout sur la cuisine, et il faut goûter ses entrées à base de légumes croquants, ses poissons, ses desserts finement composés – dans un décor raffiné, en salle ou dans le patio. Accueil sympathique et naturel.

Ouvert toute l'année **Chambres** 8 chambres (2 pers.): 110 à 180€ - Demi-pension : 52 € - Petit déjeuner : 8 à 16€ Restaurant (midi et soir) : 29 à 69 € **Équipements** climatisation, TV, Wifi **Divers** animaux (15€) **Accès** fléchage dans le Bourg.

HÔTEL LE SÉNÉCHAL

hotel-le-senechal.com

6, rue Gambetta • 17590 Ars-en-Ré (Île-de-Ré) (Charente-Maritime)
Tél. 05 46 29 40 42 • Fax 05 46 29 21 25 • Christophe et Marina Ducharme

• Un peu en retrait de la rue principale, ce petit hôtel est devenu, à juste titre, l'une des grandes références dans l'île. En perpétuel mouvement, l'aménagement intérieur se veut celui d'une maison d'amis et atteint parfaitement son but. On y trouve beaucoup de bois, peint, laissé brut ou décapé, des portions de murs en pierres apparentes, un éclairage délicat. Parfois, un bouquet de fleurs, un tableau ou un pan de tissu viennent rehausser d'une touche de couleur franche cet univers pastel teinté de bleu ciel, de gris clair ou de blond. Élégantes et sobres, les chambres profitent de salles de bains impeccables et donnent sur le patio fleuri (quelques tables y sont installées en été), sur les venelles ou les petites maisons d'Ars. De nouvelles chambres (auxquelles on accède en longeant un bassin-piscine) jouent leur propre partition, toujours dans le registre de l'élégance. Vue sur la mer pour l'une, terrasse sur le patio pour une autre, elles sont une totale réussite, dans un esprit très "loft". Le matin, ceux qui le souhaitent peuvent partager leur petit déjeuner à la grande table d'hôte, non loin d'une cheminée très appréciée en hiver. Une accueillante adresse, joyeusement labyrinthique, et que nous retrouvons toujours avec un grand plaisir et une gourmande curiosité.

Catégorie ★★★ **Ouvert** de début février à début janvier **Chambres** 22 chambres doubles : 70 à 295 €, 5 maisons (4 à 15 pers.) : 210 à 1500 € - Petit déjeuner : 12,50 € **Équipement** Wifi **Divers** animaux (30 €), garage (20 €) **Loisirs** piscine chauffée **Accès** prendre la route qui traverse l'île en direction du phare des Baleines ; à Ars, l'hôtel se situe juste avant d'arriver à la place de l'Église.

LES BOIS FLOTTAIS

lesboisflottais.com

Chemin des Mouettes • 17580 Le Bois-Plage-en-Ré (Île-de-Ré) (Charente-Maritime)
Tél. 05 46 09 27 00 • Fax 05 46 09 28 00

• À trois cents mètres de la plage, cette maison de village immaculée s'organise autour de deux patios traités comme des ponts de bateau, avec en leur centre une piscine bordée de teck. L'aménagement intérieur et la décoration s'inscrivent dans le droit-fil des tendances en vogue sur la côte atlantique (murs blancs, terre cuite, beaucoup de bois, ciré, peint, lasuré, des toiles écrues...). Cette concession à la mode n'exclut pas des choix personnels, comme en témoignent les quelques meubles et objets de brocante amoureusement choisis. Très agréables, les chambres sont habillées de tons sobres, du gris pâle au greige, avec des boutis colorés sur les lits, et dotées de belles salles de bains (deux habitations, avec mezzanine, se combinent en "suite" et sont très prisées par les familles). Salle de soins et hammam raviront les adeptes du bien-être de retour des bains de mer. Chaque matin d'été, le patio et son établi-buffet accueillent les petits déjeuners avec compotes et confitures maison. En cas de pluie, les tables reculent de quelques mètres, dans la belle salle à manger, mais l'ambiance est toujours aussi joyeuse dans cette très charmante adresse de vacances.

Catégorie ★★★ **Ouvert** du 27 mars au 1er novembre **Chambres** 19 chambres dont 2 suites familiales : 80 à 210€ - Petit déjeuner : 14€ **Équipements** TV, Wifi **Divers** animaux non admis **Loisir** piscine chauffée **Bien-être** hammam **Accès** au Bois-Plage, prendre direction "plage des Gollandières".

HÔTEL DE L'OCÉAN

re-hotel-ocean.com

172, rue Saint-Martin • 17580 Le Bois-Plage-en-Ré (Île-de-Ré) (Charente-Maritime)
Tél. 05 46 09 23 07 • Fax 05 46 09 05 40

• Le Bois-Plage est un bourg encore à l'écart des tendances "mode" qui s'emparent peu à peu de l'île. Le long d'une petite rue, la jolie façade blanc et vert de l'hôtel laisse présager une qualité qui se confirme dès que l'on franchit le seuil. À gauche, la salle de restaurant, avec sa cheminée, son parquet peint en noir, son mobilier gris perle, ses murs bleu sur lesquels ressortent l'éclat des bougies et quelques superbes lithographies de paquebots, offre un cadre élégant à l'excellente cuisine de Yoann Léraut (l'été, prolongement dans le patio sur parquet à l'ombre de grandes toiles blanches). À proximité, deux petits salons aux tonalités écrues disposent de confortables fauteuils Loom près d'un petit bar. Puis, on traverse le jardin avant de rejoindre une autre cour élégante autour de laquelle se distribuent plusieurs chambres – qui peuvent être humides, et donc un peu moins agréables. À l'étage, sols en jonc de mer, épais couvre-lits en piqué, linges brodés, ravissants rideaux, enduits naturels et, pour compléter le tout, un ou deux meubles anciens. Les chambres les plus récentes, autour de la belle piscine et sa plage en teck, affichent de beaux volumes et une ravissante sobriété contemporaine. Bons petits déjeuners, servis avec d'excellentes confitures maison, dans une salle qui devient vite sonore les jours d'affluence. Accueil agréable.

Catégorie ★★★ **Ouvert** du 9 février au 5 janvier **Chambres** 29 chambres : 85 à 175 € - Demi-pension (par pers.) : 80 à 125 € - Petit déjeuner : 13 € **Restaurant** 27 à 45 € **Équipements** TV, Wifi **Divers** animaux non admis **Loisirs** pêche, piscine chauffée **Bien-être** spa complet **Accès** à 28 km à l'ouest de La Rochelle, par le pont de La Pallice.

LE VIEUX GRÉEMENT €

levieuxgreement.com

13, place Carnot • 17670 La Couarde-sur-Mer (Île-de-Ré) (Charente-Maritime)
Tél. 05 46 29 82 18 • Fax 05 46 29 50 79 • M. Baillot et Mme Fouchères

• Petite maison rétaise à un étage organisée autour d'un patio, *Le Vieux Gréement* donne sur la place principale de La Couarde. C'est ici, à l'ombre des tilleuls et près du kiosque à musique, que le village s'anime chaque été dans une ambiance bon enfant. Intégralement rénové, l'hôtel propose dix-neuf jolies chambres décorées dans un style simple et actuel (murs lambrissés, teintés ou couverts d'élégants papiers peints, éclairages bien pensés, jolis tissus, mobilier d'esprit balnéaire ou en fer forgé, ou encore en pin anglais ciré…). Bon nombre d'entre elles donnent sur le patio, autre point fort de l'hôtel, avec ses petits palmiers, ses bambous ou ficus en pots, ses géraniums, cannas, impatiens… C'est également là, à l'ombre d'une treille de vigne, que sont servis les petits déjeuners et, à toute heure, d'originales tartines gourmandes ou des assiettes d'huîtres. Joli bar capitonné de bois, agrémenté de vieilles tables décapées, et débordant sur la place dès les beaux jours. Accueil jeune et détendu. Une charmante petite adresse à quelques minutes des plages.

Catégorie ★★★ **Ouvert** de mi-mars à mi-novembre **Chambres** 9 chambres classiques : 65 à 98 €, 8 chambres supérieures : 95 à 125 €, 2 suites : 150 à 180 € - Petit déjeuner : 12 € **Équipements** climatisation, TV, Wifi **Divers** animaux (12 €) **Loisirs** pêche, VTT **Accès** à 30 km de La Rochelle ; après le pont de La Pallice, prendre D 735 sur 17 km en direction de La Couarde-sur-Mer.

HÔTEL LE CHAT BOTTÉ

hotelchatbotte.com

Place de l'Église • 17590 Saint-Clément-des-Baleines (Île-de-Ré) (Charente-Maritime)
Tél. 05 46 29 21 93 • Fax 05 46 29 29 97 • Mmes Massé-Chantreau

• À la pointe ouest de l'île, face à la petite église de Saint-Clément-des Baleines, cet établissement est certainement l'un des pied-à-terre les plus zen de l'île, comme en témoignent les soins (massages, chromothérapie, réflexologie plantaire) qui sont prodigués dans son spa. Un petit salon très gai aux canapés et fauteuils rayés de vert et de parme accueille les hôtes. Entièrement lambrissé de pin naturel, il est un avant-goût de l'aménagement très "déco" des trois suites : contemporain et chaleureux à la fois, avec une dominante craie pour les murs, une prédilection pour les matériaux nobles et un véritable souci du confort. Plus classiques, mais toutes différentes, les vingt chambres, pourvues de salles de bains spacieuses, aux belles vasques et aux éclairages très doux, sont également réussies : partout, des teintes naturelles souvent relevées de boutis colorés. Les plus agréables donnent sur un joli jardin tranquille où, l'été, on prend le petit déjeuner. Un véritable festin de qualité à choisir à la carte ou en formule : diététique, traditionnel, énergétique, enfant. Ensuite, il est temps d'enfourcher son vélo (confort ou électrique) en direction des plus belles plages de l'île. Quant au choix du nom de l'hôtel, *Le Chat botté*, dont l'effigie trône dans l'entrée, questionnez Chantal et Géraldine Massé : elles vous diront tout. Parce que les deux sœurs savent accueillir leurs clients avec bonne humeur et élégance, comme avant elles, leurs parents et grands-parents.

Catégorie ★★★ **Ouvert** du 7 février au 29 novembre et du 19 décembre au 3 janvier **Chambres** 20 chambres doubles : 78 à 156 €, 3 suites : 170 à 245 € - Petit déjeuner : 12 à 14 € **Équipements** TV, Wifi **Divers** animaux (15 €), parking privé **Bien-être** massages, spa complet **Accès** à 28 km à l'ouest de La Rochelle, par le pont de l'île-de-Ré.

LA MAISON DOUCE

lamaisondouce.com

25, rue Mérindot • 17410 Saint-Martin-de-Ré (Île-de-Ré) (Charente-Maritime)
Tél. 05 46 09 20 20 • Fax 05 46 09 09 90 • Catherine et Alain Brunel

• Petit bourg de carte postale, Saint-Martin, c'est un peu un "must" à l'île de Ré. On aime son port et ses petites ruelles cachées, on aime moins ses boutiques chics, bientôt plus nombreuses que les roses trémières, et le lifting excessif qui s'empare de chaque mètre carré de mur blanc. Dans ces conditions, pourquoi *La Maison Douce ?* Cette ancienne demeure rétaise totalement réaménagée a déjà fait maintes et maintes fois les beaux jours de la presse déco, et s'y promener donne l'impression de feuilleter un très beau magazine. Alors ce sera notre paradoxe, car il faut reconnaître que l'on est très bien ici. *La Maison* s'organise autour d'un grand jardin-patio débordant de verdure. La partie terrasse (canapés confortables, mobilier de fer forgé vieilli) sert pour les très alléchants petits déjeuners, le coin gazonné étant réservé aux fauteuils et transats. À l'intérieur, les pièces affichent des camaïeux de gris, de beige, de brun chocolat, de miel, avec parfois une exception tilleul ou mauve pâle. Beaucoup de belles patines, des meubles rétro, toiles de lin et voiles de tulle… Les chambres et leurs salles de bains aménagées comme autrefois sont donc irrésistibles. Hors saison, l'élégant rez-de-chaussée sert de salon de thé et de salle des petits déjeuners, avec en prime, pour les rares journées froides, le crépitement d'un feu de cheminée.

Catégorie ★★★ **Ouvert** du 1er mars au 11 novembre **Chambres** 9 chambres : 130 à 190 €, 2 suites : 220 à 270 € - Petit déjeuner : 15 à 18 € **Équipements** TV, Wifi **Divers** animaux non admis, parking fermé (20 €) **Bien-être** Jacuzzi **Accès** à La Rochelle, prendre le pont de l'île de Ré, puis fléchage.

HOSTELLERIE DU COQ D'OR

lecoqdor.fr

18, place du Château • 17500 Jonzac (Charente-Maritime)
Tél. 05 46 48 00 06 • Alexis et Séverine Medvedeff

• Presque incongrue ici, cette merveille de façade aux allures de brasserie parisienne enchante tous ceux qui la découvrent. Centenaire mais toujours pimpante, elle a vu défiler toute la jeunesse locale sur ses banquettes en simili noir. Reprendre cette institution n'avait donc rien d'évident pour Alexis et Séverine Medvedeff. Pari réussi, depuis 2007 grâce à une équipe sympathique et dynamique, et à une belle mise en valeur des lieux : la plus jolie terrasse de la ville donnant sur une place récemment restaurée et dominée par la splendide porte fortifiée du château, une grande salle style brasserie, rénovée avec soin, dont il ne manque ni le mobilier bistrot ni les grandes glaces, lustres et vitraux décoratifs. Le restaurant enfin, créé dans une ambiance très contemporaine. On y goûte, sans se ruiner, une cuisine de terroir, gourmande, relevée de touches d'épices, et des desserts dont le succès ne se dément pas. Côté chambres, il y en a seulement cinq, spacieuses (la "Rouge", la plus petite, fait déjà 20 m^2…), élégantes, qui jouent sur l'alliance de teintes délicates, de meubles peints ou "de style" et de somptueux rideaux. Vue sur le château et lumière du soir pour trois d'entre elles dont la "Or", très belle. Portes communicantes pour deux autres, très appréciées des familles, qui viennent profiter du complexe aquatique *Les Antilles*, situé à quelques minutes.

Ouvert toute l'année sauf pendant les vacances de Noël et du 15 au 31 mars **Chambres** 5 chambres doubles : 89 à 99 €, 1 suite familiale : 188 € - Petit déjeuner : 10 € **Restaurant** (midi et soir) : 13 à 50 € **Équipements** climatisation, TV, Wifi **Accès** A 10 sortie 36 vers Jonzac/Pons.

MOULIN DU VAL DE SEUGNE

valdeseugne.com

Marcouze • 17240 Mosnac (Charente-Maritime)
Tél. 05 46 70 46 16 • Fax 05 46 70 48 14 • Jean-Marie et Maryse Bedin

• Au cœur du bocage charentais, l'établissement abrite un moulin à eau du XVIe siècle, et jouxte le bief qui l'alimente. Au bord de la Seugne, on profite du paysage d'arbres et d'eaux entremêlés, et des animaux disséminés sur une petite île en face, par les baies vitrées des plus belles chambres et de la terrasse-ponton du restaurant. Dès l'arrivée, le caractère traditionnel et cossu de la bâtisse transparaît d'un bout à l'autre. On y vient des villages voisins pour goûter une cuisine fine à vocation gastronomique L'ambiance est classique, le service très retenu. Les volumes des chambres sont immenses, avec des meubles XIXe, des tissus et des tapis fleuris qui réchauffent le tout. À l'étage, des chambres plus petites évoquent l'ambiance cosy d'un chalet de montagne. Confortablement installé côté champs ou bief, on se repose en appréciant un train de vie agréable, avant de partir flâner du côté du vieux moulin (au mécanisme d'origine en état de marche) ou de la boutique de l'hôtel (charentaises, porcelaine, produits locaux…), ou encore de se rafraîchir dans l'agréable piscine du parc qui borde la rivière.

Catégorie ★★★ **Ouvert** du 27 février au 1er janvier (fermé le dimanche soir du 26 octobre au 31 mars) **Chambres** 13 chambres : 119 à 139 €, 1 suite : 169 € - Demi-pension (par pers.) : 99 à 119 € - Petit déjeuner : 14,50 € **Restaurant** (midi et soir) : 29,50 à 79 € **Équipements** climatisation, TV, Wifi **Divers** animaux (15 €) **Loisirs** pêche, piscine **Accès** A 10 sortie n° 36 puis D 137 vers Bordeaux jusqu'à Belluire, et D 134 à gauche direction Mosnac.

HÔTEL CHAMPLAIN € FRANCE ANGLETERRE

hotelchamplain.com

30, rue Rambaud • 17086 La Rochelle (Charente-Maritime)
Tél. 05 46 41 34 66 • Fax 05 46 41 15 19 • Port. 05 46 41 23 99 • Mme Jouineau

• Cet ancien couvent du XVIIe siècle transformé en hôtel cache à l'abri de ses murs un grand jardin très fleuri où il fera bon prendre son petit déjeuner, lire, réfléchir ou discuter. Pour l'atteindre, vous traverserez un vaste hall et de superbes salons (celui qui donne sur le splendide jardin a été entièrement redoré à la feuille) où boiseries d'époque, statues à l'antique et meubles anciens créent une ambiance d'un grand raffinement qui a su rester chaleureuse. Le bar Art déco est un décor rêvé pour prendre un verre. Pour les chambres, desservies par un ascenseur ou un splendide escalier de pierre, vous aurez le choix entre un modernisme confortable et le charme élégant du passé. Toujours différentes et réussies, vous préférerez néanmoins celles qui donnent sur le jardin, pour la vue plus que pour le calme, car celles sur rue ont un double vitrage et sont toutes climatisées. Pas de restaurant à l'hôtel, mais une formule de demi-pension est possible. Un accueil plein de gentillesse s'ajoute aux multiples qualités du lieu. Sinon, grâce à l'emplacement central de l'établissement, vous n'aurez pour dîner que l'embarras du choix, que ce soit autour du port ou dans les vieilles rues de la ville.

Catégorie ★★★ **Ouvert** toute l'année **Chambres** 32 chambres : 75 à 130 €, 4 suites : 140 à 165 € - Petit déjeuner : 9 à 11 € **Équipements** climatisation, TV, Wifi, ascenseur **Divers** animaux (10 €), garage, parking fermé **Accès** de Bordeaux (A 10) ou de Paris (N 10), sortie La Rochelle centre-ville, direction place de Verdun, rue Rambaud, derrière le commissariat de police de la place de Verdun.

RÉSIDENCE DE ROHAN

residence-rohan.com

7, avenue de Rohan • Parc des Fées • 17640 Vaux-sur-Mer (Charente-Maritime)
Tél. 05 46 39 00 75 • Fax 05 46 38 29 99 • M. et Mme Seguin

• Dans le parc des Fées, joli petit bois qui borde la plage, cette élégante demeure bourgeoise est un peu l'archétype de l'hôtel de charme. Le bosquet autour de la maison, la pelouse qui plonge en pente douce vers la mer, quelques chaises longues entre les pins parasols offrent d'emblée un cadre unique à cette villa rose et blanc fin XIXe. Pour une fois, un hôtel de bord de mer opte pour un décor en harmonie avec son style architectural. C'est ainsi que les fauteuils en velours capitonné du salon, le mobilier acajou de style Charles X du bar, les tapis et moquettes créent un confort cossu bien agréable, surtout si, d'aventure, le beau temps n'est pas au rendez-vous. Certaines chambres, dans l'annexe notamment, sont très spacieuses (un peu moins agréables hors saison), d'autres ouvrent directement sur le jardin. Toutes sont régulièrement rafraîchies dans le respect de l'atmosphère d'origine, et équipées de salles de bains au goût du jour. Excellent petit déjeuner que l'on peut prendre sur la terrasse avec, en toile de fond, les lueurs changeantes de l'océan. Accueil sympathique et souriant. À signaler, la piscine en bord de mer, avec service snack, qui permet de profiter des plaisirs de l'eau et du farniente sans avoir à quitter l'hôtel.

Catégorie ★★★ **Ouvert** du 25 mars au 11 novembre **Chambres** 44 chambres : 89 à 169 €, 1 suite familiale : 139 à 240 € - Petit déjeuner : 12 € **Équipements** climatisation, TV, Wifi **Divers** animaux admis, parking privé **Loisirs** piscine chauffée **Accès** à 3 km au nord-ouest de Royan, par la D 25 en bord de mer, vers Saint-Palais-sur-Mer (Royan-centre puis casino et Saint-Palais par la côte).

DESIGN HÔTEL DES FRANCS GARÇONS

francsgarcons.com

1, rue des Francs-Garçons • 17610 Saint-Sauvant (Charente-Maritime)
Tél. 05 46 90 33 93 • Fax 04 86 68 87 47 • Florence et Hervé Audinet

• Saint-Sauvant ! Ses vieilles maisons avec leurs fondations de roses trémières, ses ruelles en pente dominées par l'immuable bienveillance d'une église romane, sa petite place inclinée et, à l'angle, le *Design Hôtel*. L'architecte Hervé Audinet et Florence, sa femme, en sont les artisans. Inspirés par le voisinage d'autres architectes (pas moins de sept au village !), ils ont décidé de faire de la maison un lieu d'accueil, dédiant chaque chambre à un confrère ami par l'évocation d'un de ses projets. Et le concept est né, justifié aussi par le choix du mobilier : Cole & Son, Rossi di Albizzate, Arper, Partensi, Waco & Co, Le Labo Design… On s'émerveille du jeu des volumes à travers les décrochements et les demi-niveaux, des couleurs acidulées sur fond plus neutre, du confort parfait des chambres, des échappées sur le village ou sur la terrasse-piscine (avec quelques tables en complément de la belle salle à manger), qui côtoie l'église romane. C'est beau, bon, convivial, un rien bohème… Et en plus, Nicolas, l'un des fils, a rejoint l'aventure. Il y met sa touche personnelle, s'attaque aux fourneaux et a ouvert juste à côté une petite galerie d'art déstructurée pour artistes contemporains, peintres ou plasticiens. Bon sang ne saurait mentir !

Catégorie ★★★ **Ouvert** toute l'année **Chambres** 7 chambres doubles : 90 à 120 €, 3 suites : 132 à 150 € - Petit déjeuner : 12,50 € **Restaurant** (réservé aux résidents) : 26 à 33 € **Équipements** climatisation, TV, Wifi **Loisir** piscine **Bien-être** sauna **Accès** à 10 km à l'est de Saintes par N 141 vers Cognac, puis D 134 ; A 10 sortie 35.

HOTEL MAISON FLORE

maisonflore.com

23, rue Grand Port • 79210 Arçais (Deux-Sèvres)
Tél. 05 49 76 27 11

• *"Avant toute chose, l'histoire de Maison Flore, c'est celle d'un embarcadère familial, lorsqu'en 1976, sur l'initiative de notre grand-père, l'embarcadère Bardet vit le jour. Amoureux du marais et photographe averti, Jacky eut l'idée de faire découvrir les beaux canaux verdoyants aux gens de passage"*. Aujourd'hui, on embarque toujours ici, mais depuis 2006 on peut également y dormir, rêver dans de douces et jolies chambres aux noms des fleurs du marais. Profondément sensibilisée à l'écosystème local, la famille a choisi de rénover ces deux maisons maraîchines dans le respect parfait de l'environnement (matériaux naturels, installations aérothermiques, récupération d'eau de pluie). Les couleurs sont fraîches, printanières, le mobilier chiné en brocante venant progressivement occuper l'espace sans toutefois le surcharger. Au salon, chacun peut lire confortablement ouvrages et revues consacrés à la région. À côté, la salle des petits déjeuners fait la part belle aux produits bio locaux, et, s'il fait beau, on beurrera ses tartines dehors, en terrasse. En face, le jardin traversé par l'un des innombrables canaux du marais, ménage de nombreux coins d'ombre avec quelques chaises ou transats pour somnoler en écoutant les poules d'eau… Vous l'avez compris, cette très accueillante maison est l'un de nos coups de cœur.

Catégorie ★★ **Ouvert** du 7 février au 17 décembre **Chambres** 10 chambres : 69 à 77 € - Petit déjeuner : 9,80 € **Équipement** Wifi **Divers** animaux (6 €), parking privé **Loisirs** barque **Accès** À Niort, prendre la D 3 jusqu'à Sansais puis la D 1 vers Coulon sur 800 m et prendre la D 102 jusqu'à Arçais. Au bourg, suivre la direction du port.

€ LE CENTRAL

hotel-lecentral-coulon.com

4, rue d'Autremont • 79510 Coulon (Deux-Sèvres)
Tél. 05 49 35 90 20

• Ils fleurissent un peu partout en France, désormais, les petits hôtels-restaurants tenus par de jeunes cuisiniers, en couple, voire en famille. Chacun a navigué dans les différents méandres du métier, travaillé chez les autres, puis opté pour un chez-soi. Investissements, nouvel élan, parfois des enfants, et envie de concilier travail et famille en harmonie. Ici, Hervine et Jean-Paul ont repris une petite maison dans le centre de Coulon, refait les chambres et la cuisine, la salle à manger et un ravissant patio, dans lequel il faut absolument demander à être servi par temps doux. L'ensemble est simple et soigné, et partout on peut sentir qu'ils y ont mis leur cœur, toute leur bonne volonté. Le chef explore et décore ses créations – savoureuses, à base de produits frais et locaux. Dans les chambres, différentes ambiances de décoration, avec en constante une envie de faire joli, à grand renfort de tissus imprimés, de ciels de lits, de petits rideaux et coussins assortis. Les literies sont neuves, les salles de bains aussi : c'est frais, propre et d'un très bon rapport qualité-prix. Pour le calme absolu, préférez les chambres donnant sur le petit jardin, mais, si vous souhaitez participer à la vie du village, choisissez le côté rue. À pied, vous rejoindrez l'embarcadère pour découvrir le marais en barque : une expérience cent pour cent nature à ne pas manquer !

Catégorie ★★ **Ouvert** toute l'année **Chambres** 13 chambres doubles : 74 à 92 € - Petit déjeuner : 10 à 12 € **Restaurant** (midi et soir) : 21 à 45 € **Équipements** climatisation, TV, Wifi **Divers** animaux admis (6 €) **Accès** À Niort, prendre la D 648 vers Fontenay-le-Comte sur 5 km puis à gauche la D 123 vers Coulon.

HÔTEL PARTICULIER LA CHAMOISERIE

hotelparticulierniort.com

10, rue de l'Espingole • 79000 Niort (Deux-Sèvres)
Tél. 05 49 78 07 07 • Port. 06 43 56 75 33 • Catherine et Fabrice Conroux

• Une fois franchie la façade un peu austère de cet ancien hôtel particulier, le visiteur découvre un univers personnalisé et feutré, qui égale le charme d'une maison d'hôtes. Le caractère enjoué et dynamique de Mélanie (dans la famille des propriétaires, il s'agit de la fille, alors que Christine, la mère, s'est attelée avec brio à la décoration) y est pour beaucoup, qui semble avoir injecté du peps à tout l'établissement. Les vastes volumes des salons en enfilade, des couloirs et des cages d'escalier sont restaurés avec soin et conservent leurs belles lignes classiques, alors que les couleurs beige, noir et diverses tonalités de gris s'accordent à inventer une modernité tout aussi élégante. Objets de curiosité, tableaux d'amis peintres, brocante patinée et lampes monumentales rythment l'espace et façonnent la lumière, jusqu'à ce que le jardin végétal clos et sa terrasse prennent le relais. Les chambres impeccables aux grands lits ultraconfortables possèdent chacune une touche insolite ou une note de couleur qui les rendent inclassables. Avec leurs douches italiennes, les jolies salles de bains noir et blanc accroissent l'impression de nid douillet et de luxe. Le matin, en musique, on croise dans la salle à manger une clientèle hétéroclite qui semble chez elle, ravie de piocher dans le copieux buffet du petit déjeuner.

Catégorie ★★★ **Ouvert** toute l'année **Chambres** 16 chambres : 79 à 130 € - Petit déjeuner : 12 € **Restaurant** (menu carte) : à partir de 25 € **Équipements** TV, Wifi **Divers** animaux (6 €), parking fermé **Bien-être** fitness, Jacuzzi, sauna **Accès** A 10 ou A 83 sortie Niort-centre

LES ORANGERIES

lesorangeries.fr

12, avenue du Docteur-Dupont • 86320 Lussac-les-Châteaux (Vienne)
Tél. 05 49 84 07 07 • M. et Mme Gautier

• Le Poitou roman cache des trésors. Même s'il est situé en bord de route (mais bien caché), nous avons envie de compter parmi eux ce délicieux petit hôtel (Écolabel européen). Respectueux des matériaux et volumes d'origine de cette belle demeure XVIIIe, Jean-Philippe et Olivia ont su mettre en valeur cheminées de pierre, boiseries et parquets, ferronneries, pierres et dalles d'encadrement. Privilégiant les teintes naturelles, la décoration des chambres apporte sa touche personnelle par le choix des tissus, du mobilier ancien ou sobrement moderne (très belles salles de bains en chêne et acajou). Trois salons vous attendent : celui du rez-de-chaussée (bar et coin-lecture près de la cheminée), celui du grenier, avec billard, jeux anciens et canapés. Et, enfin, le salon d'été, aménagé au fond du parc, derrière une haie de grands arbres. De la terrasse, où sont servis brunchs et petits déjeuners, admirez la somptueuse piscine : un bassin de trente-cinq mètres serti de teck et bordé de vieux murs. Enfin, avec David Royer, la table est devenue incontournable ! Tournée vers le potager bio, les meilleurs produits locaux et les vins naturels, elle est un festival de saveurs franches et gourmandes avec, pour théâtre, le magnifique restaurant (patio bioclimatique et grande cheminée). Une adresse totalement accueillante et décidément unique !

Catégorie ★★★ **Ouvert** toute l'année sauf 15 jours en hiver **Chambres** 13 chambres doubles : 75 à 160 €, 3 suites (4 à 5 pers.) : 145 à 210 € - Petit déjeuner : 14 € **Restaurant** (midi et soir) : 28 à 35 € **Équipements** TV, Wifi **Divers** animaux (5 €), parking privé **Loisir** piscine **Accès** A 10, au sud-est de Poitiers, prendre N 147 (Poitiers-Limoges).

MERCURE POITIERS CENTRE

·NOUVEAUTÉ·

mercurepoitierscentre.com

14, rue Édouard-Grimaux • 86320 Poitiers (Vienne)
Tél. 05 49 50 50 60 •Thierry Minse

• Aux règles il faut parfois des exceptions, en voici une, et de taille ! car sélectionner dans ce guide un hôtel de chaîne est a priori impossible. Il fallait donc à cet établissement franchisé Accor des qualités exceptionnelles pour justifier telle transgression. Installer des chambres dans une immense chapelle jésuite (1854) tout en conservant l'essentiel de l'architecture néogothique tenait du pari impossible et pourtant, le résultat est là, plus que probant ! Pour le mesurer, il faut se rendre au restaurant installé dans la nef et le cœur. Ici, sous un immense volume parfaitement respecté, les hautes voûtes d'ogives encadrent la salle, surmontées par celles des travées supérieures occupées par des petits salons perchés dans les anciennes coursives. Au centre du volume, six colonnes de béton blanc s'élancent de biais vers le haut pour soutenir le plancher des chambres. Bon nombre de celles-ci laissent apparaître des éléments de pierre : arcs, clefs de voûte, chapiteaux. C'est particulièrement probant dans les suites en duplex, qui jouent de ces courbes sculptées. Pour respecter cette ambiance, le décor sobre, contemporain, combine teintes douces, pierre et bois clair. Même somptueux effet dans la salle des petits déjeuners où fauteuils taupe et tables pop sont encadrés de voûtes et colonnades. On se sent bien dans cet ensemble ultraconfortable, d'autant plus que l'accueil de Corine Rouzière et de son équipe est des plus chaleureux. Poitiers tient là son plus bel hôtel !

Catégorie ★★★★ **Ouvert** toute l'année **Chambres** 45 chambres doubles : 125 à 180€, 5 suites : 280€ - Petit déjeuner : 16€ **Restaurant** (midi et soir) : 19 à 46€ **Équipements** climatisation, TV, Wifi, coffre-fort, ascenseur **Divers** parking public **Accès** dans le centre historique à proximité du parking Notre-Dame la Grande

€ CHAREMBEAU

charembeau.com

Route de Niozelles • 04300 Forcalquier (Alpes-de-Haute-Provence)
Tél. 04 92 70 91 70 • Fax 04 92 70 91 83 • André M. Berger

• Voici un adorable hôtel installé dans un cadre bucolique, à cinq minutes du beau village de Forcalquier. Depuis le parc émerge une vieille demeure de pierres ocre, impeccablement restaurée, où les chambres sont réparties de tous les côtés dans l'aile principale, les latérales, l'étage ou le rez-de-chaussée. Elles ont parfois leur terrasse privée, intime et ombragée, ou bien la présence de grands arbres paisibles, une belle vue sur la campagne alentour. À l'intérieur, elles sont simples et accueillantes, pavées de terre cuite ; le mobilier en bois massif est sobre et pratique, les petites salles de bains bien étudiées, avec leurs savons artisanaux réalisés exprès pour la maison, au miel ou à la lavande. Aux fenêtres et sur les lits, des tissus joyeux, dans les tons rouge orange, font oublier le manque de lumière ou l'exiguïté de certaines. Enfin des "suites" avec minicuisine invitent à s'installer plus longtemps. Au Petit déjeuner, servi en terrasse ou dans une toute nouvelle salle largement vitrée (qui demande encore à être réchauffée), vous découvrirez un délicieux jus de pomme et de coing, puis louerez peut-être des vélos pour partir sur les chemins. À moins que vous n'oscilliez entre les deux piscines… Accueil familial, joyeusement attentionné.

Catégorie ★★★ **Ouvert** du 1er mars au 15 novembre **Chambres** 22 chambres simples et doubles : 80 à 125 €, 3 suites (2 à 4 pers.) : 130 à 160 €, 9 appartements-studios : 665 à 875 € - Petit déjeuner : 11 € **Équipements** TV, Wifi **Divers** animaux (6 €), parking privé **Loisirs** badminton, ping-pong, tennis, VTT **Accès** à 39 km au sud de Sisteron par D 4096 (ou A 51, sortie La Brillanne n° 19), puis D 4100 direction Forcalquier ; à 4 km de Forcalquier pendre la D 4100, vers Niozelles.

LA BASTIDE DE MOUSTIERS

bastide-moustiers.com

Chemin de Quinson • 04360 Moustiers-Sainte-Marie (Alpes-de-Haute-Provence)
Tél. 04 92 70 47 47 • Fax 04 92 70 47 48 • M. Alain Ducasse

• Quel bonheur d'arpenter les routes et les villages de cette haute Provence et de ce parc du Verdon, récemment classé, le protégeant ainsi de toutes les spéculations. La propriété d'Alain Ducasse est un petit concentré de paradis composé de plusieurs beaux bâtiments (dont un pigeonnier en duplex avec salon et cheminée pouvant se combiner avec une seconde chambre, recréant ainsi une petite villa pour quatre personnes), de plain-pied sur la nature, qui encadrent la bastide. Partout, on retrouve le même confort raffiné, le même soin obsessionnel du précieux détail, les meubles anciens, les couleurs qui se déclinent sur les noms de fleurs, de fruits ou de légumes, dotant chaque chambre d'un confort luxueux plein de fraîcheur et de gaieté provençales. En cuisine officient les collaborateurs du maître-chef pour vous offrir des menus qui honorent avec talent le terroir et la Méditerranée. Une superbe piscine avec vue, des coins aménagés pour profiter encore de la campagne, un magnifique potager bien fourni, un accueil remarquable et des prix raisonnables, autant d'ingrédients qui permettent d'avoir une délicieuse "mise en bouche" de ce que peut être le style Ducasse.

Catégorie ★★★★ **Ouvert** du 1er mars à début janvier ; fermé les mardis et mercredis en mars, novembre et décembre **Chambres** 12 chambres : 210 à 655 € - Petit déjeuner : 22 € Restaurant 60 à 80 € **Équipements** climatisation, TV, Wifi, **Divers** animaux non admis **Loisirs** piscine chauffée **Bien-être** massages **Accès** A 51, sortie Cadarache-Vinon, direction Gréoux-les-Bains, Riez, Moustiers ; sur A 8, sortie Le Muy, puis Draguignan, Aups, Moustiers.

€ LE CLOS DES IRIS

closdesiris.fr

Chemin de quinson • 04360 Moustiers-Sainte-Marie (Alpes-de-Haute-Provence)
Tél. 04 92 74 63 46 • Port. 06 32 72 48 56 • Alexia Dorche-Teissier

• À l'écart du vieux bourg de Moustiers et de son agitation touristique, le chemin plonge audacieusement dans la verdure méridionale. Entre les frondaisons se devinent trois petits bâtiments reliés par un jardin amoureusement entretenu. Des chemins dallés, bordés de fleurs et d'arbustes, des tonnelles, des murets, quelques marches pour rattraper les niveaux supérieurs, une petite terrasse privative devant chaque chambre : voici l'univers accueillant et gai de Mme Dorche-Teissier et de sa fille Alexia, qui ont su donner à leur petit hôtel une ambiance très "maison". Les chambres, équipées de salles de douche en faïence, sont impeccables. La décoration simple, plaisante, avec des terres cuites au sol et de jolis couvre-lits, se met peu à peu aux jolies tendances du moment. Très bons petits déjeuners servis dehors, devant les chambres, ou dans une pièce au style provençal très affirmé. Un petit hôtel charmant, qui offre un remarquable rapport qualité-prix. Enfin, la gastronomique *Bastide de Moustiers* voisine (voir page précédente) nous consolera de l'absence d'un restaurant aux Iris et, si vous voulez ménager un peu plus votre portefeuille, l'excellente Treille Muscate vous attend au cœur de Moustier, presque en dessous de la célèbre cascade.

Catégorie ★★ **Ouvert** du 1er mars au 30 novembre **Chambres** 7 chambres doubles : 72 à 82 €, 2 suites familiales (4 pers.) : 110 à 140 € - Petit déjeuner : 10 € **Équipement** Wifi **Divers** parking privé **Accès** d'Aix-en-Provence, A51 jusqu'à Manosque puis D907 "Les 4 chemins" et D6 jusqu'à Riez ; de Grenoble, N85 jusqu'à Digne puis panneaux Moustiers ; de Nice, A8 jusqu'au Muy, puis D557 jusqu'à Aups et D957 jusqu'à Moustiers.

LA FERME ROSE

lafermerose.com

04360 Moustiers-Sainte-Marie (Alpes-de-Haute-Provence)
Tél. 04 92 75 75 75 • Fax 04 92 73 73 73 • Port. 04 92 74 69 47 • M. Kako Vagh

• Atypique et insolite, l'hôtel de Kako Vagh nous charme et nous étonne toujours au fil des années. En pleine nature, à un kilomètre de Moustiers, qui se profile dans l'axe du jardin et semble escalader une faille entre deux falaises, l'hôtel est aménagé de manière aussi plaisante que personnelle. Kako y présente ses collections d'objets des années 1950 (caméras, lampes Vallauris, jouets en tôle, moulins à café...), les tableaux de son grand-père, peintre méridional réputé, et, dans le coin-bistrot qui prolonge la tonnelle, un amusant mobilier, parmi lequel on remarque les tables, chaises et banquettes qui proviennent du bar de l'ancienne brasserie *Noailles* de Marseille. Les chambres sont totalement plaisantes, lumineuses et gaies, avec de ravissantes salles de bains entièrement couvertes de faïence de Salernes (six nouvelles sont plus vastes, climatisées, et offrent de beaux espaces de rangement). À signaler, deux chambrettes, qui ont l'avantage d'être à petits prix et de donner sur un joli jardin à l'arrière. Pas de restaurant, mais trois bonnes tables se trouvent à proximité : *La treille Muscate* et Les Santons, dans le village, et, bien sûr, l'excellente *Bastide de Moustiers* (voir page 457).

Catégorie ★★★ **Ouvert** du 28 mars au 15 novembre **Chambres** 12 chambres : 80 à 155€ - Petit déjeuner : 11,50€ **Équipements** climatisation, Wifi **Divers** parking privé **Loisirs** piscine, vélos à disposition **Accès** sur A51 (Aix-en-Provence, Manosque), sortie Cadarache, Vinon-sur-Verdon, direction Gréoux-les-Bains, Riez, Moustiers.

AUBERGE
€ DE REILLANNE

auberge-de-reillanne.com

04110 Reillanne (Alpes-de-Haute-Provence)
Tél. et fax 04 92 76 45 95 • Monique Balmand

• Même si la très "tendance" vallée du Lubéron n'est qu'à quelques minutes, la mode et le tourisme ont encore épargné ce merveilleux coin de nature à l'authenticité rugueuse et belle. On peut en dire autant des vieux murs de cette bastide carrée qui a conservé intégralement ses proportions d'origine. Réparties de part et d'autre d'un large couloir chaleureux aux tons miel, les chambres, très sobres et lumineuses, privilégient l'espace (trente-quatre mètres carrés pour la plus grande) et la simplicité des matériaux naturels (bois clair, chaux, terre cuite, jonc de mer). Vous y verrez, comme dans toute la maison, de belles photos du Népal, pays pour lequel Mme Balmand a une véritable passion (elle y passe ses hivers). Pour dîner, vous rejoindrez la jolie salle à manger (coin-salon avec cheminée dans son prolongement). La cuisine préfère la fraîcheur des produits de saison à la multiplicité des choix ; à l'image du lieu, elle est simple et pleine de saveurs. Dehors, on profite du grand parc planté de fruitiers et de fleurs odorantes, du hamac, des transats qu'on peut installer à l'ombre des marronniers de la grande terrasse. Très attachée à sa maison, la propriétaire aime soigner ses hôtes, ce qui fait de l'endroit une adresse idéale pour venir se ressourcer.

Ouvert du 1er avril au 15 octobre **Chambres** 6 chambres doubles : 78 à 82 € - Petit déjeuner : 9 € **Restaurant** (le soir) **Divers** animaux admis **Accès** à 15 km au nord-ouest de Manosque direction Apt, puis N 100 et D 214 vers Reillanne.

MOULIN DU CHÂTEAU

moulin-du-chateau.com

99, chemin d'Albiosc • 04500 Saint-Laurent-du-Verdon (Alpes-de-Haute-Provence)
Tél. 04 92 74 02 47 • Edith et Nicolas Stämpfli

• On aime particulièrement ce petit hôtel tenu avec beaucoup de soin, de scrupuleuse attention : au jardin comme dans les pièces à vivre, dans toutes les chambres, s'exprime une patte alerte qui sait marier le confort et l'âme au décor, sans perdre de vue le sens pratique, les impératifs liés au passage de clients dans un lieu partagé. Pas de tapis, pas de rideaux, pas de chichis, mais des volumes agréables, des couleurs tantôt douces, tantôt vives, et un ou deux tableaux, un dessus-de-lit plus bariolé. Au sol, des carreaux de terre cuite, et dans les salles de bains des céramiques et équipements de qualité. Petits déjeuners et repas du soir sont servis sur une grande table en bois, au pied des splendides pierres du moulin. Il ne sert plus aujourd'hui, mais on trouve sur place tout un échantillon de bonnes huiles produites par les voisins, pour les goûter et les ramener chez soi. À la manière des maisons d'hôtes, les propriétaires ont fait de ce lieu un petit temple de la sérénité et du bien-vivre, et en profitent pour éveiller tout un chacun à la saveur des légumes cultivés en bio, et autres choses faites avec cœur. Les dîners sont donc excellents, simples et frais, gourmands assurément. Le jardin, enfin, est comme une petite place de village autour de laquelle on se retrouve à l'ombre, pour savourer l'instant…

Catégorie ★★★ **Ouvert** du 21 mars au 2 novembre **Chambres** 9 chambres : 90 à 130 €, 1 suite : 106 à 130 € - Petit déjeuner compris **Restaurant** (dîner pour les résidents) : 31 € **Équipements** Wifi **Divers** animaux (8 €), parking privé **Loisirs** billard **Accès** Aix-en-Provence, vers Manosque A51, Sortie Gréoux-les-Bains, D952 Riez, D11 Quinson et D311 Saint-Laurent-du-Verdon.

€ LA FERME DE L'IZOARD

laferme.fr

La Chalp • 05350 arvieux (Hautes-Alpes)
Tél. 04 92 46 89 00 • M. et Mme Collatti

• Fonctionnel mais sympathique, sans prétention, *l'Izoard* est un repaire de cyclistes et de randonneurs, trop heureux de se restaurer ici au coin du feu. Les chambres sont sommaires, mais correctes et très propres, meublées de pin, habillées de dessus-de-lit et rideaux assortis, d'un synthétique pimpant. Selon la formule, on a ou non accès à une kitchenette, et bien sûr à des chambres avec lits superposés, pour les familles – et parfois une cheminée. Mais le plus charmant endroit reste le salon du bas, avec ses petites chaises, tables et bancs de bois local, ouvragé à la manière traditionnelle. Le Queyras est réputé pour sa production de meubles et de jouets en bois. À l'extérieur, l'hôtel a pris modèle sur les très vieilles fermes en pierre devancées par un étrange échafaudage en bois, et la façade sud ne manque décidément pas de caractère. Très largement vitrée, elle inonde de lumière le salon, où l'on s'installe pour consulter des livres sur la région, jouer à quelques jeux. Le Petit déjeuner est servi du côté sombre du rez-de-chaussée, mais les tissus à carreaux rouges et crème de cette pièce, décorée façon chalet, la rendent plutôt cosy – plus finalement que la salle à manger, encore trop froide. En revanche, l'accueil est très humain, très chaleureux. Et le petit jardin, la piscine, le Jacuzzi sont des atouts appréciables hiver comme été.

Catégorie ★★★ **Ouvert** du 20 décembre au 31 mars et du 1er mai au 1er novembre **Chambres** 21 chambres : 66 à 171 €, 2 suites familiales : 128 à 171 € - Demi-pension (par pers.) : 68 à 119 € - Petit déjeuner : 12 € **Restaurant** (midi et soir) : 16 à 53 € **Équipements** TV, Wifi **Divers** parking **Loisirs** ski, VTT, piscine **Bien-être** hammam, Jacuzzi **Accès** entre Gap et Briançon, sur la D 502 (route du col de l'Izoard).

LA PASTORALE €

lapastorale.net

Les Brès • 05230 La Bâtie-Neuve (Hautes-Alpes)
Tél. 04 92 50 28 40 • Fax 04 92 50 21 14 • Sylviane Gonon

• L'Ubaye et le Grand Morgon dominent le splendide site du Serre-Ponçon autour de l'immense lac qui permet d'allier les loisirs nautiques aux plaisirs de la montagne. À la frontière des Alpes et de la Provence, la végétation affiche déjà un petit air méridional tandis que l'habitat conserve encore sa rudesse montagnarde. *La Pastorale* ne fait pas exception. Cette ancienne ferme (XVIe) sur le versant sud du Piolit, propose un mode d'hébergement à la limite de l'hôtellerie et de la maison d'hôtes. Dans les anciennes étables voûtées du rez-de-chaussée, la jolie salle des petits déjeuners (fromages de montagne, gâteaux maison, jus de fruits bio) s'ouvre sur le petit jardin où quelques tables sont disposées à l'ombre du gros cerisier. À côté se trouve la salle de jeu des enfants et le salon, au décor baroque rouge et gris (un peu kitsch et pas très chaleureux, avec son sol carrelé et son mobilier minimal). Les chambres se trouvent aux étages. Confortables, souvent parquetées de mélèze, elles affichent une décoration jeune et sereine en perpétuelle évolution (certaines ont l'avantage d'ouvrir à l'arrière, sur le jardin et la piscine). Calmes et très bien tenues, elles ont chacune leur style. Certaines sont en duplex, parfaites en famille, d'autres se tiennent sous les arêtes lisses d'anciennes voûtes et ouvrent sur un balcon, seules "Écrin" et "Soleil" sont un peu sombres à notre goût. Une très sympathique adresse d'un rapport qualité-prix particulièrement avantageux pour séjourner été comme hiver.

Catégorie ★★★ **Ouvert** de début mai à fin octobre **Chambres** 8 chambres : 89 à 109 €, 2 suites : 99 à 109 € - Petit déjeuner : 10 € **Équipements** TV, Wifi **Divers** animaux admis **Loisirs** piscine chauffée **Accès** à Gap N 94 jusqu'à La Bâtie-Neuve puis D 214 et D 614 jusqu'au hameau des Brès.

CHÂTEAU DE PICOMTAL

picomtal.fr

Picomtal • 05200 Crots (Hautes-Alpes)
Tél. 04 92 43 07 77

• Le vrai château comme on aime, avec ses quatre tours en poivrières (dont une remonte au XIVe siècle), une vue surplombant les eaux turquoise du lac de Serre-Ponçon, en face des montagnes de l'Embrunais, un jardin à la française joliment revisité de façon contemporaine, avec carrés de graminées bordés de buis… L'ensemble est une vraie splendeur. Il ne s'agit pas à proprement parler d'un hôtel ; Jacques et Sharon vous accueilleront simplement dans leur demeure amoureusement restaurée après quatre années de travaux. Ils en connaissent l'histoire sur le bout des doigts, et pourront vous en faire une visite passionnante (ne manquez pas la chapelle et ses fresques). L'été, ils ouvrent d'ailleurs largement au public ce patrimoine historique et le font revivre en organisant tout au long de l'année ateliers culinaires, dîners dégustations, concerts… La décoration intérieure XIXe (vitraux, parquets, boiseries…) prévaut dans les trois jolis salons et la salle des petits déjeuners, qui ménage de belles vue sur le lac. Petite préférence pour les chambres et suites du premier étage, modèles de goût et d'élégance, comme la chambre de "L'Illustre Inconnu", avec baldaquin, boiseries et plafond à la française, ou la lumineuse suite "Louis XVI". Cette dernière ayant l'avantage de donner sur le jardin à travers une véranda d'influence "Louisiane", insolite et charmant apport XIXe greffé sur ce beau château médiéval.

Ouvert de mi-avril à début novembre **Chambres** 8 chambres et 1 appartement (4 pers.) : 140 à 160 € - Petit déjeuner : 9 à 10 € **Équipement** Wifi **Divers** animaux non admis, parking fermé **Accès** de Grenoble, par la RN 85 (route Napoléon) jusqu'à Gap, puis N 94 jusqu'à Crots ; de Marseille, par autoroute A 51 jusqu'à Gap, puis N 94.

HÔTEL ALLIEY

alliey.com

11, rue de l'école • Serre-Chevalier • 05220 Le Monêtier-les-Bains (Hautes-Alpes)
Tél. 04 92 24 40 02 • Fax 04 92 24 40 60 • Éliane et Hervé Buisson

• A l'entrée des domaines skiables des Hautes-Alpes, dans un virage en retrait de la rue principale de Monêtier, un panneau coloré attire soudain l'œil, et il faut vite se garer, descendre et s'installer. Parce que, une fois dedans, posés, on oublie cette rue et on s'immerge dans un petit monde de douceur, de bonheur. La vie du petit village, assez rural encore, est comme rythmée par le bruit de l'eau qui coule de la montagne, et on ne le quitte que pour aller marcher, ou skier. Car vous pourrez, sur place, goûter des vins fins et des charcuteries Italiennes fondantes, tranchées minute et dîner ainsi dans ce beau décor de bois brut et clair. L'hôtel est atypique, il était, à l'origine, la maison de famille d'Hervé et Éliane Buisson. On y entre par le côté de la chapelle Saint-Pierre et dans les étages, on trouve toute une série de chambres, petites, mais très douillettes et jolies, rafraîchies régulièrement, avec des salles de bains en faïence de Salernes. Celles de l'aile latérale sont plus simples et les appartements sont agréables avec une jolie vue sur la vallée de Serre-Chevalier. Tout comme le très beau spa de l'hôtel, accolé à une piscine extérieure. Une adresse que l'on sent animée d'une chaleureuse énergie.

Catégorie ★★★ **Ouvert** de 20 décembre au 29 mars et du 6 juin au 20 septembre **Chambres** 13 chambres doubles : 89 à 139 € - Demi-pension (par pers.) : 84 à 124 € - Petit déjeuner : 17 € **Restaurant** (soir) : 29 € Équipements TV, Wifi **Divers** animaux admis **Loisirs** piscine intérieure chauffée, ski alpin, ski de fond, VTT **Bien-être** massages, spa complet, thalassothérapie, thermalisme **Accès** à 13 km de Briançon par le col du Lautaret (en venant de Grenoble).

LE CHALET D'EN HÔ

chaletdenho.com
Hameau des Chazals • 05100 Névache (Hautes-Alpes)
Tél. 04 92 20 12 29 • Fax 04 92 20 59 70 • Agnès, Didier et Valérie

• La vallée de la Clarée est un site classé, connu pour la richesse de sa faune et de sa flore. On y décèle encore le témoignage des modes de vie autarciques qui prévalaient dans les hautes vallées de montagne. À côté de l'habitat traditionnel, quelques constructions plus récentes devraient bien vieillir et permettent d'élargir la capacité d'accueil du site. C'est le cas de ce chalet situé plein sud, à proximité des pistes de ski de fond (qui semblent se perdre dans l'infini) et des deux remonte-pentes de la station. Quatorze chambres vous y attendent. Murs crépis de blanc ou partiellement lambrissés de mélèze, tissus rouge et blanc ravissants, souvent un balcon, parfois une mezzanine pour les enfants… C'est gai, paisible, sans prétention, avec une atmosphère très "chalet de montagne" due aux volumes variés, aux paliers à décrochement et aux petits clins d'œil décoratifs choisis. Particulièrement chaleureux, le salon-bar, avec coin-cheminée et piano pour hôtes mélomanes, se prolonge par une très agréable terrasse-solarium. Alléchant menu du jour dans une charmante salle à manger agrémentée de nombreux objets ruraux assemblés par thèmes. Ambiance vacances, rappelée par une animation discrète et enjouée au moment du dîner. Accueil attentif et chaleureux.

Catégorie ★★★ **Ouvert** du 29 décembre au 29 mars et du 6 juin au 20 septembre **Chambres** 13 chambres : 140 à 158 €, en 1/2 pension (par pers.) : 94 à 104 €, 1 suite familiale : 203 à 229 € **Restaurant** (midi et soir) : 29 € **Équipements** TV, Wifi **Divers** animaux (10 €), parking privé **Loisirs** ski alpin, ski de fond, VTT **Bien-être** Jacuzzi, massages, sauna **Accès** à Briançon N94 (Montgenèvre) ; D994 vers Névache.

LES CHALETS DU VILLARD

leschaletsduvillard.fr

Le Villard • 05350 Saint-Véran (Hautes-Alpes)
Tél. 04 92 45 82 08 • Fax 04 92 45 86 22 • Ana Cecilia et David Weber

• Deux mille quarante mètres : Saint-Véran est la plus haute commune d'Europe. Pour nous, c'est aussi l'un des plus charmants villages d'altitude qui soient. Plein sud, adossé à la pente face à la crête de Curelet, il expose ses superbes chalets XVIIIe et leurs avancées en mélèze (balcons-séchoirs). C'est en remontant la ruelle principale, juste après avoir longé le vieux temple protestant, que l'on descend à l'hôtel. "Descendre" est le mot, puisque c'est à partir du niveau le plus élevé et par escaliers successifs que s'effectue l'accès aux pièces de réception. Construit il y a une trentaine d'années, l'édifice s'accroche par degrés à la pente, en contrebas du village. De quoi assurer une vue imprenable et ensoleillée à la belle terrasse de planches et aux balcons de chacune des chambres-studios (fonctionnelles, assez jolies et idéales pour les familles, avec leurs larges lits à couettes, leur coin-salon et leur kitchenette). On aime les volumes généreux du salon d'accueil pavé de bois. Même ambiance dans la salle à manger, avec son sol en parefeuille ciré et sa cheminée où l'on grille la viande chaque soir. Cuisine simple et d'une vraie qualité, à déguster en terrasse l'été, en face des montagnes. Accueil familial, très agréable.

Catégorie ★★★ **Ouvert** du 20 décembre au 6 avril et du 13 juin au 20 septembre **Chambres** 24 appartement-studio (6 pers.) : 63 à 210€ - Petit déjeuner : 12€ - Demi-pension : 30 à 40€ (supp./pers) **Restaurant** (midi et soir) : 21 à 38€ **Équipements** TV, Wifi **Divers Loisirs** ski alpin, ski de fond **Bien-être** spa complet **Accès** à Gap, prendre N94 jusqu'à Guillestre, D947 jusqu'à Ville-Vieille puis D5 jusqu'à Saint-Véran.

LE PI MAÏ

lepimai.com

Hameau de Fréjus • Station de Serre-Chevalier • 05240 La Salle-les-Alpes (Hautes-Alpes)
Tél. 04 92 24 83 63 • Port. 06 08 54 13 60 • M. et Mme Charamel

• Difficile de rêver situation plus montagnarde et sauvage que *Le Pi- Maï!* Uniquement accessible à skis ou avec des raquettes, l'hiver, ce magnifique chalet accroché à la pente (deux mille mètres) est un peu à l'écart des pistes du "Grand Serre Che" et domine la vallée. Il s'agit avant tout d'un restaurant réputé pour sa cuisine saine et bonne. S'y ajoutent quelques chambres en madriers de mélèze, lumineuses et souvent dotées d'un balcon ("Torrent" est la plus grande). Chaleureuses et intimes, elles ne manquent vraiment pas de séduction, mais, comme pour toute structure en bois, ne leur en demandez pas trop en matière d'insonorisation intérieure. Dehors, en revanche, c'est le grand calme! Surtout en fin de journée, alors que les skieurs rejoignent la vallée et que les quelques hôtes privilégiés goûtent au vrai plaisir de rester là, presque seuls, à profiter des derniers rayons du soleil et du silence pur de la montagne. Une adresse rare!

Ouvert du 15 décembre au 30 avril **Chambres** 6 chambres : 150 à 180 € (par pers. en 1/2 pension) - Petit déjeuner compris **Restaurant** midi et soir : 30 à 32 € **Divers** animaux non admis **Loisirs** ski alpin sur place **Accès** à 10 km au nord-ouest de Briançon par N 91 ; à Villeneuve-la-Salle, Hauts-de-Fréjus, 7 km de chemin accessible sauf enseigement, ou télécabine de Fréjus depuis Villeneuve 1 400 (dernière montée à 16 heures), puis chemin (10 minutes à pied, 3 minutes à skis, 20 minutes en voiture l'été).

HÔTEL IDÉAL SÉJOUR €

ideal-sejour.com

6, allée du Parc des vallergues • 06400 Cannes (Alpes-Maritimes)
Tél. 04 93 39 16 66 • Fax 04 92 99 11 30 • Port. 06 78 76 82 64 • Michele

Deschamps
• Difficile, impossible, d'imaginer l'ambiance de ce petit hôtel caché dans la verdure d'un quartier résidentiel. Le nom évoque l'aimable pension de famille, la façade, une maison bourgeoise des années 1930. C'est pourtant ici que se sont donné rendez-vous tous les thèmes littéraires, culturels ou fantasmagoriques qui passionnent Michèle Deschamps. L'ex-enseignante, aidée par un artiste plasticien (Romain Gouot), a ainsi affecté à chaque chambre son univers propre, exprimé à travers le choix du mobilier, des objets. Et d'immenses fresques complétées de parties en relief : les plis des rideaux rouges de la chambre "Théâtre", le visage de James Ellroy dans la chambre-polar "Dalhia noir", la trompe et les défenses de l'éléphant de "Safari", le plafond bleu de "Mille et Une Nuits", qui scintille d'étoiles en fibres optiques… On n'y vivrait pas toute l'année, mais, pour quelques jours, le dépaysement est le bienvenu, d'autant plus que la tenue et le confort sont parfaits et que certaines chambres disposent d'un balcon. Au rez-de-chaussée, la pièce des petits déjeuners, joliment design, s'articule avec le salon bibliothèque (des milliers de livres, les noms de grands auteurs inscrits sur les murs). Elle s'ouvre sur le jardin d'arbustes, de capucines et de fleurs en pots (saluez les trois personnages en céramique vernissée qui lisent à l'ombre) et s'anime particulièrement le dimanche lors des brunchs gourmands. À découvrir en n'oubliant pas d'apporter son âme d'enfant.

Catégorie ★★ **Ouvert** toute l'année sauf du 11 janvier au 11 février **Chambres** 16 chambres : 72 à 160 € - Petit déjeuner : 10,50 € **Équipements** TV, Wifi **Divers** animaux admis **Bien-être** massages **Accès** A8 sortie n° 42 puis boulevard Carnot jusqu'au bout, puis avenue de Grasse et avenue de Lattre de Tassigny jusqu'à l'entrée du parc des Vallergues.

·NOUVEAUTÉ·

VILLA SAINT BARTH

cannesvillastbarth.com

5 avenue de France • 06400 Cannes (Alpes-Maritimes)
Tél. 04 93 43 50 50 • Fax : 04 93 46 19 06 • M. et Mme Harroch

• Depuis la rue, on ne devine rien, ou peu : une façade sobrissime, de belles lignes discrètes, du béton, du bois et de la végétation qui grignote. C'est à l'intérieur que le charme opère à travers la délicate mise en scène de toute la construction. Les chambres sont quasiment des appartements, ultraconfortables et bien conçus. Les équipements sont plus pointus que dans les meilleurs hôtels, tout fonctionne à merveille. Mobilier, draps, matelas, linge, tout est parfait. La lumière naturelle étudiée et les éclairages, le soir, également bien travaillés. Sur l'arrière, un autre univers se dessine derrière l'écran des bambous protecteurs. Un chemin dans la presque jungle (souvenir de l'ancienne vie insulaire des propriétaires ?) mène à une piscine paradisiaque, à des recoins de calme, chaises longues et fauteuils suffisamment isolés les uns des autres. En cas de faim, midi ou soir, après-midi, à tout moment, on vous prépare une belle assiette, une salade, de jolis produits simplement cuits. Le service est délicieux, attentionné. On est en maison d'hôtes avec la qualité d'un grand hôtel – sans la foule ni le bruit. Si d'aventure vous voulez quitter le nid, les plages de Cannes sont à cinq minutes, en bas. Mais pour quoi faire ?... On est ici aimanté, choyé, hypnotisé.

Ouvert toute l'année **Chambres** 3 chambres : 145 à 390 €, 2 suites : 205 à 525 € - Petit déjeuner : 17 € **restaurant** (soir) : 30 à 38 € **Équipements** climatisation, TV, Wifi, coffre-fort **Divers** animaux admis, garage **Loisirs** piscine chauffée **Bien-être** Hammam, Jacuzzi **Accès** dans Cannes suivre panneaux du centre hospitalier, longer l'hôpital (côté est) par l'avenue des Broussailles, puis avenue de France, puis fléchage.

LA JABOTTE

jabotte.com

13, avenue Max-Maurey • 06160 Cap d'Antibes (Alpes-Maritimes)
Tél. 04 93 61 45 89 • Fax 04 93 61 07 04 • Nathalie et Pierre Lesjean

• Avec les ouvertures des chambres toutes tournées vers un patio central, on pourrait craindre d'être gêné par le manque d'intimité, ou incité à garder ses portes et fenêtres fermées pour la préserver. Mais comment résister aux attraits de ce ravissant jardin-patio ? Il est tellement délicieux de s'y retrouver, à l'heure de l'apéritif ou du Petit déjeuner, pour partager quelques heures en cordiale compagnie. Avec, pour nouveaux amis, un mimosa, un oranger, un olivier - et deux chats qui se prélassent au soleil. Et puis, bien sûr, on y est un peu confiné, mais on aime ces petites chambres chaleureuses, très sobrement décorées, avec leurs miniterrasses privatives, leurs salles de bains fonctionnelles, progressivement rafraîchies. À l'occasion du changement de propriétaires l'an dernier, toute la literie a été changée, la climatisation a été installée dans les chambres et le service s'est renforcé (ceux qui arrivent tard pourront, sur réservation, demander un dîner simple ou un plateau-repas). Sur cette Côte d'Azur où les tarifs sont souvent prohibitifs, voici une vraie rareté, qui prouve qu'avec un peu d'idée et de la passion on peut parfaitement réussir à marier qualité, charme et prix raisonnables. À cinquante mètres de l'une des plus belles plages du cap d'Antibes, un bien charmant hôtel de poche !

Catégorie ★★ **Ouvert** toute l'année **Chambres** 10 chambres et 1 suite (4 pers.) : 169 à 249 € - Petit déjeuner : 5 € **Équipements** climatisation, Wifi **Divers** animaux (10 €), parking sur réservation (10 €) **Accès** A8 sortie n° 44 Antibes, suivre direction Antibes-centre, Cap-d'Antibes, les plages, plage de la Salis ; au centre de la baie, prendre la petite avenue Max-Maurey, l'hôtel est à 50 m.

L'ABBAYE

hotelabbaye.com

06480 La Colle-sur-Loup (Alpes-Maritimes)
Tél. 04 93 32 68 34 • Fax 04 93 32 85 06 • Famille Hughes

• Une ancienne abbaye du XIIe devenue hôtel, tout à l'entrée de La Colle-sur-Loup : en retrait de la route, ce bâtiment beau et austère a intégré avec talent mobilier et œuvres contemporaines – parfois audacieuses, décoiffantes, surprenantes s'il en est. L'ambiance est donc plutôt "mode", très actuelle, mais sans excès. Les chambres, en général, sont restées plus sages : sobrement aménagées afin de conserver l'esprit des lieux, elles se distribuent autour de deux ravissants patios où l'on peut s'alanguir à l'ombre de quelques vieux arbres. Certaines sont installées dans d'anciennes cellules de moines aux recoins inattendus : elles n'ont pourtant rien de sévère et affichent un bon rapport qualité-prix. Les plus belles sont dotées d'un ciel de lit ou d'un baldaquin, de tomettes anciennes à la superbe patine, de salles de bains à belles vasques sur plan de bois, avec baignoire d'angle parfois. Dans la salle à manger, ambiance "tendance", à nouveau, pour goûter la cuisine du moment, à moins que le soleil ne permette de rester dans la belle cour – et, là, c'est une jouissive parenthèse qui s'ouvre… Avec à côté, autour, le sol en pierre d'époque, les sublimes salons, la grande piscine : tout pour plaire !

Catégorie ★★★ **Ouvert** toute l'année sauf en novembre **Chambres** 13 chambres : 105 à 215 €, 2 suites : 235 à 265 € - Petit déjeuner (8 h à 11 h) : 11 à 14 € **Restaurant** 18 à 41 € **Équipements** climatisation, TV, Wifi **Divers** animaux (8 €) **Loisirs** piscine **Accès** A8 sortie n° 47 Cagnes-sur-Mer, Vence, avenue des Alpes, au dernier rond-point prendre "La Colle-centre", puis Châteauneuf-de-Grasse, Grasse, et 500 m à gauche (avant la piscine municipale et le stade).

HÔTEL WINDSOR

hotelwindsornice.com

11, rue Dalpozzo • 06000 Nice (Alpes-Maritimes)
Tél. 04 93 88 59 35 • Fax 04 93 88 94 57 • Mme Redolfi-Payen

• Détrompez-vous, *le Windsor* n'a rien d'un classique hôtel de centre-ville. Dès la réception, moderne, le ton est donné avec ce lit d'apparat asiatique tout incrusté de nacre et cette ancienne châsse dorée avec un bouddha assis. Même étrange magie dans le jardin exotique luxuriant, où une volière loge dans le creux d'un vieil arbre et où quelques tables occupent une terrasse en teck non loin d'une petite piscine égayée par le chant (enregistré) d'oiseaux des îles. Vous l'aurez compris, un esprit particulier habite ces lieux. Les chambres, souvent grandes et très confortables, rappellent volontairement les hôtels des années 1950 et 1960. Mais l'originalité de cet établissement tient surtout à la personnalité du propriétaire et aux vingt-six "chambres d'artistes" contemporains qu'il propose ("Ben", "Peter Fend", "Honegger", "Jean Le Gac", "Panchounette", "Parmiggiani", "Philippe Perrin"…). Unique ! Pour expliquer sa démarche, mieux vaut lui laisser la parole : "*Un artiste est relié à une réalité immanente. C'est ce qui m'attire. En hôtellerie, on est arrivé à une limite sur le plan de la compétition matérielle. On peut rajouter un fer à repasser, un séchoir, bien sûr, mais il vaut mieux approfondir le tissu humain.*" À cent cinquante mètres de la promenade des Anglais, voici un hôtel drôle et raffiné, qui n'a rien à envier aux palaces voisins !

Catégorie ★★★★ **Ouvert** toute l'année **Chambres** 57 chambres : 81 à 170 € - Demi-pension (supp/ pers.) : 36 € - Petit déjeuner : 14 € **Restaurant** (le soir) : 29 à 35 € **Équipements** climatisation, TV, Wifi, ascenseur **Divers** animaux (12 €) **Loisirs** piscine **Bien-être** hammam, massages, sauna **Accès** dans le centre-ville.

HÔTEL LES DEUX FRÈRES

lesdeuxfreres.com

Place des Deux-Frères • 06190 Roquebrune Cap-Martin (Alpes-Maritimes)
Tél. 04 93 28 99 00 • Port. 06 80 86 22 41 • M. Bonestroo

• L'une des plus belles vues de la Côte d'Azur ! Du sommet du village, qui domine de manière vertigineuse la baie de Monte-Carlo, on peut suivre le ballet des yachts et paquebots, s'imaginer voler à travers les airs, aigle formidable ou colibri gracieux, dans la dégringolade de verdure et de montagne qui explose dans la grande bleue… Roquebrune était, au Moyen Âge, protégé par son château carolingien, puis, avec le temps, le village s'est ouvert, rassuré. L'école, construite en 1854 obtint le meilleur emplacement, sur la place des Deux-Frères – du nom des deux rochers à l'origine du village. Mais elle a été abandonnée avant sa restauration par un architecte hollandais. Le préau s'est ainsi mué en terrasse, et les salles de classe ont été divisées, transformées en de très jolies petites chambres décorées autour de différents thèmes : "Fleur de lys", "Nuit de noce", "Marine", "Afrique" – aux porte-clés, vous le verrez, assez surprenants. La vue y est souvent fantastique, et les prix… étonnamment doux. À l'intérieur du restaurant, à proximité de la cheminée, de gros canapés en cuir ont été installés pour donner l'envie aux invités de rester après la cloche de 18 heures. On y profite alors d'une ambiance chaleureuse, fleurie, avec de nombreux tableaux ou objets personnels, et un accueil décontracté.

Ouvert toute l'année **Chambres** 9 chambres : 75 à 110 € - Petit déjeuner : 9 € **Restaurant** (midi et soir) : 28 à 48 € **Équipements** climatisation, TV, Wifi **Divers** animaux admis **Accès** à 5 km au sud de Menton par A8 ou N98.

HÔTEL DU CLOS

hotel-du-clos.com

3, chemin des Écoles • 06650 Le Rouret (Alpes-Maritimes)
Tél. 04 93 40 78 85 • Fax 04 93 70 64 42 • Catherine Ettlinger

• À quelques kilomètres de Saint-Paul-de-Vence, *l'Hôtel du Clos* est une belle et tranquille maison, une bastide restaurée avec de beaux matériaux, agrémentée de quelques discrètes touches "déco". Ses propriétaires sont avant tout restaurateurs, installés quelques dizaines de mètres plus bas. La table y est honnête, orientée sur les produits de saison. On rejoint sa chambre à pied par le hameau, et c'est vraiment là, dans les jardins, que l'on est le mieux. Au matin, le Petit déjeuner est servi sur la terrasse principale, au-dessous des chambres de l'étage, ou, pour les chambres des petites dépendances, sur les tables placées devant. Le choix des produits est exemplaire, l'éventail généreux et gourmand. Pains maison, viennoiseries fines, fruits frais, jus d'oranges pressées : on s'y régale et on y passe du temps, en regardant voleter les papillons… Tout est réuni pour que vous passiez ici un séjour confortable et paisible, y compris la qualité des literies, des salles de bains – et de l'accueil, excellent.

Catégorie ★★★ **Ouvert** toute l'année sauf à noël **Chambres** 9 chambres : 125 à 215 €, 2 junior-suites : 195 à 255 € - Petit déjeuner : 8 à 15 € **Restaurant** "Le Clos Saint-Pierre" : 35 à 59 € **Équipements** climatisation, TV, Wifi **Divers** animaux admis **Loisirs** piscine **Accès** A 8 sortie Villeneuve-Loubet puis D 2085 vers Grasse, passer Roquefort-les-Pins, au Rouret, prendre au 2e feu à droite, passer devant le Clos Saint-Pierre puis à gauche et panneaux.

HÔTEL BRISE MARINE

hotel-brisemarine.com

58, avenue Jean-Mermoz • 06230 Saint-Jean-Cap-Ferrat (Alpes-Maritimes)
Tél. 04 93 76 04 36 • Fax 04 93 76 11 49 • Famille Maîtrehenry

• *Brise Marine*, c'est d'abord un irrésistible jardin en escaliers avec ses innombrables fleurs, ses palmiers, petites fontaines, lions de terre cuite et jeux de balustres. Les chambres, régulièrement rénovées, conservent leur simplicité provinciale et se répartissent entre la maison principale et des petites dépendances de plain-pied sur une courette dallée, ponctuée de poteries. À l'étage, bon nombre d'entre elles s'ouvrent sur la mer avec, à droite, le palais d'un émir – port privé, immense jardin clos de murs, paisibles molosses… on s'attendrait presque à voir James Bond caché dans un massif de buis. Grand moment de plaisir, le Petit déjeuner se prend souvent dehors, à l'ombre d'un vélum et en face de l'une des plus belles vues qui soient : la baie de Monte-Carlo en léger contrebas avec la luxuriance méridionale du jardin en premier plan. Service attentif et souriant de Jean-Baptiste et de ses parents – ici, on travaille en famille depuis plusieurs générations. Bientôt cinquante ans que la famille Maîtrehenry résiste à la pression foncière pour tenir ce petit hôtel et retrouver sa clientèle d'habitués tout heureuse de pouvoir séjourner à prix encore réalistes dans l'un des lieux les plus prisés d'Europe. Pas de restaurant sur place, mais la plage de la Paloma et son restaurant les pieds dans l'eau n'est qu'à deux cents mètres.

Catégorie ★★★ **Ouvert** de mars à octobre **Chambres** 14 chambres doubles : 182 à 207 €, 1 studio (4 pers) : 186 à 231 € - Petit déjeuner : 16 € **Équipements** climatisation, TV, Wifi **Divers** animaux non admis, parking fermé (15 €) **Accès** à 15 km à l'est de Nice par N 98.

LES VERGERS DE SAINT-PAUL

vergersdesaintpaul.com

940, route de La Colle • 06570 Saint-Paul-de-Vence (Alpes-Maritimes)
Tél. 04 93 32 94 24 • Fax 04 93 32 91 07 • Jacques Meche

• On pourrait penser qu'il est standard et sans surprise, un parmi d'autres, alignés ainsi dans la montée vers Saint-Paul – mais il n'en est rien ! À proximité immédiate de la célèbre fondation Maeght, ce petit ensemble construit à flanc de colline, agencé autour du rectangle bleu de sa piscine, réserve un doux mélange de sobriété et de bon goût. Entièrement rénové, l'intérieur affiche un décor simple, très homogène, notamment dans les chambres, qui sont toutes déclinées sur le même thème. Chacune associe des murs blancs, un parquet de bois clair, de beaux tissus rayés bleu et blanc – en couvre-lits, en juponnage de table et sur les sièges de style Empire. Avec aux murs les œuvres d'un artiste voisin, Joël Roux, d'une abstraction à la fois joyeuse et élégante. Les salles de bains sont superbes, et depuis chaque terrasse privative on a une vue plongeante sur la piscine et les collines, orientées vers la Méditerranée. Le tout forme un mélange néopompéien des plus confortables, exceptionnellement bien entretenu. Les petits déjeuners sont eux aussi très soignés, servis avec bonne humeur par une équipe délicieuse – réunie autour du dynamique et jovial Jacques Meche, qui adore son hôtel et sait rendre sa passion communicative.

Catégorie ★★★ **Ouvert** toute l'année **Chambres** 5 chambres : 95 à 170 €, 2 suites : 195 à 265 € - Petit déjeuner : 14 à 16 € **Équipements** climatisation, TV, Wifi **Divers** animaux non admis **Loisirs** piscine **Bien-être** Jacuzzi **Accès** à 16 km à l'ouest de Nice par A 8, sortie Cagnes-sur-Mer, puis D 7 direction Vence par La Colle-sur-Loup ; à 900 m avant Saint-Paul-de-Vence.

HÔTEL LE HAMEAU

le-hameau.com

528, route de La Colle • 06570 Saint-Paul-de-Vence (Alpes-Maritimes)
Tél. 04 93 32 80 24 • M. Burlando

• Une voûte de citronniers, jasmins, capucines, bordée par un jardin odorant, très fleuri, mène à cette maison blanche 1920 qui domine la vallée et le village de Saint-Paul. L'hôtel, construit en terrasses et en arcades sur le site d'une ancienne ferme, paraît s'enfouir sous le chèvrefeuille, les figuiers, le jasmin et les vignes grimpantes. Dans les maisonnettes chaulées de blanc, les chambres sont carrelées de tomettes et décorées de meubles provençaux anciens. Elles disposent pour certaines d'une loggia avec vue panoramique, et, pour d'autres, d'un accès de plain-pied sur la magnifique piscine à débordement qui semble arroser l'arrière-pays en contrebas. Dans les autres corps de bâtiment, datant du XVIIIe siècle, les chambres peuvent se révéler plus petites et parfois mansardées, mais elles bénéficient souvent d'une jolie vue sur les collines ou sur Saint-Paul. Une adresse un peu "rétro", dynamisée depuis peu par une énergique et sympathique personnalité.

Catégorie ★★★ **Ouvert** du 15 février au 15 novembre **Chambres** 10 chambres doubles : 125 à 190 €, 2 chambres triples : 180 à 200 €, 4 suites (2 à 4 pers.) : 230 à 280 € - Petit déjeuner : 16 € **Équipements** climatisation, TV, Wifi **Divers** animaux (15 €) privé **Loisirs** piscine **Accès** à 20 km à l'ouest de Nice par A8, sortie n° 48 Cagnes-sur-Mer ou, en arrivant de Cannes, sortie Villeneuve-Loubet n° 47, puis D 7 direction La Colle-sur-Loup ; à 1 km avant Saint-Paul.

HOSTELLERIE JÉRÔME

hostelleriejerome.com

20, rue du Comte-de-Cessole • 06320 La Turbie (Alpes-Maritimes)
Tél. 04 92 41 51 51 • Fax 04 92 41 51 50 • Bruno Cirino

• Sur la face sud du village de La Turbie, *l'Hostellerie Jérôme* s'est installée dans une maison en apparence quelconque, disparaissant sous une toison de lierre grimpant jusque sur les pourtours de chaque fenêtre… Mais, dès l'entrée, un autre visage se découvre : celui de l'ancien presbytère du village, auquel on accède par une porte médiévale, une ruelle étroite, puis un escalier (raide) menant au petit bureau d'accueil. Là, on se fait conduire à sa chambre, aux étages – un petit écrin de confort sobre et douillet, ouvrant grand sur la Méditerranée. Sublime. Le soir venu, on dînera en bas, dans la vaste salle à manger sobrement décorée de meubles, tableaux, objets des XVIIIe et XIXe siècles et au plafond ogival peint de fresques, digne d'un palais italien. Les étoiles Michelin ne sont pas montées à la tête de Bruno et de Marion Cirino, et c'est avec l'amour des choses simples et le respect des vieux murs qu'ils améliorent depuis six ans cette grande maison traditionnelle. Incontestablement l'une des toutes meilleures de la région, la table est aussi l'occasion d'apprécier la justesse de ton du service et de l'accueil, ni hautain ni "branché Côte d'Azur", mais simplement agréable et disponible ; une qualité de plus à mettre à l'actif de cette authentique et attachante adresse.

Ouvert de 14 février à mi-novembre **Chambres** 5 chambres doubles : 100 à 160 € - Petit déjeuner : 16 € **Restaurant** (midi et soir) : 78 à 138 € et *Le Café de la Fontaine* (midi et soir) : 28 € **Équipements** climatisation, TV, Wifi **Divers** parking public **Accès** A8 sortie n° 57 Roquebrune, La Turbie ; par la moyenne corniche jusqu'au village d'Èze puis grande corniche à gauche jusqu'à La Turbie.

•NOUVEAUTÉ•

HÔTEL CANTEMERLE

hotelcantemerle.com

258, chemin Cantemerle • 06140 Vence (Alpes-Maritimes)
Tél. 04 93 58 08 18 • Christian Eberhardt

• En balcon sur les collines de Vence, le *Cantemerle* est l'équivalent d'un petit paradis pour les vacances en Provence, un presque hameau ouvert sur l'horizon et en contrebas, la mer. Havre idéal, il offre non pas l'animation bruyante de ce genre de complexe, mais le service attentionné, la discrète présence qui veille à ce que tout se passe bien, à ce que l'on ne s'ennuie pas, mais jamais dans le vacarme. Le restaurant offre midi et soir de belles assiettes de saison, parsemées d'herbes du jardin : on peut les regarder pousser dans les parterres qui font mosaïque entre les tables de la terrasse et la piscine… De nombreux espaces différents ont été pensés pour que chacun trouve sa place sans se déranger. Des chaises longues en plein soleil, d'autres sous les arbres, des fauteuils et banquettes en teck pour boire le thé. Un pavillon dédié au bien-être, avec hammam, piscine couverte, salle de soins. Et des chambres, de tailles et de budgets variés, toutes ultraconfortables, lumineuses, très soignées. Les jeudis soirs d'été, la fin de journée devient musicale, avec un artiste de qualité qui vient s'installer au jardin pour faire vibrer les cordes sensibles. Un vent de gaieté vient réunir tout le monde et accompagner le repas sous les étoiles. L'accueil et le service sont ici des plus gentils, prévenants à tout instant.

Classement ★★★★ **Ouvert** du 1er avril au 15 octobre **Chambres** 26 chambres doubles : 180 à 298 €, 17 duplex (3 pers.) : 318 à 348 €, 1 suite : 537 à 587 € - Petit déjeuner : 19 € **Restaurant** (midi et soir) : 25 à 55 € **Équipement** climatisation, Wifi, TV, coffre-fort **Divers** animaux admis (16 €), parking fermé **Loisirs** 2 piscines (intérieure chauffée et extérieure) **Bien-être** spa complet **Accès** à 10 km au nord de Cagnes-sur-Mer par D 36.

HÔTEL WELCOME

welcomehotel.com
3, quai Courbet • 06230 villefranche sur mer (Alpes-Maritimes)
Tél. 04 93 76 27 62 • Fax 04 93 76 27 66 • Catherine Sigwalt

• On est ici transportés au coeur du coeur de la carte postale de la Côte d'Azur : sur les quais d'un petit port, des bateaux de pêcheurs multicolores, une chapelle décorée par Jean Cocteau, des terrasses de restaurants…et un hôtel comme on en rêverait, directement sur le quai. Construit sur les ruines d'un monastère du XVIIe siècle, il fait partie de la mémoire de Villefranche et s'intègre bien au village, avec sa façade ocre aux persiennes bleu-vert. De tailles différentes, ensoleillées et très joliment décorées dans des tonalités gaies, les chambres bénéficient d'un confort des plus modernes, rafraîchies régulièrement au fil des ans. La 55 rend hommage à Cocteau, qui l'aurait habitée. Celles du dernier étage, très charmantes avec leurs balcons clos comme les bastingages, sont en soupente. Afin de pallier leur petite taille, l'hôtel a choisi un thème "cabine de bateau" pour les décorer. Toutes ont vue sur la mer et disposent d'un balcon ou d'une petite terrasse où vous pourrez prendre votre Petit déjeuner en contemplant la rade. On peut également prendre l'apéritif dans le wine bar, d'où l'on voit les bateaux et les lumières du port. Accueil attentif et très courtois. Avant de quitter Villefranche, accordez-vous quelques minutes de promenade à travers les ruelles étroites de la vieille ville. Il y règne un parfum d'Italie, et l'on est heureux de constater qu'il existe encore, à quelques mètres de la mer, des lieux épargnés par les bétonneurs de la côte.

Catégorie ★★★★ **Ouvert** du 11 novembre au 19 décembre **Chambres** 35 chambres doubles : 149 à 363 €, 3 suites familiales : 226 à 857 € - Petit déjeuner : 17,50 € **Équipements** climatisation, TV, Wifi **Divers** animaux (17,50 €), garage (28 à 46 €) **Accès** à 6 km de Nice par N 559 ; A8 sortie n° 50.

HÔTEL LE PIGONNET

hotelpigonnet.com

5, avenue du Pigonnet • 13090 Aix-en-Provence (Bouches-du-Rhône)
Tél. 04 42 59 02 90 • Fax 04 42 59 47 77

• Légèrement en retrait du centre d'Aix et du cours Mirabeau, *Le Pigonnet* donne l'impression de se trouver déjà un peu à la campagne : Cézanne lui-même s'y est installé pour peindre, depuis la terrasse, la célèbre montagne Sainte-Victoire. Tout autour, les jardins à la française sont superbes ! À l'intérieur, après de récents travaux une tendance contemporaine, dans des teintes de noir et d'or, de gris et de rubis, remplace l'atmosphère provençale d'antan et rajeunit le décor. Certaines des confortables chambres, elles, restent dans le ton classique provençal, quand d'autres osent le nouveau style. Toutes se répartissent entre la maison ancienne, la résidence et la villa. Le restaurant propose une cuisine gastronomique qui valorise avec talent les meilleurs produits locaux à déguster dans un cadre épuré (une lumineuse salle en rotonde donnant sur le jardin), avec pour finir quelques gourmandises soignées, élaborées par le nouveau laboratoire de pâtisserie. En été, le jardin est une véritable oasis de nature maîtrisée, agencé en allées et recoins pour lire, contempler le mouvement des fleurs dans l'air de la fin d'après midi, méditer. À l'approche du dîner, on observe le ballet du personnel, parant les terrasses comme une salle de bal, avec nappes blanches, bouquets et photophores… Pour une remise en forme complète, la piscine sera précieuse, de même que les soins de massage et relaxation. A signaler que cette adresse phare dans la région vient de changer de propriétaires, de gros changements en perspective…

Catégorie ★★★★★ **Ouvert** toute l'année **Chambres** 40 chambres doubles : 195 à 440 €, 4 suites : 520 à 1350 € - Petit déj. : 19 à 25 € **Restaurant** (midi et soir), menu-carte : 49 à 85 € **Équipements** climatisation, TV, Wifi **Divers** animaux admis sur demande **Loisirs** piscine chauffée **Bien-être** hammam, sauna **Accès** par A8 ou A51, sortie Aix, Pont-de-l'Arc, puis centre-ville, et au 3e feu à gauche.

HÔTEL DE L'AMPHITHÉÂTRE €

hotelamphitheatre.fr

5-7, rue Diderot • 13200 Arles (Bouches-du-Rhône)
Tél. 04 90 96 10 30

• Le cœur gallo-romain du vieil Arles bat ici dans chaque rue autour de ce bel hôtel particulier que vous découvrirez à quelques enjambées du Théâtre antique et de l'Amphithéâtre. Sa haute façade en pierres finement sculptées n'est pas un effet d'annonce, car l'intérieur aussi conserve son noble caractère XVIIe (escalier monumental à pilastres, murs de pierres sous de hauts plafonds à poutres, beaux éléments d'architecture), alors qu'une muleta géante semble avoir jeté sa trame rouge sur les murs des deux beaux salons, les tables de la salle des petits déjeuners (bon et copieux assortiment de sucré-salé) et, en plus atténué, sur les enduits du patio. On aime cet accueillant espace extérieur avec son mobilier de bois et toiles bayadères qui semble le décor de théâtre où, derrière chaque fenêtre, une heureuse clientèle touristique se donne la réplique. Le soleil n'y pénètre qu'au zénith, ce qui, ajouté à l'épaisseur des murs, garantit aux chambres une fraîcheur bienveillante même en plein été. Il en est de très simples (prix ultralégers), de grandes familiales, de superbes suites aussi. Inoubliable, celle avec salon et sa vaste terrasse loggia surplombe le patio. Encore plus haut, "Belvédère" semble une maison posée sur l'hôtel et survole l'océan houleux des toits de tuiles arlésiens. Souvent, des patines délicates, des tissus classiques de belles marques, un bureau ou une armoire ancienne, un fauteuil de velours… Le tout sans surcharge et toujours avec goût. Venez ici en toute saison (toutefois obtenir une chambre lors des Rencontres d'Arles tient du miracle), Arles est un petit bijou, y compris l'hiver, où cet accueillant hôtel vous recevra avec une belle flambée au salon.

Catégorie ★★ **Ouvert** toute l'année **Chambres** 30 chambres : 69 à 99 €, 3 suites : 129 à 139 € - Petit déjeuner (7 h 30 à 11 h 30) : 8,50 € **Équipements** climatisation, coffre-fort, TV, Wifi **Accès** dans le centre-ville, hôtel fléché.

GRAND HÔTEL NORD-PINUS

nord-pinus.com

Place du Forum • 13200 Arles (Bouches-du-Rhône)
Tél. 04 90 93 44 44 • Fax 04 90 93 34 00 • Anne Igou

• *"Pourquoi Pinus ? Nord, je comprenais, mais Pinus ? Or c'est, m'a-t-on dit, simplement le nom du fondateur de l'hôtel. Rien de plus logique. J'ai compris que je venais d'entrer dans le pays de l'imagination et de la démesure."* Giono ne s'y était pas trompé : le *Nord Pinus* est bien un hôtel d'exception. Le livre d'or égrène ainsi les souvenirs de cette maison ayant accueilli Picasso, Cocteau, Dominguez… et beaucoup d'autres, qui aimaient venir ici dans les années 1950. Aujourd'hui, l'hôtel ne démérite pas : on est toujours séduit par le décor et la patine, alliés au confort le plus moderne. On y trouve ainsi un mélange savamment étudié et du plus bel effet : tapis marocains, beaux meubles souvent 1930, affiches tauromachiques, objets choisis, etc. Un superbe escalier mène aux chambres, qui ont chacune leur style. Les plus récentes sont beaucoup plus sobres, mais souvent très spacieuses et raffinées, avec des salles de bains également généreuses, d'un blanc immaculé. La 30 dispose d'une superbe terrasse sur les toits de la ville, et vous pourrez vous prendre pour El Cordobès, l'espace d'une nuit, si vous demandez la chambre mythique, celle qui accueille les toréadors à l'heure de la feria. Sur la jolie place du Forum, cœur battant d'Arles, une adresse de grand charme pour séjourner ou simplement prendre un verre.

Catégorie ★★★★ **Ouvert** du 1er mars au 15 novembre **Chambres** 18 chambres (2 pers.) : 160 à 240 €, 7 suites (2 à 4 pers.) : 260 à 395 €, 1 appartement-studio (4 pers.) : 390 à 495 € - Petit déjeuner : 18 à 24 € **Restaurant** (le soir) : 35 € **Équipements** climatisation, TV, Wifi, ascenseur **Divers** animaux admis, parking fermé (20 €) **Accès** dans le centre-ville.

L'HÔTEL PARTICULIER

hotel-particulier.com

4, rue de la Monnaie • 13200 Arles (Bouches-du-Rhône)
Tél. 04 90 52 51 40 • Fax 04 90 96 16 70 • Brigitte Pagès de Oliveira

• Avant de pénétrer au sein de la plus confidentielle des adresses arlésiennes, il suffit d'en longer les vieux et nobles murs pour imaginer l'importance du lieu, qui réunit deux hôtels particuliers. Passé le portail monumental, façade néoclassique, bassin de nage, ifs centenaires et buis taillés composent un paysage d'eau, de pierre et de verdure à l'élégance intemporelle. Les anciennes écuries, aménagées en suites avec terrasses ornées de rambardes de fer forgé, ajoutent au charme de ce jardin rare et rafraîchissant, qui bercera vos heures du Petit déjeuner au dîner. Une couleur, le blanc, et un parfum, la rose, servent de fil conducteur entre dedans et dehors. Devant tant de blancheur, l'atmosphère, contemporaine, devient presque irréelle dans les chambres, d'un raffinement extrême. Les lueurs dorées d'un miroir baroque, le fer martelé d'une vasque marocaine ou la splendeur d'un panoramique Zuber n'en ressortent que plus vivement. Moulures, cheminées et belle hauteur sous plafond dans la partie XIXe, mobilier et luminaires design dans l'aile XVIIe, qui ne bénéficie pas, hélas, de la jolie vue sur le jardin. L'hiver, dîner au coin du feu, assis sur de gracieuses chaises italiennes, avec dans vos assiettes quelques tentations gastronomiques tout en finesse à déguster à la lueur des bougies…

Catégorie ★★★★ **Ouvert** toute l'année **Chambres** 18 chambres (selon saison) : 289 à 549 € - Petit déjeuner : 26 € **Pas de restaurant** à l'hôtel **Équipements** climatisation, TV, Wifi **Divers** animaux admis (20 €), garage (29 €) **Loisirs** piscine chauffée **Bien-être** hammam **Accès**: dans Arles, boulevard des Lices, puis 1re rue après le théâtre municipal ; rue Jean-Granaud, et 50 m sur la gauche, rue de la Monnaie.

LE MAS DE LA CHAPELLE

masdelachapelle.fr

Petite route de Tarascon • 13200 Arles (Bouches-du-Rhône)
Tél. 04 90 93 00 45 • Fax 04 90 18 86 11 • Dominique Gérard

• Aux portes d'Arles mais déjà en pleine campagne, cet ancien prieuré des chevaliers de Malte est un lieu d'une exubérance, d'une élégance et d'une originalité folles. À commencer par l'ancienne chapelle transformée en vaste salon avec cheminée où s'accumulent mobilier, tableaux et objets anciens à la manière d'un cabinet de curiosités. Même esprit dans les autres pièces de réception, qui sont un voyage dans le temps et parfois les mondes lointains. D'époques variables, plusieurs constructions entourent le bâtiment central : la " Maison rouge" abrite quatre chambres de plain-pied avec terrasse, le " Patio de la piscine" six chambres, très agréables en été car sombres et fraîches. Toutes rivalisent en confort et en esthétisme, avec un remarquable choix de tissus, de meubles, de tableaux. Au dernier étage de la maison principale, c'est un espace très contemporain qui a vu le jour, avec une terrasse panoramique où les petits déjeuners sont servis – vue sur les fleurs, les arbres, les bassins. Car, l'autre point fort du mas, c'est incontestablement l'immense parc où essences rares, collection de vivaces, petits coins intimes alternent ou se conjuguent autour de deux immenses bassins à l'italienne dignes de villas palladiennes (et dont l'eau ferrugineuse colore d'orange les margelles de pierre et les déesses, vasques ou rocailles sculptées qui les entourent). Une adresse décalée, atypique, à découvrir en compagnie des sympathiques chiens et chats du propriétaire. Pas de restaurant sur place, mais vous vous consolerez à *L'Atelier,* l'excellente table de Jean-Paul Rabanel.

Catégorie ★★★★ **Ouvert** toute l'année **Chambres** 22 chambres simples & doubles : 95 à 215 €, 2 suites familiales : 195 à 245 € - Petit déj. : 9 à 16 € **Équipements** climatisation, TV, Wifi **Loisirs** piscine chauffée **Bien-être** hammam **Accès** dans Arles, suivre la voie ferrée par D 35 "Petite route de Tarascon", le mas est à la sortie de la ville.

HÔTEL SPA LE CALENDAL

lecalendal.com

5, rue Porte-de-Laure • 13200 Arles (Bouches-du-Rhône)
Tél. 04 90 96 11 89 • Fax 04 90 96 05 84 • Cécile Jacquemin

• Magnifiquement situé entre les deux principaux monuments romains d'Arles : les arènes et le théâtre antique (sur lesquels donnent quelques chambres), ce petit hôtel convivial permet de rayonner très facilement dans tout le centre historique. On y accède en voiture, et, en raison des problèmes de stationnement, l'établissement fournit une carte qui donne accès au parking des boulevards extérieurs. Climatisées, confortables, pimpantes, les chambres sont plutôt agréables, avec leur décor standard qui s'inspire du style provençal. Certaines disposent même d'une terrasse avec vue sur les vieux toits de la ville. Pour le Petit déjeuner, et une collation à tout moment, on se retrouve dans la vaste salle du rez-de-chaussée, réaménagée en open space très animé côté rue, avec la presse du jour et une ambiance internationale. L'ensemble tient de la boutique et du salon de thé et les clients de l'hôtel côtoient les nombreux touristes dans une ambiance animée. Ceux qui préfèrent plus de calme se retrouveront à l'arrière, dans un délicieux jardin ombragé de palmiers et d'un micocoulier bicentenaire, au pied duquel il est divin de se détendre, boire un verre, lire le journal. A noter que ce jardin permet aussi d'accéder à un petit spa avec bassin de nage «à la romaine». Excellent accueil

Catégorie ★★★ **Ouvert** toute l'année **Chambres** 38 chambres : 119 à 199 € - Petit déjeuner : 12 € **Restaurant** en saison : 11 à 25 €, garden café, comptoir calanda : 2 à 12 € **Équipements** climatisation, TV, Wifi **Divers** animaux non admis **Bien-être** hammam, Jacuzzi **Accès** près des arènes.

MAS DE L'OULIVIÉ

masdeloulivie.com

Les Arcoules • 13520 Les Baux-de-Provence (Bouches-du-Rhône)
Tél. 04 90 54 35 78 • Fax 04 90 54 44 31 • Isabelle et Emmanuel Achard

• Depuis son éperon calcaire, le village-forteresse des Baux domine une vallée plantée d'arbustes odorants et de petits résineux. Un vrai concentré de Provence à goûter en suivant la petite route qui débouche sur cet hôtel aux allures de grande maison. Dès l'entrée, le jardin très soigné, avec ses espaces gazonnés, son oliveraie, sa végétation exotique, ses tonnelles de rosiers et sa piscine hollywoodienne, témoigne de toute l'attention que l'on porte ici aux moindres détails. À l'intérieur, le salon ménage d'agréables coins de lecture à proximité d'une haute cheminée ; fauteuils en velours chocolat, teintes chaudes, toiles modernes de Chris Requillart caractérisent le décor cossu et provençal sans excès de cette pièce centrale (on peut également y prendre le petit déjeuner). Les très confortables chambres sont tout aussi soignées, colorées pour certaines, plus sobres pour d'autres, et même d'une grande élégance vintage pour l'une de nos préférées (en rez-de-jardin, tout près de la piscine). Des fenêtres ou des terrasses, bon nombre de plain-pied sur le jardin, d'autres ouvertes sur la garrigue (en particulier les sublimes suites, véritables appartements de luxe). Le midi, vous pourrez commander une salade assaisonnée avec l'excellente huile d'olive du domaine, ou des grillades, à déguster près de la piscine. Accueil prévenant, professionnel et vraiment très sympathique dans cet hôtel résolument inscrit dans une démarche environnementale.

Catégorie ★★★★ **Ouvert** de mi-mars à mi-nov. **Chambres** 25 chambres : 150 à 340 €, 2 suites : 530 € - Petit déj. : 17 à 18 € **Équipements** climatisation, TV, Wifi **Divers** parking fermé, animaux (17 €) **Loisirs** piscine, tennis, VTT **Bien-être** massages **Accès** A 7 sortie Avignon-sud, direction Cavaillon puis Noves et route de Saint-Rémy ; D 5 puis, aux Baux, D 78, quartier les Arcoules, direction Arles.

LA BASTIDE DE BOULBON

labastidedeboulbon.com

Rue de l'Hôtel-de-Ville • 13150 Boulbon (Bouches-du-Rhône)
Tél. 04 90 93 11 11 • Marie-Claire Callens et Jan De Mulder

• Aux portes d'Avignon, Boulbon ronronne au cœur d'un calme absolu : les quelques maisons du village dorent leurs pierres blanches au soleil provençal, l'église laisse tinter les heures, et *la Bastide*, elle, ne résonne que du chuintement de ses platanes, immenses, aux larges feuilles remuées par le vent. Dans le petit jardin arboré, une piscine…, grande…, belle, cachée par quelques haies de buis, lavandes et lauriers. Des chaises longues, au soleil ou à l'ombre. D'autres chaises au rebord des tables, en terrasse, pour prolonger les repas. Car, ici, on savoure non seulement de délicats petits déjeuners, mais aussi, le soir, une cuisine soignée, à base de produits frais, légumes, et poissons en particulier. Les chambres sont très sobres, confortables et reposantes, toutes traitées dans une gamme de brun, taupe et gris – très masculines, très actuelles. L'insonorisation, la qualité des literies et robinetteries y ont été particulièrement surveillées. L'accueil est à la fois prévenant et discret. On vous suggérera avec justesse quelques idées d'excursions, à Nîmes ou à Arles, aux Baux-de-Provence ou en Camargue, au pont du Gard… Autant d'ouvertures culturelles, de visites et spectacles, de festivals à suivre d'alentour.

Catégorie ★★★ **Ouvert** du 28 mars au 4 novembre **Chambres** 10 chambres doubles : 115 à 170 € - Petit déjeuner : 17 € **Restaurant** (le soir) : 32 à 38 € **Équipements** climatisation, TV, Wifi **Divers** parking fermé **Loisirs** tennis, vélos **Accès** à Avignon prendre la direction de Tarascon par la D 35 ; Boulbon se trouve 5 km après Barbentane.

LA BASTIDE DE CABRIÈS

bastidecabries.com

Rue du Lac • 13480 Cabriès (Bouches-du-Rhône)
Tél. 04 42 69 07 81 • Fax 04 42 69 07 82 • Valérie et Xavier Pédurand

• À quelques minutes de la gare TGV d'Aix-en-Provence, la départementale laisse apercevoir un grand lac paisible. Juste après, une petite route grimpe entre les pins et traverse un groupe de villas avant d'atteindre cette ancienne tisanerie, transformée en hôtel dans les années 1980. Chant des cigales, gargouillis de la petite fontaine, ombre des grands platanes… La maison de Valérie et de Xavier fleure bon la Provence. Très joliment rénovée dans un esprit à la fois méridional et contemporain, elle ne manque désormais pas d'atouts : des chambres d'un minimalisme très élégant et à prix raisonnables (terrasse panoramique pour l'une d'elles), de beaux espaces de réception, et une table en pleine évolution puisque la bastide vient de recruter un nouveau chef très prometteur. Selon la saison, les tables fleurissent en terrasse devant une belle vue de coucher de soleil, dans la superbe salle à manger ou encore au salon près du feu. Une maison accueillante, idéalement située, et à découvrir !

Catégorie ★★★ **Ouvert** toute l'année **Chambres** 12 chambres doubles : 95 à 150 € - Petit déjeuner : 13 à 15 € **Restaurant** 35 à 90 € **Équipements** climatisation, TV, Wifi **Divers** animaux non admis **Accès** à 10 km du centre-ville d'Aix-en-Provence, direction Marignagne, Vitrolles, gare TGV Aix ; sur la D9, au panneau de *La Bastide de Cabriès*, tourner à gauche puis suivre les flèches.

LE JARDIN D'ÉMILE

lejardindemile.fr

23, avenue de l'Amiral-Ganteaume • 13260 Cassis (Bouches-du-Rhône)
Tél. 04 42 01 80 55 • Fax 04 42 01 80 70 • M. Morand

• Malgré la route qui passe devant, cette ancienne maison particulière aux couleurs ocre typiquement provençales est idéalement située : au bord de la plage du Bestouan, à proximité des premières calanques et à seulement cinq minutes à pied du port. Dispersées au fil des étages, les chambres sont petites, avec des salles de bains pas toujours bien séparées de l'espace couchage, mais ces espaces irréguliers et quelques différences de niveaux leur confèrent une certaine personnalité. Enfin, les tissus en imprimé bayadère des dessus-de-lit, oreillers et paravents, assortis aux patines colorées des murs à la chaux, participent ici à une atmosphère cosy, propice aux séjours en amoureux. Réservez en priorité les chambres avec balcon, où vous prendrez le Petit déjeuner avec vue sur la mer (plutôt que dans la salle du bas, très sombre). À l'entrée du jardin, un bar avec terrasse offre une vue imprenable sur le cap Canaille, mais, pour dîner à l'abri, préférez-lui le restaurant nouvellement installé dans la véranda. On y goûte de délicieux assortiments de légumes, viandes et poissons locaux, servis généreusement, avec chaleur et spontanéité.

Ouvert de mi-décembre à mi-novembre **Chambres** 7 chambres : 85 à 160 € - Petit déjeuner : 12 € **Restaurant** d'avril à octobre **Équipements** climatisation, TV, Wifi **Divers** animaux (8 €), parking fermé **Loisirs** plage **Accès** à Cassis, prendre la direction des calanques, l'hôtel se trouve juste en face de la plage du Bestouan.

HÔTEL LA BASTIDE € D'EYGALIÈRES

hotellabastide.com

Chemin de Pestelade • 13810 Eygalières (Bouches-du-Rhône)
Tél. 04 90 95 90 06 • Fax 09 70 06 46 88 • Leonard Luiten

• À deux pas d'Eygalières, en pleine garrigue, enserrée dans un jardin luxuriant, cette solide bastide est un délicieux petit hôtel, idéal pour découvrir les Alpilles ou le pays d'Arles. Tenu par un couple dynamique et entreprenant, l'hôtel se complète d'un restaurant de cuisine provençale très tournée vers le bio, mariant agneau ou poissons aux senteurs du Sud à des légumes savoureux de la région. Des repas qui se prennent, comme les petits déjeuners, sur la belle terrasse ou dans la salle à manger, dont la rénovation dans les tons gris lin très actuels est une réussite. On retrouve ces mêmes teintes douces dans la plupart des chambres, qui donnent soit sur les Alpilles, soit sur la campagne typique (préférez l'aile *Quiétude*, à l'écart de la terrasse). Décorées de meubles rustiques ou anciens, elles sont très soignées, avec des salles de bains pratiques. Une petite terrasse dominant la piscine est un coin idéal pour s'alanguir à l'heure de la sieste. Reste, pour les jours plus frileux, un petit salon où flambe un feu. Une adresse calme et bon marché de la région, où séjourner en toute tranquillité.

Catégorie ★★★ **Ouvert** toute l'année **Chambres** 14 chambres doubles et triples : 86 à 178€, 2 suites (4 pers) : 116 à 210€ - demi-pension : 37,50 à 40, 50 €, Petit déjeuner : 13 à 15,50€ **Restaurant** (midi et soir) : 24,50 à 38€ **Équipements** climatisation, TV, Wifi **Loisirs** piscine chauffée, VTT **Accès** A7, sortie Cavaillon, direction Saint-Rémy puis, après Plan-d'Orgon, direction Eygalières ; au village, prendre la route d'Orgon.

MAS DOÙ PASTRÉ

masdupastre.com
Quartier Saint-Sixte • 13810 Eygalières (Bouches-du-Rhône)
Tél. 04 90 95 92 61 • Fax 04 90 90 61 75 • Albine et Maurice Roumanille

• La famille d'Albine et de Maurice Roumanille possède cette ferme depuis le XVIIIe siècle. Ces racines encore vivantes expliquent leur attachement pour l'hôtel, qui est aussi et avant tout leur maison. Partout, les meubles anciens ou de style, les bouquets de fleurs séchées, la profusion d'objets et tableaux de brocante participent au décor résolument provençal du mas. Dans les chambres, vous retrouverez cette même volonté joyeusement créatrice qui sait se faire originale, colorée, et sortir des poncifs de la "déco chic". Pas une n'est donc semblable à sa voisine et toutes rivalisent de séduction, y compris les trois superbes roulottes gitanes au fond du jardin, très prisées des familles en été. Charmants aussi, les extérieurs sur fond d'oliviers et de cyprès, que ce soit du côté de la terrasse sud (gravillonnée et ponctuée d'imposantes poteries vernissées), du côté nord, avec chaises longues encadrant l'ancien abreuvoir de pierre, ou près de la très belle piscine. Délicieux petits déjeuners, avec pâtisseries maison, servis dans la ravissante salle à manger ou à l'ombre des platanes, et carte de restaurant pétillante de nouveautés. Accueil plein de caractère. À réserver bien à l'avance et selon les modalités demandées.

Ouvert toute l'année **Chambres** 14 chambres : 120 à 190 €, 1 suite familiale : 400 à 320 €, 2 appartements-studios : 800 à 2 800 € - Petit déjeuner : 15 € **Équipements** climatisation, TV, Wifi **Divers** animaux (10 €) **Loisirs** piscine chauffée **Bien-être** hammam, Jacuzzi **Accès** à 13 km au sud-est de Cavaillon par A7, sortie Cavaillon, puis D 99 et D 74a.

BASTIDE RELAIS MAGDELEINE

relais-magdeleine.com

D 396, rond-point de la Fontaine • 13420 Gémenos (Bouches-du-Rhône)
Tél. 04 42 32 20 16 • Fax 04 42 32 02 26 • Famille Marignane

• Difficile de ne pas tomber sous le charme de cette belle et imposante bastide du début du XVIIIe siècle couverte de lierre et de roses, et précédée par un ravissant jardin ombragé, une longue allée et une terrasse reposante, rafraîchie par un superbe bassin de pierre. La troisième génération d'hôteliers, ici, a conservé l'amour des jolies choses, et c'est ainsi que les pièces de réception présentent encore un superbe ensemble des XVIIe et XVIIIe siècles. De la même manière, les confortables chambres ont chacune leur décor correspondant à une époque. Au rez-de-chaussée, le restaurant propose une cuisine provençale raffinée et sagement inventive, servie sur le parc en saison. C'est alors un ballet de plats et d'uniformes noir et blanc qui quadrillent l'atmosphère – le calme ne revenant qu'après l'ouragan du service. Si l'on veut s'isoler un peu, en journée, un jardin annexe permet de se ressourcer dans plus d'intimité, parmi les lavandes et les fleurs, et autour d'un bain à bulles. À quelques kilomètres de Marseille et d'Aix-en-Provence, *la Bastide Relais Magdeleine* est un lieu rare, élégant et hors du temps, qui réussit à ne jamais tomber dans les pièges de la mode et de la "déco", mais qui veille à ne pas se laisser déborder par les mille et une tâches complexes de la profession.

Catégorie ★★★★ **Ouvert** du 17 avr. à mi-oct. **Chambres** 27 chambres doubles : 130 à 200 €, 1 suite : 200 € - Demi-pension à partir de : 58 € - Petit déj. buffet de 7h30 à 10h 16 € **Restaurant** (midi et soir) : 35 à 48 € **Équipements** climatisation, TV, Wifi **Divers** animaux admis (12 €), parking fermé **Loisirs** piscine **Bien-être** fitness, Jacuzzi **Accès** à 28 km de Marseille par A 50, direction Aubagne, Toulon, sortie Toulon par RN, continuer sur A 502, au rond-point D 8 vers Toulon, Gémenos. À Aix-en-Provence, A 8 puis A 52 vers Toulon, sortie Gémenos (n° 34).

LE CADRAN SOLAIRE

hotel-en-provence.com

5, rue du Cabaret-Neuf • 13690 Graveson (Bouches-du-Rhône)
Tél. 04 90 95 71 79 • Fax 04 90 90 55 04 • Élisa et Jean-Claude Rastoin

• À mi-chemin d'Avignon et des Alpilles, et au cœur du village de Graveson, ce petit hôtel des XVIe et XVIIe siècles fut relais de poste puis atelier de soierie, et même, pendant un temps, demeure du maréchal-ferrant du château. Après une première vie dans l'aéronautique pour Jean-Claude et le tourisme pour Élisa, les Rastoin endossent avec passion et bonne humeur leur nouveau rôle d'hôteliers. Il faut dire que la maison est attachante et offre tout le charme d'une ancienne demeure provençale avec pierres, poutres apparentes et jardin à l'ancienne. Plus qu'un hôtel, c'est une "maison d'amis", une invitation à la détente et au repos, dans une ambiance décontractée, entre le beau jardin ombragé, la terrasse ensoleillée et la tonnelle couverte de glycine et de roses. L'agréable salle du petit déjeuner (au coin du feu si nécessaire) est décorée de beaux tapis et de vieux meubles, on y prend son temps le matin, à moins que l'on préfère prendre son café dehors, sous la tonnelle. Partout, jonc de mer ou terre cuite couvrent les sols, des tissus colorés égayent les chambres, climatisées et personnalisées avec soin : mobilier de famille ou chiné en brocante, fer forgé, lanternes de cocher, boutis provençaux (saluez la ravissante aïeule de Jean-Claude, portraiturée avec maestria et qui surveille l'escalier depuis son cadre doré Napoléon III)... Une très accueillante adresse, que l'on adopte bien facilement en séjour familial, avec tout un programme de visites dans les environs à élaborer en concertation avec vos hôtes toujours prêts à vous conseiller selon vos envies.

Ouvert toute l'année (sur réservation du 15 novembre au 15 mars) **Chambres** 11 chambres doubles : 78 à 125 €, 1 suite familiale (4 pers.) : 160 € - Petit déjeuner : 10 € **Équipements** climatisation, Wifi **Divers** parking fermé **Accès** A 7 sortie n° 24, à 13 km au sud d'Avignon par N 570 ; au centre du village, suivre le fléchage.

•NOUVEAUTÉ•

HÔTEL 96

hotel96.com

96, avenue de la Soude • 13009 Marseille (Bouches-du-Rhône)
Tél. 04 91 71 90 22 • Alice Denoix et William Racine

• C'est d'abord une histoire d'amour et de famille, un lien fort avec une maison, une région : Alice et William sont frère et sœur, après des études et des voyages, une bonne expérience dans l'hôtellerie et des idées de scénarios de vie, ils ont osé. Faire de la maison de famille un hôtel hors normes, un endroit pour partager la nature, la mer et les calanques à deux pas, les bons vins et des repas. Grands voyageurs, les parents ont souri au projet. La grand-mère, ancienne couturière, s'est soudain vue entourée pour ses vieux jours. Des bébés sont nés, les travaux ont foncé. De nouveaux bâtiments se sont imbriqués dans le jardin : deux étages de chambres superbes, des albums design et colorés, qui disent toute l'histoire et donnent des ailes pour vivre rêver, avancer. Au rez-de-jardin, chacun a sa terrasse pile devant, et à l'étage, une intimité douillette, de la lumière naturelle et de splendides objets, photos, tableaux. Architecture bioclimatique, toitures végétales, chauffage au sol : on y est bien hiver comme été. Les petits déjeuners sont un régal, les repas originaux, à commander ou à se préparer. On peut emprunter des vélos, suivre la carte des recommandations maison. Zéro pression, zéro tension, que du plaisir et de l'enthousiasme : forcément, on a adoré !

Ouvert toute l'année **Chambres** 7 chambres : 89 à 124 €, 3 triples : 129 à 154 €, 2 junior-suites et 1 suite : 129 à 204 € - Petit déjeuner : 13 € **Pas de restaurant** à l'hôtel **Équipements** climatisation, TV, Wifi, coffre-fort **Divers** parking privé **Loisirs** piscine **Accès** à l'est de Marseille, à proximité de la route des calanques de Sormiou.

HÔTEL BELLEVUE

hotelbellevuemarseille.com

34, quai du Port Vieux Port • 13002 Marseille (Bouches-du-Rhône)
Tél. 04 96 17 05 40 • Fax 04 96 17 05 41

• Il y a, sur le quai du Vieux-port, au premier étage d'un immeuble haut et étroit, ce célèbre petit balcon-terrasse, où quelques chanceux prévoyants se prélassent en prenant, selon l'heure, un petit déjeuner, un verre ou encore une assiette de tapas. Nous en avons été, tant ce *Bar de la Caravelle,* au décor authentiquement rétro (pourvu qu'ils n'y changent rien, jamais !), est une institution. Il partage son entrée avec l'*hôtel Bellevue* et, à chaque passage, nous rêvions du moment où, rénovées, ses chambres pourraient figurer dans les pages de ce guide. C'est chose faite. Et c'est réussi en plus, pour un prix abordable, très abordable, puisque les tarifs baissent au fil de l'ascension des marches d'escalier (les plus belles sont en angle avec une haute fenêtre de part et d'autre d'une cheminée en marbre). On aime le choix des teintes douces, l'élégante simplicité des aménagements, la vue sur l'oscillation des mâts du port sous le regard de la Bonne Mère. L'accueil aussi, simple et détendu. Une très heureuse découverte !

Ouvert toute l'année **18 chambres,** simples : 90 à 125 €, doubles : 155 à 170 € - Petit déjeuner : 10 € **Restaurant** (à midi, tapas le soir) : de 8 à 16,50 € **Équipements** climatisation, TV, Wifi **Divers** animaux admis (5 €) **Accès** dans le centre-ville, sur le Vieux-port.

RÉSIDENCE DU VIEUX PORT

hotelmarseille.com/vieuxport

18, quai du Port • 13002 Marseille (Bouches-du-Rhône)
Tél. 04 91 91 91 22

• Après un an de travaux, *La Résidence du Vieux Port* fait totalement peau neuve, pour notre plus grand bonheur et celui des amateurs des années 1950. Mondrian ou Miro auraient pu signer la décoration colorée de cet ensemble délicieusement vintage où l'on ne compte plus les rééditions de designers, et même quelques originaux, comme cette immense tapisserie de Jean Lurçat (tellement exceptionnelle que les cloisons du salon d'accueil ont été ajustées pour lui offrir l'écrin qu'elle mérite). Au-delà du confort de chaque chambre, il faut bien sûr mentionner les baies vitrées et les grands balcons qui garantissent à chacune un ensoleillement maximal durant toute la matinée et une vue de rêve sur le Vieux-Port, Notre-Dame de la Garde, le Pharo. Autant de raisons qui font qu'ici les bons petits déjeuners sont très souvent commandés en chambre… Autre point fort, *Le Relais 50* affiche une très séduisante carte de saison, imaginée par Lionel Lévy et exécutée par Stéphane Giacometti, autour d'une sélection rigoureuse de produits méditerranéens souvent bio et de la pêche du jour (poissons sauvages exclusivement). Ajoutez-y une formule brunch le dimanche, et vous comprendrez pourquoi cet accueillant hôtel plaît à tous les publics, hommes d'affaires, touristes, amoureux… Nous déjà, vous bientôt!

Catégorie ★★★ **Ouvert** toute l'année **Chambres** 42 chambres : 103 à 271 €, 4 suites, 5 appartements : 314 à 395 € - Petit déjeuner : 18 € **Restaurant** (midi et soir) : 27 à 38 € **Équipements** climatisation, TV, Wifi **Divers** animaux (10 €) **Accès** dans le centre-ville, sur le Vieux-Port

LE RYAD

leryad.fr

16, rue Sénac-de-Meilhan • 13001 Marseille (Bouches-du-Rhône)
Tél. 04 91 47 74 54 • Fax 04 91 48 70 59 • Adil Bazaou

• Emblématique d'un certain Marseille, la Canebière se relooke et joue la mixité sociale entre bobos et populations immigrées. Dans une rue adjacente, *Le Ryad* se trouve à dix minutes du Vieux-Port et de la gare Saint-Charles. Dans ce contexte très méditerranéen, découvrir ce petit hôtel est une heureuse surprise, pas si étonnante en fait ! Rénové et décoré sobrement, il offre une ambiance parfaitement sereine où les couleurs du sud se marient à la fraîcheur des tomettes et des murs aux enduits blancs, y compris dans les belles chambres aux volumes lumineux (l'une d'elles profite d'une petite terrasse attenante aux vues toutes marseillaises). On aime les petits salons qui mêlent avec goût vert d'eau, parme et brique, la jolie salle à manger et son prolongement dans le patio. Ici, sous les forts ombrages d'une végétation méditerranéenne, banquettes marocaines et petites tables permettent de goûter aux tajines maison bercé par le gargouillis d'une fontaine… Comme une bulle au cœur de l'agitation citadine, cette perle inattendue mérite votre visite.

Ouvert toute l'année **Chambres** 8 chambres simples et doubles : 96 à 145 €, 2 suites : 170 à 175 € - Petit déjeuner : 12 à 15 € **Restaurant** (couscous, tajines, pastillas) : 30 € **Équipements** climatisation, TV, Wifi **Accès** depuis la gare Saint-Charles, boulevard d'Athènes puis à gauche sur la Canebière, deuxième à droite rue Sénac-de-Meilhan.

€ L'OUSTALOUN

loustaloun.com

Place de l'Église • 13520 Maussane-les-Alpilles (Bouches-du-Rhône)
Tél. 04 90 54 32 19 • Fax 04 90 54 45 57 • Marielle et Thierry Fabregoul

• Après avoir été une abbaye au XVIe siècle, la première mairie du village en 1792, puis la gendarmerie et la prison, *L'Oustaloun* est devenu l'archétype de la petite auberge provençale, installée au bord d'une place avec, comme il se doit, platanes et fontaine. De tailles variables mais toujours plaisantes, les chambres affichent souvent des murs en pierre et des poutres apparentes. Elles viennent d'être entièrement rénovées, parquetées, décorées dans des tonalités pastel délicates et actuelles, valorisant à merveille leur mobilier rétro. De belles salles de bains y ajoutent une touche de confort supplémentaire. L'une des deux salles à manger est située sous les voûtes de l'ancienne chapelle, alors que, dans la seconde, on pressait les olives. Là aussi, le décor à l'ancienne est des plus réussis et c'est à l'ardoise que l'on choisit ses plats. Maître restaurateur, Thierry Fabregoul concocte une cuisine simple et savoureuse, à base de légumes et de produits de qualité servis très agréablement. Dès les beaux jours, l'hôtel déborde sur le centre de la place, où l'on installe tables et chaises à l'ombre de larges parasols, qui se mêle à celle des grands platanes. Une attachante adresse, à quelques minutes des Baux, qui pratique des prix raisonnables et où l'accueil est plus que sympathique.

Catégorie ★★ **Ouvert** toute l'année sauf du 20 novembre au 20 décembre et vacances de février (zone paca) **Chambres** 7 chambres : 78 à 105 € - Petit déjeuner : 9 à 12 € Restaurant (midi et soir) : 16 à 45 € **Équipements** TV, Wifi **Divers** animaux (5 €) **Accès** à 40 km au sud d'Avignon par A 7, sortie Cavaillon, puis D 99 jusqu'à Saint-Rémy et D 5.

DU CÔTÉ DES OLIVADES

ducotedesolivades.com

Chemin de bourgeac • 13520 Paradou (Bouches-du-Rhône)
Tél. 04 90 54 56 78 • Fax 04 90 54 56 79 • Port. 06 84 60 36 60 • André Bourguignon

• Au pied des Baux-de-Provence, les innombrables oliviers qui entourent l'hôtel sont à l'origine de l'une des meilleures huiles de la région. Épicurien averti et personnalité haute en couleur, M. Bourguignon a donc bien choisi son environnement pour créer ce charmant et luxueux petit hôtel. Avec sa femme, qui règne avec autant de talent que de discrétion sur les fourneaux, et sa fille (à l'accueil et au choix des vins), il en a fait un lieu confidentiel de gourmandise et de bien-être. Parfait exemple de simplicité maîtrisée, la cuisine laisse "parler le produit" : fruits et légumes, viandes locales, poissons de petite pêche… Depuis cette année, une splendide extension à l'architecture contemporaine, *le B design & Spa*, vient compléter l'hôtel initial et ses dix belles chambres : quatorze suites exceptionnelles au magnifique design high-tech signé Christophe Pillet et un spa dernier cri. Partout le rapport avec le beau jardin provençal est favorisé par la présence de terrasses privatives. L'ambiance est élégante mais détendue, l'humeur vacancière, et l'humour toujours très présent. Un "must" incontournable, à ne rater sous aucun prétexte !

Catégorie ★★★★ **Ouvert** toute l'année **Chambres** 10 chambres doubles : 115 à 198 €, 15 suites : 320 à 420 € - Petit déjeuner : 21 € **Restaurant** (midi et soir) : 55 € **Équipements** climatisation, TV, Wifi, **Divers** parking privé **Loisirs** piscine **Bien-être** spa complet **Accès** A 7 sortie Cavaillon puis D 99 vers Saint-Rémy, puis Les Baux, Maussane par la D 5 et Paradou par la D 17.

MAS DE FAUCHON

mas-de-fauchon.fr
Quartier Fauchon • 1666, chemin de Berre • 13760 Saint-Cannat (Bouches-du-Rhône)
Tél. 04 42 50 61 77 • Fax 04 42 57 22 56 • Barbara Piel-Chouchanian

• Merveilleusement placée entre le Lubéron, les Alpilles et la montagne Sainte-Victoire, cette ancienne bergerie du XVIIIe siècle s'abrite du soleil et du vent dans une belle pinède. Aménagées dans deux bâtiments récents, les chambres, toutes de plain-pied et très spacieuses, invitent au repos tranquille jusque sur leur terrasse privative. L'esprit provençal a servi de base à leur décor, mais toutes ont été meublées différemment, avec un grand souci du confort. Les styles et les coloris changent, les tissus sont souvent signés Pierre Frey, et le tout donne une impression harmonieuse assez cossue (salles de bains également réussies). De bons petits déjeuners sont servis en chambre ou sur une grande terrasse fleurie. Le restaurant, qui n'a plus à faire ses preuves, continue de délivrer une savoureuse cuisine traditionnelle, dans la jolie salle de la bergerie, agrémentée d'un feu de cheminée l'hiver, ou sur la terrasse, qui surplombe la paisible campagne aixoise. Avec ses nombreux espaces de détente dans le jardin et autour de la piscine, *le Mas de Fauchon* est une belle adresse de vacances, familiale et accueillante.

Catégorie ★★★ **Ouvert** toute l'année **Chambres** 14 chambres : 130 à 300 €, 2 junior-suites : 250 à 300 € - Petit déjeuner : 15 € **Restaurant** 25 à 66 € **Équipements** climatisation, TV, Wifi **Divers** animaux admis (16 €) **Loisirs** piscine **Bien-être** Jacuzzi **Accès** En venant de Lyon A 7 sortie n° 26 Sénas, direction Aix-en-Provence par N 7. En venant de Nice A 8 sortie Aix, direction Avignon par D 7 et N 7

HÔTEL CHÂTEAU DES ALPILLES

chateaudesalpilles.com

Route du Rougadou • 13210 Saint-Rémy-de-Provence (Bouches-du-Rhône)
Tél. 04 90 92 03 33 • Françoise Bon et Catherine Rollin

• Construit au début du XIXe siècle par l'une des plus vieilles familles d'Arles, le château devient à cette époque lieu de rencontre des hommes politiques et des écrivains séjournant dans la région. Le salon, le bar, la salle à manger (cuisine simple et saine de Mathias Bettinger), richement décorés de stucs, de fresques, trumeaux et glaces en bois clair, sont de superbes pièces très ouvertes sur le jardin. Leur mobilier contemporain s'harmonise bien avec ce décor qui nous renvoie par endroits à quelques palais italiens. Chaque hiver, de nombreux travaux d'entretien et de décoration améliorent les chambres. À partir d'un propos classique (beau mobilier ancien), le meilleur des tendances décoratives du moment s'y affirme peu à peu, et elles profitent de grandes salles de bains en travertin sable. Toutes donnent sur le parc planté d'arbres multicentenaires et d'essences rares, avec tennis et piscine (sympathique formule grill le midi). Dans l'ancienne chapelle, deux chambres au remarquable design contemporain peuvent se combiner en suites. Même possibilité dans l'ancien lavoir, petite maison indépendante noyée dans la verdure et dont la très belle modernité brute met en valeur les matériaux d'origine.

Catégorie ★★★★★ **Ouvert** du 16 mars au 3 janvier **Chambres** 14 chambres : 215 à 350 €, 6 suites : 320 à 640 € (lit bébé 15 € et lit supp jusqu'à 14ans : 30 €) - Petit déjeuner (7h30 à 11h30) : 19 ou 24 € **Restaurant** (midi et soir) : 26 à 49 € **Équipements** climatisation, TV, Wifi, ascenseur **Divers** animaux (15 €), parking privé **Loisirs** billard, piscine, tennis **Bien-être** massages, sauna **Accès** à 14 km à l'ouest de Cavaillon par A7, sortie Cavaillon, puis D99 ; à 1,5 km de Saint-Rémy-de-Provence.

HÔTEL GOUNOD

hotel-gounod.com

18, place de la République • 13210 Saint-Rémy-de-Provence (Bouches-du-Rhône)
Tél. 04 90 92 06 14 • Fax 04 90 92 56 54 • Igor Maurin

• C'est dans cet ancien relais de poste, au cœur de Saint-Rémy, que Charles Gounod composa en 1863 l'une des œuvres majeures de son répertoire : l'opéra Mireille. Ce souvenir a inspiré le nouveau maître des lieux, qui a imprimé à *l'hôtel Ville Verte* (l'enseigne n'a pas été décrochée) des transformations aussi extravagantes que séduisantes. Résultat : un intérieur baroque qui ne laissera personne indifférent et qui fait une large place aux représentations du Christ et de la Vierge – référence aux œuvres religieuses du compositeur français. Réunies peu ou prou par familles de couleur et par paliers, les confortables chambres sont habillées de teintes sourdes (taupe), exubérantes (rouge sang), ou plus douces (rose, lavande). Toutes sont très belles (même si les "rouges" sont un peu sombres) : peintures moirées, sols et murs bruts saisis dans d'étonnants effets de patine, salles de bains dotées de vasques en *tadelakt* teinté, rideaux en organdi et majestueuses têtes de lits. Disposées dans le bâtiment principal ou autour d'une agréable cour intérieure, en coursive ou de plain pied, elles offrent une vraie tranquillité avec leurs doubles-fenêtres et disposent parfois d'une petite terrasse. À l'entrée, un salon de thé feutré abrite quelques jolies tables basses où déguster tartes et gâteaux maison, ainsi que des tartines provençales. Un établissement iconoclaste à l'originalité rafraîchissante.

Ouvert de mi-mars à fin octobre **Chambres** 27 chambres : 110 à 205 €, 2 suites : 230 € - Petit déjeuner compris **Équipements** climatisation, TV, Wifi **Divers** animaux non admis, parking fermé (5 €) **Loisirs** piscine **Bien-être** massages **Accès** dans le centre-ville, en face de l'église.

HÔTEL SOUS LES FIGUIERS

hotel-charme-provence.com

3 av. Gabriel-Saint-René-Taillandier • 13210 Saint-Rémy-de-Provence (Bouches-du-Rhône)
Tél. 04 32 60 15 40 • Fax 04 32 60 15 39 • Port. 06 09 97 89 28 • Gisèle Lafuente

• Ce petit miracle verdoyant se trouve à cinq minutes à pied des belles et tortueuses ruelles du centre historique de Saint-Rémy. Comment ne pas céder au charme de cet établissement à l'atmosphère artistique et apaisante. L'accueil sympathique et chaleureux de Gisèle Lafuente et de la peintre Kups y est pour beaucoup, de même que la configuration originale de l'ensemble. Séparée de la rue par un premier jardin et une délicieuse petite piscine surélevée, la maison principale ouvre ses mini-salons vintage au petit déjeuner (artisanal et copieux, composé de fruits de saison, confitures maison et pains aux figues). Derrière, l'ancienne graineterie abrite des chambres spacieuses, confortables et raffinées. Organisées autour d'un grand jardin intérieur ombragé de figuiers centenaires, presque toutes bénéficient de petites terrasses privatives de plain-pied. Elles arborent volets mauves, jolies patines vieillies, couleur jaune-vert sur les murs, boutis provençaux et meubles chinés. Pour retrouver le monde extérieur, on traverse le superbe jardin d'hiver d'inspiration balinaise, à côté de l'atelier de peinture où Kups travaille et propose des stages d'initiation ou de perfectionnement. Un petit coin de paradis au cœur du fabuleux site des Alpilles.

Ouvert du 15 mars au 15 janvier **Chambres** 11 chambres doubles : 88 à 188 €, 3 suites familiales : 165 à 188 € - Petit déjeuner : 13,50 € **Équipements** climatisation, Wifi **Divers** animaux (14 €), parking fermé **Loisirs** piscine, stages de peinture **Accès** A7 sortie Cavaillon, prendre direction Saint-Rémy par D 99, puis fléchage.

LES ARNELLES

lesarnelles.com

Route d'Arles • 13460 Saintes-Maries-de-la-Mer (Bouches-du-Rhône)
Tél. 04 90 97 61 59 • Fax 04 90 97 63 33 • Michelle et Gérald Duguet

• Le mot "*arnelle*" désigne un petit bout de terre entouré d'eau. On ne pouvait trouver nom de baptême plus approprié pour désigner cet hôtel amphibie, terrain de jeu privilégié de légions de volatiles (plus de quatre cents espèces survolent la Camargue) et de palmipèdes. À cent cinquante mètres en retrait de la route, l'hôtel ne souffre pas du trafic en période touristique, la roselière et la Roubine (la rivière alimentant le marais) formant une clôture naturelle et bien réelle au passage des voitures. Comme sur pilotis, les chambres allient bois cérusé, pochoirs (pour la décoration) et mobilier local – confort remarquable, et irrésistibles salles de bains. Toutes jouissent d'une petite terrasse sur le ponton, qu'il faudra partager avec les hirondelles en période de nidification. Les Saintes-Maries sont à cinq cents mètres (à vol d'oiseau), la Camargue, ponctuée de chevaux blancs, est tout autour… Une très plaisante maison animée par des propriétaires aux petits soins pour leurs hôtes.

Catégorie ★★★★ **Ouvert** du 14 février au 10 novembre **Chambres** 14 chambres doubles : 140 à 190 €, 2 suites familiales : 270 à 360 € - Petit déjeuner : 20 € **Restaurant** (ouvert toute l'année) 46 € **Équipements** climatisation, TV, Wifi **Divers** parking fermé **Loisirs** équitation, piscine, VTT **Accès** A 7, A 9, A 54 direction Arles, sortie n° 4 puis D 570.

HÔTEL CACHAREL

hotel-cacharel.com

Route de Cacharel • 13460 Saintes-Maries-de-la-Mer (Bouches-du-Rhône)
Tél. 04 90 97 95 44 • Port. 06 11 54 85 46 • Florian Colomb de Daunant

• L'immense domaine de Cacharel est tout un monde à lui seul, une île dans le parc naturel de Camargue. Au milieu des étangs, des herbages et des marais, ce mas créé en 1947 a totalement échappé aux effets de mode. Difficile de trouver plus authentique, de s'immerger mieux dans ces vastes espaces vierges. L'impressionnante pièce commune, avec son imposante cheminée (collection de poteries et de meubles régionaux), raconte, à travers de beaux tirages noir et blanc, la vie du marais et la tauromachie. On s'y retrouve pour le petit déjeuner ou pour un repas léger, que l'on prolonge dehors, près des tamaris et des lauriers-roses doucement brassés par le vent. De plain-pied autour d'une série de patios et de jardinets d'une rude et belle minéralité, les chambres sont simples, claires, de taille agréable, avec souvent vue sur les étangs. Vous y retrouverez l'authenticité rustique des pièces communes. Intemporelles, elles reflètent l'esprit du lieu. Abritée du vent par de hautes murailles, l'immense piscine a des airs d'Andalousie; sous un préau, quelques tables et chaises forgées vous attendent pour un verre ou une collation à se faire livrer en utilisant l'amusante borne téléphonique. Le cheval vous tente ? Sachez qu'ici ils sont réservés aux clients et ne ressemblent pas aux tristes montures trop souvent attachées le long des routes. De même, les randonnées sont limitées à six personnes pour mieux s'immerger dans les grands paysages. Très disponible, M. Colomb de Daunant vous donnera de précieux conseils pour découvrir cette vraie Camargue dont il est natif et qu'il connaît mieux que personne.

Catégorie ★★★ **Ouvert** toute l'année **Chambres** 16 chambres : 144€ - Petit déj. : 12€ , **restaurant** : 20 € **Équipements** TV, Wifi **Divers** animaux (6€) **Loisirs** équitation, piscine **Accès** à 38 km au sud-ouest d'Arles ; à 4 km au nord des Saintes-Maries-de-la-Mer par D85a, dite "route de Cacharel". GPS : "*Mas de Cacharel*".

MAS MANGIO FANGO

hotelmangiofango.com

Route d'Arles • 13460 Saintes-Maries-de-la-Mer (Bouches-du-Rhône)
Tél. 04 90 97 80 56 • Fax 04 90 97 83 60 • Michel Rousselet

• Une petite porte, un étroit chemin taillé dans la luxuriance d'un jardin exotique, un jeu d'eau avec petite fontaine zen... On entre au mas comme dans un temple, laissant au parking notre enveloppe urbaine. Au fil des ans, les propriétaires ont fait de ce petit hôtel l'un des plus agréables de sa catégorie, offrant de grandes et belles chambres tenues avec un soin particulier. Les volumes sont très appréciés des familles en séjour, mais, à deux, on profite d'un quasi-appartement, avec beaucoup de place pour s'installer, s'étaler, sans se sentir étouffé. Murs blancs, mobilier sobre – l'ensemble pourrait être froid, mais il ne l'est pas et diffuse plutôt une douce sérénité. Sans doute un effet vibratoire émanant du plaisir que l'on prend ici à vous recevoir, à veiller à votre confort. Les jardins s'achèvent sur les bras d'eau et les roselières du marais, et c'est par un jeu de passerelles que l'on rejoint la belle piscine entourée de chaises longues. Plus loin, sur la toute petite terrasse, quelques tables jonglent entre les feuilles de palmiers, de lauriers ; il faut presque s'y frayer un chemin pour dîner... La salle de restaurant, à l'intérieur, est plus spacieuse, ouverte de grandes baies – on l'apprécie particulièrement en demi-saison. Cavalier lui-même, le propriétaire vous conseillera sur les balades équestres à réserver. Et, avec une paire de jumelles, vous profiterez en prime des ballets d'oiseaux à travers le marais... Une adresse nature, antifrime.

Catégorie ★★★★ **Ouvert** du 1er au 20 février, du 15 mars au 30 novembre et du 21 décembre au 5 janvier **Chambres** 19 chambres : 120 à 190 €, 2 suites : 240 à 370 € - Petit déjeuner : 20 € **Restaurant** (le soir) : 40 à 60 € **Équipements** climatisation, TV, Wifi **Divers** animaux (12 €), parking privé **Loisirs** équitation, piscine chauffée, VTT **Accès** D 570 direction Saintes-Maries-de-la-Mer, l'hôtel se trouve sur la droite 500 m avant le village.

HÔTEL DE PROVENCE €

hotel-provence-tarascon.com

7, boulevard Victor-Hugo • 13150 Tarascon (Bouches-du-Rhône)
Tél. 04 90 91 06 43 • Antoine Rich

• Postée au bord du Rhône, la ville du truculent Tartarin (Alphonse Daudet) est moins connue que Nîmes ou Avignon, mais elle ne manque pourtant pas d'attraits. La cité des Papes n'est qu'à une vingtaine de kilomètres au nord, la Camargue commence tout près, et Tarascon, au milieu, conserve, outre le château du roi René, quelques beaux hôtels particuliers. Le bâtiment dans lequel a été aménagé l'hôtel date du XVIIIe siècle. Situé sur la rue qui ceinture le bourg (l'ancien rempart de la ville), il propose onze chambres, accessibles par un escalier à double révolution très théâtral. Toutes donnent sur le boulevard Victor (sans nuisances sonores) ou sur une petite rue à l'arrière et quelques-unes bénéficient d'un segment de l'ancienne terrasse joliment équipée de mobilier de jardin et décorée de plantes et fleurs en pot. Les chambres sont de taille honnête, plutôt spacieuses et bien agencées (en particulier les "1", "2", "7", "9" et "11"). La décoration a su rester simple, et celles qui viennent d'être rénovées (parquet, teintes douces, élégantes et fondues) affichent même un sympathique petit côté "tendances". Rien d'impersonnel non plus dans la salle à manger, où, à la table commune, on se régale de petits déjeuners gourmands, avec chocolat chaud à l'ancienne, miel du pays et autres attentions... Une accueillante maison pleine de qualités et à prix très doux.

Catégorie ★★ **Ouvert** toute l'année **Chambres** 10 chambres simples et doubles : 59 à 87 €, 1 suite familiale : 87 à 107 € - Petit déjeuner : 9 € **Équipements** climatisation, TV, Wifi **Divers** animaux (5 €), parking public **Accès** à 25 km d'Avignon par la D 970.

LE LOGIS DU GUETTEUR

logisduguetteur.com

Place du Château • 83460 Les Arcs (Var)
Tél. 04 94 99 51 10 • Fax 04 94 99 51 29 • Max Callegari

• L'ancien château de Villeneuve, du XIe siècle et restauré en 1970, est devenu, associé à quelques maisons voisines, *Le Logis du Guetteur*. L'ensemble se dresse tout en haut du quartier médiéval des Arcs-sur-Argens. L'édifice conserve encore son appareillage rustique de pierres brutes. Son donjon domine fièrement la cour ronde (au centre de laquelle subsiste un vieux puits) et embrasse à perte de vue toute la région. Les anciennes caves voûtées sont utilisées comme salle à manger si, d'aventure, le temps ne permet pas de profiter de la terrasse panoramique (ou, à l'inverse, lorsque les températures caniculaires rendent très attrayante la fraîcheur des vieux murs). Nappage blanc et chaises houssées de beige, éclairages chaleureux, feu de cheminée l'hiver : l'austérité du lieu a été bien traitée. Les chambres, confortables, disposent elles aussi presque toutes d'une vue splendide ou, à défaut, d'une petite terrasse côté village. Leur décor, avec tissus fleuris et grands lits douillets, affiche un classicisme sage, très "à l'anglaise". Les salles de bains, parfois un peu vieillottes, demeurent néanmoins parfaitement entretenues. Agréable piscine, cuisine appétissante et accueil charmant.

Catégorie ★★★ **Ouvert** toute l'année **Chambres** 12 chambres : 90 à 154€, 1 appartement-studio : 180 à 225€ - Petit déjeuner : 17€ **Restaurant** (midi et soir) : 35 à 110€ **Équipements** climatisation, TV, Wifi **Divers** animaux (10€), parking fermé **Loisirs** piscine **Accès** à 12 km au sud de Draguignan par N 555 et D 555 ; dans le village médiéval.

HOSTELLERIE BERARD ET SPA

hotel-berard.com

6, rue Gabriel Peri • 83740 La-Cadiere-d'Azur (Var)
Tél. 04 94 90 11 43 • Famille Bérard

• Sur son promontoire au cœur du vignoble de Bandol, La Cadière est un magnifique village provençal. On y vient de loin pour la cuisine de M. Bérard, l'une des meilleures de la région. Village dans le village, l'hostellerie réunit un ensemble de jolies maisons entre lesquelles on circule de ruelles en petits escaliers. Côté chambres (encore de très belles rénovations l'an dernier), le choix est large. Habillées de tissus Pierre Frey, les anciennes cellules du Couvent (XIe siècle) n'ont plus rien de monacal… Les Peintres filent la métaphore provençale, avec salles de bains en faïence de Salernes. Pour un accès direct à la piscine, optez pour *La Bastide*, toute proche de l'*AromaSpa* (élu meilleur resort Spa de France en 2010), dont le décor est inspiré des thermes romains et qui propose, en plus du Jacuzzi, du sauna et du hammam, une très large gamme de soins. Dans les élégants salon et salle à manger : nappes champagne et chaises cannées blanches Louis XV, plafond blanc à poutres vert olive…, une atmosphère douce et très raffinée, à l'image d'une cuisine ultra-fine, tout en subtilité et délicatesse, égayée par les légumes du potager de l'hostellerie, et que l'on déguste, au choix mais avec la même jolie vue panoramique, au restaurant René Bérard ou au bistrot Le Petit Jardin. Une adresse de grand charme au bonheur communicatif.

Ouvert du 12 février au 3 janvier **Chambres** 30 chambres doubles : 99 à 195 €, 7 suites : 251 à 299 € - Demi-pension (par pers.) : 117 à 194 € - Petit déjeuner : 21 € **Restaurant** 45 à 169 € **Équipements** climatisation, TV, Wifi, **Divers** animaux (16 €), garage (14 €) **Loisirs** piscine chauffée **Bien-être** fitness, spa complet **Accès** à 20 km à l'ouest de Toulon par A50, sortie n° 11, La Cadière-d'Azur.

MOULIN DE LA CAMANDOULE

camandoule.com

Chemin de Notre-Dame - 83440 Fayence (Var)
Tél. 04 94 76 00 84 • Fax 04 94 76 10 40 • Familles Torremocha-Sauner

• Dans une jolie campagne dominée par le village médiéval de Fayence, voici un authentique moulin à huile, avec son parc arboré et fleuri traversé par la Camandoule. Dans les années 1970, l'édifice fut transformé en hôtel, et on a pris soin de ne pas en dénaturer le caractère, comme en témoignent les lourds mécanismes de pressage, parfaitement intégrés au décor du salon. Rénovées régulièrement mais avec discrétion, les chambres pourraient êtres celles d'une maison de famille. Chacune a son style, son volume, mais on y trouve toujours quelques meubles anciens et objets dénichés sur place ou achetés en brocante (simples et agréables salles de bains blanches). L'été, la terrasse devient le cadre splendide des déjeuners et des dîners, avec son nappage raffiné et ses grands parasols verts. On y déguste une cuisine de qualité à base de produits provençaux bien mis en valeur et servis avec beaucoup d'attention. Tout autour, le grand jardin, laissé volontairement un peu sauvage, forme une nappe verte et frémissante d'où émerge la haute silhouette du village de Fayence. Accueil agréable et spontané pour cette adresse qui, malgré les années, reste touchante.

Catégorie ★★★ **Ouvert** toute l'année **Chambres** 9 chambres : 60 à 148 €, 1 appartement : 120 à 178 € - Petit déjeuner : 9,50 € **Restaurant** 33 à 62 € **Équipements** climatisation, TV, Wifi **Divers** parking privé **Loisirs** piscine **Bien-être** Jacuzzi, massages **Accès** à 31 km au nord de Fréjus par D 4, puis D 19.

BASTIDE DU CLOS (DOMAINE CLOS DES ROSES)

clos-des-roses.com

RD 37 • 1609 route de Malpasset • Lieu-dit Sainte-Brigitte • 83600 Fréjus (Var)
Tél : 04 94 53 32 31 • 06 34 17 15 05 • Alex Barbero et Claire Alzeari

• Trente-six hectares de vignes et de pinèdes aux portes de Fréjus composent ce beau domaine auquel on accède par une grille monumentale ouverte sur une allée de pins avec sculptures contemporaines sur fond de gazon vert tendre. En face, le *chai-winery* au design futuriste : pour déguster, s'initier au vin, c'est ici ! Derrière, précédée de carrés de potagers, pergola, oliviers, fontaine chantante…, la bastide ancienne toute d'ocre vêtue : pour dîner, dormir, se baigner, c'est là ! Totalement rénové, presque reconstruit, l'intérieur sacrifie aux tendances déco du moment. Mobilier néoprovençal patiné de gris, béton ciré au sol, cheminée traversante pour séparer le salon et la salle à manger. Le gris domine dans cet espace aéré, serein, réveillé par quelques touches de rose et par le vert qui s'étale généreusement au-delà des nombreuses baies vitrées ouvertes sur la terrasse. L'été on y sert les repas à l'ombre de grands vélums et de platanes ; non loin, la piscine fait face à un paysage vallonné de vignes, où oliviers et cyprès escaladent des petites collines. La cuisine est fine, excellente. Extrêmement confortables, les chambres sont teintées de taupe, beige, gris, avec un mobilier néobaroque, des dessus-de-lit en courtepointe de velours et des rideaux en taffetas. Quant aux vastes salles de bains, elles marient avec succès des rééditions de mobilier ancien en faïence à quelques éléments plus design. Accueil sympathique.

Catégorie ★★★ **Ouvert** toute l'année **Chambres** 7 chambres : 150 à 275 € - Petit déjeuner : 15 € Restaurant 15 à 48 € **Équipements** climatisation, TV, Wifi **Divers** animaux (15 €), parking fermé **Loisirs** piscine chauffée **Bien-être** hammam **Accès** A8 sortie n° 38 Fréjus / Saint-Raphaël, puis direction Fréjus-centre (2 km sur la gauche).

HÔTEL LES CAPUCINES

hotel-les-capucines.com

18, allée du Domaine du Treizain • 83580 Gassin (Var)
Tél. 04 94 97 70 05

• Un peu avant d'atteindre le village-port le plus célèbre de France, la route bifurque légèrement, gravit un bout de colline et donne accès à cet ensemble de petites maisons crépies de beige construites il y a une trentaine d'années dans le style local. Traversante, la petite pièce d'accueil conduit, à l'extérieur, vers un vaste espace de vie en platelage de bois organisé autour d'une grande piscine, d'une terrasse avec de confortables salons loom et d'un jardin contemporain, structuré par des graminées sous les verticales élancées des troncs de pins parasols. Pour couronner le tout, l'ensemble offre le cadrage d'une vue de carte postale sur la mer et les maisons dorées de Saint-Tropez. Le calme est total. On aime aussi les impeccables chambres, contemporaines ou joliment méridionales, avec parfois même un mobilier ancien (certaines bénéficiant d'une terrasse privative pour prendre son Petit déjeuner en toute intimité). L'ambiance et l'accueil sont agréables, les tarifs adaptés aux saisons, préférez le printemps et l'automne, plus abordables et avec une presqu'île moins saturée.

Catégorie ★★★ **Ouvert** du 6 avril au 22 octobre **Chambres** 19 chambres : 120 à 390 €, 2 suite : 240 à 490 € - Petit déjeuner : 19 € **Équipements** climatisation, Wifi **Divers** animaux (10 €) **Loisirs** piscine chauffée **Bien-être** Jacuzzi **Accès** A8 sortie n° 36 direction Saint-Tropez, après Cogolin prendre la D 98A, l'hôtel est à 3 km avant Saint-Tropez.

LE VERGER MAELVI

hotel-grimaud.com

1115, route de Collobrières • 83310 Grimaud (Var)
Tél. 04 94 55 57 80 • Fax 04 94 43 33 92 • Philippe Dupuy d'Iben

• Il est assez rare, dans la grouillante atmosphère de la Côte d'Azur, aussi près de Saint-Tropez et de Port-Grimaud, de trouver une telle oasis, une "presqu'île" où résonnent de partout les gazouillis et battements d'ailes de centaines d'oiseaux. Une rivière tournicote tout autour, d'immenses bambous jaillissent d'entre les chênes. La maison, pas très haute mais assez longue, se fond dans le paysage. Une terrasse sous les arbres, beaucoup de petites tables qui indiquent qu'ici on peut s'installer où l'on veut, à toute heure, pour siroter ou grignoter, lire ou jouer, pour la matinée ou la journée. Très accueillants, les propriétaires vous choieront discrètement, et, dans votre chambre, entièrement rénovée, vous profiterez d'un confort absolu. Panneaux de bois acajou, lignes contemporaines, même les chambres les moins grandes sont agréables – en particulier celles qui donnent directement sur le jardin. Depuis celles du rez-de-chaussée, on prend place dans les fauteuils disposés juste devant, et on savoure le déclin du soleil sur l'horizon verdoyant…

Catégorie ★★★ **Ouvert** du 1er mars au 27 octobre **Chambres** 11 chambres : 95 à 495 €, 3 suites : 215 à 570 € - Petit déjeuner : 14 à 22 € **Restaurant** réservé aux résidents **Équipements** climatisation, TV, Wifi **Divers** animaux (9 €) **Loisirs** piscine chauffée **Accès** A8 sortie Le Luc puis Saint-Tropez; après La Garde-Freinet, direction Grimaud, au carrefour à l'entrée de Grimaud, à droite route de Collobrières; l'hôtel se situe à 1 km au carrefour Grimaud.

LE MANOIR

hotel-lemanoirportcros.com

Port-Cros • 83400 Hyères (Var)
Tél. 04 94 05 90 52 • Fax 04 94 05 90 89 • Pierre Buffet

• Les eucalyptus, les palmiers, la blancheur du *Manoir*, les colonnes de son entrée : tout ici évoque une exotique et douce rêverie, une île perdue, une époque passée. Même complet, l'hôtel semble vide, car les pensionnaires - quelques dames âgées, des couples sans tapage, des familles à enfants très sages - se font des plus discrets. L'île de Port-Cros est une réserve naturelle, sous-marine et terrestre, où seuls les piétons peuvent se rendre. Dès le débarcadère, un grand garçon en blanc, envoyé par la maison, vous indique le parcours à suivre pour rejoindre l'hôtel, à deux cents mètres, tandis qu'il charge vos bagages sur une voiturette. Les chambres, périodiquement rafraîchies d'un coup de peinture blanche, sont d'un calme rare. On n'y cherche pas le confort ni la chaleur de la décoration : l'ensemble est plutôt nu, à l'abri de toute nouveauté. Certaines ont de petites terrasses ou bien des mezzanines. À l'extérieur, un jardin de papillons, un âne dans un pré, une piscine en pleine nature et des endroits pour lire à l'ombre font que l'on est ici parfaitement heureux, totalement dépaysé. Avec, à quinze minutes de marche de l'hôtel, la plage du Sud : un avant-goût des Maldives ! Le soir, l'un des serveurs sonne la cloche pour annoncer le dîner - esprit old school mais chic -, en terrasse sur la mer. Un hôtel à atmosphère, incontestablement.

Ouvert du 26 avril au 5 octobre **Chambres** 20 chambres : 185 à 275 €, 3 suites : 210 à 265 € - Petit déjeuner compris **Restaurant** (midi et soir) : 58 € **Équipement** TV **Divers** animaux non admis **Loisirs** pêche, piscine chauffée **Accès** liaisons maritimes du Lavandou et Cavalaire (tél. 04 94 71 01 02), d'Hyères (tél. 04 94 58 21 81).

L'ÉCURIE DU CASTELLAS

lecurieducastellas.com

Route des Moulins-de-Paillas • 83350 Ramatuelle (Var)
Tél. 04 94 79 20 67 • Fax 04 94 79 21 04 • Sandrine Guilbert

• Groupées autour de l'église et de son élégant campanile, les maisons du vieux village de Ramatuelle font la sieste ; au loin, quelques voiliers glissent sur la baie de Saint-Tropez, entre cap Camarat et cap Taillat. Cette vue de carte postale sera la vôtre si vous choisissez ce charmant petit hôtel tout en haut du village. La vaste terrasse panoramique, avec son mobilier de fer forgé, est aux premières loges. Elle prolonge la jolie salle de restaurant, où l'on se régale d'une cuisine méditerranéenne finement créative, d'un très bon rapport qualité-prix. Les chambres se répartissent entre la vieille maison et une aile un peu plus récente. Toutes ont bénéficié du même soin à travers une décoration classique revisitée par les douces couleurs du moment (mastic, gris pâle, blanc cassé), avec un brin de romantisme dans les tissus, véritable collection de boutis provençaux, et quelques touches de brocante. Leur tarif varie selon leur taille, leur vue (la majorité donne sur la mer et son ciel azuréen, cinq d'entre elles profitent d'une terrasse). Une accueillante maison dans cette presqu'île mythique.

Ouvert du 14 janvier au 24 novembre et du 19 décembre au 8 janvier **Chambres** 11 chambres : 76 à 160 €, chambres terrasse vue mer : 150 à 250 € - Petit déjeuner : 15 € **Restaurant** (midi et soir) : 33 à 95 € **Équipements** TV, Wifi **Divers** animaux (10 €) **Accès** Au Muy, D 25 direction Sainte-Maxime, puis RN 98 carrefour de La Foux, D 98 A, vers Saint-Tropez puis D 93, vers Ramatuelle.

LA FERME D'AUGUSTIN

fermeaugustin.com

Route de Tahiti • 83350 Ramatuelle (Var)
Tél. 04 94 55 97 00 • Fax 04 94 97 59 76 • Mme Vallet

• Cette ancienne ferme, devenue luxueux hôtel, a su conserver une incontestable authenticité et résister au sirènes de ma mode bling blig. Dès l'arrivée, la pinède et le jardin méridional annoncent tout un univers de couleurs, de senteurs, de fraîcheur. Plusieurs maisons y sont cachées dans la verdure, on ne sait pas trop où commence et où s'arrête l'hôtel. Dans les salons abondamment fleuris, l'agréable mélange de mobilier provençal ancien et de canapés contemporains ménage plusieurs espaces de vie qui ouvrent sur le restaurant et sa terrasse. Intégralement rénovées, les chambres conservent leur sobre élégance intemporelle ; quelques meubles anciens, des tableaux XIXe les personnalisent (fleurs, paysages de Provence, la collection de l'hôtel en rassemble plusieurs centaines), alors que les salles de bains voient souvent leur confort augmenté d'une baignoire balnéo, et même d'un hammam dans certaines suites (lotions, parfums, crèmes, sont de grande qualité). Bon nombre de chambres bénéficient d'un balcon ou d'une terrasse et quelques-unes d'un vrai jardin. À deux pas de la plage de Tahiti, cet accueillant hôtel fait tout pour vous rendre la vie heureuse : préparation de paniers pique-nique, restauration légère au bar, *room-jardin-service* vingt-quatre heures sur vingt-quatre. Quant au restaurant, il n'a pas oublié son origine fermière : on y sert le vin bio du domaine, les herbes et légumes du potager, les fruits du verger, autour d'une savoureuse cuisine du marché.

Catégorie ★★★★ **Ouvert** du 20 mars au 20 octobre **Chambres** 22 chambres doubles : 205 à 420 €, 24 junior-suites et suites : 400 à 985 € - Petit déj. 20 € **Restaurant** midi et soir **Équipements** climatisation, TV, Wifi **Divers** animaux (15 €) **Bien-être** massages **Accès** à 3,5 km de Saint-Tropez, route de la plage de Tahiti.

LA FIGUIÈRE

hotel-lafiguiere.com

Route de Tahiti • 83350 Ramatuelle (Var)
Tél. 04 94 97 18 21 • Fax 04 94 97 68 48 • Cécile Chaix

• Avec sa façade sobre et ses pièces fraîches, carrelées de terre cuite rouge comme autrefois, *La Figuière* résiste à la mode et au clinquant. Au calme, à quelques minutes de Saint-Tropez, sur la route des plages - et à cinq cents mètres seulement de la plage de Tahiti. L'hôtel dissimule ses cinq maisons dans un jardin de figuiers, de mûriers, d'orangers, et abrite des chambres qui sentent bon l'huile de lin et sont souvent dotées d'une petite terrasse privée. Leur décoration d'inspiration régionale est charmante, simple et élégante, sobrement agrémentée de meubles anciens et de jolies cotonnades. Les salles de bains, grandes et confortables, se colorent de carreaux de Salernes. Un peu à l'écart des autres, celles de la série des 30 et 40 ont des terrasses fleuries de lavande ou de lantaniers, et une vue totalement dégagée sur les vignes et les collines de pins parasols. Bons petits déjeuners et, pour les repas, plats provençaux au bord de la piscine, entourée de lauriers-roses et de cognassiers. Enfin, nous aimons toujours autant l'accueil sympathique et attentionné qui donne l'impression d'être rapidement adopté par la maison. Une adresse à prix raisonnables où séjourner sans hésiter !

Catégorie ★★★ **Ouvert** du 2 avril au 4 octobre **Chambres** 34 chambres doubles : 150 à 370 €, 4 chambres triples : 220 à 350 €, 3 duplex (4 pers.) : 335 à 470 € - Petit déjeuner : 4,50 à 15 € **Restaurant** 50 à 90 € **Équipements** climatisation, TV, Wifi **Divers** animaux (15 €), parking privé **Loisirs** piscine **Accès** à 2,5 km au sud de Saint-Tropez, par la route de la Belle-Isnarde - Route de Tahiti.

HÔTEL LE COLOMBIER

lecolombierhotel.free.fr

17, impasse des Conquettes • 83990 Saint-Tropez (Var)
Tél. 04 94 97 05 31 • Fax 04 94 97 32 57 • Mmes Cannet

• On n'oserait l'imaginer et pourtant si, ce genre de lieu secret existe encore à Saint-Tropez: un hôtel tout simple, sans prétention mais très bien tenu, au calme d'une impasse et néanmoins à deux pas de la place du marché… Cela fait trente ans que la même famille en prend soin, d'une génération à l'autre. Sans révolutions, sans effets de strass ni de tendances dans la décoration. Le hall, les couloirs, les chambres: tout y est blanc cassé et gris perle, d'une douceur nacrée. Des rideaux assortis, des abat-jour, des coussins, un dessus-de-lit: qu'elles soient grandes ou petites, les dix chambres sont de véritables nids douillets. Rien à voir avec les adresses pour clubbers et jet-setters: ici on vient plutôt en couple tranquille ou en famille, on se couche avant minuit et on évite de faire du bruit ! Le matin, le Petit déjeuner est servi dans l'adorable patio, joliment fleuri et préparé pour l'occasion. On y revient pour la sieste, par exemple, ou bien le soir pour se doucher – avant de ressortir dîner sur le port, à pied. Un envers du décor qui nous plaît bien, surtout à des prix si petits. L'accueil, enfin, est tout aussi sympathique et tranquille, d'une constance et d'une gentillesse que l'on pourrait parfois désespérer de trouver sur la côte en saison. La preuve par le contraire: la Côte d'Azur sait aussi ne pas faire la fière et s'offrir… avec le sourire !

Catégorie ★★★ **Ouvert** de Mars à novembre et du 26 décembre au 10 janvier **Chambres** 9 chambres : 95 à 235 € - Petit déjeuner (8 h à 11 h) : 13 € **Équipements** climatisation, coffre-fort, Wifi **Divers** animaux admis, quelques places dans le parking privé **Accès** dans le centre-ville à côté de la place des Lices.

LE PRÉ DE LA MER

lepredelamer.fr

Route des Salins • 83990 Saint-Tropez (Var)
Tél. 04 94 97 12 23 • Fax 04 94 97 43 91 • Anne et Michel Lefebvre

• En retrait du port et à l'abri des foules estivales, cette maison blanche et basse évoque un motel californien mâtiné d'hacienda mexicaine. Mais très vite, au vu de la décoration très "tendance" de l'ensemble, vous comprendrez que vous êtes ici à Saint-Tropez ! Au centre de tout cet espace trône une splendide piscine, sur le côté de laquelle s'ouvre un immense salon, prétexte à l'exposition d'œuvres contemporaines grand format. Une brise légère traverse les pièces et vous accompagne jusqu'aux chambres. Rénovées de pied en cap, relookées en blanc, gris et taupe, elles sont toutes spacieuses, hyper-confortables et hautes de plafond, avec des salles de bains très design, plus ou moins ouvertes sur le reste de la pièce. Chacune s'ouvre sur une petite terrasse individuelle, de plain-pied sur un jardin clos de lauriers-roses, althéas, grenadiers et citronniers. Le midi ou le soir, vous pourrez y prendre un verre, goûter à l'ardoise du jour, ou choisir, au matin, un Petit déjeuner plantureux. C'est ainsi reposé, régénéré, que vous repartirez à l'assaut des plages et clubs de Saint-Tropez, en étant d'autant plus à l'aise pour aller et venir que chaque place de parking se trouve derrière chaque chambre - pratique et discret ! Une belle adresse, joyeuse et soignée.

Catégorie ★★★★ **Ouvert** de mi avril à mi-octobre **Chambres** 12 chambres : 215 à 520 €, 2 suites : 389 à 760 € - Petit déjeuner : 22 € **Restaurant** (le midi) **Équipements** TV, Wifi **Divers** animaux (14 €), parking fermé **Loisirs** piscine chauffée **Bien-être** fitness, hammam **Accès** à Saint-Tropez, après le parking souterrain des Lices, prendre à gauche, rue du Temple, à droite, avenue du Maréchal-Foch, qui devient la route des Salins ; l'hôtel est à 100 m à gauche, après l'intersection pour la plage des Canebiers.

HÔTEL DES DEUX ROCS

hoteldeuxrocs.com

1, place Font d'Amont • 83440 Seillans (Var)
Tél. 04 94 76 87 32 • Fax 04 94 76 88 68 • Nicolas et Julie Malzac-Heimermann

• Seillans est un splendide village de l'arrière-pays, avec ses remparts, son vieux château, ses ruelles en calade… et cette grosse bâtisse XVIIIe près d'une belle fontaine ombragée de platanes. L'été, sur la terrasse, vous ne saurez plus où donner de la tête, entre l'admirable vue sur les collines et les merveilles goûteuses aux jolis intitulés ("Gâteau coulant de Paul, souvenir de récré") de David Caré (passé chez Lameloise). Mais vous préférerez peut-être, derrière la fraîcheur des vieux murs, la salle à manger parée d'images gourmandes géantes. Ravissement pour les yeux, l'atmosphère "maison de famille" du hall et des petits salons vous enchantera par son fouillis de bouquets, de petits cadres, d'antiquités et autres trouvailles, comme cette chaise à porteurs posée au pied du bel escalier XVIIIe. Charme délicieux que l'on retrouve dans toutes les chambres, même les plus exiguës, comme "Lavande des mers" et "Pimprenelle". Plusieurs ont été refaites – toujours avec des tissus muraux de grande marque –, y compris les salles de bains, noir et blanc rétro. L'ensemble reste bon enfant, comme les prix. On aime tant que cette année nous avons choisi les Deux rocs pour illustrer la couverture de notre guide.

Catégorie ★★★ **Ouvert** toute l'année du 1er mars au 3 janvier **Chambres** 14 chambres doubles : 75 à 155 €, 1 suite familiale (6 pers.) : 195 à 205 € - Petit déjeuner : 15 € **Restaurant** (midi et soir) : 40 à 67 € **Équipements** TV, Wifi **Divers** animaux (5 €) **Accès** en provenance de Nice : A8 sortie n° 39, direction Fayence, puis direction Seillans ; l'hôtel se trouve au sommet du village ; en provenance de Marseille : A8 sortie n° 36, direction Grasse, puis Seillans-Fayence.

CHÂTEAU DE TRIGANCE

chateau-de-trigance.fr

Route du Château • 83840 Trigance (Var)
Tél. 04 94 76 91 18 • Fax 04 94 85 68 99 • Famille Thomas

• En nid d'aigle au sommet d'une colline, cette forteresse fut créée par les moines de l'abbaye de Saint-Victor au ixe siècle et devint château, propriété des comtes de Provence, au XIe. C'est dire l'extrême ancienneté de ce monument aujourd'hui exploité en hôtel par la famille Thomas, dont le fils a repris le flambeau avec beaucoup d'enthousiasme et un vrai sens de l'accueil. Pour parvenir jusqu'à nous et offrir une confortable structure d'accueil, le château a bénéficié d'une restauration en pierres du pays, avec le souci d'en reconstituer l'aspect médiéval. C'est ainsi que le salon et la salle à manger occupent une voûte sarrasine (XIe) avec éclairage aux chandelles et musique du Moyen Âge. Aménagées autour d'une vaste terrasse dominant la campagne, les chambres, de belle taille, sont souvent décorées dans un style haute époque, avec, bien sûr, baldaquins et tapisseries (les 9 et 10 font encore plus "château"). Beaucoup de confort également dans les salles de bains, régulièrement refaites. Dès les beaux jours, les petits déjeuners et une excellente cuisine régionale vous seront servis sur un terre-plein crénelé, face à un superbe paysage, promesse de couchers de soleils inoubliables.

Catégorie ★★★ **Ouvert** du 5 avril au 31 octobre **Chambres** 8 chambres doubles : 117 à 185 €, 2 suites familiales : 200 à 230 € - Petit déjeuner (7 h 30 à 11 h) : 14,50 € **Restaurant** : 28 à 52 € **Équipements** TV, accès internet **Divers** parking privé **Accès** à 44 km au nord de Draguignan par D 21 par Figanières. Puis D 955 direction Comps-sur-Artuby puis Trigance. Sortie A 8 n° 36.

HÔTEL DES PINS L'ESPRIT JARDIN

hotel-des-pins.fr

171, chemin de Crans • 84410 Bédoin (Vaucluse)
Tél. 04 90 65 92 92 • Guillaume Roux

• Au pied du Ventoux, cette maison provençale récente, masquée par une forêt de pins, mérite qu'on s'y arrête. Et pas seulement en raison de son emplacement idéal pour les cyclistes qui ont prévu de s'attaquer à la montagne mythique. Il s'agit aussi d'un hôtel fort sympathique où vous serez accueillis avec caractère par Anne-Sophie, Guillaume et leurs enfants. Comme nous vous aimerez les quelques hamacs entre les pins, la salle de massage, la piscine un peu à l'écart avec son élégante plage en teck. Les repas, également : composés avec les produits du marché, ils sont servis l'été sous les arbres ou dans le joli patio. Au calme, dans la nature : le cadre est propice au sport et à la détente. Dans les parties communes comme dans les chambres, on peut suivre les travaux qui ont modifié l'ensemble avec originalité. Très "déco", l'aménagement a été fait avec soin et justesse par les jeunes propriétaires. Le style néoprovençal épouse partout les tendances les plus actuelles, grâce à un jeu de couleurs contrastées, des tissus choisis et des meubles chinés d'inspirations diverses – tel ce buffet campagnard dans lequel s'emboîte la vasque de l'une des salles de bains (dans la chambre "Cupidon", qui plaira aux amoureux). Cette mise en scène, quasi théâtrale, rehaussée par les œuvres contemporaines de Guillaume (diplômé des Beaux-Arts), fait de cet hôtel une adresse atypique. Elle est très prisée, localement, pour la terrasse de son restaurant, en été, où l'on peut composer de grandes et joyeuse tablées.

Catégorie ★★★ **Ouvert** du 15 mars au 12 nov. **Chambres** 10 chambres doubles : 85 à 115 €, 2 suites : 150 à 180 €, 1 suite familiale (5 pers.) : 150 à 370 € - Petit déj. : 10 € **Restaurant** (midi le week-end et soir) : 28 à 40 € **Équipements** climatisation, TV, Wifi **Divers** animaux (10 €) **Loisirs** piscine **Accès** D 974 vers le mont Ventoux, 1 km avant Bédoin prendre le chemin des Granges, puis le chemin des Crans.

AUBERGE DE L'AIGUEBRUN

aubergedelaiguebrun.fr

Route départementale 943 • 84480 Bonnieux (Vaucluse)
Tél. 04 90 04 47 00 • Fax 04 90 04 47 01 • M. Zermati

• Perdue dans un site sauvage au cœur du Lubéron, entre Bonnieux et Lourmarin, *l'Auberge de l'Aiguebrun* est une vieille ferme tout en pierres, invisible depuis la route. Pour y accéder, il faut emprunter un petit chemin qui descend en pente raide vers un vallon bercé par le bruit du ruisseau s'écoulant au pied de la propriété. Le bâtiment principal, une belle maison de caractère, affiche un décor inspiré par la Provence et les tendances actuelles. Partout des tomettes; dans le salon, des canapés en lin, une très belle cheminée et, sur le buffet, de la vaisselle typiquement provençale et des confitures maison… Installé dans la véranda, le restaurant se déplace l'été sur la très agréable terrasse, à l'ombre d'un cèdre gigantesque. On y apprécie surtout le cadre, enchanteur. Et l'on aime beaucoup les chambres, toutes blanches, lumineuses et raffinées (linge ancien monogrammé, magnifiques boutis écrus, jolis voilages), avec des salles de bains tout aussi confortables. À l'écart, quatre bungalows en bois s'alignent le long du ruisseau de l'Aiguebrun et se fondent dans la nature. Bien que charmants et très dépaysants, nous continuons à leur préférer les chambres. Une maison accueillante et soignée.

Catégorie ★★★ **Ouvert** toute l'année **Chambres** 4 bungalows : 140 à 180 €, 9 chambres : 180 à 250 € - Demi-pension (supp./pers.) : 45 à 50 € - Petit déjeuner : 15 € **Restaurant** (midi et soir) : 28 à 55 € **Équipements** climatisation, TV, Wifi **Divers** animaux admis sur demande **Loisirs** piscine **Accès** sur A 7 sortie Cavaillon, direction Apt, puis D 36, direction Bonnieux; traverser Bonnieux, direction Lourmarin sur 5 km jusqu'au stop, direction Apt, Buoux par D 943.

LA BASTIDE DE VOULONNE

bastide-voulonne.com

Départementale 148 • Quartier Voulonne • 84220 Cabrières d'Avignon (Vaucluse)
Tél. 04 90 76 77 55 • Fax 04 90 76 77 56 • Penny et Julien Hemery

• Deux gros platanes cachent et rafraîchissent l'authentique façade de cette ancienne ferme (XVIIIe et XIXe) avec sa maison de maître et sa très belle cour fermée autour de la fontaine. Nous sommes dans la plaine du Lubéron, entre vignes et vergers, à quelques minutes des célèbres villages qui se succèdent sur les deux versants de la vallée. Certaines chambres occupent la bastide, d'autres une aile qui donne sur la cour ou sur le jardin. Dans les premières, le style est plus raffiné, avec moulures et belle hauteur sous plafond. Les secondes ont presque toutes été remises au goût du jour, mêlant carreaux de terre cuite, meubles patinés, tonalités douces et salles de bains progressivement recarrelées de pierre naturelle. L'ensemble est confortable et spacieux, donc idéal en famille. Éclairée par des baies en plein cintre ouvertes côté cour ou côté jardin, la vaste salle à manger occupe l'ancienne boulangerie (menu unique autour de recettes provençales, simple, correct). Beaux abords fleuris avec, un peu à l'écart, une grande piscine chauffée qui fait la joie des enfants.

Catégorie ★★★ **Ouvert** de mi-mars à mi-novembre **Chambres** 10 chambres doubles et triples : 110 à 185 €, 3 suites familiales (2 à 4 pers.) : 225 à 255 € - Petit déjeuner : 13 € **Restaurant** (en table d'hôtes) : 37 € **Équipements** climatisation, TV, Wifi **Divers** animaux (10 €), parking privé **Loisirs** piscine chauffée **Bien-être** Jacuzzi **Accès** sur A7 sortie Cavaillon, direction Apt ; à Coustellet, suivre direction Gordes, Les Imberts, et 2 km après, fléchage à droite.

AUBERGE LA FENIÈRE

reinesammut.com

Route de Lourmarin D943 • 84160 Lourmarin (Vaucluse)
Tél. 04 90 68 11 79 • Fax 04 90 68 18 60 • Reine et Guy Sammut

• Reine Sammut fait partie des meilleures cuisinières de France, elle possède aussi le talent de savoir composer, avec son mari Guy, des univers pleins de charme et de gaieté. Dans cette *Fenière*, bâtie sur les hauteurs de Lourmarin, ils ont commencé par créer sept chambres confortables, chacune dédiée à un artisanat et aménagée en fonction de ce choix. Presque toutes profitent d'une terrasse avec vue sur le superbe jardin et sur la vallée de la Durance. Cette année, les Sammut se sont lancés dans la création de cinq chambres très rock'n'roll, sur le thème des Rolling Stones – la grande passion de Guy ! Installées dans un nouveau bâtiment, elles sont superbes, colorées et très "lookées". Enfin, cinq autres chambres, contemporaines mais plus sages, ont trouvé leur place dans une partie de l'ancien mas, intégralement rénové. Chaque bâtiment reste relié au restaurant gastronomique par un réseau d'allées, mais vous pourrez aussi rejoindre *la Cour de Ferme*, où Reine sert une cuisine de marché plus simple, basée sur les mêmes produits – le tout sous une grande charpente, parmi les meubles chinés et au son des orchestres qui se produisent le week-end. Difficile de quitter ce lieu où règne une atmosphère chaleureuse et familiale, partagée par tous les membres de l'équipe avec beaucoup de générosité. On adore !

Catégorie ★★★★ **Ouvert** toute l'année sauf au mois de janvier **Chambres** 16 chambres : 180 à 380 € - Petit déjeuner : 15 à 20 € **Restaurant** (midi et soir, sauf lundi et mardi) : 65 à 125 € **Équipements** climatisation, TV, Wifi **Divers** animaux (10 €), parking privé **Loisirs** piscine **Accès** à 30 km au nord-est d'Aix-en-Provence ; sur A 7, sortie Sénas, sur A 51 sortie Pertuis.

HÔTEL DU POÈTE

hotelduPoete.com

Le Village • 84800 Fontaine-de-Vaucluse (Vaucluse)
Tél. 04 90 20 34 05 • Fax 04 90 20 34 08

• Comme à tout poète, il y a deux visages à cet hôtel: celui de l'ombre, et celui de la lumière – l'entrée laisse à peine deviner le petit paradis de bord de rivière qui se dévoile sur l'arrière. Et pourtant c'est bien là l'un des atouts majeurs de l'établissement: une fois franchi le seuil de la maison, on distingue déjà l'entrelacs des terrasses et de l'eau, des fleurs, des arbustes, des petits fauteuils pour s'installer tantôt au soleil, tantôt au frais... Les propriétaires ont eu la bonne idée d'orienter toute la vie de la maison vers ce côté, et la majorité des chambres donne sur ce panorama, vu d'en haut. Cela fait maintenant dix ans qu'ils ont entamé les rénovations de cet ancien moulin, et le résultat est des plus enthousiasmants. Les chambres, toutes décorées différemment les unes des autres, sont d'inspiration provençale et dotées de belles et lumineuses salles de bains. Elles sont scrupuleusement entretenues par toute l'équipe de l'hôtel, vérifiées plutôt deux fois qu'une – comme chaque élément, ici, du sol au plafond, du matin au soir: un professionnalisme exemplaire. Accueil, écoute et bons conseils font que l'on s'y sent particulièrement bien accompagné. Avec en prime une magnifique piscine avec vue sur les falaises du Vaucluse, à côté d'un Jacuzzi tout aussi panoramique. Au matin, le Petit déjeuner est une fête, avec des merveilles faites maison et un très bon choix de produits. Le tout servi jusqu'à 11 heures: on aime!

Catégorie ★★★ **Ouverture** du 1er mars au 1er décembre **Chambres** 21 chambres : 98 à 240 €, 3 junior-suites : 295 à 325 € - Petit déjeuner (8 h à 11 h) : 17 € **Équipements** Wifi, ascenseur **Divers** animaux (15 €), parking fermé **Loisirs** piscine **Accès** A 7, sortie n° 24 puis suivre la direction L'Isle-sur-la-Sorgue, puis Fontaine-de-Vaucluse.

LES FLORETS

hotel-lesflorets.com

Route des Dentelles • 84190 Gigondas (Vaucluse)
Tél. 04 90 65 85 01 • Thierry Bernard

• En pleine verdure, en fascinant tête à tête avec les dentelles de Montmirail, dont les roches finement ouvragées dominent le vignoble du Gigondas, *Les Florets* c'est un hôtel de campagne traditionnel et familial. Dès l'arrivée, on est conquis par sa vaste terrasse plantée d'arbres séculaires où, bien à l'abri d'un soleil parfois sans tendresse, on profite d'une vue somptueuse. La plupart des chambres donnent sur les grands arbres de la cour; elles sont confortables et davantage au goût du jour qu'autrefois. Ceux qui préfèrent être de plain-pied et un peu plus au large opteront pour l'une des quatre chambres aménagées dans une petite maison jouxtant la piscine : jonc de mer, couleurs vives et allure un brin provençale. À côté, un appartement à la décoration très actuelle séduira les familles pour un séjour prolongé. Côté restaurant, bonne cuisine régionale à découvrir, le fin du fin étant de l'accompagner de l'un des très bons crus de gigondas produits par la maison. Enfin, l'accueil est plein de gentillesse, et le patron, petit-fils du fondateur de l'hôtel, sera heureux de vous emmener visiter sa cave pour une dégustation de sa production.

Catégorie ★★★ **Ouvert** de mi-mars au 1er janvier **Chambres** 14 chambres doubles selon saison : 87,50 à 185 € - Demi-pension (supp. par pers.) : 65 € - Petit déjeuner : 16 € **Restaurant** 39 à 57 € **Équipements** TV, Wifi **Divers** animaux (7 €) **Loisirs** piscine **Accès** à 25 km à l'est d'Orange par D 975, direction Vaison-la-Romaine, puis D 8 et D 80; sur la route des dentelles de Montmirail.

HÔTEL LES BORIES

hotellesbories.com

Route de l'Abbaye de Senanque • 84220 Gordes (Vaucluse)
Tél. 04 90 72 00 51 • Fax 04 90 72 01 22

• On a aimé ici la belle sobriété de l'architecture, sa manière de se fondre dans la montagne, dans la pierre, de disparaître à fleur de garrigue et de chênes verts, sans grand tapage, sans luxe ostentatoire. Et, pourtant, le luxe est ici partout palpable, dans l'air, la lumière, l'agencement des jardins et bâtiments qui fait toujours la part belle à l'espace, au paysage, à l'horizon. Rien contre quoi le regard puisse venir buter : des terrasses, des allées étroites qui descendent vers la sublimissime piscine, tout n'est qu'harmonie ouverte. Du matin au soir, on peut suivre la course du soleil, s'abriter parfois à l'ombre d'un pin, ou bien se dédier aux soins du corps et de sa détente, dans le très très bel espace spa – lui aussi orienté face au Lubéron. Les chambres sont plus que confortables, assez sobres, équipées comme dans tous les beaux hôtels de cette catégorie, et réparties à la manière d'appartements dans un bâtiment tout en longueur. Le restaurant fonctionne ici comme un soleil central, et l'on y découvre une cuisine plutôt intéressante, qui s'essaie à marier le terroir et les recettes traditionnelles aux techniques et fantaisies plus actuelles, avec beaucoup de générosité. Les différentes petites salles et salons sont très agréables, les murs chaulés tout simplement, les éclairages feutrés, le nappage élégant. Enfin, l'accueil est attentionné, chaleureux.

Catégorie ★★★★★ **Ouvert** du 15 février au 1er janvier **Chambres** 31 chambres : 305 à 450 €, 2 suites : 520 à 930 € - Petit déjeuner : 10 à 23 € **Restaurant** (midi et soir) : 65 à 85 € **Équipements** TV, Wifi **Divers** animaux (20 €) **Loisirs** piscine **Bien-être** fitness, spa complet **Accès** A 7, sortie n° 25, N 100 vers Apt et D 15 vers Gordes puis suivre "Abbaye de Sénanque" l'hôtel est à 2 km.

LA FERME DE LA HUPPE

lafermedelahuppe.com

Hameau des Pourquiers • 84220 Gordes (Vaucluse)
Tél. 04 90 72 12 25 • Port. 06 10 04 76 45 • Daniela et Fabien Ernandes

• Ancrée dans la plaine, au pied de Gordes, cette très vieille ferme (1776) est à l'abri de la foule qui déambule dans les ruelles du village perché. L'élégante allée de cyprès ne laisse pas présager la petite cour croquignolette où vous allez pénétrer. Une cour typiquement provençale sur laquelle donnent les chambres, dont les noms évoquent leurs anciennes fonctions : à l'étage, bordées d'un joli balcon en fer forgé, "Le Ver à soie", "Le Grenier"…, au rez-de-chaussée, "L'Écurie", "L'Étable", "La Cuisine" (notre préférée, avec sa cheminée et sa pierre à évier). La cuisine, parlons-en justement : on peut féliciter Daniela et Fabien Ernandes de réveiller nos papilles chaque soir dans l'agréable salle du restaurant donnant sur la piscine. Qualité des produits et saveurs méditerranéennes alliées à une recherche toute en finesse : le trio est gagnant. Des jardins ont été créés, des salles de bains entièrement refaites, les chambres conservent, adossés aux beaux murs de pierre, quelques pièces provençales ou objets rustiques parmi le nouveau mobilier en pin Interior. Très confortables, elles seront certainement encore améliorées (tableaux et gravures seraient les bienvenus). Ceux qui souhaitent absolument la vue sur Gordes opteront pour la chambre "Le Voisin", plus lumineuse, mais moins rustique. L'atmosphère reste décontractée, et l'accueil très professionnel.

Ouvert du 20 mars au 31 octobre **Chambres** 7 chambres simples et doubles : 145 à 175 €, 2 suites familiales (4 pers.) : 212 à 249 € - Petit déjeuner compris **Restaurant** (midi et soir) : 29 à 45 € **Équipements** TV **Divers** animaux non admis, parking fermé **Loisirs** piscine **Accès** sur l'A7, sortie Avignon en provenance du nord ou sortie Cavaillon en provenance du sud, puis prendre la direction d'Apt puis de Gordes.

LE MAS DES ROMARINS

masromarins.com

Route de l'Abbaye-de-Sénanque • 84220 Gordes (Vaucluse)
Tél. 04 90 72 12 13 • Fax 04 90 72 13 13 • M. Ticot et M. Dimeux

• Sur son promontoire, Gordes est l'un des villages de France les plus huppés et les plus touristiques, mais c'est finalement plutôt sa physionomie d'ensemble que le dédale de ses petites rues qui en explique le succès. Voilà pourquoi, à notre avis, ce petit hôtel est le mieux placé pour admirer l'étagement de ses vieilles maisons couronnées par l'imposant château fort et ponctuées de jardins en terrasses, cyprès, oliviers… Sur la crête d'une petite vallée latérale, l'hôtel donne en effet directement sur cette vue de carte postale. Vous en profiterez de la majorité des chambres, agréables, très bien tenues, décorées dans un esprit provençal "nouvelle manière" (boutis, tons gris-beige-rosé, meubles peints), et réparties entre le vieux mas (à l'étage) et l'ancien cellier (de plain-pied, avec chacune son espace privatif). Vous en profiterez aussi, l'été, à l'ombre des mûriers de la terrasse ; merveilleuse tribune pour l'apéritif du soir ou les petits déjeuners (on peut y dîner aussi, quatre soirs par semaine). S'y ajoutent jardins en restanque, chemins bordés de murets de pierres sèches (pour rejoindre agréablement à pied le village à dix minutes) et, surtout, une piscine panoramique. Accueil professionnel et souriant.

Catégorie ★★★ **Ouvert** du 1er mars au 18 novembre et du 15 décembre au 5 janvier **Chambres** 13 chambres : 99 à 227 € - Petit déjeuner compris **Restaurant** (le soir) : 35 € **Équipements** climatisation, TV, Wifi **Divers** animaux (8 €) **Loisirs** piscine **Accès** à Avignon, direction Apt par la N 100 ; à Coustellet, prendre à gauche vers Gordes puis suivre la route de l'abbaye de Sénanque.

DOMAINE DE LA FONTAINE

domainedelafontaine.com

920, chemin du Bosquet • 84800 L'Isle-sur-la-Sorgue (Vaucluse)
Tél. 04 90 38 01 44 • Irmy et Dominique Sundheimer

• Anciens restaurateurs, les Sundheimer animent avec chaleur et profession-nalisme ce vieux mas provençal situé à quelques minutes de L'Isle-sur-la-Sorgue, au milieu d'une immense plaine cultivée, quadrillée par une série de haies coupe-mistral. Sa capacité d'accueil très restreinte et son ambiance calme et confidentielle le mettent à égale distance du petit hôtel et de la maison d'hôtes, ce qui fera le bonheur des amateurs d'ambiance intime. Toutes très spacieuses et parfaitement tenues, les chambres ont chacune leur couleur dominante; l'ameublement y est simple et sobre, la literie remarquable, les salles de bains vastes et fonctionnelles. L'ensemble est parfaitement tenu. Deux fois par semaine, vous pourrez goûter au menu qui varie au gré du marché et de la saison. Les tables sont dressées dans la vaste salle à manger, également très sobre, ou à l'ombre de trois platanes centenaires. C'est également là que sont servis les excellents petits déjeuners, et l'on prolonge volontiers le plaisir en écoutant chanter la fontaine qui a donné son nom au domaine. Une piscine ouverte sur la nature complète ce tableau très provençal.

Ouvert de début avril à fin octobre **Chambres** 3 chambres doubles : 125 à 135 €, 2 suites familiales (4 pers.) : 195 à 230 € **Restaurant** réservé aux résidents (le soir) : 29 € **Équipement** Wifi **Loisirs** piscine **Accès** sur A 7, sortie Avignon-sud ou Cavaillon; au village, D 901 direction Apt; après le garage Citroën 1ère à droite, 1ère à gauche et après 300 mètres 1er mas sur la droite.

LE MAS DES GRÈS

masdesgres.com

1651, RD 901 • Four à Chaux • L'Isle sur la Sorgue • 84800 Lagnes (Vaucluse)
Tél. 04 90 20 32 85 • Fax 04 90 20 21 45 • Nina et Thierry Crovara

• De prime abord, on n'imagine pas la singularité de ce petit hôtel-là : proche de la route qui mène à L'Isle-sur-la-Sorgue, avec son parking en bordure. Mais, en s'avançant, on réalise qu'il se trame ici quelque chose de particulier. À l'accueil, un organigramme de l'équipe au grand complet commence déjà à faire sourire. Puis un salon de jeux, croûlant sous les boîtes, les bonshommes et les peluches, donne envie de redevenir petit, pour y jouer des heures entières. Ensuite une salle où des livres et des livres, sur la tranche ou entrouverts. Puis une autre d'où s'échappent des fumets de cuisine. De là surgissent souvent, également, des êtres souriants, naturellement accueillants… Vous l'aurez compris, *Le Mas des Grès* est un genre de maison de vacances où règne la joie de vivre ! Nina et Thierry, passionnés par leur métier, le sont aussi par la cuisine, et ils composent chaque jour un succulent menu provençal fait d'herbes fraîches et de produits de saison. L'été, à midi, on dresse sous la treille et les platanes un petit buffet froid délicieux. Les chambres, elles, ont double vitrage, climatisation et vue sur la montagne du Lubéron. Carrelées, patinées et pigmentées de Provence, elles profitent de salles de bains rutilantes. Car, dans ce lieu très vivant, on ne néglige pas pour autant le calme et le confort. Vous y serez à l'aise, très heureux.

Ouvert du 15 mars au 15 novembre **Chambres** 10 chambres doubles et triples : 100 à 180 €, 1 junior suite 4 pers.) : 240 € - Petit déjeuner : 15 € **Restaurant** (midi et soir) : 20 à 40 € **Équipements** climatisation, TV, Wifi **Divers** animaux admis (10 €), parking (10 €) **Loisirs** tennis, piscine chauffée **Bien-être** Jacuzzi, hammam, fitness **Accès** à L'Isle-sur-la-Sorgue, direction Apt par D 901 sur 6 km.

CHÂTEAU DE MAZAN

chateaudemazan.com

Place Napoléon • 84380 Mazan (Vaucluse)
Tél. 04 90 69 62 61 • Fax 04 90 69 76 62 • Frédéric Lhermie

• Il trône tel un emblème, un symbole, à la fois au centre et au sommet du village. Le Marquis de Sade y a passé une bonne partie de son existence (du moins lorsqu'il n'était pas emprisonné...), et la maison fut longtemps l'une des principales demeures de la famille dans la région. Repris par un jeune hôtelier, le château connaît désormais une nouvelle vie. Les chambres ont été aménagées avec goût et originalité, chacune avec son thème, son registre décoratif : petites – mais mignonnes – ou immenses, majestueuses, plus coûteuses aussi. Celles qui donnent au sud sont plus claires, mais on y aperçoit parfois, au loin, des bâtiments modernes peu réjouissants. Plus sombres à l'est et à l'ouest, elles sont néanmoins agréablement intimes. Enfin, de l'autre côté de la ruelle, une dernière série de chambres a été agencée. Au rez-de-chaussée, elles manquent d'ouverture sur l'extérieur et se trouvent un peu enclavées. À l'étage, en revanche, elles se révèlent vraiment charmantes et très spacieuses – idéales en famille. Une très belle salle de restaurant – boiseries XVIIIe dans les tons de gris perle et lustres à pendeloques – vous permettra de rester dîner dans cette atmosphère unique, à moins de lui préférer la terrasse, délicieusement ombragée en été.

Catégorie ★★★★ **Ouvert** du 6 mars au 31 décembre **Chambres** 28 chambres : 115 à 300 €, 2 suites (2 à 4 pers.) : 350 à 435 € - Petit déjeuner : 18 € **Restaurant** (midi et soir) : 39 € **Équipements** climatisation, TV, Wifi **Divers** animaux (15 €) **Loisirs** piscine **Accès** à Carpentras, D 942 (mont Ventoux) jusqu'à Mazan.

DOMAINE DE BOURNEREAU

bournereau.com

579, chemin de la Sorguette • 84170 Monteux (Vaucluse)
Tél. 04 90 66 36 13 • Fax 04 90 66 36 93 • Klaus Haug et Hermann Mayer

• Les abords sont plutôt hostiles, entre les bretelles de voies rapides et les ronds-points d'entrée de zone artisanale, mais en suivant les flèches on finit par déboucher sur un cadre verdoyant, une petite rivière, une grille protectrice. Avignon et le Lubéron ne sont qu'à quelques minutes de cet ancien mas que Hermann Mayer et Klaus Haug ont totalement rénové il y a quelques années. Protégé du mistral par de hauts murs et un jardin propret aux essences méridionales, avec platanes centenaires, oliviers, cyprès, romarin, il comprend deux bâtiments reliés par un portail de pierre. Tout, ici, est sobre, sans surcharge, agencé avec une rigueur imperturbable. À dominante crème et orangé, le rez-de-chaussée est meublé de quelques fauteuils en osier tressé d'esprit 1930, de tables nappées de blanc avec, ici où là, un meuble ancien ciré. Les chambres ont bénéficié du même soin et du même style décoratif – avec un choix de toiles et de dessins plus personnel. Parfois très vastes, irréprochablement tenues, elles donnent sur le jardin fleuri, qui cache, sur le côté, la superbe piscine. Enfin, la qualité de la literie et de l'insonorisation intérieure, tout comme le volume des salles de bains en marbre, les grands dressings, devraient satisfaire les plus exigeants. Une adresse de confort et de grand calme.

Ouvert du 1er avril au 10 octobre **Chambres** 11 chambres : 120 à 180 €, 1 suite : 200 € - Petit déjeuner : 15 € **Équipements** climatisation TV, Wifi **Divers** animaux (10 €), parking privé **Loisirs** piscine **Accès** A 7 sortie Avignon-nord puis D 942 direction Carpentras (sur 10 km), sortie Monteux-centre et, après 20 m, 1re route à droite, 500 m puis à gauche.

•NOUVEAUTÉ•

HÔTEL BURRHUS

burrhus.com

526 - Hôtel Burrhus - 1, place Montfort • 84110 Vaison-la-Romaine (Vaucluse)
Tél. 04 90 36 00 11 • Fax : 04 90 36 39 05 • M. et Mme Gurly

• Comment a-t-on pu passer à côté de cet hôtel incroyable, original et attachant – personne dans l'équipe n'arrive encore à le comprendre... On rattrape le temps perdu en vous enjoignant haut et fort de venir séjourner dans l'une des trente-huit chambres du Burrhus, de vous immerger dans cet univers sobre et singulier, ponctué d'œuvres d'art contemporain, d'objets design ou vintage. Le défi est fort : donner un cadre à des passions, des collections, des expressions – sans verser dans le ghetto arty, en gardant la porte ouverte à tous les publics. On y croise d'ailleurs une clientèle très éclectique, dans le lobby bibliothèque de la maison, au premier étage – des vieilles dames en goguette et des jeunes couples en week-end, parmi quelques collectionneurs, bizarrement minoritaires. Le tourisme ici est principalement cycliste, familial ou retraité – en étape sur la route de la Méditerranée. Pourtant il y a tant à voir, à découvrir, rencontrer, à Vaison et alentour... Pour déjeuner ou dîner en saison, il faut aller au restaurant suspendu au-dessus des vignes, chez Antoine et Laurence Joly, du domaine de *La Roche Buissière,* à Faucon. Et pour discuter, échanger, partager, rendez-vous à la table des petits déjeuners ! Enfin ne manquez pas la Semaine d'installation dans les chambres, une occasion atypique de présenter les travaux de quelques artistes de renom !

Catégorie ★★★ **Ouvert** du 19 janvier au 11 décembre **Chambres** 45 chambres doubles et triples : 58 à 112 €, 1 suite : 120 à 140 € - Petit déjeuner : 9 € **Équipements** climatisation, Wifi **Divers** animaux admis (4 €) parking privé pour deux-roues, parking public **Accès** A 7, sortie n° 19 puis suivre direction Vaison-la-Romaine par Suze-la-Rousse, Tulette, dans Vaison, direction centre-ville.

HOSTELLERIE LE BEFFROI

le-beffroi.com

2, rue de l'Évêché • Cité médiévale • 84110 Vaison-la-Romaine (Vaucluse)
Tél. 04 90 36 04 71 • Fax 04 90 36 24 78 • Christine et Yann Christiansen

• On aime l'hôtel pour son exceptionnel emplacement au cœur de la vieille ville médiévale de Vaison. Passer la porte de l'enceinte fortifiée, s'insinuer dans les ruelles et découvrir le panorama sur la plaine, les toits du bourg en contrebas, est toujours un moment fort, inoubliable. Ensuite, l'aménagement des chambres et l'harmonie de l'ensemble sont plus variables, mais on en apprécie les très nombreuses autres qualités. En surplomb du rocher, Le Beffroi est formé de plusieurs maisons des xvie et xviie siècles, dont il a conservé l'atmosphère : carrelages, boiseries cirées, escaliers à vis, paliers à décrochement, beaux meubles, tableaux et bibelots. Les chambres sont réparties entre deux bâtiments : l'un constitué de quatre vieilles maisons accolées et, à quelques mètres, l'ancienne demeure des marquis de Taulignan (où se trouve la piscine) et dominant la ville nouvelle. D'un bon confort dans l'ensemble, celles qui ont gardé le mobilier d'époque et les revêtements muraux anciens sont plus typiques que les autres, moins bien agencées. On aime toujours autant le ravissant salon d'entrée, ainsi que, dehors, le délicieux jardin en terrasses, où sont servies des salades en été, face à une vue superbe. La salle à manger est plus quelconque, mais on y mange une bonne cuisine et l'été, le service sous le figuier lui offre un joli cadre. Enfin l'accueil est des plus souriants de la part d'une famille qui veille sur ces vieux murs depuis 1904.

Catégorie ★★★ **Ouvert** de fin mars à mi-novembre et de mi-décembre à fin janvier (sauf du 22 au 26 décembre) **Chambres** 8 chambres simples : 76 à 110 €, 11 chambres doubles : 100 à 180 €, 3 chambres triples : 130 à 180 € - Petit déjeuner : 12 € **Restaurant** 29 à 48 € **Équipements** TV, Wifi **Divers** animaux (8 €), garage (10 €), parking privé **Loisirs** VTT **Accès** à 30 km au nord-est d'Orange par D 975 ; dans la haute ville, passer sous l'arche du beffroi et fléchage.

HÔTEL LA TOUR COCOONING

hotel-latour.com

Place de la république • 01400 Châtillon-sur-Chalaronne (Ain)
Tél. 04 74 55 05 12 • Fax 04 74 55 09 19 • Famille Rassion-Cormorèche

• Installé en bordure de la place centrale, ce bel édifice en brique conserve quelques vestiges des XVIe et XVIIe siècles. Pour le reste, une importante rénovation s'est chargée de transformer l'atmosphère, de rajeunir et d'égayer l'ancienne austérité du lieu – avec, dès l'entrée, une miniboutique de déco. Dans la salle à manger, relookée dans l'esprit d'une bibliothèque anglaise, on s'embarque à la lueur des bougies pour une croisière gourmande – avec, à la barre, le chef et propriétaire de l'hôtel. Les chambres de la maison principale ont été presque toutes redécorées dans des teintes de taupe ou de gris. Grâce aux volumes des pièces, à la qualité du bâti initial, le résultat est élégant. D'épais rideaux et boutis de velours assortis, parfois des vasques en zinc et des baignoires à l'ancienne, font le contrepoint des douches et de la robinetterie ultramodernes. Dans le magnifique escalier central, de grandes lettres forment des mots : "amour", "bonheur"… En comparaison, les chambres du *Clos de la Tour*, l'annexe XIXe, à trois cents mètres de là, nous paraissent plus datées, un peu moins chaleureuses peut-être. Mais elles donnent accès au jardin, à la piscine – autres atouts à la belle saison. Possibilité de suivre des cours de cuisine, réserver des massages – autant de week-ends à programmer dans cette belle région des Dombes.

Catégorie ★★★ **Ouvert** toute l'année sauf du 24 décembre au 15 janvier (fermé le dimanche soir et lundi midi) **Chambres** 32 chambres doubles : 119 à 175 €, 2 suites : 175 € - Petit déjeuner : 13 € **Restaurant** (midi et soir) : 18,50 à 74 € **Équipements** climatisation, TV, Wifi **Divers** parking fermé **Loisirs** piscine **Bien-être** massages **Accès** A 6 sortie Belleville et route de Châtillon ; A 42 sortie Pont-d'Ain.

HOSTELLERIE DU VIEUX PÉROUGES

hostelleriedeperouges.com

Place du Tilleul • 01800 Pérouges (Ain)
Tél. 04 74 61 00 88 • Fax 04 74 34 77 90 • Christophe Thibaut

• Le petit bourg médiéval de Pérouges forme un ensemble exceptionnel, ramifié par des ruelles bordées de nobles façades Renaissance, rythmées par un jardinet ou une ruine à ciel ouvert envahie de végétation. Idéale pour se laisser gagner par cette ambiance qui évoque un peu une cité toscane, l'*Hostellerie du Vieux Pérouges* rassemble plusieurs maisons très anciennes disséminées. Certaines, aux normes quatre-étoiles, s'enorgueillissent d'un authentique mobilier haute époque et de salles de bains en marbre - avec une splendide vue et une délicieuse terrasse verdoyante ici, un petit jardin privatif là... D'autres, très classiques et plus simples, sont aux normes trois-étoiles. Aucune n'est jamais très loin de la place principale, pavée de gros galets, où se trouve le restaurant. Là aussi, l'ambiance médiévale est au menu : plancher à larges lattes, pétrins, vaisseliers, profond foyer où flambent souvent quelques grosses bûches. On aime à s'y réfugier à tout moment de la journée, autour d'un thé et d'une tarte au sucre, l'une des spécialités. Ou bien pour goûter à l'alléchante cuisine régionale, servie en costume traditionnel. Une adresse de charme, hermétique aux tendances actuelles, à l'image de Pérouges.

Ouvert de mars à mi-février **Chambres** 28 chambres simples et doubles: 98 à 145 € (chambres simples), 136 à 265 € (chambres doubles) - Petit déjeuner : 18 € **Restaurant** (midi et soir) : 39 à 70 € **Équipements** TV, Wifi **Divers** animaux admis, garage **Accès** à 35 km au nord-est de Lyon par A 42, sortie n° 7 Pérouges.

•NOUVEAUTÉ•

VILLA ELISA.M

villa-elisa-m.com

Rue Jean Beaussier • 07200 Aubenas
Tél. 06 71 34 61 90 • Élisabeth et Bernard Quenault

• Elle a fière allure, cette ancienne villa 1930 ! Qui peut d'ailleurs imaginer en voyant son parc verdoyant et ses grands arbres qu'elle se trouve presque au centre d'Aubenas ? Si aujourd'hui vous pouvez profiter de ce bel hôtel, c'est grâce à Élisabeth et Bernard Quenault, deux enfants du pays qui opèrent ici une heureuse reconversion après une carrière internationale puis la reprise par Élisabeth d'un restaurant ardéchois emblématique à Entraigues. Ils n'ont vraiment rien négligé pour rendre le lieu beau et confortable, depuis le gros œuvre (aux normes écologiques) jusqu'au moindre détail. De fait, les huit très grandes chambres (20 à 35 m^2), presque toutes avec balcon, sont exemplaires. On aime leur caractère contemporain à l'élégante sobriété, leur touche d'originalité, souvent liée à leur nom, l'agrément des superbes salles de bains aux miroirs gravés, la qualité du linge, le confort des lits. Au rez-de-chaussée, les volumes très ouverts ménagent un coin salon avec cheminée à gaz et une salle à manger toute en lumière se prolongeant par une véranda et une terrasse. C'est, dans un décor vintage de bois clair que vous dégusterez le petit déjeuner, délicieux festival de saveurs bio : fruits, confitures, jus de fruits locaux, viennoiseries, gâteau du jour, laitages... Un moment inoubliable qui donne envie de rester ici toute la journée et de discuter avec Élisabeth et Bernard de cette région qu'ils adorent.

Catégorie ★★★★ **Ouvert** toute l'année **Chambres** 5 chambres doubles : 95 à 175 €, 3 suites (2 à 4 pers.) : 190 à 220 € - Petit déjeuner : 13 € - **Pas de restaurant** à l'hôtel **Équipements** climatisation, TV, Wifi, coffre-fort, ascenseur **Bien-être** espace détente **Divers** animaux (15 €), parking fermé **Accès** au rond point qui sépare l'avenue de Lattre de Tassigny de l'avenue de la Gare, prendre la rue Georges Couderc, l'hôtel est un peu plus haut sur la droite

•NOUVEAUTÉ•

AUBERGE DE BANNE

aubergedebanne.fr

Le Fort • 07460 Banne
Tél. 04 75 36 66 10 • Catherine Limbach

• Accroché aux premiers contreforts des Cévennes, Banne domine fièrement l'immense paysage du bas Vivarais. Pour en profiter au mieux, rendez-vous sur la place du village, traversez le terrain de pétanque et regardez en bas ! C'est également sur ce vaste terre-plein que vous trouverez l'auberge. Et là, impossible de ne pas rentrer ! Au moins pour prendre un verre, au mieux pour y déjeuner, dîner, dormir, se reposer, se baigner. Et sûrement traîner les pieds pour repartir... Car ici, c'est un peu l'archétype totalement réussi de l'auberge de village avec en terrasse son mobilier de jardin rouge géranium, sa tonnelle luxuriante, ses vieilles plaques publicitaires émaillées. À l'intérieur, les salles voûtées du restaurant et du bar jouent leur petite musique délicieusement vintage et sacrément chaleureuse. Côté chambres une ambiance plus design, plus épurée, prend le relais, avec de larges et très confortables lits à couette et d'irrésistibles salles de bains blanc et anthracite. On s'y sent à merveille, surtout si l'on a la chance de bénéficier d'une terrasse pour faire le lézard au saut du lit. Ajoutez à cela une élégante piscine au pied d'une vieille muraille et vous aurez le tableau à peu près complet de ce que peut être le bonheur en Ardèche !

Catégorie ★★★★ **Ouvert** toute l'année **Chambres** 12 chambres doubles : 125 à 285 €, 1 triple : 295 à 355 €, 1 suite : 365 à 425 € - Petit déjeuner : 15 € **Restaurant** (midi et soir) : 15,90 à 36,90 € **Équipements** climatisation, Wifi, tél., coffre-fort **Divers** animaux admis, garage **Accès** à Alès, D 104 vers Aubenas sur 34 km puis D 251 vers Banne

HÔTEL DE LA SANTOLINE

lasantoline.com

Les bouchets • 07460 Beaulieu (Ardèche)
Tél. 04 75 39 01 91 • Port. 06 03 50 06 63 • M. et Mme Espenel

• *La Santoline* occupe une ancienne magnanerie-bergerie du *xvi*e siècle et profite d'une vue splendide, qui s'étend jusqu'aux Cévennes. Devancée par plusieurs petites terrasses fleuries et ombragées, l'auberge exprime immédiatement une atmosphère intime et heureuse que rien ne vient démentir. En contrebas, une piscine entourée de lavandes et de roses permet de se rafraîchir aux heures chaudes (complétée par une somptueuse piscine couverte juste à côté d'un salon d'été). Difficile également de résister au charme des chambres, qui sont toutes différentes et pour la plupart pourvues d'une agréable terrasse. On y retrouve l'esprit des lieux, subtil mélange de souvenirs de voyages, de vieux meubles, de beaux tissus, jusque dans les salles de bains, qui allient des matériaux aussi divers que le béton brut ou le teck. Excellents, les petits déjeuners sont servis dans les belles salles voûtées ou à l'ombre des micocouliers. Quand au dîner, une petite marche à pied vous permettra de rejoindre le restaurant que Yann, l'un des fils, a ouvert il y a deux ans. Exigeant sur la qualité des produits et cuisinier réellement talentueux il a connu un succès immédiat ! Enfin, la gentillesse des propriétaires et les prix très raisonnables qu'ils pratiquent nous incitent à vous recommander cette merveilleuse adresse pour de longs séjours.

Catégorie ★★★★ **Ouvert** du 1er mai à mi-septembre **Chambres** 6 chambres doubles : 85 à 150 €, 2 appartements (3 pers. 3 nuits minimum) : 165 € - Petit déjeuner : 12 € **Restaurant** (buffet froid) : 20 € **Équipements** climatisation, TV, Wifi **Divers** animaux (6 €), parking privé **Loisirs** piscine extérieure et piscine intérieure chauffée **Accès** à Alès, D 904 et D 104 ; à La Croisée-de-Jalès, prendre D 225 ; fléchage à partir de Beaulieu.

DOMAINE DE RILHAC

domaine-de-rilhac.com

Domaine de Rilhac • 07320 Saint-Agreve (Ardèche)
Tél. 04 75 30 20 20 • Fax 04 75 30 20 00 • Ludovic et Florence Sinz

• Entouré par un panorama à 180 degrés, le *Domaine de Rilhac* occupe un immense plateau en face des monts Gerbier-de-Jonc et Mézenc. L'air y est pur, des vaches brunes mènent une existence paisible, quelques ruisseaux à truites suivent le creux des vallons ; en fin d'été, cèpes et girolles envahissent les sous-bois… Toutes ces richesses naturelles servent de fil conducteur à la cuisine de Ludovic Sinz. Ce chef talentueux, passé auparavant chez Bernard Loiseau et Jacques Chibois, n'a pas son pareil pour les mettre en valeur au moyen de plats simples, goûteux, limpides (son carpaccio tiède de bœuf fin gras du Mézenc est un inoubliable chef-d'œuvre). Vous les dégusterez dans cette ancienne demeure ardéchoise totalement remise en route il y a une dizaine d'années par Ludovic et Florence. L'enduit jaune de l'entrée, du petit salon et de la salle à manger assure, par tous les temps, une ambiance gaie, presque provençale. Un escalier à la belle rampe forgée et martelée conduit aux chambres, décorées soigneusement dans un style sobre et actuel (teintes douces de beige, taupe, brun pâle, couvre-lits élégants et mobilier discret). La vue est magnifique. Le jardin ombragé s'abrite derrière un vieux mur. Un séduisant ensemble, calme et accueillant, pour retrouver sérénité et paix intérieure.

Catégorie ★★★ **Ouvert** du 15 mars au 20 décembre **Chambres** 8 chambres : 95 à 132 € - Demi-pension (pour 2 pers.) : 215 à 252 € - Petit déjeuner : 15 € **Restaurant** (midi et soir) : 19,50 à 58 € **Équipement** Wifi, parking privé **Divers** parking privé, garderie **Accès** à 56 km à l'ouest de Valence par D 533.

AUBERGE DE THORRENC €

auberge-thorrenc.com

Le village • 07340 Thorrenc (Ardèche)
Tél. 04 75 34 21 02 • Fax 04 75 34 21 39 • Isabelle et Éric Dechavanne

• Au bout d'une route sinueuse du haut Vivarais, Thorrenc accroche ses maisons de pierre à flanc de rocher. Le site occupe une minivallée creusée par un petit cours d'eau, et on imagine mal qu'on puisse se trouver à seulement quatre kilomètres de l'axe Tournon-Annonay. Avec ses trois niveaux de salles et de terrasses, l'auberge accompagne la pente. Son jardin ombragé se déplie comme un escalier, et chaque palier offre l'occasion d'installer tables et chaises longues dans l'intimité d'un théâtre de verdure. L'entrée se fait au niveau intermédiaire, par la terrasse du restaurant et l'antique préau d'où partent l'escalier menant aux chambres et celui du restaurant. La table fait l'objet de tous les soins. Le cadre rustique rajeuni se prête bien à la fine cuisine de terroir proposée – goûteuse et simple, mais non sans originalité. Très sobres, les chambres blanches et parquetées privilégient la simplicité, avec le bois naturel couleur de miel, l'osier tressé (sièges et petits canapés), la pierre, toujours mise en valeur sur une portion apparente. Certaines, en duplex, sont idéales en famille, le coin-salon pouvant accueillir un couchage supplémentaire. Côté salles de bains, on aime les vasques design et les frises en raku réalisées par une artiste locale. Un lieu idéal pour rayonner en Ardèche ou dans la vallée du Rhône - ou pour se poser quelques jours, sans plus bouger, sinon à pied.

Ouvert du 8 janvier au 14 octobre et du 23 octobre au 23 décembre **Chambres** 5 chambres : 67 à 110 € - Petit déjeuner compris **Restaurant** (le soir) : 22 à 39 € **Équipement** Wifi **Accès** A 7 sortie 12 (Chanas), puis N 7 et D 431 ; traverser le Rhône ; tourner à droite après Andance (D 82) puis D 291 sur 2 km.

LA TREILLE MUSCATE

latreillemuscate.com

26270 Cliousclat (Drôme)
Tél. 04 75 63 13 10 • Fax 04 75 63 10 79 • Mme Delaitre

• Cliousclat, avec ses ruelles irrégulières au détour desquelles on trouve quelques charmantes boutiques, est un de ces sympathiques petits villages de la Drôme. L'hôtel est exactement tel qu'on le voudrait à cet endroit. Un bel enduit jaune ensoleille la salle à manger (relookée en lin écru ou coloré), le coin salon-bar et le petit salon-télé (bibliothèque en teck, canapé recouvert de Toile du soleil). Quelques meubles régionaux, de grandes aquarelles, des jarres vernissées, de splendides plats d'artistes potiers complètent le décor. Les petites chambres sont charmantes, avec leurs dessus-de-lit en toile de Nîmes molletonnée; et les grandes, totalement irrésistibles (enduit à l'éponge, frises au pochoir coordonnées aux rideaux en voilages de lin et boutis, mobilier judicieusement choisi). Quatre disposent d'une terrasse ou d'un balcon (jolie vue, y compris sur le village). La cuisine, de qualité, privilégie les saveurs aromatiques et les produits locaux. Quand il fait beau, on en profite sur quelques tables côté village ou dans un petit jardin bordé de murets ouvert sur la campagne.

Catégorie ★★★ **Ouvert** du 12 février au 8 décembre **Chambres** 12 chambres : 75 à 160 € - Demi-pension (supp. par pers.) : 43 € - Petit déjeuner : 12 € **Restaurant** (midi et soir) : 20 à 35 € **Équipements** TV, Wifi **Divers** animaux (5 €) **Accès** à 16 km au nord de Montélimar par A 7, sortie Loriol, puis 5 km sur N 7, direction Loriol, Montélimar.

LE CLAIR DE LA PLUME

clairplume.com

2, Place du Mail • 26230 Grignan (Drôme)
Tél. 04 75 91 81 30 • Fax 04 75 91 81 31 • Jean-Luc Valadeau

• Presque au pied de l'imposant château immortalisé par la marquise de Sévigné, cette élégante maison du XVIIIe siècle cache de délicieuses chambres d'amis, qui donnent toutes sur le jardin d'entrée. Ici, la verdure prend aisément de l'altitude : glycines, rosiers et vigne se partagent les treilles et les gloriettes pour former autant d'espaces ombragés. L'un d'eux est aménagé avec des tables en faïence. Il sert de cadre aux petits déjeuners et devient salon de thé l'après-midi. À l'intérieur, les pièces ont conservé leurs proportions d'origine. Il y a le salon, la petite salle à manger, la grande cuisine… L'ensemble est décoré avec un goût juste et sobre, quelques meubles XIXe, un délicat assortiment de tissus, des gravures. Même élégante sobriété dans les chambres, hautes de plafond au premier étage, plus intimes au second, avec toujours de plaisantes salles de bains. L'hôtel s'est agrandi de deux belles chambres et de trois suites dans une autre maison du bourg, à cent mètres, et un peu plus loin d'un superbe jardin méridional (avec baignade naturelle, restaurant bio, et même un cabanon d'amoureux pour séjourner autrement). Du changement aussi côté restaurant avec l'arrivée de Julien Allano (une étoile Michelin à *La Mirande* puis au *Palm-Beach* d'Ajaccio) et de Philippe Riquier en pâtisserie. Un recrutement qui devrait propulser *Le Clair de la Plume* parmi les belles tables gastronomiques de la région !

Catégorie ★★★★ **Ouvert** toute l'année **Chambres** 16 chambres : 99 à 310 €, 4 suites : 295 à 495 € - Demi-pension : 65 € - Petit déjeuner : 20 € **Restaurants** bistrot ouvert le midi en semaine et le samedi, restaurant ouvert le soir et le dimanche midi : 24,50 € (bistro) à 95 € **Équipements** climatisation, double vitrage, TV, Wifi **Divers** parking fermé à 300 mètres, garderie **Loisirs** piscine (à 200 mètres), séjours autour de la truffe **Bien-être** massages **Accès** A 7, sortie n° 18 Montélimar-sud, puis N 7 et D 133.

LE DOMAINE DU COLOMBIER

domainecolombier.com

Route de Donzère • 26780 Malataverne (Drôme)
Tél. 04 75 90 86 86 • Fax 04 75 90 79 40 • M. Gleize et M. Fressac

• Comme en des temps plus reculés, cette ancienne abbaye du XIVe siècle continue à accueillir les voyageurs, mais dans une ambiance totalement remise au goût du jour. Bien qu'à quelques minutes de l'autoroute, l'hôtel semble perdu en pleine campagne. Ses chambres, rénovées dans un style contemporain aux couleurs douces (camaïeux de beige, gris, taupe), sont toutes différentes et extrêmement agréables. Le magnifique jardin, planté de grands buis taillés et entouré de prairies, s'agrémente d'une belle piscine au bord de laquelle la vie s'écoule paisiblement. Le soir, il est encore possible de dîner ou de prendre un verre dans le patio, à moins de lui préférer les voûtes fraîches de la salle à manger. Les gourmets seront à la fête, Julien Gleize et Cyril Fressac comptent parmi les meilleurs de leur génération (tous deux ont été chefs chez les frères Pourcel) et, en reprenant le domaine, espèrent bien le hisser jusqu'aux étoiles. On s'y régale, on y dort très bien, et nombreux sont ceux qui font ici étape à l'aller et au retour de leur route vers le Sud.

Catégorie ★★★ **Ouvert** toute l'année **Chambres** 20 chambres : 110 à 220 €, 4 suites et junior-suites : 220 à 350 € - Petit déjeuner : 18 à 20 € **Restaurant** (midi et soir) : 33 à 86 € **Équipements** climatisation, TV, Wifi **Divers** animaux (16 €) **Loisirs** piscine **Accès** à 9 km au sud de Montélimar sur N7 et D844a (2 km après Malataverne, direction Donzère) ; A7 sortie Montélimar-sud, vers Malataverne.

L'ATELIER

latelierdemarsanne.fr

Place Émile Loubet • 26740 Marsanne (Drôme)
Tél. 04 75 90 36 75 • Jean-François et Nathalie Doumic

• Dans le prolongement d'une fontaine-obélisque, l'élégante façade rosée aux volets bleu glacier, rythmée de baies vitrées contemporaines, invite à de jolies découvertes. Cet ancien relais de poste abandonné dans les années 1970 a rouvert dernièrement grâce aux talents conjugués de Nathalie et Jean-François. À l'arrière, deux bâtiments s'enchevêtrent autour d'une cour de hauts murs en pierres sèches où se cache un beau bassin de nage. Partout, sur la plage de galets blancs ou sur la large terrasse surélevée, des jarres de plantes et de fleurs colorées, lierres, lavandes, agapanthes, menthes, sauges... Dans l'orangeraie, on sert le copieux petit déjeuner (cakes maison, yogourt et œuf bio, fruits pressés), alors que l'inventive cuisine de saison se déguste dans les salles du devant, décorées de vieux clubs en cuir, de livres et de magnifiques photos de villes en noir et blanc. Les chambres sont étonnantes, patinées d'un beau blanc velouté, toutes différentes, avec des détails distillés par petites touches (tapis, nattes, tissus teints, tons acidulés, miroirs en bois dorés, objets design), et avec un goût très sûr. Terrasses privatives ou baignoires pour certaines, toutes avec salles de bains ouvertes, façonnées par un ingénieux maître d'œuvre. Cet hôtel est une véritable réussite, un lieu de séjour qui ne ressemble à aucun autre.

Ouvert du 31 mars au 15 février **Chambres** 8 chambres : 90 à 190 €, 2 suites familiales (4 pers.) : 120 à 210 € - Petit déjeuner : 16 à 21 € **Restaurant** (midi et soir) : 12 à 29,50 € **Équipements** climatisation, TV, Wifi **Divers** animaux non admis **Loisirs** piscine **Accès** A7 sortie Montélimar-nord, au village de La Coucourde suivre la direction de Marsanne, puis place de la Mairie.

HÔTEL DE MIRMANDE

hotelmirmande.fr

Le Village • 26270 Mirmande (Drôme)
Tél. 04 75 63 13 18 • Fax 04 75 41 30 68 • Mme Delaitre et M. Adam

• Dressée sur une colline de la Drôme provençale, Mirmande la médiévale domine un paysage intégralement préservé. C'est près de l'église que vous découvrirez cette demeure XVIIIe, ancienne épicerie rénovée pour devenir hôtel de charme. Neuf chambres n'attendent plus que vous (certaines avec terrasse privative ouvrant sur le jardin). Aménagées dans un esprit design bien dans les tendances d'aujourd'hui, elles sont très confortables et affichent une ambiance sereine et élégante (murs subtilement teintés de beige ou de gris, rideaux en organdi blanc ourlé d'un ton pastel, petite touche colorée sur les lits ou les abat-jour…). Au rez-de-chaussée se trouve la grande pièce d'accueil, avec, à droite, les fauteuils club du coin-salon et, à gauche, les tables du petit déjeuner. Un jeu d'étagères à sections carrées sépare en deux ce bel espace blanc et gris (sol en ciment naturel ciré), rythmé de brun foncé et égayé par l'éclat d'un tapis ou la fragilité colorée d'un bouquet de fleurs fraîches. Beaucoup d'élégance donc, mais pas seulement, puisque ce petit hôtel sait aussi se faire accueillant, chaleureux, tout comme ce village des portes de la Provence.

Ouvert toute l'année **Chambres** 9 chambres doubles : 70 à 140 €, 1 suite : 130 à 140 € - Petit déjeuner : 9 à 11 € **Restaurant** 19,50 à 31 € **Équipements** TV, Wifi **Divers** animaux (8 €), parking fermé **Accès** A 7, sortie Loriol, suivre Montélimar par la N 7 ; 2 kilomètres après la sortie du village de Loriol, tourner à gauche direction Mirmande.

UNE AUTRE MAISON

uneautremaison.com

Place de la République • 26110 Nyons (Drôme)
Tél. 04 75 26 43 09 • Fax 04 75 26 93 69 • Raphaël et Valérie Leroy

• Confidentiel et rayonnant, ce petit hôtel pourrait bien devenir un jour vraiment votre autre maison – celle où l'on vient le week-end poser ses soucis, se détendre et jouir de la vie. Son jardin ombragé, teinté d'Andalousie, avec sa petite piscine et son hammam, conduit vers un large escalier de pierre. Quelques marches plus haut, trois tables en fer forgé invitent à prendre l'apéritif avec les derniers rayons du soleil, avant de rejoindre la petite salle à manger. Mais, l'été, quelques tables sont aussi disséminées dans le jardin. À travers les parois vitrées de la cuisine, on aperçoit le chef, inventif et généreux, concocter le menu du jour, composé au matin dans les allées du marché. Puis, dans les étages, les neuf chambres, très agréables, assez "déco", se parent d'enduits aux couleurs toniques artisanalement étalés, avec ici et là quelques meubles orientaux et toujours de très belles salles de bains. Toutes ont vue sur le jardin, sauf deux, en soupente, aménagées dans un esprit loft, surtout éclairées par un Velux – leur petite fenêtre étant au ras du sol. Des recoins boutiques permettent de piocher parmi une sélection de bons produits ; nous gardons un grand souvenir d'une confiture d'olives noires, en particulier… Raphaël et Valérie fourmillent d'idées nouvelles chaque année - on adore celle qui vous emmène en balade & pique-nique dans les vignes, à la demi-journée – demandez-leur au moment de réserver !

Ouvert du 15 janvier au 15 décembre **Chambres** 9 chambres doubles : 85 à 140 €, 1 suite familiale : 140 à 180 € - Petit déjeuner : 15 € **Restaurant** pour les résidents (le soir) : 40 à 42 € **Équipements** climatisation, TV, Wifi **Divers** animaux (10 €), parking fermé (10 €) **Loisirs** petite piscine chauffée **Bien-être** hammam (20 €), Jacuzzi, massages **Accès** A7 sortie Bollène ou Montélimar-sud puis route de Gap ; à Nyons prendre rue du 4-Septembre ou rue Gambetta pour accéder à l'hôtel.

LES TERRASSES DU CHÂTEAU

les-terrasses-du-chateau.com

Vieux Village • 26160 Le Poët-Laval (Drôme)
Tél. 04 75 50 20 30 • Port. 06 07 40 32 46 • Fabrice et Agnès Boltri

• Le Poët-Laval : la simple évocation du nom fait déjà un peu rêver. On imagine trouvères et troubadours monter au château en musique, gravir les marches en pierre et suivre le dédale des ruelles, contourner une placette, descendre un peu puis remonter. Le village est perché sur une colline, au cœur d'une Drôme déjà provençale, et il offre une vue des plus panoramiques sur les environs. À l'ouest, l'Ardèche et ses monts à l'horizon. Au nord, le Vercors. À l'est, quelques Alpes. Et au sud, d'autres collines, des champs de lavande et des cachettes à grillons. Accolé aux vestiges d'un château médiéval, l'hôtel en prolonge le rayonnement avec une sympathique simplicité. Les terrasses s'offrent au soleil et sont semées de petites tables et chaises pour déjeuner, dîner, boire un verre. Les intérieurs, tout juste rénovés par le jeune couple de propriétaires, respirent la fraîcheur, l'envie de bien faire. Au fil des mois la décoration se réchauffe, se positionne – avec sobriété. Les chambres "Toscane" et "Tilleul" sont nos préférées, autant pour les volumes intérieurs que pour la vue. "Rose" est plus petite, mais agréable également. Chacune a son petit set individuel pour se préparer thé ou café, et au rez-de-chaussée une cuisine simple assure le reste. Un hôtel proche de la maison d'hôtes, tranquille et sans prétention, dans un village sublime.

Ouvert toute l'année **Chambres** 3 chambres : 90 à 110€ - Petit déjeuner compris **Restaurant** (midi et soir) : 8 à 17€ **Équipements** TV, Wifi **Divers** animaux (10€) **Accès** par l'A7, sortir à hauteur de Montélimar-sud ou nord selon votre provenance.

L'ORÉE DU PARC

hotel-oreeparc.com

6, avenue Gambetta • 26100 Romans-sur-Isere (Drôme)
Tél. 04 75 70 26 12 • Fax 04 75 05 08 23 • Jean Quenot

• Au pied du Vercors et traversé par l'Isère, Romans connut son heure de gloire grâce à l'industrie de la chaussure de luxe. Pourtant, cette petite ville qui permet de rayonner très facilement dans la vallée du Rhône, l'Ardèche ou le massif du Vercors mérite une notoriété plus large. Élégante maison de maître début XXe, *L'Orée du Parc* se trouve tout près du centre-ville, mais bénéficie d'un grand jardin avec piscine qui la protège de l'agitation urbaine. L'hôtel est moderne (tout de même, un petit côté rétro d'il y a quelques années !), avec des couleurs franches, acidulées ou chaleureuses, un salon doté de canapés confortables et une véranda surélevée où il est très agréable de prendre son petit déjeuner (fromages, charcuteries, confitures maison, pogne de Romans, etc.) en regardant les arbres du jardin. Les chambres sont sobres, confortables, avec des rideaux soyeux à grosses rayures horizontales et de belles salles de bains aux teintes réjouissantes pour éléments principaux de décoration. Vous y serez au calme, même côté avenue, grâce à un efficace double vitrage ; mais, pour la vue, préférez celles côté parc. Le changement de propriétaire en 2012 apporte un nouveau dynamisme à la maison et laisse présager d'un bel avenir pour cette accueillante adresse d'étape.

Catégorie ★★★ **Ouvert** du 12 janvier au 27 décembre **Chambres** 10 chambres simples et doubles : 84 à 125 € - Petit déjeuner : 13 € **Équipements** climatisation, TV, Wifi **Divers** parking fermé **Loisirs** piscine **Accès** l'hôtel est en centre-ville.

LE HAMEAU DE LA VALOUSE

hameau-de-valouse.com

Grange-Basse • 26110 Valouse (Drôme)
Tél. 04 75 27 72 05 • M. Éric Gaulard

• Pas de grand confort luxueux, ici, mais un calme immense, une rénovation sérieuse, et beaucoup de gentillesse dans la manière d'accueillir les gens dans ce bout du monde. La route serpente au fond d'une petite gorge avant de rejoindre ce charmant hameau de la Drôme environné d'oliviers, de genêts et de champs de lavande. Un travail de titan, effectué par les parents puis prolongé par leurs enfants, a permis de conserver et mettre en valeur les différentes architectures en pierre. Ainsi d'intéressants volumes ont été restructurés pour créer des chambres et quelques appartements loués à la semaine. Les pièces intérieures ne sont pas toujours très lumineuses, mais on aime finalement bien leur décor rétro (meubles chinés, murs blancs ou à pierres apparentes, parfois une cheminée). On aime bien aussi la petite promenade dans les ruelles pour rejoindre chaque chambre, parmi lesquelles certaines ont été redécorées dans un style plus actuel. Et que ce soit dans la vaste salle en soupente ou sur la terrasse, le restaurant s'ouvre sur les soixante hectares que compte la propriété. La tranquillité absolue, à petits prix !

Catégorie ★★★ **Ouvert** du 1er avril au 31 octobre **Chambres** 11 chambres : 48 à 89 €, 8 appartements (2 à 6 pers.) : 70 à 150 € - Petit déjeuner : 9 € **Restaurant** 25 à 29 € **Équipements** TV, Wifi **Divers** animaux (5 €) **Loisirs** piscine chauffée **Accès** à 15 km au nord de Nyons ; à Nyons, prendre D 94 vers Gap, puis à gauche vers le col de la Valouse.

DOMAINE DE CLAIREFONTAINE

domaine-de-clairefontaine.fr

105, chemin des Fontanettes • 38121 Chonas L'Amballan (Isère)
Tél. 04 74 58 81 52 • Fax 04 74 58 80 93 • Laurence et Philippe Girardon

• Suffisamment proche de l'autoroute reliant le nord au sud de la France, *Clairefontaine* est une étape très prisée par les grands migrateurs motorisés. Calme de la campagne, parking, chambres confortables, très bonne table – passé Lyon, on s'arrête ici pour recharger ses batteries et repartir en forme… On y vient aussi pour l'ambiance classique et feutrée de la salle à manger – les plafonds à la française et les murs jaunes avec, en vitrine, l'éclat d'une presse à canard argentée. Les chambres les plus agréables se trouvent dans une annexe, aux *Jardins*. Elles ont une belle allure, avec leur mobilier d'esprit Directoire, leurs enduits naturels, leurs tissus coordonnés, dans des teintes crème ou ocre – et toujours un original graffiti littéraire sur le thème de l'eau. S'y ajoutent des loggias pour profiter du soleil, et des salles de bains de palais marocain ! Les chambres de la maison principale sont moins flamboyantes, mais bon marché, et surtout, depuis l'an dernier, il y a celles du *Cottage de Clairefontaine,* (04 74 58 83 28) un peu plus loin vers le village, superbe réfection dans un esprit contemporain et lumineux avec une dizaine de chambres ultra-confortables et un délicieux bistrot à l'ambiance chaude, design et raffinée, et une terrasse magnifique, à l'ombre d'un grand platane. À découvrir, à savourer !

Catégorie ★★★★ **Ouvert** du 17 janvier au 18 décembre, fermé les lundis et mardis **Chambres** 27 chambres (2 pers.) : 140 à 180 € - Petit déjeuner : 15 à 19 € **Restaurant** (midi et soir) : 25 à 105 € **Équipements** climatisation, TV, Wifi **Divers** animaux (8 €), garage (8 €) **Loisirs** tennis **Accès** en venant de Lyon, A7 sortie Vienne, puis N7 sur 12 km vers Le Péage-de-Roussillon, puis à droite au gros rond-point vers Chonas-l'Amballan.

HÔTEL DU GOLF

hotel-du-golf-vercors.fr

Les Ritons • 38250 Correncon-en-Vercors (Isère)
Tél. 04 76 95 84 84 • Fax 04 76 95 82 85 • Sandra et Richard Sauvajon

• Elle s'arrête là, la route. Après, il faut chausser ses chaussures de marche, ou ses skis de fond, ou tout juste pousser la porte de l'hôtel… Vous voici aux portes du parc naturel du Vercors, immense plateau aux formes douces, paradis des skieurs en hiver et des marcheurs le reste du temps. On y pratique aussi le golf, le parapente, le VTT, le tout à proximité immédiate de cet établissement familial aujourd'hui tenu par Richard et sa sœur Sandra (John, compagnon ébéniste, s'occupe quant à lui de tous les aménagements en bois). Régulièrement rénovées, les chambres sont parfaites (parquet, tissus et objets au goût du jour). La création d'une extension bien intégrée a permis d'en ouvrir dix de plus ; vastes espaces habillés de bois sous de hauts volumes, parfois utilisés en mezzanines. Ce fut aussi l'occasion de revoir l'organisation et le décor des pièces de réception : agrandissement du restaurant (où la cuisine est toujours aussi excellente, tout comme les brunchs), déplacement et réorganisation du salon-bar dans des teintes chocolat, création d'un Jacuzzi. Au final, l'*Hôtel du Golf* est à notre avis le plus beau du Vercors, ce qui ne l'empêche pas de rester abordable et d'offrir notamment une formule de demi-pension très attrayante !

Catégorie ★★★ **Ouvert** toute l'année sauf du 18 octobre au 18 décembre **Chambres** 4 chambres doubles : 125 à 160 €, 6 suites familiales (4 pers.) : 155 à 287 €, 7 grandes suites (2 pers.) : 195 à 225 € - Demi-pension (par pers.) : 105 à 155 € - Petit déjeuner : 9 à 14 € **Restaurant** (le soir) : 42 à 110 € **Équipements** TV, Wifi **Divers** animaux (7,50 €) **Loisirs** golf, piscine chauffée **Bien-être** spa complet **Accès** à 40 km au sud-ouest de Grenoble, sortie Villard-de-Lans.

HÔTEL CHALET MOUNIER

chalet-mounier.com

2, rue de la Chapelle • 38860 Les Deux-Alpes (Isère)
Tél. 04 76 80 56 90 • Fax 04 76 79 56 51 • Alban Mounier

• Dans la famille Mounier depuis plus d'un siècle, l'hôtel a connu des métamorphoses, dont un sérieux relookage opéré dernièrement. Une partie du bâtiment est devenue un vaste chalet de bois avec bar, salons, restaurants et nouvelles suites. Ambiance *lounge* de montagne réussie, grâce à un habillage bois et lauzes du sol au plafond, une multitude de clubs et canapés rouges (clin d'œil aux années 1950), de coussins, tabourets, tapis en peaux de bêtes et de mobilier en pin contemporain. Une note spéciale pour la décoration du restaurant gastronomique, avec ses banquettes imprimées de clichés anciens de la station et ses photos encadrées noir et blanc. Mention assez spectaculaire aussi pour le jardin, qui surplombe un vide de huit cents mètres, et sa vue magistrale sur les Écrins. Les chambres sont confortables, beige et bois naturel, balcon plein sud pour la plupart, sans pour autant atteindre le niveau des suites et duplex (qualité du mobilier et salles de bains originales). Un magnifique spa (piscine couverte, sauna, hammam, salle de sport et produits bio pour les soins) complète le tableau de cette adresse douillette, à cent mètres des pistes, idéale pour un séjour en toute saison.

Catégorie ★★★★ **Ouvert** du 16 décembre au 25 avril, du 20 juin au 29 août et du 24 octobre au 2 novembre **Chambres** 31 chambres doubles : 230 à 360 €, 7 junior-suites (2 pers) : 360 à 480 €, 5 suite (2 pers.) : 400 à 580 € - Petit déjeuner : 15 à 20 € **Restaurant** (midi et soir) : 56 à 95 € **Équipements** TV, Wifi, ascenseur **Divers** animaux (12 €), parking (7 €) **Loisirs** piscine chauffée, ski alpin, VTT **Bien-être** fitness, massages, spa complet **Accès** à Vizille, prendre N91 jusqu'au barrage du Chambon par Bourg-d'Oisans, puis D213 jusqu'aux Deux-Alpes.

CHÂTEAU ET SPA DE LA COMMANDERIE

commanderie.fr

17, avenue d'Echirolles • 38320 Eybens (Isère)
Tél. 04 76 25 34 58 • Famille de Beaumont

• À cinq kilomètres du centre de Grenoble et à une demi-heure des premières pistes de ski, cette ancienne hospitalerie des chevaliers de Malte émerge d'un parc clos de murs et planté d'arbres séculaires. Les chambres, rénovées de frais dans un style classique et gai, bénéficient d'un confort moderne qui ne nuit pas au charme du lieu, restitué, ici ou là, par un meuble ancien, une série d'aquarelles ou de gravures. Chaque matin, le buffet très copieux du petit déjeuner (œufs brouillés maison, haricots et lard grillé, fromages, pâtisseries…) est dressé dans l'enfilade de salons aux boiseries XVIIIe, superbement relookés l'an dernier (teintes et éclairages subtils, rideaux en soie griffée Rubelli), mais sans renoncer aux meubles anciens, cheminée de marbre et portraits d'ancêtres qui signent le style de cette vraie maison de famille. Juste à côté, également redécorée, se trouve l'immense salle à manger aux volumes rythmés par cinq hautes portes-fenêtres illuminant une superbe tapisserie d'Aubusson XVIIIe. C'est ici, ou dehors sous la pergola, que l'on goûte une cuisine précise et généreuse. Bon rapport qualité-prix et accueil plein de bonne humeur pour cette belle maison qui s'est agrandie de quinze vastes et superbes chambres (patines subtiles et tissus de marque) ainsi que d'un étonnant spa avec piscine intérieure, musique douce, tisanerie et cheminée…

Catégorie ★★★ **Ouvert** toute l'année et fermé du 20 décembre au 3 janvier **Chambres** 45 chambres doubles : 114 à 200 € - Petit déjeuner : 16,50 € **Restaurant** (midi et soir) : menus de 29 à 79 € **Équipements** climatisation, TV, Wifi, ascenseur **Divers** animaux admis (10 €), parking privé **Loisirs** piscine chauffée **Bien-être** massages, spa complet **Accès** à 4 km à l'est de Grenoble par la rocade-sud, sortie n° 5 Eybens (route Napoléon) ; au centre du village.

LE PRINTEMPS DE JULIETTE

leprintempsdejuliette.com

Avenue des Jeux • 38750 l'Alpe-d'Huez (Isère)
Tél. 04 76 11 44 38 • Fax 04 76 11 44 37 • Nadine Collomb

• Il fallait oser, prendre carrément le parti pris de dédier un hôtel entier à l'univers des peluches, poupées et bibelots fleuris... Dans les salons, déjà, le ton est donné : avalanche de tissus, de matières brillantes ou chatoyantes, de rubans roses et nacrés, d'angelots en pause méditative sur le rebord de la cheminée ou en pied de lampe, de guirlandes lumineuses et de fleurs, fraîches ou séchées, en papier, en imprimés. Un décorum unique, ludique, qui ne laisse personne indifférent : on aime, voire on adore, ou alors pas du tout. Quand on a gardé son âme d'enfant, ou qu'avec le temps on cherche à la retrouver, on est enchanté de pouvoir inviter la famille Nounours à la table du petit déjeuner ou du goûter, se régaler de crêpes maison délicieuses, offertes à volonté, de chocolat chaud à la crème fraîche, de mille et une attentions. Le soir, la propriétaire veut faire du dîner une véritable fête, et elle invite des musiciens à venir jouer des airs de valses à chaque tablée. Dans les chambres, en général de belle taille, même atmosphère, et tout le confort que l'on peut espérer à la montagne : moquettes, lambris, baignoire Jacuzzi, avec de jolies vues sur la montagne. On vient ici en famille ou pour fêter ses noces d'or, et, si par chance Noël approche, attention aux yeux : les petites créatures s'animent et les étoiles scintillent d'autant plus fort ! Accueil adorable, très attentionné.

Catégorie ★★★ **Ouvert** toute l'année **Chambres** 6 chambres doubles : 100 à 230 €, 4 suites : 150 à 350 € - Petit déjeuner compris **Restaurant** (midi et soir) : 25 à 35 € **Équipements** TV canal+, Wifi, ascenseur **Divers** animaux (10 €), garage (11 €) **Loisirs** ski alpin, ski de fond, VTT **Accès** Depuis Grenoble, RN 91, après Le Bourg-d'Oisan prendre direction l'Alpe-d'Huez, au 4e virage, prendre à droite vers le "Quartier des Jeux", l'hôtel est en face du Royal-Ours-Blanc.

€ LE LIÈVRE AMOUREUX

lelievreamoureux.com

La gare • 38840 Saint-Lattier (Isère)
Tél. 04 76 64 50 67 • Port. 06 69 57 31 05

• Adossé aux coteaux creusés par l'Isère, *Le Lièvre Amoureux* profite d'un cadre bucolique, face à un champ de noyers dominé au loin par les falaises du Vercors. Ancienne étape gastronomique dans les années 1960-1980, l'hôtel connait une résurrection depuis plusieurs années grâce à Patrique Lapeyre et ses succésseurs Pascale et Ludovic. Si le lièvre – amoureux d'une écrevisse – reste l'anecdote et la mascotte de la maison (représenté en bronze côté déco ou rôti à la broche côté assiette !), le lieu est également pensé comme une maison d'hôtes très personnalisée. On aime le salon-bibliothèque (piano, cheminée, style colonial), la salle à manger plus classique (chandeliers, boiseries, trophées de chasse, œuvres d'un ami peintre) et son bar début de siècle avec un incroyable comptoir en cuivre. Ici, le bien-vivre et le bien-manger sont à l'honneur, avec également une minicave à vins de la région. À l'étage, les vastes chambres et salles de bains, meublées dans un style XVIIIe, sont dotées d'élégants tissus et d'épaisses moquettes. Toutes donnent au sud sur la terrasse ombragée de tilleuls et sur les montagnes. Une adresse accueillante grâce au travail passionné du propriétaire, et à prix très raisonnables. De plus une nouvelle piscine et un spa extérieur sont désormais mis à la disposition des hôtes.

Ouvert toute l'année **Chambres** 3 chambres : 80 à 90 €, 2 suites familiales (4 pers.) : 140 € - Petit déjeuner : 10,50 € **Restaurant** (midi et soir sur réservation) : 40 à 60 € **Équipements** climatisation, TV, Wifi **Divers** animaux (10 €), parking privé **Accès** sur la D 1092 entre Saint-Marcellin et Romans ; à Saint-Lattier, quartier de la gare.

LES SKIEURS

lesskieurs.com

38700 • Le Sappey-en-Chartreuse (Isère)
Tél. 04 76 88 82 76 • Fax 04 76 88 85 76 • M. Jail

• De Grenoble, la route grimpe vaillamment le flanc du massif de la Chartreuse, laisse entrevoir un panorama vertigineux, avant d'atteindre ce petit bourg de moyenne montagne (mille mètres). Rénové par une famille de restaurateur, ce gros chalet-hôtel propose d'agréables petites chambres lambrissées de mélèze (ce qui ne suffit pas toujours pour une insonorisation parfaite), dotées d'élégantes salles de bains (résine de ciment et vasques design). Les onze chambres, au premier étage, donnent au nord sur le mont Chamechaude et au sud sur le parc et la piscine, certaines étant prolongées par un balcon. Au rez-de-chaussée, la vaste salle à manger, généreusement ouverte sur une non moins vaste terrasse (où l'on sert les repas dès les premiers beaux jours), permet de goûter à une fine et excellente cuisine, d'une belle originalité, réalisée par le maître des lieux et servie avec beaucoup d'amabilité. Un établissement confortable qui a su se moderniser, très sérieusement tenu, particulièrement recommandé aux amateurs de marche et de grand air.

Catégorie ★★ **Ouvert** toute l'année sauf vacances de pâques, Toussaint et noël **Chambres** 11 chambres doubles : 79 à 87 €, 2 suites familiales (3 à 4 pers.) : 125 à 145 € - Petit déjeuner : 12 € **Restaurant** (midi et soir) : 25 à 47 € **Équipements** TV, Wifi **Loisirs** piscine **Accès** à Grenoble, suivre panneaux "Grenoble Bastille", "Musée", "La Tronche", "PNR Chartreuse", puis prendre la D 512 jusqu'au Sappey.

•NOUVEAUTÉ•

LES 4 ÉPICES

hotel4epices.com

Avenue de la Coise • Pré Château • 42330 Saint-Galmier (Haute-Loire)
Tél. 04 77 54 03 31 • Élisabeth et Gérard Charbonnier

• Le couple est passionné, courageux, plein d'idées et d'envies pour faire bien, rendre heureux, accueillir avec générosité. À eux deux ils ont entrepris de refaire intégralement leur restaurant, *Le Bougainvillier*, de l'ouvrir à l'arrière sur le joli petit jardin, réduire le nombre de tables, se mettre au service de moins, pour mieux. Architecte, artisans, se sont mis à l'écoute pour les accompagner avec le plus de sensibilité possible, et dans les chambres nouvellement créées aux étages le résultat est original, très réussi. Grands volumes, jeux de matières, les matériaux bruts sont déclinés en clin d'œil et en écho à la cuisine. On perçoit toute la jubilation, le plaisir du jeu et de la technique, qui a nourri le souffle de cette rénovation. En escale ici, on est désormais le plus heureux du monde, choyé à la table dès le réveil, reposé, régénéré. Les literies sont de très bonne qualité, les équipements des salles de bains également, et en cuisine on ne travaille quasiment que local ou ultra-frais. Une belle adresse pour faire escale près de Saint-Étienne, aux sources de la Badoit !

Catégorie ★★★★ **Ouvert** toute l'année, sauf du 7 au 31 août et entre Noël et jour de l'an **Chambres** 4 chambres doubles : 90 à 100 € (soirée étape à 98 €) - Petit déjeuner : 12 € **Restaurant** (midi et soir) : 26 à 70 € **Équipements** climatisation, TV, Wifi **Divers** parking fermé **Accès** A72 sortie Andrézieux puis D100, D12 et D10, l'hôtel est à l'entrée du bourg

CHÂTEAU DE CHAMPLONG

chateau-de-champlong.com

100, chemin de la Chapelle • 42300 Villerest (Loire)
Tél. 04 77 69 69 69 • Fax 04 77 69 71 08 • Véronique et Olivier Boizet

• Entouré de verdure, ce château XVIIe bénéficie d'un cadre paisible et offre un savant mélange entre les lignes contemporaines, spacieuses des chambres avec leurs conforts modernes et la salle de restaurant ornée de tableaux XVIIIe. La cuisine créative et innovante d'Olivier Boizet est déjà un bon motif pour découvrir Champlong, mais rester dormir sur place est un must! "Badiane", "Muscade", "Cannelle", "Coriandre", "Paprika"…, douze chambres teintées d'épices vous y attendent. Décalage amusant entre l'esprit château et le style contemporain : des chaises en Plexiglas, un splendide lustre verre et métal, des tables éclairées de l'intérieur par des diodes… Le sol est en parquet ou en lino de belle facture, qui imite le plancher lasuré; le linge taupe répond aux teintes grèges des salles de bains, parfois vêtues d'ardoise. Harmonie des matériaux, jeux de transparence, un ensemble qui parvient sans peine à rester chaleureux. La table aussi est chatoyante et propose des menus sophistiqués, pour une cuisine de saison ancrée dans le terroir et les produits des petits producteurs locaux. Si l'on occupe une chambre, on pourra aussi opter pour la table d'hôtes et de ses plats "canailles" servis dans une cocotte à partager entre convives. Le Spa orchestré par David Grand "Meilleures Mains de France 2013", occupe l'une des dépendances du domaine, un espace complètement dédié à la détente et au bien-être. L'art de recevoir en roannais!

Catégorie ★★★★ **Ouvert** du 18 mars au 27 octobre et du 11 novembre au 23 février **Chambres** 11 chambres : 125 à 205 €, 1 junior suite : 200 à 225 € - Demi-pension (supp/pers.) : 50 € - Petit déjeuner : 16 et 20 € **Restaurant** (midi et soir) : 28 à 130 € **Équipements** climatisation, TV, Wifi, ascenseur, **Divers** animaux (25 €) **Loisirs** piscine chauffée **Bien-être** massages, spa complet **Accès** A72 sortie 5 Saint-Germain-Laval puis D53 direction Roanne; au lieu-dit Le Cabaret de l'Âne, tourner à droite; l'hôtel est à 200 m.

HÔTELLERIE BEAU RIVAGE

hotel-beaurivage.com

2, rue du Beau-Rivage • 69420 Condrieu (Rhône)
Tél. 04 74 56 82 82 • Fax 04 74 59 59 36 • Pascal Humann

• On se croirait au bord d'un lac, soustrait du monde et bien loin de Lyon, et pourtant… Ce petit bourg tout en longueur s'insère entre les berges du Rhône et les hauts vignobles de Côte-Rôtie et de Condrieu. Juste au bord du fleuve, l'hôtel profite presque partout de ce voisinage nonchalant, à peine troublé par quelques cygnes ou le passage d'une barque échappée du petit club nautique mitoyen. C'est depuis la salle à manger en demi-cercle et son prolongement en terrasse que l'on jouit au mieux de cette superbe vue tout en se régalant d'une cuisine fine et savoureuse (bons produits aux petits déjeuners et service à l'ancienne, comme il se faisait dans les bonnes maisons). Les chambres sont réparties entre la maison principale, qui a été entièrement reconstruite à l'identique (le ciment y a remplacé les murs en pisé, mais son apparence est exactement la même), et une imposante construction voisine, plus moderne, où elles sont un peu moins bien exposées. Néanmoins, toutes sont confortables, de belle taille, avec des tissus souvent très élégants et un mobilier de style. Un ensemble classique et cossu, à l'accueil très professionnel.

Catégorie ★★★★ **Ouvert** toute l'année **Chambres** 16 chambres : 120 à 220 €, 14 suites : 220 à 290 € - Petit déjeuner : 19 € **Restaurant** (midi et soir) : 39,50 à 95 € **Équipements** climatisation, TV, Wifi **Divers** animaux (12 €), parking fermé (13 €) **Loisirs** pêche **Accès** A7 sortie n° 10 Condrieu (en venant du nord) ou Chanas n° 12 (en venant du sud), puis direction Serrières, Annonay et N 86 jusqu'à Condrieu.

COLLÈGE HÔTEL

college-hotel.com

5, place Saint-Paul • 69005 Lyon (Rhône)
Tél. 04 72 10 05 05 • Fax 04 78 27 98 84 • M. Mathias

• Il est rare qu'un établissement pousse aussi loin le respect d'un thème, en l'occurrence celui de l'école. Le *Collège Hôtel* est un bel édifice Art déco en forme de proue de navire, amarré dans l'agréable quartier Saint-Paul, au cœur du Lyon ancien. Tout ici rappelle l'école communale, et notamment les chambres, qu'elles soient de premier, de deuxième ou de troisième... cycle. Blanches comme la craie, du plancher au plafond et de la couette aux rideaux, elles sont dotées de casiers de métal en guise d'armoires, de lampes de bureau à votre chevet et de salles de bains en faïence opalescente. Certaines disposent d'un petit balcon du côté de la colline de Fourvière, toutes sont équipées de téléviseurs à écran plat et de literie de grande qualité. Au rez-de-chaussée, une pièce née des amours d'un réfectoire et d'une salle de classe accueille de plantureux petits déjeuners. Les grandes armoires aux portes vitrées chargées de gourmandises y côtoient longues tables de cantine, banquettes et petites dessertes façon bureaux d'écoliers pour poser son café. Enfin, le soir, à l'heure de prendre un verre dans le bureau-bar du professeur, un surprenant jeu de lumières de couleur vient égayer la façade de cet étonnant hôtel...

Catégorie ★★★★ **Ouvert** toute l'année **Chambres** 40 chambres : 130 à 160 € - Petit déjeuner (7 h 30 à 11 h 30) : 14 € **Restaurant** lounge bar et snack (de 17 h à minuit) **Équipements** climatisation, TV, Wifi, ascenseur **Divers** animaux admis, garage (16 €), parking fermé **Accès** dans le vieux Lyon.

GLOBE & CÉCIL HÔTEL

globeetcecilhotel.com

21, rue Gasparin • 69002 Lyon (Rhône)
Tél. 04 78 42 58 95 • Fax 04 72 41 99 06 • Loïc Renart

• Remarquablement situé à côté de la place Bellecour et du vieux Lyon, cet hôtel réussit la prouesse de concilier une importante capacité d'hébergement et une ambiance totalement personnalisée. Le hall d'entrée ne donne pas cette impression pourtant, et il faut accéder aux étages, rentrer dans les chambres, pour l'éprouver. Nulle n'est identique à sa voisine : les tissus de belle facture, les meubles de style (et parfois même authentiquement anciens), les lampes, les tableaux forment toujours un ensemble confortable, élégant, parfois enrichi d'une cheminée ou d'un plafond mouluré (celles qui se terminent par un 1 ou un 4 sont nos favorites, mais toutes restent très recommandables). Servi au "saut du lit" ou dans une petite salle à manger, le petit déjeuner est soigné. On peut ainsi parcourir la presse du jour, savourer un deuxième café et demander un itinéraire, un conseil à la réception, juste à côté : le personnel est ici très disponible, aussi cordial qu'efficace. Pour déjeuner ou dîner, les bons restaurants ne manquent pas, qu'il s'agisse du traditionnel bouchon lyonnais ou de la nouvelle adresse "bistronomique"... On marche volontiers à travers les quartiers pour découvrir *En mets, fais ce qu'il te plaît*, ou *L'Ourson qui boit* – étonnant restaurant tenu par des Japonais amoureux des produits français...

Catégorie ★★★★ **Ouvert** toute l'année **Chambres** 60 chambres doubles : 132 à 270 €, chambre simple : 120 à 210 € - Petit déjeuner : 15 € **Équipements** climatisation, TV, Wifi **Divers** animaux (12 €) **Accès** dans le centre de Lyon, à 100 m de la place Bellecour.

HÔTEL DU SIMPLON €

hoteldusimplon.com

11, rue Duhamel • 69002 Lyon (Rhône)
Tél. 04 78 37 41 00

• Chaleureux, familial et convivial, le *Simplon* est de surcroît bien pratique pour qui arrive en train depuis Perrache et souhaite naviguer à pied dans Lyon, sans voiture. La ville est riche de tout un réseau de bus et métro, très simples à rejoindre depuis l'hôtel. À l'intérieur, le hall d'accueil et les salons rappellent plus un intérieur de maison qu'un impersonnel établissement de chaine : fauteuils divers et variés, tables basses et tableaux, livres, forment un ensemble joyeux et atypique. Aux étages, les chambres offrent un large choix et permettent de s'ajuster au mieux selon ses envies, ses besoins et son budget : de très petites chambres sont fort adaptées pour les personnes seules en déplacement, à tout petit prix, mais pour des couples en week-end, de plus grands espaces sont disponibles – plus confortables forcément. Toutes restent modestes, et à des prix correspondants, ce qui contribue à faire de cette adresse un havre de bienveillante attention, sans autre prétention. La direction veille à ce que l'accueil soit toujours des meilleurs, que l'entretien soit impeccable et l'atmosphère amicale – un défi que l'on peut affirmer réussi, au matin, quand on découvre la salle des petits déjeuners et la gourmande jubilation qui frémit de table en table, devant la générosité de l'installation du buffet…

Catégorie ★★ **Ouvert** toute l'année **Chambres** 37 chambres : 53,10 à 122 €, triples et quadruples : 75,60 à 159 € - Petit déjeuner : 9,50 € **Équipements** Wifi, ascenseur, climatisation, coffre-fort, TV **Divers** animaux (5 €), parking privé (13 €) **Accès** à proximité de la gare de Perrache, aller place Carnot puis à droite rue Duhamel.

L'ERMITAGE HÔTEL

ermitage-college-hotel.com

Chemin de l'ermitage • 69450 Saint-Cyr-au-Mont-d'or (Rhône)
Tél. 04 72 19 69 69 • Fax 04 72 19 69 71

• Lieu de retraite d'un ermite durant des siècles (et jusqu'en 1950), le mont Cindre semble voué à la contemplation : sept cents mètres plus bas, l'agglomération lyonnaise s'étale entre les boucles du Rhône et de la Saône, au loin on devine le mont-Blanc, à droite s'échelonnent les monts du Lyonnais. En surplomb de cette vue vertigineuse, *L'Ermitage* aurait pu se contenter d'être un beau design-hôtel. Son propos va beaucoup plus loin : c'est à un voyage contemplatif mêlé de tendre nostalgie qu'il nous invite. Monacales mais d'un confort aussi parfait que discret, les chambres laissent judicieusement parler leurs bow-windows panoramiques. Dans les pièces de réception, mobilier et objets *vintages* des années 1950-1960 ressuscitent l'écolier qui sommeille en nous, et l'ensemble s'accorde à merveille avec l'épure du béton lissé, du métal et du bois. La *Cuisine-à-manger* est un espace totalement vitré dont les lumières se font plus tamisées à mesure que monte le scintillement de la ville. Il permet de voir se confectionner les plats servis à table à travers une formule conviviale. Autour, un large balcon remonte la proue du bâtiment pour finir en terrasse. En contrebas, une piscine à moitié intégrée dans l'édifice. De l'autre côté, un espace ombragé et quelques tables. Un peu plus haut, la reconstitution d'une ancienne guinguette… Un amusant monde à part.

Catégorie ★★★★ **Ouvert** toute l'année **Chambres** 27 chambres : 145 à 235 € - Petit déjeuner : 14 € **Restaurant** (midi et soir) : 28 à 34 € **Équipements** climatisation, TV, Wifi, ascenseur **Divers** animaux admis, parking privé **Loisirs** piscine chauffée **Accès** A6 sortie n° 33 direction Limonest puis suivre Saint-Didier, Saint-Cyr-au-Mont-d'Or puis mont Cindre.

ATMOSPHÈRES

atmospheres-hotel.com

618, route des Tournelles • 73370 Le Bourget-du-Lac (Savoie)
Tél. 04 79 25 01 29 • M. Perrillat Mercerot

• Accroché à la colline, ce gros chalet des années 1970 offre sa façade triangulaire au soleil du Midi. Cent mètres en dessous, la brise dessine des zones frémissantes à la surface du lac du Bourget ; plus haut, le massif des Bauges et le Revard semblent deux géants qui se coiffent de neige en hiver. Les qualités de ce petit hôtel de charme ne s'arrêtent pas à ce sublime panorama ! Car vous êtes ici chez l'un des jeunes cuisiniers les plus prometteurs de la région. Ses créations nous laissent béats de bonheur à chaque fois que nous testons la table et, si le regard s'envole souvent vers le lac, les papilles n'en restent pas moins toujours en éveil. Quatre chambres créées dans un esprit résolument contemporain vous attendent à l'étage : murs lisses en stuco sable, moquette chinée, mobilier design en bois sombre, couettes blanches, rideaux ourlés de velours brun. Souvent de belle taille, elles sont d'un confort parfait et cachent derrière la courbure d'un pan de pavés de verre d'irrésistibles salles de bains. Trois d'entre elles ont une vue directe sur le lac, la quatrième bénéficie d'un grand balcon latéral et d'une agréable orientation au soleil couchant. Une très belle adresse de charme, à l'ambiance jeune et intimiste, qu'il faut réserver très à l'avance !

Ouvert toute l'année sauf le dimanche (sauf juillet - août) et le lundi **Chambres** 4 chambres : 130 à 150 € - Petit déjeuner : 14 à 16 € **Restaurant** (midi et soir) : 50 à 95 € **Équipements** TV, Wifi **Divers** animaux non admis **Accès** N 1504 direction Belley, à l'aire de repos de Charpignat, tourner à gauche, route des Tournelles sur 800 m.

AUBERGE € DES CLARINES

hotel-les-clarines.fr

Les Granges • 73630 Le Chatelard (Savoie)
Tél. et Fax 04 79 54 80 80 • Catherine Barrier et Matthieu Jouanny

• Typique de cette région de la Savoie, cette ancienne ferme traditionnelle a été transformée en auberge dans les années 70. Ancrée dans le village du Châtelard, en plein cœur du parc naturel des Bauges, elle ne paye pas de mine et mérite pourtant que l'on pousse sa porte. Car Mathieu et Catherine vous accueilleront ici avec chaleur et vous feront partager leur amour de la région et de sa cuisine. Les chambres ont toutes été refaites, dans un esprit montagne, mais revisité, plus contemporain, plus actuel, avec têtes de lits en patchwork de peau de vache, lampes en bois flotté, échelles de cadres photos en bois usé et fer rouillé… Dans les salles de bains, les matériaux naturels dominent, avec pour certaines de belles vasques en pierre. Le restaurant propose des plats typiquement savoyards comme le matafan aux herbes, les atriaux, le farçon ou les diots-polenta, mais aussi des recettes plus inventives avec le poulet en croûte de sel, la truite en vapeur d'herbes, le saumon mariné… Site préservé, le massif des Bauges offre une quantité d'excursions et d'activités en tout genre, VTT, randonnée, parapente, découverte de la flore et autres, qui devraient faire votre bonheur. Une étape pleine de saveurs et convivialité à petit prix.

Ouvert du 12 décembre au 12 novembre **Chambres** 6 chambres doubles : 70 à 90 €, Demi-pension (supp./pers.) : 65 à 80 € - Petit déjeuner : 11 € **Restaurant** (midi et soir) : 16 à 28 € **Équipements** climatisation, TV, Wifi **Divers** animaux (7,5 €), parking privé **Accès** A41 sortie Aix-les-Bains-Nord, suivre Albens, massif des Bauges, Grésy-sur-Aix.

HÔTEL LES PEUPLIERS

lespeupliers.com

Le Praz • 73120 Saint-Bon Tarentaise (Savoie)
Tél. 04 79 08 45 05

• Courchevel 1300 conserve un petit côté familial que n'ont pas ses grandes sœurs, 1550, 1650 et 1850. Ici, près d'un petit lac survolé en hiver par le ballet silencieux des télécabines (pour rejoindre directement le sommet de la Loze, à 2200 m), *Les Peupliers* perpétuent depuis 1938 la tradition hôtelière familiale. En hommage à leur aïeul, Nadine et Norbert ont intitulé le restaurant *La Table de mon grand-père,* et proposent une savoureuse cuisine du marché dans le très beau décor reconstitué d'un chalet ancien (des spécialités savoyardes sont proposées en face, à *La Cave d'à côté,* qui dépend également de l'hôtel). Chaleureuses, avec leurs lambris en pin verni et leurs couettes blanches, les chambres sont éclairées par de larges baies vitrées ouvertes sur un balcon qui surplombe une agréable terrasse extérieure. Là, quelques tables disposées autour d'un vieux noyer permettent de profiter du soleil autour d'un verre. Pour un peu, on se croirait sur la place d'un village, même si les bâtiments voisins sont de construction récente. Une maison accueillante, jolie et bien tenue, l'adresse idéale pour profiter de l'immense domaine skiable des Trois-Vallées.

Catégorie ★★★ **Ouvert** du 1er juillet au 26 avril **Chambres** 30 chambres doubles : 120 à 330 €, 5 suites et suites familiales : 160 à 590 € - Petit déjeuner : 12 à 15 € **Restaurant** (midi et soir) : 25 à 30 € **Équipements** Wifi, ascenseur **Divers** animaux (15 €), parking fermé (20 €) **Bien-être** spa complet **Accès** à 50 km d'Albertville par la N 90 (22 km) puis D 915 et D 91.

LA FERME DU CHOZAL

lafermeduchozal.com

361 Route des Combes • 73620 Hauteluce (Savoie)
Tél. 04 79 38 18 18 • Fax 04 79 38 87 20 • Anne-Christine et Frédéric Boulanger

• Au pied des pistes, surplombant le village et un splendide paysage, cette ancienne ferme restaurée est l'une de nos plus belles adresses de montagne. Transformée en chalet cossu, l'élégante bâtisse laisse encore voir les belles poutraisons qui soutiennent sone toit, côté balcon. Chaque chambre, mansardée et intimiste, joue sur les tonalités miel des bois naturels (planches de mélèze aux murs, parquets anciens, jolis meubles savoyards). Couettes blanches, belles cotonnades, affiches de sports d'hiver complètent cette subtile et douce harmonie. Même souci du détail dans les salles de bains, dotées de vasques et de robinetteries dessinées par Stark. Au rez-de-chaussée, un vaste salon de détente au coin du feu sert aussi de préambule à l'agréable spa (réflexologie et massages). La lumineuse salle à manger en bois (volumes cathédrale, terrasse extérieure plein sud) est le théâtre d'une cuisine de montagne délicieuse, allégée et au goût du jour, servie avec le sourire. Vous aimerez aussi cette maison en été, son verger-jardin (vigne, pommiers) et si vous voulez une indépendance totale, il y a le « Grenier » bâtisse 1850 rénovée avec de superbes matériaux et un confort absolu. Une adresse de qualité à découvrir sans tarder.

Catégorie ★★★ **Ouvert** de mi-décembre à mi-avril et de début juin à début octobre **Chambres** 10 chambres : 120 à 240 €, 1 suite (4 pers.) : 215 à 320 €, 1 grenier (4 pers.) : 265 à 370 € - Petit déjeuner : 17 € **Restaurant** 32 à 55 € **Équipements** TV, Wifi, ascenseur **Divers** garderie **Loisirs** piscine chauffée, ski **Bien-être** spa complet **Accès** A 43 sortie Albertville direction Le Beaufortain (D 925) puis Hauteluce sur 9 km (D 218b) ; au village 1re à gauche.

CHALET HÔTEL KAYA

hotel-kaya.com

Quartier Reberty • 73440 Les Menuires (Savoie)
Tél. 04 79 41 42 00 • Philippe Saint-André

• Partir de l'hôtel les skis aux pieds, s'envoler directement sur le plus grand domaine skiable au monde et revenir en fin de journée dans un lieu calme, moderne, ultra-confortable et abordable : oseriez-vous avouer que vous n'en avez jamais rêvé ? Bien sûr, le chalet est plutôt grand et contient une cinquantaine de chambres, mais elles sont réparties sur plusieurs niveaux, dans plusieurs ailes : on s'y sent donc très bien, pris en charge par un service efficace, jeune et très souriant, à l'hôtel comme au restaurant. Les chambres sont de véritables écrins de confort, décorées en toute sobriété et avec goût (bois naturel, tissus anthracite...). Dans les suites, des fauteuils vert olive et, en tête de lit, un beau tirage photographique sur toile, en panoramique : un massif sous la neige, un écho du dehors. Les salles de bains sont immenses, flambant neuves – on hésite entre un bain relaxant et une plongée dans son peignoir, et un hammam au splendide spa, en bas... Petits déjeuners et dîners sont abondants, variés et goûteux : la cuisine est ici très bonne, créative et proche des vrais produits. En séjour, on reviendrait même déjeuner en terrasse, entre deux descentes !

Catégorie ★★★★ **Ouvert** du 13 décembre au 6 avril **Chambres** 50 chambres et suites : 190 à 230 €, suites : 230 à 300 €, suites familiales (4 pers.) : 495 à 655 € Demi-pension (supp./pers) : 70 € - Petit déjeuner : 12 à 23 € **Restaurant** (midi et soir), brunch le week-end : 40 à 69 € **Équipements** TV, Wifi **Divers** animaux (15 €), parking fermé (12 €) **Loisirs** piscine intérieure chauffée, ski alpin **Bien-être** fitness, spa complet **Accès** autoroute A 43 jusqu'à Albertville, 2x2 voies jusqu'à Moutiers puis D 915 jusqu'aux Ménuires.

HÔTEL ADRAY-TÉLÉBAR

telebar-hotel.com

73550 • Méribel-les-Allues (Savoie)
Tél. 04 79 08 60 26 • Fax 04 79 08 53 85 • Fabrice Bonnet

• Pour profiter du domaine skiable de Méribel sans plonger dans l'artificiel absolu, l'*Adray-Télébar* offre un formidable compromis. Au milieu des pistes et près du départ d'un télésiège, il bénéficie d'une vue extraordinaire sur la vallée, les sapins et les montagnes. L'hiver, il offre en plus l'occasion d'une arrivée inoubliable : garez votre voiture au parking du rond-point, puis contactez l'hôtel pour qu'il vous envoie un scooter des neiges… À l'heure du déjeuner, sa grande terrasse ensoleillée est prise d'assaut et, jusqu'au milieu de l'après-midi, l'animation bat son plein – ne venez donc pas forcément y chercher le calme ! L'ambiance est jeune et gaie, et la cuisine, familiale et locale, est de bonne qualité. Côté chambres, près de la moitié a été rénovée l'an dernier pour plus de confort et encore plus de charme ! Côté salon, la décoration reste gentiment rétro, et l'ensemble prend vie et couleurs aussitôt le feu de cheminée allumé. Et le succès est là, fondé sur une recette simple, un mélange de qualité et de décontraction. Une prouesse dans cette station à la mode où garder les pieds sur terre et ne pas succomber à la tentation de laisser flamber les prix témoignent d'une belle indépendance d'esprit.

Catégorie ★★★ **Ouvert** du 15 décembre au 15 avril **Chambres** 21 chambres, prix en demi-pension (par pers.) : 149 à 199 €, 3 duplex (4 pers.) en demi-pension : 239 € **Restaurant** (midi et soir) : 20 à 33 € **Divers** animaux admis **Loisirs** ski alpin **Bien-être** spa complet **Accès** à 39 km au sud d'Albertville par N 90 et D 95, puis D 90.

LE YÉTI

hotel-yeti.com

Route du Belvédère • 73550 Méribel-les-Allues (Savoie)
Tél. 04 79 00 51 15 • Port. 06 13 41 66 08 • M. et Mme Saint-Guilhem

• Malgré sa grande taille, *Le Yéti* conserve une ambiance "maison". Sophie et Frédéric Saint-Guilhem l'ont voulu ainsi, et son aménagement reflète bien leur goût, leur sens du confort : murs habillés de bois raboté et ciré à la main, jolis objets, gabbeh iraniens, confortables fauteuils rassemblés autour du coin-bar ou de la cheminée – un bel espace ouvert, bien aménagé pour concilier chaleur, lumière et intimité. Partout, la vue est superbe et les chambres sont particulièrement agréables, décorées comme on les aime dans un chalet de montagne (toutes les salles de bains ont été refaites l'an dernier). Leur exposition ouest ou sud-ouest les rend délicieuses en fin de journée, dans la lumière dorée du couchant. Et, dans le prolongement du salon, le restaurant panoramique s'ouvre sur une vaste terrasse plein sud accessible sans avoir à déchausser les skis. Pour ce qui est des excursions, Frédéric, également guide de haute montagne, vous conseillera mieux que personne. À noter enfin, la récente création d'un spa, qui améliore encore plus les belles prestations de cet hôtel – pas forcément bon marché, mais vraiment très accueillant.

Catégorie ★★★★ **Ouvert** du 14 décembre au 21 avril et du 1er juillet au 25 août **Chambres** 30 chambres (dont 2 appartements et 1 suite) prix en été : 318 à 760 €, prix en hiver : 445 à 890 € - Petit déjeuner compris **Restaurant** (midi et soir) : 19 à 45 € **Équipements** TV, Wifi, ascenseur **Divers** animaux non admis, garage, parking privé **Loisirs** piscine chauffée, ski alpin, ski de fond **Bien-être** spa complet **Accès** à 39 km au sud d'Albertville par N 90 et D 95, puis D 90.

LA BOUITTE

la-bouitte.com

Hameau de Saint-Marcel • 73440 Saint-Martin-de-Belleville (Savoie)
Tél. 04 79 08 96 77 • Fax 04 79 08 96 03 • Port. 06 08 02 83 18 • M. et Mme Meilleur

• En patois local, la *bouitte* est une petite maison savoyarde. Vous voici donc dans une atmosphère accueillante et totalement intimiste où la pierre et le bois se disputent la vedette. Il s'agit avant tout d'un remarquable restaurant, doublement étoilé, où les produits locaux et les herbes de montagne sont transcendés par la maîtrise et la créativité de René Meilleur et de son fils Maxime (y compris au petit déjeuner, inoubliable!). S'y ajoutent quelques petites chambres et trois suites (certaines, vastes avec cheminée!), qui répondent aux doux noms d'"Anaïs", "Émilie", "Aurélie"... Couettes blanches rehaussées de coussins en velours coloré, murs de planches brutes parfois complétées par une portion en enduit naturel teinté et vieilli, meubles en pin taillé... On se croirait dans un charmant musée des arts et traditions populaires en même temps que dans le plus confortable des hôtels, au luxe bien réel, mais toujours discrètement intégré. (Ne négligez pas le nouveau spa, lieu de rêve où l'on s'offre un bain aromatique ou une séance de sauna avant de courir dans la neige vers le Jacuzzi fumant.) À un kilomètre des pistes, sur la route des Menuires et de Val-Thorens, cette irrésistible et très accueillante maison fera le bonheur des skieurs et des randonneurs.

Ouvert du 7 décembre au 27 avril et du 28 juin au 1er septembre **Chambres** 7 chambres doubles : 199 à 359 €, 9 suites : 230 à 990 € Petit déjeuner buffet : 19 à 29 € **Restaurant** 99 à 209 € **Équipement** Wifi, coffre-fort **Divers** parking privé, garage **Loisirs** soirée œnologique une fois par mois, ski alpin, ski de fond **Bien-être** sauna, Jacuzzi **Accès** A 43 jusqu'à Albertville et voie express jusqu'à Moûtiers; départementale (sortie voie express n° 40); vallée des Belleville jusqu'à Saint-Martin.

HÔTEL SAINT-MARTIN

hotel-stmartin.com

Quartier les Grangeraies • 73440 Saint-Martin-de-Belleville (Savoie)
Tél. 04 79 00 88 00 • Fax 04 79 00 88 39 • Mme Olive

• Harmonieux compromis entre rusticité montagnarde et modernité chaleureuse, cet hôtel créé il y a une quinzaine d'années est un lieu de séjour agréable. Au cœur d'un village d'altitude qui a su se développer tout en préservant son patrimoine traditionnel (une performance, puisqu'il est relié à l'immense domaine des Trois-Vallées), l'hôtel permet un accès direct à skis… au niveau du deuxième étage. Là, côté pistes, se trouve l'un des deux restaurants, reconstitution d'une vieille grange avec sa terrasse-solarium où l'on déjeune aux beaux jours (excellents produits de montagne). L'autre, au rez-de-chaussée, occupe un bel espace intime en demi-niveaux, avec un petit salon feutré et sa cheminée. Quant aux chambres, elles sont confortables, avec leur moquette rouge ou verte, leurs murs et plafonds revêtus de pin ou joliment patinés de blanc, et les belles salles de bain carrelées. Certaines offrent un coin-salon ou une mezzanine, et l'on appréciera les senteurs fleuries qui s'échappent des coupelles comme la qualité des produits d'accueil. Réservez très à l'avance cette adresse soignée dans les moindres détails.

Catégorie ★★★★ **Ouvert** du 13 décembre au 11 avril **Chambres** 22 chambres (2 pers.): 125 à 215 € (en demi-pension par pers.), 5 suites (3 pers.): 165 à 270 € (en demi-pension par pers.), 5 appartements-studios à la semaine (4 à 10 pers.) : 1 407 à 6 209 € - Petit déjeuner compris **Restaurant** en demi-pension **Équipements** TV, Wifi **Loisirs** ski alpin, ski de fond **Bien-être** massages, spa complet **Accès** avant Moûtiers, prendre sortie n° 40 (Val-Thorens, Les Menuires, Saint-Martin de Belleville).

LES CAMPANULES

campanules.com

Le Rosset • 73320 Tignes (Savoie)
Tél. 04 79 06 34 36 • Fax 04 79 06 35 78 • Philippe et Thierry Reymond

• Voici l'hôtel idéal pour profiter du fabuleux domaine skiable de Tignes, et zapper le peu de charme de la station - véritable forêt d'immeubles surgie ex nihilo de la montagne… Murs tapissés de bois blond, mobilier en pin d'inspiration savoyarde, ambiance chaleureuse : la famille Reymond a tout fait pour donner une âme au lieu, et elle y parvient bien. Les chambres sont régulièrement rénovées, dans un agréable et sobre style montagnard revisité, de même que la salle de restaurant, désormais parée de teintes et d'un mobilier très actuels. On peut donc maintenant choisir son registre de décoration pour la nuit : tradition montagnarde ou esprit contemporain. Y profiter d'un équipement neuf, de literies de qualité, d'une atmosphère ouatée. D'espace supplémentaire et de moquettes épaisses, dans les suites. Et descendre dîner dans un environnement plutôt élégant, pour goûter une cuisine soignée. On appréciera aussi ces petits suppléments de confort qui rendent les fins de journées si agréables : pouvoir ranger ses skis dans des casiers individuels, y faire sécher ses chaussures à l'air chaud, s'offrir un petit sauna ou quelques brasses en plein hiver dans la piscine extérieure fumante, boire un thé au salon avec la vue sur les pistes… Une adresse sérieuse, tenue de manière très professionnelle.

Catégorie ★★★★ **Ouvert** de novembre à avril et en juillet-août **Chambres** 25 chambres doubles : 160 à 360 €, 12 suites : 240 à 520 € - Petit déjeuner compris - Demi-pension (par pers.) : 100 à 215 € **Restaurant** (midi et soir) : 29 à 59 € **Équipements** TV, Wifi **Divers** parking privé **Loisirs** piscine chauffée **Bien-être** spa **Accès** à 85 km au sud-est d'Albertville, voie express jusqu'à Moûtiers, N 90 jusqu'à Bourg-Saint-Maurice et Tignes.

LE MARAIS

hotel-le-marais.com

Les Boisses - Tignes • 73320 Tignes (Savoie)
Tél. 04 79 06 40 06 • Fax 04 79 40 01 94 • Mme Gaché et M. Sabatier

• Dans cette grande maison campée à l'entrée d'un hameau de la montée vers Tignes, tout un assortiment de meubles, objets et tableaux ont pris possession du salon, de la salle à manger, des chambres. On en compte treize, décorées dans un esprit assez baroque, non conventionnel s'il en est - avec des rééditions de vieux tissus savoyards, un grand mélange de styles, quelques baldaquins parfois. Il règne ici une ambiance atypique, plutôt familiale, où l'accueil un rien décalé peut toutefois surprendre un peu, de prime abord. Mais, assez vite, chacun se sent peu à peu chez lui, et se retrouve facilement en bas, à discuter sans plus voir le temps passer... Tous les matins, un petit déjeuner odorant vous attend dès qu'il fait beau dans la véranda. Et pour boire un verre dans la journée, la terrasse plein sud domine le petit village des Boisses, laissant entrevoir le mont-Blanc et le barrage de Tignes (180 mètres, le plus haut d'Europe). En hiver, on peut rejoindre l'Espace Killy directement de l'hôtel, en partant de la piste des Mélèzes, et, au retour, soulager ses courbatures dans la salle de balnéothérapie. L'été, on trouve une belle piscine panoramique en contrebas de la terrasse, au bout d'un petit jardin fleuri...

Catégorie ★★★ **Ouvert** du 15 novembre au 10 mai et du 10 juin au 15 septembre **Chambres** 10 chambres : 93 à 200 €, 3 suites (2 à 4 pers.) : 180 à 350 € - Petit déjeuner (de 7h à 11h) : 14 € **Équipements** TV, Wifi **Divers** animaux admis **Loisirs** piscine **Bien-être** Jacuzzi **Accès** A 43 puis RD 90.

LE CLOS DES SENS

closdessens.com

13, rue Jean-Mermoz • 74940 Annecy-le-Vieux (Haute-Savoie)
Tél. 04 50 23 07 90 • Fax 04 50 66 56 54 • Laurent Petit

• Magnifiques changements au *Clos des Sens* depuis l'an dernier, car cet hôtel, également l'une des toutes meilleures tables de la région, a investi l'école voisine pour y créer de superbes chambres et utiliser le parc pour installer un long bassin de nage et le jardin d'aromates. Partout, des chambres de rêve vous y attendent. Le mot n'est pas trop fort pour décrire ces univers contemporains pour cocooning extrême. Dans celles du bâtiment principal, vous aimerez l'harmonie ocre rouge des murs et brun cacao des parures de lits, la beauté de la salle de bains en bois et ardoise d'Italie. Dans celles de l'école, plus vastes, les parois de planches brutes et colorées (récupération de cabanes nordiques), le mobilier "rétro-contemporain", les sublimes salles de bains. Et partout, des deux côtés, une baignoire balnéo intégrée à la chambre et une cheminée (bois ou gaz) pour irradier vos nuits ! sans oublier la vue dominante sur Annecy depuis les terrasses privatives. Plaisir du goût, bien sûr, encore et toujours, avec la brillante cuisine doublement étoilée de Laurent Petit, à déguster dans la superbe salle à manger relookée ou sous les marronniers taillés de la terrasse panoramique. Une adresse intimiste et luxueuse pour hédonistes gourmands.

Ouvert du 16 janv. au 30 août et du 15 sept. au 31 déc. **Chambres** 10 chambres doubles (avec baignoire balnéo, dont 8 avec cheminée) : 206 à 350 € (lit supplémentaire : 25 à 50 €) - Petit déjeuner : 25 € **Restaurant** (midi et soir) : 50 à 180 € **Équipements** TV, Wifi **Loisirs** piscine chauffée **Bien-être** baignoire balnéo dans les chambres **Accès** direction Annecy-le-Vieux puis fléchage dans le centre-bourg.

LES SERVAGES D'ARMELLE

servages.com

841, route des Servages • 74300 Araches-la-Frasse (Haute-Savoie)
Tél. 04 50 90 01 62 • Fax 04 50 90 39 41 • Port. 06 27 51 19 45 • Armelle Linglin

• Rénové avec du bois de récupération, cet hôtel aux allures d'ancienne ferme d'alpage, qui surplombe la vallée et s'offre très généreusement au soleil, se trouve au départ de l'une des pistes de ski de la petite station savoyarde. Difficile d'imaginer plus réussies que ces immenses chambres et suites familiales avec leurs parquets de chêne aux lattes inégales, leurs lits à couettes blanches, leurs éclairages délicats qui font ressortir le miel des boiseries et, pour certaines d'entre elles, leurs cheminées vitrées où rougeoient quelques bûches. Réalisées en granit ou en marbre, les salles de bains à l'élégance contemporaine complètent ce tableau auquel la création de trois nouvelles chambres luxueuses vient d'apporter une touche finale. Dynamique et souriante, Armelle se démène au restaurant pour la satisfaction de chacun. On y goûte une excellente cuisine, qui passe avec brio du terroir savoyard et des légumes oubiés à des créations plus audacieuses, servie en terrasse si le temps le permet. Les skieurs n'ont alors qu'à déchausser leurs skis et s'installer à table. Une adresse exceptionnelle à prix justifiés.

Catégorie ★★★★ **Ouvert** toute l'année sauf mai et octobre/novembre **Chambres** 3 chambres doubles classiques : 150 à 300 €, 3 chambres doubles prestige (spa privatif) : 320 à 490 €, suite familiale : 180 à 490 €, suite prestige 4 pers (spa hammam) : 525 à 990 € - Demi-pension (supp/adulte) : 75 € - Petit déjeuner : 25 € **Restaurant** à partir de : 30 € **Équipements** TV, Wifi **Divers** animaux admis sur demande **Loisirs** ski alpin, ski de fond **Accès** à 15 km de l'autoroute A 40 direction Flaine.

LES GRANDS MONTETS

hotel-grands-montets.com

Argentière • 340, chemin des Arberons • 74400 Chamonix (Haute-Savoie)
Tél. 04 50 54 06 66 • Fax 04 50 54 05 42 • Stella et Alain Blanc-Paque

• C'est dans un site magnifique et ensoleillé que vous trouverez cet imposant chalet, rénové à grand renfort de vieux bois, de terre cuite et de tissus élégants. Le rez-de-chaussée aligne un vaste salon organisé autour d'une cheminée centrale, le coin-bar (dont l'acidulé translucide des sièges tranche avec humour sur cette ambiance montagnarde) et enfin la salle des petits déjeuners (bonnes confitures artisanales). Des baies vitrées ouvrent sur une vaste terrasse plein sud dominée par la masse tutélaire du mont-Blanc et la haute silhouette de l'aiguille du Midi. Murs blancs ou habillées de planches, élégants tissus piqués bien dans le goût actuel, lampes assorties : les chambres sont gaies et agréables. Plusieurs disposent d'une terrasse, et certaines se combinent en duplex pour le plus grand bonheur des familles, qui pourront faire dîner les enfants en table d'hôte avant de rejoindre l'un des restaurants d'Argentière ou de Chamonix. Au pied du principal domaine skiable de la vallée, voici une très charmante adresse, probablement l'une des plus agréables des alentours de Chamonix.

Catégorie ★★★★ **Ouvert** du 19 décembre au 26 avril et du 19 juin au 13 septembre **Chambres** 21 chambres simples : 96 à 196 €, 24 chambres doubles et triples : 125 à 246 €, chambre classique/montagne (2 pers.) : 120 à 275 €, 7 duplex (4 à 7 pers.) : 201 à 430 €, 3 suites (2 pers.) : 191 à 306 € - Petit déjeuner : 12 € **Équipements** TV, Wifi **Loisirs** piscine intérieure chauffée **Bien-être** fitness, massages, spa complet **Accès** à Chamonix, suivre N 506 sur 8 km jusqu'à Argentière puis parking des Grands-Montets.

HÔTEL DU JEU DE PAUME

jeudepaumechamonix.com

Le Lavancher • 705, route du Chapeau • 74400 Chamonix (Haute-Savoie)
Tél. 04 50 54 03 76 • Fax 04 50 54 10 75 • Mme Hamel

• Cinq kilomètres après Chamonix, Le Lavancher surplombe la vallée d'Argentière et conserve une authenticité qui en fait un site résidentiel très prisé. Le *Jeu de Paume* est donc magnifiquement placé. On aime particulièrement ses nombreux salons, vastes ou intimes, toujours meublés d'ancien, décorés de tableaux et d'objets achetés au hasard des coups de cœur chez les antiquaires (les références montagnardes y sont présentes, mais sans tomber dans ce standard chic, brut et boisé qui gagne l'hôtellerie "tendance" en altitude). Même réussite décorative, quoique plus sobre, dans les agréables chambres, qui, pour la plupart, disposent d'un balcon. Fine et originale (beau travail autour des herbes et des épices), la cuisine d'Éric de Ganck se réinvente au fil des saisons ; elle constitue l'un des vrais points forts de l'hôtel. Mais il y en a bien d'autres, comme les installations de remise en forme (piscine intérieure, sauna, hammam, Jaccuzzi de plein air) ou les services proposés pour rendre votre séjour plus agréable, en particulier la navette privée qui, en quelques minutes, vous déposera au pied des pistes.

Catégorie ★★★★ **Ouvert** du 12 décembre au 27 avril **Chambres** 23 chambres : 150 à 250 €, 1 chalet pour 6 pers. (3 chambres, kitchenette, cheminée et jardin) : 350 à 450 € - Demi-pension (supp. par pers.) : 50 € - Petit déjeuner : 15 € **Restaurant** 39 à 59 € **Équipement** Wifi **Divers** animaux (10 €) **Loisirs** piscine chauffée, tennis **Bien-être** spa complet **Accès** à Chamonix prendre direction Argentière jusqu'au Lavancher.

HÔTEL LE MORGANE

morgane-hotel-chamonix.com

145, avenue de l'Aiguille-du-Midi • 74400 Chamonix (Haute-Savoie)
Tél. 04 50 53 57 15 • Fax 04 50 53 28 07 • M. Marc Sliwka

• Dernièrement relooké et dynamisé selon des normes environnementales assez poussées, *Le Morgane* s'insère bien dans le centre-ville montagnard et cosmopolite de Chamonix. En bord de l'Arve bouillonnante, rien ne distingue a priori ce gros cube aux terrasses de bois disparates. Et, pourtant, panneaux solaires, plantations d'espèces locales aux balcons mettent la puce à l'oreille... Dans le hall, l'ambiance est minérale et subtile, chic et sportive, élégante et contemporaine. On s'y sent immédiatement à l'aise, grâce à l'adéquation réussie entre luxe, design et parti pris écologique. Beau travail en effet que l'enchaînement des salons d'accueil (canapés Stark, suspensions Tejo Remy), du bar-bistrot (tabourets en blocs de chêne brossé, tapis coton, sièges recouverts de laine de mouton), de la salle du petit déjeuner (lumineuse le matin pour savourer le buffet frais maison) et de la bibliothèque (cheminée bioéthanol, collection des éditions Guérin). Murs et piliers recouverts de granit blanc et noir de la vallée alternent avec les tentures et les baies vitrées voilées de cotonnades. Même esprit dans les chambres ultraconfort, sobres et claires (granit, bois, lauze, coton), décorées des photos de Monica Dalmasso, avec de belles salles de bains (parfois petites). Vue magnifique depuis chaque balcon et de chaque côté, encore mieux du dernier étage !

Catégorie ★★★★ **Ouvert** toute l'année **Chambres** 56 chambres et suites : 90 à 400 € - Petit déjeuner : 10 à 15 € **Restaurant** 20 à 85 € **Équipements** climatisation, TV, Wifi **Divers** animaux admis, parking fermé (15 €) **Loisirs** piscine intérieure chauffée **Bien-être** hammam, massages, sauna **Accès** Autoroute A 40, sortir rond-point Helbronner.

LES CHALETS DE LA SERRAZ

laserraz.com

3862, route du Col-des-Aravis • 74220 La Clusaz (Haute-Savoie)
Tél. 04 50 02 48 29 • Fax 04 50 02 64 12 • Famille Gallay

• À mi-chemin de La Clusaz et du col des Aravis, cet ensemble de chalets traditionnels se trouve en contrebas de la route pittoresque des alpages d'été. Le site, un vallon émaillé de sapins et traversé par une petite rivière, garantit à chaque chambre une agréable vue. Vous aurez le choix entre les petits mazots individuels équipés de mezzanines (parfaits pour les familles) et les élégantes chambres installées dans l'ancienne ferme savoyarde rénovée, couverte de tavillons (tuiles en bois). Confortables et parfaitement tenues, elles marient un mobilier montagnard à de beaux tissus (piqués blancs, édredons à carreaux rouges assortis aux rideaux, coussins brodés). Presque toutes disposent maintenant de salles de bains relookées avec parquet en teck et vasque intégrée dans des buffets en bois décoré. Certaines bénéficient même d'une terrasse de plain-pied sur l'extérieur : la piscine et les prés en pente. Dîners dans la belle salle à manger sous charpente pour déguster agréablement quelques plats finement cuisinés et des spécialités savoyardes servis en table d'hôte. Accueil et ambiance très agréables. L'une de nos adresses favorites en montagne.

Catégorie ★★★★ **Ouvert** toute l'année **Chambres** 2 chambres et suites : 175 à 195 €, 2 chalet familial (4 à 5 pers.) : 245 à 295 € - Petit déjeuner 16,50 € **Restaurant** (le soir) : 35 € **Équipements** TV, Wifi **Divers** animaux **Loisirs** piscine chauffée **Bien-être** hammam, Jacuzzi **Accès** A 40 sortie Annecy nord, suivre Thônes par D 909 ; A 41 sortie Bonneville direction Le-Petit-Bornand/La Clusaz.

AU CŒUR DES PRÉS

hotelaucoeurdespres.com

74920 Combloux (Haute-Savoie)
Tél. 04 50 93 36 55 • Fax 04 50 58 69 14 • M. Paget

• Quelle vue ! Peu d'hôtels peuvent s'enorgueillir d'un tel face-à-face avec le mont-Blanc : ni trop près ni trop loin, juste ce qu'il faut pour en embrasser toute la majesté sans se sentir écrasé. Conscient de cet atout, *Au cœur des Prés* oriente la majorité de ses chambres (et leurs très nombreux balcons) vers le plus haut sommet d'Europe. Confortables, toutes sont à présent rénovées, grâce notamment à la pose de parois en planches sablées et au remplacement des tissus. Plus discrètement, ce vent de jeunesse souffle au salon, dont les nombreux fauteuils crapaud revêtent désormais des habits neufs, et au restaurant, qui conserve néanmoins ses traditionnelles chaises Louis XIII. Dans l'assiette, un menu unique du jour : des plats classiques, sincères et cuisinés avec précision autour de produits frais. Les soirées d'hiver se passent près de la cheminée ; l'été, on reste longtemps dehors sur la grande terrasse qui longe la salle à manger. Très fleuri et régulièrement primé pour cet effort, voici un accueillant hôtel soucieux de conserver ce caractère familial et bon enfant qui se fait de plus en plus rare à proximité de Megève. Nous sommes ravis de le voir rester insensible aux sirènes du luxe-mode et de maintenir ce cap qui nous plaît tant.

Catégorie ★★★ **Ouvert** du 16 décembre au 4 avril et du 30 mai au 24 septembre **Chambres** 33 chambres : 80 à 160 € - Demi-pension (par pers.) : 80 à 110 € - Petit déjeuner : 13 € - **Restaurant** (midi et soir) : 27 à 31 € **Équipements** TV, Wifi **Divers** animaux admis, garage (6 €) **Loisirs** piscine chauffée, tennis **Bien-être** Jacuzzi, sauna **Accès** à 36 km au nord-est d'Albertville par N212 jusqu'à Combloux par Megève ; par A40 sortie Sallanches.

L'ANCOLIE

lancolie.com

Lac des Dronières • 74350 Cruseilles (Haute-Savoie)
Tél. 04 50 44 28 98 • Fax 04 50 44 09 73 • Yves Lefebvre

• Face au mont Salève, les eaux d'un petit lac partiellement aménagé en base de loisirs servent de cadre à ce chalet-hôtel construit il y a une quinzaine d'années. Généreusement éclairé par une série de baies vitrées, l'intérieur se caractérise par une décoration où dominent le pin blond des meubles et les tissus bleu et crème à motifs géométriques. Confortables et scrupuleusement tenues, les chambres disposent souvent d'une terrasse. Certaines sont idéales pour les familles, et nos préférées donnent bien sûr directement sur le lac. Un programme de rénovation remet progressivement au goût du jour ce qui commençait à se démoder (textiles plus sophistiqués, remplacement des moquettes par du parquet). Yves Lefebvre dirige l'hôtel et la cuisine, copieuse et basée sur de bons produits. La qualité de la table s'en ressent, tout comme l'accueil et le rapport qualité-prix, à notre avis irréprochables. Une très plaisante adresse, appréciée des randonneurs et des cueilleurs de champignons, mais aussi de ceux qui ont à faire à Annecy ou à Genève et ont bien raison de vouloir joindre l'utile à l'agréable.

Catégorie ★★★ **Ouvert** du 12 février au 20 octobre et du 10 novembre au 26 janvier **Chambres** 10 chambres doubles : 104 à 146 € - Petit déjeuner : 15 € **Restaurant** (midi et soir) : 30 à 75 € **Équipements** TV, Wifi **Divers** animaux (8 €) **Accès** à 20 km au nord d'Annecy ; à Cruseilles prendre direction La Roche-sur-Foron - Les Dronières puis, 800 m plus loin, prendre à droite après l'Institut aéronautique et la MFR.

DOMAINE DES AVENIÈRES

chateau-des-avenieres.com

1060, route du Château • 74350 Cruseilles (Haute-Savoie)
Tél. 04 50 44 02 23 • Fax 04 50 44 29 09 • Laurence et Nicolas Odin

• Construit en 1907 par une riche Américaine, puis aménagé par le grand initié hindou qu'elle épousera un peu plus tard, ce château est unique en son genre. De cette époque bohème où se mêlaient art, science et ésotérisme, il reste une étrange chapelle en mosaïques d'or dédiée aux religions, à la kabbale, aux tarots… et, à l'étage, deux fabuleuses salles de bains en marqueterie de marbre. Superbes chambres, où l'ancien côtoie l'exotique avec parfois de vastes bow-windows embrassant à l'infini un spectaculaire paysage de montagnes et de plaines s'achevant dans le lac d'Annecy (notez la chambre "Observatoire" et sa terrasse sur le toit). On y accède par un escalier monumental, dont les vastes espaces intègrent successivement le Steinway sur lequel Phil Collins a enregistré un de ses derniers albums, un bar dans une loggia et un salon (dont l'éclairage pourrait être un peu plus travaillé). Enfin, les gourmands apprécieront les somptueuses salles à manger, aux lambris XVIIIe en chêne naturel mariés au velours de soie rouge des confortables fauteuils, qui se prolongent par une terrasse panoramique en surplomb des jardins. Cuisine subtile.

Catégorie ★★★★ **Ouvert** toute l'année sauf à la Toussaint **Chambres** 12 chambres : 180 à 380 €, 6 suites : 450 à 1 120 € - Demi-pension (supp./pers.) : 70 € - Petit déjeuner : 25 € **Restaurant** (midi et soir) : à partir de 59 € **Équipements** TV, Wifi **Divers** animaux non admis **Loisirs** tennis **Bien-être** fitness, spa complet **Accès** à 20 km au nord d'Annecy ; A 40 sortie Cruseilles, N 201 ; à Cruseilles, prendre direction du Salève.

CLOS MARCEL

closmarcel.com

410, allée de la Plage • 74410 Duingt (Haute-Savoie)
Tél. 04 50 68 67 47 • Lionnel Molveau et Odile Delauné

• Avec le mont Veyrier et les dents de Lanfon pour horizon, les berges gazonnées de l'hôtel s'enfoncent dans les eaux bleues cristallines du lac d'Annecy… L'endroit est digne d'un rêve, mais bien réel et entièrement privatif, avec ponton, plage, Jacuzzi et sauna dans le jardin. Il fallait du courage aux héritiers de l'ancienne pension et guinguette de famille pour raser la bâtisse d'origine et faire pousser à la place cet établissement très contemporain. Un long bloc de bois et de béton, face au lac, aligne des chambres en rectangle avec baies vitrées, au rez-de-chaussée (jardinet) et à l'étage (balcon), plus deux autres côté parking. Le lit (deux matelas côte à côte) face au ciel, à l'eau, l'herbe, les arbres, est l'élément central des chambres épurées, un peu étroites, toutes meublées d'une console design et d'un pouf Ball Chair inspiré des années 1960. Les matériaux de qualité, bois clair, pierre noire, belles douches à l'italienne, assurent luxe et confort, en plus de la vue. À côté, un bâtiment est réservé au restaurant et aux salons d'accueil : une magnifique structure d'acier largement revêtue de verre s'enroule autour du patio, et laisse une belle part au paysage, pour savourer dîners et petits déjeuners.

Catégorie ★★★★ **Ouvert** du 12 décembre au 26 octobre **Chambres** 8 chambres doubles : 149 à 240 €, 3 chambres mezzanine (4 pers.) : 205 à 290 €, 3 junior-suites (4 pers.) : 225 à 455 € - Petit déjeuner : 16 € **Restaurant** 27 à 45 € **Équipements** TV, Wifi **Divers** animaux non admis, parking privé **Loisirs** ponton et plage privée **Bien-être** Jacuzzi, sauna **Accès** à Annecy, suivre la direction Sévrier puis Albertville, l'hôtel est à gauche après la sortie de Duingt.

LA MARMOTTE

hotel-marmotte.com

61, rue du Chêne • 74260 Les Gets (Haute-Savoie)
Tél. 04 50 75 80 33 • Fax 04 50 75 83 26 • Famille Mirigay

• *La Marmotte* a vu le jour en 1936, au beau milieu d'une prairie, mais depuis, Les Gets ont pris de l'ampleur, les prés ont été transformés en pistes de ski. L'hôtel est toujours là – au cœur de la station désormais –, fidèlement lié aux trois générations d'une même famille qui cohabitent sur place : les grands-parents, les oncles, les frères, les cousins…, et ce n'est pas un vain mot de dire que tous veillent sur l'ambiance de leur maison. En constante amélioration, *La Marmotte* accompagne les nouvelles exigences de sa clientèle : des salons régulièrement redécorés, de confortables chambres qui viennent d'être refaites intégralement en bois gris et matières naturelles, avec de grands balcons ouverts sur les pistes et d'impressionnants équipements de remise en forme - dont un superbe et immence spa avec soins et massages. Progressivement, *La Marmotte* voit son offre de chambres doubler, avec toujours plus de qualité, en particulier après sa jonction avec la maison voisine de *La Tapiaz*. Les deux se partagent tout désormais, et chaque fin d'après-midi d'hiver, les clients déchaussent les skis à l'une des portes de l'hôtel pour passer à la deuxième partie du programme. Le vin chaud bouillonne au bar, tout comme, un peu plus loin, le hammam ou le Jacuzzi (vue sur les pistes). Ainsi, après quelques brasses dans l'immense piscine couverte chacun est ici au paradis. Une très chaleureuse adresse où l'on goûte, en demi-pension, à une cuisine saine, bonne et sans prétention, servie avec le sourire par un personnel toujours disponible. A noter cette année, l'ouverture d'un restaurants consacré aux spécialités savoyardes et d'une brasserie montagnarde.

Catégorie ★★★★ **Ouvert** du 13 déc. au 12 avr. et du 13 juin au 20 sept **Chambres** 48 chambres : 75 à 479 € - Demi-pension (supp./pers) : 37 à 62 € - Petits déj. : 12 à 18 € **Équipements** TV, Wifi, ascenseur **Restaurant** (midi et soir) : à partir de 19 € **Divers** animaux (10 €), garage (10 €) **Loisirs** golf, piscine intérieure chauffée, ski, VTT **Bien-être** massages, spa complet **Accès** A 40 sortie Cluses puis D 902 (à proximité de la télécabine des Chavannes).

HÔTEL LES CIMES

hotel-les-cimes.com

Le Chinaillon • 74450 Le Grand-Bornand (Haute-Savoie)
Tél. 04 50 27 00 38 • Fax 04 50 27 08 46 • Marie-Christine et Jean Losserand

• La commune du Grand-Bornand compte deux mille habitants, deux mille vaches, et une rare concentration de chalets anciens qui nous racontent encore très distinctement la vie des fermes savoyardes. Également à mettre à l'actif du village, il y a l'*Hôtel Les Cimes*, tenu par Kiki et Jeannot ! Très accueillants, ils tiennent également le magasin de sport contigu, où se fait souvent l'accueil. Dès l'entrée, on est sous le charme : il y a quelques vieux meubles du coin, des objets, des bouquets de fleurs séchées et, dans le buffet, chaque petit pot en terre cuite cache la clé d'une chambre. Partout flotte une odeur de rose ou de muguet, les murs sont tapissés de larges planches en pin doré, meubles et portes sont habillés de frises ou de motifs peints par Kiki et une amie artiste. Nous adorons les chambres, leurs couettes à carreaux, leurs petites salles de bains. Il y a toujours une table pour accueillir les bons petits déjeuners ou le plateau-repas des dîners (la cuisine de la famille s'ouvre aussi parfois pour les hôtes en séjour...). L'une de nos plus charmantes adresses de montagne, à réserver sans tarder.

Catégorie ★★★★ **Ouvert** du 6 décembre au 20 avril et du 20 juin au 31 août **Chambres** 5 chambres doubles : 129 à 289 €, 1 suite familiale (4 pers.) : 239 à 329 € - Petit déjeuner : 17 € **Équipements** TV, Wifi **Divers** garage, parking privé **Loisirs** ski alpin, ski de fond, vélos **Bien-être** hammam, sauna **Accès** à 35 km à l'est d'Annecy ; A 41, sortie Annecy-nord, direction Thônes et Saint-Jean-de-Sixt ; A 41, sortie Bonneville, direction stations des Aravis.

LES FERMES DE € PIERRE ET ANNA

fermes-pierre-anna.com

Les Plans • 74450 Le Grand -Bornand (Haute-Savoie)
Tél. 04 50 51 54 99 • Fax 04 50 51 69 54 • Port. 06 87 48 33 29 • Famille Perrillat

• À l'entrée de la vallée du Bouchet, quelques vieilles fermes d'élevage groupées autour d'une petite chapelle servaient à la production laitière et à la fabrication du reblochon. Celle-ci date du *xviii*e et fait face à une piste de ski de fond qui se transforme en golf l'été. Baptisée "Pierre et Anna" en hommage aux grands-parents des propriétaires, elle vient d'être rénovée avec tous les égards dus à son grand âge. Les bois sont d'origine, et, lorsqu'il a fallu en ajouter, on a fait appel à des éléments anciens ou vieillis. Les enduits sont à base de chaux, les tissus en fibres naturelles. Tous ces efforts intègrent aussi d'agréables touches contemporaines : jolies parures de lits, salles de bains discrètement design, éclairages subtils. Souvent, à l'heure du goûter, jus de fruits, gâteaux et viennoiseries fleurissent sur une desserte près de la cheminée dans le petit salon d'accueil. Car la maison est indéniablement très accueillante, les propriétaires aiment faire partager leur passion pour une région dont ils connaissent tous les secrets, et ils ne sont pas avares de leur temps. Bons petits déjeuners, mais, pour le dîner, il vous faudra ressortir : à pied vers le restaurant du golf (cuisine moyenne à petits prix), ou en voiture pour quelques minutes jusqu'au Grand-Bornand et ses nombreux restaurants.

Catégorie ★★★ **Ouvert** toute l'année sauf du 15 au 30 novembre **Chambres** 7 chambres : 72 à 137 €, 1 suite : 145 à 207 € - Petit déjeuner : 6 à 10 € **Restaurant** (menu-carte) : 16 € **Équipements** TV, Wifi **Divers** animaux non admis **Loisirs** golf, ski alpin, ski de fond **Accès** au Grand-Bornand, suivre les panneaux "Vallée du Bouchet".

LE MONTAGNY €

aubergedumontagny.com

490, route du Pont • 74310 Les Houches (Haute-Savoie)
Tél. 04 50 54 57 37 • Fax 04 50 54 52 97 • Marysette Ravanel

• Le dôme du Goûter, et sa langue de glace, veille en géant protecteur sur les Houches. *Le Montagny* se trouve sur la pente qui monte doucement à sa rencontre. Appartenant à l'une des plus anciennes familles de la vallée, ce petit chalet-hôtel propose quelques chambres de pin blond, toutes simples, mais confortables, et ouvertes sur une vue dégagée (nos préférées sont celles du second étage, installées sous les volumes angulaires du toit et parfois dotées d'amusantes salles de bains en alcôve). En hiver, les hôtes troquent leurs chaussures contre de confortables chaussons afin de préserver le chalet de l'effet corrosif du sel, toujours abondamment répandu sur la route. Ce petit rituel et la bienveillance discrète de Mme Ravanel contribuent à entretenir l'ambiance "maison" qui fait le charme du *Montagny*. D'ailleurs, beaucoup de clients sont des fidèles; ils se retrouvent autour de la cheminée du petit coin-salon, discutent de table en table lors du petit déjeuner et parfois partent ensemble pour une journée de ski ou une balade en montagne.

Catégorie ★★★ **Ouvert** du 20 décembre au 6 avril et du 20 juin au 13 septembre **Chambres** 8 chambres doubles : 90 € - Petit déjeuner : 9,50 € **Équipements** TV, Wifi **Divers** parking privé **Accès** par A 40, direction Chamonix, à la sortie du tunnel des Chavants prendre sortie n° 27, continuer sur D 243, après le Super U tourner à droite route "Le Pont" sur 500 m. Venant de Chamonix, prendre sortie n° 29, passer devant "la Courte Paille" puis à 200 m prendre route "Le Pont" sur 500 m.

LE BONHEUR EST DANS LE PRÉ

lebonheurdanslepre.com

2011, route de Bellevue • 74380 Lucinges (Haute-Savoie)
Tél. 04 50 43 37 77 • Fax 04 50 43 38 57 • Cyril et Ludyvine Marcillo

• Le panorama est ici, tout simplement splendide : à flanc de coteau, cette ferme XIXe domine plein sud une vaste plaine, frontalière de la Suisse, où viennent converger le mont Salève, la chaîne des Aravis et le Jura. Il faut avant tout venir ici pour se régaler des viandes, légumes, herbes et fruits produits chez des fermiers voisins. L'ambiance est heureuse dans la mignonne salle à manger lambrissée (quelques meubles et objets de brocante), qui se prolonge en terrasse dès les premiers jours ensoleillés. Un menu unique du jour, des plats très goûteux mais toujours simples, pour ne pas masquer les merveilles de l'assiette. Le tout arrosé d'une sélection des meilleurs vins-nature de France ; sélection que vous pourrez emporter chez vous puisque les propriétaires sont également cavistes sur place. À l'étage, les chambres sont simples, confortables et d'une tenue parfaite. Enfin, un petit déjeuner aussi bon que copieux vous donnera au réveil la force de partir à la rencontre des chemins de randonnée qui jouxtent cette accueillante auberge. Le déguster dehors face à la vue est un moment magique.

Catégorie ★★ **Ouvert** toute l'année sauf deux dernières semaines d'août et vacances de la Toussaint **Chambres** 7 chambres (2 à 4 pers.) : 80 à 110 € - Petit déjeuner : 9 € **Restaurant** 36 € **Équipements** TV, Wifi **Divers** animaux non admis **Accès** A 40 sortie n° 15 vers Évian-Thonon (D 903) puis D 183 vers Lucinges, monter sur 5 km par la route principale.

LES CHALETS - HÔTEL DE LA CROIX-FRY

hotelchaletcroixfry.com

4910 Route du Col de la Croix Fry • 74230 Manigod (Haute-Savoie)
Tél. 04 50 44 90 16 • Fax 04 50 44 94 87 • Isabelle Loubet et Éric Guelpa

• Particulièrement préservée, la vallée de Manigod est riche en vieux chalets de bois sombre et en verts pâturages. Au col de la Croix-Fry, cette ancienne ferme de famille est un incroyable havre douillet, face au massif de la Tournette. Terrasse fleurie et salle vitrée du restaurant offrent un point de vue fabuleux à la dégustation de la copieuse cuisine du chef (produits locaux). Que ce soit près du feu ou calés sur les peaux de moutons, l'âme de Marie-Ange, fondatrice du lieu, se retrouve dans toute la déco, issue de sa passion des essences de bois et des arts populaires : vieilles planches joliment patinées par le temps et parfois sculptées, paniers, cuivres, poteries, objets du cru ornent les murs et les plafonds… Même esprit dans les chambres (balcon ou mezzanine), où le caractère montagnard est indéniable, grâce aux meubles savoyards réchauffés par d'épais dessus-de-lit (faux poils ou coton piqué), des tapis en peaux et des rideaux en feutre. Modernes et claires, les salles de bains sont mignonnettes, avec du bois (toujours) et de la lauze. D'un bout à l'autre de l'hôtel, chaque détail apporte une chaleur incomparable, renforcée par la gentillesse et la convivialité de l'accueil.

Catégorie ★★★★ **Ouvert** du 15 décembre au 15 avril et du 15 juin au 15 septembre **Chambres** 5 chambres : 170 à 340 €, 4 suites : 350 à 490 € - Demi-pension (par pers.) : 150 à 230 € (basse saison), 160 à 250 € (haute saison) - Petit déjeuner : 21 € **Restaurant** 60 à 82 € **Équipements** TV, Wifi **Divers** animaux (7 €) **Loisirs** piscine chauffée **Bien-être** hammam, massages, sauna, Jacuzzi **Accès** à Thônes, D12 et D16 jusqu'à Manigod, puis Croix-Fry.

LA MAISON DES BOIS - MARC VEYRAT

marcveyrat.fr

Col de la Croix-Fry • 74230 Manigod (Haute-Savoie)
Tél. 04 50 60 00 00

• Voilà, c'est ici, à 1800 mètres d'altitude, que Marc Veyrat a trouvé son paradis ! Il n'était pas bien loin, tout juste caché au secret de ses propres racines… Ici, dans l'ancienne ferme des grands-parents. Et lorsqu'il lève la tête, le soir près de la fontaine et du four à pain, ses plus belles étoiles de chef sont là-haut, dans le silence des nuits d'alpage. À l'intérieur, oubliez le mot "déco", laissez parler le bois de récupération, la pierre, les herbes qui sèchent. Et les vieux outils disséminés entre le restaurant et les chambres ont tous travaillé dans la main du grand-père, assisté du petit Marc qui en décrit aujourd'hui encore fidèlement le rôle, le geste qui va avec. On vient en calèche depuis la route du bas pour rejoindre ce lieu autarcique : dans un dernier lacet du chemin, les bassins où écrevisses, ombles chevaliers, saumons grandissent dans l'eau claire, alors qu'en amont la pente devient sentier botanique pour apprendre les herbes, les fleurs, les racines (plus haut encore un grand marais fournit la table en grenouilles). Il y a aussi les poules, vaches, cochons… Le tout transcendé en cuisine par le chef et sa petite équipe. Pour dîner et dormir (merveilleusement), ce sera du jeudi au dimanche. Le reste du temps la ferme redevient la maison de Marc, qui y reçoit les enfants des écoles le mercredi pour leur faire découvrir les quatre-vingts plantes aromatiques de montagne. Face à un paysage à couper le souffle, ce lieu unique défend une écologie heureuse et gourmande.

Ouvert toute l'année sauf novembre et avril **Chambres** 3 chambres : 690 à 990 € et 1 suite : 990 € - Petit déjeuner compris **Restaurant** (du jeudi soir au dimanche midi) : 345 € **Équipements** Wifi **Divers** animaux admis, parking privé **Loisirs** piscine intérieure chauffée **Bien-être** spa complet **Accès** à Thônes, D 12 et D 16 jusqu'à Manigod, puis à la Croix-Fry téléphoner pour guidage.

LA CHAUMINE

hotel-lachaumine-megeve.com

36, chemin des Bouleaux • Les Mouilles • 74120 Megève (Haute-Savoie)
Tél. 04 50 21 37 05 • Pascal et Marie Odile Socquet

• On aime faire étape ici pour le calme, la confidentialité et le confort simple, à des prix raisonnables – une vraie performance dans cette station très à la mode ! Les onze chambres de ce petit hôtel familial sont toutes aménagées dans le même esprit "chalet", avec leurs parois couvertes de bois blond, un joli couvre-lit en piqué blanc, des rideaux crème et toujours un petit meuble ancien. Au sol, des moquettes, et, dans les salles de bains, un équipement devenu aujourd'hui peut-être un peu simple. Agencé autour d'une cheminée, le petit salon beige et brun, décoré de quelques vieux meubles, peut se réchauffer d'une flambée si les hôtes en font la demande. À côté se trouve la salle à manger nappée de beige où l'on sert les petits déjeuners (avec de vraies oranges pressées) et des dîners légers, faits dans l'esprit d'une cuisine familiale, à base de bons produits. La gentillesse et la bonne humeur de l'accueil font de *La Chaumine* une adresse de montagne plus proche de la maison d'amis que de l'hôtel. Située en hauteur, à trois cents mètres du centre de Megève, elle permet de vivre la montagne en évitant les foules. Et sans pour autant s'encombrer du matériel : une consigne est à votre disposition en bas de la côte pour y déposer vos skis !

Catégorie ★★★ **Ouvert** du 19 décembre au 13 avril et du 20 juin au 8 septembre **Chambres** 11 chambres : 87 à 126 € - Petit déjeuner : 11 à 12 € **Équipements** TV, Wifi **Divers** animaux non admis **Accès** A 40 sortie Sallanches ; dans Megève, direction centre-ville et mont d'Arbois ; près de l'église, chemin du Maz puis chemin des Bouleaux.

LE FER À CHEVAL

feracheval-megeve.com
36, route du Crêt-d'Arbois • 74120 Megève (Haute-Savoie)
Tél. 04 50 21 30 39 • Fax 04 50 93 07 60 • M. Marc Sibuet

• Dans cette merveille d'hôtel, on savoure à chaque instant l'expression la plus aboutie du style montagnard chic, le sourire en prime. Tout y est admirablement réussi. Les volumes sont vastes mais intimes, grâce à un savant jeu de décrochements et de demi-niveaux. La décoration extrêmement chaleureuse, avec de magnifiques sols en parefeuille rutilant de cire, de beaux meubles savoyards anciens patinés, et moult objets traditionnels ou poteries vernissées chinés dans la vallée. Inutile de recommander telle ou telle chambre, elles sont toutes adorables. Leurs prix varient seulement en fonction de leur superficie. Les repas, d'orientation gastronomique, sont servis près du feu de cheminée ou au bord de la piscine, selon la saison. Une navette de l'hôtel rejoint les pistes et, en été, on peut aller passer une journée au chalet d'alpage *Les Moliettes* (en 4X4 ou à pied), situé à mille cinq cent soixante mètres d'altitude, pour déjeuner et découvrir la faune et la flore. Avec le *Coin du Feu* (tél. : 04 50 21 04 94), les célèbres *Fermes de Marie* (tél. : 04 50 93 03 10) et l'exceptionnel *Mont-Blanc* (tél. : 04 50 21 20 02), *Le Fer à Cheval* fait partie des quatre plus beaux établissements de Megève, dirigés avec maestria par la famille Sibuet.

Catégorie ★★★★ **Ouvert** toute l'année **Chambres** 34 chambres (2 pers.) : 500 à 1500 € - Petit déjeuner : 12,50 € **Restaurant** (le soir) : 65 € **Équipements** TV, Wifi **Divers** animaux (7 €), garage, parking fermé **Loisirs** piscine intérieure chauffée **Bien-être** fitness **Accès** au centre du bourg.

LA BERGERIE

hotel-bergerie.com

103, route du Téléphérique • 74110 Morzine (Haute-Savoie)
Tél. 04 50 79 13 69 • Fax 04 50 75 95 71 • Caroline et Éric Marullaz-Monné

• *La Bergerie* est une institution à Morzine, l'une de nos adresses modèles à la montagne : la famille Marullaz réussit à maintenir de génération en génération une qualité égale et un accueil toujours parfait. Vraiment bien conçu, l'hôtel comprend chambres, duplex, appartements (avec kitchenette en option). On peut ainsi choisir sa formule et changer selon les années, l'âge des enfants, l'envie du moment. Toutes se partagent un salon gai et convivial, avec une cheminée qui illustre le chaleureux côté "maison" de La Bergerie et qui vient tout juste d'être très joliment rénové (ainsi que l'accueil et le bar). Au matin, l'on s'y régale d'un merveilleux petit déjeuner très gourmand et très complet – avec un bel assortiment de sucré et de salé, de productions locales et de fait maison, d'oranges pressées. Côté chambres, réservez en priorité celles qui donnent plein sud, sur le jardin et la piscine. Récemment rajeunies avec un très bel assortiment de tissus, elles sont impeccablement tenues et bénéficient souvent d'un balcon. Toutes bénéficient de la même attention de la part des propriétaires : les serviettes de toilette font la farandole des couleurs, et pour les sets de table des enfants, ce sont des troupeaux entiers de moutons qui viennent en renfort… Pour dîner, l'hôtel propose une petite carte et organise, justement, chaque soir, une table d'hôte pour les enfants. Et, pour les parents, une à deux fois par semaine, une table savoyarde sous forme de buffet. Pour les autres jours, on saura vous indiquer les bonnes adresses de la station pour manger raclettes et fondues, à pied, à proximité…

Catégorie ★★★★ **Ouvert** du 19 déc. au 19 avril et 25 juin au 6 sept **Chambres** 6 chambres enfant (2 pers.) : 90 à 120 €, 18 chambres luxe (3 pers.) : 170 à 350 €, 5 suites et duplex (2 à 4 pers.) : 200 à 365 €- Petit déj. (8h à 11h) : 10 à 16 €, table d'hôtes enfants : 13 € **Équipements** TV, Wifi, ascenseur **Divers** animaux admis(10 à 15€), garage, parking privé **Loisirs** piscine, hiver et été chauffée **Bien-être** massages, sauna **Accès** A 40, sortie Cluses, D 902 (l'hôtel est près de l'ESF).

CHALET PHILIBERT

chalet-philibert.com

480, route des Putheys • 74110 Morzine (Haute-Savoie)
Tél. 04 50 79 25 18 • Fax 04 50 79 25 81 • Serge Pillot

Un peu à l'écart du centre de Morzine, ce grand chalet entièrement rénové dans le pur respect de l'esprit savoyard fait la part belle aux bois, ardoises, pierres, cheminées massives. L'ensemble, réalisé avec des méthodes ancestrales, offre de coquettes chambres décorées simplement. Très attaché à la gastronomie, le *Chalet Philibert* propose une cuisine délicatement relevée d'épices et de saveurs lointaines, préparée par Lionel Cotentin. Elle vous sera servie dans une belle et vaste pièce parquetée, où la pierre et le bois blond restituent les fondamentaux de l'architecture montagnarde à travers une chaleureuse ambiance miel et beige. Certes, l'hôtel longe une route, ce qui nuit un peu au charme du lieu, mais outre le fait qu'elle est très calme la nuit, elle permet à une navette gratuite de vous cueillir aux portes du chalet pour vous conduire en dix minutes au cœur du magnifique domaine skiable des Portes du Soleil. Enfin, cette sympathique adresse à l'accueil agréable et concerné propose un autre chalet, très bien construit (bien qu'un peu "raide" côté déco), qui peut se louer à la chambre ou en totalité. Une belle étape confortable et facile d'accès !

Catégorie ★★★ **Ouvert** du 1er décembre au 20 avril et du 20 juin au 5 septembre **Chambres** 14 chambres : 85 à 230 €, 5 suites (4 pers.) : 115 à 275 € - Petit déjeuner compris **Restaurant** (le soir menu-carte) : 34 à 45 € **Équipements**, TV, Wifi, **Divers** animaux (5 €), garage, parking privé **Loisirs** piscine chauffée, ski alpin, ski de fond **Bien-être** spa complet **Accès** A 40 sortie Cluses puis D 902 jusqu'à Morzine.

CHALET-HÔTEL FLEUR DES NEIGES

hotel-fleur-des-neiges.fr

227 TDM du Nant Crue • 74110 Morzine (Haute-Savoie)
Tél. 04 50 79 01 23 • Fax 04 50 75 95 75 • M. et Mme Archambault

• Tenu, entretenu et choyé par la même famille depuis 1951, ce chalet-hôtel conserve, malgré le développement de Morzine, une ambiance bon enfant des plus plaisantes. En grande partie rénové, il propose désormais d'agréables chambres teintées de blanc et de miel (boiseries et mobilier) et égayées par de jolis tissus déclinés en couvre-lits, couettes, rideaux… Au rez-de-chaussée, le bar revêtu de belles planches sablées s'harmonise avec le salon et son mobilier régional (parfois de famille, comme ces charmantes banquettes savoyardes XIXe en bois ciré). Reste la salle à manger – certains lui trouveront un petit air démodé, mais nous l'aimons bien, tant elle exprime l'ambiance des années 1960, avec son sol en marbre vert sombre et son ensemble de chaises "éventail" à petite galette de moleskine verte. On s'y régale d'une cuisine simple et bonne, servie avec gentillesse. Enfin, après le ski, vous pourrez profiter du petit espace de remise en forme (un peu spartiate) situé en sous-sol, à moins que vous ne préfériez la piscine couverte pour faire quelques brasses décontractantes. Et, si vous venez l'été, la piscine (découverte aux beaux jours) et le tennis compléteront agréablement vos randonnées sur les montagnes d'alentour.

Catégorie ★★★ **Ouvert** du 18 décembre au 15 avril et du 1er juillet au 9 septembre **Chambres** 31 chambres : 110 à 170 € - Demi-pension (par pers.) : 75 à 105 € - Petit déjeuner : 10 € **Restaurant** 35 à 25 € **Équipements** TV, Wifi **Divers** animaux admis **Loisirs** piscine intérieure chauffée **Bien-être** fitness, spa complet **Accès** en venant de Cluses, à l'entrée de Morzine, 300 m après le rond-point, 1re à gauche.

HÔTEL LE DAHU

dahu.com

293c, chemin du Mas-Metout • 74110 Morzine (Haute-Savoie)
Tél. 04 50 75 92 92 • Fax 04 50 75 92 50 • Anne Heu

• Grand format mais grand cœur, aussi, pour cet hôtel très familial, à l'accueil aussi professionnel que cordial : souriant, le personnel de la réception est des plus efficaces. C'est la même chose au bar, au restaurant. On sent qu'il fait bon travailler au sein de cette équipe-là, et, en tant que client, on en bénéficie largement. On vient y séjourner aussi bien en couple qu'avec des amis ou des enfants, car c'est le lieu de l'adaptation maximale. Besoin d'une baby-sitter? Aucun problème, on vous appelle quelqu'un. Des ados désœuvrés à occuper un peu? Montrez-leur la salle de jeu, ou bien celle équipée d'ordinateurs en libre accès. Pour rejoindre les pistes de ski, des navettes vous emmènent et vous ramènent. La décoration est très montagnarde, chaleureuse, de bois et de tissus rouges – aussi bien au rez-de-chaussée que dans les chambres. Le confort général permet une réelle détente, et, pour parfaire cela, vous pourrez profiter de l'espace piscine et du spa. Un bien joli complexe hôtelier qui parvient à mêler la qualité, l'accueil et l'esprit des vacances d'hiver en famille.

Catégorie ★★★★ **Ouvert** de mi-décembre à mi-avril et en juillet-août **Chambres** 29 chambres simples et doubles : 100 à 355 €, 8 suites (3 à 4 pers.) : 200 à 400 € - Petit déjeuner : 18 € **Restaurant** 40 à 50 € **Équipements** TV, Wifi, ascenseur **Divers** animaux admis, parking privé **Loisirs** billard, piscine chauffée, ski alpin, ski de fond, VTT **Bien-être** fitness, massages, spa complet **Accès** A 40, sortie Cluses, puis D 902 jusqu'à Morzine.

LA GRIYOTIRE

griyotire.com

50, route de la Tonnaz • 74120 Praz-sur-Arly (Haute-Savoie)
Tél. 04 50 21 86 36 • Fax 04 50 21 86 34 • Sylvie et Christophe Bontaz

• Parmi les nombreuses poteries savoyardes réalisées par une amie artiste, une collection d'assiettes en forme de cœur illustre bien l'esprit chaleureux de ce petit hôtel situé dans un village encore authentique. Plafonds bas, parois de pin ou de pierre, vieux meubles montagnards, objets traditionnels, coussins colorés et ouvrages au point de croix…, voilà pour le salon et la salle à manger (où l'on sert une simple et alléchante cuisine régionale). Joliment décorées avec leurs murs pâles teintés cirés et toujours complétés par une paroi en larges planches de pin chablis, les chambres respirent le confort avec leurs élégants édredons à motifs anciens et d'impeccables salles de bains. Quatorze d'entre elles profitent de balcons (dont cinq pour les familles) et toutes ont une jolie vue, que ce soit sur les pistes du versant opposé, sur le Charvin ou, tout simplement, sur les jardinets du village. Enfin, précisons que Megève et les pistes ne sont qu'à cinq minutes de cette accueillante adresse.

Catégorie ★★★ **Ouvert** du 20 décembre au 12 avril et du 15 juin au 15 septembre **Chambres** 7 chambres doubles selon saison : 88 à 138 €, 4 suites (3 pers) : 106 à 222 €, 1 suite familiale : 140 à 222 €, 5 appartements (6 pers.) : 750 à 1776 €, 2 chalets (14 à 18 pers.) : 2 450 à 6 500 € - Petit déjeuner : 15 € **Restaurant** (le soir) : 8 à 25 € **Équipements** TV, Wifi **Divers** garage, parking privé **Loisirs** piscine chauffée, ski alpin, ski de fond **Bien-être** spa complet **Accès** A 40 sortie Sallanches et N 212 vers Megève ; dans Praz, 1re route à droite après la pharmacie.

CHALET CHRISTINE

chaletchristine.com

181, Le Thoron • 74290 Talloires (Haute-Savoie)
Tél. 04 50 02 03 03 • Christine Heckler-Charbonnier

• Après avoir longtemps tenu le *Chalet des Troncs*, l'un de nos fleurons en montagne, Christine vient d'ouvrir son nouvel établissement dans la sublime baie de Talloires. Tout en respectant l'esprit "chalet" des années 1950, elle y a imprimé une empreinte minimaliste très contemporaine. La vue magique sur les montagnes et sur le lac tout proche fait rêver. Quatre chambres et une suite, avec balcon ou terrasse pour plonger le regard dans les eaux calmes de la baie, font discrètement référence au massif des Aravis voisin (salles de bains ouvertes, confort raffiné). En terrasse ou à l'intérieur, avec une vue panoramique sur le lac, la table allie tradition, technique et innovation, tout en restant sobre et totalement "maison", des petits déjeuners (fantastiques) aux dîners, avec une prédilection pour les produits bio, les herbes et légumes du potager, les plantes des Aravis. En cuisine, Dorian et sa mère sont aidés par un jeune chef talentueux. Régal assuré ! Dans le chaleureux salon avec cheminée, coffres et vaisselier savoyards XVIIIe cohabitent avec des pièces contemporaines de designers et créent une ambiance harmonieuse que l'on retrouve au spa. Piscine intérieure, bain bouillonnant en marbre de Crète, hammam en pâte de verre, sauna en *red cedar* et une tisanerie sont à la disposition des hôtes. Christine a pensé sa nouvelle demeure comme un lieu de bien-être total. Pari gagné !

Ouvert toute l'année **Chambres** 4 chambres (2 pers.) : 190 à 312 €, 1 suite (4 pers.) : 277 à 380 € - Petit déjeuner compris **Restaurant** (le soir) : 40 à 49 € **Équipements** Wifi **Divers** parking privé **Loisirs** piscine intérieure chauffée **Bien-être** spa complet **Accès** à 12 km d'Annecy, suivre la rive est en direction de Veyrier-du-Lac, Menthon et Talloires.

HÔTEL-RESTAURANT LE JULES VERNE / LES FLOTS BLEUS

flotsbleus-yvoire.com

Rue du Port • 74140 Yvoire (Haute-Savoie)
Tél. 04 50 72 80 08 • Fax 04 50 72 84 28 • M. et Mme Blanc

• Comme une mer en altitude, le lac Léman s'étend, calme et limpide, devant le bourg médiéval d'Yvoire, son château, ses ruelles pavées (envahies de touristes en été). *Le Jules Verne* se trouve juste en face du port de plaisance : un emplacement de rêve, où quelques arbres et une treille de vigne offrent leur ombre naturelle à la terrasse. On s'y installe pour boire un verre en journée, ou bien pour manger un morceau. Une épicerie vient d'ouvrir également à côté, ce qui anime considérablement le lieu et donne des idées de souvenirs à ramener, forcément – parmi l'hétéroclite sélection de bons produits. Côté hébergement, ambiance marine dans le salon d'accueil, teinté de gris et de bleu, avec quelques beaux objets de navigation en bois et en cuivre (scaphandre, longue-vue, globe terrestre). Décor contemporain élégant, mais un peu plus standard, dans les chambres, qui, presque toutes, donnent sur le lac et sont souvent de belle taille. Mention spéciale pour les suites du rez-de-chaussée, immenses, avec un grand jardin privatif gazonné pour se reposer en écoutant tinter les haubans qui se balancent juste derrière une petite haie taillée… Pour les occasions spéciales, une salle, à l'étage, peuplée de montgolfières et autres objets amusants, peut aussi se louer à la soirée. Dans ce cas, le festif l'emporte sur le calme mais l'hôtel prévient ses hôtes lors de leur réservation. Une maison dynamique, accueillante et fabuleusement située.

Catégorie ★★★★ **Ouvert** du 1er mars au 15 octobre **Chambres** 14 chambres doubles : 140 à 190 €, 3 duplex : 250 à 330 € - Petit déjeuner : 10 à 18 € **Restaurant** (midi et soir) : 35 à 75 € **Équipements** climatisation, TV, Wifi, ascenseur **Divers** animaux (30 €), garage (10 €) **Bien-être** hammam, Jacuzzi **Accès** A 40 sortie n° 14 ou 15, suivre Thonon-Évian jusqu'à Douvaine puis suivre la direction Yvoire par la D 60 et la D 25.

NOTES

Achevé d'imprimer en Italie
Impression et brochage La Tipografica Varese - Italie
en décembre 2014

Dépôt légal : février 2015